Mainhardt Graf von Nayhauß
Helmut Schmidt

Mainhardt
Graf von Nayhauß

# Helmut Schmidt

Mensch und Macher

Gustav Lübbe Verlag

*Bildnachweis*
Jupp H. Darchinger, Bonn
Nr. 1, 4, 10, 14, 17, 18 (Foto: Frank Darchinger),
19, 20 (Foto: Frank Darchinger), 21, 28
Heinz Engels, Bonn Nr. 11
Everhard Finck, Hamburg Nr. 22, 23
Presse- und Informationsamt der Bundesregierung, Bonn
Nr. 2, 3, 5, 6, 7, 8, 9, 15, 16, 24, 25, 26
Helmut R. Schulze, Heidelberg Nr. 27
Richard Schulze-Vorberg, Bonn Nr. 12, 13

1. Auflage November 1988
2. Auflage Dezember 1988

© 1988 by Gustav Lübbe Verlag GmbH, Bergisch Gladbach
Schutzumschlagentwurf: Klaus Blumenberg, Köln, unter Verwendung eines
Fotos der Deutschen Presse-Agentur GmbH, Düsseldorf
Satz: ICS Communikations-Service GmbH, Bergisch Gladbach
Druck und Einband: Ebner Ulm
Alle Rechte, auch die der fotomechanischen Wiedergabe vorbehalten.
Printed in West Germany
ISBN 3-7857-0521-2

*Für
meine Tochter
Tatjana*

1 An einem Dienstagnachmittag im August 1979 war ich mit Helmut Schmidt in seinem Ferienhaus in Langwedel am Brahmsee verabredet. Von Hamburg bis zum Brahmsee sind es rund fünfundachtzig Kilometer; die Autobahn Richtung Flensburg verläßt man bei der Abfahrt Bordesholm. Die Landschaft ist so, wie man sie aus Schulbüchern kennt: saftiggrüne Wiesen, statt Koppelzäunen dickes Buschwerk zur Einfriedung, auf den Weiden braunweiß- und schwarzweißgefleckte Kühe. Die Häuser sind aus rotem Klinker, und in den Vorgärten wachsen Astern, Margeriten, Studentenblumen. Hier und da lagern schnatternde Enten und Gänse zwischen den Beeten.

Der nächste Ort nach Verlassen der Autobahn heißt Dätgen. Unter einer großen Eiche zeigt ein halbverdeckter, leicht vergammelter Wegweiser nach Langwedel. Die Straße, bisher holpriges Kopfsteinpflaster, ist nun gut asphaltiert, allerdings so schmal, daß man besser hält, wenn einem ein Traktor entgegenkommt.

Am Tag unserer Verabredung nieselte es. Der Himmel war trist und zugezogen und erinnerte mich an das Gesicht des SPD-Kanzlers, das er oft in Bonn zeigte. Langwedel präsentierte sich so, daß ich es am liebsten in Langweile umgetauft hätte. Der sandige Weg zum Kanzler-Grundstück war am Ende des Dorfes, mit einem haushohen Knick zur Linken. Vier aufgescheuchte junge Rebhühner liefen vor meinem Wagen zickzack. Auf der Anhöhe stand ein Mannschaftswagen des Bundesgrenzschutzes, daneben drei Grenzer in grünbraunen Tarnjacken und umgehängten Schnellfeuergewehren. Einer hatte sich Marscherleichterung zugebilligt und die Mütze abgenommen.

Als ich mein Begehren vortrug, schaute der ohne Kopfbedeckung, ein junges Bürschchen, ungläubig drein. »Wirklich zum Kanzler, nicht zu Frau Schmidt?«

Per Funksprechgerät nahm er Kontakt zu einem unsichtbaren Gesprächsteilnehmer auf. Nach ein paar Sekunden quäkte die Gegenseite zurück: »Ist in Ordnung. Passieren lassen.«

Ich wurde zurückdirigiert zu einem schweren, nicht allzu breiten grünen Gittertor, das ich am Wegesrand übersehen hatte. Der Grenzer öffnete es von außen. Voll Neugier und mit einem Gefühl der Spannung fuhr ich auf das Privatgrundstück von Helmut und Loki Schmidt.

Der Weg wurde so schmal, daß rechts und links Zweige an meinen Wagen patschten. Am Ende stand lächelnd Kriminalhauptmeister Ernst Otto Heuer, einer der vier ständigen Leibwächter des Kanzlers. Heuer, ein Mann in den Dreißigern, von Schrankformat und mit der Frohnatur eines Wanderburschen, trug an diesem Nachmittag Gammellook: Windjacke und ausgebeulte Hosen. Er führte mich weiter auf das Grundstück, bis wir vor einer Gruppe kleiner Häuschen, die auf beängstigend engem Platz standen, haltmachten. Gleich rechts vom Wohnhaus, einer ehemaligen, mehrmals umgebauten Wehrmachtsbaracke, war, ein wenig erhöht, das Haus des Schmidt-Freundes und Wehrbeauftragten Wilhelm Berkhan, genannt »Scholle«, zu sehen. Links, etwas vorgezogen, befand sich die Unterkunft für die Grenzschutzwache und die Leibwächter. Dazwischen eine dunkle Blockhütte: Schmidts Sauna. Außen ziert sie ein Schild mit der Aufschrift »Bundeskanzlerplatz«.

Der Persönliche Referent Schmidts, ein alerter Mittdreißiger mit Vollbart namens Peter Walter, löste Heuer ab und führte mich zur Haustür. Er öffnete die unverschlossene Tür nach innen, und im nächsten Moment schon stand ich in einer kleinen freundlichen Diele mit Fenster zum Garten. Vor dem Fenster die Kanzler-Gattin, über eine Frauenzeitschrift gebeugt.

Loki Schmidt trug Jeans und Bluse. Bei der Begrüßung zeigte sie jenen Anflug von Schüchternheit, den sie nie abzulegen vermochte. Sie bat mich ins angrenzende Wohnzimmer, und während sie eine passende Vase für den mitgebrachten Sommerstrauß suchte, sah ich mich um: niedriger Raum mit schmalen Deckenbalken, hier eine Wand mit aufgehängten Porzellantellern, dort ein kleines Bücherregal; ein Schachbrett mit aufgestellten Figuren, ein uraltes Radio, vor einem der Fenster ein schmaler Tisch mit je einer Sitzbank an den Längsseiten; auf dem Fensterbrett zwei Ferngläser. Vor den Scheiben drei bunte, gerahmte Glasscherben mit Blumennamen. Am anderen Ende des Raumes eine offenstehende Tür zu einem dritten Zimmer.

»Herr Schmidt, nun kommen Sie mal schön. Ihr Besuch ist da«, sagte Loki über die Schulter in Richtung auf diese Tür.

»Wer denn?« kam es von dort, begleitet von einem Seufzer.

»Na, Herr Nayhauß!«

»Was, schon?«

Dann wurde ein Stuhl zurückgeschoben, und kurz darauf erschien der Hausherr im Türrahmen. Hellbrauner Kordanzug, die Jacke im breiteren Trenker-Kord gearbeitet, offener Hemdkragen, an den Füßen bequeme, modische Mokassins. Schmidts Gesicht hatte von einem gerade erst an diesem Morgen beendeten Ostsee-Segeltörn zu Polens KP-Chef Gierek ungewohnte Frische. Der Haarschopf war nicht – wie bei offiziellen Auftritten – sorgfältig gekämmt, sondern vom Arbeiten am Schreibtisch und wiederholtem Mit-der-Hand-Drüberfahren wuschelig. Das gab dem Sechziger etwas leicht Jungenhaftes.

Nach der Begrüßung setzten wir uns an den Tisch vor dem Fenster. Der Kanzler bot etwas zu rauchen an: »Bedienen Sie sich.« Auf einem Zinkteller lagen mehrere Packungen. Zuoberst seine Lieblingsmarke Reyno-Menthol.

Mit einem Reklamefeuerzeug für zahntechnische Produkte zündete er sich eine Zigarette an und blickte durch die blanken Fenster auf den zwischen Bäumen und Buschwerk zu erkennenden See hinaus. Seine Augen, die im allgemeinen farblich schwer zu bestimmen sind, waren in diesem Moment graugrün.

Der Regen hatte aufgehört, der See lag grau und gekräuselt vor uns. »Sieh mal an, da ist sogar einer draußen«, sagte Schmidt mehr zu sich

8

selbst als zu mir. Mein Blick folgte seinem linken Zeigefinger, an dessen Wurzel ich einer Narbe gewahr wurde. Mitten auf dem Brahmsee balancierte ein einsamer Windsurfer auf seinem weißen Brett. Ein Verrückter, dachte ich, bei diesem Wetter. Als hätte er meine Gedanken erraten, sagte der Kanzler: »Nichts für mich.«

Loki kam herein, stellte Kaffee und Kekse auf den Tisch. Nur für mich, nicht für ihren Mann. An der Tülle der weißen Kanne war ein Tropfenfänger angebracht. Ein derartiges Requisit hatte ich das letzte Mal an der Kaffeekanne meiner Mutter gesehen – vor über dreißig Jahren.

Als Mitbringsel hatte ich das Buch *Ardennenschlacht* ausgesucht, geschrieben von dem amerikanischen Schriftsteller und Pulitzer-Preisträger John Toland. Schmidt hatte an dieser letzten deutschen Großoffensive, unter Einsatz von zweihundertfünfzigtausend Soldaten, im Winter 1944/ 1945 als Oberleutnant und Chef einer 3,7-cm-Flak-Batterie teilgenommen. Die Lektüre dieses Bandes würde hoffentlich den Einstieg in mein Gespräch mit ihm erleichtern. Als ich das Präsent überreichte, reagierte er zunächst typisch schroff: »Was soll das?«

Wer Schmidt kennt, nimmt solche Barschheit nicht zur Kenntnis. Denn erfahrungsgemäß wird der Kanzler im Verlauf der Unterhaltung konziliant, bisweilen sogar charmant. Nachdem er das Geschenkpapier entfernt und den Buchtitel gelesen hatte, huschte ein Lächeln über sein Gesicht. »Komisch, erst gestern abend haben wir von dieser Ardennengeschichte gesprochen. Nicht wahr, Loki?«

»Ja, in der Tat«, gab sie aus dem Hintergrund zurück.

Der Kanzler ließ den Daumen wie ein Kartenspieler über die Buchseiten gleiten. Frau Schmidt zog sich zurück. Nun war ich mit dem Kanzler, der sich die zweite Zigarette angezündet hatte, allein und spürte das Außergewöhnliche der Situation. Egal, wie man zu ihm stand, ich saß einem der mächtigsten Männer der Weltpolitik auf engstem Raum und ohne Zeugen gegenüber. Die Vertraulichkeit war physisch spürbar.

Das Gespräch ließ sich besser an als erwartet. Aber es war noch zu früh, um gezielte politische Fragen zu stellen. Ich lenkte das Gespräch auf den Segeltörn, von dem er erst in der Nacht zuvor zurückgekehrt war, und auf die Segelyacht *Atalanta* seines Freundes, des Hamburger Bankiers Eric Warburg.

»Hatten Sie gutes Segelwetter?« wollte ich wissen.

»Es war kalt, naß und vor allem neblig. Außerdem wären wir fast gerammt worden.«

Gerammt? Hatte ich richtig gehört? »Erzählen Sie mal«, sagte ich, eine kleine Sensation witternd.

Schmidt lächelte genüßlich, wohlwissend, daß er hier einen journalistischen Leckerbissen preisgab, den er auch sehr gut für eventuelle Memoiren gebrauchen könnte. »Es war ein nigerianischer Frachter, wie sich hinterher herausstellte. Er kam uns entgegen, wir hatten ihn rechtzeitig auf dem Radarschirm ausgemacht. Nur, wann immer wir unseren Kurs änderten, um den drohenden Zusammenstoß zu verhindern, änderte der auch seine

Fahrtrichtung. Und zwar genau wieder auf uns. Wenn der Frachter auf uns aus gewesen wäre, hätte er nicht gezielter fahren können.«

»Was hat denn das Schiff der Bundesmarine getan, das zu Ihrem Schutz hinter Ihnen hertuckerte? Hat das den Frachter nicht mit dem Nebelhorn gewarnt?«

»Da war kaum etwas zu hören, weil der Nebel alles schluckte.«

»Ja und dann?«

»Dann tauchte der Frachter plötzlich vor uns auf. Riesengroß, drohend! Als er an uns vorbeirauschte, war der Abstand nicht größer als von hier bis zu dem Baum da!«

Der Kanzler zeigte durch das Fenster auf eine kleine Birke im Garten. Vom Fenster bis zum Baum waren es nur wenige Meter. »Auf dem Radarschirm unseres Begleitschiffes waren der Frachter und unser Boot schon zu einem Punkt verschmolzen.« Er lachte. »Von da an haben wir die Bundesmarine vorausfahren lassen.«

Typisch, dachte ich, da gibt es nun so viele Wichtigtuer, die eine Kanzler-Reise zu organisieren haben, aber keiner kommt auf die Idee, das Begleit- und Schutzboot, ein fast fünfzig Meter langes und acht Meter breites Minensuchboot, bei schlechter Sicht vorauszuschicken.

Der Kanzler angelte sich aus dem Schälchen, das Loki für mich hinge-stellt hatte, ein Plätzchen und biß ganz vorsichtig hinein, wie jemand, der Probleme mit den Zähnen hat. Von der Segeltour auf den eigentlichen Anlaß der Reise zu kommen, nämlich auf den Besuch bei Edward Gierek, war naheliegend. Ich versuchte es.

»In Berlin wird das Gerücht gehandelt, daß Gierek es nicht mehr lange macht. Sein Stern sei im Sinken, und als Nachfolger wird der ehemalige Außenminister Stefan Olszowski genannt.«

Stefan Olszowski, bis Dezember 1976 Außenminister, war nach Streiks polnischer Werft- und Bergarbeiter, mit denen sie gegen die unzureichende Versorgungslage protestierten, in die Schlüsselposition des verantwort-lichen Sekretärs für Außenpolitik, Ideologie und Propaganda im Zentral-komitee der Kommunistischen Partei berufen worden.

Schmidt überlegte und schüttelte dann bedächtig den Kopf. »Das glaube ich nicht. Bei den Gesprächen, die ich mit Gierek hatte, war ganz deutlich, daß er der starke Mann ist. Da würde ich mich schon sehr wundern, wenn das anders käme.« Nach einer Pause fuhr er fort: »Ich will Ihnen mal sagen, was ich an Gierek so schätze. Der hat sich bei aller Macht, die er besitzt, menschlich nicht verändert. Der wird einmal, wenn er abtritt, wieder in die Bergarbeitergegend von Krakau zurückgehen, wo er einst herkam. So etwas imponiert mir. Vor allem, wenn ich an einige Potentaten im Ostblock denke . . .« Er nannte den Namen eines kleinen Gernegroß, der Orden mit Brillanten verzieren ließ.

Während er sich über die Prunksucht im kommunistischen Lager weiter ausließ, bewegte sich etwas rechts hinten im Garten. Mehrere ältere Damen, offensichtlich zu Besuch bei Nachbar Berkhan, nahmen den Bootssteg des Grundstückes in Augenschein und riskierten verstohlen einen Blick zum Kanzler-Haus. Ich schaute Schmidt wieder an. »Ihr Urteil ist in Ost und West gefragt. Warum werfen Sie Ihr Prestige nicht im Nahostkonflikt in die Waagschale und reisen nach Israel?«

Seine Verbindlichkeit war wie weggewischt. Er richtete sich auf. »Warum sollte ich? Was könnte ich damit erreichen? Nichts! Im Gegenteil, der Schaden wäre hinterher nur noch größer.« Schmidt nahm sich eine neue Zigarette, klopfte damit mehrmals energisch auf die Packung, legte das weiße Stäbchen wieder auf den Tisch zurück und fuhr, nunmehr mit lauter Stimme, fort: »Nennen Sie mir doch mal einen europäischen Regierungschef, der in diesem Jahr dort war. Da ist nämlich keiner hingefahren!« Er machte eine Pause und zündete die weggelegte Zigarette an. »Wo steht denn geschrieben, daß ich fahren muß?« Der rhetorischen Frage schickte er blauen, pfeifend ausgeblasenen Zigarettendunst hinterher.

Gegen eine baldige Schmidt-Reise sprach, daß der israelische Ministerpräsident Menachem Begin den Besitzanspruch seines Landes auf das besetzte Westjordanien durch neue Ansiedlungen verewigen und die geplante Autonomie für die Palästinenser nur unter dem Dach einer politischen wie militärischen Souveränität Israels zulassen wollte. Diese Haltung machte es unmöglich, den Frieden zwischen Israel und Ägypten auf andere Nahost-Staaten auszudehnen. »Und dann bekommen wir eine Entwicklung mit unabsehbaren Folgen«, gab der Kanzler zu bedenken.

»Wenn einer die Courage hat, Begin schonungslos die Meinung zu sagen, dann doch wohl Sie?« warf ich ein.

»Und dann steht das am nächsten Tag in der *Jerusalem Post*. Was meinen Sie, was dann los wäre! Nein, wir Deutsche sind in dieser heiklen Angelegenheit nicht dazu ausersehen, die Nase vorn zu haben.«

Seine Verärgerung klang nicht ganz überzeugend. Denn natürlich mußte sich gerade der Staatsmann Schmidt herausgefordert fühlen. Bezeichnenderweise kam er auf die Frage, ob er nun nach Israel reisen solle oder nicht, noch zweimal zurück, wiewohl wir längst bei anderen Themen angelangt waren. Kurzum, er schien von seinem Standpunkt nicht sehr überzeugt zu sein. Nach dem in Camp David ausgehandelten ägyptisch-israelischen Separatfrieden hatte der amerikanische Präsident Jimmy Carter den deutschen Regierungschef gedrängt, nach Israel zu fahren. Mangels eigener politischer Mittel sollte der Kanzler Begin zu einem Verzicht auf das geplante Groß-Israel bewegen. Ein anderes Staatsoberhaupt riet Schmidt jedoch, genau das nicht zu tun: Frankreichs Präsident Valéry Giscard d'Estaing. Der hatte seinen Freund schon eineinhalb Jahre zuvor gewarnt, sich nicht die Finger zu verbrennen. Und der Franzose ist für den deutschen Kanzler ein »sehr kluger Mann«.

Wir saßen inzwischen eine gute Stunde lang zusammen. Außer der Baritonstimme des Kanzlers war im Haus kein Laut zu vernehmen. Draußen bogen sich die Zweige im Wind. »Als wir uns hier ankauften, wuchsen weder Bäume noch Sträucher, und man mußte die Häuser fest verankern, damit sie nicht wegflogen, wenn der Sturm über den See blies«, sagte Schmidt. »Was Sie jetzt sehen, haben wir alles selbst angepflanzt. Bis auf diesen Baum und den da, die haben sich selbst gepflanzt.«

Ich wechselte das Thema. »Warum tut sich Ihre Partei so schwer, ein geeignetes Wahlkampfkonzept gegen Franz Josef Strauß zu finden?«

Schmidts Antwort kam spontan und wirkte darum glaubwürdig: »Weiß ich nicht, ehrlich nicht. Und das beschäftigt mich im Augenblick überhaupt nicht. Das hat Zeit.« Er lächelte mit der Überlegenheit eines Mannes, der für die Erledigung von Bagatellen seine Gehilfen hat. Ich mußte ihn ob dieser Nonchalance etwas verwundert angeschaut haben, denn er fügte noch hinzu: »Der Strauß schafft das nicht.«

»Die wirtschaftliche Entwicklung kann aber im Wahljahr zu Ihren Ungunsten verlaufen, und dann sind Straußens Chancen gar nicht so schlecht.«

Er nickte. »An eine höhere Inflationsrate glaube ich nicht. Aber die Arbeitslosenzahl kann steigen.« Pause. »Und trotzdem schafft Strauß es nicht.«

War das nun gespielt oder feste Überzeugung? Wenige Tag vor meiner Brahmsee-Visite war ein internes Wahlkampfkonzept aus dem SPD-Hauptquartier an die Presse gelangt. Darin wurden – im Gegensatz zu Schmidts Äußerungen – die Chancen des Kanzler-Kandidaten der Opposition nicht so gering eingeschätzt. Die Verfasser warnten davor, die Unionsparteien könnten im Hinblick auf Strauß »die bei sehr vielen aller Altersstufen und Bildungsgrade latent vorhandene Lust zur Unterwerfung vor dem starken Mann ausnutzen«.

»Ich habe das Papier, es sind zweimal drei Seiten, erst heute bekommen. Haben Sie es schon in Gänze gelesen?« fragte mich Schmidt.

»Nein.«

»Also wissen Sie, diese sogenannte Studie ist so abgefaßt, als diene sie einzig dem Zweck, sie der Opposition zuzuspielen.« Er machte eine Handbewegung, die seine Mißachtung über »die da in der Baracke« ausdrückte. Ehe er den nächsten Satz, der ihm auf der Zunge lag, aussprechen konnte, trat der bärtige Referent ein, blieb an der Tür stehen und sagte: »Herr und Frau Bahr sind angekommen.«

Der Kanzler stand auf und ging mit steif gewordenen Knien in die Diele. Durch die offenstehende Tür drang das unter Freunden übliche Begrüßungshallo zu mir. »Mensch, Egon, siehst du gut aus. . . Grüß dich, Thea. . . Fein, daß ihr da seid. Nehmt Platz, ich bin noch nicht fertig. Loki leistet euch Gesellschaft.« SPD-Bundesgeschäftsführer Egon Bahr und seine Frau Dorothea waren kurz zuvor von einer mehrwöchigen Reise mit einem französischen Bananenfrachter aus der Karibik zurückgekehrt.

Die Tür fiel ins Schloß, der Kanzler stand wieder im Raum. Er griff an seinen offenen Hemdkragen, der den Blick auf einen für seine sechzig Jahre erstaunlich straffen Hals freigab. »Wo waren wir stehengeblieben?«

»Beim verkorksten Wahlkampf Ihrer Partei.«

Schmidt setzte sich auf seinen alten Platz mir gegenüber. »In unserer Partei gibt es überhaupt nur vier, die einen ordentlichen Wahlkampf organisieren könnten.« Er hob seine linke Hand — eine erstaunlich kleine, aber kräftige, fleischige Hand — und begann an den Fingern abzuzählen: »Wischnewski, den ich darum auch zum stellvertretenden Parteivorsitzenden gewählt sehen will, damit er von der Parteizentrale aus den Wahlkampf managen kann.«

Zu dem aufrechten Daumen gesellte sich der Zeigefinger. »Herbert Wehner, der könnte das sehr gut, aber das kann man ihm aus gesundheitlichen Gründen nicht zumuten. Drittens«, zu Daumen und Zeigefinger schnellte der Mittelfinger, »unser Dicker in Hessen, Holger Börner. Nur, nachdem Koschnick posaunte, man könne nicht gleichzeitig Chef einer Landesregierung und stellvertretender Parteivorsitzender sein, kann ihm Börner schlecht das Gegenteil beweisen.«

Es entstand eine Pause. Der Kanzler hatte den vierten potentiellen Wahlkampfmanager vergessen. Aber im nächsten Moment fiel er ihm wieder ein. »Und ich könnte das natürlich auch machen.«

Der Genosse, der nun schon seit einiger Zeit in der Diele wartete, Egon Bahr, fehlte in Schmidts Aufzählung. Das war kein Zufall. Denn Schmidt war sich mit dem Parteivorsitzenden Willy Brandt einig, daß »Egon« für diesen Job nicht geeignet sei, wiewohl er ihm andere Qualitäten bescheinigte. »Die Ostverträge hat er viel besser ausgehandelt, als das heute von einigen Leuten dargestellt wird.«

Bahr aber tat so, als gäbe es nicht den geringsten Zweifel an seiner Zuständigkeit. Bevor er an den Brahmsee gefahren war, hatte er einem *Spiegel*-Redakteur erklärt: »Ich werde den Wahlkampf machen, und ich denke nicht daran, mir meine Aufgaben einengen zu lassen.«

Der Kanzler schaute nach links oben, wo sich Zimmerwand und Decke trafen. »Es gibt keinen Besseren als Wischnewski für diese Aufgabe.« Sein Blick glitt zurück und traf sich mit meinem. »Der gäbe auch einen guten Kanzler ab.«

Von dieser Spekulation hatte ich schon früher in den Zeitungen gelesen, aber sie noch nie aus dem Mund des Königmachers gehört. »Und wo bleibt da Ihr Kronprinz Hans Apel?«

»Natürlich gehört der auch in die Reihe derer, die einmal mein Amt übernehmen könnten. Genauso wie Matthöfer, Vogel und Ehmke.«

Die beiden zuletztgenannten Namen überraschten mich. Schließlich war Hans-Jochen Vogel, seinerzeit Bundesjustizminister, erst ein paar Jahre zuvor als Münchner Oberbürgermeister und bayrischer SPD-Landesvorsitzender in heftige Händel mit den Parteilinken verstrickt gewesen. Warum sollte ausgerechnet ein Rechthaber einen guten Landesvater abgeben? Daß Schmidt ferner den stellvertretenden Vorsitzenden der SPD-Bundestagsfraktion und ehemaligen Kanzleramtsminister unter Willy Brandt zu den potentiellen Thronanwärtern zählte, überraschte mich insofern, als das Verhältnis der beiden Herren lange Zeit unterkühlt war. Horst Ehmke hatte die Querschüsse nicht vergessen, mit denen der einstige Finanzminister Helmut Schmidt Kanzler Brandt mürbe und rücktrittsreif geschossen hatte. Und nach Übernahme der Kanzlerschaft war für Schmidt

Ehmke ein Mitglied der Brandt-Truppe, das man sich besser vom Leibe hielt. Inzwischen hatte Schmidt seine Meinung über Ehmke offensichtlich geändert. »Unstetig, aber von einer ungeheuren Universalbegabung. Enorm, was dieser Mann im Kopf hat«, rundete der Kanzler sein Urteil ab.

Über dem Brahmsee zogen wieder Regenwolken auf. »Ich halte überhaupt nichts vom Heranziehen eines Kronprinzen«, sagte Schmidt. »Denken wir doch einmal an Adenauer und Erhard. Ehe Erhard zum Kanzler gekürt wurde, hatte er als Kronprinz schon ausgespielt. Auch daß Brandt mir die Kronprinzenrolle zugedacht hatte, war falsch. Ich habe Willy nie wieder so angebrüllt wie damals, als er mich rief, um mir zu eröffnen, daß er zurückträte und ich sein Nachfolger werden solle.«

Ausgerechnet Schmidt, der früher keinen Hehl daraus gemacht hatte, das Amt des Kanzlers anzustreben, sollte auf die Nachricht seiner Inthronisierung mit einem Wutanfall reagiert haben? Das klang wenig glaubwürdig.

Überliefert ist immerhin, daß Schmidt in jenen Mai-Tagen des Jahres 1974, als sich in Bonn unter spektakulären Umständen — Spionageaffäre Guillaume, Frauengeschichten um Brandt — der Kanzler-Wechsel vollzog, ungewöhnlich gereizt war. Fotografen, die bei der Amtsübernahme ins Palais Schaumburg, dem damaligen Sitz des Regierungschefs, eingelassen wurden, um erste Aufnahmen zu machen, beschimpfte er ohne jeden Grund. Auch die sozialdemokratische Bundestagsfraktion hatte Schmidts Unmut zu spüren bekommen. In einer Sitzung unmittelbar nach seiner Wahl zum Kanzler hatte er sich in Rage geredet, hatte die Genossen dafür verantwortlich gemacht, daß der SPD in letzter Zeit Millionen Wähler davongelaufen waren. Diese unbeherrschte Aufwallung bei einem solch feierlichen Anlaß hatte die Parteifreunde tief betroffen gemacht. Vor diesem Hintergrund gewann auch die Geschichte an Glaubwürdigkeit, er habe Brandt angebrüllt, weil dieser ihm allein die Kronprinzenrolle zugedacht hatte, statt mehrere Kandidaten aufzubauen.

Fünf Jahre später war jene Episode für Schmidt nur noch ein leidenschaftslos erzähltes Erinnerungskapitel. »Wer nach mir aus meiner Partei Kanzler werden will, muß vorher Gelegenheit bekommen, ein größtmögliches Spektrum an Erfahrungen zu sammeln. Aber das ist leichter gesagt als getan.«

Schmidt saß, während er so zu mir redete, zurückgelehnt, die rechte Hand in der Tasche der braunen Kordhose, die linke auf der Bank aufgestützt, die Beine übereinandergeschlagen. »Was hat es mich an Mühe gekostet, Apel . . .«, er stockte, fuhr im nächsten Moment mit gesteigertem Stimmaufwand fort, »und seiner Frau das Finanzministerium einzureden. Und erst das Verteidigungsministerium. Vogel wiederum wollte nicht aus seinem Wohnungsbauministerium weg. Jetzt ist er ein guter Justizminister.«

»In der Aufzählung Ihrer möglichen Nachfolger vermisse ich den gegenwärtigen Forschungsminister Hauff.«

»Gar keine Frage, der gehört auch dazu. Nur, das wäre dann der übernächste Wechsel. Die ich eben nannte, sind ja eine Generation älter, nicht wahr? Wie alt ist der Volker jetzt?«

»Gerade neununddreißig geworden.«

»Na bitte. Die anderen gehören noch zur Flakhelfer-Generation. Wie Genscher. An Volker Hauff denke ich natürlich, und damit er seinen Lernprozeß vervollständigt, sähe ich ihn gern als Bundesgeschäftsführer unserer Partei.«

Bei der Erwähnung dieses Postens fiel ihm der noch amtierende Bundesgeschäftsführer ein: »Bahr wartet ja immer noch.« Schmidt stützte sich mit beiden Händen von der Tischplatte ab und stemmte den Körper etwas umständlich hoch, weil die Sitzbank eng am Tisch stand. »Fahren Sie heute noch nach Bonn zurück?« fragte er mit ungewohnter Anteilnahme. Natürlich hatte er den Flugplan nicht im Kopf, weil er seit Jahren für die Strecke Hamburg–Bonn eine Luftwaffenmaschine benutzte.

»Nein, die Abendmaschine ist schon weg. Ich übernachte in Hamburg.«

Er kam um den Tisch herum, drückte einmal kräftig sein Kreuz durch und atmete hörbar ein und aus. »Jetzt will ich *Sie* einmal etwas fragen.« Sein Gesicht bekam lehrerhafte Strenge. »Wie geht es Ihrer Zeitung und der *Welt am Sonntag?*« (Ich schrieb damals für die *Welt* die Kolumne »Berichte aus dem Kanzleramt«.)

Das war typisch Schmidt. Selten entließ er Besucher, ohne sie nach Informationen angezapft zu haben. Ich sagte, was ich wußte. Das war nicht viel, da ich zu Hause arbeite und sich mein Kontakt zu den Redaktionen auf telefonische Themenvorschläge und die Festlegung von Ablieferungsterminen beschränkt. Er fragte mich nach der finanziellen Situation beider Blätter, korrigierte mich und nannte aktuellere Zahlen. Er schien auf dem neuesten Stand zu sein.

Der Kanzler machte dann zwei Schritte in Richtung auf die Tür, hinter der Egon Bahr mit seiner Frau und Loki warteten. Plötzlich schaute er mich vorwurfsvoll an und sagte unvermittelt: »Journalisten sind manchmal schon eine richtige Plage. Nicht einmal, wenn man vom Klo kommt, lassen sie einen in Ruhe. Und erst die Fernsehleute mit ihren Lampen!« Er kniff die Augen zusammen, als müsse er mir demonstrieren, wie das ist, wenn man in Tausend-Watt-Scheinwerfer zu blinzeln hat. »Neulich wäre ich doch fast die Treppe hinuntergefallen, weil ich völlig geblendet war. Eine richtige Plage, diese Journalisten.«

»Abgesehen davon, daß Presse und Fernsehen nun einmal Bestandteil unseres gesellschaftlichen Systems sind, bringt das der Verkaufsjournalismus mit sich. Blätter werden dazu gemacht, um verkauft zu werden, und der Konkurrenzkampf ist enorm.«

Der Kanzler blieb bei seiner Meinung: ». . . eine richtige Plage.« Ich hatte keine Lust, mit ihm ein Streitgespräch über das angebliche Fehlverhalten meiner Kollegen zu beginnen, zumal ich aus Erfahrung wußte, daß es oft die einzige verbleibende Möglichkeit war, ihm irgendwo aufzulauern – nicht gerade vor einer Toilette, aber zum Beispiel am Zeitungsstand eines Hotels —, um ein druckreifes Zitat von ihm zu ergattern. Darum gab ich noch einmal Kontra. »Ein von Ihnen so geschätztes Blatt wie *Die Zeit* wäre schon lange mausetot, wäre es nicht über viele Jahre mit Zuschüssen vom damals noch im selben Verlag erscheinenden *Stern* am Leben erhalten worden. Und Illustrierte gehören zu dem, was ich mit Verkaufsjournalismus meine.«

Das Beispiel mit der *Zeit,* deren Mitherausgeber er acht Jahre später werden sollte, leuchtete ihm ein. »Da haben Sie vielleicht auch wieder recht«, knurrte er, öffnete die Tür und ließ mir den Vortritt. Egon Bahr, der immer so wirkt, als säße der Kopf mit der langen spitzen Nase unmittelbar auf den Schultern, schaute mich überrascht an. Hinter meinem Rücken hörte ich den Kanzler: »Ihr kennt euch doch.« Und ob, dachte ich. Vor fast dreißig Jahren hatten wir beide beim RIAS gearbeitet; ich in der politischen Redaktion, er als Bonner Korrespondent, dessen Berichte damals noch zu unser aller Amüsement mit der Ansage eingeleitet wurden: »Sie hören Egon Bahr, direkt aus Bonn«, ganz so, als läge die Bundeshauptstadt auf der anderen Seite der Erdkugel.

Der Kanzler nahm einen hellbraunen Spazierstock, der in der Diele stand, und trat, darauf gestützt, ins Freie. Es war feucht und kühl. Vor der Haustür hing eine mittelgroße, graue gußeiserne Schiffsglocke. Mit dem Stock schlug er dreimal kräftig dagegen. Er tat es mit dem Vergnügen eines Dompteurs, der einem erstaunten Zuschauer einen besonders gelungenen Dressurakt vorführen konnte.

Das scharfe Bäng-Bäng der Glocke schmerzte noch in meinen Ohren, da stürzten aus der Wachstube zwei Sicherheitsbeamte und der Persönliche Referent. Die Beamten blieben in gebührendem Abstand im Hintergrund, Peter Walter trat auf uns zu.

»Peter, Graf Nayhauß möchte noch die anderen Räume und das Grundstück inspizieren. Führen Sie ihm alles ganz genau vor. Auch das Klo!« Er zeigte sein bekanntes Lächeln und ergötzte sich an seinem eigenen Witz. »Sie können ihn auch einen Blick auf meinen Schreibtisch werfen lassen. Aber nur durchs Fenster.« Dann fiel dem Kanzler noch etwas ein: »Staatssekretär Schüler war heute ein ungemein disziplinierter Besucher. Wann kam er eigentlich, und wann ist er wieder gegangen?«

Der Persönliche Referent brauchte nicht lange zu überlegen, denn Besuchertermine waren sein Metier. Leute, die ihre Zeit beim Kanzler nicht überzogen, blieben ihm in besonders angenehmer Erinnerung, weil sie den Tagesablauf nicht durcheinanderbrachten. »Herr Schüler traf kurz nach zwölf ein und fuhr Viertel vor zwei wieder weg.«

Ich fühlte mich angesprochen. Eine halbe Stunde war vereinbart gewesen, zwei Stunden war ich geblieben. »Da war ich nicht ganz so diszipliniert.«

Der Kanzler lachte und berührte kurz meinen Arm. Eine ungewohnt vertrauliche Geste. »Nein, das war nicht auf Sie gemünzt.« Er reichte mir zum Abschied die Hand. »Kommen Sie gut nach Hause.« Dann machte er eine Kehrtwendung und stapfte zur Haustür.

Wie er da, gestützt auf den braunen Stock, zurückging, wirkte sein Schritt schwer und der ganze Mann um Jahre älter. Irgendwie konnte ich mich aber auch des Gefühls nicht erwehren, daß dies ein studierter Abgang des Staatsschauspielers Helmut Schmidt war.

2 Während ich nach Hamburg zurückfuhr, ließ ich die vergangenen Jahre, in denen ich Helmut Schmidt als Kolumnist der *Welt* auf den Fersen geblieben war, Revue passieren. Wie hatte sich dieser Mann nach einer Reihe von Auf und Abs in den fünf Jahren seiner Kanzlerschaft verändert? Er war gelassener geworden, und gleichzeitig wuchs ihm mehr und mehr Macht zu.

Zu Edward Gierek schipperte Schmidt lässig-sportlich mit einer Segelyacht, und der polnische Gastgeber bemühte sich für das Treffen eigens von Warschau an die Ostseeküste. Zu Frankreichs Staatspräsident Valéry Giscard d'Estaing wie zum amerikanischen Präsidenten Jimmy Carter hatte Schmidt eine direkte Telefonleitung. Der amerikanische Notenbankpräsident holt erst Schmidts Meinung ein, ehe er − im Oktober 1979 − ein drastisches Antiinflationsprogramm verkündet. Dem Ministerpräsidenten der Sowjetunion, Alexej N. Kossygin, und Andrej A. Gromyko, seinem Außenminister, machte es nichts aus, zum Moskauer Flughafen hinauszufahren, um den bundesdeutschen Regierungschef zu sprechen, dessen Maschine auf dem Weg nach Tokio nur zum Auftanken zwischenlandete.

Ich dachte: Super-Schmidt!

Das war nicht immer so gewesen. Als derselbe Schmidt im zweiten Jahr seiner Kanzlerschaft, im Oktober 1975, zu einem Vortrag nach New York reisen wollte, versuchte der deutsche Botschafter in Washington, Berndt von Staden, zunächst lange Zeit ohne Erfolg, für den Kanzler einen Termin beim amerikanischen Präsidenten zu arrangieren.

Als Schmidt dann doch eine Audienz bekam, war etwas Erstaunliches zu beobachten: Dieser Kanzler, der einst nicht von ungefähr den Spitznamen »Schmidt-Schnauze« verpaßt bekommen hatte, saß bei Gerald Ford fast wie ein Bittsteller mit vorgebeugtem Oberkörper auf der Sesselkante. Erst im weiteren Verlauf des Gesprächs − es ging schon damals um die Dauerthemen Abrüstung, Inflationsbekämpfung, Arbeitslosigkeit, Währungsfragen − legte Schmidt die Befangenheit vor dem ›ranghöheren‹ Präsidenten ab.

Schmidts internationales Ansehen war damals noch bescheiden. Das Forum für seinen zuvor in New York gehaltenen Vortrag hatte er sich durch Vermittlung eines Privatmannes verschaffen müssen − nämlich mit Hilfe seines Hamburger Freundes, des Reeders Professor Rolf Stödter (Deutsche Afrika-Linien). Schmidt hatte damals eine geeignete Plattform gesucht, von der aus er seine Thesen zur Bekämpfung der weltweiten Wirtschaftsflaute (»Ich spüre, daß meine Besorgnisse nicht unberechtigt sind«) verkünden konnte. Stödter, Sammler alter holländischer Meister,

Besitzer einer fast dreißigtausend Bände umfassenden Bibliothek und verheiratet mit einer ehemaligen Legationsrätin aus dem Bonner Auswärtigen Amt, war viele Jahre Präsident der Internationalen Handelskammer gewesen und ermöglichte dem Bundeskanzler einen Auftritt vor der amerikanischen Sektion dieser Vereinigung, dem US-Council of the International Chamber of Commerce in New York.

Der Gerechtigkeit halber muß allerdings festgehalten werden, daß Schmidt schon damals in der amerikanischen Wirtschaft ein viel größeres Ansehen genoß als unter seinesgleichen in der internationalen Politik. So wurde er gebeten, in New York auf drei Veranstaltungen vor amerikanischen Wirtschaftsbossen zu sprechen: am Ankunftsabend im vornehmen Links Club (»No ladies, please«), anderntags mittags im University Club an der 5th Avenue — vor einem ausgewählten Kreis von etwa vierzig Mitgliedern der International Chamber of Commerce — und abends im großen Ballsaal des Hotel Pierre bei einem von der Kammer veranstalteten Dinner, für das pro Person hundert Dollar gezahlt werden mußten.

Was in der Finanzmetropole New York und an der amerikanischen Ostküste bis hinauf nach Kanada Geld, Rang und Namen hatte, nutzte mindestens eine dieser Gelegenheiten, um »Herrn Schmidt« live zu erleben — angefangen von David Rockefeller und dem Präsidenten der Bank of America über die Spitzen von General Motors, Ford, Exxon und Mobil Oil bis hin zu den Verantwortlichen der Walt Disney Productions. Offensichtlich genoß der Kanzler die Gesellschaft solcher Kapitalisten, er fühlte sich geschmeichelt und wohl. Nach gewissen Anlaufschwierigkeiten in dem ungewohnten Rahmen gab er sich schnell betont lässig wie Charles Bronson als Melonenpflücker in *Mister Majestic*. Im Smoking, eine Platinuhr mit mitternachtsblauem Zifferblatt am linken Handgelenk, hinter sich die pompöse Kulisse einer beigefarbenen Marmorwand mit getönten Spiegeln, darüber ein riesiger Baldachin mit posauneblasenden Putten, dozierte Schmidt bei der After-dinner-speech im Pierre, wie er vom Palais Schaumburg aus, wo er damals noch sein Büro hatte, die Weltwirtschaftslage beurteilte. Das Name-dropping beherrschte er schon glänzend (». . . wie Präsident Ford und ich das taten, wenn wir unsere gemeinsame Position bezüglich der Weltwirtschaftssituation diskutierten . . .«). Hinzu kam, daß er mit seinem sicheren Englisch brillieren konnte und alles in allem eine gute Figur machte.

Auf dieser Amerika-Reise praktizierte Schmidt etwas zum erstenmal, was später zum festen Bestandteil fast aller seiner größeren Auslandsreisen wurde: die Mitnahme von jeweils zwei Repräsentanten der deutschen Wirtschaft und der Gewerkschaften; später kamen gelegentlich auch noch Vertreter von Wissenschaft und Kunst hinzu.

Als das Ford-Vorstandsmitglied Philip Caldwell nach dem Essen im University Club mit besorgtem Unterton die Gretchenfrage nach der anstehenden Mitbestimmung in deutschen Unternehmen stellte (»Wer gibt denn den Ausschlag bei einem Abstimmungspatt?«), zog Schmidt wie der große Zauberer Kalanag die mit ihm angereisten Gewerkschaftsbosse

Alois Pfeifer vom DGB-Vorstand und Heinz Vietheer, den Chef der Gewerkschaft Handel, Banken und Versicherungen, aus dem Zylinder: »I have here with me two distinguished gentlemen of my delegation.« Sie seien der wandelnde Beweis dafür, daß in der Bundesrepublik sozialer Friede herrsche. Bei soviel deutscher Einigkeit waren die Amerikaner schier sprachlos. Daß Mr. Caldwells Frage nicht so recht beantwortet worden war, fiel dabei weiter nicht auf.

Während Schmidt im Ausland in Wirtschaftskreisen auf Anhieb ein gutes »standing« hatte, von Politikern aber noch als Newcomer behandelt wurde (»Schmidt who?«), war er auch zu Hause »erst noch am Sichentwickeln«, wie Konrad Adenauer es in seiner grammatisch falschen, aber treffenden Sprache einmal ausgedrückt hatte.

Schmidts Vorteil bestand darin, daß er nach Übernahme der Regierungsgeschäfte von einem Tiefpunkt aus beginnen konnte. Er hatte alle Chancen, vorausgesetzt, er lieferte, was die Leute von ihm erwarteten: Erfolge. Unter Brandt hatten sich die Dinge zuletzt nur noch dahingequält. Die Euphorie der Reformen war verflogen, zurückgeblieben war ein Haufen Asche. Vieles war auf den Weg gebracht worden, am Ende ging jedoch nichts mehr. Die Popularität der SPD war auf unter dreißig Prozent gesunken.

Das Kanzleramt, unter Brandt wegen seines Bohème-Stils berühmt, wurde von Schmidt reorganisiert und arbeitete fortan wie das Vorstandssekretariat einer Aktiengesellschaft. Alle für den Kanzler bestimmten Eingänge liefen über seinen Bürovorsteher Klaus Dieter Leister und nicht über den »Chef BK«, Staatssekretär Manfred Schüler. Nicht mehr intellektuelle Ballkünstler wie Klaus Harpprecht und Günter Gaus waren gefragt, weniger Männer mit zündenden Ideen, sondern geräuschlose Zuarbeiter, tüchtige Verwalter, wie sie Schüler − vor seiner Bonner Karriere Vorstandsassistent bei der Hoesch AG, Dortmund, und später Stadtkämmerer in Gelsenkirchen − repräsentierte.

Die Sitzordnung im Kabinett wurde geändert: Der Wirtschafts- und der Finanzminister bekamen an dem langen ovalen Kabinettstisch neue Plätze zugewiesen, und zwar unmittelbar vis-à-vis vom Kanzler, damit er sie besser hören konnte. Stand allerdings ein schwieriges Stück Regierungspolitik auf der Tagesordnung, mußten die Herren für die hinzugebetenen Fraktionsvorsitzenden Herbert Wehner (SPD) und Wolfgang Mischnick (FDP) Platz machen. Begründung des neuen Kanzlers: »Ich fand das unerhört, daß die Fraktionsvorsitzenden, wenn sie im Kabinett zu Besuch waren, irgendwo am Rande saßen.«

Nachdem er sich mit seiner neuen Rolle abgefunden hatte, schien Schmidt vor Tatendrang zu platzen. Einmal, beim gelegentlichen Fußmarsch von seinem Dienstbungalow im Park des Kanzleramtes hinüber zu seinem Büro, kündigte er sein Kommen übermütig mit einer Trillerpfeife an. Der »Macher« wollte seiner Umwelt beweisen, daß er sich aufs Regieren verstand. Und weil er immerhin kein Anfänger war, rechnete sogar die Opposition mit gewissen Erfolgen. Auch die breite Öffentlichkeit brachte dem neuen Regierungschef mehr Sympathie entgegen, als man zunächst hätte vermuten können. Die Menschen sahen in ihm einen Mann der Tat.

Die Enttäuschung kam schnell und vehement. Sein Pragmatismus, sein Stil, sich auf das Realisierbare zu beschränken, machte ihm Feinde auf dem linken Flügel seiner Partei. Erhard Eppler, Minister für wirtschaftliche Zusammenarbeit, verweigerte ihm bereits nach zwei Monaten die Gefolgschaft und schied aus dem Kabinett aus. Auf dem Gebiet der Wirtschaft, auf dem sich Schmidt besonders kompetent fühlte, erwiesen sich seine anfänglich optimistischen Voraussagen als falsch. Im Dezember 1974 erklärte er in einem Interview mit *Bild am Sonntag*: »Noch nicht im Frühjahr, wohl aber im Frühsommer werden wir über den Berg sein.« Bereits in der Neujahrsansprache korrigierte er sich: »Heute in zwölf Monaten wird es anders und besser aussehen.« Im folgenden Jahreswirtschaftsbericht 1975 dämpfte er die Erwartungen noch mehr, sprach von zwei Prozent Wachstum und drei Prozent Arbeitslosigkeit.

Statt dessen gab es in Schmidts erstem Kanzler-Jahr fünf Prozent Arbeitslose und kein Wachstum. Ein massives Konjunkturprogramm, eines der umfangreichsten seit Gründung der Bundesrepublik, brachte die Unternehmer trotz Investitionsprämien nicht auf Trab. Im Gegenteil, die Stahlindustrie rutschte in die Baisse, und Schmidt sagte Betriebsbesichtigungen bei Hoesch, Thyssen und Mannesmann ab, um von den Arbeitern nicht ausgepfiffen zu werden. Eine Steuerreform, unter seinem Vorgänger Brandt noch ausgedacht, von der Schmidt-Regierung aber erst verkündet, erwies sich als Fehlgeburt: Keiner der zwanzig Millionen Steuerzahler, die durch das Jahrhundertwerk entlastet werden sollten, war glücklich, geschweige denn dankbar.

In dieser Situation zeigte sich der neue Kanzler als schlechter Verlierer. Er suchte nach Schuldigen. Selbst sein »Freund Klaus«, der ihm besonders loyal ergebene Regierungssprecher Klaus Bölling, mußte als Sündenbock herhalten, indem der Kanzler erklärte, »alle Vorwürfe gegen die Public-Relations-Arbeit der Regierung« seien berechtigt. Den Unternehmern, die nicht zuletzt wegen der gestiegenen Lohnkosten keine Investitionsbereitschaft zeigten, lastete er eine erhebliche Mitschuld am ausbleibenden Wirtschaftswachstum an und blies ihnen öffentlich den Marsch. Bei der Bundesversammlung der Arbeitgeber im Dezember 1974 kanzelte er die betreten dreinschauenden Bosse ab: »Hören Sie doch auf, so zu tun, als ob die Regierung in Deutschland die Löhne festsetzt.«

Auf anderen Gebieten blieb der ersehnte und dringend benötigte Erfolg ebenfalls aus. Die Reform der beruflichen Bildung kam nur stockend voran, und der Gesetzentwurf über die innerbetriebliche Mitbestimmung der Arbeitnehmer in den großen Aktiengesellschaften blieb ganz auf der Strecke. Mutlosigkeit war selbst den Worten Schmidts zu entnehmen. Dabei hatte sich alle Welt von diesem Kanzler Durchsetzungsvermögen versprochen. Auch die Hoffnung der Parteistrategen, der neue Mann würde die Gunst der Wähler zurückgewinnen, erwies sich vor dem Hintergrund dieser Misere als Fehleinschätzung: Die ersten Landtagswahlen in der Schmidt-Ära, nämlich in Niedersachsen, Bayern und Hessen, zeigten einen anhaltenden Abwärtstrend der SPD.

Wie wurde Schmidt mit diesem enttäuschenden Beginn fertig? Hinterließ der Fehlstart bei ihm irgendwelche Spuren? Tat er etwas gegen die Krise? Wie sah sein Arbeitsstil aus? War er überfordert? Fühlte er sich von seinen Parteifreunden im Stich gelassen?

3 Bevor Schmidt zum Kanzler avancierte, bewohnten er und seine Frau in der Bonner Schedestraße in einem modernen Apartmenthaus eine mittelgroße Wohnung. Die Schedestraße geht von der Adenauerallee, an der auch das Kanzleramt liegt, ab und wird am oberen Ende von der Bahnlinie, die Bonn reichlich brutal in Nord-Süd-Richtung durchschneidet, begrenzt. Es ist eine ruhige Straße, in der auch einmal Helmut Kohl wohnte.

Ursprünglich hatten Schmidt und sein Freund Wilhelm Berkhan das Apartment gemeinsam bewohnt, so, wie sie sich auch am Brahmsee Grundstück und Segeljolle teilen. Loki wohnte währenddessen in Hamburg. Berkhan zog jedoch eines Tages aus, weil er die Unordnung seines Freundes leid war und nicht einsah, daß er immer das lästige Abwaschen besorgen sollte.

Nachdem Schmidt Regierungschef geworden und mit Loki in den Kanzler-Bungalow eingezogen war, wurde Hans Apel Nachmieter in der Schedestraße. Das erste, was er nach der Übernahme feststellte, war, daß Schmidt sein Fernsehgerät bei der Post nie angemeldet hatte, mithin wahrscheinlich Deutschlands prominentester Schwarzseher war. »Ich war richtig von den Socken und hab' ihm nachträglich gesagt: ›Mensch, Helmut, das kannst du doch nicht machen!‹«

Über den Kanzler-Bungalow ist viel geschrieben worden; meistens Negatives. Dabei ist das Anwesen, das aus zwei ineinanderübergehenden Atriumhäusern besteht, besser als sein Ruf. Der Bungalow, der von dem bekannten Münchner Architekten Sep Ruf Mitte der sechziger Jahre mit einem Kostenaufwand von zwei Millionen Mark erbaut wurde, steht inmitten eines Parks mit wunderschönen, zum Teil über hundert Jahre alten Bäumen. Einige Außenwände des Bungalows bestehen vollkommen aus Glas, so daß die Bewohner das Gefühl haben, unmittelbar in der Natur zu leben. Zugegeben, der Wohntrakt ist auf Kosten der Repräsentationsräume einige Nummern zu klein geraten. Das Arbeitszimmer des Kanzlers hat die Größe der Dienstbotenkammer einer Altberliner Bürgerwohnung. Und wenn Schmidt sein ebenfalls nicht sehr großes Schlafzimmer lüften wollte, mußte er entweder eine ganze Glaswand aufschieben — dann wurde es meistens kalt und ungemütlich —, oder er mußte im angrenzenden Badezimmer das Oberlichtfenster öffnen. Loki Schmidts Arbeitszimmer war noch kleiner als das ihres Mannes.

Davon abgesehen, die schöne Lage in dem alten Park mit Blick auf den

Rhein, insgesamt über tausend Quadratmeter Wohnfläche, kleiner, beheizter, von den Schlafzimmern unmittelbar zu erreichender Swimmingpool, Hausdame, Hausangestellte und eine Sauna – diese Beigaben waren auch nicht zu verachten. Dennoch zog es die Schmidts schon bald jedes Wochenende in ihr Privathaus nach Hamburg. Ausschlaggebend für Schmidts Flucht aus Bonn am Wochenende war im ersten Regierungsjahr unter anderem, daß er im »Bundesdorf« die Sorgen über seinen schlechten Start nicht abschütteln konnte. In der Hansestadt, wo er von den wenigen noch lebenden Schulfreunden nach wie vor »Schmiddel« genannt wird, konnte er Freunde besuchen, im eigenen Auto herumkutschieren und Restaurants besuchen, ohne groß angegafft zu werden. »Wenn wir nach Hamburg kommen«, pflegte Hannelore Schmidt zu sagen, »gehen wir erst mal gemeinsam durch den Garten und durch das Haus.«

In Bonn waren Schmidt und seine Frau einsam, zumal die Freunde, die sie dort hatten, am Wochenende die Stadt ebenfalls fluchtartig in Richtung Heimat oder Wahlkreis verließen. Nicht einmal bei ihrem einzigen Nachbarn hätten die Schmidts mal eben so hereinschauen können. Das war Bundespräsident Walter Scheel. Präsident und Kanzler duzten sich zwar, was bis dahin zwischen den Inhabern der beiden höchsten Staatsämter noch nie vorgekommen war, aber die beiden Damen schwiegen sich vorwiegend an, was unter anderem daran lag, daß Mildred Scheel über die selbstgeschneiderten Kleider der Kanzler-Gattin die Nase rümpfte.

Von montags bis freitags vergrub sich Schmidt in die Arbeit. Der Vierzehn-Stunden-Tag war die Norm, sechzehn Stunden waren nicht selten. Gleich am Montag war das sogenannte Koalitionsessen im Bungalow; neben dem Kanzler nahmen alle Minister sowie die Partei- und Fraktionsvorsitzenden von SPD und FDP teil. Am Nachmittag oder Abend fand gewöhnlich die Sitzung des sozialdemokratischen Parteivorstandes beziehungsweise des geschäftsführenden Präsidiums statt. Dienstags Kleeblatt, also Treffen des Schmidtschen Küchenkabinetts, und, wenn der Bundestag Sitzungswoche hatte, nachmittags Fraktion. Mittwochs Kabinettssitzung, donnerstags Teilnahme an Plenarsitzungen im Bundestag. Zwischen diesen Fixpunkten gab es an jedem Tag bis zu zehn weitere Termine. Freitag nachmittags – mit einem Seufzer der Erleichterung – zurück nach Hamburg.

Schmidt war trotz oder vielleicht gerade wegen dieser Terminüberfrachtung alles andere als ein »early bird«. Er stand zwischen acht und halb neun Uhr auf und frühstückte mit seiner Frau (zwei Tassen Kaffee, ein Brötchen mit Butter und Konfitüre). Wie die meisten Ehemänner war er um diese Zeit schon nicht mehr ansprechbar, weil er einen Stoß Zeitungen durchackerte, die ihm einer seiner Leibwächter ins Frühstückszimmer gebracht hatte. Der Kanzler las jeden Morgen nicht weniger als acht Blätter. Daß er die drei überregionalen Zeitungen – *Die Welt, Frankfurter Allgemeine Zeitung, Süddeutsche Zeitung* – las, konnte man als Pflichtlektüre ansehen. Aber nach welchen Kriterien wählte er die anderen Blätter aus? Die *Stuttgarter Zeitung*, weil er deren hohes Niveau schätzte. Das

*Handelsblatt* brauchte der Volkswirt Schmidt. Die *Bild-Zeitung* las er, weil er sich der Macht der Fünf-Millionen-Auflage bewußt war. Die zwar kritische, aber der SPD nahestehende *Frankfurter Rundschau* konnte er schlecht ignorieren, und mit dem Chefredakteur der *Westfälischen Rundschau*, Günter Hammer, war er seit vielen Jahren per du. Diese morgendliche Zeitungslektüre wurde im weiteren Verlauf des Tages durch das Studium von drei ausländischen Blättern ergänzt: *Herald Tribune, Times* und *Guardian*. (Ganz zu schweigen von den acht Wochenzeitungen, die Schmidt ebenfalls noch las.) Alle elf Zeitungen wurden im Presseamt von zwei Beamten und mehreren Lektorinnen vorher gelesen, wichtige Überschriften sowie Textauszüge mit gelbem Leuchtstift markiert. Dabei galt die feste Regel: Nie mehr anstreichen, als Schmidt in einer Viertelstunde aufnehmen kann.

Zu den beamteten Vorlesern gehörten der Regierungsdirektor Hellack (zuständig für die deutschen Zeitungen) und der Referatsleiter Alf Enseling (ausländische Blätter). Die Hauptarbeit der beiden Herren bestand darin, zwei Mappen mit Zeitungsausschnitten zu präparieren, die der Kanzler zusätzlich zu den elf Blättern zweimal am Tag – morgens um neun Uhr und am späten Vormittag – ins Büro geschickt bekam. Schmidt pflegte im ersten Jahr seiner Amtszeit den Journalisten zwar unverblümt ins Gesicht zu sagen: »Was ihr über mich zusammenschreibt, ist letztlich völlig belanglos, denn die Leute lesen das doch nicht. Ich will euch sagen, worauf es ankommt: daß im Fernsehen meine Tolle richtig sitzt. Denn fernsehen tun alle Leute.« Doch diese Abqualifizierung der Presse gab nicht seine wahre Meinung wieder. Dagegen sprach zum Beispiel die Sorgfalt, mit der er sich persönlich um die richtige Zusammenstellung der für ihn bestimmten Zeitungsmappen kümmerte. In zwei ausführlichen Gesprächen ließ er die beiden Herren vom Presseamt wissen, wie er diesen Ausschnittdienst gemacht haben wollte. Seine Akribie ging so weit, daß er die Einteilung in zehn Themenbereiche selbst vorgab. Da es im Handel keine Mappen mit zehn Fächern gab, mußte erst die Binderei des Bundespresseamtes in Aktion treten.

Wenn Schmidt das Kanzleramt betrat, gefolgt von einem Bodyguard, der ihm die schwere, unförmige schwarze Aktentasche hinterhertrug, machte er einen Stopp im Vorzimmer und grüßte nur knapp mit einem »Morgen«, während seine Miene unbewegt war. Die beiden Vorzimmerdamen, Liselotte Schmarsow und Marianne Duden, Schmidt schon seit vielen Jahren zu Diensten, erwiderten den Gruß nicht ganz so knapp mit »Guten Morgen, Herr Bundeskanzler«. Aber dann hüllten sie sich in Schweigen, weil sie nach langjähriger Erfahrung wußten, daß es vergebliche Liebesmühe war, dem Chef mit ein paar aufmunternden Bemerkungen den Einstieg ins Tagewerk erleichtern zu wollen. Schmidt gab ihnen, bevor er hinter der schweren Tür zu seinem Arbeitszimmer verschwand, ein, zwei hingemurmelte Anweisungen oder sagte kategorisch »Ich muß telefonieren«, was auf gut deutsch hieß: Ich will nicht gestört werden. Kurzum, er war bereits in Aktion, ehe er an seinen Schreibtisch trat.

Nur selten ging er die knapp zweihundert Meter vom Bungalow zum Bürogebäude zu Fuß. Weil er meistens spät dran war, ließ er sich die kurze Strecke chauffieren. Wenn für neun Uhr ein wichtiger ausländischer Besucher angesagt war, kam der graue Mercedes 380 SE des Kanzlers in letzter Minute den schmalen asphaltierten Weg angebraust, Schmidt hechtete aus dem Wagen — im Mundwinkel eine glimmende Zigarette — und eilte wie ein Pennäler, der gerade noch vor dem Pauker ins Klassenzimmer wischen will, die Treppe hinauf zu seinem Büro.

Am glücklichsten war Schmidt, wenn er hinter Stößen von Akten still vor sich hin pusseln konnte. Beim Diktat wanderte er entweder in seinem Arbeitszimmer auf und ab, gelegentlich mit dem Pfeifenstiel ein an der Wand nicht ganz gerade hängendes Bild korrigierend. Oder er saß am Schreibtisch, wobei er den Blick meistens auf die linke Ecke der Schreibtischplatte richtete. Suchte er nach einem Wort, strich er sich mit dem rechten Mittelfinger durchs ergraute Haar, bis ihm eine passende Formulierung einfiel. Die getippten, ihm zur Unterschrift vorgelegten Briefe trugen oft kein Datum. Rechts oben stand in Maschinenschrift nur »Bonn, den. . .«. Das hatte besondere Gründe. Schmidt kam manchmal erst Tage später dazu, die hinausgehenden Schreiben zu unterzeichnen. Das Datum setzte er darum mit der Hand ein. Er genierte sich auch nicht, ein Wort im Text durchzustreichen oder zu korrigieren und den Brief abzuschicken, ohne daß er nochmals abgeschrieben wurde.

Das Mobiliar des Arbeitszimmers, das er bei seinem Einzug in das alte Palais Schaumburg vorfand — »Gelsenkirchener Barock!« —, ließ er entfernen und den Raum nach seinem Geschmack einrichten: ein moderner Schreibtisch mit kantigen Formen aus Palisander, dazu mit gleichem Furnier ein rechteckiger Konferenztisch mit einer sieben Zentimeter dicken Platte. Aus Palisander auch die Bücherwand hinter dem Schreibtisch sowie der als Ablage dienende Rollkasten. Auf diesem Kasten standen drei Telefone — eines aus Sicherheitsgründen mit Zerhacker — und eine winzige Konsole mit drei altmodischen Klingelknöpfen, mit denen er seine Vorzimmerdamen oder seinen Bürochef herbeizitieren konnte. Bei den Sitzmöbeln bevorzugte der kühle Norddeutsche, seinem herben Temperament entsprechend, schwarzes genopptes Leder. Er saß auf einem drehbaren, auf Stahlfüßen rollenden Schreibtischsessel, der jedoch nicht wie bei amerikanischen Bossen mit hoher Lehne versehen war, sondern wegen der angegriffenen Bandscheibe des Benutzers normale Höhe hatte.

Der Kanzler kam in der Regel erst um Mitternacht oder später nach Hause. Der begleitende Sicherheitsbeamte hatte die Bungalowtür auf- und hinter dem Kanzler wieder zuzuschließen. So verlangte es die Vorschrift. Drinnen aber wartete Loki.

Hannelore Schmidt, Jahrgang 1919, Tochter eines Hamburger Elektrikers, der als Frührentner mit fünfundvierzig Mark die Woche seine sechsköpfige Familie durchbringen mußte, und zwar sieben Jahre lang, hatte warten gelernt. Für ihren Mann kam immer erst die Arbeit, oder, wie sie es nannte, die Pflichterfüllung, und dann die Familie. Sie kennt ihn seit ihrem zehnten Lebensjahr, denn sie ging auf dieselbe Penne, die Hamburger Lichtwarkschule. Dort saß sie auch in derselben Klasse wie »Schmiddel«. Als sie heirateten, waren beide dreiundzwanzig; Hannelore Schmidt ist nur wenige Monate jünger als ihr Mann.

Ältere Ehepaare reden meist nicht viel miteinander. Das gilt auch für die Schmidts, und sie hat eine Erklärung dafür: »Man kann sich auch sehr kultiviert anschweigen.« Loki sagte das ohne jede Ironie. Sie wollte damit nur ausdrücken: Hauptsache, man lebt miteinander und versteht sich. Und weil er und sie nie viel miteinander reden, verkniff sie sich die Allerweltsfrage, wenn ihr Mann spät nachts nach Hause kam: Wie war's im Büro? »Man kann von ihm nicht verlangen, daß er dann noch von Dingen spricht, an denen er gerade sechzehn Stunden lang gearbeitet hat.«

Schmidts Gesicht wirkte nach einem strapaziösen Tag ungesund massig. Die bei ihm besonders ausgeprägten Falten von den Nasenflügeln zu den Mundwinkeln waren dann noch tiefer, dunkle Schatten lagen unter den Augen, deren Weiß wie von einem roten Gespinst durchzogen zu sein schienen. War nicht zufällig noch ein Besucher anwesend, spielten die Eheleute in aller Stille eine Partie Schach oder Streitpatience. Das heißt, zuerst verlangte Schmidt einmal nach Eiscreme, nach einer ganzen Familienpackung wohlgemerkt. Es konnte aber durchaus auch passieren, daß die beiden nachts um zwei Uhr noch drei Sätze Tischtennis spielten, was dann regelmäßig zur Folge hatte, daß Helmut Schmidt am nächsten Morgen unausgeschlafen und mürrisch war.

In jenem ersten Regierungsjahr, als sich der ersehnte Erfolg für Helmut Schmidt nicht einstellen wollte, ließ sich der Kanzler seine Enttäuschung darüber nicht anmerken. Nur wer ihn gut kannte, ihm nahestand, konnte an Kleinigkeiten registrieren, daß er mit sich unzufrieden war. Dann setzte er sich, wenn er nach Hause kam, in dem riesigen Salon an den braunen Flügel und spielte im Halbdunkel vor sich hin. Nicht seinen Lieblingskomponisten Johann Sebastian Bach, sondern Schmidtsche Improvisationen. »Sie waren«, erinnert sich Frau Schmidt, »manchmal sehr disharmonisch.«

Ohne in die Ehe der Schmidts etwas hineinidealisieren zu wollen, darf man behaupten, daß Loki durch ihr stilles Für-ihn-da-Sein viel dazu beitrug, daß ihr Mann nicht resignierte. Daß er nicht, wie es seine Art war, schon bald nach der Übernahme eines neuen Amtes damit drohte, »den ganzen Krempel hinzuschmeißen«, weil er »von lauter Idioten« umgeben sei. Es ist müßig zu spekulieren, ob er diesen Beitrag seiner Frau anerkennt. Daß Helmut Schmidt auch nach Jahrzehnten des Zusammenseins Gefühle der Zärtlichkeit für seine Frau hegt, ist zwar für Außenstehende selten erkennbar. Aber gelegentlich wird wie bei einer Momentaufnahme das Vorhandensein einer tiefen, abgeklärten Zuneigung deutlich. So, als er am Morgen seines sechzigsten Geburtstages im Kabinettssaal des Palais Schaumburg unter dem Ölgemälde des Erzbischofs von Köln, Clemens August, stand — leicht lächelnd, aber unterkühlt, den Beginn der Gratulationscour erwartend. Da trat Loki auf ihn zu und steckte ihm zur Aufmunterung eine rote Rose in die äußere Brusttasche seines dunkelblauen

Anzuges. Und er, der sonst Damen so gut wie nie die Hand küßt, bedankte sich mit genau dieser ritterlichen Geste.

Ein noch treffenderes Beispiel: Im Juni 1978 reiste der Kanzler in Begleitung seiner Frau und einer Delegation zu einem offiziellen Besuch nach Nigeria und Sambia. Am vierten Tag dieser Afrika-Reise war man in Livingston eingetroffen, um die berühmten Victoriafälle zu besichtigen, dort, wo der Zambesi auf über eineinhalb Kilometer Breite grollend und tosend unter einer riesigen Gischtwolke hundert Meter tief stürzt. Frau Schmidt hatte jedoch vom Anblick dieses gewaltigen Naturereignisses so gut wie nichts. Am Morgen war sie von einer schmerzhaften Darmgrippe befallen worden, von der auch andere Delegationsmitglieder nicht verschont blieben, einschließlich der zur Betreuung des Kanzlers mitgeflogenen Bundeswehr-Oberstabsärztin Dr. Karla Többicke. Bei den Victoriafällen angelangt, konnte Loki kaum noch gehen. In dieser Situation erwies sich Helmut Schmidt als aufmerksamer Ehemann. Mit einer Fürsorge, die man ihm nicht zugetraut hätte, und mit einer Behutsamkeit, die rührend wirkte, zog er seine Frau an sich und stützte sie, während sie tapfer versuchte weiterzugehen. Auf dem Rückweg sorgte er persönlich dafür, daß für sie im nahegelegenen Hotel Musi-O-Tunya ein Ruheraum ausfindig gemacht wurde.

Es wäre falsch, Hannelore Schmidt, nur weil sie sich dem Leben ihres Mannes mehr oder weniger total angepaßt hatte, jenem Frauentyp zuzurechnen, der das Gegenteil einer »Emanze« ist, der eingeschüchtert zum Ehemann aufschaut und in die drei berühmten »K« — Küche, Kinder, Keller — seine Erfüllung findet. Immerhin war sie siebenundzwanzig Jahre lang, von 1940 bis 1967, in ihrem erlernten Beruf als Volks- und Realschullehrerin (Hauptfach Biologie) tätig. Daß sie im Ehealltag ihren Kopf durchzusetzen wußte, auch dafür gab es Beispiele. Eines Abends hatte sie Axel Springer jr. zu Gast bei sich im Bungalow. Da klingelte das Telefon, und am anderen Ende war die rauchige Stimme der Kanzler-Sekretärin Liselotte Schmarsow zu hören:

»Der Bundeskanzler kommt schon in einer halben Stunde nach Hause und bringt Bundesbankpräsident Klasen mit. Die Herren hätten gerne etwas zu essen.«

Frau Schmidt: »Das geht nicht.«

Pause. »Was soll ich dem Kanzler sagen?«

»Daß ich Besuch habe. Er soll mit Klasen in ein Restaurant gehen.« Dann legte sie auf.

Nach knapp einer Minute schellte wieder das Telefon. Am Apparat waren »Majestät« höchstpersönlich. Loki muß es unheimlich gut getan haben, daß ihr Mann nicht so sehr über den Restaurantvorschlag maulte, sondern wie ein eifersüchtiger Ehemann zu wissen begehrte, wer denn da bei seiner Frau säße.

Er bekam die gewünschte Auskunft. An dem Besucher hatte er nichts auszusetzen. Dennoch blieben er und Deutschlands oberster Währungshüter an diesem Abend vom Eßtisch des Bungalows ausgesperrt.

Der inzwischen verstorbene sozialdemokratische Bundestagsabgeordnete Conrad Ahlers, Regierungssprecher unter Brandt, mithin ein Mann, der sich in SPD-Interna bestens auskannte, schrieb einmal,»daß es sich bei Hannelore Schmidt um eine bedeutende Persönlichkeit handelt, deren Anziehungskraft so stark ist, daß sich ein so erfolgreicher, von sich überzeugter, überaktiver und unruhig schweifender Mensch wie Helmut Schmidt im wahrsten Sinne des Wortes an ihr festhält«.

Arbeitswut, Pflichterfüllung, Gefallen an der Macht und Lokis Beistand waren indes nicht die einzigen Rettungsringe, mit denen sich der Kanzler im ersten Jahr über Wasser hielt. Hinzu kam noch die Erfahrung eines langen politischen Lebens, daß Rückschläge und Erfolge einander abwechseln. In der Politik ist nichts unmöglich. Wer hätte zum Beispiel die Umstände voraussagen können, unter denen Willy Brandt als Kanzler zurücktreten mußte? Rückschläge hatten Schmidts ganzes Leben begleitet, auch als Verteidigungs-, als Wirtschafts- und Finanzminister. Er war mit ihnen immer fertig geworden.

Schließlich suchte und fand Schmidt im zweiten Amtsjahr, also vorwiegend 1975, dort Trost und Anerkennung, wo schon seine Vorgänger ihr in der Innenpolitik angekratztes Image aufpolieren konnten: im Ausland. Zwei wichtige internationale Begegnungen gaben ihm dazu Gelegenheit: die im Sommer in Helsinki abgehaltene Konferenz für Sicherheit und Zusammenarbeit in Europa, kurz KSZE, und das erste Gipfeltreffen der führenden westlichen Industrienationen im französischen Rambouillet.

4 Es war einer jener Sommertage, an denen die Luft wie verdünnt und der Himmel wie aus Samt ist. Im nördlichen Europa herrschte ungewöhnlich schönes Wetter. In den Städten versuchten die Menschen, in den Schwimmbädern der Hitze zu entkommen. Die Eisverkäufer machten das Geschäft des Monats. Es war der Juli des Jahres 1975.

Die Luftwaffenmaschine mit dem schwarzen Balkenkreuz am Rumpf, die kurz nach zwölf Uhr vom militärischen Teil des Köln-Bonner Flughafens gestartet war, hatte eine Flughöhe von knapp zehntausend Metern zugewiesen bekommen und Kurs auf die Ostsee mit Ziel Helsinki genommen, wo die Konferenz für Sicherheit und Zusammenarbeit in Europa (KSZE) vor dem Abschluß stand.

Helmut Schmidt saß wie immer, wenn er den für Kurz- und Mittelstrecken gebauten Jetstar benutzte, auf dem zweiten Platz vorn links. Da das Flugzeug nur Platz für acht Passagiere bot, hatte bei der Reisevorbereitung unter den etwa fünfundsiebzig Mitgliedern der westdeutschen Delegation für die KSZE-Konferenz das übliche Gerangel eingesetzt; jeder wollte aus Prestigegründen in der Maschine des Regierungschefs mitfliegen. Dabei waren schließlich Regierungssprecher Klaus Bölling, der von Schmidt immer mehr geschätzte Leiter der außenpolitischen Abteilung im Kanzleramt, der grauhaarige Ministerialdirektor Carl-Werner Sanne, ferner der für die Ost-West-Beziehungen zuständige Referatsleiter in derselben Abteilung, Detlev Graf zu Rantzau, der Persönliche Referent Kurt Leonberger, eine Sekretärin und Schmidts Leibwächter.

Der Kanzler war ungewöhnlich gut gelaunt: Unmittelbar zuvor war der amerikanische Präsident Gerald Ford in Bonn sein Gast gewesen, und zwischen den beiden bahnte sich so etwas wie eine Freundschaft an. Am letzten Tag des Besuches hatte Schmidt ein Essen auf dem Rheindampfer *Drachenfels* gegeben. Während man, von einem riesigen Polizeiaufgebot zu Wasser und zu Lande beschützt, speiste und sich in der freizeitähnlichen Atmosphäre locker unterhielt, glitt das festlich erleuchtete Schiff vorbei an Tausenden von Menschen, die sich an beiden Ufern stromaufwärts bis Linz eingefunden hatten.

Beim vorangegangenen Defilee an Bord war Schmidt bester Stimmung. Als sich sein innenpolitischer Rivale Helmut Kohl, damals noch Chef der Opposition, Betty Ford näherte, raunte ihr Schmidt ins Ohr: »Das ist der, der meinen Job will. Aber er kriegt ihn nicht.« Und als FDP-Wirtschaftsminister Hans Friderichs, der spätere Chef der Dresdner Bank, Loki Schmidt bei der Begrüßung in die Arme nahm, beschwerte sich der Kanzler bei Frau Friderichs: »Wie finden Sie das, daß die ohne unsere Genehmigung kräftig flirten?«

Schmidt zu Max Schmeling: »Da muß erst ein amerikanischer Präsident kommen, bis wir uns kennenlernen.« Zu dem neuen, sehr schicken zweireihigen Dinnerjacket des damaligen Finanzstaatssekretärs und heutigen Bundesbankpräsidenten Karl Otto Pöhl bemerkte er: »Das ist ihm viel zu eng. Das hat er schon vor Jahren gekauft, als er noch schlank war.« Nur bei Fords dreiundzwanzigjährigem Sohn Jack verschlug es Schmidt die Sprache. Denn der hielt in der Linken lässig ein halbgefülltes Bierglas, als er den Kanzler begrüßte.

Nun, zwei Tage später, hatte sich Schmidt schon bald nach dem Start in die dickbäuchigen Mappen vertieft, die ihm zur Konferenzvorbereitung vom Auswärtigen Amt und seiner Dienststelle zusammengestellt worden waren. Die hellgraue Hornbrille auf der Nasenspitze, stöhnte er: »Wer soll denn das alles lesen?«

In Helsinki ging es vordergründig darum, eine Schlußakte zu unterzeichnen, an der dreihundertfünfundsiebzig Delegierte aus allen europäischen Staaten und den USA sowie Kanada, jedoch ohne Albanien, zweiundzwanzig Monate lang in Genf gefeilt hatten. Das Dokument würde zwar keine völkerrechtliche Rechtskraft besitzen, aber eine nicht zu übersehende Absichtserklärung der Signatarstaaten darstellen. In drei Punkten – auch Körbe genannt – wurde vereinbart, bestehende Grenzen nicht gewaltsam zu verändern, Kooperation in Wirtschaft, Technik und Umwelt auszuüben und, drittens, Informations- und Kulturaustausch sowie zwischenmenschliche Kontakte, also mehr Menschenrechte, zuzulassen.

Als die Kanzler-Maschine bereits ihre Reisehöhe verlassen hatte und sich im Anflug auf Helsinki befand, sah Leibwächter Werner Seewald, wie sich ein Besatzungsmitglied an einer Fußbodenluke zu schaffen machte. Neugierig fragte er: »Was is'n los?«

»Wir kriegen das Fahrgestell nicht raus.«

Seewald hielt das zunächst für einen Scherz. Aber dann sah er, wie sich im Nacken des Mannes auf dem Boden kleine Schweißperlen und unter den Achseln des hellblauen Fliegerhemdes dunkle Flecken bildeten. So heiß war es in der Maschine nun auch wieder nicht. Plötzlich begriff Seewald: Das war Angstschweiß, und die Sache mit dem verklemmten Fahrgestell war kein Jux. Der Kommandant des Flugzeuges, Luftwaffenmajor Ohlig, behielt die Nerven, startete durch und brachte, während er eine weite Warteschleife über Helsinki zog, die Räder schließlich doch noch aus dem Rumpf.

Der Kanzler hatte von alldem nichts mitbekommen; nur das Durchstarten kam ihm etwas merkwürdig vor. Im übrigen war er mit seinem bevorstehenden großen internationalen Auftritt beschäftigt, von dessen Gelingen ja auch viel für sein Ansehen zu Hause abhing. Wie sich jedoch in den ersten vierundzwanzig Stunden herausstellen sollte, war Schmidt sofort einer der Konferenzstars.

Am Flughafen stand eine schwarze Limousine bereit. Außenminister Hans-Dietrich Genscher war gerade mit einer zweiten Luftwaffenmaschine gelandet. Jovial forderte der Kanzler seinen Vize auf, zu ihm in den Wagen zu steigen. Genscher, damals knapp ein Jahr im Amt und noch um Profilierung bemüht, nahm das Angebot dankend an, und für die Dauer der Konferenz wurde daraus eine ständige Gepflogenheit. Wo immer Schmidt hinfuhr, ob zu Arbeitssitzungen der KSZE, ob zu einem Gipfeltreffen der Westalliierten oder zu einem bilateralen Gespräch am Rande, Genscher saß im Auto immer neben ihm. Einzige Ausnahme: Schmidts Fahrt zum DDR-Staatsratsvorsitzenden Erich Honecker.

Von den übrigen Konferenzteilnehmern wurde diese Aufwertung des deutschen Außenministers natürlich registriert. Die einzigen, die unbeeindruckt blieben, waren die finnischen Wachen vor dem Hotel der westdeutschen Delegation, das den für deutsche Zungen fast unaussprechlichen Namen Kalastajatorppa trug, zu deutsch Fischerhütte. Ohne Konferenzausweis ließen sie auch den Minister nicht hinein.

Die KSZE-Konferenz fand im Finlandia-Haus statt, einem modernästhetischen Prachtbau aus Marmor und Edelhölzern. Schon beim ersten Auftritt des Kanzlers richteten sich alle Kameras auf ihn. Er kam als letzter der fünfunddreißig Staats- und Regierungschefs, und, wie üblich, einige Minuten zu spät. Wie einst Konrad Adenauer den Bundestag zu betreten pflegte, nämlich von hinten durch den Mittelgang, so zog auch Helmut Schmidt in den riesigen, zur Bühne hin abfallenden Konferenzsaal ein. Als einziger begann er sofort eine Begrüßungstour. Zielsicher steuerte er auf Leonid Breschnew zu, den die Sitzordnung nach dem französischen Alphabet mit seiner Delegation auf die drittletzte Sitzreihe verbannt hatte. Der Russe drückte den Kanzler an seine Brust. Dann demonstrierte Schmidt vor allen Anwesenden seine neue Freundschaft zu dem amerikanischen Präsidenten und machte Shakehands mit Ford. Nur seinen deutschen Landsmann, den DDR-Staatsratsvorsitzenden und SED-Chef Erich Honekker, übersah er zunächst, obwohl dieser rechts von ihm, nur durch den westdeutschen KSZE-Sonderbotschafter Klaus Blech und einen Gang getrennt, saß. Die Begrüßung unterblieb jedoch nicht aus diplomatischer Vorsicht und schon gar nicht aus Hochmut, sondern weil Schmidt die Situation als peinlich empfand. Zu einer solch deutsch-deutschen Begegnung war es noch nie gekommen.

Auch Honecker tat sich schwer, den ersten Schritt zu machen. Schmidt und er blickten zunächst für einige Momente zur Seite, bis schließlich der Kanzler das Eis brach und hinter dem Rücken seines Botschafters Erich Honecker ein paar freundliche Worte zurief, auf die dieser dankbar mit Rückrufen reagierte. In der ersten Sitzungspause ging Schmidt zum SED-Chef hinüber, holte den versäumten Handschlag nach, machte ein wenig Small talk und, was nicht ganz der Komik entbehrte, klopfte beim Weggehen Honecker jovial auf die Schulter.

Helmut Schmidt war für den Eröffnungstag zwar auf die Rednerliste gesetzt, in der Reihenfolge jedoch schlecht placiert worden: als neunter und letzter. Würde einer seiner Vorredner die vereinbarte Zeit überziehen, käme der Kanzler erst am folgenden Tag zu Wort. Solange Schmidt die Sache nicht hinter sich gebracht hatte, war ihm eine gewisse Nervosität anzumerken. Während der Ausführungen seiner Vorredner machte er sich immer wieder Notizen und rauchte eine Zigarette nach der anderen. Er hatte sich sehr intensiv vorbereitet; seine Rede war fünfundzwanzig Schreibmaschinenseiten lang geworden. Damit er sie leichter ablesen konnte, hatten die Finnen seiner Sekretärin zur Reinschrift eine Schreibmaschine mit acht Millimeter großen Buchstaben zur Verfügung gestellt.

Der Zeitplan wurde eingehalten, und Schmidt konnte seine Rede noch am Eröffnungstag halten. Als er aufgerufen wurde, die mit braunem Velours ausgeschlagene Empore schnellen Schrittes bestieg und hinter dem mit einem lila Blumenarrangement geschmückten Rednerpult Aufstellung nahm, füllte sich der Saal. Bald hatte er die Zuhörer in Bann geschlagen, der Funke sprang über. Schmidts Rede war eine Warnung: ». . . die Bürger in allen unseren Ländern haben schon viele internationale Konferenzen beobachtet, und sie sind manchmal dem gegenüber skeptisch gestimmt. Wir müssen sie durch substantielle Fortschritte in den Beziehungen zu ihren europäischen Mitbürgern davon überzeugen, daß es sich bei diesen Dokumenten nicht bloß um ein kunstvolles Werk der Diplomatie handelt, sondern um eine Aufforderung zum Handeln, die keiner, ohne Schaden für sich selbst, später ignorieren kann. Die Unterschrift, die wir hier leisten, bedeutet deswegen eine schwerwiegende Verpflichtung für uns alle, die wir hier unterschreiben, den Worten dann die Taten und die Praxis folgen zu lassen. Hier steht die Glaubwürdigkeit eines jeden einzelnen Staats- und Regierungschefs in Ost und West auf dem Spiel . . .«

Er sprach eindringlich und zog sämtliche Register seiner rhetorischen Kunst. Obwohl er ablas, redete er betont langsam, mit Pausen, den Kopf mit dem sorgfältig gekämmten Haar leicht zur Seite geneigt, als suche er oben in der Saalkuppel noch das passende Wort. An anderen Textstellen schaute er den Delegierten in den vordersten Sitzreihen wie ein General beim Abschreiten einer Ehrenformation in die Augen oder gestikulierte zur Bekräftigung seiner Ausführungen wie ein Südländer mit den Händen.

Hinten im Saal, fast versteckt von den überhängenden Rangplätzen, die der internationalen Presse zugewiesen waren, saß Leonid Breschnew. Mit zitternden Händen hatte er sich eine Brille mit ungewöhnlich großen Gläsern aufgesetzt, und während er sich immer wieder mit einem weißen Taschentuch kleine glitzernde Schweißtropfen aus dem Gesicht tupfte, verfolgte er, gespannt nach vorn gebeugt, anhand des ihm schriftlich vorliegenden Textes die Schmidt-Rede. Breschnew hatte – aus welchen Gründen auch immer – Schlimmes vom Auftritt der Westdeutschen in Helsinki befürchtet. Er hatte sogar vorab einen Vertrauten zu Ministerialdirektor Günther van Well vom Auswärtigen Amt geschickt und erkunden lassen, ob die Ausführungen des Kanzlers den Konferenzfrieden stören könnten. Zur Beruhigung erhielt Breschnew ein Vorausexemplar der Kanzler-Rede, was sonst nicht üblich war. Er hatte es sofort übersetzen lassen und verglich es nun Satz für Satz mit Schmidts mündlich vorgetragenen Worten.

Als der Kanzler endete, spendeten die rund vierhundert Delegierten lebhaft Beifall.

Mindestens ebenso wichtig wie seine Rede waren dem Kanzler die bilateralen Gespräche, die er nach einem festen Terminplan am Rande der Konferenz mit einer Reihe von ausländischen Staatsmännern führen wollte, nicht zuletzt, um sich als Nachfolger Willy Brandts bekanntzumachen. Für diese Begegnungen hatte das finnische Protokoll im Finlandia-Haus das Zimmer 107 zur Verfügung gestellt (einige Gespräche wurden auch in den Botschaften abgewickelt). Die Einrichtung dieses Raumes von der Größe eines Klassenzimmers war im Gegensatz zu dem bombastischen Dekor des Hauptgebäudes schlicht. Er lag in einem Nebenflügel an einem langen Korridor, die Wände waren mit schmucklosem Resopal verkleidet, die Fenster vergittert und die Vorhänge aus Furcht vor Terroranschlägen zugezogen. In der Mitte des Raumes stand ein länglicher Tisch mit einer hellblauen Decke, darauf zwei dürftige Steckblumenarrangements, karierte Notizblöcke und runde, häßliche Preßglas-Aschenbecher. Um den Tisch herum waren vierzehn graugepolsterte Armsessel aufgestellt. Vor dieser Kulisse knüpfte Bundeskanzler Schmidt neue internationale Beziehungen, vor allem zu den Regierungschefs des Ostblocks.

Der erste, der dem Kanzler in Zimmer 107 seine Aufwartung machte, war der tschechoslowakische Staatspräsident Gustav Husak. Braungebrannt und gut gelaunt trat er ein. Kaum hatten die Herren Platz genommen, witzelte der Tscheche, wobei er auf die Brust von Schmidt und Genscher zeigte: »Sie genießen hier in Helsinki Vorrechte. Sie brauchen sich Ihre Konferenzausweise nicht anzustecken.« Für den Bruchteil einer Sekunde war der Kanzler irritiert: »Doch, doch, solche Dinger haben wir auch.« Und er zog schnell den rosafarbenen Ausweis aus der Brusttasche, wo sonst das sorgfältig gefaltete Kavalierstuch steckt. Wie Husak den

Ausweis sichtbar am Jackett zu tragen, nein, das mochte der Kanzler doch nicht. Also steckte er das kleine Dokument wieder weg.

Die nächsten Besucher aus dem Ostblock waren nacheinander der Erste Sekretär der ungarischen KP, János Kádár, das rumänische Staatsoberhaupt Nicolae Ceaușescu und der bulgarische Staatsratsvorsitzende Todor Schiwkoff. Kádár wirkte alt und farblos. Schmidt bemühte sich als Gastgeber: »Für uns ist es eine große Freude, daß diese Helsinki-Konferenz«, er vermied den Zungenbrecher KSZE, »uns Gelegenheit zu einem persönlichen Gespräch gibt.« Mit zur Seite geneigtem Kopf lauschte Kádár etwas gequält der Übersetzung des Dolmetschers. Als er mitbekam, daß sein Gegenüber eine Artigkeit sagte, ergriff er schnell Schmidts Hand.

Noch von Bonn aus hätte es der Kanzler am liebsten gesehen, wenn das Treffen in Finnlands Hauptstadt eine ganze Woche gedauert hätte. Am Morgen des dritten Konferenztages war Helmut Schmidt klüger – und matter. »Ich lasse mich nicht hetzen«, wies er seine Mitarbeiter zurecht, die ihm immer wieder neue Gesprächstermine aufdrücken wollten. Die Anstrengungen begannen, sich in seinem Gesicht abzuzeichnen. Tiefe Schatten lagen unter den geröteten Augen, und mit der linken Hand machte er nervöse Fingerübungen, wenn er irgendwo lange stehen mußte.

Der erste, bei dem Schmidt versuchte, das Tempo ein wenig zu drosseln (»Das kann man doch nicht alles in einer Stunde bereden«), war Erich Honecker. Schmidt war bereit, das Gespräch mit Honecker ohne Rücksicht auf ein angesetztes Staatsbankett des finnischen Präsidenten Urho Kekkonen zeitlich zu überziehen. Doch der Staatsratsvorsitzende, Neuling im internationalen Geschäft und noch auf Prestigezuwachs erpicht, drängte auf pünktlichen Schluß. Laut Tischordnung sollte er links von US-Präsident Ford an der Festtafel sitzen. Diesen Platzvorteil wollte sich Honecker nicht entgehen lassen.

Der nächste, bei dem Schmidt anderntags versuchte, sich etwas Zeit zu lassen, war Kanadas langjähriger Ministerpräsident Pierre Trudeau. Morgens, fünf vor halb acht, hatten sich die beiden in der Halle ihres gemeinsamen Hotels verabredet, um dann zu der nur wenige hundert Meter entfernt liegenden Residenz des deutschen Botschafters zu gehen. Dort sollte im Beisein von Genscher und Sanne ein gemeinsames Frühstück stattfinden. Wer jedoch in seinem schicken weißgestreiften Anzug, im Knopfloch eine rote Nelke, wie bestellt und nicht abgeholt warten mußte, war Trudeau. Schmidt verspätete sich, weil er zu so früher Stunde ohne Kaffee stets Anlaufschwierigkeiten hat. Also verlangte er kurz vor der verabredeten Zeit Kaffee auf sein Hotelzimmer, aber darauf war die ansonsten perfekt funktionierende Organisation nicht vorbereitet. So dauerte die Kaffeebeschaffung etwas länger.

Nach dem deutsch-kanadischen Frühstück fuhr der Kanzler zur nächsten KSZE-Arbeitssitzung. Als er dort eintraf, hatte er die Rede des tschechoslowakischen Redners verpaßt. Von da an jedoch bewiesen die alten Parlamentshasen Schmidt und Genscher auf ihren Plätzen in der ersten Reihe für den Rest des Tages Sitzfleisch. Die Unruhe, die dem

Kanzler vor seiner Rede anzusehen war, war nun wie weggeblasen. Den Kopf in die rechte Hand gestützt, die linke leger um die Stuhllehne Genschers gelegt, verfolgte er scheinbar aufmerksam die Reden. Den Bügel der Kopfhörer für die Simultanübersetzung hatte er nicht über den Kopf gelegt, sondern auf den Anzugkragen abgekippt. Gelegentlich tuschelte er mit seinem Außenminister.

Ursprünglich hatte Schmidt über fünfzehn Gespräche außerhalb des Konferenzsaales führen wollen, von denen er dann aber einige Hans-Dietrich Genscher überließ. Das vorgesehene zweite Gespräch mit Erich Honecker wollte er sich jedoch nicht entgehen lassen.

Beim ersten Treffen hatte man dem DDR-Staatsratsvorsitzenden noch gewisse Schwierigkeiten angemerkt, sich selbstsicher auf westlichem Terrain zu bewegen. Das heftige Gedrängel und Geschubse der Fotografen, das lärmende Klicken ihrer motorgetriebenen Kameraverschlüsse, die hektischen Zwischenrufe – »Mehr Licht!«, »Damn it, no more lights!« – verwirrten ihn. Schmidt hatte lediglich seinen Abteilungsleiter Sanne mitgebracht, der auch für innerdeutsche Fragen zuständig war, dagegen nicht Außenminister Genscher. Das geschah mit Rücksicht darauf, daß die DDR nach dem Grundgesetz der Bundesrepublik kein Ausland ist und darum in Bonn auch keinen Botschafter akkreditiert hat, sondern nur einen »Ständigen Vertreter«. Honecker wiederum wurde lediglich vom Chefredakteur des Zentralorgans *Neues Deutschland* begleitet, der allerdings als Mitglied des SED-Zentralkomitees Honeckers Vertrauter war. Das Gespräch dauerte eine Stunde und achtunddreißig Minuten. Schmidt ging es bei diesem Dialog in erster Linie darum, herauszufinden, was für ein Mensch das war, der im anderen Deutschland das Sagen hatte. Ein sturer Funktionärstyp? Ein Büttel der Sowjets? Oder vielleicht ein Kommunist, der im Grunde seines Herzens Deutscher geblieben war und vorsichtig einen moskau-unabhängigen Kurs zu steuern versuchte?

Die Herren hatten sich neben einer breit angelegten Tour d'horizon vornehmlich über Themen unterhalten, die teilweise auch heute noch in den Beziehungen zwischen beiden deutschen Staaten Dauerbrenner sind: Erneuerung der Autobahnen und Verbesserung der Eisenbahnverbindungen zwischen Westdeutschland und West-Berlin, Eröffnung eines zusätzlichen Wasserweges und Fragen der Familienzusammenführung. Schmidt nach diesem Treffen: »Es war ein völlig unverkrampftes Gespräch, ohne Girlanden.« Über Honeckers Person schwieg er sich bezeichnenderweise aus.

Zwei Tage später, bei der nächsten Begegnung, hatte sich im Verhältnis der beiden etwas geändert. Honecker hatte in der Zwischenzeit seine Befangenheit abgestreift und genoß das internationale Szenarium. Das ganze Drum und Dran war für den Mann mit dem saarländischen Tonfall plötzlich so animierend wie eine Flasche Champagner. Er ließ keine Gelegenheit ungenutzt, sich mit den Großen der westlichen Welt sehen zu lassen. So eilte er eigens in die Lobby, um mit Portugals damals starkem Mann, Costa Gomes, fotografiert zu werden. Kaum waren die Aufnahmen gemacht, fragte sein Protokollchef den Bildberichter: »Können wir bis heute mittag davon ein paar Aufnahmen haben? Wir wollen das sofort veröffentlichen.«

»Wenn Sie gleich bezahlen, ja.«

Beim zweiten Tête-à-tête mit Helmut Schmidt ließ Honecker den Kanzler sogar fünf Minuten warten. Da das Zimmer 107 vom finnischen Protokoll anderweitig vergeben worden war, fand das erneute deutsch-deutsche Gespräch in einem winzigen Raum hinter der Angestelltenkantine des KSZE-Sekretariats statt. Helmut Schmidt reagierte verdutzt: »Was, hier sollen wir rein?« Etwas ungehalten zog er sich bis zum Eintreffen Honeckers mit seiner Begleitung hinter einen auf dem Korridor aufgestellten Wandschirm zurück.

Der DDR-Staatsratsvorsitzende − heller Sommeranzug, rote Krawatte mit Schottenmuster − gab sich nach seinem Eintreffen beinahe schon euphorisch. »Der dänische Ministerpräsident hat mich so lange aufgehalten«, verkündete er strahlend. Was die beiden dann besprachen, ist nicht bekannt. Nach der Unterredung hieß es in der DDR-Delegation, der Bundeskanzler könne ja »ganz anders sein, als wir ihn so vom Fernsehen kennen«. Die Ostdeutschen hatten befürchtet, der forsche Schmidt könnte mit ihrem betulichen Chef nach Belieben umspringen. Das tat er natürlich nicht. Wenn Schmidt wollte, und das war im Ausland fast die Regel, gab er sich sehr umgänglich, bisweilen sogar »real charming«, wie Betty Ford einmal feststellte.

Wie fanden Helmut Schmidt und Carl-Werner Sanne den Staatsratsvorsitzenden? Der Diplomat Sanne stieß sich natürlich an dem »kleinbürgerlichen Gehabe« des ersten Mannes der DDR. Der Kanzler anerkannte zwar, daß sich Honecker große Mühe gab, diesen ersten Dialog zwischen den beiden Politikern aus Ost und West nicht zu einem bloßen Austausch von Höflichkeiten werden zu lassen, aber ihm war sehr schnell klargeworden, daß der Staatsratsvorsitzende keinen großen Spielraum hatte. Weder für die Unterhaltung mit ihm, Schmidt, in Helsinki noch überhaupt in der großen Politik und schon gar nicht gegenüber Moskau. Honecker war, anders als zum Beispiel Polens KP-Chef Gierek, gehemmt, offen zu reden. Insofern erwies sich seine vor Beginn des zweiten Gesprächs demonstrierte Selbstsicherheit als aufgesetzt. Der Kanzler war enttäuscht. Das war ein entscheidender Grund, daß dieser in den folgenden Jahren keine große Lust verspürte, nach Ost-Berlin zu reisen, um sich mit Honecker zu treffen. Bis es dazu kam, vergingen über sechs Jahre. Und das war ein Fehler.

Nach drei Tagen war die KSZE-Konferenz beendet. In einer feierlichen Abschlußzeremonie unterzeichneten die fünfunddreißig Präsidenten, Premiers und Parteichefs auf der Bühne des großen Konferenzsaales die dreißigtausend Worte umfassende Schlußakte von Helsinki, in der sie sich vor allem gelobten, nie wieder die Grenzen des Nachbarn mit Gewalt zu verändern.

Dann aber stand dem Kanzler die schwierigste Aufgabe seines Aufenthaltes bevor. Er hatte sich mit Edward Gierek verabredet, um den Freikauf von deutschstämmigen Polen gegen harte D-Mark auszuhandeln. In der Residenz des polnischen Botschafters, außerhalb der Stadt an einer Ostseebucht gelegen, erwartete Gierek – groß, breitschultrig, graues Haar im Bürstenschnitt, grauer Anzug, schwarze Lackschuhe – den Kanzler.

In den schwarzweißen Marmorfußboden des Eingangs war eine Sonnenuhr eingelassen. Im Treppenhaus hing ein großer roter Wandteppich mit dem polnischen Adler. Im Eßzimmer hatte der Gastgeber Geschirr mit Goldrand und wertvolles Kristallglas aufdecken und jeden Platz mit einer handgeschriebenen Namenskarte versehen lassen. Die Begrüßung war, wie stets bei solchen Anlässen, übertrieben herzlich. Der Kanzler machte ein paar atmosphärische Auflockerungsspäße: »Ja, ja, Herr Gierek, wir leben alle in einer Fotodiktatur.« Gierek sah das anders. »Bei mir ist meine Frau der Diktator, und das ist in allen polnischen Familien so.«

Nach dem Dinner wurde es ernst, die Atmosphäre frostig. Die beiden Außenminister und ihre Mitarbeiter wechselten in die benachbarte Kanzlei der Botschaft, um Einzelheiten auszuhandeln. Im Beisein einer kleinen Beraterrunde begannen Schmidt und Gierek das Pokerspiel um die grundsätzliche Entscheidung. Bereits 1973 hatten die Polen angeboten, einer größeren Anzahl von Polen-Deutschen die Umsiedlung in den Westen zu gestatten. Ein Angebot, das allerdings an hohe Zahlungswünsche Warschaus gebunden war. Mal war von einem Drei-Milliarden-Kredit die Rede, mal von einer geschenkten Milliarde. Entschädigungsansprüche ehemaliger KZ-Häftlinge wurden zusätzlich angemeldet, aber von Bonn aus Furcht vor Forderungen anderer Ostblockländer abgelehnt. Die Polen wiederum hatten abgewinkt, als die Deutschen von insgesamt dreihunderttausend ausreisewilligen Deutschen sprachen.

Nach Mitternacht mußten die Gespräche in Helsinki unterbrochen werden. Schmidt war so müde, daß ihm fast die Augen zufielen. Er brauchte dringend frische Luft. Mit Gierek schlenderte er in der warmen Sommernacht durch den Botschaftspark. Am Himmel stand eine goldrote Mondsichel. Auf den dunklen Seitenwegen huschten die Leibwächter des KP-Chefs katzengleich entlang. Vom Ufer her, wo Giereks Staatsyacht – groß wie eine Ostseefähre – festgemacht hatte, summten die Stromaggregate. Vor der Residenz, wo die Wagenkolonne der deutschen Delegation mit ihrer finnischen Polizeieskorte parkte, war es längst still. Fahrer und Sicherheitsbeamte schnarchten mit offenen Mündern in den Autositzen.

Die Journalisten, bei der Ankunft Schmidts noch zahlreich vertreten, hatten sich bis auf einen in die Innenstadt zurückfahren lassen, wo die Deutsche Botschaft im Hotel Marski einen Warteraum für sie eingerichtet hatte. Der Kanzler wollte nach seiner, wie er hoffte, erfolgreichen Verhandlung die Siegesmeldung sofort in Umlauf setzen. Die Korrespondenten von ARD und ZDF hatte er sogar persönlich angesprochen: »Kommt mit raus zu Gierek, ich habe da heute noch etwas mitzuteilen, das ihr gut brauchen könnt.« Daß der Menschenhandel bei dem Schmidt-Gierek-

Treffen zur Sprache kommen würde, war für die Presse klar. Daß der Kanzler den Handel an diesem Abend unterschriftsreif machen wollte, wußten zu jener Stunde nur seine engsten Mitarbeiter.

Um Mitternacht war Horst Schättle vom ZDF ebenfalls ins Marski gefahren. Zuvor hatte er sich noch mit den Polen herumärgern müssen. Ein polnischer Geheimdienstgeneral gab Mitarbeitern in Zivil Befehl, Schättle und andere deutsche Pressevertreter zu verscheuchen und ihnen zu untersagen, auf dem Grundstück der Polnischen Botschaft auf das angekündigte Statement des Kanzlers zu warten. Darüber hinaus verweigerten die polnischen Gastgeber dem Fernsehteam, den für ihre elektronischen Farbkameras benötigten Strom aus einer Steckdose der Botschaft zu beziehen. Schättles Techniker hatten daraufhin in einem Nachbarhaus geklingelt, die Situation geschildert und prompt die Erlaubnis bekommen, das Stromkabel dort anzuschließen. Aber all diese Mühe schien nun umsonst gewesen zu sein. Nach über vier Stunden nutzlosen Wartens und unnötiger Schikanen hatten sie schließlich ihr Gerät eingepackt und waren schimpfend ins Hotel Marski gefahren.

Drinnen in der hellerleuchteten Botschaft aber gingen die Verhandlungen in noch kleinerer Runde weiter. Neben Schmidt waren jetzt nur noch Genscher, AA-Staatssekretär Gehlhoff und Ministerialdirektor van Well dabei. Regierungssprecher Bölling, Abteilungsleiter Sanne und die Leiterin des Osteuropareferats im Auswärtigen Amt, die Legationsrätin I. Klasse Frau Dr. Renate Fincke-Osiander, wurden nach draußen geschickt und vertraten sich im Park die Beine. Sie redeten nur wenig miteinander, waren wie alle anderen Zeugen des Geschehens übermüdet. Sie schienen aber auch unter dem Eindruck einsilbig zu werden, daß dort drinnen im Haus eine Fußnote der Geschichte geschrieben wurde. Das war nicht die Stunde für belanglose Plaudereien.

Um Viertel vor drei nachts sah man plötzlich durch die weitgeöffnete Haustür den Kanzler in der Diele. Klaus Bölling, Sanne und Frau Fincke-Osiander griffen automatisch zu ihren abgestellten Aktenköfferchen. War alles überstanden? Mitnichten. Der Kanzler mußte nur dorthin, wo bekanntlich auch der Kaiser zu Fuß hingeht. Auf dem Rückweg rief er »Klaus« zu sich. Die Herren konferierten flüsternd miteinander. Ob man die Journalisten im Hotel Marski noch weiter bei der Stange halten könne? Er, Schmidt, habe das Gefühl, daß er sich noch in dieser Nacht mit Gierek einige.

Der zunächst gefaßte Gedanke, Klaus Bölling mit einer Durchhalteparole des Regierungschefs zu den Journalisten zu schicken, wurde verworfen. Statt dessen beauftragte man den gleichfalls anwesenden Bürochef des Staatssekretärs, Kurt Fischer, damit.

Nach einer weiteren Viertelstunde stürzte plötzlich Schmidts Bodyguard Seewald heraus. Irgend jemand rief aufgeregt: »Es geht los!« Der Ruf pflanzte sich wie ein Gewitter fort, riß Fahrer und Sicherheitsbeamte aus dem Schlaf. Zwei finnische Polizisten auf Motorrädern an der Spitze der geparkten Kolonne warfen ihre Maschinen an, schwangen sich in den

Sattel und donnerten los, um den Weg in die Innenstadt freizuhalten, was zu dieser späten Nachtstunde aber gar nicht nötig gewesen wäre. Im nächsten Moment löste sich die hektische Aufbruchsstimmung jedoch in Gelächter auf. Seewald war nur herausgeeilt, um für den Kanzler aus dem Wagen eine neue Packung Reyno zu holen.

Irgendwann zwischen drei und halb vier Uhr morgens einigten sich Schmidt und Gierek tatsächlich auf einen Kompromiß: In den folgenden vier Jahren, möglichst gleichmäßig verteilt, läßt Polen einhundertzwanzig- bis einhundertfünfundzwanzigtausend Deutsche ausreisen; nach Ablauf dieser Frist können weitere Anträge gestellt werden; Polen erhält zum Zinssatz von zweieinhalb Prozent einen Finanzkredit in Höhe von einer Milliarde Mark. Die Laufzeit beträgt ab 1980 zwanzig Jahre; für Rentenan- sprüche der in Polen lebenden Rentenberechtigten zahlt die Bundesre- publik einen einmaligen pauschalen Abgeltungsbetrag von 1,3 Milliarden Mark. Mit einem Bison-Wodka — für den des Alkohols entwöhnten Kanzler war es bereits der vierte in dieser Nacht — stießen Schmidt und Gierek auf die Abmachung an.

Als Helmut Schmidt schließlich zwei Minuten vor vier Uhr — draußen war es längst hell — die Residenz verließ, um zu den wartenden Journali- sten zu fahren, war sein Schritt eigentümlich staksig. Es war, als würde er jeden Moment umknicken. Müde, aber zufrieden ließ er sich in den Rücksitz fallen. Und ab ging es in die Innenstadt. Im Fahrstuhl des Hotels schaute er prüfend in den Spiegel. »Kinder, Kinder, war das eine Nacht.« Schmidts Augen waren entzündet, tiefe Falten hatten sich in das von Anstrengungen gezeichnete Gesicht eingegraben.

Im Warteraum der Journalisten sah es wie nach einem Kegelabend aus: überfüllte Aschenbecher, Batterien von leergetrunkenen Flaschen, Flecken auf den Tischtüchern, in den Stühlen übernächtigte Gestalten. Froh, letztlich nicht umsonst gewartet zu haben, zogen die Presseleute bei Schmidts Eintreten ihre Notizblöcke aus der Tasche und stellten die Tonbandgeräte an. »Verehrter Staatssekretär Klaus, fangen Sie mal an«, versuchte Schmidt mit einer Mischung aus Leutseligkeit und Flachserei, den passenden Einstieg zu finden.

Bölling spielte den Ball zurück: »Ich will keine Sprüche machen. Sie haben das Wort, Herr Bundeskanzler.«

Mit erstaunlich fester Stimme verkündete Schmidt, was er mit Gierek ausgehandelt hatte. Das Ergebnis betrachtete er als einen Erfolg, aber zu seiner Verwunderung ließen sich die Journalisten von seiner Euphorie nicht anstecken. Skepsis breitete sich auf ihren Gesichtern aus, Zweifel, ob die Polen tatsächlich so viele Deutsche ausreisen lassen würden.

Vier Jahre später war man klüger: Gierek hatte Wort gehalten. Bis zum Sommer 1980 kamen einhundertfünfundzwanzigtausend Aussiedler in ihre neue, alte Heimat. In den folgenden sieben Jahren durften weitere siebenundsechzigtausend Personen ausreisen. Eine beachtliche Zahl dank Schmidts Verhandlungsmarathon. Es gibt allerdings noch heute über hunderttausend nichtgenehmigte Ausreisefälle.

Schwierigkeiten mit den Polen gab es Jahre später in ganz anderer Hinsicht. Ende 1987 hatten sich im Zusammenhang mit dem von Helmut Schmidt gewährten Jumbo-Kredit von einer Milliarde Mark Tilgungsschulden von rund vierhundertfünfzig Millionen Mark angesammelt. Warschau verweigerte weitere Rückzahlungen mit der Begründung, der Kanzler habe seinerzeit – augenzwinkernd – zu verstehen gegeben, sie bräuchten den Kredit gar nicht zurückzuzahlen. Die Gesamtschulden Polens gegenüber öffentlichen und privaten Gläubigern betrugen zur selben Zeit achtzehn Milliarden Mark. Der derzeitige Finanzminister Gerhard Stoltenberg lehnte daraufhin weitere Bürgschaften für Exportgeschäfte mit Polen ab.

All das war in jener Juni-Nacht 1975 jedoch nicht vorauszusehen. Nach zwanzig Minuten war die Unterrichtung der Journalisten beendet. Schmidt kratzte sich mit dem Mittel- und dem Zeigefinger der linken Hand intensiv hinten am Scheitel, als könne er die Kopfschmerzen, die ihn seit Stunden plagten, wegrubbeln. »Ich empfinde Dank«, sagte er, während er sich langsam erhob. »Gierek, den ich bisher nicht kannte, hat mir imponiert. Mit dieser Vereinbarung wird er es zu Hause nicht leicht haben, da wird es Widerstände auch im polnischen Lager geben. Aber er sagte heute nacht: ›Wenn man in den Wald geht, darf man keine Angst vor den Wölfen haben.‹ Das spricht doch für diesen Mann!« Was keiner in dieser Nacht ahnte – am allerwenigsten Schmidt: Vier Jahre später hatten »die Wölfe« Gierek weggebissen. Der Pole verlor sämtliche Ämter.

Der Kanzler war nach diesem nervenaufreibenden Geschäft zu aufgekratzt, um sofort zu Bett zu gehen. Bölling drängte mit jener Fürsorge, die bei Untergebenen immer etwas komisch wirkt, wenn sie sich wie eine Mutter um das Wohl des Chefs sorgen. »Wir sind jetzt wohl alle müde und müssen ins Bett.«

Schmidt dachte nicht daran, sich gängeln zu lassen: »Nun will ich erst mal was von Ihren ehemaligen Kollegen hören.« Das zwanglose Klönen mit den Journalisten wurde selbst noch am Bordstein vor der Kanzler-Limousine fortgesetzt. Verkaterte Nachtbummler blieben neugierig stehen. Ihnen bot sich ein merkwürdiges Bild: In der Rechten eine Zigarette, mit der Linken ein Pfefferminzbonbon aus dem Jackett fingernd, stand der deutsche Bundeskanzler morgens kurz vor fünf in Helsinki auf der Straße, an das Auto gelehnt, umringt von unrasierten Gestalten in zerknautschten Anzügen, und hielt mit knarrender Stimme ein Kolleg. Nicht über die KSZE, sondern darüber, wie man durch verbesserte Zusammenarbeit die Welt aus der Wirtschaftsflaute herausführen und die ganz große Krise verhindern könne. Schmidt war in Gedanken schon bei der nächsten Konferenz: bei einem möglichst bald einzuberufenden Weltwirtschaftsgipfel der wichtigsten westlichen Industrienationen. Präsident Ford, Valéry Giscard d'Estaing und dem englischen Premier Harold Wilson hatte er in Helsinki bereits entsprechende schriftliche Vorschläge gemacht.

»Ich wünsch' euch was«, sagte der Kanzler zum Abschied zu den Journalisten, trat seine Zigarette aus, wahrscheinlich die achtzigste in den

letzten vierundzwanzig Stunden, und stieg ins Auto. Durch das herunter-
gekurbelte Fenster rief er noch, als die Limousine anfuhr: »Ich schlaf' mich
erst mal ein paar Wochen am Brahmsee aus.«

# 5

Von den Strapazen der KSZE-Konferenz in Helsinki erholte sich
Schmidt sehr schnell am Brahmsee. Zehn oder gar zwölf Stunden in einem
Zug durchzuschlafen, schaffte er in familiärer Umgebung spielend. Im
September 1975 kehrte er ausgeruht nach Bonn zurück.

Nach anderthalb Jahren hatte das Regieren den Reiz des Neuen eingebüßt, und Schmidt bekam die persönlichen Nachteile des Amtes zu spüren,
vor allem den weitgehenden Verlust jeglichen Privatlebens, der nicht
zuletzt durch die ständige Anwesenheit von Sicherheitsleuten bedingt
wird. Außerdem spürte er den Frust, der sich einstellt, wenn gute Absichten und Gedanken im Räderwerk der Bürokratie, der Legislative oder der
Parteimaschinerie steckenbleiben. Zu den negativen Erfahrungen zählte
aber auch, daß sich ihm kaum noch ein Mensch näherte, der nichts von ihm
wollte, keine Gefälligkeit, keine Entscheidung, keine Schmeichelei, keinen
Vorteil.

Doch Helmut Schmidt hatte auch ein neues, erhebendes Gefühl: die
zunehmende Wertschätzung seiner Person im Ausland, die Bereitschaft,
ihn anzuhören, auf seinen Rat und Beistand etwas zu geben. Die Wirt-
schafts- und Finanzprobleme nahmen in der ganzen Welt zu, und es war
die Stärke des Kanzlers, komplizierte ökonomische und monitäre Vorgänge
zu begreifen, zu analysieren, zu erklären. Auf der KSZE-Konferenz in
Helsinki hatte der Außenpolitiker Schmidt seinen Einstand gehabt. Dreieinhalb Monate später hatte er sein Debut als Weltökonom bei dem ersten
Treffen der Staats- und Regierungschefs führender westlicher Industrienationen – dem Weltwirtschaftsgipfel, einem Treffen, das inzwischen
regelmäßig stattfindet.

Die Premiere fand am 15. November 1975 auf dem etwa fünfzig
Kilometer vor den Toren von Paris gelegenen Schloß Rambouillet statt
– damals noch ohne einen Vertreter Kanadas und den Präsidenten der
Europäischen Gemeinschaft. Der exklusivste Herrenzirkel der Welt zählte
sechs Mitglieder: Gerald Ford, USA, Valéry Giscard d'Estaing, Frankreich,
Harold Wilson, England, Aldo Moro, Italien, Takeo Miki, Japan, und
Helmut Schmidt, Bundesrepublik Deutschland. Selten war um ein Treffen
soviel Geheimnistuerei gemacht worden wie um dieses dreitägige Zusammenkommen der sechs Regierungschefs.

Das Treffen wurde nicht in Paris, sondern in der klösterlichen Einsamkeit von Rambouillet abgehalten, einem der beiden Sommersitze des
französischen Präsidenten, da Giscard d'Estaing auf absolute Informations-
sicherheit gehen wollte. Jeder der sechs Chefs durfte in den Konferenzraum nur zwei Begleiter mitbringen. Schmidt wurde von Außenminister
Genscher und Finanzminister Apel begleitet. Jeder Delegation wurden auf
dem 1375 erbauten Schloß, das schon Ludwig XVI., Marie Antoinette und

Napoléon beherbergte, nur vier Zimmer zugebilligt. Schmidt entschied, daß der Stellvertretende Regierungssprecher Grünewald und zwei Herren aus dem Kanzler-Büro dort mit ihm wohnen sollten. Die ranghöheren Genscher und Apel mußten im Pariser Bristol absteigen. Das hatte seinen Grund.

Giscard hatte darauf bestanden, daß nach jeder Gesprächsrunde nur ein einziger, von den Staats- und Regierungschefs gemeinsam zu benennender Sprecher Statements an die in Paris auf Distanz gehaltene internationale Presse abgeben dürfe. Alle anderen Teilnehmer hätten Schweigen zu wahren. Dieser Maulkorberlaß schmeckte weder dem Kanzler noch Gerald Ford, und der amerikanische Präsident hatte noch vor Beginn des Treffens wissen lassen, er werde vor seinem Rückflug eine internationale Pressekonferenz geben. Ähnlich äußerte sich auch der Japaner Miki. Daraufhin löckte der Bundeskanzler ebenfalls wider den Stachel und hielt die deutschen Korrespondenten durch Grünewald auf dem laufenden.

Die Impulse, die vom ersten Wirtschaftsgipfel ausgingen, hielten sich in Grenzen. Die Konferenzteilnehmer versprachen einander, »neue Anstrengungen im Bereich des Welthandels, der Währungspolitik sowie der Rohstoffe einschließlich der Energie zu unternehmen«. Bindende Abmachungen wurden nicht getroffen. Kanada und die Beneluxstaaten protestierten, daß sie nicht eingeladen worden waren. Schmidt schrieb später einmal in der *Zeit*: »Das Wort ›Gipfeltreffen‹ hat mir nie gefallen, weil es etwas Ungewöhnliches, sozusagen Einmaliges zum Ausdruck zu bringen scheint. Im Gegensatz dazu halte ich vielleicht mehr regelmäßige persönliche Gespräche zwischen den Leitern der Staaten für eine Notwendigkeit. Und lange Jahre persönlicher Erfahrung mit Spitzenbegegnungen haben mich darin bestärkt.«

Nach Rambouillet war der deutsche Bundeskanzler nicht mehr bloß der Nachfolger Willy Brandts, sondern sein Name bekam als internationaler Ratgeber und Krisenmanager Klang. Die angesehene Londoner *Financial Times* wählte ihn zum Mann des Jahres 1975 und begründete die Entscheidung mit der Feststellung: »Der deutsche Bundeskanzler Schmidt ist unser Mann des Jahres auf Grund des weltweiten Respekts, den sich die deutsche Wirtschaft, die deutsche Demokratie und die Außenpolitik in den zwanzig Monaten seiner Amtszeit erworben haben . . . Schmidt scheint einer jener Männer zu sein, dessen beste Eigenschaften in schwierigen Zeiten zum Ausdruck kommen . . .«

Der erste Wirtschaftsgipfel war übrigens von vier Herren vorbereitet worden. Sie hatten sich bereits Wochen zuvor, streng geheim natürlich, in einer Suite des Londoner Hotels Carlton eingemietet; einer von ihnen war der heutige Bundesbankpräsident Karl Otto Pöhl. Dieser Herrenvierer war übrigens das Überbleibsel einer elitären Runde, der sogenannten Library Group.

Die Geschichte dieses Herrenclubs verdient es, erzählt zu werden, da sie offenbart, daß in der Politik und im Big Business sowie in der Welt der Banken und Börsen es immer einige wenige sind, die das Sagen haben, die

Weichen stellen, jahrelang auf den verschiedensten Ebenen miteinander zusammenarbeiten und die vor allem Leute ihres Vertrauens in entscheidende Positionen bugsieren.

1973, im Jahr der Ölkrise und der internationalen Währungskonflikte, trafen sich die damaligen Finanzminister der USA (George Shultz), Großbritanniens (Anthony Barber), Frankreichs (Valéry Giscard d'Estaing) und der Bundesrepublik (Helmut Schmidt) regelmäßig zu geheimen Kamingesprächen. Später stieß noch Takeo Fukuda zu dieser Gruppe, der im November 1973 Finanzminister wurde.

Die erste geheime Zusammenkunft fand in der Bibliothek des Weißen Hauses in Washington statt. Aufgekratzt nach etlichen Whiskys suchten die Gentlemen nach einem Namen für ihr Kränzchen. Schließlich hatte Schmidt die Idee:»Let's call it the Library Group.« Wann immer sich die Library Group in der Folge traf, der Ort war stets von besonderer Vornehmheit und meist top-secret, zum Beispiel ein Schloß in Tours an der Loire. Statusbewußt hatten sich die vier von Anbeginn je einen Sekretär, einen Personal Assistant, zugebilligt, der sie in die Geheimsitzungen begleiten durfte.

Diese Runde, die manche Entscheidung vorwegnahm, die eigentlich den Regierungen vorbehalten war, drohte sich plötzlich aufzulösen, als zwei der vier Finanzminister zu höheren Würden gelangten: Giscard d'Estaing wurde französischer Staatspräsident und Schmidt Bundeskanzler. Aber die beiden »Aufsteiger« wollten auf die Vorteile solch zwischenstaatlicher Kontakte ohne hemmende Beamtenseelen nicht verzichten. Fortan setzten ihre Personal Assistants, die zu Personal Representatives befördert wurden, die Gespräche fort, wobei ihre wichtigste Aufgabe bald in der Vorbereitung des Wirtschaftsgipfels bestand. Allerdings ging es seitdem nicht mehr so vornehm zu. Meist mußte als Tagungsort eine Hotelsuite ausreichen, und die Herren konnten auch keine eigene Politik machen. »Nach Rambouillet ging's mit der feinen Note abwärts«, erinnert sich Karl Otto Pöhl.

Während einst The Right Honourable Members of the Library Group noch echte Politik machten, über das Auf und Ab von Wechselkursen entschieden, besteht heute die Tätigkeit der Beauftragten im wesentlichen darin, das jeweilige Abschlußkommuniqué eines Gipfels vorzuformulieren. Die Assistenten der ersten Stunde aber, die schon bei der Namensfindung im Weißen Haus mit von der Partie waren, wurden alle Bankiers: Der Amerikaner Paul Volcker und der Deutsche Karl Otto Pöhl stiegen zu Präsidenten der Notenbanken ihrer Länder auf; der Brite, Sir Derek Mitchill, wurde wohlhabender Privatbankier und der Franzose Claude Pierre Brossolette Chef des französischen Crédit Lyonnais.

**6** Von Rambouillet aus war der Kanzler über Hamburg nach Mannheim gereist, wo der Parteitag der SPD stattfand. Unter anderem mußten der Vorsitzende, seine beiden Stellvertreter sowie die Mitglieder des Präsidiums (zwölf) und des Vorstandes (sechsunddreißig) neu gewählt werden. Für Schmidt, einen der beiden Stellvertreter, kam es darauf an, nicht viel weniger Stimmen als Brandt zu erhalten.

Nach dem Machtwechsel im Kanzleramt hatte es zwischen den beiden zunächst eine spannungsfreie Zeit gegeben. »Willy« war von der Last, die ihm mehr und mehr zu schaffen gemacht hatte, befreit. »Helmut« war mit seiner neuen Aufgabe vollauf beschäftigt, so daß er an Reibereien mit seinem Vorgänger nicht interessiert war, geschweige denn für Intrigen überhaupt Zeit gehabt hätte. Wenn er etwas nicht wollte, dann den Parteivorsitz. »Nachdem ich Brandts Arbeit als Kanzler übernommen habe, kann ich nachträglich kaum verstehen, wie er mit dem Doppelamt fertig geworden ist. Ich selbst könnte diese Doppelarbeit nicht leisten.«

Nach einem Dreivierteljahr führten Kanzler und Alt-Bundeskanzler einen Jour fixe ein. Sie beschlossen, sich künftig vor jeder Sitzung des SPD-Präsidiums, das zwei- bis dreimal im Monat zusammentritt, für dreißig Minuten zu einem Gespräch unter vier Augen zu treffen. Diese Gepflogenheit hielten sie bis zum Schluß bei. Für die Klimapflege tat Schmidt noch ein übriges: Hatte er wichtige Gäste im Kanzleramt, lud er auch seinen Vorgänger dazu. Er überließ es ihm sogar, sich mit dem Hauptgast allein im Séparée zu unterhalten, wie beim Besuch des griechischen Ministerpräsidenten Karamanlis. Brandt wiederum war bei dieser Begegnung so taktvoll, Karamanlis nach dem Gespräch nicht zum Portal zu begleiten, wo Fotoreporter warteten. Schmidt sollte auch optisch Herr im Kanzleramt bleiben. Die Tuchfühlung zwischen Amtsvorgänger und Nachfolger war im ersten Jahr so eng, daß bei Sitzungen der eine auch mal irrtümlich die Lesebrille des anderen benutzte.

Dann flammte ein paar Wochen vor dem Mannheimer Parteitag in der SPD eine Diskussion über das Für und Wider einer staatlichen Investitionslenkung auf. Schmidt war natürlich gegen solchen »Unsinn«, Brandt hielt das Thema zumindest für »diskussionswürdig«. Prompt waren die Beziehungen zwischen den beiden nicht mehr problemfrei, und Verärgerung und Mißtrauen nisteten sich ein. Ein Kanzler-Mitarbeiter: »Drüben im Ollenhauer-Haus glaubten sie, wir wollten ihrem Willy an den Kragen.«

Dieser Verdacht war natürlich absurd, aber — wie Helmut Schmidt in seinem besten Englisch sagen würde — »it's real« (er ist vorhanden). Tatsache ist, daß das Thema Brandt im Kanzleramt tabu war. Richtig ist ebenso, daß sich Brandt und Schmidt Briefe schreiben mußten, in denen festgehalten wurde, wer was gesagt hatte und ob das immer der richtige Stil gewesen sei. In der Parteizentrale hatten die Mannen um Brandt nicht vergessen, wer seinerzeit, unabhängig von der Guillaume-Affäre, den Sockel ausgehöhlt hatte, von dem Brandt dann gestürzt war: seine beiden Stellvertreter in der Partei, Helmut Schmidt und Heinz Kühn.

Soweit die Vorgeschichte, zurück zum Mannheimer Parteitag. Schmidt war an einem Sonntagnachmittag eingetroffen und wie die gesamte SPD-Prominenz im Mannheimer Hof abgestiegen. Bei der Vorbereitung des Treffens hatten jene Genossen, die dem rechten Flügel zugeordnet wurden, die Parole ausgegeben: Laßt keinen Linken an die Macht. Auf dem Parteitag in Hannover, zwei Jahre zuvor, war es den Linken mit Hilfe von Parteimitgliedern der Mitte gelungen, ein auf zehn Jahre angelegtes, zukunftsweisendes Langzeitprogramm, das unter der Regie von Helmut Schmidt konzipiert worden war, zu kippen und Genossen, die im Verdacht linksradikaler Umtriebe standen, in den Vorstand zu wählen. Zum Beispiel den damaligen Frankfurter Oberbürgermeister Rudi Arndt, den Berliner Alt-Sozialisten Harry Ristock und den Chef der aufmüpfigen Jungsozialisten, Wolfgang Roth. Dafür mußten aus dem Vorstand gestandene Parteirechte weichen, wie der Bundesminister für innerdeutsche Beziehungen, Egon Franke, die damalige Bundestagspräsidentin Annemarie Renger und der Mainzer Oberbürgermeister Jockel Fuchs. In Mannheim schworen die Rechten Rache.

Ehe alles überhaupt losging, standen die Chancen für die Linken bereits schlecht. Eine Kapitulationsstimmung hinsichtlich ihrer Zukunft unter einem Bundeskanzler Schmidt, dem – in ihren Augen – Prototyp des sozialdemokratischen Rechtsauslegers, machte sich breit. Die neue Vorsitzende der Jungsozialisten, Heidi Wieczorek-Zeul, genannt die »rote Heidi« – rot sowohl wegen ihrer politischen Einstellung als auch wegen ihrer Haarfarbe –, erklärte:»Wenn jemand immer oberlehrerhaft auftritt, ist die Identifikation mit ihm schwerer als mit jemandem, der die Leute auch emotionell anspricht.« Mit dem Oberlehrer war Helmut Schmidt, mit dem Mann der Emotionen natürlich Willy Brandt gemeint.

Der Kanzler reagierte gereizt auf Behauptungen, viele Wähler, und beileibe nicht nur Jungsozialisten, hielten ihn nicht für einen typischen Sozialdemokraten:»Was heißt denn das? Ich habe an so manchen innerparteilichen Kontroversen und den großen politischen Auseinandersetzungen dieser Republik teilgenommen. Von dem, was sich in diesen Jahren bei mir als sozialdemokratische Überzeugung ergeben hat, lebe ich heute politisch.«

Dennoch: Auch Sozialdemokraten, die Schmidt wohlgesonnen und bereit waren, seine Regierungspolitik zu unterstützen, fragten sich 1975 immer häufiger, was an dieser Politik noch sozialdemokratisch sei. Die Regierung hatte im Herbst ein Sparprogramm, im Bürokratendeutsch Haushaltsstrukturgesetz, eingebracht, das im wesentlichen darin bestand, daß die Menschen in der Bundesrepublik den Riemen enger schnallen sollten, um die Wirtschaft wieder flottzumachen. Die breite Masse wurde durch neue finanzielle Belastungen, wie die Erhöhung des Beitrages zur Arbeitslosenversicherung von zwei auf drei Prozent des Bruttoeinkommens, zur Kasse gebeten. Den Unternehmern hingegen sollten zusätzliche Gewinne ermöglicht werden, damit sie Investitionen, nicht zuletzt zur Schaffung neuer Arbeitsplätze, finanzieren konnten. Nicht wenigen

Sozialdemokraten ging es wider den Strich, mit einem Sparprogramm ausgerechnet den Kapitalisten weitere Vorteile zuzuschanzen. Um der aufkommenden Unruhe an der Parteibasis Herr zu werden, hatte der SPD-Fraktionsvorsitzende Herbert Wehner in einem ungewöhnlich höflichen Brief an alle SPD-Bundestagsabgeordneten beschwörend um Verständnis gebeten: ».. . bitte ich die Maßnahme der Bundesregierung als Ganzes zu betrachten«.

Schmidt verteidigte sein Programm vor allen möglichen Gremien – in der SPD-Fraktion, im Parteipräsidium und im Vorstand des Deutschen Gewerkschaftsbundes – mit dem Argument: »Schuld an der gegenwärtigen Misere ist nicht nur die weltweite Wirtschaftskrise, sondern wir haben in Deutschland seit langem über unsere Verhältnisse gelebt.« Er verschwieg dabei, daß er als Verteidigungsminister ähnliche Sparappelle des damaligen Wirtschafts- und Finanzministers Karl Schiller mit der Bemerkung abgetan hatte: »Reg dich nicht auf, Karl. Regieren heißt Geld ausgeben.«

Nach seinem Eintreffen in Mannheim brütete Schmidt über seiner für Dienstag früh vorgesehenen Parteitagsrede. Es war eine schwere Geburt. Die Erstfassung betrug knapp zweihundert Seiten, was natürlich viel zu lang war. Neben einem vierköpfigen Ghostwriter-Team, das von dem Ministerialdirigenten Christian Bauer geleitet wurde, hatte auch das Bundespresseamt unter seinem Chef Klaus Bölling zugearbeitet.

Staatssekretär Bölling war am Samstagmorgen um neun Uhr nach durchtanzter Nacht auf dem Bundespresseball nach Hamburg geflogen, um dem Kanzler bei der Abfassung des Manuskriptes behilflich zu sein. Anschließend flog er mit ihm nach Mannheim, wo die Herren ihre Arbeit fortsetzten und erst gegen zwei Uhr in der Nacht auseinandergingen, ohne freilich die Endfassung schon erstellt zu haben.

Im Hotel unterhielt der Bundeskanzler ein Büro, besetzt mit seinen beiden Sekretärinnen Liselotte Schmarsow und Marianne Duden und ausgestattet mit einer Fernschreibverbindung und einer direkten Telefonleitung ins Kanzleramt. Über Telex erhielt er dreimal am Tag eine kurzgefaßte Presseübersicht: die erste bereits um halb acht Uhr, die zweite mittags, die letzte um siebzehn Uhr. Außerdem hatte das Bundespresseamt im Konferenzgebäude ein Büro, in dem der Chef vom Dienst (CvD) saß. Diese logistische Unterstützung durch den Regierungsapparat auf einer reinen Parteiveranstaltung war zwar am Rande der haushaltsrechtlichen Legalität, wurde aber von den meisten Kanzlern ohne Hemmungen praktiziert. In Mannheim hatte die Installierung eines CvD des Presseamtes allerdings zur Folge, daß in Bonn bisweilen keine Auskunftsperson zur Verfügung stand. Ein Chef vom Dienst hatte in Mannheim Dienst. Der zweite war gewöhnlich auf dem Wege dorthin oder auf dem Rückweg. Der dritte weilte mit dem Bundespräsidenten in Moskau, und der vierte und letzte machte gerade Urlaub.

Den kurzen Weg vom Mannheimer Hof zum Kongreßsaal legte der Kanzler am ersten Tag zu Fuß zurück, eine willkommene Abwechslung, denn für den Rest des Tages mußte er wieder Sitzfleisch beweisen. Mit großer Geduld verfolgte er – zwischen Willy Brandt und Herbert Wehner auf der mit orangefarbenem Tuch drapierten Empore sitzend – die schläfrig-langweiligen Monologe der Redner. Teils blickte er suchend in den mit gleißendem Schweinwerferlicht ausgeleuchteten Saal, teils spielte er gedankenverloren mit seiner Schnupftabakdose. Er nahm für sich das Recht in Anspruch, nicht zu applaudieren, wenn das die anderen taten. Zum Beispiel, als Willy Brandt in den Saal rief: »Die CDU braucht sich durch Strauß nicht schlechter machen zu lassen, als sie ist.«

In Gedanken war er bei seiner eigenen, anderntags zu haltenden Rede, der ersten als Kanzler auf einem Parteitag. Prestige stand auf dem Spiel. Von der Rede würde auch abhängen, wie viele Stimmen er bei der Neuwahl des Parteivorstandes bekäme. Das letzte Mal, 1973 in Hannover, hatte er nur zweihundertsechsundachtzig Stimmen, Brandt dagegen vierhundertvier erhalten. So feilte er am Montag bis eine Stunde nach Mitternacht noch am Manuskript. Die Veranstalter hatten ihm hinter der Hauptbühne des Sitzungssaales einen winzigen Raum zur Verfügung gestellt, in dem bei Konzerten Solisten Instrumente stimmen und bei Theatervorstellungen die Darsteller in die Kostüme steigen. Der einzige Luxus war ein eigenes WC.

Helmut Schmidt hatte das Gefühl, daß die Rede gut werden würde. Als er die zum letztenmal abgetippten Seiten las und dabei eine Kartoffelsuppe mit hineingeschnippelten Würstchen löffelte, zollte er sich selbst Lob: »Das sieht ja richtig nach Arbeit aus.«

Am nächsten Morgen dann stand er um Punkt neun hinter dem Rednerpult. Wie immer, seit er Kanzler war und Wichtiges vorhatte, war er für diesen Auftritt sorgfältig gekleidet: dunkelblauer Anzug, weißes Hemd, Krawatte mit schwarz-gelb-orangefarbenen Clubstreifen. Im Gegensatz zu anderen prominenten Delegierten, wie Bundesminister a. D. Horst Ehmke oder Bremens Bürgermeister Hans Koschnick, die hemdsärmelig auftraten, gönnte sich Schmidt keine Marscherleichterung.

Das Scheinwerferlicht des Fernsehens überstrahlte vorteilhaft die Falten seines Gesichtes, das wegen der dunklen Lesebrille voller wirkte, als es in Wirklichkeit war. Er hatte sich vorgenommen, eine integrierende Rede zu halten und mit der Behauptung Schluß zu machen, er isoliere sich mit seiner Politik mehr und mehr von der Partei: »Manche Blätter schreiben, die spannendste Frage in Mannheim sei, wie sich das Verhältnis zwischen den verschiedenen Gruppen in der Partei und dem Bundeskanzler entwikkeln werde... Es gibt abenteuerliche Beispiele von Zahlenakrobatik und Kombinationskunst... Wir alle wissen doch auch, daß es in Mannheim nicht um Personen, nicht um Geltungsansprüche und nicht ums Flügelschlagen gehen kann.«

Während der Kanzler drinnen Einheit demonstrierte, kursierten im Vorraum der Tagungshalle inoffizielle Vorschlagslisten für die anstehende Wahl zum Parteivorstand; Handzettel, die viel böses Blut machten, ehe es überhaupt losging. Rechte Genossen, die der Troika Brandt-Schmidt-

Wehner genehm waren, tauchten bis zu dreimal auf ein und derselben Liste auf. Andere, die im Verruf standen, Linke zu sein, wurden völlig übergangen.

Der Krieg war unerwartet ausgebrochen. Die Linken hatten vor Beginn des Parteitages zugesagt, eine Vorstandsliste zu akzeptieren, die nach außen den Willen zur Geschlossenheit deutlich machen sollte. Auf dieser Liste überwogen zwar die Rechten, aber auch einige prominente Vertreter des linken Flügels, zum Beispiel Horst Ehmke, waren berücksichtigt. Nun, nachdem der Parteitag begonnen hatte, wurden die Rechten plötzlich übermütig. Unter der lockeren Koordination von Bundesjustizminister Hans-Jochen Vogel und kräftig unterstützt vom Minister für innerdeutsche Beziehungen, Egon Franke, hielten die Rechten die Zeit für reif, die Linken »kaputtzumachen«.

Egon Franke, untersetzter Typ, gelernter Kunst- und Möbeltischler, fünf Jahre älter als der Kanzler und anders als dieser mit einem gehörigen Stehvermögen an der Biertheke ausgestattet, war damals Boß einer Gruppe von etwa einhundertfünfzig SPD-Bundestagsabgeordneten, vorwiegend rechtsausgerichteten Hinterbänklern, die sich scherzhaft Kanalarbeitergewerkschaft nannte, weil sie ihre Macht meist im verborgenen ausübte. In der SPD-Fraktion konnte schwerlich jemand gegen ihren Willen etwas werden, und ein halbes Jahr zuvor hatten sie schon verhindert, daß einige von Brandt und Wehner tolerierte »Links«-Abgeordnete Führungspositionen in der Fraktion erhielten.

Hier in Mannheim sollten nun auch Linke wie Rudi Arndt, Horst Ehmke, der SPD-Fraktionsvorsitzende im schleswig-holsteinischen Landtag, Klaus Matthiesen, der ehemalige sozialdemokratische Parteichef im nördlichsten Bundesland, Jochen Steffen, sowie die Bundestagsabgeordneten Herta Däubler-Gmelin, Anke Riedel-Martiny und Wolfgang Roth mundtot gemacht werden. Daraufhin hatten die Linken den Fehdehandschuh aufgenommen und ihrerseits eine Vorschlagsliste für den Vorstand erstellt, auf der rechte Kandidaten wie der Staatssekretär im Bundesverkehrsministerium und heutige Lufthansa-Chef, Heinz Ruhnau, und der hessische Ministerpräsident Albert (»Ossi«) Osswald fehlten.

Trotz einer vorzüglichen Rede erntete Schmidt auch Buh-Rufe. Diese deutlichen Bekundungen eines verbreiteten Mißfallens drangen jedesmal aus den mittleren und hinteren Parkettreihen zu ihm hoch, wenn er von Integration sprach, während vor dem Saal kräftig Desintegration betrieben wurde (was er nicht zu wissen schien). Verdutzt schaute er dann über den Rand seiner Lesebrille. Von diesen Mißtönen einmal abgesehen, erlebten die vierhundert Parteitagsdelegierten einen Kanzler, auf den sie stolz sein konnten. Mit seiner bestimmten Art verbreitete er unter ihnen hoffnungsfreudiges Wohlbehagen. Der »Dynamo« aus Hamburg würde sie schon siegreich durch alle Fährnisse des kommenden Jahres, vor allem aber durch den bevorstehenden Bundestagswahlkampf steuern.

Als Schmidt geendet hatte, überschütteten ihn die Anwesenden mit Beifall, einzelne erhoben sich von ihren Sitzen. Der so Geehrte nahm den

Applaus wie ein gefeierter Orchesterdirigent entgegen. Als er zu seinem Sitzplatz zurückging, kam ihm Willy Brandt entgegen, um zu gratulieren. Für den Bruchteil einer Sekunde sah es so aus, als wollten sich die beiden umarmen. Doch die brüderliche Geste unterblieb. Die bestehenden Spannungen und schlummernden Aversionen ließen sich eben nicht mit einer einzigen Rede wegwischen. Den Dank Wehners mußte sich Helmut Schmidt abholen. Für jeden, der genau hinschaute, waren das Nuancen, die viel über den Zustand des Machtdreiecks aussagten, das diese drei Gladiatoren damals verkörperten.

Die danach fällige Aussprache wäre für jene Delegierten die passende Stunde der Kritik gewesen, die sich von Schmidts Ausführungen nicht hatten beeindrucken lassen, denen es weiterhin schwerfiel, seine Regierungspolitik vorbehaltlos zu unterstützen. Insgesamt gab es vierzig Wortmeldungen. Eine geschickte Parteitagsregie würgte die Diskussion jedoch ab, die nicht zuletzt wegen der in der Lobby kursierenden, umstrittenen Vorschlagslisten für die Vorstandswahlen unangenehm werden konnte. Selbst Schmidt-Fans wurden ihre Huldigungen auf den Kanzler nicht mehr los. Bundespost- und Verkehrsminister Kurt Gscheidle, als Parteiratsmitglied nur Delegierter mit beratender Stimme, hatte bereits morgens beim Betreten der Tagungshalle seine Wortmeldung abgegeben. Trotzdem lag er mit Platz neunundzwanzig in aussichtsloser Position. Als der Tagungsleiter um 12.45 Uhr die Diskussion beendete, waren nur dreizehn Redner zu Wort gekommen.

Für Schmidt begann nun ein dreitägiges Warten auf das Abstimmungsergebnis zu den Vorstandswahlen. Dann würde er wissen, woran er mit seiner Partei war: Stand sie mehrheitlich hinter ihm, oder brauchte sie ihn nur als Mittel zum Zweck, zum Regieren? Er ließ sich nicht anmerken, wie sehr er auf ein gutes Abschneiden hoffte. Im Gegenteil, er tat so, als sei ihm das ziemlich egal: »Ich werde keine Klimmzüge machen, um drei Stimmen mehr zu bekommen.« Die Knochenarbeit des Parteitages, vor allem die bis in die Nacht dauernden Diskussionen in den Arbeitsgruppen um den »Orientierungsrahmen '85«, schenkte er sich. Bei diesem handelte es sich um ein langfristiges gesellschaftliches Programm, mit dem die Partei für die nächsten zehn Jahre ihre Politik »konkretisiert und quantifiziert« festlegen wollte. Mithin eine Fortschreibung des Godesberger Programms aus dem Jahre 1959, das in manchen Punkten durch die Zeitläufte überholt worden war. Das neue langfristige Programm war bereits 1970 auf dem Saarbrücker Parteitag in Auftrag gegeben worden.

Als Vorsitzender der ersten Langzeit-Kommission hatte Helmut Schmidt mit der anfänglichen Vorstellung Schluß gemacht, man könne ein bis in alle Einzelheiten gehendes SPD-Zukunftsprogramm entwickeln. Statt dessen bot er den Begriff »Orientierungsrahmen« an. Der erste von Schmidt inspirierte Entwurf wurde allerdings 1973 auf dem Parteitag von Hannover abgelehnt, da die Mehrheit der Delegierten eine gesellschaftliche Analyse und die Forderung nach neuen Wirtschaftsinstrumenten vermißte. Die zweite Programm-Kommission (Vorsitz: Peter von Oertzen,

Stellvertreter Horst Ehmke und der spätere Bundesarbeitsminister Herbert Ehrenberg) kam angesichts der Folgen der Ölkrise zu der Erkenntnis, daß keine verläßlichen Zukunftsaussagen möglich seien, da das Wirtschaftswachstum (im ersten Entwurf auf durchschnittlich fünf Prozent geschätzt) mittelfristig nicht mehr abzuschätzen sei. In Mannheim sollte nun ein neuer Versuch unternommen werden. Mit Fleiß arbeiteten sich die Genossen durch den fünfhundertsiebzig Seiten starken Entwurf. Er enthielt die Empfehlung der Antragskommission und beinhaltete tausendsieben Änderungsanträge aus den Parteiorganisationen.

Helmut Schmidt beteiligte sich nicht an der Diskussion. Seine ungeduldige Art im Umgang mit Menschen, die nicht so schnell und klar wie er zu denken vermögen, hätte nur zu neuen Verstimmungen geführt. Auch Egon Franke beteiligte sich nicht an der Puzzle-Arbeit, den »Orientierungsrahmen '85« zu erstellen.

Mit großer Mehrheit verabschiedete der Mannheimer SPD-Parteitag den überarbeiteten Entwurf. Eine von mehreren Unterorganisationen geforderte Investitionslenkung sowie Überführung von Banken, Versicherungen und »marktbeherrschenden« Industriekonzernen in öffentliches Eigentum wurde abgelehnt. In den Augen des Kanzlers war damit das Schlimmste verhindert.

Als am letzten Tag die mit Spannung erwartete Stimmenauszählung für die Neuwahl des Parteivorstandes abgeschlossen wurde, gab es eine Sensation: Für Helmut Schmidt votierten genauso viele Delegierte wie für Willy Brandt – vierhundertundsieben. Zwei Jahre später allerdings, auf dem Hamburger Parteitag, würden die Genossen ihrem Kanzler einen kräftigen Denkzettel verpassen. Aber davon ahnte er noch nichts, als er zufrieden, allerdings von Erkältungsfieber geplagt, Mannheim verließ.

7 Es war kein Zufall, daß Klaus Bölling dem Kanzler bei der Erstellung der Parteitagsrede zur Hand gegangen war. Innerhalb sehr kurzer Zeit hatte er sich zu einem der engsten Mitarbeiter Helmut Schmidts (»Mein Freund Klaus«) gemausert. Wie sein Vorbild, der Kanzler, gehörte er zu den eigentlichen »Machern« der Bonner Politik.

Es gab nur sechs Männer, die eine telefonische Direktleitung zum Schreibtisch Helmut Schmidts besaßen: der Chef des Kanzleramtes, der Staatsminister beziehungsweise Parlamentarische Staatssekretär des Kanzlers, Schmidts Bürochef, der Verteidigungsminister, Hans-Dietrich Genscher und Klaus Bölling. Alle anderen, die Minister, Willy Brandt und Herbert Wehner, konnten Schmidt telefonisch nur über sein Vorzimmer erreichen.

Bölling hatte als einziger der gesamten Bundesregierung den verbrieften Anspruch, täglich zehn Minuten lang mit dem Kanzler zu sprechen. Außerdem saß der Regierungssprecher jeden Morgen in der kleinen Lage, die unter Vorsitz von Amtschef Schüler – später Manfred Lahnstein und Gerhard Konow – abgehalten und in der die Tagespolitik der Regierungszentrale besprochen wurde. Bölling gehörte ferner zum Kleeblatt, der wöchentlichen Sitzung, die Schmidt in seinem Arbeitszimmer mit den drei engsten Mitarbeitern abhielt und auf der all das besprochen und ausgehandelt wurde, was Schmidt unmittelbar anging. (Als der französische Großindustrielle Edouard Jean Baron Empain Anfang 1978 in Paris entführt wurde, überlegte man zum Beispiel im Kleeblatt, ob Schmidt Giscard anrufen und deutsche Hilfe anbieten sollte.)

Darüber hinaus saß Bölling auch im Bundessicherheitsrat, einem Unterausschuß des Kabinetts, dem der Kanzler präsidiert. Dort erscheint der Chef des Bundesnachrichtendienstes zum Rapport, und Angelegenheiten höchster Geheimhaltungsstufe kommen zur Sprache. Bölling begleitete den Kanzler auf allen wichtigen Auslandsreisen, konnte an den Sitzungen der SPD-Bundestagsfraktion teilnehmen und war natürlich dabei, wenn die Regierungsmannschaft jeden Mittwoch zur Kabinettssitzung zusammentrat. Unter den vorhergehenden Kanzlern saß der Regierungssprecher an einem Katzentisch in der Nähe des Fensters; Schmidt hingegen wies Bölling von Anfang an einen Platz am Kabinettstisch zu.

Die Wege der beiden hatten sich viele Jahre zuvor zum erstenmal gekreuzt. Klaus Bölling, Jahrgang 1928, Potsdamer, Sohn eines Verwaltungsjuristen, kam mit Neunzehn zum Journalismus und lernte beim Berliner *Tagesspiegel* unter Erich Reger sein Handwerk. Weitere Stationen: RIAS, Sender Freies Berlin, ARD-Korrespondent in Belgrad (1956 bis 1958), leitender Redakteur und Kommentator beim WDR Köln (1959 bis 1961), Wechsel zum NDR Hamburg, dort zunächst (bis 1965) stellvertretender Hauptabteilungsleiter Politik, dann Chefredakteur beim Hörfunk und Moderator der Sendung *Weltspiegel* beim Fernsehen (1966–1969), danach Leiter des ARD-Studios in Washington (1969–1973).

Während der Hamburger Zeit kamen sich Bölling und Helmut Schmidt, der zu jener Zeit Innensenator der Hansestadt war, näher. Bölling wurde zu »brain stormings« hinzugezogen, die Schmidt mit Intellektuellen, die zur politischen (oder wirtschaftlichen) Analyse fähig waren, im kleinen Zirkel veranstaltete. Zu diesem Kreis zählte unter anderem der spätere Bundeswissenschaftsminister Helmut Rohde, der Porzellanfabrikant Philip Rosenthal, Schmidts Freund »Scholle« Berkhan sowie drei Journalisten der *Zeit*: Marion Gräfin Dönhoff, Theo Sommer und Kurt Becker, der später ebenfalls für kurze Zeit Regierungssprecher wurde.

Seitdem rühmt Bölling Helmut Schmidts Fähigkeit, Probleme in größere Zusammenhänge einzuordnen und in der Politik wie beim Schach einige Züge vorauszudenken. Als Schmidt am 16. Mai 1974 Kanzler wurde, schrieb Bölling – er war gerade ein Dreivierteljahr zuvor zum Intendanten von Radio Bremen avanciert – einen Gratulationsbrief mit dem Angebot, er sei bereit, in Bonn zu helfen, wenn sich dazu die Gelegenheit ergebe. »Aber ich habe nicht daran gedacht, daß das jemals solche Folgen haben würde«, räumte er später ein. Bereits vier Tage später hatte er die Ernennung zum Staatssekretär und Leiter des Presse- und Informationsamtes in der Tasche. Für Schmidt stand damals noch ein anderer Kandidat zur Diskussion: Jens Feddersen, Chefredakteur der *Neuen Ruhrzeitung,* der vom nordrhein-westfälischen Ministerpräsidenten Heinz Kühn vorgeschlagen worden war und auch die Unterstützung Willy Brandts haben sollte. Aber Feddersen hatte von sich aus abgelehnt.

Als Schmidts Sprecher hatte Klaus Bölling dreimal in der Woche den Bonner Journalisten in der Bundes-Pressekonferenz Rede und Antwort zu stehen. Das war selbst für einen gestandenen Pressemann wie Bölling jedesmal eine Herausforderung. Manche Pressekonferenz endete mit dem nicht immer begründeten Vorwurf: »Von dem ist nicht viel zu erfahren.«

Egal, wer auf dem Stuhl des Regierungssprechers sitzt, das Bonner Nachrichtengeschäft ist kompliziert. Unter dem zunehmenden Konkurrenzdruck stellen viele Korrespondenten in der offiziellen Pressekonferenz keine Fragen mehr, vor allen Dingen nicht solche, bei denen eine interessante Antwort zu erwarten ist. Denn dann würden auch die Kollegen diese Nachricht haben, und es gäbe keine Exklusivität mehr. Deshalb halten sie es für klüger, den Regierungssprecher direkt anzurufen.

Eine andere Möglichkeit, den Regierungssprecher »anzuzapfen«, besteht in sogenannten Hintergrundgesprächen, die in der Bundeshauptstadt regelmäßig in kleinen exklusiven Zirkeln abgehalten werden. Gastgeber ist immer eine Gruppe von Bonner Korrespondenten, die sich zu dem Zweck zusammengeschlossen haben, mit wichtigen Informationsträgern – also auch Ministern – vertrauliche Gespräche zu führen. Da gibt es den »Kreis der gelben Karte«, so benannt, weil er, wie auf dem Fußballfeld, Spielregeln hat, nur strenger. Wer die vereinbarte Vertraulichkeit durchbricht, wird ein halbes Jahr ausgeschlossen. Dieser Gesprächskreis, dem vorwiegend linksliberale Journalisten angehören, darunter der Korrespondent der *Süddeutschen Zeitung,* Martin Süskind, tagt im Wespennest, einer Kneipe an einer Bonner Ausfallstraße.

Der »Ruderclub« verdankt seinen Namen der Tatsache, daß er seine Hintergrundgespräche in einem Ruderclub in Nähe des Bundestags abhält. Von dort beziehen unter anderem Heinz Schweden (*Rheinische Post*), Wolfgang Wiedemeyer (Südwestfunk) und Eghard Mörbitz (*Frankfurter Rundschau*) einen Teil ihrer Exklusivinformationen. Dem »Adler-Kreis«, so benannt nach dem Godesberger Hotel Adler, der in seiner Zusammensetzung so elitär ist wie der Name, gehören als Spiritus rector Gerd Kolbe (SFB) und als Mitglieder zum Beispiel Rüdiger Moniac (*Die Welt*) sowie Günter Krems (Süddeutscher Rundfunk) an. Die genannten Kreise sind aber bei weitem nicht die einzigen. Kenner der Bonner Szene schätzen die Gesamtzahl auf dreißig! Auch Minister sind Gastgeber solch vertraulicher Treffen.

In den Hintergrundgesprächen gab sich Bölling auskunftsfreudig, sagte auch mal etwas Kritisches über seinen Chef (wodurch der Regierungssprecher an Glaubwürdigkeit gewann). In diesen Zirkeln trifft sich jedoch nur das Establishment des Bonner Pressekorps oder die jungen, überdurchschnittlich begabten Newcomer. Alle anderen Journalisten bleiben draußen vor der Tür – und schimpfen über den Regierungssprecher.

Gelegentlich war Schmidt sein eigener Regierungssprecher. Er gab nicht nur Interviews — mehr übrigens als sein Amtsvorgänger Brandt —, sondern hielt auch Pressekonferenzen ab und veranstaltete etwa alle sechs bis acht Wochen mit einem Kreis ausgesuchter Journalisten, in jeweils wechselnder Besetzung, vertrauliche Hintergrundgespräche. Dazu wurden neben parteitreuen Schreibern auch Vertreter oppositionell gesinnter Redaktionen eingeladen. Konrad Adenauer hatte diese Gespräche eingeführt, bei denen Tee und Plätzchen serviert wurden, weshalb sich seitdem die Bezeichnung »Kanzlertee« eingebürgert hat. Bei Schmidt wurden alle möglichen Getränke serviert, nur kein Tee. Er, der wie gewöhnlich zu spät kam, ersetzte die persönliche Begrüßung jedes einzelnen durch ein in den Raum geworfenes »Guten Tag«, nahm an der Längsseite des großen ovalen Tisches Platz, fuhr sich durch seine silbergrauen Haare, sprach ein paar Einleitungsworte und forderte dann die Runde in seiner burschikosen Art auf anzufangen.

Schmidts Verhältnis zur Presse war zwiespältig. Einerseits hatte keiner seiner Vorgänger so viele Interviews und Hintergrundgespräche gewährt wie er. Andererseits ließ er kaum eine Gelegenheit aus, die Journalisten, insbesondere die Vertreter der Wortpresse, seine Geringschätzung fühlen zu lassen. So konnte es passieren, daß er mit einer Gruppe von Presseleuten in einem Flugzeug auf Auslandsreise ging, den Journalisten aber nicht vor dem achten Reisetag zum erstenmal die Hand gab. Und das auch nur, weil der Gastgeber des besuchten Landes — in einem Fall Präsident Carter — die Pressebegleitung des Kanzlers mit Handschlag begrüßte. Beim Abschiedsempfang für den scheidenden Bundesbankpräsidenten Karl Klasen umschrieb Schmidt in der kurzen Festansprache sein Verhältnis zur Presse mit folgenden Worten: »Wenn wir in den Zeitungen lesen, was wir alles in Gänsefüßchen gesagt haben sollen, dann ist die Hälfte davon gelogen, und die andere Hälfte stimmt auch nicht.«

Aus dieser Bemerkung sprach der Hochmut dessen, der dank seiner Position über ein exklusives Herrschaftswissen verfügt. Als Helmut Schmidt noch Oppositionsabgeordneter war, legte er die Elle der Wahrheit nicht so genau an. Wichtig war, daß der Regierung mit einem Artikel eins ausgewischt werden konnte.

Nun gab es Situationen, in denen auch der Kanzler das Wohlwollen der Presse brauchte. Zum Beispiel im Wahlkampf, oder wenn aus Gründen der Staatsräson eine Nachrichtensperre verhängt werden mußte, wie im Fall des 1977 gekidnappten Arbeitgeberpräsidenten Hanns Martin Schleyer. Oder wenn Schmidt eine bestimmte Idee populär machen wollte, zum Beispiel eine Neuordnung des Europäischen Währungssystems.

Kanzler-Tees sind vertrauliche Gespräche. Die anwesenden Journalisten dürfen den Kanzler nicht zitieren und ihm seine Worte auch nicht indirekt zuschreiben (»Wie man in Bonn hört, ist der Kanzler der Meinung, daß . . .«). Die Unterrichtung dient lediglich der besseren Allgemeinorientierung. Trotzdem waren die Gespräche mit Schmidt nützlich, weil die Pressevertreter oft wirkliche Interna erfuhren. Allerdings konnte man auch Pech haben. Wenn der Kreis der Geladenen zu groß war, wenn unter den Anwesenden ein Journalist saß, »von dem wir annehmen müssen, daß er hinterher gleich Franz Josef anruft« (Bölling), oder wenn ein völlig neues Gesicht auftauchte, konnte es sehr langweilig werden. Peter Boenisch, seinerzeit Chefredakteur der *Welt*, erlebte einen Kanzler-Tee bei Schmidt so:

»Der Kanzler redete freundlich und ungewohnt bescheiden (›Wenn ich jetzt über Wirtschaft rede, schreibt ihr wieder, ich sei ein Oberlehrer‹). Da wurden die Fragen etwas tapferer. Reißmüller von der ›FAZ‹ fragte, Holzer von der ›Frankfurter Rundschau‹, Feddersen von der ›NRZ‹, Appel vom ZDF, Sobotta von der ›Rheinischen Post‹, Loch vom WDR, Hammer aus Westfalen, Fehrenbach aus Stuttgart und so weiter. So viele Chefredakteure auf einem Haufen, staunte ich. Das kann kein Verleger bezahlen. Noch nicht einmal meiner. Wieviel sie auch fragten, der Kanzler redete, nur sagen wollte er nichts. Noch nicht einmal über Kennedy. Auch nichts Gutes. Er hat so seine Erfahrungen mit vertraulichen Bemerkungen über Amerikaner. Kein Wort auch über Klose. Auch kein schlechtes. Er hat so seine Erfahrungen mit vertraulichen Bemerkungen über Parteifreunde.

Eigentlich hätte das Fernsehen bei des Kanzlers Vertraulichkeiten ruhig dabeisein können. Nicht nur mit Loch und Appel, sondern mit Scheinwerfer, Mikro und Kamera. Wenn dann noch jemand verraten hätte, wie dieser fabelhafte Pflaumenkuchen, der serviert wurde, gebacken wird, das wäre eine Information gewesen. Immerhin: Auch so waren es zwei Stunden und 15 Minuten mit viel Schlagsahne in angenehmer Gesellschaft. Nachher sagte ›Spiegel‹-Böhme: ›Er will wohl einmal im Jahr nett zu Chefredakteuren sein.‹

Ansonsten in Bonn nichts Neues. Aber bitte nicht weitersagen. Es war vertraulich. Besuch im Café Kanzler.«

Es gab aber auch Hintergrundgespräche, bei denen Helmut Schmidt von brutaler Offenheit war. Klaus Bölling und seinem Vertreter Armin Grünewald – einer von beiden war bei diesen Gesprächen immer dabei – standen bisweilen die Haare zu Berge. Schmidts Problem nicht nur im Umgang mit Journalisten war, daß er immer erst sprach und dann dachte, daß er, wie die Amerikaner es nennen, einen »loose lingo« hatte. Er machte mit seinem losen Mundwerk Bemerkungen, die unnötig waren und Ärger auslösten.

Als Schmidt dem spanischen Ministerpräsidenten Adolfo Suárez in der Bonner Redoute ein festliches Essen gab, wich er von seiner vorbereiteten Tischrede ab, um witzig zu sein: »Sie, Herr Ministerpräsident, haben Ihre Probleme mit den Katalanen und Basken, wir mit den Bayern.« Eisiges Schweigen bei den spanischen Gästen eingedenk der Tatsache, daß ihr Minderheitenproblem immer wieder Menschenleben kostet, das bayerische dagegen eher eines für die Kabarettisten ist. Bei der gleichen Gelegenheit wies Schmidt auf die Tischrunde und erklärte: »Da drüben sitzen dann noch ein paar Beamte, die froh sind, daß sie wieder einmal Freitisch bekommen.« Niemand lachte. Dafür gab es bei den Herren vom Auswärtigen Amt, die für das Gelingen des Besuchsprogramms viele Überstunden gemacht hatten, beleidigte Gesichter.

Handelte es sich bei diesen Ausrutschern nur um grobe Taktlosigkeiten, konnten Schmidts ungeschminkte Ansichten bei Kanzlertees die Gefährlichkeit eines Sprengsatzes haben. In einem Fall kam eine Schmidtsche Wortbombe auch prompt zur Explosion, weil die Vertraulichkeit durch eine Panne in der deutschen EG-Botschaft in Brüssel gebrochen worden war.

An einem Vormittag im Oktober 1975 hatte der Kanzler Brüsseler EG-Journalisten zum Hintergrundgespräch in sein Amt eingeladen. Bei der Beantwortung der ersten Frage: »Kann unter den gegebenen Voraussetzungen das Experiment der europäischen Integration überhaupt noch gelingen?« hielt sich Schmidt noch im Zaum. »Ich beantworte Ihre Frage mit Ja. Jawohl, das denke ich.«

Bei der übernächsten Frage verlor er jedoch die Kontrolle. Ein Fragesteller hatte wissen wollen: »Was Italien angeht, muß man ja damit rechnen, daß dort in absehbarer Zeit die Volksfront regiert. Kann man da etwas steuern, wenn es auf wirtschaftlichem Gebiet nicht geht?«

Schmidt: »Es wäre ja über die Wirtschaft gegangen, wenn man etwas weniger illusionär gewesen wäre und solch verdammten Pragmatiker wie mich etwas früher gefragt hätte . . . Von Europa her kann man die politische Situation Italiens nachhaltig nur auf dem ökonomischen Weg beeinflussen. Die geistigen Strömungen in diesem Lande, die gerechtfertigte Unzufriedenheit vieler mit einer überständigen, im Luxus lebenden schmalen Oberschicht in Italien − zwölf Gärtner für den Park, das ist keine Übertreibung − kann man nicht von Brüssel aus beeinflussen. Sie können auch nicht von Brüssel aus, vom Rat her, den Italienern ein funktionstüchtiges Steuereinzugssystem für die direkten Steuern bescheren . . .«

Als ein Pressemann zu bedenken gab, die Bundesregierung habe vielleicht zu lange gewartet, die Politik der Europäischen Gemeinschaft zu unterstützen − gemeint war die Förderung wirtschaftlich schwacher Regionen in Europa −, kam Schmidt richtig in Fahrt: »Sagen Sie mir doch, was dadurch an Verbesserungen der Regionalstruktur auf Sizilien oder in Schottland herauskommen wird. Nichts! Niemand ist gezwungen, das Geld, das er empfängt, auch wirklich für die Regionalpolitik einzusetzen. Niemand, der Geld unter der Agrarpolitik empfängt, ist gezwungen, dieses Geld wirklich für eine Modernisierung der Agrarstruktur in Richtung auf Ausgleich oder Angleichung der Lebensverhältnisse einzusetzen. Im Gegenteil, diese Finanzmittel werden im Ergebnis vielfältig zur Konservierung vorhandener Strukturen und nicht zu ihrer Veränderung benutzt. Das ist es, was mich bisweilen etwas skeptisch stimmt. Wenn man sieht, wie da neun nationale Bürokratien [inzwischen zwölf], eine Eurobürokratie und neuerdings noch eine Ratsbürokratie − elf verschiedene Bürokratien −, die in sich schon sehr heterogen sind, das, was sie für politisch wichtig halten, endlos hin- und herziehen und das Ziel dabei aus den Augen verlieren. Marktordnungen für Naturkorken haben wir geschaffen!

Marktordnungen für Schnittblumen haben wir geschaffen! Können Sie mir mal sagen, was da die europäische Integration gefördert hat? Das haben wir für wichtig gehalten! Jedes Jahr führen wir die größten emotionalen Kämpfe über Getreidepreis- und Milchpreiserhöhungen auf, kämpfen um Interventionsschwellen, um aus Milch Magermilch zu machen, diese dann unter erneuter Subvention an Kälber zu verfüttern, dann aus der Milch Butter zu machen und diese schließlich an die Sowjetunion oder sonstwohin zu verscherbeln. Das, was in der öffentlichen Meinung der neun Länder an Emotionen in Richtung auf den europäischen Prozeß verfügbar gemacht werden kann, wird für solchen Kappes eingesetzt!«

Auf den Gesichtern der Journalisten breitete sich teils Betroffenheit, teils unverhohlene Neugierde aus. Denn es geschieht nicht alle Tage, daß ein Regierungschef über andere herzieht und heilige Kühe schlachtet. Der nächste wollte wissen:»Das ist aber doch nur im Verein mit den anderen zu ändern. Welchen Weg gibt es dafür?«

Der Kanzler hatte, während die Frage gestellt wurde, in seine rechte Jackettasche gegriffen, ein blaues Schächtelchen herausgeholt, sich ein schwarzes Pulver auf die linke, zur Faust geballte Hand getupft und das Zeug erst durch das eine, dann durch das andere Nasenloch hörbar eingeschnüffelt. Schließlich hatte er mit einem großen Taschentuch versucht, sich die Schnupftabakreste aus dem Gesicht zu wischen. Durch diese Einlage wurde die Spannung künstlich erhöht. Im Kanzler-Blick lag längst zornige Mißbilligung. Die Bewegung, mit der er das Taschentuch wieder wegsteckte, war ruckartig. Mienenspiel und Geste sollten jeden weiteren Widerstand gegen seine Thesen ersticken.

»Ist es von selbst gekommen, daß die Franzosen den Franc dahin gebracht haben, daß sie nun wieder Mitglied des Wechselkursverbandes sind? Glauben Sie, irgend jemand hätte durch einen Beschluß zustande bringen können, daß die autonome Bundesbank den Italienern zwei Milliarden Dollar in einer Zahlungsbilanzkrise geliehen hat, die andernfalls vielleicht zum Herausbrechen Italiens aus der Gemeinschaft hätte führen können? Damit wird das gemacht, und nicht mit diesen Papieren und Resolutionen. Lassen Sie die Realisten, die von der Sache, von der sie reden, etwas verstehen, in Europa handeln und verschonen Sie uns mit Meinungen von Personen, die noch nicht einmal eine Straßenbahngesellschaft über zwei Jahre leiten können, ohne daß sie in Verluste gerät.«

Damit waren die EG-Kommission und ihre Kommissare gemeint. Ein Journalist wagte den Einwand:»Meine Frage ist, glaube ich, noch nicht ganz beantwortet. Ich möchte gerne wissen, ob die Methode zur Integration, die Sie dargestellt haben, nun wirkungsvoller ist, oder ob Sie nicht befürchten müssen . . .«

Schmidt fuhr ihm in die Parade:»Andere Methoden haben nichts gebracht. Ich weiß nicht, was Sie unter einem Pragmatiker verstehen. Für viele ist das ein Schimpfwort, und Sie halten das anscheinend auch nicht für einen auszeichnenden Begriff. Lassen wir das beiseite. Ein handelnder Politiker hat es mit wenigen Befehlskategorien zu tun, denen er zu folgen hat. Da sind die Befehle, die das Grundgesetz und die einfachen Gesetze ihm geben; die sind suprema lex. In Konkurrenz damit stehen die Befehle, die das eigene sittliche Gewissen gibt. Aber nur selten stehen sie im Konflikt, und meistens läßt sich die Ausführung dieser beiden Arten von Befehlen ganz gut miteinander vereinen. Drittens gibt es dann noch die Zweckmäßigkeiten, die sich im politischen Leben ergeben. Jeder, der immer nur sagt, was er im Augenblick gerade denkt, ohne daran zu denken, daß auch das geprüft, überlegt und abgeglichen, verfeinert oder auch vergröbert werden muß, der wird auf Dauer vielleicht nicht sehr viele Wähler anziehen. In der Demokratie braucht man Wähler, um Ideen zu verwirklichen. In der Demokratie hat die Mehrheit recht, auch wenn sie unrecht hat. Das ist einer der vielen Geburtsfehler der Demokratie, die unsere Studienräte beim politischen Unterricht in den Gymnasien verschweigen. Man braucht also Mehrheiten, und man muß als Politiker auch Maximen befolgen, die sich aus der Notwendigkeit ergeben, Mehrheiten zu bekommen. Das gilt nicht nur im nationalen, sondern auch im europäischen Rahmen.«

»Kann man nicht manchmal auch zu oft recht haben?«

»Man kann im Leben vielfach zu oft recht haben, und ich bedaure diesen Anschein in den letzten Wochen auch . . .« Schmidts Gesicht rötete sich, er biß sich an dem Thema fest: »Ich finde es skandalös, daß Briefe, die ich an Ministerpräsidenten in personam schreibe, in Brüssel auf dem Markt gehandelt werden, noch dazu verballhornt. Daraus ziehe ich für mich Konsequenzen . . . Niemals ist auf den Markt gekommen, was zwischen Giscard und mir geredet, telefoniert oder geschrieben worden ist. Wenn das anschließend in den Zeitungen landet, muß man eine solche Kommunikation aufgeben. Der Eindruck, der dadurch entstanden ist, ist unerfreulich. Diese Art von Kommunikation kann man offenbar nicht mit allen, nicht mit den gegenwärtig handelnden Bürokratien betreiben. Natürlich muß ein Ministerpräsident einen solchen Brief seinen Beratern zeigen und mit ihnen besprechen, aber daß er dann auf den Markt kommt, ist bedauerlich und unerfreulich. Künftig werde ich andere Formen suchen müssen, anderen Regierungschefs meine Meinung mitzuteilen.«

»Haben Sie den Eindruck, daß Sie von Ihren Kollegen im Europäischen Rat — ich meine jetzt nicht Giscard — verstanden werden mit Ihrer Sicht der Dinge? Beginnt das, Früchte zu tragen?«

»Ich glaube, daß es über das, was ich mir vorstelle, kein Mißverständnis in der französischen, der belgischen, der englischen und der dänischen Regierungsspitze und auch nicht bei Thorn [Luxemburg] gibt. Von den anderen kann ich das nicht mit der gleichen Sicherheit sagen. Wenn ich eben von einer Reihe Regierungen sagte, es gebe keine Mißverständnisse, so heißt das nicht, daß man deswegen miteinander einverstanden ist. Aber es gibt keine Mißinterpretation, keine Fehlinterpretation über Motive und Zielsetzungen. Die Kommission schließe ich da nicht ein, die ist anders zu beurteilen, und meine Kontakte zu ihr sind, da in ihr eine Vielzahl von Personen eine Rolle spielt, begrenzt.

Ich halte auch dafür, daß auf Dauer die Kommission anders zustande kommen muß. Bei der nächsten Kommission müssen sich die neun Regierungschefs darüber einigen, wer Präsident werden soll, und dann dürfen die übrigen Hanseln nicht mehr nach folgendem Motto bestimmt werden: Jetzt müssen wir den Koalitionspartner befriedigen, der Mann hat noch keine Pension; schicken wir ihn für vier Jahre nach Brüssel, da kriegt er eine. Oder: Dieser Mann ist innenpolitisch unbequem, den wollen wir loswerden, schicken wir ihn nach Brüssel. Diese Zusammensetzung darf es nicht mehr geben. Es ist ja ein Glücksfall, wenn jemand, der nach Brüssel geschickt wurde, für das Ressort, das er dort zu übernehmen hatte, auch schon eine Vorbildung mitbrachte.«

Schmidt war nicht mehr zu bremsen. Margarete Köpcke, seit Adenauers Zeiten im Kanzleramt, wagte nicht einmal mehr, dem Chef eine neue Cola auf den Tisch zu stellen. Schmidt konnte grob werden, wenn man ihn im unpassenden Moment unterbrach.

»Der Präsident der Kommission muß ganz erheblichen Einfluß auf die Auswahl seiner einzelnen Kabinettsmitglieder haben«, fuhr der Kanzler fort. »Das gibt es doch in keinem Land der Welt, daß eine Regierung aus den divergierendsten Faktoren zusammengesetzt wird. In Holland suchen sie erst ein halbes Jahr lang einen Informateur und dann einen Formateur. Die übertreiben das ein bißchen. In den vergangenen siebzehn Jahren war kaum jemals ein erstklassiger Politiker darunter, und das nennt sich dann Kommission, die sich selbst als europäische Regierung aufwirft.«

Den nächsten Satz schleuderte er mit einem Anflug von Ekel seiner inzwischen verblüfft dreinschauenden Zuhörerrunde entgegen: »Das kann man nur glauben, wenn man an Institutionen per se glaubt, oder man muß Hallstein heißen, um das zu glauben.«

Walter Hallstein, zunächst Staatssekretär im Auswärtigen Amt unter Adenauer, wurde 1958 der erste Präsident der Brüsseler Kommission. Wegen seines Denkens in streng juristischen und bürokratischen Kategorien war Hallstein wiederholt scharfer Kritik aus Bonn ausgesetzt gewesen. Für Herbert Wehner war er »ein Mann ohne Herz und Hoden«.

Für Helmut Schmidt war schon immer typisch, daß er seinen Redestil und seine Ausdrucksweise der jeweiligen Zuhörerschaft anpaßte. Dieses Mal war er von Journalisten umringt, die gerne zum Zynismus neigen und – wie Schmidt – nicht immer frei sind von Überheblichkeit. Mit hoher Selbsteinschätzung verabschiedete sich denn auch der Kanzler von den Teilnehmern jenes Teekränzchens, bei dem er so gegen die EG-Kommission vom Leder gezogen hatte. Das Protokoll vermerkt: »Der Bundeskanzler bedankte sich abschließend bei den Korrepondenten für ihr Erscheinen. Er regte an, daß die Brüsseler Korrespondenten öfter nach Bonn kommen sollten, da er aus ihren Kommentaren mitunter den Eindruck gewinne, daß sie keine ausreichend plastische Vorstellung von dem hätten, was in Bonn erstrebt werde. Sie sollten sich fragen, so meinte der Kanzler, ob sie sich nicht bisweilen zu sehr zum Sprachrohr von Eurokraten machten.«

Wenig später gelangte dieses Protokoll durch eine Panne an die Öffentlichkeit. Schmidt ließ die Gespräche seines Kanzler-Tees per Tonband mitschneiden. Sollte die vereinbarte Vertraulichkeit nämlich einmal durchbrochen und geschrieben werden, er habe das und das gesagt, wollte er wenigstens die Möglichkeit haben, diese Behauptung zu überprüfen. Bis zu jenem Treffen mit den Brüsseler EG-Journalisten wurden die Tonbänder anschließend im Bundespresseamt abgeschrieben und Kopien an einen engen Kreis von Beamten, die über die Ansichten des Regierungschefs orientiert sein müssen, verteilt. So erhielt auch der Presseattaché der deutschen EG-Botschaft in Brüssel, Hagen Graf Lambsdorff, ein jüngerer Bruder des FDP-Politikers Otto Graf Lambsdorff, eine Abschrift.

Die für Brüssel bestimmte Kopie erhielt den Vermerk »frei zur Verwendung«. Damit war gemeint, daß Lambsdorff bei künftigen Anfragen zu EG-Themen die Haltung der Bundesregierung anhand des Protokolls über das Kanzler-Gespräch beschreiben konnte. Nicht beabsichtigt war jedoch, daß er die Abschrift an Dritte weitergab.

Zur Ehrenrettung des Grafen, dem die Panne keinen Karriereknick einbrachte (er ist heute Wirtschaftsreferent an der Deutschen Botschaft in Washington), muß gesagt werden, daß die Formulierung »frei zur Verwendung« zu Mißverständnissen verleitete. Lambsdorff verstand sie jedenfalls so, daß er das Protokoll den Teilnehmern der Gesprächsrunde überlassen durfte, und ließ Kopien anfertigen, die er verschickte. Es war nur noch eine Frage der Zeit, bis auch Unberufene in den Besitz einer Ablichtung gelangten. Einer der ersten, dem das Protokoll mit den Rundumschlägen des deutschen Regierungschefs zugespielt wurde, war der damalige Präsident der EG-Kommission, der Franzose François-Xavier Ortoli.

Ortoli und mit ihm andere, die Schmidt als »Hanseln« bezeichnet hatte, fühlten sich beleidigt, darunter die deutschen EG-Kommissare Guido Brunner und Wilhelm Haferkamp. Als der Kanzler ein paar Monate später auch noch den Gaullismus mit den europäischen Diktaturen dieses Jahrhunderts gleichsetzte, war das Maß voll. In der französischen Presse hieß er seitdem »Le Feldwebel«. Der Leitartikler der Pariser Zeitung France Soir zog Vergleiche mit dem häßlichen Deutschen aus der Zeit der Besetzung Frankreichs im letzten Krieg: »Vier Jahre lang haben wir in unseren Städten und Dörfern das Gebrüll der Feldwebel gehört. Unsere Ohren reagieren darauf noch immer empfindlich. Durch Helmut Schmidts Stimme fühlen wir uns um fünfunddreißig Jahre zurückversetzt. Dieser Ton, diese unbeherrschten, beleidigenden Worte, diese Arroganz und Verachtung — was für böse Erinnerungen rufen sie wach.«

Peter Boenisch schrieb in Bild am Sonntag: »Seit der Brahmseer am Rhein regiert, ist die Bramsigkeit zur Richtlinie der Politik geworden: Unser tüchtiger Kanzler gibt's allen tüchtig . . . Die Fehleinschätzung dieses Kanzlers über seine Rolle und die Rolle der Deutschen in Europa richtet zunehmend außenpolitischen Schaden an. Jahrzehntelang haben wir, von Adenauer bis Schmidt, an der deutsch-französischen Verständigung gearbeitet. Und jetzt zerredet er mit seinem unbeherrschten Kehlkopf, woran er selber mit fleißiger Hand mitgearbeitet hat.«

Der Skandal hatte zweierlei zur Folge: Zum ersten hatte Schmidts bis dahin im Ausland glänzendes Namensschild häßliche Flecken bekommen; und zweitens wurde in Bonn angeordnet, daß von den Protokollen der Kanzler-Tees vorübergehend keine Kopien mehr angefertigt werden dürften und daß die Tonbänder sofort in einem Panzerschrank des Bundespresseamtes zu verschwinden hätten. Im Laufe der Jahre wurde der Kanzler mit seinen öffentlichen Äußerungen zwar vorsichtiger, aber in vertraulicher Runde amüsierte, schockierte, unterhielt er weiterhin die Umwelt mit seiner flinken Zunge.

**8** Schmidts Großvater väterlicherseits kam, wie der Kanzler es ausdrückte, »von ganz unten«. Er habe seinen Unterhalt als ungelernter Arbeiter im Hamburger Hafen verdient. Das stimmt nur bedingt. Der Mann, den der Kanzler meinte, war sein Stiefgroßvater. Sein richtiger Großvater war ein jüdischer Bankdirektor, und sein Vater Gustav ein unehelicher Sproß dieses Bankiers.

Fast sein ganzes Leben lang hütete Helmut Schmidt dieses Geheimnis. In der NS-Zeit, weil jemand mit jüdischen Vorfahren gefährlich lebte, und danach, weil er vielleicht immer noch mit Vorbehalten in unserer Gesellschaft rechnen mußte. Erst nach seinem Rücktritt als Kanzler vertraute er diese Geschichte einem englischen Journalisten an, der ein Buch über ihn schrieb.[*]

Helmut Schmidt selbst erfuhr von diesen Umständen erst, als er siebzehn oder achtzehn Jahre alt war. An den genauen Zeitpunkt kann er sich nicht mehr erinnern. Es war seine Mutter, die ihn über die wahre Identität des Großvaters aufklärte; sein Vater schwieg sich weiter aus (und hatte dafür gute Gründe). Schmidts Großvater mütterlicherseits, der wie ein hanseatischer Kaufmann aussah und sich auch so kleidete – Westenanzug, gestärktes Hemd, Seidenkrawatte, Kneifer –, war Schriftsetzer.

Vater Gustav Schmidt schaffte den Aufstieg ins Kleinbürgertum. Von Beruf war er Lehrer, später Studienrat, und im Ersten Weltkrieg zog er für Kaiser und Vaterland als Infanterist ins Feld. Aus jenen Tagen existiert noch ein vergilbtes Foto vom Vater. Es zeigt einen Mittzwanziger mit dunklen, wachen Augen, militärisch kurzgeschnittenem Haar und Spitzbart in einem Uniformrock mit hochgeschlossenem Kragen und Litze. Daneben steht die Mutter des späteren Kanzlers. Sie hat ein rundes, hübsches Gesicht und dichtes, in der Mitte gescheiteltes, welliges Haar. Schmidts Mutter hatte den nicht ganz alltäglichen Vornamen Ludowika und war eine geborene Koch.

Als Gustav und Ludowika Schmidt am Tag vor Weihnachten des Jahres 1918 ein Sohn geboren und auf die Namen Helmut, Heinrich, Waldemar in einer evangelisch-lutherischen Kirche getauft wurde, war die Zeit von großer wirtschaftlicher Not und der militärischen Niederlage des Deut-

---

[*] Jonathan Carr: Helmut Schmidt. Düsseldorf 1985.

schen Reiches geprägt. Zwei Wochen zuvor war Kaiser Wilhelm II. ins neutrale Holland geflohen, in Berlin ratterten die Maschinengewehre der Revolutionäre, und in Hamburg nahm sich Albert Ballin, der angesehene Generaldirektor der Hamburg-Amerika-Linie — nach ihm ist der Ballindamm an der Binnen-Alster benannt —, aus Verzweiflung das Leben.

Die Wirren der folgenden Zeit blieben nicht ohne Einfluß auf die Entwicklung des Jungen. Der kleine Helmut — er trug damals eine Ponyfrisur, und sein Kopf schien für den schmächtigen Körper viel zu groß zu sein — wuchs im Stadtteil Barmbek, einem »roten« Arbeiterviertel, auf. Er war noch nicht fünf, als die Kommunisten in der Hansestadt einen Aufstand versuchten und es besonders in Barmbek zu blutigen Kämpfen kam. Aber Schmidts Vater war weder Kommunist noch Sozialdemokrat. »Er pendelte zwischen der Deutschen Volkspartei und der Deutschen Demokratischen Partei der Weimarer Zeit«, erinnert sich der Kanzler.

Ostern 1925 kam Helmut in die Volksschule in der Wallstraße. Er saß — wer will, kann daraus bereits eine künftige Karriere herauslesen — in der ersten Reihe Mitte rechts, die Hände vor dem Lehrer, der einen dunklen Bratenrock mit Stehkragen trug, artig gefaltet. Als der Pennäler Schmidt vier Jahre später auf die Oberschule überwechselte, griff gerade die Wirtschaftskrise von den USA auf Europa und damit auch auf Hamburg über. Inflation und Hungersnot waren die Folge.

In dieser Klasse der Oberschule saß auch die Tochter eines Elektrikers namens Glaser, der noch im selben Jahr wie über drei Millionen andere Deutsche seine Arbeit verlor. Die ersten dreizehn Wochen bezog er Arbeitslosenunterstützung; danach mußte die sechsköpfige Familie von der Fürsorge leben, und zwar sieben Jahre lang. Trotz aller Einschränkungen pflegten die Mitglieder der Familie Glaser — für einen Arbeiterhaushalt der damaligen Zeit ungewöhnlich — ihre musischen Interessen. Noch fünfzig Jahre später in Bonn träumte die Kanzler-Gattin gelegentlich davon, als Bratschistin wieder einmal in einem Streichquartett mit musizieren zu können — wie einst im Elternhaus in Hamburg-Horn. Der Vater spielte Cello, zwei Schwestern Geige und Loki Bratsche. (Das Instrument verbrannte bei einem Fliegerangriff im Zweiten Weltkrieg und wurde nie wieder ersetzt.)

Hannelore Glaser, genannt Loki, fand an dem Mitschüler Helmut zunächst nichts Auffälliges. Das kam erst später. »Also mit zehn war er noch kein Junge mit besonderen Eigenschaften. Da war er der Kleinste in der Klasse. So mit vierzehn wurde er besonders, also schnelles Denken, meine ich, schnelle Auffassungsgabe, auch ein bißchen vorlaut.« Mit fünfzehn gab er ihr auch den ersten Kuß. »Ich erinnere mich an einen Samstag im Jahre 1934. Auf dem Nachhauseweg von der Schule geschah es, am Bahnhof Alte Wöhr.«

Helmut »Schmiddel« trug damals stolz die bei höheren Schülern als Zeichen ihres »gehobenen« Standes übliche Gymnasiastenmütze, eine Kopfbedeckung mit farbigem Rand und schwarzem Lackschirm. Das Pummelige war aus seinem Gesicht verschwunden, seine Ohren standen nicht mehr ab, und die Augen fixierten herausfordernd die Umwelt: ein Junge, der wußte, was er wollte, und der mit seiner Meinung nicht hinter dem Berg hielt.

Im Sommer 1932 waren er und ein Klassenkamerad als Austauschschüler für ein paar Wochen an die Ducie-Avenue-School in Blackpool geschickt worden. Im Verlauf des Aufenthaltes gab der Quartaner Helmut einer lokalen Zeitung ein Interview, das erste seines Lebens. Unbekümmert ließ er die Engländer wissen, was er davon hielt, wie sie den Sonntag begehen: »Gestern begaben wir uns mit einem Wagen nach Southport. Es war komisch, all die anderen Autos auf dem Strand zu sehen. In Deutschland sind sie nie auf dem Strand, sondern immer auf den Straßen . . . Der Sonntag in England ist eine alberne Angelegenheit, alles ist verboten. Wir hätten gern Tennis gespielt, aber Jungens sagten uns, es sei verboten. In Deutschland ist der Sonntag ein großer Tag für den Sport. Dann finden all die wichtigen Fußball- und Handballspiele statt, weil an den anderen Tagen gearbeitet werden muß . . .

In Deutschland tragen wir auch nicht so gerne Hüte, wie das in England der Fall ist. Wir mögen Luft und Sonne auf unseren Köpfen. Hier scheint jeder zu allen Zeiten einen Hut zu tragen . . .

Der Schulbetrieb ist in Deutschland ganz anders. Wir haben die ganze Woche außer sonntags Unterricht und arbeiten im Sommer von acht bis ein Uhr und im Winter von neun bis zwei. Die Kinder müssen mit dem Schulbesuch im Alter von sechs Jahren beginnen . . . Unsere Schulen sind sehr unterschiedlich. Wir haben gute und altmodische (ebenso Lehrer!) . . . Die Leute hier in England finden unsere Schulmützen komisch, sie sähen aus wie die von Eisenbahnschaffnern. Wir meinen, ihre Mützen sind sonderbar . . . Unsere Lehrer sind zu uns sehr freundlich, und der Gebrauch des Rohrstocks ist nicht mehr üblich. Wir haben nicht erfahren, ob das auch in England so ist — noch nicht!«

Der Schüler muß aber auch positive Eindrücke mitbekommen haben. Wie sonst erklärt sich seine Anglophilie?

In Hamburg ging Helmut Schmidt auf die Lichtwarkschule, so benannt nach ihrem Begründer Alfred Lichtwark, einem bedeutenden Hamburger Pädagogen, Kunsthistoriker und Direktor der Hamburger Kunsthalle. Die Schüler wurden vor allem im Geist der Musen erzogen und zur Gruppen- und Gemeinschaftsarbeit angehalten. Im Zeichenunterricht ging es nicht nur um die bloße Nachahmung der Natur, sondern die Schüler sollten ihrer bildnerischen Phantasie freien Lauf lassen. So wurden Helmut Schmidt und seine spätere Frau Hannelore schon als Jugendliche mit dem Expressionismus vertraut gemacht. Wenn heute im Bundeskanzleramt vorwiegend Werke expressionistischer Maler hängen, wie Nolde, Schmidt-Rottluff, Macke, ist das ein Verdienst Helmut Schmidts, der mit dieser Stilrichtung aufgewachsen ist.

Das vierzehnte Lebensjahr bedeutete in mancher Hinsicht eine Zäsur für den Lichtwarkschüler — unter anderem, weil Adolf Hitler an die Macht kam. Das hatte für den Pennäler Schmidt bald Folgen. Ein Jahr später fand er sich mit seinem Schülerruderverein, dessen Kapitän er war, in der Marine-Hitler-Jugend wieder. Und weil Helmut, zwar klein von Wuchs, aber meist tonangebend zu sein wünschte, brachte er es bald zum HJ-Scharführer. Eine grüne Kordel als Zeichen seines gehobenen Dienstranges, »Affenschaukel« genannt, baumelte an der rechten Schulterklappe des braunen Uniformhemdes. Niedere Dienstgrade hatten Scharführer Schmidt durch Heben des ausgestreckten rechten Armes auf der Straße zu grüßen. Daß er »zunächst sehr begeistert« bei der Sache war, daraus machte er nie einen Hehl, und mit diesem Enthusiasmus unterschied er sich nicht von Millionen anderer Jungen und Mädchen, die in der Hitler-Jugend Pfadfinderabenteuer suchten und mehr nicht.

Zu Hause wurde diese anfängliche Begeisterung nicht gebremst. Auch da ähnelt Schmidts Jugend den meisten anderen Schicksalen seiner Generation: Viele Eltern wollten ihre Kinder, die in einer politischen Umwelt aufwuchsen, die die Väter und Mütter nicht mehr ändern konnten, nicht durch Aufklärung über den wahren Charakter des Nationalsozialismus in Gewissenskonflikte oder gar in Gefahr bringen. Wenn offen gesprochen wurde, dann nur vorsichtig. So dachten jedenfalls Gustav und Ludowika Schmidt, die übrigens eineinhalb Jahre nach der Geburt ihres Sohnes Helmut einen zweiten Buben, Wolfgang, bekamen, der es später zum Hauptschuldirektor brachte.

»Mein Vater war alles andere als ein Nationalsozialist«, sagte der Kanzler einmal über die politische Atmosphäre in seinem Elternhaus, »aber er war auch kein Widerstandskämpfer. Er war vorsichtig, und er hatte vielleicht auch Grund, vorsichtig zu sein. Jedenfalls hatte er vor 1933, als wir beiden Jungs in der Schule und später in der Hitler-Jugend waren, sorgfältig vermieden, uns gegenüber dem, was wir dort lernten, nun zu Hause in Konflikte zu bringen . . .«

So wuchs Helmut Schmidt zunächst weitgehend problemfrei auf. Als Junge half er, wie das bei seiner Generation üblich war, während der Ferien in der Landwirtschaft, in seinem Fall im Weinanbau. »Ein Viertel meiner unmittelbaren Vorfahren sind Winzer gewesen. Zum Teil aus Rheinhessen, unter anderem aus Ginsheim. Einer meiner Onkel war in den dreißiger Jahren Gutsinspektor beim alten Grafen Matuschka-Greiffenclau und hatte später ein eigenes Weingut. Da bin ich in den großen Ferien immer fünf Wochen hingefahren. Das Beste war nicht die Arbeit im Weinberg — man mußte da eine ganze Menge schleppen —, sondern was nebenbei gesüffelt wurde. Mehr, als es für einen Bundeskanzler vertretbar gewesen wäre.«

Seine Vorliebe für die deutschen Expressionisten brachte ihn als jungen Menschen trotz der im Elternhaus geübten Vorsicht doch noch in politische Schwierigkeiten. Als die Nazis die moderne Kunst als »entartet« bezeichneten, 1937 zur Brandmarkung der Künstler in München eine diffamierende Ausstellung ihrer Werke inszenierten und Männer wie Kokoschka, Beckmann, Feininger und andere zur Emigration zwangen, meckerte der damals achtzehnjährige HJ-Scharführer Schmidt lauthals: »Wenn die so etwas verbieten, dann stimmt irgend etwas an der ganzen Richtung nicht.« Prompt flog er aus der Hitler-Jugend.

Nicht nur das feindselige Verhalten der Nationalsozialisten gegenüber der modernen Kunst störte ihn, sondern etwas anderes hatte ebenso sein Mißtrauen hervorgerufen. »Mir hatte niemand gesagt, wie ein Staat eigentlich hätte beschaffen sein sollen. Ich hatte gar keine positiven Vorstellungen von der Demokratie. Mir war nur klar, daß die höhnische Herabsetzung der westlichen Demokratien durch das Dritte Reich nicht ganz stimmen konnte, daß das wohl falsch war.« Die kurze Zeit als Austauschschüler in England war nicht ohne Wirkung geblieben. »Aber wie es dann nun wirklich war in einer Demokratie, wie ein Rechtsstaat wirklich geordnet sein sollte, davon hatte ich keine positive Vorstellung.«

1937 machte er sein Abitur, was ihm nicht besonders schwerfiel, da er Klassenprimus war (wie sein späterer Herausforderer Franz Josef Strauß). Anschließend mußte er wie jeder deutsche Mann in seinem Alter zunächst für ein halbes Jahr zum Reichsarbeitsdienst, um mit dem Spaten in der Hand Aufbauarbeit zu leisten. Danach ging es zur Ableistung der Wehrpflicht für zwei Jahre zum Militär. Hitler hatte sich längst über die Bestimmungen des Versailler Friedensvertrages (Abschaffung der Wehrpflicht und des Großen Generalstabes, Begrenzung des Heeres auf hunderttausend Mann) hinweggesetzt. Als sich der Reserveoffizieranwärter Schmidt bei der 4. Batterie des Flugabwehr-Artillerie-Regiments 26 in Bremen-Vegesack zum Dienstantritt meldete, lief die Wiederaufrüstung auf vollen Touren. Die vom Reichspropagandaminister Joseph Goebbels gelenkte Presse feierte gerade die Herausgabe eines neuen Stahlhelms, des Modells 35, der so beschrieben wurde: »200 Gramm leichter! Erhöhter Rand für bessere Sicht! Verkürzter Schirm zum besseren Hören! Nahtlos gezogenes Stahlblech! Innen und außen mattgrauer, rostschützender Farbanstrich! Der beste gegen Schrapnellkugeln und kleine Granatsplitter!«

Auf der Kleiderkammer bekam der Rekrut Schmidt einen solchen Helm verpaßt, unter dem er im Sommer schwitzte, im Winter jedoch bei erkaltetem Schweiß schnell fror. Was er nicht im geringsten ahnte, war die trostlose Aussicht, die Uniform in den nächsten acht Jahren nicht mehr ablegen zu dürfen. Denn nachdem er seine zweijährige Wehrpflicht absolviert und es zum Wachtmeister der Reserve gebracht hatte, brach der Zweite Weltkrieg aus. Man behielt ihn gleich in der Kaserne und setzte seine Einheit, die mit 2-cm-Flakkanonen ausgerüstet war, zur Verteidigung des Luftraumes über Bremen ein.

Bei der Flak hatte Schmidt wie jeder Soldat regelmäßig Urlaubsscheine bekommen und war zwischen Bremen und Hamburg, wo sich seine Schülerliebe Loki zur Lehrerin ausbilden ließ, hin- und hergependelt. Damit war es eines Tages vorbei. Schmidt, am 1. April 1941 zum Leutnant befördert, wurde im Sommer desselben Jahres zur leichten motorisierten Flakabteilung 83 im Verband der 1. Panzerdivision an die Ostgrenze versetzt. Loki begleitete ihn bis zum Schlesischen Bahnhof in Berlin. »Ich hab' noch tagelang geheult.«

Deutsche Truppen hatten inzwischen halb Europa besetzt: Polen, Frankreich, Holland, Belgien, Dänemark, Norwegen, Jugoslawien und Griechenland. Den Leutnant Schmidt brauchte der »Führer« für einen nächsten Eroberungsfeldzug: für den Einfall in die Sowjetunion. Schmidts Flakabteilung kämpfte sich mit der 1. Panzerdivision in nur drei Monaten bis auf zwölf Kilometer an Leningrad heran. Später wurde die Division aus diesem Frontabschnitt abgezogen und gen Moskau in Marsch gesetzt. Aus der Divisionschronik geht hervor, daß die Flakabteilung Ende 1941 bei Klin, fünfundsiebzig Kilometer nordwestlich von Moskau, »mit allen Rohren« gegen sowjetische Truppen operierte und am 12. Dezember mehrere Flugzeuge abschoß. Leutnant Helmut Schmidt wird in der Chronik nicht erwähnt. Gleichwohl erhielt er das Eiserne Kreuz II. Klasse »für besondere Tapferkeit vor dem Feinde und für hervorragende Verdienste in der Truppenführung«. Und an seinem graublauen Offiziersrock prangt neben dem Reichssportabzeichen die Medaille für Teilnahme am Rußland-feldzug, im Landserjargon »Gefrierfleischorden« genannt.

Am 1. April 1942 wurde Schmidt zum Oberleutnant der Reserve befördert und in die Heimat zurückversetzt. Dort tat er zunächst Dienst an einer Flakschule und auf einem Schießplatz am Ostseestrand bei Kühlungs-born (heute DDR). Später kam er nach Berlin und wurde im Oberkom-mando der Luftwaffe, das seinen Sitz in Hermann Görings Reichsluftfahrt-ministerium hatte, Referent für leichte Flugabwehrwaffen.

In diese Etappenzeit fielen zwei entscheidende Ereignisse: 1942 heira-tete Schmidt; zwei Jahre später nahm er als Beobachter am Prozeß vor dem Volksgerichtshof gegen die Offiziere und Politiker teil, die am 20. Juli 1944 versucht hatten, das NS-Regime zu stürzen.

Die Hochzeit fand im Juni 1942 statt, ein halbes Jahr nach der Ver-lobung, die sich unter dramatischen, für die damalige Zeit aber typischen Begleitumständen ereignet hatte. Loki, damals zweiundzwanzig, unter-richtete als Volksschullehrerin im Hamburger Stadtteil Horn. Bereits 1940 hatte sie das erste Lehrerexamen für Volks- und Realschulen erfolgreich abgelegt. Seit Wochen hatte sie keine Feldpost mehr von ihrem Freund Helmut, den sie in Rußland vermutete, erhalten. Am Morgen des 18. Januar 1942 traf während des Unterrichts die Nachricht ein, »ihr Leutnant« habe überraschend Urlaub bekommen und werde noch an diesem Abend bei seinen Eltern in Barmbek erwartet. Es gab aber auch Fliegeralarm. Als die Bevölkerung nach der Entwarnung wieder aus den Schutzkellern durfte, rannte sie nach Hause. Unterwegs geriet sie in einen zweiten Bombenangriff und mußte abermals in einem Luftschutzkeller Unterschlupf suchen.

Als sie nach drei Stunden endlich vor der Haustür der Schmidts stand, begannen die Sirenen ein drittes Mal zu heulen. Die beiden jungen Leute fielen sich vor Freude in die Arme, und während alle Hausbewohner in die Luftschutzkeller eilten, beschlossen Helmut und Loki, das Wiedersehen trotz der herabsausenden Bomben in der Wohnung zu feiern.

Aus der Feier wurde eine Verlobung.

Daß Helmut Schmidt das Fräulein Glaser auch heiraten würde, war abgemachte Sache. Nur gab es da das Problem mit dem jüdischen Großvater. Jeder, der zu Hitlers Zeiten heiraten wollte, mußte einen »Arier-Nachweis« erbringen. Sein Vater Gustav besaß jedoch nur ein Dokument, in dem es hieß »Vater unbekannt«. Außerdem wurde die Sache noch dadurch kompliziert, daß Helmut Schmidt als Offizier zur Heirat die Erlaubnis seines Kommandeurs, eines Oberstleutnants Kurt Andersen, brauchte. Dazu mußte er seine Braut vorstellen und anhand der Papiere seine arische Abstammung nachweisen.

Kommandeur Andersen hatte seinen Standort auf dem Venusberg in Bonn. Zusammen mit Loki machte sich Helmut Schmidt auf den Weg. Es war die erste Begegnung mit der Stadt, in der er die wichtigste Phase seines Lebens verbringen würde. Damals dachte er aber nur an eines: Würde sein Kommandeur die Papiere für ausreichend befinden? Schmidt erinnert sich: »Andersen hielt auf strikte Disziplin. Aber ein Nazi war er nicht. Ich hatte Glück mit meinen Vorgesetzten: Keiner war ein Nazi.« Der Kommandeur warf einen kurzen Blick in die Papiere, unterschrieb eine gestempelte Bescheinigung, Schmidt habe seinen »Arier-Nachweis« erbracht, und wünschte dem Paar alles Gute.

Am Hochzeitstag, man schrieb den 28. Juni 1942, war Loki ganz in Weiß gekleidet. Das Kleid hatte sie selbst genäht, denn neue Kleidung konnten die Frauen des Kriegsjahres 1942 lediglich bei Vorlage einer Rationierungskarte, der Dritten Reichskleiderkarte, kaufen – vorausgesetzt, es war überhaupt Ware vorhanden. Die Karte hatte hundertzwanzig Punkte. Für neunzehn Punkte bekam man einen Wollpullover mit Ärmeln, für zwanzig eine wollhaltige, für elf eine kunstseidene Bluse. Ein Bademantel »kostete« dreißig Punkte.

Auf ihrem schwarzen, glatt zurückgekämmten Haar trug Loki einen Blumenkranz und im rechten Arm einen Strauß langstieliger Rosen, den ihr Helmut geschenkt hatte. Der Bräutigam hatte zur Feier des Tages seine Ausgehuniform mit großer Ordensschnalle, Schießschnur und Aluminiumstickerei auf dem Koppel angelegt. Die Bügelfalten waren messerscharf, die Schuhe auf Hochglanz gewienert. Außer seiner schicken Uniform konnte er jedoch keine materiellen Werte in die Ehe einbringen. Er hatte nicht einmal einen Zivilberuf.

Das Kriegsjahr 1942 war eine verrückte, doppelbödige Zeit. Einerseits spielte das Leben sich so ab, als lebten die Deutschen im tiefsten Frieden. Acht Tage nach der Schmidtschen Hochzeit fand im Berliner Olympia-Stadion vor neunzigtausend Zuschauern das Endspiel um die deutsche Fußballmeisterschaft statt. Schalke 04 gewann mit zwei zu null gegen die Vienna, Wien. Die Siegesprämie betrug hundert Reichsmark pro Spieler. Zur gleichen Zeit, da im Olympia-Stadion die Fußballfans ob des Schalker Sieges aus dem Häuschen gerieten, vergossen auf der russischen Halbinsel Krim die letzten der vierundzwanzigtausend deutschen Soldaten, die bei der Schlacht um die alte Hafenstadt Sewastopol getötet oder verwundet worden waren, ihr Blut.

An eine Hochzeitsreise mitten im Krieg war nicht zu denken. »Wir fuhren für ein paar Tage ins Teufelsmoor. Das war's«, erinnert sich Loki. Mit diesem Kurzurlaub vor den Toren Bremens in der Nähe der Künstlerkolonie Worpswede waren die Jungvermählten noch besser dran als Tausende von anderen Hochzeitern, die »ferngetraut« wurden – eine Verehelichung per Distanz ohne Hochzeitsnacht und Urlaub.

Im Mai 1944 wurde Helmut und Hannelore Schmidt das erste Kind geboren, ein Junge – Helmut-Walter. Ein Foto, das den ernst dreinblickenden Vater in Uniform zeigt, wie er das in eine Decke eingewickelte kleine Baby im linken Arm hält, ist heute die einzige greifbare Erinnerung an diesen Sohn. Sieben Monate nach der Geburt, am 23. Dezember 1944, ausgerechnet an Helmut Schmidts sechsundzwanzigstem Geburtstag, starb das Kind. Die Todesursache hatte der Arzt nie mit letzter Genauigkeit feststellen können; vermutet wurde Gehirnhautentzündung. Von dem tragischen Ende erfuhr der Vater erst viel später, denn Lokis Feldpostbrief mit der traurigen Nachricht ging im Drunter und Drüber der letzten Kriegsmonate verloren.

Das zweite Kind kam erst nach Schmidts Rückkehr aus englischer Kriegsgefangenschaft 1947 auf die Welt; ein Mädchen mit dem Namen Susanne, heute Doktorin der Volkswirtschaft und Bankkauffrau. Von der Mutter hatte es die mandelförmigen Augen und die ausgeprägten Wangenknochen geerbt. Loki, der dieses leicht fernöstliche Aussehen als Kind den Spitznamen »Chinesin« eingetragen hatte: »Das Gesicht habe ich von meinem Großvater Glaser. Er stammte aus der Mark Brandenburg und hatte wohl Sorbenblut in seinen Adern.«*

Das zweite einschneidende Erlebnis in den Etappenjahren des Oberleutnants Schmidt läßt sich nicht so leicht rekapitulieren: seine Zuschauerrolle im Prozeß gegen die Beteiligten des Aufstandes vom 20. Juli 1944.

Bei jener Verschwörung handelte es sich um den Versuch eines Staatsstreiches, der gemeinsam von einem zivilen Kreis um den ehemaligen Leipziger Oberbürgermeister Carl Friedrich Goerdeler und einer militärischen Gruppe um den Oberst im Generalstab Claus Schenk Graf von Stauffenberg geplant war. Im entscheidenden Moment sollte das Ersatzheer in der Heimat gegen die Hitler-Regierung putschen, um nach gelungener Aktion Goerdeler zum Reichskanzler zu ernennen, einen Separatfrieden mit den Westmächten abzuschließen und in Deutschland eine neue Staatsordnung aufzubauen. Die von Stauffenberg am 20. Juli 1944 in Hitlers Hauptquartier eingeschmuggelte Bombe explodierte zwar, tötete auch fünf Mitglieder aus Hitlers Umgebung, verletzte den Führer jedoch nur unwesentlich. Noch am Abend desselben Tages war der Aufstand im Keim erstickt und die zivilen wie militärischen Anführer entweder sofort oder kurz darauf verhaftet und vor den Volksgerichtshof gestellt. Ohne wirk-

---

* Sorben, deutsche Bezeichnung Wenden, sind eine westslawische Minderheit, deren Abkommen auch heute noch im Raum des Spreewalds und der Lausitz (DDR) leben, ihre eigene Sprache sprechen und sich vorwiegend von Landwirtschaft, Viehzucht und Fischerei ernähren.

same Verteidigung und den wüsten, ehrabschneiderischen Beschimpfungen des fanatischen Gerichtspräsidenten Roland Freisler ausgesetzt, wurden sie zum Tode verurteilt und fast ausnahmslos hingerichtet. Am Ende des sich über mehrere Monate hinziehenden Prozesses waren über zweihundert Todesurteile vollstreckt.

Um den 7. September 1944 hatte Helmut Schmidt einem Verhandlungstag vor dem Volksgerichtshof beigewohnt, eine Tatsache, die während seiner Kanzlerschaft bekannt wurde. Seitdem lautete die entscheidende Frage, ob er das freiwillig, das heißt als hundertprozentiger Nationalsozialist, getan hat oder als abkommandierter Soldat. Helmut Schmidt meinte, es habe sich um eine Abkommandierung gehandelt. Auf die ihm wiederholt gestellte Frage, wie das damals geschehen sei, ob durch mündliche Anweisung oder durch schriftlichen Befehl, wußte er keine bündige Antwort. Er zuckte nur mit den Schultern und erwiderte mit ruhiger, fester Stimme: »Ich habe mir nichts vorzuwerfen und brauche nichts aus dieser Zeit zu verheimlichen.«

Regierungssprecher Bölling, der auf dieses heikle Thema im Herbst 1978 mehrfach angesprochen wurde, fügte hinzu: »Helmut Schmidt hat nur einen Verhandlungstag erlebt und ist auf eigenen Wunsch durch seinen damaligen Kommandeur von der Pflicht entbunden worden, auch den ursprünglich für ihn vorgesehenen zweiten Verhandlungstag erleben zu müssen.« Später fügte Bölling hinzu: »Helmut Schmidt hat mir mehrfach versichert, daß er tief deprimiert den Gerichtssaal verlassen und daß ihn Freisler angewidert habe.«

Wahrscheinlich wären, nicht zuletzt vor dem Hintergrund, daß Schmidt aus der Hitler-Jugend hinausgeworfen wurde und nie Mitglied der NSDAP war, an der Richtigkeit dieser Behauptung keine ernstzunehmenden Zweifel aufgekommen, hätte Schmidt nicht zwölf Jahre nach dem 20. Juli 1944 eine Bemerkung über die Männer des deutschen Widerstandes gemacht, die als Rest nationalsozialistischen Denkens ausgelegt werden konnte. Noch als einfacher Bundestagsabgeordneter war er eines Tages einem der wenigen überlebenden Mitglieder der Widerstandsbewegung begegnet: Kunrat Freiherr von Hammerstein-Equord, Sohn des letzten Chefs der Heeresleitung der Weimarer Republik, General Kurt Freiherr von Hammerstein-Equord, und Bruder des späteren RIAS-Intendanten Ludwig von Hammerstein. Kunrat von Hammerstein über diese Begegnung: »Helmut hatte mir im Juli 1956 im Politischen Club der Evangelischen Akademie Tutzing gesagt, daß er aus dem Luftfahrtministerium als Zuschauer beim 20.-Juli-Prozeß gewesen sei, wo ihm die Angeklagten nicht gefielen.«

Laut Hammerstein waren zum Prozeß nur politisch zuverlässige Leute zugelassen, so daß es einerlei gewesen sei, ob Schmidt als Beobachter abkommandiert wurde oder aus eigener Neugier hingegangen ist. Auf jeden Fall aber als loyaler Diener des Regimes. Hammerstein: »Die Zuschauer, mit dem gesunden Flak-Jüngling des Ministeriums, waren ausgesucht.«

Schmidt hat das ihm zugeschriebene Zitat von den Angeklagten, die ihm »nicht gefielen«, nie bestritten. Was immer ihm auch mißfallen haben mag — fehlende mannhafte Haltung vor Hitlers drohendem, schreiendem Blutrichter Freisler oder die militärisch unzulängliche Vorbereitung des Aufstandes —, Schmidt hat sich dazu später nicht mehr geäußert, sondern die Angelegenheit ad acta gelegt. Man muß ihm zugute halten, daß er wie neunundneunzig Prozent aller Deutschen nicht wußte, was das Regime den Männern des 20. Juli in der Haft angetan hatte.

Allerdings wurde er noch einmal mit diesem dunklen Kapitel deutscher Geschichte konfrontiert. Im Herbst 1978 ließ er sich im Bundeskanzleramt einen in Japan aufgestöberten Dokumentarfilm der Nazis über den Prozeß vorspielen, der ihn übrigens nicht unter den Zuschauern zeigte. Bedrückt und gesenkten Hauptes verließ er nach der Vorstellung den Vorführraum. Zwei Tage später war er immer noch betroffen. Offensichtlich hatte er seine Meinung über die Männer des 20. Juli geändert. Er wäre nicht der einzige.

9 Im offiziellen Lebenslauf Helmut Schmidts, der den fünfzig Journalisten in die Hand gedrückt wurde, die den Kanzler im Spätherbst 1975 nach China und Persien begleiteten, war von diesen privaten Details keine Rede. Vielmehr beschrieb er die ersten sechsundzwanzig Lebensjahre Schmidts mit zwei mageren Sätzen: »Geboren am 23. Dezember 1918 in Hamburg, verheiratet, ein Kind, 1937 Abitur an der Hamburger Lichtwarkschule, Reichsarbeitsdienst, Wehrpflicht bei der Flakartillerie, zuletzt Oberleutnant der Reserve und Batteriechef.« Ein bißchen wenig für einen so wichtigen Mann.

Die China-Reise mit anschließender fünfundvierzigstündiger Stippvisite beim Schah war einer der längsten Auslandsaufenthalte während Schmidts Kanzlerschaft: Insgesamt dauerte er siebeneinhalb Tage. Für Schmidt viel zu lange. Daß die Reise überhaupt zustande kam, war das Verdienst eines kleinen freundlichen Herrn mit dicker Hornbrille, der Zigaretten Marke Doppeltes Glück rauchte, mit Vorliebe Schweinebauch aß und Mao-Look mit schwarzen spitzen Halbschuhen trug: Seiner Exzellenz Wang Shu, Botschafter der Volksrepublik China in Bonn. Unter der Tarnkappe des Journalisten war er lange vor der diplomatischen Anerkennung Chinas durch die Bundesrepublik (1972) nach Bonn gekommen und hatte heimlich Fäden zu allen wichtigen deutschen Politikern geknüpft, wobei ihm die Dienste seines chinesischen Kochs halfen. Wang Shu wurde zur Belohnung für die gute Vorarbeit ziemlich bald nach Aufnahme der Beziehungen zum Botschafter Chinas in Bonn ernannt.

Schmidt wollte 1975 Näheres über das geheimnisvolle Land erfahren, das der clevere Botschafter repräsentierte. In seiner Begleitung befanden sich ein Minister (Gscheidle), drei Staatssekretäre (Bölling, Schlei, Moersch), die Vorstandsvorsitzenden der Farbwerke Bayer (Grünewald) und Salzgitter (Birnbaum), die Gewerkschaftsbosse Hermann Brandt (DAG) und Sperner (Bau, Steine, Erden), die Schriftsteller Max Frisch und Klaus Mehnert sowie die beiden Professoren Klaus Ritter (Internationale Beziehungen und Sicherheit) und Carl Friedrich von Weizsäcker (Philosoph, Physiker und Bruder des späteren Bundespräsidenten).

War die Flugzeugbesatzung für die China-Reise besonders ausgewählt? Gab es in Bonn so etwas wie die »Air Force Number One« des amerikanischen Präsidenten? Nein. Die Flugbereitschaft des Verteidigungsministeriums hatte damals sechs Kommandanten, von denen jeweils einer – je nach Dienstplan – »dran« war, Schmidt zu fliegen. Als der Kanzler 1979 nach Tokio reiste, war zum Beispiel der siebenunddreißigjährige Luftwaffen-Major Heinz Endlicher an der Reihe. Standen keine Kanzler-Flüge an, flogen die sechs und ihre Crews den Bundespräsidenten oder Minister, aber auch Bundeswehreinheiten zu Übungen nach Texas und Kanada sowie Hilfsgüter in Katastrophengebiete. Es waren also ganz normale Besatzungen.

Die Luftwaffen-Boeing 707, die am Dienstag, dem 28. Oktober 1975, um 10.15 Uhr mit Ziel Peking abhob, wurde von Major Georg Flämig geflogen. Neben ihm saß als Co-Pilot Major Axel Riemscheid und hinter den beiden der dritte Pilot, Hauptmann Egbert Plöger. Zur fünfzehnköpfigen Besatzung zählten außerdem Oberfeldwebel Reinhard Paris, der die Aufgabe hatte, den Kanzler und die ranghöchsten Mitglieder der Delegation zu bedienen, und ein »Fräulein vom Amt«, ein Fernmeldeunteroffizier, der mit Hilfe eines Funktelefons und eines Fernschreibers (mit Chiffrier- und Dechiffrier-Möglichkeit) Verbindung zu jedem Punkt der Erde herstellen konnte. Für den Kanzler eine echte Beruhigung. »Ohne dieses Telefon könnte es ja sein, daß man am Zielort aussteigt, die Ehrenformation abschreitet, und am Ende bekommt man einen Zettel mit der Mitteilung gereicht: Die Regierung ist gestürzt, Sie sind nicht mehr Kanzler.«

Die Sitzverteilung im Flugzeug erfolgte streng nach Rangordnung. Im vorderen Teil der Maschine gibt es wie bei zivilen Verkehrsgesellschaften eine Art Erster-Klasse-Abteil. Doch geht es, was die Geräumigkeit betrifft, in der Regierungsmaschine weit großzügiger zu. Quer zur Flugrichtung steht rechts und links vom Mittelgang jeweils ein großer, festmontierter Tisch. Am rechten saßen der Kanzler und seine Frau, letztere am Fenster. Gegenüber vom Ehepaar Schmidt, aber noch an demselben Tisch, hatten zwei der persönlichen Gäste des Kanzlers ihren Platz. Am Nachbartisch saßen Regierungssprecher Bölling, Bundesminister Gscheidle und die Staatssekretäre Schlei und Moersch.

Daran schloß sich in rückwärtiger Richtung ein kleiner Raum an, der für Besprechungen und als Ruheraum für den Bundeskanzler und seine Frau genutzt wurde. Dann kam die Economy-Klasse. Hier saß der übrige Teil der Delegation – der »Wanderzirkus Schmidt«. Der Kanzler kokettierte stets mit der Behauptung, am liebsten würde er auf Reisen nur von einem Referenten und Klaus Bölling begleitet werden. Auf dem Flug nach China und Teheran zählte sein Troß mit der fünfzehnköpfigen Flugzeugbesatzung vierundsechzig Personen. Es war schon erstaunlich, wer da alles mitflog, wenn der Kanzler in die Luft ging. Daran hat sich bis heute nichts geändert.

Da gab es zum Beispiel den persönlichen Gepäckmeister des Kanzlers. Er mußte die Koffer des Chefs und Loki Schmidts stets im Auge behalten, die Stücke selbst verladen und entladen, so, wenn vom Auto ins Flugzeug umgestiegen wurde. Allerdings war er nicht für das Packen der Koffer zuständig; das besorgte Loki. Als Gepäckmeister fungierte meist einer der beiden Chauffeure des Kanzlers, Willi Jülich oder Joseph (Jupp) Rink. Sie verrichteten diese Arbeit gern, da sie auf diese Weise ein ordentliches Stück von der Welt sahen.

Ferner zählte zu der Begleitung – wie zu Kaiser Wilhelms Zeiten – eine Hofschreiberin, die sonst im Auswärtigen Amt als Kalligraphin beschäftigt war. Unterwegs mußte sie die Tisch- und Menükarten für die vom Kanzler zu gebenden Essen schreiben, wofür sie eine schwungvolle englische Schreibschrift wählte. Manchmal schrieb sie die letzte Karte noch auf dem Fensterbrett des Bankettsaals. Eine andere Dame aus dem Auswärtigen Amt wurde eigens dazu mitgenommen, um bei den Kanzler-Diners als eine Art gehobene Platzanweiserin zu arbeiten und sich um die Tischordnung zu kümmern. Manchmal besorgte diese delikate Aufgabe eine hübsche junge Konsulatssekretärin namens Birgit Pfeiffer-Wrabetz. Schmidt: »Die Protokollchefs sind die wahren Terroristen.«

Dann reiste stets ein Stenograph des Presseamtes mit, um jedes öffentlich gesprochene Wort Helmut Schmidts festzuhalten, egal, ob es sich um eine Tischrede oder eine Pressekonferenz handelte. Der Kanzler wollte sichergehen, daß ihm kein falsches Zitat in den Mund gelegt wurde. Der Stenograph hatte noch einen Konkurrenten, den Notetaker. Dieser protokollierte den hochpolitischen Inhalt der Gespräche unter vier Augen und mußte anschließend eine für die Akten bestimmte Niederschrift anfertigen. Die Aufgabe des Geheimschreibers wurde wegen der – meist außenpolitischen – Themen und der zu wahrenden Vertraulichkeit vom Leiter der außen- und verteidigungspolitischen Abteilung ausgeübt. Lange Zeit war das der von Schmidt sehr geschätzte Ministerialdirektor Dr. Jürgen Ruhfus (heute Botschafter in Washington), ein gutaussehender Karrierediplomat.

Außerdem wurden zwei bis drei Sekretärinnen aus dem Bundeskanzleramt mitgenommen, darunter immer eine aus Schmidts persönlichem Vorzimmer, entweder Marianne Duden oder Lilo Schmarsow. Unterwegs mußten sie die Diktate des Kanzlers aufnehmen, und sie schrieben alle Verschlußsachen, das heißt Geheimtexte, wozu auch die Aufzeichnungen des Notetakers zählten. Die anderen Sekretärinnen tippten zum Beispiel Grußadressen an die Ministerpräsidenten der Länder, die die Kanzler-Maschine überflog, und sprangen beim Schreiben der Kanzler-Reden ein. Da Helmut Schmidt bei jeder Auslandsreise einschließlich der Tischreden und Statements auf bis zu acht Ansprachen kam – die Texte wurden zum Teil noch im Flugzeug oder gar erst am Zielort umgeschrieben –, hatten die Sekretärinnen stets viel zu tun. Er war immer von studienrätlicher Genauigkeit.

Davon war vor allem Schmidts Ghostwriter betroffen. In Bonn beschäftigte der Kanzler bis zu vier Redenschreiber, von denen ihn einer immer auf Auslandsreisen begleitete, manchmal auch ein zweiter. Und weil das, was die vielen Köche zusammenbrauten, oft auch noch in korrektes Englisch übersetzt werden mußte — nicht nur in das mit Amerikanismen gespickte Kanzler-Englisch —, gehörte zur Equipe stets auch ein Dolmetscher, gewöhnlich der Chefdolmetscher des Auswärtigen Amtes, der Vortragende Legationsrat I. Klasse Heinz Weber. Dieser Diplomat, dessen Englisch so makellos ist, daß er für einen Kommentator der BBC gehalten werden könnte, hatte keine leichte Aufgabe, weil Schmidt sein eigenes Englisch für beinahe perfekt hielt. Ein falscher Zungenschlag bei der Übersetzung — was höchst selten geschah —, und schon fuhr ihm der Kanzler vor versammeltem Publikum in die Parade. Weber konnte das freilich nicht sonderlich beeindrucken, denn er dolmetschte zur großen Zufriedenheit seiner Chefs schon für Konrad Adenauer, Ludwig Erhard und alle folgenden Bundeskanzler.

Lange nicht so hoch auf der Beamtenkarriereleiter eingestuft, aber nicht minder unentbehrlich wie Heinz Weber war der Amtsrat Herbert Rothen, Leiter des Konferenzsekretariats im Auswärtigen Amt. Alle internationalen Konferenzen, an denen Schmidt teilnahm, wurden von Rothen vorbereitet.

Ebenso gab es keine Reise, auf der der Kanzler nicht seinen Persönlichen Referenten oder den Büroleiter dabei hatte. Der Betreffende mußte während der Reise die notwendigen Telefonate mit Bonn vermitteln, entscheiden, wer, wann, wo den Kanzler sprechen durfte, und dafür sorgen, daß Schmidt immer die richtigen Besprechungsunterlagen bei sich hatte. Außerdem mußte er für den Zigarettennachschub geradestehen und war derjenige, der den Unwillen seines Herrn als erster zu spüren bekam, wenn etwas nicht klappte.

Zur Reisebegleitung des Kanzlers gehörte sein »Medizinmann«, der Bundeswehroberstabsarzt Dr. Wolfgang Völpel oder dessen Stellvertreterin, die Oberstabsärztin Dr. Karla Többicke; außerdem der Amtsmeister Willy Müller, ein kahlschädliger älterer Herr vom Protokoll des Auswärtigen Amtes. Dessen Dienstgepäck bestand aus mehreren, mit Geschenken gefüllten Aluminiumkoffern. Viele große und kleine Päckchen, mit Goldpapier und schwarzrotgoldenen Bändchen umwickelt, waren für die Gastgeber als Souvenir bestimmt. Regierungschefs und Minister erhielten meistens einen silbergerahmten Helmut Schmidt mit Unterschrift. In den Koffern waren auch Dutzende von kleinen, nicht besonders wertvollen Mitbringseln, wie Feuerzeuge mit dem eingeprägten Autogramm Helmut Schmidts, gedacht für Fahrer, Polizisten und Fremdenführer.

Ein nicht unbedeutender Mann in der Reisegesellschaft war der Geheimsachenverwalter. Überall, wo Helmut Schmidt landete, hatte er sich um geeignete Verschlußmöglichkeiten, möglichst Panzerschränke, zur

70

Aufbewahrung der geheimen Unterlagen, die die Delegation mit sich führte, zu kümmern. Obwohl dies eine sehr verantwortungsvolle Aufgabe war und der Betreffende das ideale Ausspähungsobjekt für gegnerische Spionagedienste abgab, war damit immer nur ein Beamter des mittleren Dienstes betraut, in der Regel Amtsinspektor Uwe Behmer, ein Mann Anfang Vierzig, der in Bonn das Archiv des Kanzlers verwaltete und in seiner Freizeit Schäferhunde züchtete.

Ebenso wichtig wie Uwe Behmer war der Scout des Kanzlers, den lange Zeit ein junger Legationsrat aus dem Auswärtigen Amt namens Michael Glotzbach spielte. Wochen vorher schon war er die gesamte Reiseroute abgefahren und hatte mit den örtlichen Behörden alle Einzelheiten besprochen. Er wußte genau, wann der Kanzler wo zu sein und was er dort zu tun hatte. So hatte er Helmut Schmidt beim Eintreffen in der Großen Halle des Volkes in Peking kurz vor dem Essen, das ihm der stellvertretende Ministerpräsident Deng Xiaoping am Abend des Ankunftstages gab, darauf hingewiesen — falls der Kanzler den Hinweis im Programmheft übersehen hatte —, daß er — Schmidt — gemäß chinesischer Höflichkeitsformen die kalten Vorgerichte nicht von der Bedienung, sondern von seinem Gastgeber höchstpersönlich auf den Teller gelegt bekäme und daß er sich für diese Aufmerksamkeit mit gleicher Geste revanchieren müßte.

Gepäckmeister, Hofschreiberin, Platzanweiserin, Stenograph, Notetaker, Sekretärinnen, Persönlicher Referent, Leibarzt, Geschenküberbringer, Geheimsachenverwalter, Vorausreiter — alle diese dienstbaren Geister machten noch lange nicht den ganzen Kanzler-Troß aus. Da war außerdem immer ein Fotograf dabei, der vom Bundespresseamt gestellt wurde und alle wichtigen Ereignisse der Reise festhielt — und zwar sowohl für die Bildstelle des Presseamtes als auch für das Privatalbum des Kanzlers. Im Gegensatz zu den regulären Pressefotografen, die Schmidt auf einer solchen Reise begleiteten, gehörte er zur offiziellen Regierungsdelegation. Zum Heer der Mitreisenden kamen noch Fachreferenten aus dem Kanzleramt, dem Auswärtigen Amt und den zuständigen Bundesministerien, ferner ein Chef vom Dienst des Presseamtes, Fernschreiberinnen und bisweilen sogar der Chefgärtner des Bundeskanzlers, Franz Josef Dewes. Auf der Reise nach Peking hatte Dewes Berge von rosa Rosen, weißen Nelken und Enzian dabei, denn er war einzig für den Zweck mitgenommen worden, bei dem Gegenessen des Kanzlers den Tischschmuck zu arrangieren.

Zum Wanderzirkus Schmidt zählten schließlich die Sicherheitsbeamten. Selbst in das 1975 von der Außenwelt noch total abgeschnittene China, wo kein Attentäter eine Chance gehabt hätte, einen Anschlag zu verüben, nahm der Kanzler dreizehn eigene Wächter mit. Von Schmidts persönlichen Bodyguards, von denen er zu Hause vier hatte, waren drei mit von der Partie: die Kommissare Walter Guttmann, Günter Warnholz und der Kriminalhauptmeister Otto Heuer. Sie begleiteten den Kanzler und Frau Schmidt auf Schritt und Tritt, immer darauf vorbereitet, die beiden bei einem Anschlag notfalls mit dem eigenen Körper zu decken. Manchmal bewachten sie auch nur die Schuhe ihres Chefs, etwa wenn Schmidt ein japanisches Priesterhaus oder einen asiatischen Tempel ohne Schuhe betrat und die Herren von der Sicherheit aus Gründen des Taktes vor dem Eingang blieben.

Die anderen Sicherheitsbeamten hatten unter anderem rund um die Uhr die Wohn- und Schlafräume des Kanzlers zu bewachen. Nachts standen sie vor der Tür des Kanzler-Apartments, weshalb sie im Delegationsjargon auch »Portier« hießen; während des Tages, wenn die Schmidts unterwegs waren, hielten sie im Apartment Wache. Und dann waren da noch die Polizisten, vorwiegend vom Bundesgrenzschutz, die für die Bewachung des Kanzler-Flugzeuges verantwortlich waren.

Als der Kanzler nach siebzehn Stunden Flug in Peking landete – inzwischen war es Mittwoch, der 29. Oktober 1975, 10.00 Uhr Ortszeit – und in einem dunkelbauen Trenchcoat die Gangway hinabstieg, tat sich ihm eine fremde Welt auf. Der Mann, der ihn am Fuß der Treppe inmitten eines schüchtern lächelnden Empfangskomitees erwartete, war 1,52 Meter klein, hatte ein wie aus Holz geschnitztes Gesicht und dunkle Augen: Deng Xiaoping, der amtierende Ministerpräsident der Volksrepublik (und sechs Jahre später die Nummer eins in China). Er war stellvertretend für den todkranken Premierminister Tschou En-lai gekommen, den Schmidt aus der Distanz sehr verehrte. Aus Dengs Gesicht etwas herauszulesen, war wie bei den meisten Chinesen unmöglich.

Am Rollfeld waren drei militärische Ehrenzüge mit ebenfalls unbewegten Mienen angetreten. Die Offiziere trugen keine Rangabzeichen und waren nur an den Brusttaschen ihrer olivgrünen Uniformjacken und ihrem bestimmten Auftreten auszumachen. Vor der Ankunft der Kanzler-Maschine hatte ein älterer Mann im zerknautschten Drillichanzug, ebenfalls ohne Rangabzeichen, die Ehrenformation kritisch inspiziert und wie ein preußischer Feldwebel mal hier, mal dort jeden auch nur ein wenig vorstehenden Soldatenstiefel oder Gewehrkolben rüde mit dem Fuß zurückgestoßen. Als Schmidt später die Front abschritt, stimmte die Richtung auf den Millimeter.

Seine Macht als bevölkerungsreichster Staat der Erde (damals noch 958 Millionen, inzwischen über eine Milliarde Menschen) demonstrierte China nicht nur in dem präzisen militärischen Drill, sondern die chinesische Parteimaschinerie hatte auch einen fähnchenschwingenden Jubelchor von etwa viertausend Kindern in Uniformen und Trachten aufgeboten, die in deutschen Ohren Krach für vierzigtausend machten. Obwohl das Ganze mit der typischen Perfektion eines totalitären Regimes organisiert worden war, schien der Empfang für den »deutschen Mao« den chinesischen Kindern soviel Spaß zu machen, daß sie ein Übermaß an kindlicher Begeisterung entfalteten. Sichtlich amüsiert schritten der Kanzler und Loki das Spalier der fähnchenschwenkenden Knirpse ab. Helmut Schmidt, der als erster Bundeskanzler chinesischen Boden betrat, mußte jedoch sehr bald sein ganzes diplomatisches Geschick aufwenden, um zu verhindern, daß wertvolles außenpolitisches Porzellan zerschlagen wurde.

Die Gastgeber hatten es von Anfang an darauf angelegt, den Besucher aus Bonn in eine antisowjetische Kampagne einzuspannen. »Wir unterstützen das deutsche Volk in seinem Kampf gegen die Schikane, Einmischung und Bedrohung seitens der Hegemonisten«, hieß es immer wieder. Mit den Hegemonisten waren die Sowjets gemeint, und solche Töne schlug Deng auch gleich beim ersten Delegationsgespräch an. Es fand in einem Saal so groß wie eine Turnhalle statt: zwanzig Meter breit, sechzig Meter lang, darüber eine sechs Meter hohe Stuckdecke. Die Gesprächsrunde saß in einem Halbkreis von gut zwanzig Meter Durchmesser; die Ehrenplätze für Schmidt und den kleingewachsenen Deng, neben dem der deutsche Gast mit seinen 1,70 Meter wie ein Riese wirkte, waren durch zwei besonders wuchtige Sessel und vier Spucknäpfe markiert. Nach dem ersten Meinungsaustausch und dem Versuch der Chinesen, den Deutschen ebenfalls Unfreundlichkeiten gegen die Sowjets abzuringen, sah der Kanzler sich genötigt, seine Rede für das Eröffnungsbankett am Abend zu ändern. Er wollte Moskau gegenüber von vornherein dem Eindruck einer deutschchinesischen Verbrüderung vorbeugen. Schmidt in seiner Tischrede:

»In der politischen Partnerschaft eines zusammengewachsenen Europas hat die Bundesrepublik Deutschland in den vergangenen Jahren alle Bemühungen unterstützt, die unter der Berücksichtigung der legitimen Sicherheitsinteressen aller Völker der in Europa entstandenen Lage geeignet sind, eine Atmosphäre des Vertrauens und der Entspannung zu schaffen. Diesem Ziel gelten unsere Verträge mit unseren Nachbarn in West und Ost, auch mit der Sowjetunion, ebenso wie unsere Mitwirkung beim Zustandekommen des Vier-Mächte-Abkommens über Berlin. All dies ist ein Teil unserer Gleichgewichtspolitik . . .«

Die anwesenden Chinesen schluckten diese diplomatisch verpackte Zurechtweisung ohne mit der Wimper zu zucken − ebenso wie der Kanzler, der bei diesem Essen tapfer dreimal ex trank, Reisschnaps, der nach seinem Urteil »so scharf wie drei Schwerter war«.

Am zweiten Tag war ihm wie schon zuvor Richard Nixon, Georges Pompidou, Edward Heath, Henry Kissinger und Franz Josef Strauß die Ehre eines Rendezvous mit Mao Tse-tung, dem einundachtzigjährigen Vater der chinesischen Revolution, zuteil geworden. Die zur Geheimniskrämerei neigenden Chinesen hatten Schmidt zunächst im unklaren darüber gelassen, ob es zu dieser Begegnung kommen würde oder nicht. Erst um 14.00 Uhr erfuhr Schmidt, daß der große Vorsitzende geruhe, ihn um 15.30 Uhr zu empfangen.

Das Treffen fand in der ehemaligen, dem Volk nicht zugänglichen Kaiserstadt statt, wo Mao bis zu seinem Tod (zehn Monate später) wohnte. Das chinesische Protokoll hatte die Bitte ausgesprochen, den Kreis der Gesprächsteilnehmer mit Rücksicht auf die angegriffene Gesundheit Maos so klein wie möglich zu halten. Da es jedoch um ein Händeschütteln mit der personifizierten Weltgeschichte ging, wollten sich Bonner Minister und Staatssekretäre diesen »Anfaß-Effekt« nicht entgehen lassen. Daraufhin setzte in der deutschen Delegation das große Gedränge ein. Schließlich fand man einen Kompromiß: Am eigentlichen Gespräch sollten neben dem Bundeskanzler nur Post- und Verkehrsminister Kurt Gscheidle, der deutsche Botschafter in Peking, Rolf Pauls, sowie der außen- und verteidigungspolitische Abteilungsleiter im Kanzleramt, Carl-Werner Sanne, teilnehmen. Zur Kaiserstadt mitfahren, um Mao wenigstens kurz vorgestellt zu werden, durften: Loki Schmidt, AA-Staatsminister Karl Moersch, die Staatssekretärin im Kanzleramt Marie Schlei und Regierungssprecher Klaus Bölling.

Der Kanzler war von dem fortgeschrittenen gesundheitlichen Verfall Maos erschüttert. Mit einer bei ihm ungewohnten Demut, die sein tiefes Mitleid ausdrückte, war Schmidt auf den alten, ihn stehend empfangenen Chinesen zugegangen und hatte sich von Mao, der nur noch gurgelähnliche Laute ausstieß, beinahe peinlich lang die Hand schütteln lassen müssen. Nach dieser beklemmenden Begrüßung erlebte Schmidt etwas Seltsames. Drei Frauen saßen um den großen Vorsitzenden: dessen Nichte, Wang Hei-jung, die zugleich Vizeaußenministerin war, Nanci Tang, seine persönliche Dolmetscherin und Kandidatin des Zentralkomitees, sowie eine dritte, nicht näher zu identifizierende Dame. Das Gespräch wurde auf Englisch geführt. Nach jeder Antwort Maos diskutierten die drei Frauen zuerst einmal – so sah es jedenfalls aus –, welche Übersetzung wohl die zutreffendste sei. Manchmal fragten sie bei Mao zurück, der ihnen dann »mit einem weichen Bleistift« (Schmidt) in Chinesisch aufschrieb, was er wirklich gemeint hatte.

Mao glaubte vor allem, wie schon zuvor Ministerpräsident Deng, Schmidt vor Moskau warnen zu müssen. Die Amerikaner seien bei ihren Entspannungsbemühungen gegenüber Moskau nicht wachsam genug und den Russen außerdem militärisch immer weniger gewachsen, klagte Mao. Wenn Europa sich nicht in den nächsten Jahren fest zusammenschlösse, würde es von der Sowjetunion in einen Krieg hineingezogen werden. »Dann ist Europa schlecht dran.«

Nach dem Gespräch bekannte Schmidt abends in der Deutschen Botschaft: »In der Art, wie Mao sprach, hat er mich an Guttenberg in seinen letzten eineinhalb Jahren erinnert. Das, was er zu sagen hatte, formulierte er so knapp wie möglich, um mit seinen nur noch geringen Kräften so rationell wie möglich umzugehen.« (Karl-Theodor Freiherr von und zu Guttenberg, CSU-Bundestagsabgeordneter und Staatssekretär im Kanzleramt unter Kurt Georg Kiesinger, war 1972 im Alter von einundfünfzig Jahren an einem unheilbaren Degenerationsprozeß des Rückenmarks gestorben.)

Die Audienz bei Mao war während der gesamten China-Reise das einzige Erlebnis, das Schmidt wirklich beeindruckt hatte. Ansonsten betrachtete er das mehrtägige Programm, wie meist bei seinen Abstechern ins Ausland, als reine Pflichtübung. Er schätzte politische Gespräche, aber auf Besichtigungstouren konnte er gut verzichten. Sein Desinteresse verrieten die Bemerkungen, die er dann und wann beim Sightseeing machte. Als er bei der Besichtigung des alten chinesischen Kaiserpalastes in der

Halle der höchsten Harmonie – einem prunkvollen Thronsaal mit vergoldeten Säulen und wunderschönen eingemeißelten Drachenmotiven – verweilte, endeckte er plötzlich eine Sänfte. Schmidt spöttelnd: »Darin müßte Genscher ins Kanzleramt getragen werden. Mit seinem Gesichtsausdruck wirkt er eh wie ein Buddha.«

Als er auf der weltberühmten Chinesischen Mauer stand, die 221–210 v. Chr. zum Schutz gegen die »Barbaren« von Kaiser Shi Huang-ti errichtet worden war – 2450 Kilometer lang, zwischen fünf und acht Metern breit und bis zu sechzehn Metern hoch –, fiel ihm beim Anblick eines Fußabdruckes im Gestein wer wohl ein? Der CSU-Vorsitzende Strauß, der vor ihm dort gewesen war. »Ich wußte gar nicht, daß der Strauß so kleine Füße hat.« Lange wollte Helmut Schmidt auf der steil ansteigenden Mauer jedoch nicht gehen; nach knapp hundert Metern streikte er. Da half auch alles Bitten seiner Frau (»Da oben ist es doch so schön«) nichts. Schmidt: »Da kriegt mich keiner weiter rauf.«

Am letzten Abend gab er in der Halle des Volkes für sechshundert geladene Gäste ein Essen. Zur musikalischen Untermalung intonierte die chinesische Militärkapelle eine, wie die Soldaten meinten, typisch deutsche Weise: »Wilde Gesellen, vom Sturmwind durchweht, Fürsten in Lumpen und Loden . . . Uns geht die Sonne nicht unter.« Die älteren unter den anwesenden deutschen Journalisten sangen kräftig mit, was der Kanzler vom Ehrentisch aus mißbilligend verfolgte.

Die deutschen Fernsehanstalten versuchten anläßlich dieser ersten Reise eines deutschen Kanzlers nach Rotchina etwas Einmaliges: nämlich die vor Ort gemachten Aufnahmen ihrer Reporter direkt aus der chinesischen Hauptstadt über Satellit in die elftausend Kilometer entfernte Bundesrepublik zu überspielen. Das hatte noch kein europäisches Team geschafft. Aus einem Übertragungswagen neben dem Journalisten-Hotel gingen Bild und Ton per Kabel zu einer nur wenige Meter entfernten Parabolspiegelantenne und von dort drahtlos an das Telegrafenamt in Peking. Dieses schickte Bild und Ton per Funk an einen für vierzig Minuten gemieteten Satelliten über dem Indischen Ozean. Der gab das Empfangene über die Eurovisionsschaltung nach Raisting in Bayern weiter, und von dort ging es über Kabel an den NDR (Hamburg) und an das Zweite Deutsche Fernsehen in Mainz.

Zuvor mußten jedoch noch die verschiedenen Reisestationen des Kanzlers »geschossen« werden. Dann wurden die Filme in einem fahrbaren Farblabor außerhalb des Hotels von Chinesen entwickelt, im Hotelzimmer, teilweise auf Nachtschränken und Schreibtischen mit Geräten, die für Amateure bestimmt zu sein schienen, geschnitten, mit einem primitiven Projektor auf ein weißes Stück Karton an die Wand geworfen, gleichzeitig mit einer elektronischen Kamera aufgenommen und über Kabel an den neben dem Hotel geparkten Übertragungswagen gegeben. Inmitten all dieses Durcheinanders mußten die Chefs der beiden Fernsehteams, Ernst Dieter Lueg (ARD) und Jochen Reiche (ZDF), ihre Kommentare zu Papier bringen und den Kanzler in einem zum Studio umfunktionierten Hotelzimmer interviewen. Statt der Betten und Schränke standen in dem viel zu kleinen Raum drei Fernsehkameras, vier Scheinwerfer mit je sechs Lampen, ein Fernsehempfänger, ein Sprechpult und ein Couchtisch mit zwei Sesseln. Der Boden war bedeckt mit Kabeln, Telefonen und Schaltkästen. Als Helmut Schmidt erwartet wurde, fiel der Ü-Wagen aus. Nachdem diese Panne behoben war, sagte der Kanzler ab. Wenn überhaupt, könne er erst nach dem Staatsbankett herüberkommen. Als nach Stunden vergeblichen Wartens der Kanzler plötzlich im Raum stand, blaß und mit geröteten Augen, wollte er in einem Sessel mit weißen Spitzenkopfschonern erst einmal verschnaufen. »Darf ich mich noch ein bißchen rekeln?«

Nach dreißig Sekunden wurde er jedoch bereits ungeduldig. »Fahrt ab, es wird heiß!« Ernst Dieter Lueg faltete die Hände, setzte ein feierlich-ernstes Gesicht auf und brachte in seinem typischen nasalen Tonfall die erste Frage an: »Herr Bundeskanzler . . .« Nach vier Minuten war das Interview gelaufen. Jochen Reiche machte nun das Ganze noch einmal für das ZDF, nur mit einem anderen Einstieg. Jetzt bewies der Kanzler wieder einmal seine schauspielerischen Fähigkeiten. Als seien ihm die Fragen eben nicht schon einmal von Lueg gestellt worden, legte er die Stirn in Falten, tat so, als suche er noch nach dem richtigen Wort, um schließlich doch nur dieselben Antworten zu geben. Am Ende klatschte Regierungssprecher Bölling, der die Interviews aus einer Zimmerecke mit verfolgt hatte, begeistert in die Hände und rief auf Englisch: »Good performance!« Wieder einmal hatte Schmidt vorgeführt, daß er das Medium Fernsehen beherrschte. Befriedigt rauschte er aus dem Hotelzimmer, nicht ohne vorher noch zu verkünden: »Wer's nicht weiß, bei Pauls gibt's noch Bier.«

In der Residenz von Botschafter Pauls nahm der Kanzler auf einem blauen Sofa Platz, trank sein kühles Bier und machte sich laut Gedanken über Journalisten. »Alles Wegelagerer, schreckliche Kerle.« Dann blickte er zu einer anderen Sitzgruppe hinüber und stellte vergnüglich fest: »Nun schaut euch das mal an. Damit hat sich schon die ganze China-Reise gelohnt.«

Sein Blick galt einer Gruppe vis-à-vis: Einige der von ihm eingeladenen Prominenten saßen um einen Tisch herum und waren in ein Gespräch vertieft; Bayer-Vorstandsvorsitzender Herbert Grünewald, Salzgitter-Chef Hans Birnbaum sowie die Gewerkschaftsbosse Hermann Brandt und Rudolf Sperner. Die Herren schienen sich prächtig zu verstehen. Die Klimapflege untereinander war für sie ein wesentlicher Nutzen dieser Reise. Und natürlich auch der Kontakt zum Kanzler. Neue wirtschaftliche Einsichten über China sprangen dabei nicht heraus, nicht einmal im Gespräch mit Helmut Schmidt. Dabei wäre es zum Beispiel interessant gewesen zu hören, zu welchen Preisen und Bedingungen die Chinesen bereit gewesen wären, ihre Rohölüberschüsse abzugeben. Die weltweite Ölkrise, die vom Preisdiktat der arabischen Länder angezettelt worden war, lastete noch schwer auf der westdeutschen Wirtschaft. Der Kanzler aber hatte es abgelehnt, seine chinesischen Gesprächspartner zu einer Antwort zu bewegen. »Das ist nicht mein Business.«

Letzte Station auf Helmut Schmidts China-Reise war die Stadt Urum-
chi, die im äußersten Nordwestzipfel liegt, zwischen Himalaya und sowjetischer Grenze. Das Gebiet war bis dahin für westliche Ausländer wegen
atomarer Aktivitäten der Chinesen gesperrt. Der Kanzler konnte sich also
etwas auf diese Vorzugsbehandlung einbilden. Wirklich Interessantes
bekam er jedoch nicht zu sehen; statt dessen ein langweiliges Museum, ein
– vorher vom Publikum geräumtes – Warenhaus und einen Abend mit
folkloristischen Darbietungen, bei denen er zeitweilig einschlief.

Am Nachmittag des 2. November startete die Kanzler-Maschine zum
Weiterflug nach Teheran. Die Journalisten, die nach Peking in Schmidts
Flugzeug nicht mitgenommen worden waren, befanden sich dieses Mal an
Bord. Mit einem normalen Linienflug hätten sie die persische Hauptstadt
nicht mehr rechtzeitig erreicht, was dem Kanzler wegen der dann fehlen-
den Berichterstattung auch nicht recht gewesen wäre. In Peking hatte er sie
mit der Bemerkung begrüßt: »Da reist man nun um die halbe Erde und
begegnet den gleichen dummen Gesichtern.« Das Kompliment bekam er
prompt zurück: »Das gilt auch für uns.«

Jetzt, auf dem Weiterflug nach Teheran, stöhnte er eingedenk der
vielen Festessen: »Entsetzlich, diese ständige Esserei. Ich bin bald so fett
wie der Lueg.« Womit er auf den Bauch des Bonner ARD-Studioleiters
Ernst Dieter Lueg anspielte.

Die Visite bei Schah Reza Pahlevi war kurz und lehrreich. Wer von der
deutschen Delegation noch nicht gewußt hatte, daß er den Boden eines
Polizeistaates betrat, bekam das unmittelbar nach der Landung demonstriert. Am Fuße der Gangway wartete der iranische Ministerpräsident
Hoveyda. Als der Kanzler die Stufen herunterkam, fanden sich Gast und
Gastgeber im Nu inmitten einer sich schubsenden, schiebenden, hin und
her rufenden Menschenmenge. Das war der richtige Moment, in dem
breitschultrige Savak-Geheimdienstler die Kameraleute und Fotografen des
Kanzlers durch Tritte in den Unterleib auf Distanz zu bringen versuchten.

Savak-Schergen und Polizisten waren es auch gewesen, die, noch während die Kanzler-Maschine im Anflug auf Teheran war, im Hotel Intercontinental die für die deutsche Delegation benötigten Zimmer von zahlenden
Gästen räumten. Wer nicht freiwillig auszog, dessen Gepäck wurde einfach
vor die Tür gestellt. In der ersten Nacht hörte man auf dem Gang des elften
Stocks die schrille, stotternde Stimme eines englischen Geschäftsmannes:
»This would never happen in England.« Dem auf protokollarischen Wolken gebetteten Kanzler entgingen diese unschönen Begleitumstände, die
von den Geschädigten nicht den Persern, sondern den Deutschen angelastet
wurden (»Gestapo-Methoden!«). Helmut Schmidt residierte mit seiner
engeren Begleitung im luxuriös eingerichteten Gästehaus der Regierung.

Merkwürdigerweise waren sich Kanzler und Schah zuvor noch nie
begegnet. Dabei hätte es in der Vergangenheit nicht an Gesprächsthemen
gefehlt. Der Schah wollte seit längerem die Rohölpreise um weitere
zweiundzwanzig Prozent hinaufdrücken, was der Kanzler für katastrophal
hielt. Im vorangegangenen Februar hätten sich die Herren treffen können,

als der Schah in St. Moritz Skiurlaub machte. Der Kanzler lehnte es jedoch ab, einen Antrittsbesuch im Jet-set-Milieu zu machen. Sein Freund Giscard d'Estaing war da weniger pingelig gewesen, aber der war ja selbst Skiläufer.

Ein Punkt auf der Themenliste der deutschen Delegation betraf den persischen Vorwurf, die Firma Siemens hätte in der Vergangenheit iranische Beamte bestochen, um einen größeren Auftrag zu bekommen. Dabei spielte ein Schweizer Konto eine Rolle. Der wahre Anlaß der Beschwerde war aber wohl, daß irgend jemand auf iranischer Seite glaubte, zu kurz gekommen zu sein. Solange der Verdacht aber nicht ausgeräumt sei, hieß es, habe die Bundesrepublik bei der Vergabe eines neuen persischen Großauftrages — bei der Verkabelung von zwei Millionen Telefonen — keine Chancen. Die Aufgabe, den Iranern diesen Zahn zu ziehen und Schönwetter für Siemens zu machen, fiel Post- und Verkehrsminister Gscheidle zu.

Gscheidle war ein Typ, bei dem man sich täuschte: fast schmächtig, schmales Gesicht, Brille, still und dabei immer gleichbleibend freundlich. Er war Gewerkschafter und auf dem zweiten Bildungsweg nach oben gekommen. Einer, der sich von Gscheidles Äußerem nie täuschen ließ, war Helmut Schmidt. Er war schon immer der Meinung: »Täuscht euch nicht, Kameraden, seine freundliche Gelassenheit ist Ausdruck von Sicherheit.«

In Teheran legte sich Gscheidle mächtig ins Zeug und erreichte tatsächlich, daß die persische Regierung einlenkte. »Ich glaube, diejenigen, die sich von iranischer Seite mit den Vorwürfen befaßten, konnten sich überzeugen, daß der Vorwurf unberechtigt war«, meinte er nach seiner Mission. »Inzwischen ist klargestellt, daß auf dem von der Firma Siemens seinerzeit in der Schweiz eingerichteten Konto keine Bewegung vorgenommen wurde. Das heißt, der zunächst vermutete Verdacht, daß es sich hier um ein Konto für Bestechungsgelder handele, wurde nicht erhärtet.« Gscheidle vermied freilich zu erklären, warum ein solches Schweizer Konto überhaupt eröffnet worden war.

Mit seiner Intervention war übrigens ein Tabu gebrochen worden: Mitglieder der Bonner Regierung hatten sich bis dahin nie für die Auftragsbeschaffung zugunsten deutscher Wirtschaftsunternehmen eingesetzt. Außenminister Walter Scheel war sich noch zu fein gewesen, anläßlich seines Antrittsbesuches in Spanien für die Übernahme des deutschen Farbfernsehsystems PAL zu werben. (»Wie komme ich denn dazu, ich bin doch kein Vertreter.«) Dagegen Gscheidle: »Ich hätte überhaupt keine Hemmungen, in meiner Funktion technische Entwicklungen, die in unserem Lande zur Produktionsreife geführt worden sind, draußen zu vertreten. Ich muß nur, gestützt durch das Urteil der Fachleute, davon überzeugt sein, daß unsere Produkte im internationalen Konkurrenzvergleich Vorteile haben.«

Der Kanzler, der während Gscheidles Verhandlungen Gespräche mit dem Schah führte, wurde mit diesem nicht warm. Dazu waren die beiden vom Typ her zu verschieden. Schmidt hatte mit dem Herrscher auf dem Pfauenthron zunächst im kaiserlichen Palast eine etwa zweistündige

Unterredung und dann ein Mittagessen. Vorher und nachher fanden Gespräche mit Ministerpräsident Hoveyda (»My friend, the Chancellor«) und dem persischen Wirtschafts- und Finanzminister Hushang Ansari statt. Dabei versprach der Kanzler, sich bei der EG in Brüssel dafür einzusetzen, daß dem Iran bestimmte Zollpräferenzen eingeräumt werden würden. Iranische Wünsche bezüglich der Lieferung von deutschen Kernkraftwerken bat er, bis zum nächsten Jahr zu verschieben. Auf diesem Gebiet hatte es gerade wegen eines deutsch-brasilianischen Vertrags Schwierigkeiten mit den USA gegeben.

Da bei Staats- und Regierungsbesuchen aber auch Erfolge vorgezeigt werden müssen, unterzeichnet man Abkommen, die entweder längst unterschriftsreif waren oder reine Kartenhäuser sind; ziemlich bald nach der Abreise fallen sie in sich zusammen. In Teheran wurden in feierlicher Form die Gründungsurkunden für die Errichtung einer gemeinsamen Universität in Rasht am Kaspischen Meer ausgetauscht. Die Universität sollte zunächst fünftausend Studenten in medizinischen und technischen Fächern Platz bieten und nach und nach auf eine Kapazität von zehntausend Studienplätzen ausgebaut werden. Das Erdöl fördernde Persien wollte das Projekt finanzieren, die Deutschen sollten die Professoren und die Lehrpläne stellen. Diese Hochschule brachte es in der Folge auf nie mehr als dreihundert Studenten, von einer medizinischen Fakultät keine Spur, und als der Ayatollah Khomeini den Schah verjagte, wurde der Lehrbetrieb gänzlich eingestellt.

Als der Kanzler nach siebeneinhalb Tagen wieder in Bonn ankam, hatte er zweiundzwanzigtausend Kilometer zurückgelegt. Gegen Ende der Reise plagten ihn nicht nur Gewichtsprobleme, sondern auch eine arge Erkältung. Dabei war er stets in Mantel, Schal und mit seiner von den Chinesen und Persern belächelten Helgoländer Lotsenmütze herumgelaufen, um sich nicht zu verkühlen (»Ich will nicht noch einmal Lungenentzündung wie im Frühjahr bekommen«). Als Lohn für durchstandene Strapazen brachte er einen wunderschönen Teppich mit – ein Geschenk der Perser. Außerdem war ihm wieder ein Kompliment für sein gutes Englisch gemacht worden. Beim letzten Abendessen mit dem iranischen Ministerpräsidenten hatte dieser in einer launigen Tischrede erzählt: »Meine Mutter hat behauptet, der deutsche Premierminister spricht ein besseres Englisch als jeder Engländer. Und auf meinen Vorhalt: ›Aber Mama, du verstehst doch kein Englisch‹, entgegnete sie: ›Ich höre doch die Musik in seiner Stimme!‹«

10 Wenn Helmut Schmidt von einer Auslandsreise heimkehrte, war das für ihn in vielerlei Hinsicht eine Umstellung. Zum Beispiel nahm sich sein Hamburger Eigenheim im Vergleich zu den Palästen, in denen er wie ein Fürst residierte, mehr als bescheiden aus. Sein Privathaus, in dem er heute noch wohnt, liegt in Hamburg-Langenhorn – kein besonders feines Viertel. Langenhorn liegt ganz im Norden von Hamburg, der

Flughafen ist nur ein paar Autominuten entfernt. Wenn sich Schmidt und seine Frau im Garten aufhalten, wird das Gespräch bisweilen vom Düsenlärm der startenden und landenden Flugzeuge übertönt.

Die Schmidts wohnen in einer langen Straße mit dem anspruchslosen Namen Neuberger Weg. Nur dort, wo sie ihre Bleibe haben – Nummer 80 –, stehen, etwas zurückgesetzt in kleinen Gärten, ein paar Doppelhäuser. Eines davon gehört ihnen. Ursprünglich bewohnte der Kanzler nur die eine Hälfte; in der anderen lebte zunächst Schmidts Vater Gustav, und später, solange sie in Hamburg studierte, Tochter Susanne. Schließlich blieb die zweite Hälfte weitgehend unbenutzt. Stünde nicht an dem niedrigen Holzzaun, der das Anwesen zur Straße hin abgrenzt, ein Polizei-Wachhäuschen, niemand würde in dieser Umgebung den Wohnsitz des deutschen Regierungschefs vermuten. Das Namensschild aus billigem Metall, darauf der Allerweltsname Schmidt. Zwischen Straße und Haus steht ein Flachbau mit fünf, auch von den Nachbarn benutzten Garagen, die den Blick auf Schmidts Haus versperren. Die Straßen der näheren Umgebung verheißen keine Attraktion: Da gibt es das Krankenhaus Ochsenzoll, in dem früher Geisteskranke untergebracht waren, ein paar Händler mit Campingwagen, zu Schmidts Kanzler-Zeit die Glaserei Reesing und die Bäckerei Heitmann. Die meisten Häuser und Wohnungen in diesem Stadtteil hat die Neue Heimat gebaut; auch das des Kanzlers. Das Ganze wirkt wie eine Siedlung einfacher Leute, die dafür hart gearbeitet haben. Aber Helmut und Loki Schmidt fühlen sich in dieser Umgebung wohl. Durch die hintere Pforte ihres Gartens gelangt man ins Grüne.

Das Haus – typisch für Norddeutschland – wurde 1961 aus roten Klinkersteinen und mit einem Schrägdach gebaut. Optischer Mittelpunkt im Inneren sind das Wohn- und Eßzimmer, die durch einen großen Durchbruch miteinander verbunden sind. Loki Schmidt: »Bei uns gibt es kaum Türen, wir brauchen Auslauf.« Die Einrichtung mag sich mittlerweile geändert haben. In seiner Zeit als Kanzler lagen auf dem Fußboden, der aus gebrannten Tonplatten im Ziegelsteinformat bestand, große weiße Berberteppiche, hier und da auch eine Brücke. Die Dachschräge war holzverkleidet, und um einen großen, fast quadratischen Tisch im skandinavischen Stil standen leichte, teils rote, teils schwarze Ledersofas; in einer Ecke noch ein Ohrensessel mit rotem Stoffbezug, davor ein hellbrauner Lederpuff.

In den Bücherregalen finden sich ledergebundene Lexika und Kunstbände, dazwischen eine Batik mit mehreren Vögeln, die riesige Schnäbel haben. Loki pflegte Besuchern zu erklären, »der mit dem aufgerissenen Schnabel ist natürlich der meine«, womit sie ihren Mann meinte.

Daß die Schmidts in ihrem Fünf-Zimmer-Haus überhaupt hohen Besuch zu Tisch bitten konnten – als ersten Polens Staats- und Parteichef Edward Gierek, dann Leonid Breschnew, Giscard, Kissinger, Karamanlis und andere –, verdanken sie dem Mißgeschick, daß ihnen eines Tages fünf Garagen vor die Nase gebaut wurden. Da der Kanzler und seine Gattin vom

Wohnzimmer aus aber nicht auf eine triste Garagenwand schauen wollten, erweiterten sie ihr Haus. So kamen sie überhaupt erst zu einem Eßzimmer, denn bis dahin gab es nur eine Eßecke im Wohnzimmer.

Das so gewonnene Speisezimmer war nicht übermäßig groß, hatte eine schräge Wand, und wenn der Tisch für zwölf Personen ausgezogen wurde, mußte die Bedienung beim Servieren den Bauch einziehen. Dennoch war der Raum, den eine riesige Batik und drei Bilder mit figürlichen Darstellungen des wenig bekannten Hamburger Malers Max Kaiser zierten, eine Art Mittelpunkt des häuslichen Lebens. Als der italienische Premier Julio Andreotti zu Gast war, führten die beiden Regierungschefs, nur von einem Dolmetscher assistiert, ihre politischen Gespräche am Eßzimmertisch.

Zweifellos hatte der aristokratische Giscard d'Estaing eine anspruchsvollere Umgebung erwartet, als er Helmut und Loki Schmidt besuchte. Ihm entgingen allerdings auch nicht die kleinen Kostbarkeiten, die die Gastgeber im Laufe der Jahre zusammengetragen hatten. Da gibt es zum Beispiel eine beleuchtete Vitrine, in der seltene Mineralien, römische Gläser, eine Schale aus Ecuador und schöne Versteinerungen von Farnen aufbewahrt werden. Da hängen an den Wänden der großen Wohnhalle Hamburger und andere norddeutsche Impressionisten – vorwiegend Bilder des Worpsweder Künstlers Otto Modersohn. Ferner sieht man ein Stilleben von Picasso, einen schönen blauen Wandteller und die Büste eines alten Mannes, der flehentlich die Hände ausstreckt. Überall im Haus steht aber auch gelungener Kitsch. Unter anderem eine Spieluhr, getarnt als weißer Vogelkäfig mit künstlichen Piepmätzen, die der Hausherr seiner Ehehälfte aus der Schweiz mitgebracht hat.

»Sagen Sie mal, was gefällt Ihnen nicht an diesem Haus?« wollte der Kanzler einmal von einem befreundeten Besucher wissen.

»Es gefällt mir gut.«

»Nee. Bei uns ist doch alles zusammengesammelt – die verschiedensten Stilrichtungen. Und obendrein noch Lokis ausgestopfte Vögel.«

Schmidts Lieblingsplätze im Haus waren das kleine, hellblau gekachelte, überdachte und beheizbare Schwimmbad mit Sauna und sein winziges, nur zehn Quadratmeter großes Arbeitszimmer, das ein paar Stufen höher lag als die übrigen Räume. Sein ganzer Stolz jedoch war eine professionell eingerichtete Bibliothek mit verschiebbaren Bücherwänden, die für hunderttausend Mark angebaut worden war. Bücher waren für ihn immer eine Lebensnotwendigkeit. »Ich muß Bücher um mich herum haben, um arbeiten zu können.« Er besitzt sie zu Tausenden. In den Arbeitszimmern seiner beiden Privathäuser in Hamburg und am Brahmsee biegen sich die Regale unter der Bücherlast. Stühle, Beistelltische, Fensterbänke und natürlich seine Schreibtische sind vollgepackt mit Büchern – viele davon noch ungelesen.

Helmut Schmidt hat aber auch selbst viel geschrieben. Die angebaute Bibliothek gehörte zu seinen Vorsorgemaßnahmen für das Rentnerdasein. Hier verfaßte er später seine Bücher, zum Beispiel auch *Menschen und Mächte*. Das Schreiben war ihm immer schon eine Leidenschaft, und so hat er im Laufe der Jahre mehrere Bücher veröffentlicht.* Die meisten beruhten zwar auf bereits früher veröffentlichten Beiträgen – so der Titel seines 1967 erschienenen Buches –, aber Schmidt fand ohne Frage an der Beschäftigung als Autor Spaß.

Sein damaliger Verleger Heinrich Seewald (inzwischen ist es Wolf Jobst Siedler vom gleichnamigen Verlag) hätte es gern gesehen, wenn Schmidt während seiner Kanzlerzeit das in sechs Auflagen erschienene Buch *Strategie des Gleichgewichts* noch einmal in überarbeiteter Fassung hätte drucken lassen. Immerhin wurden davon rund fünfzigtausend Exemplare verkauft, was dem Autor, der mit zehn Prozent am Ladenpreis beteiligt war, etwa neunzigtausend Mark einbrachte. Schmidt lehnte das Ansinnen Seewalds jedoch freundlich ab: »Ich möchte nicht mit meiner Position Geschäfte machen.«

Im Kanzleramt unterhielt er ein persönliches Archiv, das er bei seinem Ausscheiden mitnahm. Es wurde von dem Amtsinspektor Otto Koll, einem Mann um die Fünfzig, verwaltet, der schon im Finanzministerium diese vertrauensvolle Aufgabe erledigt hatte. Schmidt führte kein Tagebuch – wann sollte er sich dafür die Zeit nehmen? Aber seit 1953, dem Jahr, in dem er in den Bundestag einzog, wurden seine täglichen Terminpläne aufgehoben. Darüber hinaus strich der Kanzler täglich an, was er archiviert haben wollte – Zeitungsartikel, die sich mit seiner Person beschäftigten, Reden, Interviews und von ihm verfaßte Artikel. In seinem persönlichen Archiv wurde auch ein Teil seiner Korrespondenz mit Freunden, politischen Kontrahenten und Kritikern abgelegt.

Personal gab es im Hamburger Privathaus des Kanzlers nicht. Lediglich dreimal in der Woche kam eine Putzfrau. Das Essen für Giscard wurde, wie schon beim Breschnew-Besuch, vom Besitzer des Hamburger Restaurants Neue Milchwirtschaft, dem Koch und zwei Serviererinnen ausgerichtet.

Das Haus war Sammelpunkt für das Familienleben. Hier verbrachten die Schmidts fast jedes Wochenende, feierten sie die Geburtstage des Kanzlers und natürlich auch das Weihnachtsfest. Heiligabend wurde nach einem festen Ritual begangen, weil, so Frau Schmidt, »wir Spuren von Tradition aufrechtzuerhalten versuchen«. Man stand spät auf. Dann wurde der Tannenbaum vom Balkon hereingeholt und gemeinsam geschmückt, zum Teil mit Sachen, die Frau Schmidt in Bonn zusammen mit dem Chefgärtner des Kanzleramtes und der Hausdame im Bungalow, Helma Pirwitz, in stundenlanger Arbeit gebastelt hatte. Nicht selten zeigte sie in der Weihnachtszeit stolz eine Schwiele am rechten Zeigefinger.

Gefeiert wurde stets im kleinsten Familienkreis, zu dem Schmidts betagter Vater Gustav zählte, der zweiundneunzig wurde und die letzten

---

* *Beiträge, 1967; Strategie des Gleichgewichts, 1969; Auf dem Fundament des Godesberger Programms, 1973; Bundestagsreden und Zeitdokumente, 1975; Kontinuität und Konzentration, 1975; Als Christ in der politischen Entscheidung, 1976; Der Kurs heißt Frieden, 1979; Pflicht zur Menschlichkeit, 1981; Weltwirtschaft ist unser Schicksal, 1983; Eine Strategie für den Westen, 1986; Menschen und Mächte, 1987.*

Jahre in einem Altersheim in Hamburg-Rissen lebte (Schmidts Mutter war 1968 verstorben). Dabei war auch Tochter Susanne. Bevor die Kerzen angezündet wurden, bedurfte es immer gewisser Überredungskünste, den Hausherrn dazu zu bringen, auf der braunen Orgel Weihnachtslieder zu spielen. Falls er sich weigerte, hielt Loki eine Spieluhr mit der Melodie *Ihr Kinderlein kommet* . . . bereit.

Der Streß, die Terminhetze, das Zukurzkommen des Privatlebens – diese bedauernswerten Begleitumstände unserer Zeit veränderten im Laufe der Kanzlerschaft auch das Familienleben der Schmidts. Weihnachten 1977 wurde zum erstenmal kein Weihnachtsbaum aufgestellt. Loki: »Für zweieinhalb Tage soviel Arbeit sich machen? Nein, danke.« Unmittelbar nach den Feiertagen ging es nämlich nach Ägypten und Rumänien.

Die Geschenke, die sich die Eheleute machten, waren ihnen entweder vorher schon bekannt, weil die Zeitungen allemal vermelden, was sich Prominente zu Weihnachten schenken, oder die Präsente bedurften nicht groß des Aussuchens. Frau Schmidt bekam von ihrem Mann sehr oft Gemälde eines Hamburger Malers um die Jahrhundertwende; der Kanzler erhielt von seiner Frau gewöhnlich etwas Praktisches – zum Beispiel einen neuen Koffer. Gegessen wurde, was vom kalten Büfett des Vortages übriggeblieben war, denn Helmut Schmidt hat am 23. Dezember (Steinbock) Geburtstag. Gegen Mitternacht ging man gewöhnlich in die Christmette.

Zum Weihnachtsfest 1975 hatte er seinen Mitarbeitern im Kanzleramt einen Brief geschrieben: »Wir haben in diesem Jahr wiederum vieles gemeinsam erreicht. Ich danke Ihnen für Ihre Arbeit, die von Ihnen oft großen persönlichen Einsatz verlangt hat. Ich wünsche mir, daß diese Bereitschaft zu persönlichem Einsatz auch die Arbeit im kommenden Jahr prägen wird, dem wir mit Zuversicht entgegensehen können, das aber gewiß wieder große Anforderungen an uns stellen wird. Ihnen und Ihren Angehörigen wünsche ich ein frohes Weihnachtsfest. Uns allen wünsche ich, daß wir in ein gutes neues Jahr 1976 gehen. Ihr ergebener Helmut Schmidt.«

Er selbst hätte die Wünsche am nötigsten gehabt. Denn im folgenden Jahr erreichte er einen Tiefpunkt seiner Laufbahn. Aber das ahnte er nicht. Nach den Festtagen fuhr das Ehepaar Schmidt erst einmal nach Griechenland in Urlaub.

**11** Die erste Kabinettssitzung nach seiner Rückkehr aus dem Urlaub ließ Helmut Schmidt nicht viel Zeit für Erinnerungen an griechischen Wein, an Akropolis und jenen Hauch von Jet-set, den er in seinem Feriendomizil, einem am Meer gelegenen Prachthaus eines griechischen Reeders, geschnuppert hatte. Die Tagesordnung war Bonner Alltag nach bester Machart: Neuregelung der Rentenversicherung für Arbeiter und Angestellte, Drittes Verstromungsgesetz, Bericht über die fatale Situation der deutschen Luft- und Raumfahrt sowie eine Vorlage über Sturmflutschäden, die sich in den vorangegangenen Tagen in Hamburg ereignet hatten. Schmidt hatte an seinem Urlaubsort einen Notplan ausgearbeitet, um kurzfristig in seine Heimatstadt fliegen zu können. Weil das ganz große Unglück jedoch ausblieb, entschied er, »da menge ich mich nicht ein«. Ausschlaggebend für diese plötzliche Zurückhaltung war die Sorge, die Medien könnten frotzeln: keine Katastrophe ohne Macher Schmidt.

Im Kabinett wurden ferner neue Richtlinien zur Vermögenssteuer behandelt. Innenminister Werner Maihofer wollte sich dafür stark machen, daß moderne Kunst von der Vermögenssteuer ausgenommen werden sollte, wogegen Finanzminister Hans Apel etwas hatte. Schließlich wurde vom Kanzler ein kurzer Bericht über seine am Rande des Urlaubs geführten Gespräche mit dem griechischen Ministerpräsidenten Karamanlis erwartet und eine Erklärung, warum er sich dabei so plötzlich für die Aufnahme Griechenlands als Vollmitglied in die Europäische Gemeinschaft eingesetzt hatte.

Aber wie so oft in der Politik braute sich zu der Stunde, als sich die Minister im Kabinettssaal die Kehlen trocken redeten, Unheil an anderer Stelle zusammen. An jenem Mittwoch, dem 14. Januar 1976, konnte der etwas farblose Kandidat der SPD/FDP-Koalition in Niedersachsen, Helmut Kasimier, bei der Wahl zum neuen Ministerpräsidenten im Landtag von Hannover keine Mehrheit auf sich vereinigen. Schlimmer noch: Bei der Wiederholung der geheimen Abstimmung am nächsten Tag wurde völlig überraschend der CDU-Kandidat Ernst Albrecht, fünfundvierzig, zum neuen Landesvater gewählt. Und das, obgleich die bisherige sozialliberale Koalition im Parlament einen Abgeordneten mehr als die Christdemokraten hatte. Was für ein Start in ein Jahr, in dem im Oktober Bundestagswahlen stattfanden!

Beim Jahreswechsel hatte die allgemeine Lage noch zufriedenstellend ausgesehen: Mit der Wirtschaft ging es bergauf, die innerbetriebliche Mitbestimmung in Großbetrieben war kein Streitthema mehr, die Sozialdemokratische Partei Deutschlands stand ziemlich geschlossen hinter ihrem Kanzler – Meinungsumfragen ergaben, daß er zehn Punkte vor seinem Herausforderer, dem Kanzlerkandidaten der CDU, lag –, und sein Koalitionspartner Genscher schien ihm in Treue fest verbunden zu sein.

Nun sah alles auf einmal ganz anders aus. Die *Augsburger Allgemeine* schrieb von einem »Waterloo der sozialliberalen Ära« und meinte damit nicht nur Hannover, sondern auch Bonn. Aus der Bundeshauptstadt waren Töne zu vernehmen, die bewiesen, daß die Sozialdemokraten verunsichert und schlechte Verlierer waren. Weil das Abstimmungsergebnis, das in einem dritten geheimen Wahlgang am 6. Februar noch einmal für Albrecht die Mehrheit erbrachte, nur mit Hilfe Abtrünniger aus der niedersächsischen SPD beziehungsweise FDP zustande gekommen sein konnte, erklärte der SPD-Vorsitzende Brandt: »In Hannover ist dem Parlamentarismus und dem Vertrauen der Bürger in die demokratischen Institutionen ein schwerer Schlag zugefügt worden. Mit Mehrheiten, die im Zwielicht gebildet wurden, wird im nachhinein der Wählerwille verfälscht.«

Vier Jahre zuvor, im Frühjahr 1972, als ein Mißtrauensvotum des CDU-Kanzlerkandidaten Rainer Barzel gegen den SPD-Kanzler Brandt an zwei Abtrünnigen aus den Reihen der Unionsabgeordneten scheiterte, war die Demokratie nicht in Gefahr.

Der FDP-Vorsitzende Hans-Dietrich Genscher versuchte sich nach der sozialliberalen Niederlage in Hannover in Schönfärberei: »Auf die Zusammenarbeit der Koalition in Bonn haben die Ergebnisse in Niedersachsen keine Auswirkungen gehabt.«

Wie dem auch sei: Die unionsregierten Länder hatten im Bundesrat mit den fünf Stimmen Niedersachsens eine Mehrheit von sechsundzwanzig zu fünfzehn statt bis dahin von einundzwanzig zu zwanzig. Bei Geschäftsordnungsdebatten verlor die Koalition sogar ihren Vorsprung von vierundzwanzig zu einundzwanzig, den sie der Tatsache verdankt hatte, daß die sonst nicht stimmberechtigten Berliner Abgeordneten zur Geschäftsordnung mitvotieren dürfen. Fortan konnte die Union die Termine für die zur Behandlung vorgesehenen Bundesgesetze innerhalb der vorgegebenen Fristen frei bestimmen. Ja, sie konnte entscheidungsreife Vorlagen zur erneuten Beratung in die Bundesratsausschüsse zurückverweisen. Für den SPD-Kanzler Schmidt war das Regieren über Nacht komplizierter geworden. Mit kaum verhohlener Schadenfreude prophezeite Helmut Kohl: »Die Spuren von Hannover werden wir im Oktober in Bonn sehen.«

Trotz anderslautender gegenseitiger Versicherungen war die Atmosphäre in Bonn zwischen Sozialdemokraten und Freidemokraten nicht mehr ungetrübt; Mißtrauen hatte sich eingeschlichen. Arbeitsminister Walter Arendt bot bereits Wetten an, die Bonner Koalition werde zwar die kommende Bundestagswahl gewinnen, aber danach nicht mehr zusammen regieren. Was im Klartext hieß, daß der SPD-Minister der FDP zutraute, nach dem Wahlsieg gemeinsame Sache mit den Christdemokraten zu machen. (Tatsächlich hielt die sozialliberale Koalition noch sechs Jahre.) Für Schmidt bedeutete diese neue Entwicklung, daß er auf seinen von Natur aus empfindlichen Mitspieler Genscher noch mehr Rücksicht nehmen mußte. Und das war nicht einfach.

Solange Walter Scheel die Freidemokraten angeführt hatte und Genscher Innenminister war (1969–1974), hatten die führenden Sozialdemokraten sich über den Sachsen Genscher immer ein wenig lustig gemacht. Dafür gab Genschers nicht zu bremsender Drang, permanent und überall am Ball zu sein, Anlaß genug. Schmidt über Genscher: »Touropa-Minister«.

Während seiner Zeit als Innenminister hatte Genscher neben dem Schreibtisch ein tragbares Funksprechgerät. Natürlich besaß er auch ein normales Posttelefon, aber er wollte allgegenwärtig sein. Mit dem Funksprechgerät konnte er sich jederzeit in den Funksprechverkehr des Bundeskriminalamtes, der Sicherungsgruppe und des Bundesgrenzschutzes einschalten. Bei Flutkatastrophen, Anschlägen, Flugzeugentführungen, Übergriffen an der Grenze zur DDR, kurzum, wenn es irgendwo brenzlig wurde, hatte Genscher seine Ohren sofort in der Leitung. Stieg ein Fluß über die Ufer, war Genscher sofort in Gummistiefeln zur Stelle – als Dienstherr des Technischen Hilfswerks. Als sich einmal der Abflug Willy Brandts nach Moskau wegen einer Bombendrohung verzögerte, schwebte Genscher im Hubschrauber ein, um das Durchsuchen des Flugzeuges und die erneute Gepäckkontrolle selbst in die Hand zu nehmen. Wenn beim Film oder im Sport ein wichtiger Preis zu überreichen war, besorgte Genscher das persönlich. Besuchte der Bundespräsident irgendeine Behörde, die Genscher unterstand, begleitete ihn der Minister dorthin, benutzte für die Heimfahrt aber einen Hubschrauber, weil er die Rückfahrt im Präsidentenauto für verschwendete Zeit hielt. Der Emsige hatte immer einen Zettel bei sich, auf dem stand, welcher seiner Mitarbeiter außer Haus war und wo man ihn erreichen konnte. In seinen Dienstwagen ließ Genscher zwei Autotelefone installieren. Bevor er ins Bett ging, trug er mit grünem Filzstift in einen Kalender ein, was er am nächsten Tag zwischen die offiziellen Termine noch Zusätzliches dazwischenquetschen könnte.

Wissen bedeutet für Genscher Macht. Aber je mehr er wußte, desto stärker wuchsen in ihm Zweifel, Mißtrauen und Empfindlichkeit. Wenn man schließlich noch bedenkt, daß der Minister jeden Morgen – auch heute noch – um sechs Uhr aufsteht, um eine Stunde am Schreibtisch zu arbeiten, fragt man sich: Woher so viel Schaffensdrang? Seine eigene Erklärung: »Als junger Mann habe ich dreieinhalb Jahre mit einer Lungentuberkulose in Krankenhäusern und Sanatorien gelegen. Das hat meine Lebensauffassung stark beeinflußt. Wenn man mal so auf der Nase gelegen hat und dann doch seine volle Arbeitskraft zurückbekommt, freut man sich über jeden Tag, an dem man sich bewegen kann.«

Der Mann mit den weichen Zügen und den tiefen Augenschatten wurde nur mit einigem Glück Minister und schien darum in den ersten Amtsjahren durch Omnipräsenz beweisen zu wollen, daß das kein schlechter Einfall des Schicksals war. Als die Freien Demokraten 1969 aus der Opposition heraus überraschend das sozialliberale Regierungsbündnis schlossen und das Innenministerium erhielten, trug FDP-Chef Walter Scheel dieses Amt zunächst dem nordrhein-westfälischen Innenminister Willi Weyer, dem späteren Präsidenten des Deutschen Sportbundes, an. Der aber wollte in Hagen wohnen bleiben »und nicht wie ein Zigeuner kreuz und quer durch die Gegend ziehen«. Weyer schlug Genscher vor, dem er schon zum Wuppertaler Wahlkreis verholfen hatte.

Hinzu kam, daß die FDP-Bundestagsfraktion der Meinung war, das Ressort müsse unbedingt von einem Juristen geleitet werden. Genscher, nach seiner Flucht aus Halle an der Saale (1952) Gerichtsreferendar und Anwalt in Bremen, konnte mit der juristischen Ausbildung dienen. Und da schon damals in der liberalen Partei nur eine sehr begrenzte Anzahl von qualifizierten Personen für Führungsämter zur Verfügung stand, bekam Genscher den Ministerposten, obwohl er erst seit 1965 Mitglied des Deutschen Bundestages war.

Helmut Schmidt dagegen war schon seit drei Jahren Abgeordneter in Bonn, als Genscher 1956, neunundzwanzigjährig, aus Bremen in die

Bundeshauptstadt kam, um sich als wissenschaftlicher Assistent in der FDP-Fraktion eine Karriere aufzubauen. Später wurde er Geschäftsführer der Fraktion, aber den Sprung zum Abgeordneten schaffte er erst 1965. Für Herbert Wehner war er stets nur »der mit den Ohren«. Der erste, der die Genossen mahnte, die Flachserei sein zu lassen, war Horst Ehmke. »Der Mann heißt Genscher und ist demnächst unser Koalitionspartner und Vizekanzler. Bedenkt das bitte.«

Die Pflege seines Persönlichkeitsbildes war Genscher schon immer wichtig. Auf die Frage eines Journalisten, in welcher Beziehung es bei ihm noch hapere, entgegnete er vor Jahren: »Ich würde gern im Fernsehen besser ankommen. Ich möchte nicht schöner sein, aber etwas telegener. Sie verstehen schon.«

Hans-Dietrich Genscher und Helmut Schmidt sind nicht nur äußerlich sehr verschieden, sie sind es auch in ihrer Art. Genscher: »Wenn ich aufwache, bin ich sofort da und frage mich, was geschaffen werden muß.« Helmut Schmidt dagegen braucht erst einmal eine Tasse Kaffee und eine Zigarette. Genschers besonderer Stolz ist, pünktlich zu sein. Schmidt kam zu Verabredungen fast immer zu spät, was ihm nicht einmal peinlich war. Genschers innere Unruhe ist an seinen Augen abzulesen, die, wie der verstorbene Schweizer Journalist Rolf Bigler schrieb, »so flink wie die Hände eines Taschendiebs sind«. Schmidt war innerlich gelassen, gelegentlich depressiv. Genscher speist in Schlemmerlokalen genüßlich Verbotenes – verboten wegen seines Übergewichts. Er tröstet sich aber mit dem Wortspiel: »Ich kenne mindestens ebenso viele kranke Schlanke wie runde Gesunde.« Schmidts Gaumenfreuden war mit Buletten, Suppen und Coca-Cola Genüge getan. Der gravierendste Unterschied zwischen Kanzler und Vizekanzler lag im politischen Temperament: Während Schmidt einen geraden Weg ging und notfalls wie ein Leopard-Panzer Hindernisse niederwalzte – zum Beispiel in der Frage der Kernenergie und der beabsichtigten Nachrüstung mit nuklearen Mittelstreckenwaffen –, meidet Genscher möglichst jede direkte Konfrontation.

Abgesehen von solchen Unterschieden hatten Kanzler und Vizekanzler auch etwas Gemeinsames: Beide traten ein politisches Erbe an, das sie zum Zeitpunkt der Übernahme nicht gewollt hatten. Genscher mußte von Walter Scheel die Posten des Außenministers, Vizekanzlers und FDP-Vorsitzenden übernehmen; Schmidt sah sich, ebenso unverhofft, vor die Brandt-Nachfolge gestellt. Das Nachrücken in das von ihren Vorgängern verursachte Vakuum und die damit verbundene Bewährungsprobe sowohl in ihren Parteien als auch in weiten Teilen der Öffentlichkeit ließ beide Männer zwangsläufig zusammenrücken und im Ansatz eine Männerfreundschaft entstehen.

Nach der blamablen Niederlage in Hannover und dem Versuch Albrechts, die niedersächsische FDP in sein Kabinett zu holen (was ihm aber erst im Dezember 1976 gelang), waren die Zeitungen voll mit Kommentaren über die FDP. *Spiegel*-Chefredakteur Erich Böhme fragte ironisch: »Wo eigentlich steckt Helmut Schmidt?«

Der Kanzler zeigte sich zu Beginn des Jahres 1976 von solchen Kommentaren unberührt und beschwichtigte aufgebrachte Genossen: »Nun laßt die FDP doch ruhig machen. Das ist deren Dramaturgie. Wenn unsereins in deren Schuhen steckte, würde er auch nicht anders handeln.« Diese Attitüde hielt er auch gegenüber Genscher durch und vermittelte seinen engeren Mitarbeitern sogar den Eindruck, die Beziehung zwischen ihm und dem FDP-Vorsitzenden sei noch enger geworden.

So schrieb Schmidt an Genscher, der am 21. März 1976 seinen neunundvierzigsten Geburtstag feierte, einen persönlich gehaltenen Glückwunschbrief, für den sich dieser seinerseits schriftlich bedankte. Im Gegensatz zu Herbert Wehner empfand Schmidt seit einigen Jahren eine gewisse Sympathie für den Koalitionspartner. Als Genscher im September 1972 aus München zurückkehrte, wo er sich als Innenminister in das Geiseldrama während der Olympischen Spiele* am Tatort eingeschaltet hatte, war es überraschenderweise der damalige Wirtschafts- und Finanzminister Helmut Schmidt, der ihm im Kabinett für seinen Einsatz unaufgefordert Dank und Anerkennung aussprach. Die Aktion war angesichts der Bilanz von siebzehn Toten nach einem mißglückten Befreiungsversuch alles andere als ein großer Erfolg gewesen. Aber Genscher hatte sich selbst den Terroristen im Austausch gegen die Geiseln angeboten und damit sein Leben riskiert. Schmidts anerkennende Worte hatten bei dem FDP-Vorsitzenden einen so nachhaltigen Eindruck hinterlassen, daß er noch Jahre später den Kanzler an diese Episode erinnerte und versicherte, er werde ihm das nicht vergessen.

Der Bundeskanzler ließ keine Gelegenheit aus, seinen Vize als gleichwertigen Partner herauszustellen. So, wie er ihn schon auf der KSZE-Konferenz in Helsinki demonstrativ in seinem Wagen fast überall mit hingenommen hatte, so fragte er bei Giscard noch von Bonn aus an, ob an den im Februar 1976 anstehenden deutsch-französischen Konsultationsgesprächen in der Nähe von Nizza neben dem französischen Ministerpräsidenten Chirac auch der deutsche Außenminister teilnehmen dürfe. Auch Schmidts Absage, im Wahlkampf mit Helmut Kohl nach amerikanischem Vorbild ein Fernsehduell auszutragen, was ihm den Spitznamen »Schmidtchen Kneifer« eintrug, erfolgte – nicht nur, aber auch – aus Rücksicht auf Genscher, der sich zurückgesetzt gefühlt hätte, wenn er nicht mit von der Partie gewesen wäre. Außerdem wollte Schmidt dem Eindruck vorbeugen, in der Bundesrepublik gäbe es ein Zweiparteiensystem. Darum kam es schließlich, nachdem man auch noch den CSU-Vorsitzenden Franz Josef Strauß dazugebeten hatte, nur zu einer langweiligen Viererdiskussion vor dem deutschen Fernsehpublikum.

---

* Am 5. September 1972 waren acht arabische Terroristen, Mitglieder der Organisation »Schwarzer September«, in die Unterkunft der israelischen Olympia-Mannschaft eingedrungen, hatten zwei Israelis getötet und neun als Geiseln genommen, um zweihundert in israelischen Lagern inhaftierte arabische Freischärler freizupressen. Beim versuchten Abflug der Terroristen mit den Geiseln kam es zu einer Schießerei mit der deutschen Polizei, wobei alle neun Geiseln, fünf Terroristen und ein Polizist ums Leben kamen.

Schmidts Selbstkasteiung im Umgang mit seinem Vizekanzler und Außenminister ging so weit, daß er es hinnahm, von Umbesetzungen auf wichtigen deutschen Botschafterposten, wie London, Paris und Washington, erst zu erfahren, wenn sich Genscher bereits entschieden hatte. »Ich [Schmidt] kriege vor einer Kabinettssitzung von ihm einen Zettel in die Hand gedrückt, da steht dann drauf, wer wohin kommt.« Als im Kabinett die Versetzung des deutschen Botschafters in Ottawa, Maximilian Graf von Podewils-Dürniz, nach Wien besprochen wurde, gab ein Minister zu bedenken: »Warum soll der denn da weg? Der Graf hat doch bisher in Kanada seine Sache sehr gut gemacht.«

Wider seine Gewohnheit schaltete sich auch der Kanzler ein: »Ja, warum eigentlich?«

»Graf Podewils ist in zweiter Ehe mit einer sehr vermögenden Dame verheiratet«, so Genscher, »und er glaubt, daß sie von Wien aus ihren geschäftlichen Interessen besser nachgehen kann.«

»Ich dachte, jetzt muß der Kanzler an die Decke gehen«, meinte ein Staatssekretär. Mitnichten. Schmidt nickte nur nachdenklich.

Einmal hatte der Kanzler einen Personalwunsch, der das Auswärtige Amt betraf. Er ließ bei Genscher anfragen, ob man nicht Hans Heinrich Noebel, dem Gesandten an der Deutschen Botschaft in London, wegen seiner überdurchschnittlichen Befähigung beim nächsten Revirement eine große Botschaft übertragen könnte – und erreichte genau das Gegenteil: Noebel bekam den Botschafterposten in Bogotá, mithin in einem nicht gerade sehr bedeutenden Land Südamerikas.

Daß diese Eiertänze mit Genscher gelegentlich doch an Schmidts Nerven zehrten, merkte man nur an Bemerkungen wie: »Ich bin meinen außenpolitischen Pflichten nachgegangen, ohne mich damit sonderlich zu schmücken.« Das war auf Genschers Aktivitäten gemünzt, die dieser im Zusammenhang mit der im März 1976 im Bundesrat umkämpften Ratifizierung des zwischen Schmidt und Edward Gierek ausgehandelten Rentenabkommens und der daran gekoppelten Aussiedlung von hundertfünfundzwanzigtausend Deutschen aus Polen entfaltete.

Helmut Schmidt mußte Genscher und die FDP notgedrungen hofieren, wollte er zusammen mit ihnen auch in der nächsten Legislaturperiode regieren. Daß der Bruch dann doch erfolgte, nur erst sehr viel später, ahnte niemand, am allerwenigsten der Kanzler.

Allerdings hatte er auch kein politisches Konzept, um die sozialliberale Koalition auf lange Sicht zusammenzuhalten; Genscher übrigens auch nicht.

12 In der Deutschen Botschaft in Ankara begann der Fernschreiber zu rattern. Mit penetrantem Klack-klack-klack hämmerten die vorschnellenden Metallbuchstaben folgenden Text auf die weiße Papierbahn, die sich langsam über die Walze schob, immer höher kletterte, um schließlich wie eine breite Schlange an der Rückseite des Gerätes hinunterzugleiten:

»Hier ist das Auswaertige Amt. Kaufen Sie jede Woche vier gute bequeme Pelze x y 1234567890. The quick brown fox jumped over the lazy dogs back 1234567890 donnez moi ta plume mon petit pierrot pour ecrire un mot 1234567890 . . .«

Was sich wie eine chiffrierte Mitteilung an den BND-Attaché las, war in Wirklichkeit ein letzter Test, um sicherzustellen, daß für den anstehenden Kanzler-Besuch die Fernschreibverbindung zwischen Bonn und Ankara klappte. Der Regierungschef war nämlich wieder einmal im Begriff, auf große Fahrt zu gehen.

Am 27. Mai 1976 wollte er in die Türkei und von dort aus weiter nach Saudi-Arabien fliegen. Schmidt würde – wie gehabt – diese Länder gleich einem Phantom in fünf Tagen durcheilen, weil er die Bonner Szene nicht zu lange allein lassen wollte. (Etwas, was sein Nachfolger Helmut Kohl mit ihm gemein hat.) Abflug Donnerstag, Rückkehr Montag, zurückgelegte Flugkilometer: zehntausendfünfhundert. Konrad Adenauer nahm sich im Jahre 1954 allein für eine Türkei-Visite noch acht Tage Zeit. Daß Schmidt 1976 überhaupt die Türkei besuchte, beruhte auf einem außenpolitischen Lapsus, der ihm unterlaufen war, als er zum Jahreswechsel Urlaub in Griechenland gemacht und sich mit Karamanlis zu politischen Gesprächen getroffen hatte. Das brachte die mit den Griechen im Clinch liegenden Türken prompt in Rage, und der türkische Botschafter in Bonn, der sehr tüchtige und beliebte Vahit Halefoglu (später Außenminister seines Landes), ruhte nicht eher, bis er die Zusage in der Tasche hatte, Schmidt würde in Kürze auch die Türkei besuchen.

Nun war es also soweit. Vom Land selbst wollte der Kanzler, abgesehen von einer Zwischenlandung in Kayseri (Inner-Anatolien) auf dem Flug nach Saudi-Arabien, nichts gezeigt bekommen. Und selbst diese Zwischenlandung wurde nur eingeplant, weil, wie es Loki Schmidt formulierte, »mein Mann und ich noch einen Tick haben. Zu unseren Hobbys gehört nämlich auch die Archäologie. Unsere Tochter wollte sogar Altertumskunde studieren, aber das haben wir ihr ausgeredet, weil das keine Zukunft hat.« In Kayseri war daraufhin von den Türken eine Besichtigung der in der Nähe gelegenen Höhlenkirchen vorbereitet worden, die in einer bizarren Tuffsteinlandschaft liegen und aus der Zeit vor Christus stammen. Was das offizielle Programm in Ankara betraf, war Schmidt immerhin bereit, die obligatorische Kranzniederlegung, zwei Staatsbankette und mehrere Gespräche mit dem türkischen Premier Demirel zu absolvieren. Hilfreiche Informationen für diese Gespräche hatte er sich am Sonntag zuvor vom durchreisenden Henry Kissinger geben lassen.

In Schmidts Reisegesellschaft befanden sich dieses Mal die Staatssekretäre Manfred Schüler, Klaus Bölling und Detlev Rohwedder (Wirtschaft), Oberstabsarzt Dr. Völpel, mehrere Herren aus dem Kanzleramt und dem Auswärtigen Amt, jede Menge Sicherheitsbeamte und technisches Personal sowie Vertreter des Big Business. Nämlich der Vorstandsvorsitzende der Vereinigten Elektrizitäts- und Bergwerke AG (VEBA), Rudolf von Bennigsen-Foerder, Deutschlands damals erfolgreichster Stahlproduzent,

Willy Korf, und der Aufsichtsratsvorsitzende der Commerzbank, Paul Lichtenberg. Entgegen seiner bisherigen Gepflogenheit nahm der Kanzler auch neunundzwanzig Journalisten in seiner Maschine mit.

Mit von der Partie war auch Loki Schmidt. In Saudi-Arabien würde sie allerdings, der Sitte des Landes entsprechend, zurückstehen müssen. Sie sollte weder an dem Essen teilnehmen, das König Chalid am Ankunftsabend geben wollte, noch sei sie erwünscht, hieß es bei der Planung der Reise, wenn Kronprinz Fahd mit dem Kanzler am Sonntagabend zu speisen beabsichtige. (»No ladies, no liquor«.) Zum Trost werde sie von der Königin empfangen werden. Welche Dame das sein würde und wie sie hieß, konnte die Deutsche Botschaft in Riad vorab nicht ermitteln. Aus dem Königspalast wurde außerdem signalisiert, die Loki Schmidt begleitenden deutschen Kriminalbeamten dürften den Palast nicht betreten, sondern hätten draußen zu warten.

Alle Teilnehmer der Reise wurden darüber hinaus vor dem Abflug vom Auswärtigen Amt schriftlich gewarnt: »Nach Saudi-Arabien bitte keinerlei alkoholische Getränke mitnehmen, auch nicht im Gepäck in ›getarnten‹ Flaschen, da dies zu großen Schwierigkeiten — einschließlich Festnahme — führen kann. Auch das Mitführen von Illustrierten mit Bildern von nicht oder nur leicht bekleideten Damen bitte vermeiden.«

Die Türkei-Reise stand unter keinem günstigen Stern. Der amerikanische Kongreß hatte wegen der Landung der Türken auf Zypern im Jahr zuvor ein Waffenembargo verhängt, und Ankara erwartete nun Waffen von Bonn. Möglichst geschenkt, denn Wirtschaft und Finanzen der Türkei waren in einem trostlosen Zustand. Außerdem fühlten sich die Türken von der Europäischen Gemeinschaft hinters Licht geführt. Die Vollmitgliedschaft in der EG hatten sie bisher nicht erreicht, aber in einem seit 1963 geltenden Assoziierungsabkommen waren sie, wie zum Beispiel die ehemaligen französischen Kolonien in Afrika, eine Art Anhängsel mit allerlei zugesagten Vergünstigungen. Unter anderem hatte man den Türken für ihre landwirtschaftlichen Hauptprodukte, wie Baumwolle, Tabak, Haselnüsse, Obst, Gemüse, Olivenöl und anderes, günstigere Einfuhrbedingungen in die EG-Länder zugesagt. Nun mußten sie aber erleben, wie anderen Ländern des Mittelmeerraumes und des afrikanischen Kontinents größere Erleichterungen eingeräumt wurden als ihnen. Aus diesem Grund hatte sich ihre Handelsbilanz gegenüber der Europäischen Gemeinschaft zunehmend verschlechtert.

Die EG-Staaten waren in einer Zwangslage. Einerseits wollten sie die politischen Spannungen in Südosteuropa abbauen und die Türken als traditionelle Wächter an der östlichen NATO-Flanke stark machen. Darum versprachen sie ihnen wirtschaftliche Hilfe. Andererseits konnten sie ihr Versprechen jedoch nicht einhalten, weil vor allem die französischen und italienischen Bauern gegen die Einfuhr landwirtschaftlicher Erzeugnisse aus der Türkei Sturm liefen. Als vermeintliche Lösung aus diesem Dilemma finanzierte die Europäische Gemeinschaft den Aufbau einer Industrieproduktion in der Türkei für den Export. Im Rahmen des Assoziierungsabkommens hatten die Türken bereits 1,6 Milliarden Mark bekommen, was aber nicht ausreichte. Neue Finanzhilfe war ihnen daraufhin wiederholt zugesagt worden, aber trotz eines Appells des EG-Ministerrates vom 20. Januar tat sich nichts.

Auch auf anderem Gebiet waren die Türken enttäuscht worden. Nach dem Assoziierungsabkommen von 1963 sollte es, so glaubte jedenfalls Ankara, jedem türkischen Arbeitnehmer möglich sein, ab Dezember 1976 ohne besondere Genehmigung in jedem EG-Land, also auch in der Bundesrepublik, eine Beschäftigung aufzunehmen. 1976 befanden sich die westlichen Industriestaaten jedoch in einer Rezession. Westdeutschland zählte immerhin schon 944 600 Arbeitslose. In dieser Situation bestand die Gefahr, daß sich durch den Zustrom billiger Arbeitskräfte aus der Türkei die Arbeitslosigkeit verschlimmern würde. Von den 1976 in der Bundesrepublik und West-Berlin registrierten knapp zwei Millionen Gastarbeitern stellten die Türken mit 553 000 Arbeitnehmern bereits das Hauptkontingent. Da im Assoziierungsabkommen die Freizügigkeit für türkische Arbeitsuchende nicht genau geregelt war, sannen die EG-Länder auf Auswege, sich vor dieser Verpflichtung zu drücken.

Die sachlichen Voraussetzungen für einen erfolgreichen Schmidt-Besuch waren daher denkbar schlecht. Schon am ersten Tag des Aufenthalts wurde klar, daß außer einer Show des guten Willens wenig Handfestes herausspringen würde. Schmidt kam es vornehmlich darauf an, die Wogen zu glätten, die seine Weihnachtsgespräche mit dem griechischen Rivalen Karamanlis ausgelöst hatten. Aber seine Gedanken schienen gelegentlich mehr in Bonn als in Ankara zu sein. Auf der Anreise hatte er sich auf die abzugebenden Erklärungen und Reden vorbereitet. Mit einem blauen Filzstift, in der Linken die soundsovielte Zigarette, redigierte er die Entwürfe seiner Mitarbeiter, entfernte, wie er es sarkastisch nannte, »das Quallenfett«. Er strich aber auch »festes Fleisch« heraus, um im Bild zu bleiben. Zum Beispiel den Satz: »Zuschüsse werden auch in Zukunft im Interesse Ihres Landes gewährt werden.« Statt dessen trug er türkischen Honig auf: »Die Beziehungen zwischen unseren beiden Völkern sind in der traditionellen Freundschaft, im gegenseitigen Respekt und Vertrauen ebenso wie in den seit langem bestehenden, aktiven kulturellen Banden fest verwurzelt.«

Dafür konnten sich seine Gastgeber nichts kaufen. Bei einem damaligem Außenhandelsdefizit von 3,3 Milliarden Dollar, einer Auslandsverschuldung von mehr als vier Milliarden Dollar und einer Inflationsrate von zwanzig Prozent brauchten sie dringend Hilfe. Sie standen auf der Empfängerliste der Bonner Entwicklungshilfe mit 3,1 Milliarden Mark nach Indien bereits an zweiter Stelle, erhofften sich jedoch neue Unterstützung in Form von zusätzlicher Kapitalhilfe, sprich Krediten zu Vorzugsbedingungen.

Eine wirksame Kontrolle über die Verwendung solcher Kredite bestand allerdings nicht. Und weil der Spar-Kanzler einen begreiflichen Horror vor einem türkischen Faß ohne Boden hatte, wäre es ihm lieber gewesen, wenn seine Gesprächspartner ihr Land für deutsche Privatinvestoren weiter geöffnet hätten. Deutsche Investitionsvorhaben waren bis dahin jedoch nicht nur vom orientalischen Bürokratismus gebremst worden, sondern auch bei vielen linken Intellektuellen in der türkischen Administration unerwünscht, »weil ausländische Investitionsprofite nur auf Kosten des türkischen Volkes gehen«. Folglich entfielen bis 1976 nur klägliche 0,3 Prozent aller deutschen Auslandsinvestitionen auf die Türkei.

Der Besuch wurde kein strahlender Erfolg. Als sich der Kanzler zu einem zweiten Gespräch mit dem türkischen Premierminister zusammensetzte, bemühte er sich nicht einmal mehr, seine Unlust zu kaschieren. Hatte er beim ersten Gespräch noch die üblichen Höflichkeitsfloskeln zum Anwärmen gebraucht (»Nice weather you have here«), verharrte er beim zweitenmal stumm, putzte sich mit einem weißen Taschentuch umständlich die Brille, blickte konstant auf den gemusterten Teppich unter seinen Schuhen, als hätte er einen Webfehler entdeckt. Im Raum hing süßlicher Parfümduft.

Auch Demirel machte keine Anstalten zu reden. Zwei Mitarbeiter, die die Gespräche protokollieren sollten, raschelten verlegen mit ihren Papieren. Schließlich wurde dem Fotografen des Bundespresseamtes, Lothar Schaack, das Sichanschweigen der Regierungschefs zu dumm. Zusammen mit einigen anderen Bildberichtern war er in das Arbeitszimmer Demirels eingelassen worden. Mit der Furchtlosigkeit vor Königsthronen, die routinierte Pressefotografen haben müssen, um ein gutes Bild zu schießen, rief er laut: »Herr Bundeskanzler, können Sie beide sich nicht einmal anschauen und etwas miteinander reden?« – »They want us to talk to each other«, dolmetschte Schmidt für Demirel. Aber bei diesem einen Satz beließ er es, und der türkische Premier, dunkle Augen in einem gutmütigen, breitflächigen Gesicht, lächelte nur stumm. Die Szene war peinlich und symptomatisch zugleich.

Als Helmut Schmidt auf dem Weiterflug nach Saudi-Arabien von einem der ihn begleitenden Journalisten gefragt wurde, ob denn nun der türkische Premierminister Demirel mit neuer deutscher Finanzhilfe rechnen könne, explodierte der Kanzler: »Der soll erst mal seinen Saustall in Ordnung bringen!«

Ganz so gnadenlos fiel das Besuchsergebnis am Ende dann doch nicht aus. Ein knappes halbes Jahr später gewährte die Bundesrepublik dem türkischen NATO-Partner immerhin eine Verteidigungshilfe in Höhe von zwei Milliarden Mark, wobei die Lieferungen – unter anderem zweihundert Leopard-I-Panzer, Schulungsflugzeuge vom Typ Alpha-Jet, Raketen und Instandsetzungshilfe für zweitausend veraltete US-Panzer – nicht umsonst, sondern teils gegen Barzahlung, teils auf Kreditbasis erfolgten.

Ferner verwendete sich die Bundesregierung bei der EG dafür, daß Ankara neue Zugeständnisse für die Einfuhr türkischer Agrarerzeugnisse erhielt und die Freizügigkeit für türkische Gastarbeiter wenigstens schrittweise bis zum 1. Dezember 1986 verwirklicht werden sollte. (Dazu ist es jedoch bis heute nicht gekommen.) Was den letzten Punkt anging, blieb der Kanzler skeptisch. Zwar hatte er eine hohe Meinung von den türkischen Gastarbeitern, weil »sie disziplinierte, hart arbeitende, verläßliche Leute sind«. Aber: »Mit den nächsten drei Beitrittskandidaten als Vollmitglieder in der Europäischen Gemeinschaft – Griechenland, Spanien und Portugal– haben wir bereits 7,5 Millionen Arbeitslose.«

Wie recht Schmidt mit seinem Urteil vom »Saustall« hatte, bewiesen die folgenden Jahre. Nur fünfzehn Monate nach der Kanzler-Visite wurde die Türkei praktisch zahlungsunfähig. Im März 1979 stellte die türkische Zentralbank offiziell die Überweisung von Devisen ein, auch an jene ausländischen Handelspartner, die bereits Ware geliefert hatten. Die Arbeitslosigkeit war auf zwanzig Prozent gestiegen; die Inflationsrate erreichte schätzungsweise siebzig Prozent; die Geldüberweisungen türkischer Gastarbeiter an ihre Familien in der Heimat – ein wichtiger Devisenposten der Regierung – waren von 2,8 Milliarden Mark pro Jahr auf 1,82 Milliarden Mark geschrumpft. Erst als die Türkei faktisch bankrott war – und hier muß man Helmut Schmidt, der immer vorgab, ökonomisch im weltweiten Zusammenhang zu denken, einen Vorwurf machen –, setzte er sich im Januar 1979 beim Gipfeltreffen mit Carter, Giscard und Callaghan auf Guadeloupe dafür ein, der Türkei im Rahmen einer internationalen Hilfsaktion finanziell unter die Arme zu greifen. Für den Feuerwehr-Job, in kürzester Zeit die Geldspenden aufzutreiben und die türkische Regierung zu überreden, die damit verbundenen Bedingungen anzunehmen, hatte er auch einen Mann parat: Zur Überraschung seiner Parteigenossen schlug er ausgerechnet einen CDU-Mandatsträger vor, den CDU-Schatzmeister und niedersächsischen Finanzminister Walther Leisler Kiep. Dieser brachte das Kunststück fertig, 1,45 Milliarden Mark im westlichen Ausland für eine neue Türkei-Hilfe zusammenzutragen. Zweihundert Millionen Mark steuerte Helmut Schmidt im Namen der Bundesrepublik bei.

Aber all das war natürlich noch ein Stück Zukunft, als das Flugzeug mit Schmidt und seiner Delegation an Bord die Wüstenstadt Riad um siebzehn Uhr Ortszeit überflog. Die Datumsanzeige auf der Armbanduhr des Protokollchefs, Botschafters Jochen Schoeller, stand auf dem 29. Mai.

Als der Kanzler nach der Landung aus der Kabinentür trat, stockte er für einen Moment: Heißer Wüstenwind mit einer Temperatur von siebenunddreißig Grad im Schatten wehte ihm entgegen. In dem diffusen, gleißenden Licht erkannte er einen großen rechteckigen Platz, links eine militärische Ehrenformation in makellos weißen Jacken, davor, unter einem Schutzdach, über dem an fünfzehn Fahnenmasten die Flaggen der Bundesrepublik und Saudi-Arabiens flatterten, das Empfangskomitee: Araber in weißen und dunklen Umhängen.

Als Helmut Schmidt knapp zwei Stunden später in einem fabrikneuen schwarzen Cadillac (Kilometerstand 2012 km) am Al-Maathar-Palast, der privaten Residenz des Königs, zum Abendessen vorfuhr, wirkte er gelöst. Dort bot sich ihm ein grandioses Schauspiel, das ihn sofort an *Tausendundeine Nacht* erinnerte: In einem runden Vorraum mit gedämpftem Licht passierte er die Wachen der bereits eingetroffenen saudischen Ehrengäste

– Männer mit verwitterten, dunkelbraunen Gesichtern, goldbeschlagenen Gewehren und umgehängten Patronengurten. Dazwischen zwei Araber in langen weißen Gewändern, die Kupferkessel schwenkten, aus denen sich der Duft von Weihrauch und Myrrhe verbreitete. In der Begleitung des fließend deutsch sprechenden saudiarabischen Protokollchefs, einer baumlangen Person mit einem ebenmäßigen, schmalen, unwirklich schönen Gesicht, setzte der Kanzler seinen Fuß auf den schweren dunkelgelben Velours des Audienzsaales. Der Raum hatte das Ausmaß einer größeren Turnhalle und das Dekor eines französischen Schlosses. Drei riesige zentnerschwere Lüster, in deren funkelnden Kristallen sich das Licht tausendfach brach, hingen von einer Stuckdecke herab. Vor den meterhohen Fenstern mit geschwungenen Schabracken waren die Vorhänge aus teuren Stoffen in sattem Goldton zugezogen. In der Mitte des Saales lag ein wunderschöner Perserteppich, gut acht mal sechzehn Meter, mit einem bizarren Muster auf lila Grundton. Auf diesem Teppich befand sich ein wuchtiger sechseckiger Tisch mit einer Silberschale und einem gewaltigen Gladiolenstrauß darauf.

An beiden Längsseiten des Saales standen kleine, mit dunkelgrünem Velours bespannte Sessel, von denen sich etwa hundertfünfzig arabische Würdenträger erhoben und den Einzug des deutschen Regierungschefs in ehrfurchtsvollem Abstand, aber mit unverhohlener Neugier beobachteten. Schmidt, dessen mitternachtsblauer Westenanzug trotz des spitz gefalteten Kavalierstuchs inmitten dieser orientalischen Pracht fehl am Platz und einfallslos wirkte, erblickte den König an der Stirnseite des Saales. Der Monarch stand vor einem Sofa, hinter ihm zwei große Gemälde und sprungturmhohe Spiegel.

Der König war groß und trug wie seine Landsleute ein langes weißes Hemd, darüber die Mischla, einen dunklen, mit schwerer Goldbordüre verzierten Umhang. Das Kopftuch mit den zwei schwarzen Ringen, die Ghutra, fiel locker über Schultern und Rücken. Im Gesicht fielen am meisten die sanften Augen und der etwas dünn geratene Kinnbart auf, die beide einen merkwürdigen Kontrast zu der kühngeschwungenen Nase bildeten. Es waren ungefähr vierzig Meter, die König und Kanzler voneinander trennten und die Schmidt unter den Augen aller zurücklegen mußte. Sicherlich dachte er an etwas Profanes, als er dem reichsten Herrscher der Erde entgegenging, einem Herrscher über scheinbar unbegrenzte Ölvorräte, aber auch mit einer königlichen Familie, die schätzungsweise fünftausend Prinzen und wer weiß wie viele Prinzessinnen zählte.

Der Republikaner aus Bonn durchquerte den Audienzsaal mit der Selbstsicherheit, die ihm in zwei Kanzler-Jahren zugewachsen war. Auf den letzten Metern kam ihm der König entgegen. Nach einer knappen, aber respektbezeugenden Verbeugung sagte der Kanzler etwas geschraubt: »Ich freue mich, bei Ihnen sein zu dürfen. Ich habe große Achtung vor Ihrem Land. Die gewaltigen Aufbauleistungen bei Ihnen beeindrucken mich, vor allem auch die mäßigende Politik, die Sie in der jüngsten Vergangenheit betrieben haben, Eure Königliche Hoheit.«

Das war eine politische Erklärung, eingepackt in drei Begrüßungssätze. König Chalid überragte den Kanzler fast um einen Kopf, obwohl dieser seine schwarzen Schuhe mit den hohen Absätzen trug. Er gab die Komplimente seines Gastes zurück: »Herzlich willkommen, ich habe schon viel von Ihnen gehört.«

Dann wurden Schmidts Begleiter vorgestellt: die drei Staatssekretäre, die vier Herren von der Wirtschaft und ein paar höhere Beamte. Bei dieser Reise, auch schon nicht in Ankara, waren keine prominenten Gewerkschaftler aus der Bundesrepublik dabei. Die Saudis hatten bei der Vorplanung mit größter Offenheit wissen lassen: »So etwas gibt es bei uns nicht, und darum haben wir auch kein Interesse an den Herren.«

Nach der Vorstellung der deutschen Delegation wurden alle Anwesenden, auch die arabischen Würdenträger, aus dem Raum gebeten. Zurück blieben nur der Kanzler und König, die auf dem Sofa Platz genommen hatten. Drei arabische Herren, darunter der Botschafter in Bonn, Jamil Hejailan, durften in gebührendem Abstand und stumm auf einem Nebensofa verharren. Zwei von Schmidts Leibwächtern, die in diesem Moment eigentlich überflüssig waren, sich aber das außergewöhnliche Schauspiel nicht entgehen lassen wollten, hatten sich auf zwei der an den Längsseiten aufgereihten Sesselchen niedergelassen. Der schöne Protokollchef der Saudis, der nunmehr als Dolmetscher fungierte, kniete hinter dem Sofa. Der Kanzler saß artig seinem Gastgeber zugewandt, einen Fuß zurückgesetzt; der König drehte einen kleinen rubinbesetzten Goldring, den er am kleinen Finger der linken Hand trug, und begann das Gespräch mit einem Rückgriff auf die Vergangenheit: »Ich kenne Ihr Land aus der Vorkriegszeit, damals wohnte ich im Berliner Adlon-Hotel, und ich kenne Deutschland aus der jüngsten Vergangenheit.«

Zu den Erinnerungen des Monarchen, der erst dreizehn Monate vor dem Kanzler-Besuch, nach der Ermordung seines Vorgängers Feisal, vom Rat der königlichen Familie auf den Thron gehoben worden war, gehörte auch ein Besuch bei Hitler, am 12. März 1939, jenem Tag, an dem dieser die Annexion der Tschechoslowakei befahl. Im Vorzimmer Hitlers wurde Chalid Augenzeuge, wie der in die Reichskanzlei befohlene tschechische Staatspräsident Hácha nach der Verkündigung der beschlossenen Okkupation seine Tochter weinend in die Arme schloß. Aber dieses Erlebnis verschwieg der König seinem Gast taktvoll.

Im Laufe des Abends taute der Kanzler sehr schnell auf. Wiewohl ihm die mitangereisten Herren des Auswärtigen Amtes geraten hatten, bei seinen Gesprächen nicht fordernd oder gar direkt zu werden, weil das nicht die Art der Gastgeber sei, spielte Schmidt seine Position als Regierungschef der zweitstärksten Industrienation aus. Als ihn der saudiarabische Wohnungsbauminister nach dem Essen auf die Schwierigkeiten beim Import von Fertighäusern ansprach, belehrte ihn Schmidt: »Da müssen Sie erst mal Ihre Häfen in Ordnung bringen.«

Den Finanzminister, der sich beklagte, daß sein Stellvertreter aus der Wirtschaft komme und darum viel mehr verdiene, beschied er: »Aus der

Wirtschaft holt man die Leute nur in die Politik, wenn sie noch jung und nicht so verwöhnt sind.« Zum Trost fügte er noch hinzu: »Ich habe in meiner Delegation auch vier Herren aus der Wirtschaft, die viel mehr als ich verdienen.«

War der Besuch in der Türkei eine Pflichtübung gewesen, und eine verunglückte noch dazu, war der Aufenthalt in Saudi-Arabien schon eher nach Schmidts Geschmack. Während zu Hause die Opposition und die Journalisten dafür sorgten, daß die Schmidtschen Bäume nicht in den Himmel wuchsen, wurde er in Riad wie der größte lebende Wirtschaftsprophet herumgereicht. Der Kanzler genoß das.

König Chalid hatte seinem Gast einen Palast zur Verfügung gestellt, von dessen Ausmaßen man am besten dann eine Vorstellung bekommt, wenn man weiß, daß dort die zweitgrößte Klimaanlage der Welt (!) installiert ist. Mehr gekühlte Luft gab es nur im amerikanischen Verteidigungsministerum. Der Palast war einst von dem legendären König Ibn Saud, der 1953 als Vater von vierundvierzig Söhnen und einer unbekannten Zahl von Töchtern starb, erbaut, aber nie bezogen worden. Solange Schmidt in diesem Palast wohnte, hatten die Saudis vor der Treppe zum Hauptportal einen feuerwehrroten Jeep mit aufmontiertem, schußbereitem Maschinengewehr in Stellung gebracht. Die Eingangshalle bestand aus einem zwei Stockwerke hohen Kuppelsaal mit Marmorfußboden, Mosaik-Sternenhimmel und einem riesigen Fenster aus buntem Glas, das die Silhouette einer Moschee hatte.

An den Treppenwänden sah man goldgerahmte Spiegel, auf kleinen Konsolen standen Karaffen aus purem Gold, arabische Malereien und riesige Sträuße mit künstlichen Blumen, aber nicht von der billigen Sorte, sondern beste Pariser Handarbeit. Ein Raum war größer als der andere, die Zimmerdecken zierten teils arabische Holzschnitzereien, teils aufwendig geschnörkelte Stuckarbeit, und alle Räume waren mit schweren Teppichen ausgelegt.

Die Badewannen hatten natürlich vergoldete Wasserhähne. Die für den Kanzler reservierte Suite bestand aus vier Zimmern. Das Schlafzimmer, im französischen Stil eingerichtet mit grand lit, maß genau acht mal acht Meter. Das Speisezimmer bot Platz für vierundzwanzig Personen. In den angrenzenden Gemächern hatten die Saudis Schmidts Leibwächter und den Gepäckmeister des Auswärtigen Amtes, Josef Worringer, untergebracht, den sie fälschlicherweise für den Butler des Kanzlers hielten. Ein Herrscher ohne Diener ist in den Augen des Königs so unmöglich wie ein Oberhofmarschall ohne Hosen.

Hätte der Kanzler sich diesen Reichtum vorstellen können, der sich nicht nur in dem Luxus des Gästepalastes niederschlug, sondern auch daran abzulesen war, daß die Regierung täglich die Schulmahlzeiten für zweihunderttausend Schüler aus Paris einfliegen ließ, hätte er sich vor Antritt der Reise erst recht gefragt, was man einem König als Gastgeschenk mitbringt, der so viele Öl-Dollars besitzt, daß er jederzeit jedes x-beliebige Warenhaus der Welt auf einen Streich leerkaufen kann.

Immerhin war Schmidt mit Geschenken vollbepackt angereist. In seinem Gepäck hatte er silberne Zigarrenkästen in jeder Größe mit eingravierter Schmidt-Widmung, silberne Tischuhren mit Faksimile-Autogramm, Silberbecher, Tischfeuerzeuge, Taschenfeuerzeuge, eine Kamera, ein Fernglas, einen Cassettenrecorder, acht Jagdmesser und ein Diktiergerät. Weil außer den Gastgebern auch die Fahrer, Leibwächter, Diener ein Präsent erwarteten, hatte der Kanzler Mitbringsel wie aus einem Versandhauskatalog dabei: Herrenkoffer, Damenknirpse, Nähetuis, Taschenlampen, Reisewecker und dergleichen mehr. Allerdings wurde nie bekannt, ob Schmidts Gabensegen am Hofe des Königs Freude auslöste.

Der zweite Tag des Schmidt-Besuchs war der wichtigere, da Gespräche mit jenen Männern anstanden, die in Wirklichkeit das Land regierten. König Chalid — sieben Jahre älter als der Kanzler und schon einmal in der berühmten amerikanischen Klinik von Cleveland am Herzen operiert, was ihn nicht davor bewahrte, 1982 einem Herzinfarkt zu erliegen — war zwar der uneingeschränkte Herrscher, aber das Regierungsgeschäft besorgte sein jüngerer Bruder, Kronprinz Fahd Bin Abd Asis, der damals amtierende Ministerpräsident, heute selbst König. Der Kanzler suchte ihn am Vormittag in seinem Amtssitz auf und erlebte abermals eine Überraschung: Das Arbeitszimmer Fahds war nicht größer als das Büro eines Bonner Ministerialen, hatte nur zwei Fenster und war ungewöhnlich schlicht eingerichtet; mit einem einfachen, nicht mehr neuen Holzschreibtisch mit dem Wappen des Landes, darauf — aufgestellt wie eine Fotografie — ein Abreißkalender, eine Schreibtischgarnitur aus Onyx und ein Stoß Akten; an den Längswänden die üblichen Sesselreihen. Weil es in diesem Zimmer beim besten Willen nichts vorzuzeigen gab, führte der Kronprinz seinen Gast ans Fenster, zog die Vorhänge beiseite und deutete auf einen nahegelegenen größeren Palast: »Dort wohne ich.« Darauf Schmidt, inzwischen an Superlative gewöhnt: »Auch nicht schlecht.«

Als Kronprinz Fahd am Abend in seinem Palast ihm und rund achtzig Ehrengästen ein Essen gab und den Kanzler zunächst in den dreihundert Quadratmeter großen Audienzsaal geleitete, scherzte Schmidt, als sei der Kronprinz bereits eine Art Kumpel: »Ein nettes kleines Wohnzimmer haben Sie hier.«

Später, im Speisesaal, saß man an einer langen Tafel mit erlesenem französischem Porzellan und teuerstem englischem Silber. Gewissermaßen als Kontrastprogramm war sie aber auch mit Ketchup-Flaschen und Klarsichtfolie über dem Tischtuch aus feinstem Goldbrokat ausgestattet. Gast und Gastgeber unterhielten sich so angeregt, daß das Essen nicht, wie bei Staatsbanketten üblich, bereits abgebrochen wurde, als die meisten Gäste noch ihr Dessert zu sich nahmen. Der Kronprinz und der Kanzler hatten sich an einem Thema festgeredet, das alle Regierungschefs plagt: Wie kontrolliere ich die Ausgabenfreudigkeit der Ministerien? Durch einen Rechnungshof Jahre später oder durch Beamte des Finanzministeriums jeden zweiten Monat? Die Lösung auf diese Frage fanden die beiden Herren an diesem Abend nicht.

Der von den Saudis geschätzte Nationalökonom Schmidt verschrieb seinen Gastgebern nicht nur Weltwährungsrezepte (»Ich kann Ihnen nur dringend empfehlen, mit Ihrem Anlagevermögen nicht abrupt von einer Währung in die andere zu spekulieren«) und empfahl ihnen nicht nur seinen Ex-Kollegen Karl Schiller als Finanzberater, sondern legte auch seine noch am ersten Tag gezeigte Zurückhaltung ab, für die deutsche Industrie Werbung zu machen.

Die deutsche Delegation war am Nachmittag beim saudiarabischen Außenminister zum Tee geladen. Dabei hatte der Kanzler den VEBA-Vorstandsvorsitzenden Rudolf von Bennigsen-Foerder demonstrativ aufgefordert, sich mit zu ihm, zum Minister und zu Kronprinz Fahd zu setzen. Auf Bennigsen deutend sagte Schmidt: »Für diesen Mann habe ich einen nationalen Energiekonzern geschaffen. Nun, bitte schön, tun Sie auch mal etwas für ihn.«

Damals brauchte die Bundesrepublik Deutschland Rohölmengen zu möglichst günstigen Preisen. Andererseits war die VEBA, Deutschlands größter Energiekonzern, an industriellen Gemeinschaftsprojekten in Saudi-Arabien, vor allem am Aufbau eines Petrochemiewerkes in Juffalin, brennend interessiert. Nur, als vom deutschen Regierungschef höchstpersönlich eine Geschäftsbeziehung eingefädelt wurde, bei der es um etwa eine halbe Milliarde Mark ging, stellte sich heraus, daß Bennigsen nicht genügend Englisch verstand, um das Gespräch aufzunehmen. Außenminister Prinz Saud Faisal, Princeton-Absolvent, beugte sich, ganz zu Diensten bereit, zu dem deutschen Manager hinüber und bat um Einzelheiten: »I quite understand that you are interested in crude oil, but what are your plans for joint-ventures?«*

Schließlich sprang jemand als Dolmetscher ein, und Bennigsen wurde am Ende des Gesprächs ein Termin beim wichtigsten Mann im arabischen Ölkartell, dem saudi-arabischen Erdölminister Ahmed Zaki Yamani, zugesagt. Schmidt fand sich jedoch wieder einmal in seiner Meinung bestärkt, daß »der deutsche Unternehmer im Durchschnitt doch nur Durchschnitt ist« und daß er, Schmidt, für seine »Knochenarbeit« viel zu schlecht entlohnt werde. So etwas ärgerte ihn um so mehr, wenn er daran dachte, daß der VEBA-Konzern zu etwa vierzehn Prozent dem Bund gehörte und daß der Konzernchef als Regierungsrat im Bundesfinanzministerium seine Karriere begonnen hatte.

Am Ende des zweiten Besuchstages hatte die saudiarabische Seite – wenn auch unverbindlich – den Wunsch nach stärkerer deutscher Beteiligung an der Industrialisierung des Landes geäußert. In den folgenden Jahren sollten dafür umgerechnet rund dreihundertachtzig Milliarden Mark zur Verfügung stehen. Wie schwer es jedoch in der Praxis war, von diesem riesigen Kuchen eine Scheibe abzubekommen, merkten die außer Bennigsen mitangereisten Wirtschaftsbosse schon bald: Siemens-Vorstand Paul Dax mußte zur Kenntnis nehmen, daß ein Auftrag im Wert von über

---

* »Es ist mir klar, daß Sie Rohöl brauchen. Aber was sind Ihre Pläne für Gemeinschaftsprojekte?«

vier Milliarden Mark zum Ausbau des Fernsprechnetzes an den Konkurrenten Philips ging. Commerzbank-Aufsichtsratsvorsitzender Paul Lichtenberg mußte sich sagen lassen, daß die Saudis einen Teil ihrer Dollar-Einnahmen aus dem Ölgeschäft in Bundesanleihen anlegen würden, wenn da nicht die deutsche Kapitalertragssteuer wäre. Und überhaupt wollten die Gastgeber Lieferverträge mit deutschen Partnern lieber in ihrer Währung, in Riyal, abschließen als in Mark oder Dollar, was wiederum das Problem der Kursabsicherung heraufbeschwor.

Helmut Schmidt würdigte die mäßigende Haltung der Saudis gegenüber den Preistreibern innerhalb der OPEC.* In der Nahostfrage hielt er sich an die entsprechende Resolution des UN-Sicherheitsrates, wonach einerseits die Palästinenser ein Recht auf eigene staatliche Autorität hätten und andererseits Israel sichere und anerkannte Grenzen haben müßte. Über Waffen wurde nur am Rande gesprochen. Die Saudis waren an sechshundert Schützenpanzerwagen interessiert, aber noch nicht am Leopard II. Das sollte erst vier Jahre später bei einem Besuch des Königs in Bonn der Fall sein.

Am letzten Abend ging der Kanzler früh ins Bett. »Weiß noch jemand einen Friesenwitz?« fragte er seine Begleitung. Damit konnte niemand dienen, denn die Herren waren auf arabische Nächte eingestellt. Aber die fielen leider aus.

13 Helmut Schmidt saß gerade neun Monate im Kanzler-Amt, da hatte er ein Geschäft durchgedrückt, das auch für texanische Maßstäbe, wo bekanntlich alles am größten ist, nicht gerade ein Klacks gewesen wäre: Der Bund legte achtzig Millionen Mark auf den Tisch, damit sich die halbstaatliche VEBA die Essener Mineralölgruppe Gelsenberg AG einverleiben konnte. Bonn wollte sich mit dieser Transaktion einen eigenen Mini-Multi schaffen, um sich von den ausländischen Öllieferanten unabhängiger zu machen. Der Schock der Ölkrise von 1973 saß noch tief in den Knochen. Es kam aber anders als gedacht.

Bald schwappten Unmengen von billigem Importrohöl auf den westdeutschen Markt, und die VEBA, die nicht so billig produzieren konnte wie die Konkurrenz, mußte bei jeder verkauften Tonne Rohöl mindestens dreißig Mark drauflegen. Es stand zu befürchten, daß der Energiekonzern nach Preussag und VW als dritte der vom Bund beherrschten Gesellschaften in die roten Zahlen abrutschte. Der Erwerb der Gelsenberg AG erwies sich somit als Fehlinvestition.

Daraufhin forderte von Bennigsen, die Bundesregierung müsse etwas unternehmen, »damit die Bundesrepublik nicht mehr die Ölkippe der übrigen Welt ist«. Bonn sollte das von den internationalen Gesellschaften

---

* In der OPEC (Organization of the Petroleum Exporting Countries) schlossen sich 1965 zwölf erdölfördernde Länder unter anderem mit dem Ziel zusammen, die Preise möglichst hochzuschrauben. Die westliche Welt bezog fünfundachtzig Prozent ihrer Ölimporte aus diesen Ländern.

in Westdeutschland geförderte Rohöl und Erdgas mit einer Sondersteuer belegen, um die VEBA mit ihren Produkten wieder konkurrenzfähig zu machen. Schmidt bat den VEBA-Vorstandsvorsitzenden zu sich. Bis zu diesem Gespräch galt von Bennigsen sowohl in Bonn als auch im Ruhrgebiet als Alleskönner. Nach dem Treffen mit dem Kanzler dachte dieser anders über den VEBA-Chef. Das Gespräch zwischen den beiden Herren verlief im Kern wie folgt:

»Nun sagen Sie mal, wer schleust denn die Billigware auf unseren Markt? Kennen Sie die Firmen mit Namen?« fragte Schmidt.

Bennigsen mußte passen.

Darauf Schmidt, schon einige Phone lauter: »Wenn Sie das schon nicht wissen, warum ist Ihr Unternehmen nur mit knapp einem Prozent an den deutschen Importen von Mineralölprodukten beteiligt? Warum mischen Sie bei den Billig-Importen nicht kräftig mit?«

Achselzucken bei dem großen Manager. »Warum versucht VEBA nicht, bessere Erlöse auf den Märkten des Auslandes zu erzielen? Zum Beispiel in Frankreich, wo die Gewinnspannen höher liegen?« setzte der Kanzler nach.

Keine konkrete Antwort.

Schmidt entließ den Konzernboß wie ein Lehrer seinen Schüler. Er und seine Vorstandskollegen sollten sich etwas zur Lösung des Problems einfallen lassen. Der Gedanke, die internationalen Multis mit einer Sonderabgabe zur Bundeskasse zu bitten, schien damit begraben zu sein. Originalton Schmidt: »Der Bennigsen soll sich erst mal selbst am Riemen reißen.«

Nicht selten änderte der Kanzler aber auch seine Meinung. Ein halbes Jahr nach dem Gespräch zwischen Macher und Manager beschloß das Kabinett eine Verwaltungsabgabe auf sogenannte Windfall-Profits. Damit war genau die von Bennigsen geforderte Abschöpfung jener schnellen Gewinne gemeint, die große ausländische Konzerne bei der Erdöl- oder Erdgasförderung in der Bundesrepublik machten. Die Gewinne der Multis waren leicht verdientes Geld, da sie auf Grund langfristiger Konzessionen in der Bundesrepublik billiger als im Ausland Öl und Gas gewannen. Warum hatte es sich der Kanzler aber plötzlich anders überlegt?

Der VEBA-Chef, der sein Imperium (Öl, Chemie, Kraftwerke, Handel) von einem antiken englischen Schreibtisch im neunten Stock eines supermodernen Düsseldorfer Bürohauses aus steuerte, war nicht müde geworden, andere für seine Abschöpfthese zu gewinnen. Bei Wirtschaftsminister Hans Friderichs stieß er auf Ablehnung, nicht aber bei Finanzminister Hans Apel, der in dem Vorschlag die willkommene Möglichkeit sah, seine leeren Kassen aufzufüllen. Auch in der SPD wurden einige Genossen munter, denen jeder Multi ein ideologischer Dorn im Auge ist. Fortan wurde Schmidt aus den eigenen Reihen bearbeitet, und irgendwann sagte er ganz überraschend im Kabinett: »Wieso werden die bei uns gemachten Gewinne der ausländischen Konzerne nicht so abgesahnt, wie das zum Beispiel in Norwegen der Fall ist?«

Das war mal wieder ein echter Schmidt. Die Frage ist nur, was man mehr bewundern sollte: Seine Dreistigkeit, so zu tun, als sei er nie anderer Meinung gewesen, oder seine Lernfähigkeit, einer besseren Lösung nachträglich die Zustimmung zu geben?

Helmut Schmidts Ansichten von einer Sache oder einer gesellschaftlichen Gruppe wurden stark von dem Eindruck bestimmt, den der jeweilige Sprecher dieses Standes oder Projektes auf ihn machte. Das galt besonders für das Big Business. So ließ er in den ersten Jahren seiner Kanzlerschaft keine Gelegenheit aus, den Deutschen Industrie- und Handelstag (DIHT), die Dachorganisation aller neunundsechzig Industrie- und Handelskammern in der Bundesrepublik und in West-Berlin, mit spitzen Bemerkungen oder Kraftausdrücken als einen Verein »professioneller Zweckpessimisten« abzukanzeln. Auch hier lag der Grund für die schlechte Meinung im persönlichen Bereich und datierte in die Zeit zurück, da Schmidt das Wirtschaftsministerium leitete. Für ihn stank beim DIHT »der Fisch vom Kopf«. Kopf des Handelstages war seinerzeit schon Otto Wolff von Amerongen, übrigens einer der ersten Industriellen, der sich für die Ostpolitik der sozialliberalen Koalition engagiert hatte. Schmidt konnte ihn trotzdem nicht ausstehen, was allerdings auf Gegenseitigkeit beruhte. Für Wolff war Schmidt der »Oberbenoter der Nation«.

Der Schlagabtausch zwischen den beiden war um so verwunderlicher, als der Kanzler mit den Präsidenten des Bundesverbandes der Deutschen Industrie (BDI), Hans-Günther Sohl, und der Bundesvereinigung Deutscher Arbeitgeberverbände (BDA), Hanns Martin Schleyer, zurechtkam. Von der Sache her war dem Deutschen Industrie- und Handelstag nichts vorzuwerfen. Aber DIHT-Hauptgeschäftsführer Paul Broicher, für Schmidt nur »ein gewisser Herr Broicher«, hatte es gewagt, sich über den »Macher« lustig zu machen, als dieser noch Wirtschaftsminister war. Nach der ersten von Schmidt geleiteten Konzertierten Aktion, jener von Karl Schiller ins Leben gerufenen Gesprächsrunde aller an der Wirtschaftspolitik beteiligten Organisationen, hatte er vor den Journalisten damit geprahlt, unter seiner Leitung sei alles viel konzentrierter gelaufen. Was Broicher zu der Bemerkung verleitete: »Dafür aber auch mit fünfundzwanzig Prozent weniger Qualität.«

Der Stachel saß bei Schmidt um so tiefer, als sich Wolff von Amerongen vor seinen Geschäftsführer stellte. Mit anderen Männern der Wirtschaft hatte Schmidt anfangs ebensolche Schwierigkeiten. Den Siemens-Vorstandsvorsitzenden Bernhard Plettner, den größten privaten Arbeitgeber in der Bundesrepublik mit damals 296 000 Mitarbeitern, hatte er brieflich gebeten, mit gutem Beispiel voranzugehen und zum Wohle Berlins ein Mitglied des dreizehnköpfigen Vorstandes von München beziehungsweise Erlangen nach Berlin zu versetzen. Plettner, schon zu Willy Brandts Zeiten ein gerngesehener Gast im Kanzleramt, ließ Schmidt zunächst ungebührlich lange auf Antwort warten, um ihm schließlich mitzuteilen, man werde bei Siemens an den bestehenden Verhältnissen nichts ändern.

In der gleichen Angelegenheit schrieb der Kanzler auch an den Vorstandsvorsitzenden der AEG-Telefunken, Hans Groebe, und bekam wiederum eine Abfuhr. Mit Brief vom 17. Januar 1975 ließ Groebe den Regierungschef wissen, man habe bereits eine »Berliner Zentralstelle« mit einem Direktor eingerichtet, »um die Bedeutung unserer Berliner Unternehmensteile besonders hervorzuheben und eine einheitliche Willensbildung gegenüber den Berliner Behörden und Verbänden sicherzustellen«. Nun ist ein Direktor so wenig ein Vorstandsmitglied wie ein Ministerialdirektor ein Minister. Damals wußte der Kanzler noch nicht, daß die westdeutschen Bosse flink waren mit Lippenbekenntnissen für die ehemalige Reichshauptstadt und auch mal – wie AEG-Telefunken – drei Millionen Mark für ein neues Ausbildungszentrum in der geteilten Stadt springen ließen. Sie waren aber überhaupt nicht kooperationsbereit, wenn sie Dienst- und Wohnsitz an die Spree verlegen sollten. Porsche-Finanzvorstand Heinz Branitzki, der seiner Gattin im Scherz weismachen wollte, »wir ziehen nach Berlin um«, bekam prompt die Antwort: »Aber ohne mich!«

Andererseits störte die Herren von der Wirtschaft auch manches am Regierungschef. Zum Beispiel seine forsche Art, sie indirekt zu duzen, etwa wenn er bei einer BDI-Veranstaltung zum Thema »Explosion der Sozialkosten« den versammelten führenden Unternehmern entgegenhielt: »Aber Ihr sitzt doch in den Organen, und was habt Ihr dazu getan, um das zu verhindern?«

BDI-Präsident Sohl, der geschäftlich ständig in Bonn war, ging ohne besonderen Anlaß nie ins Kanzleramt, obwohl er die Ansicht vertrat: »Ich hab' vor Schmidt immer Respekt gehabt und ihn für einen guten Mann gehalten.« Trotz dieser Wertschätzung blieb Sohl stur, wenn der Kanzler von ihm etwas verlangte, was nach Meinung des BDI-Präsidenten nicht gerechtfertigt war. Bei einem Zusammentreffen verlangte Schmidt von Sohl, er möge seinen Aufsichtsratsvorsitz bei der Gelsenberg AG, an der der Bund mit 51,3 Prozent beteiligt war, an einen Bankier abtreten. Sohl lehnte mit der Begründung ab, »daß ich mich auch für die freien Aktionäre von Gelsenberg verantwortlich fühle und die Absicht habe, meinen Posten so lange beizubehalten, bis deren Interessen voll gewahrt sind«. Ein halbes Jahr später schied Sohl dann doch aus dem Aufsichtsrat aus. Seinen Posten bekam – von Bennigsen.

Auch bei anderer Gelegenheit lehnte Sohl es ab, dem Kanzler zu Diensten zu sein. Am 1. Juli 1976 war nach jahrelangem Tauziehen das Mitbestimmungsgesetz für Großbetriebe in Kraft getreten. Fortan mußten die Aufsichtsräte in Betrieben mit mehr als zweitausend Beschäftigten zu gleichen Teilen mit Vertretern der Anteilseigner und der Arbeitnehmer besetzt werden. Letztere mußten bei ihrer Quote auch noch Gewerkschaftsfunktionäre berücksichtigen. Gab es bei Abstimmungen im Aufsichtsrat eine Pattsituation, zählte die Stimme des Vorsitzenden – meist ein Vertreter der Arbeitgeber – doppelt. Gegen dieses Gesetz erhoben neunundzwanzig Arbeitgeberverbände unter Führung des BDA-Chefs Hanns Martin Schleyer Beschwerde beim Karlsruher Bundesverfassungsgericht. Begründung: Die Unternehmer sähen durch das Mitbestimmungsgesetz ihre Eigentumsrechte und die Funktionsfähigkeit der Wirtschaft grundgesetzwidrig beeinträchtigt.

Daraufhin lehnte es DGB-Chef Heinz Oskar Vetter samt seiner Gewerkschaft ab, sich weiterhin mit den Unternehmern im Rahmen der Konzertierten Aktion an einen Tisch zu setzen. SPD und FDP beschlossen im Bundestag, dem Gerichtsverfahren als Befürworter des Gesetzes beizutreten.

Ehe das Bundesverfassungsgericht aber sein Urteil gesprochen hatte, wurden die Richter von verschiedenen Seiten in die Zange genommen, nach dem Motto: Regiert jetzt etwa Karlsruhe die Bundesrepublik? Der nordrhein-westfälische Arbeitsminister Farthmann meinte, ein die Mitbestimmung einschränkendes Urteil würde »mehr schaden als Tausende Extremisten«.

Diese aufgeheizte Atmosphäre erschwerte dem Bundeskanzler das Regieren. Darum bat er eines Tages Hans-Günther Sohl: »Hören Sie mal, können Sie als BDI-Präsident mir nicht helfen und erreichen, daß die Verfassungsklage und der ganze Kram zurückgenommen wird?« Sohl entgegnete höflich, aber bestimmt: »Ich bin weder als BDI-Präsident noch persönlich an dieser Aktion beteiligt. Ich sage Ihnen auch ganz offen, daß ich sie in dieser Form nicht für richtig gehalten habe. Aber nachdem Schleyer das so gemacht hat, stelle ich mich voll hinter ihn. Sie können nicht damit rechnen, daß ich etwas tue, was die Pläne von Schleyer durchkreuzt.«

Helmut Schmidt dachte einen Moment nach. »Schön, das verstehe ich. Aber können Sie mir da nicht in anderer Weise helfen?«

»Wie denn bitte?«

»Können Sie dafür sorgen, daß die Vorstandsgehälter bei der Industrie für drei Jahre eingefroren werden?«

Sohl etwas verblüfft: »Ich weiß zwar nicht, was das mit der Verfassungsklage zu tun hat. Ein Verzicht wäre auch sehr kompliziert, weil die Betriebe zu unterschiedlichen Zeiten erhöhen, einige vielleicht gerade zugelegt haben, so daß das kein Opfer wäre. Aber ich will mich einmal umhören.«

Er tat es (»Wollen wir doch dem Schmidt helfen, der legt so großen Wert darauf!«) und erklärte dem Kanzler wenig später: »Wir sind bereit mitzumachen, unter der Voraussetzung, daß die Ministergehälter auch eingefroren werden.« Daraufhin kam der Kanzler auf seinen Vorschlag nie wieder zurück. Wenn's ans eigene Geld geht, ist es mit der vielgepriesenen Solidargemeinschaft mancher Politiker nicht weit her.

Aber das waren der Merkwürdigkeiten noch nicht alle. Hanns Martin Schleyer, der Urheber der Verfassungsklage, ging nach wie vor im Kanzleramt ein und aus und bekam von Helmut Schmidt gute Zensuren. Zum Beispiel: »Das ist der einzige aus dieser ganzen Korona, der sich in Sachen beruflicher Bildung wirklich auskennt.«

Im Laufe der Zeit trat eine Klimaverbesserung zwischen dem Kanzler

und den Wirtschaftsbossen ein, die Schmidt zu privaten Orientierungsge-
sprächen mit Abendessen in seinen Bungalow einlud. Vor wichtigen
Regierungsbeschlüssen rief er sie und seine Minister zu Klausurtagungen
zusammen, so zum Thema Umweltschutz, zu der er unter anderen die
Herren Grünewald (Bayer), Hallmann (BP), Mommsen (Krupp), Zahn
(Mercedes), Bund (Ruhrkohle), Kürten (Thyssen), Mandel (RWE) und
Plettner (Siemens) zu kommen bat. Bei anderer Gelegenheit lud er die
Herren mit Damen zu seinen Hauskonzerten ein, zu Sommerfesten und
Kunstausstellungen. Es gab keine größere Auslandsreise, an der nicht zwei
oder drei Repräsentanten des Big Business als seine persönlichen Gäste
teilnahmen. In Kanada waren der Generaldirektor der Deutschen Babcock
& Wilcox AG, Hans Ewaldsen, und das inzwischen verstorbene Vorstands-
mitglied der Rheinisch-Westfälischen Elektrizitätswerke AG, Professor
Heinrich Mandel, dabei; nach Japan und Singapur nahm der Kanzler
Commerzbank-Vorstand Robert Dhom und den Vizepräsidenten der
Hamburger Handelskammer, Dieter Lorenz-Meyer, mit; nach Afrika die
Inhaberin der Deutschen Afrikalinien, die Reederin Liselotte von Rantzau-
Essberger, sowie den Hamburger Spezialisten für Industrie- und Anlage-
bau, Michael A. Thomas; nach Bulgarien Thyssen-Chef Dieter Spethmann
und den Gladbecker Unternehmer Heinrich Hoelter (Hoelter & Co.).

Als die großen Konzerne von den Linken attackiert wurden, stellte sich
der sozialdemokratische Kanzler schützend vor sie: »Ich betrachte es als
gefährlich – und es gibt bereits eine solche gefährliche Entwicklung –,
wenn multinationale Unternehmen zu Sündenböcken für soziale Spannungen gemacht werden. Man sollte sich zunächst der Tatsache bewußt sein,
daß multinationale Unternehmen im großen Umfang neue internationale
Wirtschaftsbeziehungen geschaffen haben, daß sie neues Know-how und
neue Technologien international verbreitet und somit dazu beigetragen
haben, das Wohlergehen der Menschen zu sichern.«

Die Vorstandsvorsitzenden kamen sehr zahlreich zu Schmidt-Vorträ-
gen, um solch unternehmerfreundliche Ansichten aus dem Munde des
Kanzlers selbst zu hören: Männer wie Paul Hoenmans (Mobil Oil), Walter
Bösenberg (IBM), Walther Kniep (Maizena), Helmut Maucher (Nestlé),
Toni Schmücker (vw), Johannes Welbergen (Shell), Dieter Möhring (Stan-
dard Electric), Leopold Pirelli (Pirelli), Horst Stützer (Interversa), Hans
Merkle (Bosch), Wolfgang Oehme (Esso) oder Hans Moll (MAN).

Die Wirtschaftskapitäne fanden, daß Schmidt eine relativ reale Konjunkturpolitik betrieb; allerdings wünschten sie sich bei der Steuerpolitik
etwas mehr Entgegenkommen. Schmidt wiederum hatte im Umgang mit
den Spitzenverbänden dazugelernt: Er nahm seine Kontrahenten nicht
mehr frontal an, und diese gewöhnten sich daran, daß sie der »Lord von
Barmbek« gelegentlich in der zweiten Person Plural ansprach.

Als im Januar 1977 Sohl und Schleyer zu einem gemeinsamen Besuch
im Kanzleramt erschienen – ersterer, um sich als scheidender BDI-Chef zu
verabschieden, letzterer, um als Nachfolger guten Tag zu sagen –, war die
Begrüßung typisch für das entspannte Verhältnis. »Sie, Herr Sohl, neh-

men hier rechts Platz, Herr Schleyer links, und ich setze mich in die Mitte«, ordnete der Kanzler schelmisch an. Schleyer wollte nicht einmal im Spaß als Linker gelten: »Von vorn gesehen sitze ich aber rechts.«

Sohl eröffnete das Gespräch mit Small talk: »Sind Sie jetzt mehr und mehr zu Schnupftabak übergegangen? Ich habe das auch einmal gemacht, 1928, als junger Mann.«

Schmidt, der gerade genüßlich eine Prise vom Handrücken absaugte: »Ich weiß, da waren Sie im Bergwerk.«

Der Kanzler hatte zuvor den Lebenslauf des Bergassessors Sohl studiert. Nachdem das bewegende Thema ausdiskutiert war (Schmidt: »Brasilianischer Schnupftabak ist der beste, reizt nur zu sehr die Schleimhäute«), wurde das Gespräch sachlich. Am Ende, nach hundertfünf Minuten, vereinbarten beide Seiten Stillschweigen und hielten sich auch daran.

Die Zusammenarbeit mit den Männern der Wirtschaft zahlte sich für den Kanzler aus. Als er im Dezember 1978 seinen sechzigsten Geburtstag beging, war der ehemalige »Oberbenoter der Nation« für Otto Wolff von Amerongen in einem für den *Kölner Stadt-Anzeiger* geschriebenen dreiseitigen Festartikel »einer der großen Kanzler dieser Republik«. Und: »Ich hätte mir Helmut Schmidt durchaus als einen der führenden Köpfe der deutschen Wirtschaft vorstellen können . . . Vielleicht hat die deutsche Wirtschaft die Chance verpaßt, ihn für sich zu sichern.«

Otto Wolff von Amerongen und viele andere Bosse hatten begriffen, daß Schmidt zwar nicht ein Kanzler der Wirtschaft war, aber wirtschaftliche Vernunft predigte (»Es muß wieder besser, schneller und pünktlicher gearbeitet werden«), und daß er die Gewerkschaften an der – wenn auch langen – Leine hielt. Friedrich Karl Flick resümierte: »Man hat das Gefühl, daß sich in den letzten Jahren, nicht zuletzt dank der Autorität des Bundeskanzlers, das Verhältnis der Wirtschaft und der Verbände einerseits und der Politik andererseits generell entspannt hat.«

Schmidt wiederum hatte eingesehen, daß Männer, mit denen er sich besonders gut verstand – Merkle (Bosch), Grünewald (Bayer), von Brauchitsch (Flick), Guth (Deutsche Bank), Korf (Stahl) –, doch nicht »Durchschnitt« waren. Nur einmal noch konnte er sich die Bemerkung nicht verkneifen, »daß wirkliche Unternehmer-Persönlichkeiten wie Grundig, Schickedanz und Burda doch nicht mehr wachsen«.

An der Aussöhnung zwischen ihm und Otto Wolff von Amerongen hatte ein Mann entscheidenden Anteil, der dem deutschen Fernsehpublikum als Fliegenträger bekannt war: Dr. Armin Grünewald, Stellvertretender Regierungssprecher. Seine Querbinder, schmal wie Küchenmesser, waren längst aus der Mode, aber Grünewald, Jahrgang 1930, focht Kritik an seiner modischen Schrulle nicht an. Grünewald und Bölling paßten nicht zusammen. Der oberste Regierungssprecher hatte sich seinen Stellvertreter allerdings nicht aussuchen können, denn der war noch von Willy Brandt, genauer gesagt, vom damaligen Kanzleramtschef Horst Ehmke berufen worden. In früheren Zeiten waren Regierungssprecher bei Konferenzen häufig ins Schwimmen geraten, sobald die Journalisten wirtschafts-

und finanzpolitische Fragen stellten. Deshalb wurde ein Fachmann als kompetente Auskunftsperson gesucht. Die Wahl fiel auf den promovierten Volkswirt und gelernten Wirtschaftsjournalisten Armin Grünewald, damals Bonner Büroleiter der *Stuttgarter Zeitung*. Daß der Wahlkreis seines »Entdeckers« Ehmke ebenfalls in Stuttgart lag, war sicherlich nicht nur Zufall.

Die Bonner Wirtschaftsjournalisten hielten große Stücke auf Grünewald. Auch beim Kanzler erfreute er sich allgemeiner Wertschätzung, nicht nur, weil er den Journalisten fundierte Auskünfte geben konnte und den Kontakt zwischen Regierungschef und Wirtschaft pflegte, sondern auch, weil er wie Schmidt ganz gut Klavier spielte und dessen Hauskonzerte organisierte. Es gab viele Möglichkeiten, sich beim Kanzler unentbehrlich zu machen.

**14** Auf dem Flug in die Türkei hatte sich der Kanzler in den hinteren Teil der Maschine begeben, wo die Journalisten saßen. Er war gut gelaunt, stand im Mittelgang, hatte Jacke und Krawatte abgelegt und sich mit dem linken Ellenbogen lässig auf die Rückenlehne eines Sitzes aufgestützt, in der Rechten die unvermeidliche Mentholzigarette.

»Wer von euch war denn auf dem CDU-Parteitag? Wie war der Kohl?« wollte er wissen.

Wenige Tage zuvor war der CDU-Parteitag, der letzte vor den auf den 3. Oktober 1976 angesetzten Bundestagswahlen, in Hannover zu Ende gegangen. Die Antwort der Journalisten, »Das war doch nur eine matte Vorstellung!«, traf seinen Geschmack, reizte ihn zu Sticheleien gegen Helmut Kohl: »Also, wenn man noch nicht ernst genommen wird, kann man sich ja eine modische Brille und eine neue Frisur verschreiben lassen. Das fällt den Leuten nicht sonderlich auf, bei mir wäre das nicht möglich.«

Bis zum Wahlsonntag wollte Schmidt seinen Herausforderer auf Distanz halten. »Warum sollte ich mich mit ihm auf ein Fernsehduell zu zweit einlassen? Da würde ich ihn doch nur aufwerten. Wenn überhaupt, kann er nur mit Genscher und mir vor der Kamera diskutieren. Wir sind schließlich eine Koalitionsregierung. Aber dann muß er den Strauß mitbringen, und jeder kann sehen, wer bei den Schwarzen das Sagen hat.«

Kohl hatte auf dem Parteitag in Hannover tatsächlich eine ungewöhnlich schwache Rede gehalten, was Alfred Dregger zu unterschwelligem Spott verleitete: »Jeder muß in der Weise reden, in der es ihm gegeben ist.« Ernst Albrecht, der Newcomer unter den christdemokratischen Landesfürsten, hatte noch versucht, den Parteivorsitzenden in Schutz zu nehmen: »Er ist eben der Helmut Kohl, der er ist. Er ist kein Volkstribun.« Aber nicht nur Albrecht, sondern Linke wie Rechte, Reformisten wie Konservative waren sich einig, daß sie vier Monate vor den Bundestagswahlen ihren Spitzenmann nicht mehr auswechseln konnten.

Helmut Kohl war erst nach lang andauerndem Tauziehen mit einem Überrumpelungsmanöver zum Kanzler-Kandidaten der Opposition gekürt worden. Sein Generalsekretär, Kurt Biedenkopf, hatte – nach Absprache mit Kohl – im April 1975 einfach erklärt, er werde dem CDU-Parteivorstand empfehlen, den Parteivorsitzenden als Kanzler-Kandidaten zu nominieren. Rivale Gerhard Stoltenberg zog seinen Anspruch zurück und votierte für Kohl. Die bayerische Schwesterpartei schmollte dagegen: »Die CSU hat davon Kenntnis genommen, daß die CDU als größere Partei den Anspruch erhebt, den Kanzler-Kandidaten zu stellen. Die CSU hält an ihrer Bewertung fest, daß ihr Vorsitzender der geeignete Kandidat ist.« Das änderte aber nichts mehr an den vollzogenen Tatsachen.

Gleichzeitig wurde darüber gestritten, wie der Wahlkampf zu führen sei – bis hin zu der Haarspalterei, ob der Hauptslogan »Freiheit statt Sozialismus« (CDU) oder »Freiheit oder Sozialismus« (CSU) lauten sollte. Ansonsten hatten alle Parteien mangels konkreter, die Gemüter bewegender Themen große Mühe, die Massen zu mobilisieren. Deshalb wurde einfach verbal auf den Gegner eingedroschen. Die SPD hatte noch ein besonderes Problem: Bei ihrer Wahlkampfstrategie mußte sie berücksichtigen, daß sie als Partei vom Wähler weit negativer eingestuft wurde als der von ihr gestellte Kanzler. So entschied sie sich für einen »gouvernementalen« Wahlkampf, der Helmut Schmidt und die Leistungen seiner Regierung herausstrich. Motto: »Modell Deutschland«.

Obwohl Schmidt allen Grund hatte, sich dem CDU-Vorsitzenden überlegen zu fühlen, beschäftigte er sich dennoch laufend mit ihm. Beide Politiker waren von der Katholischen Akademie Hamburg aufgefordert worden, in getrennten Veranstaltungen über das Thema »Grundwerte heute – Staat und Gesellschaft« zu sprechen und zu diskutieren. Schmidt hatte bereits vor der Türkei-Reise seinen Auftritt gehabt und eine beachtenswerte Rede von hohem theologischem Niveau gehalten, an der er selbst zwölf Stunden gearbeitet hatte. Kohl war noch an der Reihe. Kommentar des Kanzlers im Flugzeug: »Da wird er sich aber ganz schön anstrengen und vorher noch einige Professoren beschäftigen müssen, die ihm etwas Gescheites ausarbeiten.«

Zu den Journalisten, die um den aufgekratzten Kanzler herumstanden, zählte auch der Bonner *Zeit*-Korrespondent, Rolf Zundel, ein besonders guter Journalist mit sehr ausgewogenem Urteil. Als Schmidt sich so großsprecherisch aufführte, entfuhr es ihm: »Hält er sich nun auch schon für den größten Christen aller Zeiten?«

Der Kanzler ließ jedenfalls keine Gelegenheit aus, Journalisten zu fragen, was sie vom Mainzer Ministerpräsidenten, der Kohl seinerzeit noch war, hielten. Schmidts eigene Meinung: »Der ist doch nur ein Gefangener dieser Ultras Strauß und Filbinger.«

Aus der Tatsache, daß Helmut Kohl an den großen Redeschlachten im Bundestag anläßlich der zweiten und dritten Lesung des Bundeshaushaltes 1976 nicht teilgenommen hatte, leitete der Kanzler Unsicherheit ab: »Da hat er doch gekniffen.« Richtiger wäre es gewesen festzustellen, daß der CDU-Vorsitzende falsch beraten war, diesen Bundestagssitzungen fernzubleiben. Die CDU/CSU-Fraktion hatte ihn zwar als Redner haben wollen, aber er lehnte das ab, weil er der Meinung war: »Das Budgetrecht ist Sache des Parlaments und nicht eines Außenstehenden.« Kohl wollte lieber dann mit Schmidt die Klingen kreuzen, wenn im Parlament die Debatte über die Zukunftschancen der Jugend auf der Tagesordnung stand. Er unterschätzte seinen Gegner nicht, nahm ihn ernst, aber er fürchtete ihn auch nicht. Allerdings war er vom Kanzler menschlich enttäuscht und meinte, dessen schwache Stellen zu kennen: mangelnde Glaubwürdigkeit in der Öffentlichkeit, fehlende Herzlichkeit und die Neigung, sich für einen Alleskönner zu halten, der auf Teamarbeit verzichten kann.

Zwischen den Rivalen hatten sich allerhand Emotionen aufgestaut, die dazu führten, daß sie einen regelrechten Interviewkrieg miteinander führten. Schmidt über Kohl: »Wenn er vier Jahre Erfahrung als Fraktionsvorsitzender in Bonn hätte, wäre er ein ernstzunehmender Gegner.« Kohl in *Bild*: »Ich bin nicht bereit, mich mit den großmäuligen Angriffen eines Mannes auseinanderzusetzen, der schon Angst davor hat, mit mir ein Fernsehduell zu führen.« Schmidt: »Ich und kneifen? Da lacht ja wohl ganz Deutschland.«

In einem Interview mit *Spiegel*-Herausgeber Rudolf Augstein meinte der Kanzler über seinen Gegner: »Als Generalist mag einer über vieles reden. Wenn er aber die Probleme nicht wirklich durcharbeitet, ist er weder entscheidungsfähig, noch kann er den großen Überblick erwerben.«

Schmidt sparte auch im direkten Umgang mit Kohl nicht an kleinen Demütigungen. Als der CDU-Politiker seinen Antrittsbesuch als Kanzlerkandidat machte, ließ ihn Schmidt nicht, wie das bei anderen wichtigen Besuchern die Regel war, am Hauseingang des Palais Schaumburg durch einen seiner Persönlichen Referenten im Empfang nehmen, sondern der älteste Pförtner des Hauses, Theodor Segschneider, mußte das besorgen.

Der Amtsdiener führte den Besucher ins Wartezimmer, verschwand, und dann wurde es peinlich. Statt des Kanzlers sah sich Kohl einer Meute von grinsenden Fotografen gegenüber, die dort bereits versammelt waren, um die Begegnung im Bild festzuhalten. Etwas verunsichert fragte er: »Geht's hier zum Kanzler?«, wobei er die rechte Hand auf die Klinke einer anderen Tür legte.

Tatsächlich lag hinter dieser Tür ein schmaler Korridor, genannt die Seufzerbrücke, der zum Arbeitszimmer Helmut Schmidts führte. Da die Bildberichter die Begegnung der beiden Kampfhähne nicht verpassen wollten, befahlen sie kurzerhand: »Da dürfen Sie nicht rein. Das ist verboten.«

Völlig verunsichert nahm Kohl die Hand von der Klinke, trat ein paar Schritte zurück und versuchte, die Wartezeit durch ein Gespräch mit den Fotografen (»Welche Belichtungszeit nehmen Sie denn?«) zu überbrücken. Die ganze Zeit über hatte der Bürochef des Kanzlers, Klaus Dieter Leister (heute Chef der Staatskanzlei in NRW), die Hilflosigkeit des CDU-Vorsitzenden mit einem gewissen Vergnügen durch eine spaltbreit geöffnete dritte Tür verfolgt.

Nach zehn Minuten ging jene Tür auf, die zum Allerheiligsten führte.

Schmidt erschien, gefolgt von Hans-Dietrich Genscher, und schnarrte Kohl an: »Was, Sie geben hier schon Interviews?« Dann kommandierte er seinen Besucher für ein Foto zu dritt herum. »Wir stellen den Kohl rechts hin, wo er hingehört.« Genscher: »Das ist mein Platz, Herr Bundeskanzler.«

Kohl schien fieberhaft zu überlegen, warum Schmidt zu einem vereinbarten Gespräch unter vier Augen noch Genscher mit hinzugezogen hatte. Er fühlte sich aufs Kreuz gelegt. Unter diesen Umständen hätte er gern einen Zeugen seiner Couleur dabei gehabt, aber auf der Stelle einfach kehrtzumachen, dazu fehlte ihm wohl der Mut. Vielleicht wäre er sich aber auch nur albern vorgekommen.

Dieses Versäumnis spielte ein paar Monate später bei der Behandlung des Polenvertrages im Bundestag eine Rolle. Dort behauptete Schmidt, Kohl habe ihm und Genscher bei jenem Antrittsgespräch seine Unterstützung und die der Union für die Verabschiedung des Vertrages zugesagt. Kohl: »Daran ist kein Wort wahr!« Zu denken gibt, daß Schmidt zu jener Begegnung, die als Vieraugen-Gespräch verabredet worden war, Hans-Dietrich Genscher mitgebracht hatte. Später warf er Kohl vor, »ohne Zeugen« gekommen zu sein. Darauf Kohl: »Zeugen braucht man nach meiner Erfahrung nur, wenn man sich mit Kommunisten unterhält.«

Die Art, wie Helmut Schmidt mit Kohl umsprang, irritierte den Oppositionsführer immer wieder. Als Ministerpräsident von Rheinland-Pfalz war er gewohnt, die erste Geige zu spielen, und er war kein schlechter Landeschef. Er verwirklichte mehrere Reformen, auch unpopuläre. Bei größeren Fernsehauftritten hatte er Einschaltquoten, wie sie nur Kulenkampff, Professor Grzimek oder die Münchner Lach- und Schießgesellschaft erreichten. Auf allen Stationen seines Lebens war er nach kurzer Anlaufzeit erster gewesen: mit siebzehn einer der Gründer der Jungen Union in Ludwigshafen; mit dreiundzwanzig Vorstandsmitglied der CDU-Pfalz; mit dreiunddreißig CDU-Fraktionsvorsitzender im Landtag; mit fünfunddreißig CDU-Landesvorsitzender Rheinland-Pfalz; mit neununddreißig Ministerpräsident. »Wenn ich etwas anpacke, will ich es selbst machen und auch erster sein«, pflegte er zu sagen.

Helmut Kohl nannte schon damals unverblümt das Ziel seiner Wünsche: »Ein Politiker, der sich das Amt des Bundeskanzlers zutraut, und das tue ich, geht dem Reiz dieses Amtes auch nicht aus dem Weg. Es ist in Deutschland eine Art Gesellschaftsspiel, abzustreiten, daß man etwas Bestimmtes erreichen will. Wer öffentlich zugibt, daß er Macht will, um zu gestalten oder dieses Land zu verändern, wird schief angesehen. Aber daraus mache ich mir nichts.«

Im Bundestagswahlkampf 1976 hatte Schmidt in Kohl keinen leichten Gegner. Gemeinsamkeiten gab es nur wenige. Zufällig heißen beide Helmut, und ihre Ehefrauen haben komischerweise auch denselben Vornamen: Hannelore. Die beiden Helmuts rauchten Pfeife, sammelten Münzen und hatten zu Hause jeder eine Heimorgel (auf der Kohl freilich nicht spielte). Aber damit hörten die Gemeinsamkeiten auch schon auf.

Kohl, damals 46 Jahre alt, 193 cm groß, brachte 102 Kilo auf die Waage; Schmidt, bereits 57, war 170 cm groß und wog 80 Kilo. Kohl, katholisch, Monatsbezüge 14 801 Mark, stand Schmidt, evangelisch, mit 20 985 Mark Monatseinkommen gegenüber. Siebenundsiebzig Prozent aller Deutschen hielten den Mann, den sie Schmidt-Schnauze nannten, für energisch; vom schwarzen Riesen aus Mainz glaubten das nur sechsundvierzig Prozent. Andererseits hielten fünfzig Prozent der Bundesrepublikaner den Weintrinker Helmut Kohl für einen Gemütsmenschen; von dem Coca-Cola-Fan Helmut Schmidt glaubten das nur einundzwanzig Prozent.

Zu Wahlkampfveranstaltungen schwebte Kohl in einem Hubschrauber des Bundesgrenzschutzes wie der Erlöser vom Himmel ein. Sobald er sich in der Türöffnung der Maschine zeigte, jauchzten die Frauen unter den wartenden Zuschauern auf: »Da ist er!« Er, vom Sommerurlaub am Wolfgangsee noch leicht gebräunt und überhaupt ein Mannsbild in den besten Jahren, wirkte ganz so, wie sich frustrierte Frauen den Idealpartner für die zweite Ehe erträumen. Und Kohl genoß es, von diesem nachmittags vornehmlich weiblichen Publikum angehimmelt zu werden. Er ergriff die ausgestreckten Hände, lachte und winkte, nahm Geschenke entgegen und verteilte Autogramme, während beflissene Ordner ihm den Weg freischaufelten.

Helmut Schmidt nutzte seinen Kanzler-Bonus, trat weniger häufig auf als Kohl und nahm öfter einen Sonderzug. Diese Art der Fortbewegung schonte nicht nur seine Kräfte, sondern sollte ihn auch als international anerkannten Staatsmann von dem »Vorsitzenden der Mainzer Provinzregierung« (Schmidt über Kohl) abheben. Der Zug erinnerte aber auch noch an einen anderen Kanzler der Deutschen. »Den Salonwagen hat schon der Hitler benutzt«, verkündete der Schaffner. Der Sonderzug sah zwar wie ein ganz normaler D-Zug aus, aber überall, wo er hielt, standen jedesmal auffallend viele blaubejackte Bahnhofspolizisten herum. Der Wahlkampfzug des Kanzlers bestand aus acht Waggons: aus vier Schlafwagen für die Begleitung des Kanzlers und die Journalisten, einem regulären Abteilwagen mit Schreibsekretariat, dann Speisewagen, Nachrichtenwagen mit Telex, Kurzwellensender, Landfunktelefon, Verschlüsselungsgerät, und schließlich dem eigentlichen Salonwagen, dem Aufenthaltsraum für den Kanzler.

Der Salon selbst war nur etwa fünf Meter lang. In der Mitte stand auf grünem Teppich ein schmaler Tisch. Darauf, wie in einem Restaurant, eine weiße Kaffeedecke, zwei Kristallaschenbecher und ein silbernes Tablett mit Zigaretten. An der Stirnseite des mit Wurzelholz getäfelten Raums stand eine Anrichte mit Früchten und Getränken, darunter Whisky und 66er Burgunder aus bester Lage. Daran schloß sich das Schlafabteil des Kanzlers an, das Bett ein bißchen breiter als in einem Wagen der DSG; auf dem Nachtschränkchen stand ein schwarzes Telefon. Nebenan der Waschraum mit einer winzigen Wanne.

Rund eine halbe Million Mark Miete ließ sich die SPD diesen Sonderzug kosten. Willy Brandt benutzte ihn jeweils in der ersten Wochenhälfte,

Helmut Schmidt in der zweiten. Der Kanzler empfand Wahlkämpfe als notwendiges Übel, denn das Bad in der Menge war nicht sein Stil. Wenn er auf einer Kundgebung im Freien ans Rednerpult trat, in der Hand eine orangefarbene Mappe mit einem Wust von Notizen, und es regnete vielleicht gerade, rief er zunächst mit schneidender Stimme über die Buckelpiste der Regenschirme hinweg: »Ich danke euch, daß ihr gekommen seid. Trotz des beschissenen Wetters!« Dann spulte er eine etwa einstündige Rede ab, die er während des Wahlkampfes kaum veränderte. Nur was die Verunglimpfung des Gegners betraf, hatte er schon bald einen Zahn zugelegt. Das klang dann so: »Der Dregger, der Strauß und der Carstens sind doch Brandstifter. Schaut euch doch mal diesen Carstens im Fernsehen an, der sieht nicht nur reaktionär aus, der ist es auch.«

Die Leute applaudierten wie wild, johlten, bejubelten die plumpe Demagogie. Auf einer Großkundgebung in Frankfurt, vor der historischen Kulisse des Römers, wo etwa achtzehntausend Menschen trotz Kälte erschienen waren, um Schmidt, Brandt und Leber zu hören, hing der Geruch einer roten Republik in der Luft: Polizisten prügelten Zwischenrufer vom Platz, linke Bänkelsänger intonierten vor dem Auftritt der SPD-Spitze Lieder, in denen vom »Wall-Street-Geschmeiß« und von den »amerikanischen Diplomaten, die Krokodilstränen weinen, weil sie Allende umgebracht haben«, erzählt wurde. Journalisten aus den USA, die zur Reisebegleitung des Kanzlers gehörten, schüttelten die Köpfe. Jesse Lukomski vom *Journal of Commerce* fragte einen Kollegen: »Doesn't this remind you of your Moscow days?«

Schmidt gab sich siegessicher. Wenn er abends mit den Presseleuten im Speisewagen zusammensaß, meinte er: »Wenn am nächsten Sonntag gewählt wird, kriegt die Koalition 51 Prozent, die Schwarzen 47,8. Und dann wollen wir mal sehen, ob der Biedermann Kohl in Bonn den Oppositionsführer macht oder sich auf seine Latifundien nach Mainz zurückzieht. Wen haben die denn sonst noch? Allenfalls Stoltenberg. Carstens ist ein toter Mann, und Dregger, der hat ja bisher im Bundestag nur zwei Reden gehalten, mehr hat er nämlich nicht im Kopf.« Er zündete sich eine Zigarette an. »Schwierigkeiten im Bundesrat wollen die uns machen? Daß ich nicht lache. Wie beim Ausbildungsförderungsgesetz werden wir künftig alle Gesetze so formulieren, daß sie im Bundesrat gar nicht zustimmungsbedürftig sind. Die Herren werden Augen machen.«

Die unionsregierten Länder besaßen im Bundesrat immer noch die Mehrheit, und da die Länderkammer etwa der Hälfte der im Bundestag verabschiedeten Gesetze zustimmen mußte, hatte die CDU/CSU der sozialliberalen Regierungskoalition jede Menge Hindernisse in den Weg gelegt. Sie betrieb zwar keine reine Blockadepolitik, zwang jedoch die Regierungsparteien, ihre Gesetzesvorhaben zu korrigieren. Wirklich gescheitert waren in der siebten Legislaturperiode (1972–1976) von insgesamt fünfhundertsechzehn Gesetzesentwürfen nur acht. Trotzdem ärgerte sich Schmidt darüber.

Erst gegen zwei Uhr nachts war Schluß mit dem Klopfen starker

Sprüche. Mit staksigen Schritten ging Schmidt in seinen Salonwagen – im Inneren seines Herzens von Zweifeln geplagt, ob er es schaffen würde oder als der SPD-Kanzler in die Geschichte eininge, der seiner Partei die Macht verspielt hatte.

Schmidt war ziemlich unvorbereitet in den Wahlkampf gezogen. Als er Ende August seine beiden ersten Kundgebungen in Flensburg und Neumünster bestritt, wußte er noch nicht, mit welchen Argumenten und Themen er die unentschlossenen Wähler mobilisieren könnte. Mit den Renten? Den Schießereien an der Grenze zur DDR? Mit den Löhnen und Preisen? Oder gar mit Schulproblemen, die nicht in die Kompetenz der Bundesregierung fielen? Spielten Arbeitslosigkeit und Kurzarbeit als Wahlkampfthema eine Rolle?

Fragen über Fragen. Überraschenderweise tappte Helmut Schmidt, der als Kanzler über einen großen Regierungsapparat und viele Millionen Mark verfügte, der sich im Urlaub intensiv Gedanken über die Strategie seines Wahlkampfes gemacht hatte, im dunkeln. Er beschloß, sich weitgehend von seinen Gefühlen leiten zu lassen. (Dabei hatte sich seine Partei eine umfangreiche Untersuchung der westdeutschen Wählerschaft eine halbe Million Mark kosten lassen.) Helmut Schmidt fing auch nicht richtig Feuer. Wahlkampf empfand er, wie er der *Zeit*-Redakteurin Nina Grunenberg einmal anvertraute, eigentlich als »Quatsch«.

Sein Herausforderer Kohl leistete sich zwar ebenfalls den Sonderzug, aber die an die Bundesbahn zu entrichtende Leihgebühr mußte aus einer Parteikasse bezahlt werden, die schon arg strapaziert war. (Die SPD war besser bei Kasse.) So verzichtete der CDU-Vorsitzende unter anderem aus Sparsamkeitsgründen auf den Nachrichtenwagen. Wenn sich Kohl einen Hubschrauber beim Bundesgrenzschutz ausleihen wollte, mußte er zum einen Innenminister Werner Maihofer schriftlich darum bitten und zum anderen teuer dafür bezahlen. Eine Flugstunde in einem Bell-Helikopter wurde mit achthundert Mark, in dem größeren Puma mit zweieinhalbtausend Mark berechnet. Und selbst dann konnte es passieren – wie bei Kohls Wahlkampfreise durch die norddeutschen Seebäder –, daß es zunächst hieß, ein Puma stehe nicht zur Verfügung. Erst als der CDU-Vorsitzende persönlich bei Maihofer anrief, wurde der gewünschte Hubschrauber zur Verfügung gestellt. Auch bei Autofahrten gab es zwischen Kanzler und Kanzlerkandidat Unterschiede. Schmidts Wagen folgte stets ein mit Telefon ausgerüstetes Auto des Bundespresseamtes, in dem der Chef vom Dienst saß, der eilige Neuigkeiten aus Bonn sofort an den Kanzler weiterreichte. Kohl hatte diesen VIP-Service nicht, was ihn wurmte.

War Loki Schmidt dabei, absolvierte sie tagsüber ihr eigenes Wahlkampfprogramm und kam dann als stille Zuschauerin zur Abendkundgebung ihres Mannes. Bei Terminen des Kanzlers in Hamburg kümmerte sie sich um seinen Wahlkreis Hamburg-Bergedorf, hielt Zusammenkünfte mit alten Leuten ab oder traf sich zum Nachmittagskaffee mit berufstätigen Frauen. Bei ihren Auftritten verzichtete sie darauf, Reden zu halten, obwohl das die Wahlkampforganisatoren ihres Mannes gern gesehen hätten. Nur, die freie Rede, zumal vor einem größeren Kreis, war nicht Lokis Stärke. Mit ihrer Bescheidenheit kam sie im persönlichen Gespräch besser an.

Mit zunehmendem Zuspruch kam Helmut Schmidt schließlich in Fahrt, legte die anfänglich gezeigte Zurückhaltung ab und machte es Willy Brandt sowie Herbert Wehner nach: Er holzte. »Herr Kohl will ja als Biedermann gelten, das soll er meinetwegen, aber man muß um ihn herum die Brandstifter erkennen, die Dreggers, die Carstens und die Sträuße.«

Bisweilen geriet die Schimpfkanonade ins Theatralische. Etwa dann, wenn er auf den Schießbefehl für die DDR-Grenzsoldaten zu sprechen kam. »Wir Deutsche haben das Schießen bis zum Halse satt.« Dabei stellte er sich auf die Zehenspitzen, riß beide Hände hoch und führte sie wie ein Karateschläger an den eigenen Adamsapfel. Er steigerte sich in seinem Haß auf den Gegner. »Der Kohl ist doch einfach zu feige, jawohl zu feige, sich von denen in seiner Partei zu distanzieren, die bei Grenzzwischenfällen zurückschießen wollen.«

Im Laufe des Wahlkampfes wurden die beiden Matadore zusehends nervöser. Der Herausforderer mußte jede Nacht im eigenen Bett schlafen, in Ludwigshafen oder Bonn. Wenn er nach der letzten Wahlversammlung mit seinem Auto zur nächtlichen Heimfahrt auf die Autobahn fuhr, kletterte die Tachonadel auf zweihundert und darüber. Fahrer Eckhard Seeber fürchtete weder den Teufel noch ein in der Dunkelheit lauerndes Hindernis. Schmidts zunehmende Nervosität war daran zu erkennen, daß er besonders empfindlich reagierte, wenn irgend etwas nicht nach seinem Geschmack lief. Seine Gereiztheit ging den Pressevertretern auf die Nerven, so daß sie kritische Vergleiche zwischen den Arbeitsmöglichkeiten in Schmidts und in Kohls Sonderzug anstellten. Lothar Kucharz, Bonner Pressefotograf, maulte nach dem ersten Tag im Schmidt-Zug: »Hier passiert ja nichts. Einen Film hab' ich verschossen. Bei Kohl waren es in der gleichen Zeit zehn.« Ulf Kleinertz, gewichtiger Kameramann des WDR-Fernsehens: »Und wenn man den Kanzler mal vor die Linse bekommt, scheucht einen Bölling gleich weg, weil man vielleicht zehn Wählern im Wege steht.«

Für die Fahrt vom Bahnhof zur Kundgebungshalle und zurück benutzte Kohl den Journalistenbus. Schmidt fuhr in seinem Wagen voraus oder stieg, um einen entfernter gelegenen Ort zu erreichen, in den Hubschrauber um – ohne daß die Pressevertreter folgen konnten. Dagegen Helmut Kohl, als er hörte, daß die ihn begleitenden Fotografen auf einer Veranstaltung in Kassel nicht zugelassen werden sollten: »Dann steige ich erst gar nicht aus dem Bus.« Prompt erhielten die Bildberichter Einlaß.

Bei Helmut Schmidts Auftritt in der Live-Sendung »Bürger fragen – Politiker antworten« in Saarbrücken mußten die Bildreporter mit Ausnahme des Fotografen des Bundespresseamtes draußen bleiben. Reaktion der anderen Fotografen: »Warum schleppt uns der Schmidt überhaupt bis hierher mit?«

Überempfindlich reagierte der Kanzler, wenn die Fernsehteams bei

Dreharbeiten im Salonwagen des Sonderzugs das Mikrofon einschalteten. »Bitte, sofort das Ding da ausstellen.« Weil Schmidt das Mikrofon aber manchmal erst zu spät bemerkte, wurde nachträglich Zensur ausgeübt. »Da kam dann so einer mit einem runden Gesicht, dem mußten wir das Tonband vorspielen«, beschwerte sich ein Tontechniker. Der »mit dem runden Gesicht«, war der SPD-Bundestagsabgeordnete Ulrich (Uli) Dübber. Im Wahlkampf 1976 hatte sich der Kanzler von drei Berlinern beraten und begleiten lassen. Da gab es den erst gut ein Jahr zuvor in das Bonner Parlament nachgerückten Peter Männing, ein pausbäckiger, Hoppla-jetzt-komm-ich-Typ, fünfunddreißig Jahre alt, Diplom-Politologe und ehemaliger Persönlicher Referent des Berliner Abgeordnetenhauspräsidenten, der bereits beim Bundestagswahlkampf 1972 ausgeholfen hatte. Dieses Mal leitete er das Team eins, das alle Auftritte Schmidts südlich der Main-Linie betreute (Team zwei, vom Kanzler-Referenten Peter Walter geleitet, war für den Norden zuständig).

Männing besaß in der Person von Staatssekretär Schüler, Chef des Kanzleramtes, einen mächtigen Widersacher. Denn zwei Jahre zuvor hatte Schüler sich widersetzt, daß Männing als ständiger Persönlicher Referent des Kanzlers in der Regierungszentrale anfangen durfte (was Schmidt eigentlich wünschte, allerdings nicht sehr dringlich). Bei der Routineüberprüfung durch den Verfassungsschutz hatte Männing Verwandtenbesuche in der DDR verschwiegen.

Nummer zwei war die Berlinerin Angela Grützmann, eine etwas füllige Enddreißigerin, ebenfalls für einen verstorbenen Genossen ins Bonner Parlament nachgerückt, verheiratet, zwei Kinder, vormals Sekretärin an der Berliner Börse und im übrigen eine Berliner Schnauze mit Herz (»Ick wohn' im proletarischen Teil von Zehlendorf«). Hauptamtlich war sie Helmut Schmidts Persönliche Referentin im Parteivorstand, im Wahlkampf speziell zur Betreuung von Loki Schmidt abgestellt.

Der Dritte im Bunde war der Mann, der den Fernsehteams auf die Nerven ging, der siebenundvierzigjährige Abgeordnete Ulrich Dübber, von Hause aus Rundfunkjournalist. Seine genaue Funktion im Team war nicht so recht erkennbar. Wie es hieß, sei er für die Journalistenbetreuung zuständig, aber dafür gab es bereits den Regierungssprecher Bölling, den Pressechef des SPD-Parteivorstandes, Lothar Schwartz, und dessen Mitarbeiter Peter Schellschmidt. So war Dübber denn vorwiegend damit beschäftigt, seinem Spitznamen »Genosse wichtig« gerecht zu werden.

Bei der Wahlkampfführung der SPD lag einiges im argen. Die vielen Köche verdarben zwar nicht den Brei, kochten jedoch nur mittelmäßig und durcheinander.

Die SPD-Propaganda legte, wie gesagt, das Schwergewicht auf den Kanzler (»Zieh mit, wähl Schmidt«), wollte aber gleichzeitig auch die Vaterfigur Willy Brandt gut »verkaufen«. Der Feldzug des Kanzlers wurde teils von seinen Redenschreibern, teils von der Baracke aus gesteuert, dann aber auch wieder vom Parteivorstand unter Einschaltung der Düsseldorfer Werbeagentur ARE beziehungsweise vom Bundespresseamt. War Schmidt unterwegs, redeten noch mehr Leute drein. Das Resultat war entsprechend.

Auf die Frage, warum die Sozialdemokraten in Bonn die Köpfe hängen ließen, entgegnete der damalige Wirtschaftsminister Hans Friderichs (FDP) spontan: »Nicht nur in Bonn, überall im Bundesgebiet bemerkt man das.« Und Rainer Barzel (CDU), von einer Wahlkampfreise in Schleswig-Holstein und Hamburg zurückkehrend, war überrascht: »So voll wie diesmal war es bei meinen ersten Versammlungen nirgendwo. In Hamburg hat die CDU so viele Plakate geklebt, daß man die SPD kaum gewahr wird. Bei den Sozis ist die Luft raus.«

Horst Ehmke, SPD-Vorstandsmitglied und Bundesminister a. D., zählte auf vier Wahlversammlungen in Norddeutschland nur neunzig Besucher. Bundesarbeitsminister Walter Arendt, Bergarbeitersohn, hatte schon im Frühjahr Redakteuren des *Manager Magazins* eine Wette um einen Kasten Bier angeboten: »Wir gewinnen zwar zusammen mit der FDP die Wahl, aber wir regieren danach nicht mehr zusammen.«

An den Börsenplätzen in Frankfurt, Düsseldorf und Berlin rechneten die Makler mit kräftig steigenden Aktienkursen nach dem 3. Oktober, wie Helmut Kohl prophezeit hatte: »Wenn ich am Dritten Kanzler werde, Sie sollen mal sehen, wie dann am nächsten Tag die Börsenkurse anziehen.« Vor Beginn des Wahlkampfes hatte Schmidt bei Meinungsumfragen deutlich vor seinem Herausforderer gelegen. War nun alles für die Katz?

Als am Morgen des letzten Tages vor dem Wahlsonntag, um 4.46 Uhr, der Sonderzug des Bundeskanzlers auf dem Hamburger Bahnhof Sternschanze ausrollte, hatte Schmidt neuntausend Kilometer per Eisenbahn zurückgelegt. Am Nachmittag flog er mit einer Sondermaschine der amerikanischen Luftwaffe zur Abschlußkundgebung nach Berlin und abends wieder zurück. Mit diesem Trip hatte er insgesamt elftausend Flugkilometer zurückgelegt. Zusammen mit den sechstausend Autokilometern war er in fünf Wochen auf die stolze Summe von rund sechsundzwanzigtausend Kilometern gekommen. Hatte sich die Anstrengung gelohnt? Hatte er auf diese Weise wenigstens eine halbe Million der 41,6 Millionen Wahlberechtigten erreicht? Helmut Schmidt hatte seine Zweifel: »Nicht einmal fünfhunderttausend sind es gewesen.«

Nach dem großen Fernsehduell, das zwar nicht gegen Kohl allein, sondern als müde, dreiteilige Marathon-Veranstaltung nur im Beisein von Genscher und Strauß zustande gekommen war, hatte er erhebliche Bedenken, ob solche TV-Auftritte eine echte Orientierungshilfe für unschlüssige Wähler bildeten. Und er war nicht sicher, ob er sich in Zukunft überhaupt noch einmal auf Derartiges einlassen sollte.

Am Ende des Wahlkampfes verfiel er in eine fast melancholische Stimmung. Er glaubte an den Sieg, hatte sich aber auch schon − im Falle einer Niederlage − Gedanken über seine Zukunft gemacht. Die Rolle des Oppositionsführers im Bundestag wollte er jedenfalls nicht übernehmen. Soviel stand fest.

# 15

Am Wahlsonntag, dem 3. Oktober 1976, herrschte Kaiserwetter. Über Bonn lag ein pastellfarbener Himmel. Es war ein wunderschöner Altweibersommertag mit einem Hauch von Herbst.

Die Journalisten und Fotografen hatten nicht die Erlaubnis erhalten, die Ankunft Helmut Schmidts im Kanzleramt zu beobachten. Klaus Bölling, von den Strapazen des Wahlkampfs und einer handfesten Erkältung noch mitgenommen, wollte die Kräfte seines Kanzlers für den Abend schonen. Nachdem Schmidt per Hubschrauber eingetroffen war – zuvor hatte er in Hamburg gewählt –, riet Bürochef Leister: »Sie sollten sich eine halbe Stunde aufs Ohr legen.« Der Kanzler tat genau das Gegenteil, was typisch für ihn war: Er ging im Park seines Amtes spazieren, unter den alten Bäumen, deren herabgefallene hellbraune und weinrote Blätter auf dem noch grünen Rasen einen reizvollen Kontrast bildeten.

Als es Abend wurde, ließ man die wartenden Journalisten ein. Es waren mittlerweile, die Fernsehtechniker einbezogen, an die vierhundert. Im Foyer des Kanzler-Baus sollte eine Wahlparty steigen. Die Kantine war für die Gäste, darunter die Bediensteten des Hauses samt ihren Angehörigen, offengehalten worden. Eine Bonner Brauerei hatte sich auf zusätzliche Nachfrage im Falle eines Sieges eingestellt. Der ebenfalls anwesende Berliner Maler Konrad R. Müller wollte einhundert signierte und numerierte Handabzüge des Kanzlerporträts unters Prominentenvolk bringen.

Aber es kam anders als erwartet.

Während sich Schmidt in seinen letzten Wahlreden noch eine »bequeme Mehrheit von zwanzig bis fünfundzwanzig Mandaten« ausgerechnet hatte und jovial anmerkte, »es dürfen aber ruhig noch ein paar mehr sein, denn manchmal gibt es ja eine Grippewelle«, schmolz beim Auszählen der Stimmen diese optimistische Hoffnung dahin.

Um 22.10 Uhr erschien Willy Brandt im Foyer. Er wurde von den Wahlhelfern und Beamten, soweit sie Parteigenossen waren, mit Hochrufen und frenetischem Beifall begrüßt. Das gerötete Gesicht des Ex-Kanzlers war wie versteinert. »Wo geht es denn hier lang?« fragte er mit rauher Stimme. In der neuen Schaltzentrale der Macht kannte er sich noch nicht aus, da sein Nachfolger erst drei Monate zuvor aus dem alten Palais Schaumburg in den einhundertsechzehn Millionen Mark teuren Neubau umgezogen war. Brandt hatte Schmidt hier noch nicht besucht. Mit schweren Schritten stieg er die Stufen zur zweiten Etage empor. Dort hatte sich Helmut Schmidt in sein hundert Quadratmeter großes Arbeitszimmer mit der langen Fensterfront und dem Bild des weißhaarigen SPD-Ahnen Bebel im Rücken verschanzt. Die Sekretärinnen hatten das Zimmer üppiger als sonst mit Blumen geschmückt, als ahnten sie, daß der »Chef« Ablenkung und Trost brauchte.

Nach nur weniger als einer Minute kam Brandt die Treppe wieder herunter. »Ich bin doch kein Affe!« schimpfte er, drängte sich durch die Menge, bestieg seinen Wagen und brauste mit quietschenden Reifen davon. Was war passiert?

Sicherheitsbeamte hatten ihm mit der Bemerkung »Wir dürfen keinen durchlassen« den Zugang zum Kanzler versperrt, Genscher fünf Minuten zuvor jedoch nicht. Brandt platzte sofort der Kragen, weil er eine Intrige vermutete, statt den Vorgang als bürokratische Panne hinzunehmen und zu warten, bis sich das Mißverständnis aufklärte. Der Chef des Kanzleramts, Staatssekretär Schüler, der kleine kugelige Mann mit den sichelförmigen Augenbrauen, stürzte dem SPD-Vorsitzenden hinterher, um ihn zurückzubitten. Aber er sah nur noch die roten Schlußlichter des Wagens. Schüler zu Schmidts Fahrer Wilhelm Jülich: »Los, hinterher!« Sofort jagten die beiden dem gekränkten Willy nach. Ein Riesenkrach in der SPD-Spitze lag in der Luft.

Bis zu diesem Zeitpunkt hatten die über sechzehn Millionen Frauen und Männer, die Helmut Schmidt und seine Partei an diesem Tag gewählt hatten und nun vor dem Bildschirm auf ihr Idol warteten, von diesem noch nichts gehört oder gesehen. Erst eineinhalb Stunden vor Mitternacht, als Schüler und Jülich noch nach Brandt fahndeten, stieg Schmidt aus dem zweiten Stock zu den Journalisten ins Erdgeschoß hinab. Mit einem gezwungenen Lächeln, das seine Enttäuschung nur schlecht verbarg, verlas er eine mit Genscher abgestimmte Sieben-Punkte-Erklärung. Im Surren der Fernsehkameras und Klicken der Fotoapparate bekamen die Versammelten nur Wortfetzen mit. »Herr Kohl wird nicht Bundeskanzler . . . der Präsident der Vereinigten Staaten hat mir eben schon telefonisch gratuliert . . . sichere Mehrheit zur Kanzler-Wahl . . .« Die Reporter stellten ein paar Fragen, dann rollte Helmut Schmidt die Erklärung zusammen, Annemarie Renger gratulierte mit einem gehauchten Wangenkuß, und der Sieger, der kein richtiger war, zog sich wieder in seine Gemächer zurück. Zwei Kriminalbeamte blockierten breitbeinig die Treppe.

Um dreiundzwanzig Uhr fuhr Brandt ein zweites Mal vor und wurde von Schmidts Bürochef protokollgerecht begrüßt. Erneute Bravo-Rufe der Kanzleramtsbediensteten, die sich mit ihren Angehörigen unter die Journalisten gemischt hatten, kamen auf. Willy lächelte breit zurück. Es war jedoch ein starres Lächeln, mit dem er in die zweite Etage hinaufging. Im Kanzler-Zimmer hockten Schmidt und Loki, Bundesbankpräsident Klasen, Staatssekretärin Marie Schlei, der Berlin-Beauftragte der Bundesregierung, Dietrich Spangenberg, dessen Frau sowie der dänische Botschafter in Bonn, Troels Oldenburg. Wie der Skandinavier in diesen exklusiven Kreis geraten war, blieb ein Geheimnis.

Gegen Mitternacht kam Loki Schmidt, die ein Kleid aus Seidenjersey mit passender Jacke trug, Grundfarbe schwarz, ins Foyer und mischte sich unters Volk, wo die Wahlparty laufen sollte. Bei dem mageren Ergebnis wollte aber selbst unter den Amtsangehörigen und den regierungstreuen Journalisten keine rechte Stimmung aufkommen. Kanzler-Chauffeur Willi Jülich hatte trotzig sein T-Shirt mit der siegessicheren Aufschrift »Unser Helmut ist der Beste« anbehalten. Loki bewies Sinn für das Nächstliegende. Zu den enttäuschten Mitgliedern der sozialdemokratischen Wählerinitiative, darunter Sprint-Olympiasiegerin Annegret Richter, sagte sie:

»Nun hört mal auf, vom Wahlkampf zu reden. Seit vier Minuten ist der Wahltag vorbei.«

Wenig später verließ Brandt das Kanzleramt – die Hände auf dem Rücken verschränkt, ohne ein Wort zu sagen, ohne Gruß. Manfred Schüler kümmerte sich um ihn, damit dem Parteivorsitzenden nicht eine neuerliche Kränkung widerführe. Auch die anderen, die sich in der Kanzler-Etage aufgehalten hatten, verließen das Haus: Marie Schlei, Hans Koschnick, Dietrich Spangenberg. Nur der Kanzler blieb zurück, hoffte weiterhin auf Wählerstimmen wie ein Kippensammler auf den nächsten vollen Aschenbecher. Waren es nur acht Prozent Mehrheit? Vielleicht zehn? Der Stellvertretende Regierungssprecher Armin Grünewald versuchte telefonisch, neue Ergebnisse zu bekommen. Die Wahlbeteiligung war mit 90,7 Prozent ungewöhnlich hoch, was wohl mit der Polarisierung im Wahlkampf zusammenhing. Schließlich meinte Grünewald: »Neue Auszählergebnisse haben wir frühestens in einer dreiviertel Stunde.« Darauf Schmidt: »Danke, nein, wir gehen jetzt ab in die Koje.«

Es war ein Uhr nachts. Zu seiner Frau, die mit einem Strauß roter Rosen im Arm aus dem Foyer zurückgekehrt war, sagte er mit matter Stimme: »Fahr du schon vor, ich komme gleich.« Schmidt wirkte noch müder als bei der Abgabe der Sieben-Punkte-Erklärung: tiefe Schatten unter den geröteten Augen, strähniges graues Haar, bitter der Atem vom vielen Rauchen. In dieser Wahlnacht hatte der Kanzler plötzlich seine Grenzen gesehen. Er blickte zu Lilo Schmarsow und fragte sie: »Lilo, muß ich morgen wieder ran? Wann?«

»Der erste Termin ist erst um vierzehn Uhr. SPD-Präsidiumssitzung im Erich-Ollenhauer-Haus.«

Schmidt guckte komisch. Was macht ein Macher, der erst ab vierzehn Uhr gefragt ist? »Gut«, sagte er schließlich, »dann werde ich so gegen elf Uhr hier sein und Akten aufarbeiten.«

Im Hinausgehen verspürte der Kanzler plötzlich Hunger und bahnte sich im Erdgeschoß einen Weg zum Buffet. Die Fotografenmeute stürzte hinterher, schubste und boxte sich. Einige sprangen auf die Anrichte mit den Speisen. Jetzt oder nie war die Devise. Gutes Benehmen war in diesen Sekunden nicht gefragt, sondern nur hinderlich. Gläser gingen zu Bruch, Frauen kreischten, der Kanzler schüttelte mißbilligend den Kopf. Am Buffet verlangte er »zwei Bockwürste, aber mit Brot«. Artig nahm er sich einen Pappteller, ein Plastikbeutelchen mit Senf und eine Papierserviette. Die erste Wurst verschlang er hastig, in die zweite biß er nur kurz hinein. Dann suchte er einen Weg aus dem Gedrängel. Das war nicht so einfach, denn die Fotoreporter ließen nicht von ihm ab, Wortjournalisten ballten sich um ihn, und Bedienstete seines Amtes wollten ihm die Hand drücken, Fragen stellen, ein Autogramm ergattern. Erst nach Minuten gelang es den Sicherheitsbeamten, den Kanzler in sein vor dem Portal wartendes Auto zu bugsieren. Aber auch hier das gleiche Schauspiel: Die Menschen drängten sich um seinen Wagen, niemand gab den Weg frei. »Mensch, das ist doch 'n Bild«, schrie ein Kameramann seinen Beleuchter an. »Halt voll drauf.«

Der Scheinwerfer leuchtete den Kanzlerwagen voll aus. Und nun passierte etwas höchst Despektierliches: Die Leute fingen an zu lachen. Schmidt traute sich nicht, nochmals in die Wurst zu beißen, und auf den naheliegenden Gedanken, den Pappteller einfach abzustellen oder seinem links von ihm sitzenden Bodyguard Heuer zu reichen, kam er nicht. So saß er, der vermeintliche Sieger, denn da: den Pappteller mit einer angebissenen Wurst auf dem Schoß, das Gesicht starr nach vorn gerichtet, von Menschen eingekesselt – und in totaler Einsamkeit.

Endlich konnte Fahrer Jülich Gas geben und davonfahren. Zwar war eines langen Tages Reise vorüber, doch die Sorgen würden ihn, Schmidt, in den nächsten vier Jahren kaum verlassen. Er kam nicht umhin, sich zu fragen: wirklich vier Jahre? Die sozialliberale Koalition hatte nämlich nicht zehn Mandate mehr, nicht einmal acht, sondern lediglich vier. Sie blieb überhaupt nur an der Macht, weil die FDP kräftig zugelegt hatte. Im Jahr der Geburtsstunde des sozialliberalen Regierungsbündnisses, 1969, hatte die SPD (ohne die Berliner Abgeordneten) 224 Sitze im Bundestag, die FDP 30. Jetzt stand das Verhältnis 214 zu 39. Der Stimmenanteil der SPD ging im Vergleich zur Wahl von 1972 unter Kanzler Brandt um 3,2 Prozent auf 42,6 Prozent zurück. Daß die Sozialdemokraten nicht noch schlechter abgeschnitten hatten, verdankten sie der Ausstrahlung Helmut Schmidts. Mit diesem Wahlergebnis wurde gleichzeitig die Krise zwischen dem Kanzler und seiner Partei offenbar. Der Apparat, aber auch die jungen Parteimitglieder sowie die Künstler und die Intellektuellen, die in zahlreichen Wählerinitiativen »Willy« noch Schützenhilfe gegeben hatten, ließen es dieses Mal an wünschenswerter Unterstützung fehlen. »Schmidtchen-Schleicher« war nicht ihr Typ.

Helmut Kohl hatte zwar mit 48,6 Prozent der gültigen Stimmen das zweitbeste Ergebnis in der Geschichte der Union erzielt, sie wurde auch die stärkste Fraktion im Achten Deutschen Bundestag und durfte mit Karl Carstens den Parlamentspräsidenten stellen, aber sie verfehlte mit 699 301 Stimmen die absolute Mehrheit und damit die Chance, die Regierungsmacht wieder zu übernehmen. Insofern war Helmut Schmidt gerade noch einmal davongekommen.

**16** Drei Tage später hatte sich Helmut Schmidt scheinbar wieder aufgerappelt. Bei der ersten Kabinettssitzung nach dem knappen Wahlsieg gaben er und seine Minister sich wie Schüler, die die Versetzung mit Ach und Krach noch einmal geschafft hatten. Bundesinnenminister Werner Maihofer (FDP), der als erster eintraf, entfuhr es, als er der anwesenden Pressefotografen gewahr wurde: »Ach du lieber Gott, die schon wieder. Ich dacht', das wär' vorbei.« Sein Parteifreund, Wirtschaftsminister Friderichs, kam stolz wie ein Spanier daher. »Ihr könnt mir jetzt gratulieren, daß ich auch Abgeordneter geworden bin.«

Beinahe hatte man vergessen, daß der »Staranwalt der Marktwirtschaft« bisher im Bundestag nur Gastredner war, da man ihn 1972 direkt aus dem rheinland-pfälzischen Landwirtschaftsministerium geholt hatte. In seinem Wahlkreis Bad Kreuznach schnitt er mit 10,6 Prozent der Zweitstimmen besser ab als die FDP bundesweit (7,9). Aufgedreht begrüßte er den nach ihm eintretenden Georg Leber als den »Herrn Bundesminister für und wider Verteidigung« und flachste den Chef des Bundespräsidialamtes, Staatssekretär Paul Frank, an: »Oh, der stellvertretende Bundespräsident.«

Aber dann bekam der Parlamentsneuling Friderichs von seinem Kanzler gleich einen Dämpfer. Schmidt war, wie stets, mit fünfminütiger Verspätung eingetroffen. Er wirkte merkwürdig gut gelaunt und schien sich nur bei der morgendlichen Toilette vertan zu haben: Denn zum dunkelblauen Blazer, zu weißem Hemd und grauer Flanellhose trug er eine braun gemusterte Krawatte. Das konnte nicht einmal die Parlamentarische Staatssekretärin im Kanzleramt, Marie Schlei, rückgängig machen. Aber flink zur Hand, wenn es um Helmut ging (Schlei: »Der Mann ist doch 'ne Wucht«), ergriff sie des Kanzlers Kinn und entfernte aus dem rechten Mundwinkel ein störendes Element. (Was sie nicht wußte: Mit ihrer an den Tag gelegten aufrichtigen Fürsorge ging sie dem Kanzler auf die Nerven. Zwei Monate später trennte er sich von ihr.)

Kaum hatte Helmut Schmidt Platz genommen – »Ihr seid so fröhlich miteinander, seit der Wahlkampf vorbei ist« –, nahm er Friderichs auf die Schippe: »Sie sind mir ein ganz Schlimmer gewesen. Der Form nach höflich, aber im Inhalt verletzend.« Friderichs verschlug's die Sprache. Hans Apel nahm ihn in Schutz: »Der doch aber nicht.«

»Du kannst gar nicht mitreden«, entgegnete der Kanzler barsch. »Du hast ein Rhinozerosfell. Aber ein so empfindlicher Mensch wie ich leidet darunter.«

Die Fröhlichkeit war vorgetäuscht und nur für die Fotografen bestimmt. Schwierige Sachthemen, vor allem die Sanierung der Rentenfinanzierung, standen in den Koalitionsverhandlungen bevor. Die Regierungsparteien hatten die Rentner im Wahlkampf mit dem Versprechen zu ködern versucht, die Renten zum 1. Juli 1977 nach der bisherigen Berechnungsgrundlage zu erhöhen. Nur, woher das Geld dafür nehmen?

Nach dieser Kabinettssitzung verschwand Schmidt ohne Vorankündigung in einen vierzehntägigen Urlaub. Seine Mitarbeiter beeilten sich zu versichern, diese Ferien seien bereits in der letzten Phase des Wahlkampfs eingeplant worden. Der Kanzler hatte jedenfalls eine Pause dringend nötig. Wenn er die dunkle Lesebrille, die seit kurzem auffallend starke Gläser aufwies, abnahm, wirkte sein Gesicht erschreckend eingefallen. Von dem erst sieben Wochen zurückliegenden Sommerurlaub war nichts mehr zu bemerken. Nicht einmal die seit langem vorbereiteten Feierlichkeiten aus Anlaß des hundertjährigen Bestehens der sozialdemokratischen Wochenzeitung *Vorwärts* in der Godesberger Stadthalle mit einer Festansprache Willy Brandts und würdiger Rahmenmusik von Beethoven und Brahms konnten ihn zum Bleiben bewegen. Er war wieder einmal, wie schon nach Helsinki, am Ende seiner Kräfte.

In diesem Zustand körperlicher Erschöpfung passierte dem Kanzler prompt ein Ausrutscher mit unangenehmen Folgen. Er hatte gebeten, ihm Journalisten vom Halse zu halten, und wollte nicht einmal den Chefreporter der *Süddeutschen Zeitung*, Hans Ulrich Kempski, sehen, dessen politische Reportagen er besonders gern las und dem er noch in der Wahlnacht die Möglichkeit eines Hintergrundgesprächs angedeutet hatte. Von Bölling bekniet, machte Schmidt eine Ausnahme und gab dem Bonner Korrespondenten des amerikanischen Nachrichtenmagazins *Newsweek* ein Telefoninterview, weil der unmittelbar bevorstehende Redaktionsschluß eine Fahrt zu ihm nach Hamburg unmöglich machte. Wegen der knappen Zeit konnte der abgeschriebene Text Schmidt auch nicht mehr zur Korrektur vorgelegt werden, was normalerweise bei Kanzler-Gesprächen Bedingung ist.

Das Telefonat fand an einem Samstagmorgen um neun Uhr statt. Der Kanzler war gerade aufgestanden und meldete sich am Apparat mit: »Schmidt speaking.« Nach ein paar Fragen und Antworten passierte es dann: Zu seiner Meinung über Jimmy Carter befragt, der damals mitten im Wahlkampf um die amerikanische Präsidentschaft stand, sagte Schmidt: »Über Carter kann ich nichts sagen. Weder im Positiven noch im Negativen.«

Damit wollte er zum Ausdruck bringen, daß er den Präsidentschaftskandidaten praktisch nicht kannte. (Er hatte ihn nur einmal vorher getroffen.) Später las sich Schmidts Äußerung so, als sei Jimmy Carter in seinen Augen keine große Leuchte und werde die Wahl sowieso nicht gewinnen.

Nach Carters überraschendem Sieg über Gerald Ford vollführte der Kanzler wahre Kopfstände, um die Panne wieder auszubügeln. Schmidt fahndete nach Horst Ehmke, um dessen gute Beziehungen zu den neuen Leuten in Washington er wußte. Er stöberte ihn in Rom auf und überredete ihn, sofort in die Vereinigten Staaten zu fliegen, um Schmidts Interviewschnitzer zu entschuldigen. Eine Sekretärin des Kanzlers wurde eigens in die italienische Hauptstadt geschickt, um Ehmke die notwendigen Unterlagen für den Canossagang zu überbringen.

Von Hamburg aus war der Kanzler in sein Haus am Brahmsee gefahren, um dort seinen Kurzurlaub zu verbringen. Die beiden Segeljollen, die ihm zusammen mit seinem Freund »Scholle« Berkhan gehörten, dümpelten noch vom Sommer im Wasser. Ein bißchen war ihm das Segeln dadurch verleidet worden, daß der »Lago di Sozi«, wie der Brahmsee im Volksmund hieß, zu einer gewissen Volksattraktion geworden war. Wann immer Helmut Schmidt auf dem See kreuzte, glitten andere Boote wie von ungefähr an ihm vorbei. Da er — anders als in Bonn — am Brahmsee als betont höflicher Mensch bemüht war, ja keinen Gruß zu übersehen, kam er aus dem Zurückgrüßen nicht mehr raus. So zog er es vor, viel zu schlafen und spazierenzugehen. Letzteres gehörte zwar nicht zu seinen Lieblingsbeschäftigungen, aber schon im Wahlkampf war er auf seine zur Fülle neigende Figur angesprochen worden. Mit den Worten: »Helmut, du mußt mal was für deine Gesundheit tun und nicht nur vierzehn Stunden am Schreibtisch hocken«, hatte ihm ein SPD-Wahlhelfer einen braunen Spazierstock geschenkt. Daraufhin Bremens Bürgermeister Hans Koschnick: »Was machst du denn nun mit dem Knüppel?« — »Du, das ist wahrscheinlich purer Instinkt bei mir. Wenn ein Strauchdieb kommt, kann ich ihm eins überbraten.«

Auf diesen Spaziergängen über die von dichten Hecken eingesäumten Feldwege fand er Ruhe, um seine Gedanken zu ordnen und die Ursachen des blamablen Abschneidens bei der Wahl zu erforschen. Das magere Ergebnis und das jähe Erwachen aus seinen Tagträumen (»Zwanzig bis fünfundzwanzig Mandate, es dürfen ruhig ein paar mehr sein«) nagten an ihm. Hatte er sich etwas vorzuwerfen? Wirtschaft und Währung befanden sich, wenn man über die Grenzen schaute und Vergleiche anstellte, in gutem Zustand. Er war dabei, die Folgen der Weltwirtschaftskrise zu meistern. Der Einkommenszuwachs aus Unternehmertätigkeit würde 1976 rund zwanzig Prozent, der für Arbeitnehmer immerhin noch 6,3 Prozent betragen, und die Arbeitslosenzahl war nicht über die Neunhunderttausendmarke gestiegen. Darüber hinaus schienen Genscher und die Freidemokraten bei der Fahne zu bleiben. Sollten sie jemals mit einem Frontwechsel geliebäugelt haben, Franz Josef Strauß hatte sie in der Wahlnacht mit dem Ausspruch verprellt: »Die FDP kommt nicht zu uns, sie kann gar nicht kommen. Da können einige ihr noch vier Jahre in den Hintern kriechen, wie sie es noch kurz vor dem Wahltag getan haben. Ich bin die devote Haltung dieser Kameraden gegenüber der FDP einfach satt.«

Je mehr Schmidt nachdachte, desto mehr kam er zu dem Schluß, daß viele ihn zwar für einen guten Kanzler hielten, aber seiner Partei nicht über den Weg trauten und darum lieber CDU oder CSU wählten. Gründe zum Fürchten gab es in der Bundesrepublik immer noch genug: wild um sich schießende Terroristen; einen Riesenberg von Staatsschulden — allein in den beiden vorangegangenen Jahren hatten Bund und Länder fünfundsiebzig Milliarden Mark Minus gemacht; gesetzliche Krankenversicherer, die 1960 noch mit 5,7 Prozent Beitrag auskamen, inzwischen über elf Prozent — bei den Renten sogar achtzehn Prozent — vom Bruttolohn des Arbeitnehmers abkassierten . . . Die Furcht, in Westdeutschland könnten Zustände wie in anderen Ländern eintreten, saß bei vielen zu tief, als daß Schmidt sie hätte dazu bringen können, seine Partei zu wählen. Ihn persönlich ja, aber nicht die SPD. Das mag ihm ein gewisser Trost gewesen sein. Und wenn er noch die Tatsache verdrängte, daß er im Wahlkampf viel zu spät gestartet und lange Zeit nur mit halber Kraft gelaufen war, konnte er sich sogar frei von Eigenschuld wähnen.

Aber selbst wenn er so dachte, hätte es seine sensible Natur nicht zugelassen, mit dem Grübeln aufzuhören. Der Kanzler neigte dazu, in derartigen Situationen philosophische Betrachtungen über das Für und Wider der modernen Gesellschaftsordnung anzustellen. Dann schlichen sich bei ihm Zweifel ein, ob in der parlamentarischen Demokratie, in der für jede wichtige Regierungsentscheidung Mehrheiten erst mühsam gefunden werden müssen, sachliche Politik überhaupt durchsetzbar sei. Der 1978 relativ jung verstorbene Bonner Journalist Ulrich Blank (WDR), der Helmut Schmidt sehr nahe stand und zu dessen Beerdigung der Kanzler trotz Terminüberlastung erschienen war, schrieb einmal: »Im Weltbild Helmut Schmidts ist nur der Staat in der Lage, die positiven Energien in der Gesellschaft zu bündeln und für die Bewältigung der Zukunftsaufgaben nutzbar zu machen.« Offensichtlich hatte der Staat aber nicht die Vollzugsgewalt, die sich dieser Kanzler für Regierungsgeschäfte wünschte.

Nach seiner Rückkehr in die Bundeshauptstadt war Schmidts vordringlichste Aufgabe, eine neue SPD/FDP-Koalition zustande zu bringen. Davon abgesehen, er ahnte zu diesem Zeitpunkt noch nicht, daß es mit ihm in den nächsten Wochen so steil bergab gehen würde, daß er drauf und dran war, den Glauben an sich und vor allem an seine Intelligenz zu verlieren. Schmidt stand im Begriff, einen der schwersten Fehler in seiner politischen Karriere zu begehen.

Die Koalitionsverhandlungen für das neuerliche Zusammengehen von Sozialdemokraten und Freien Demokraten fanden im Kanzler-Bungalow statt. Die Gespräche, die sich über einen Zeitraum von zwei Monaten hinzogen, wurden zunächst mit großen Zwischenpausen, zuletzt aber täglich geführt. Da die Verhandlungen jedesmal mit einem Mittagessen verbunden waren, blieb man gleich im Eßzimmer des Repräsentationstraktes sitzen. Bei der ersten Zusammenkunft waren die Herren noch sehr aufgekratzt. Auch beim zweiten Treffen, das am 25. Oktober 1976 stattfand. Bevor sich die Spitzen von SPD und FDP zusammensetzten, traten die Herren für ein Foto auf die Terrasse, von der aus man einen schönen Blick auf den Rhein hat. »Ich muß mich immer umdrehen«, frotzelte Genscher Helmut Schmidt an, während er rückwärts schaute, »ob die Front hinter uns noch steht.«

Die Runde tagte, als sei alles in Butter, als gäbe es auch nicht die Spur von Meinungsverschiedenheiten über Renten, Kostenexplosion im Gesundheitswesen, Kompetenzschwierigkeiten in der Deutschlandpolitik und strittige Fragen der Konjunkturpolitik. Genüßlich seine Ministerriege musternd, witzelte der Kanzler: »Schaut euch den Apel an, wie ausgeruht und braun der aussieht.« Genscher: »Der hat sich auch in Sizilien herumgetrieben.« Apel: »Wer fährt denn noch an den Brahmsee, wo das Wetter immer schlecht ist? Aber laß man, Helmut, dafür hast du abgenommen.« Schmidt schaute auf seine Gürtellinie und war ob dieses Kompliments sichtlich erfreut: »Stimmt auch.«

Einer, dem überhaupt nicht der Sinn nach Späßen stand, war Sozialminister Walter Arendt, eine der Schlüsselfiguren des Kabinetts. Die Sorgen über die Rentenfinanzierung – Korrekturen schienen unumgänglich, weil eine rapide sich verschlechternde Kassenlage nur die Wahl zwischen Einnahmeerhöhung oder Ausgabenminderung zuließ – schienen ihm ins Gesicht geschrieben. Außerdem bedrückte ihn die sich anbahnende Trübung seines Verhältnisses zum Kanzler und der Tod seiner Schwiegermutter.

Nachdem die Mitglieder der Koalitionsrunde eingetroffen waren –

Willy Brandt, wie so oft rotes Gesicht, den Blick gesenkt, Herbert Wehner stumm an seinem Pfeifenstiel kauend (bei der Vorfahrt hatte er die Wagentür so plötzlich zugeschlagen, daß die Hand des Fahrers fast eingeklemmt worden wäre), Hans-Dietrich Genscher gut aufgelegt mit einem jovialen »Grüß Gott allerseits« –, stand Walter Arendt lange Zeit allein in dem großen Salon des Bungalows, mit dem Rücken zur Fensterfront auf den Rhein, als wollte er sich einen Fluchtweg offenhalten. Zusammen mit Bremens Bürgermeister Koschnick versuchte der hinzutretende Schmidt, seinen unglücklichen Sozialminister etwas aufzumuntern.

Die Verhandlungsrunde war – anders als bei den herkömmlichen Koalitionsessen, die auf sieben Mitglieder beschränkt waren und wöchentlich stattfanden – auf dreizehn Unterhändler erweitert worden. Auf seiten der Sozialdemokraten hatte man noch Hans Apel, Walter Arendt und Manfred Schüler hinzugebeten; bei der FDP Josef Ertl, Werner Maihofer und als Protokollanten Genschers Sonderbotschafter im Auswärtigen Amt, Klaus Kinkel, heute Staatssekretär im Bundesjustizministerium.

Auf Grund der Sitzverteilung hätte man glauben können, Willy Brandt sei zur FDP übergelaufen und habe deren Vorsitz übernommen: Als einziger Sozialdemokrat saß er auf der FDP-Seite, und zwar in der Mitte. Zu seiner Linken Wolfgang Mischnick, rechts von ihm Hans-Dietrich Genscher. Gegenüber von Brandt saß Helmut Schmidt, vor sich ein Glas Tomatensaft und einen dicken dunkelblauen Schnellhefter mit Gesprächsunterlagen. Er war bemüht, die lästige Pflicht des Essens schnell hinter sich zu bringen, um mit Genscher und seinen Mannen endlich Tacheles reden zu können. Denn solange er mit der FDP nicht im wesentlichen klar war, kam er mit der Niederschrift seiner Regierungserklärung nicht voran.

Das Aushandeln des Regierungsprogramms und die Postenverteilung ließen sich zunächst friedlich an. Regierungssprecher Klaus Bölling nannte den Verlauf wahrheitsgemäß »stinknormal«. Schmidt nahm sich sogar die Zeit, zwischendurch in die Schweiz zu fliegen, um sich von Oskar Kokoschka malen zu lassen. Im Hinblick auf das bedrohliche politische Tief, das sich zusammenbraute, war seine Sorglosigkeit sträflich.

Dem neunzigjährigen Maler, von seinen Freunden kurz nur OK genannt, behagte es gar nicht, daß der Kanzler zu einer so späten Jahreszeit, wenn die Lichtverhältnisse äußerst unsicher sind, an den Genfer See kam, wo der Künstler wohnte. Olda Kokoschka: »Wenn das bis zum Wochenende nur mit dem Licht klappt. Herr Schmidt hat ja wenig Zeit mitgebracht.«

Kokoschka hatte Schmidt Jahre zuvor auf der Geburtstagsparty eines gemeinsamen Freundes, des Film- und Fernsehproduzenten Gyula Trebitsch, in Hamburg kennengelernt. Damals kam es zu einem längeren Gespräch, und beide gewannen aneinander Interesse. Wer nun freilich auf die Idee kam, Schmidt von Kokoschka porträtieren zu lassen, läßt sich nicht mehr genau rekonstruieren. Die Beteiligten genierten sich ein bißchen, denn schließlich hatte Kokoschka einst auch Adenauer gemalt. Zudem könnte ein Helmut Schmidt, der sich nach nur zweieinhalb Jahren Kanzlerschaft und nach einem so matten Wahlsieg verewigen ließ, für größenwahnsinnig gehalten werden. Andererseits könnte er dadurch in den Augen der Öffentlichkeit aufgewertet werden. Wie so oft bei solchen Aktionen ist man nie sicher, wie sie letztlich aufgenommen werden. Schmidts Imageberater waren vom positiven Effekt überzeugt und hätten die Begegnung mit Kokoschka gern schon zu Beginn des Wahljahrs stattfinden lassen. Aber dazu kam es aus verschiedenen Gründen nicht.

OK fertigte drei Zeichnungen von Schmidt an. Ein Kanzler in Öl war nicht beabsichtigt. Auf dem ersten Bild war Helmut Schmidt so stark verfremdet, daß er sich selbst nicht wiedererkannte. Ein bißchen enttäuscht fuhr er in sein Hotel zurück. Als sich die beiden am nächsten Tag zur zweiten Sitzung trafen, waren Oskar und Olda Kokoschka mit dem Ergebnis auch nicht zufrieden. Eigentlich hätte man sich bis zum nächsten Tag trennen müssen, denn der Künstler hatte es sich wegen seines hohen Alters zur Regel gemacht, pro Tag nicht länger als zwei Stunden an einem Bild zu arbeiten. Dennoch begann er mit dem dritten Versuch.

Der Kanzler, in Rollkragenpullover und Sportjackett mit Fischgrätenmuster, auf einem harten Holzstuhl still sitzend, wurde etwas zappelig. Kokoschka ließ sich nicht irritieren. Klaus Bölling, der mit seinem Herrn angereist war, hatte der Künstler — wie schon am Vortag — aus dem Atelier hinauskomplimentiert: »Sonst bringe ich Ihren Kopf mit dem von Herrn Schmidt durcheinander.« Schließlich entstand die dritte Version, mit der dem Meister der Wurf gelungen zu sein schien. Die Ähnlichkeit zwischen Objekt und Zeichnung war unverkennbar. Kokoschka: »Ich glaube, jetzt habe ich Ihre Qualität von Leadership gepackt.«

Schmidt sichtlich geschmeichelt: »So, so.«

Die später angefertigte Endfassung gefiel dem Kanzler dann doch nicht so richtig, so daß das Werk ein etwas liebloses Dasein zwischen Karikaturen und Fotokopien historischer Zeitungsausschnitte in einem Durchgang des Kanzler-Bungalows fristete.

Zurückgekehrt nach Bonn wurde es mit den Koalitionsverhandlungen ernst. Als sich die Herren zum viertenmal trafen, waren seit dem Wahlsonntag über sieben Wochen verstrichen, ohne daß sie sich auf ein gemeinsames Programm geeinigt hätten. Der Ernst der Stunde war sogar am Menü abzulesen, das der Kanzler zur Mittagsstunde für seine Gäste bereithielt. Nicht mehr Braten und ausgesuchte Weine wurden von den Hausdamen Helma Pirwitz und Margarete Köpcke serviert, sondern Linseneintopf und Bier. Helmut Schmidt hatte sich auf die Verhandlungen, die bis zur Koalitionsabsprache fortan täglich geführt werden sollten, intensiv vorbereitet. Jeder Minister mußte ihm in einem Brief und ausführlich mitteilen, welche Wünsche sein Ressort für die nächsten vier Jahre hatte. Anhand dieser Ministerbriefe wurden im Kanzleramt Vorschläge für Schmidt entwickelt. Dabei stellte sich wieder einmal heraus, daß die besten Arbeitsunterlagen aus der außenpolitischen Abteilung II des Ministerialdirektors Sanne stammten.

Schmidt fungierte bei den Koalitionsverhandlungen zunächst nur als

Bereitschaftsreserve, denn SPD und FDP hatten für jedes Sachgebiet Wortführer benannt: für Wirtschafts- und Finanzfragen Hans Apel und Hans Friderichs, in der Außenpolitik Willy Brandt und Hans-Dietrich Genscher, bei Bildungs- und Umweltfragen Hans Koschnick und Werner Maihofer. Die Gespräche wurden unter absoluter Diskretion geführt. Nicht nur Helmut Kohl ärgerte sich über die Geheimniskrämerei, auch die beamteten und parlamentarischen Staatssekretäre mit »falschem Parteibuch« hätten gern gewußt, woran sie waren – FDP-Staatssekretäre, die unter einem sozialdemokratischen Minister dienten, und SPD-Staatssekretäre, die einem FDP-Minister zuarbeiteten. Seit Tagen hielt sich in Bonn das Gerücht, daß bei den Koalitionsverhandlungen in diesem Punkt reiner Tisch gemacht werde und Minister künftig nur noch Staatssekretäre ihrer eigenen Couleur zu dulden bräuchten. Das Erstaunliche war, daß der Kanzler davon aus der Zeitung erfuhr. »Warum denn das bisherige Prinzip über Bord werfen?« meinte er.

Das Gerücht hatte handfeste Hintergründe. Der Parlamentarische Staatssekretär im Bundesverkehrsministerium, Kurt Jung, ein FDP-Mann, wollte das Haus verlassen. Unter dem SPD-Minister Gscheidle hatte er nichts zu bestellen. Wie es hieß, hatte der Minister Jung gegenüber eine Nachrichtensperre verhängt. Aber auch im Bundesinnenministerium gab es einen Parlamentarischen Staatssekretär, der sich isoliert fühlte: der Sozialdemokrat Jürgen Schmude, der es später zum Bildungs- und Justizminister brachte. Im Wirtschaftsministerium mußte der SPD-Staatssekretär Detlev Karsten Rohwedder unter FDP-Minister Friderichs dienen, was jedoch zu keinen Problemen führte. Gelegentlich maulten ein paar Genossen in der SPD-Fraktion. »Der Rohwedder soll besser auf diesen liberalen Heini aufpassen.«

Die strenge Geheimhaltung bei den Koalitionsverhandlungen war auch vonnöten. Das, was man zwischen Schmidt und Genscher bis dahin als den Anfang einer Männerfreundschaft bezeichnen konnte, hatte sich während der Gespräche zu trüben begonnen. Beide standen sich zunehmend gereizter gegenüber, und die fortschreitende Entfremdung war nicht zu übersehen. Die FDP diktierte ins künftige Regierungsprogramm mehr hinein, als ihr auf Grund des 7,9prozentigen Stimmenanteils zugestanden hätte. Was aber noch viel belastender war: Sie ritt den Kanzler in seine blamabelste Niederlage.

Wegen des verhaltenen Konjunkturverlaufs waren die Einnahmen der staatlichen Rentenversicherung noch im Laufe der Koalitionsverhandlungen rapide zurückgegangen. Schlimmer noch: Die Berechnungen über die künftigen Rentenzahlungen, die im Sommer aus Walter Arendts Ministerium geliefert worden waren und den sozialdemokratischen Politikern im Wahlkampf das Rüstzeug für markige Sprüche geliefert hatten, stimmten nicht. Dabei hatte sich die SPD in einer Anzeige gebrüstet: »Die Rente bleibt sicher. Denn: Die SPD ist das soziale Gewissen der Nation.« Und drei Tage vor der Wahl hatte der Kanzler im Fernsehen versichert: »Die Renten werden zum 1. Juli 1977 um zehn Prozent erhöht.«

Als bei den Koalitionsverhandlungen neues Zahlenmaterial auf den Tisch kam, stellte sich plötzlich heraus, daß in den kommenden vier Jahren das Defizit in der Rentenkasse auf die unglaubliche Summe von schätzungsweise vierundachtzig Milliarden Mark ansteigen würde. Nachdem sich Schmidt, Brandt, Wehner und die anderen SPD-Unterhändler von dem Schreck dieser Erkenntnis erholt hatten, schlugen sie zum Abbau des Kassenminus eine Beitragserhöhung von achtzehn auf neunzehn Prozent des Bruttoverdienstes der rentenversicherungspflichtigen Arbeitnehmer vor. Dann, spekulierten sie, wären die Rentenzahlungen wie versprochen unverändert und die SPD-Politiker gegenüber den Wählern nicht wortbrüchig. Genscher reagierte ungehalten: »Ich habe mich im Wahlkampf dafür stark gemacht, daß die Beiträge nicht erhöht werden. Da kann die FDP nicht mitspielen.« Daraufhin setzte stundenlanges Feilschen um einen Kompromiß ein, bis die Runde glaubte, das Ei des Kolumbus gefunden zu haben: Sie beschloß die Verschiebung der zum 1. Juli 1977 versprochenen Rentenerhöhungen um ein halbes Jahr. Außerdem wurde zur Entlastung der Rentenkassen vereinbart, daß die Rentenversicherungen künftig ihre pauschalen Überweisungen an die gesetzlichen Krankenkassen von siebzehn Prozent auf elf Prozent kürzen.

Als der Plan bekannt wurde, fegte ein Sturm der Entrüstung über Bonn, das häßliche Wort vom »Rentenbetrug« fiel. Schmidts eigene Bundestagsfraktion verweigerte die Gefolgschaft. Nach nur drei Tagen mußten er und Genscher ihren Rentenplan zurückziehen. Vor den Wahlen hatte der Kanzler sich am Brahmsee durch Berge von Akten gearbeitet, um die komplizierte Rentenfrage zu durchschauen, und zum Schluß behauptet: »Ich weiß jetzt zwar nicht besser Bescheid als Walter Arendt, aber immerhin genausogut.«

Was Schmidt damals noch nicht wußte: Er und Arendt waren durch die falsche Analyse eines Ministerialdirektors aus dem Arbeitsministerium in die Irre geführt worden. Der Kanzler hätte aber voraussehen müssen, daß er mit diesem Taschenspielertrick der verschobenen Rentenerhöhung bei den Genossen nicht durchkommen würde. Statt dessen hatte er sich auf Grund seines Eintretens für den Rentenplan bei Bürgern wie Genossen um den politischen Kredit gebracht. Und das Fatale war, seine erneute Wahl zum Kanzler durch den Bundestag stand noch bevor.

In jenen Tagen, da der Kanzler um Macht und Nimbus bangte, da er einen seelischen Tiefpunkt erreichte, sprach er bei einem vertraulichen Gespräch im Bungalow den schockierenden Satz aus: »Ich möchte sterben.«

**17** Klaus Bölling saß in seinem Büro, die Füße auf der mit Papieren übersäten Schreibtischplatte. Er war bedrückt. »Ich mache mir Sorgen um den Kanzler. Aber ich will da jetzt nicht anrufen.« Mit einer müden Kopfbewegung deutete er in Richtung Kanzleramt. Er war nicht der einzige, den die depressive Phase des »Chefs« bekümmerte. Auch andere enge Mitarbeiter fürchteten, Schmidt könne entweder im Bundestag nicht die für seine Wiederwahl erforderliche absolute Mehrheit von zweihundertneunundvierzig Stimmen bekommen oder überhaupt die Lust am Regieren verlieren.

Für den Tag der Abstimmung, einen Mittwoch, hatte Staatssekretär Schüler ein mehrseitiges Papier vorbereitet, in dem alle Möglichkeiten aufgelistet waren, falls die Kanzler-Wahl nicht klappen sollte. Der Kandidat selbst war innerlich darauf gefaßt, beim ersten Wahlgang durchzufallen, weil mehrere Abgeordnete aus den eigenen Reihen wahrscheinlich nicht bereit waren, ihm wegen des Rentendebakels zu verzeihen. Schmidt schwankte zwischen trotziger Aufwallung und Selbstaufgabe.

Als die Stunde der Wahrheit schlug, das heißt, als die Stimmen der Abgeordneten in einem langwierigen Vorgang ausgezählt wurden, hatte der Kanzler sich an einen abgelegenen Tisch im Bundeshausrestaurant zurückgezogen. Er war blaß und wirkte ausgemergelt. Nach über einer Stunde Wartezeit erreichte ihn, bevor es im Plenum die Abgeordneten offiziell erfuhren, die Nachricht: geschafft!

Seinem Gesicht war nicht die Spur von Erleichterung, geschweige denn Freude abzulesen. Schleppenden Schrittes kehrte er in den Plenarsaal zurück und nahm seinen Platz in der vordersten Reihe links von Herbert Wehner ein. Mit geschlossenen Augen, den Kopf gesenkt, vernahm er das Abstimmungsergebnis. Mit Ach und Krach war er wiedergewählt worden. Das Resultat schmerzte sein Ego. Mit nur einer Stimme mehr als erforderlich hatte der Achte Deutsche Bundestag ihn zum Kanzler gewählt. Von der Tribüne war die Bemerkung eines Besuchers zu hören: »Einen über'n Durst!«

Die Stimme von Bundestagspräsident Karl Carstens klang durch das Hohe Haus: »Ich frage den Abgeordneten Schmidt: Nehmen Sie die Wahl an?« Für den Bruchteil einer Sekunde schien es, als könnte der Gefragte mit einem trotzigen Nein für eine Sensation sorgen. Mühsam wie ein Greis erhob sich Schmidt, stützte sich auf dem Pult seines Gestühls auf und sagte mit einer Stimme, die krampfhaft bemüht war, ja nicht abzurutschen: »Herr Präsident, ich nehme die Wahl an.«

Ging man davon aus, daß die Opposition geschlossen gegen ihn gestimmt hatte, mußten ihm zwei Abgeordnete aus dem eigenen Lager die Gefolgschaft versagt haben. Einer hatte sich der Stimme enthalten, der andere eine ungültige abgegeben. Helmut Schmidt brauchte zwei Jahre, um über diesen Tiefpunkt in seiner politischen Laufbahn freimütig sprechen zu können. Bei der Entgegennahme des Theodor-Heuss-Preises im Januar 1978 offenbarte er einer erstaunten Festgemeinde: »Ich gestehe Ihnen, daß ich in langen Jahren der politischen Verantwortung und verschiedenen Aufgaben niemals mehr gelitten habe als im Zeitraum des Erkenntnisprozesses am Ende des Jahres 1976, als wir damals begreifen mußten, daß die Rentenfinanzierungsprognosen nicht stimmten, weil die von uns zugrunde gelegten mehrjährigen Wirtschaftsprognosen nicht mehr stimmten. Zwar hatten wir alle unsere Aussagen zur Rentenpolitik ein knappes halbes Jahr früher erst in intellektueller Redlichkeit geprüft – die Lage war redlich analysiert worden –, ehe wir sie veröffentlicht hatten, aber jetzt standen wir als Irrende da, und einige gar nannten uns Betrüger.«

Helmut Schmidt fuhr fort: »Es ist bitter, solche Fehler einsehen zu müssen. Es ist bitter, sodann andere gesetzgeberische Beschlüsse empfehlen zu müssen, als man sie selbst früher angekündigt hatte. Ich kann Ihnen versichern, es kann recht unangenehm sein, sich öffentlich der Verantwortung zu stellen.«

Jetzt aber, unmittelbar nach seiner knappen Wiederwahl zum Kanzler, war er noch mitten in dieser persönlichen Krise. Der nächste Schlag folgte auf dem Fuße: Arbeits- und Sozialminister Walter Arendt erklärte noch am selben Tag, er wolle dem neuen Kabinett nicht mehr angehören. Damit ging Schmidt eine wichtige Stütze in der Fraktion verloren. Arendt hatte seinen Entschluß dem Kanzler bereits einige Tage zuvor mitgeteilt, war aber gebeten worden, die Öffentlichkeit erst nach der Wiederwahl Schmidts zu informieren.

Die Regierungserklärung, die der Kanzler anderntags abgab, änderte nichts an dem Eindruck von einem besonders schlechten Start. Zwar entschuldigte er sich für den »Rentenirrtum« – um das Für und Wider dieser Entschuldigung war vorher im Kleeblatt gerungen worden –, aber die Rede wurde als ein Zeichen des Niedergeschlagenseins empfunden. Der neue Schwung, den viele Sozialdemokraten und Bundesbürger mit dem Wechsel von Willy Brandt zu Helmut Schmidt zu spüren gemeint hatten, war verpufft. Zum Glück für den deprimierten Kanzler stand Weihnachten bevor, und er bekam eine Verschnaufpause.

Zum Jahreswechsel zog Schmidt sich nach Südspanien zurück. Aber das Ferienhaus, das ihm der Hamburger Reeder Rolf Stödter im Prominentenort Marbella zur Verfügung gestellt hatte, erwies sich nach dem Motto »Ein Unglück kommt selten allein« als zu kühl. Es war für Sommeraufenthalte gedacht, für richtig kalte Tage aber nicht eingerichtet. Abgesehen vom Ankunfts- und Abreisetag regnete es zehn Tage lang. So verkroch sich der Kanzler, dick angezogen, in die Arbeit. Von einem Vorkommando waren drei Fernschreibanschlüsse in der Stödter-Villa installiert worden, und außer seinem Büroleiter Leister hatte er auch noch seine Sekretärin Lilo Schmarsow mitgenommen. Das Bundespresseamt sorgte dafür, daß dem Regierungschef der Lesestoff nicht ausging. Zweimal am Tag wurde eine Presseübersicht nach Marbella getickert. Und wenn der Kanzler nicht las, nicht diktierte und nicht schrieb, legte er sich schlafen. Seine Frau ging dann zum Zeitvertreib ins Hotel-Sanatorium Inkosol.

Von Spanien, dem Land des Weins und der Gesänge, sahen die Schmidts wenig. Das schlechte Wetter erlaubte nur einen einzigen Tagesausflug nach Granada. Der Kanzler steuerte den Dienstwagen streckenweise selbst. Eine Fahrt in das in den Bergen malerisch gelegene Ronda mußte wegen starken Regens auf halbem Weg abgebrochen werden. Nicht einmal die spanischen Weine konnten ihm über den verpatzten Urlaub hinweghelfen. Denn, wie er vor Jahren einmal verriet: »Ich trinke nur gelegentlich ein Glas Bier, ab und zu einen dänischen Aquavit und abends mal eine Bloody Mary. Aber ich mache mir schon seit dreißig Jahren nicht mehr viel aus Alkohol, was damit zusammenhängt, daß ich aus dem Krieg mit Magengeschwüren heimkam, die mir dann noch zehn Jahre zu schaffen machten. In jener Zeit durfte ich nicht trinken, und seitdem verspüre ich keine besondere Lust mehr auf Alkohol.«

Dafür erhielt er tröstliche Post von seinem Freund Henry Kissinger.

»Lieber Helmut,

ich war tief berührt von den herzlichen und huldvollen Gefühlen, die Sie in Ihrem Brief vom 24. November ausdrückten.* Ich möchte Ihnen sagen, wie sehr ich auch unsere Beziehung geschätzt habe, die, so glaube ich, auf ihre Art ein Spiegelbild der Herzlichkeit und Vitalität in den Beziehungen zwischen unseren beiden Ländern war.

Ich habe nicht nur Ihre Unterstützung und Standhaftigkeit, wenn Herausforderungen entgegenzutreten war, hoch geschätzt, sondern auch Ihre Bereitschaft, uns Ihres Rates und – gelegentlich – Ihrer Kritik teilhaftig werden zu lassen; und zwar stets im Geiste der Freundschaft und in dem Wunsch zu helfen dargeboten.

Die freie Welt war glücklich, während der jüngsten wirtschaftlichen Rezessionsperiode den Nutzen Ihrer Führung und Ihres Rates gehabt zu haben. Ich kann Ihnen versichern, daß ich all die ökonomischen Gutachten, um die ich Sie ersuchte, aufbewahre. Wer weiß, eines Tages könnten sie wieder nützlich sein. Ich verlasse den Staatsdienst, und Sie haben gerade eine neue vierjährige Periode als Kanzler begonnen. Während ich dabei bin, mich von dem unmittelbaren Druck und den direkten Sorgen der internationalen Angelegenheiten zurückzuziehen, denke ich mehr und mehr über die Grundstärke ihrer Werte nach, die die westliche Allianz besitzt und die es ihr ermöglicht, mit den Herausforderungen des Kommunismus und dem Wunsch der Dritten Welt nach einem Wechsel der globalen Wirtschaftsordnung fertig zu werden. Ich glaube, wir sollten unsere gemeinsame Fähigkeit nicht aus den Augen verlieren, politische Ziele und Programme, die von großem positivem Nutzen für die Menschheit sind, beharrlich zu verfolgen.

Egal, wie oft oder wie wenig wir uns in der Zukunft begegnen, ich werde immer den Geist hegen, in dem wir auf noble Art zusammengearbeitet haben.

Herzliche Grüße
Henry A. Kissinger.«

Schmidt und Kissinger kannten sich bereits aus der Zeit, als der aus Franken mit seinen Eltern ausgewanderte Deutsch-Amerikaner noch als Professor an der amerikanischen Harvard-Universität lehrte. Aber die

---

* Schmidt hatte Kissinger geschrieben, weil Jimmy Carter am 2. November 1976 zum neuen US-Präsidenten gewählt worden war und Außenminister Kissinger durch Cyrus Vance zu ersetzen beabsichtigte.

Wertschätzung für Kissinger wuchs bei Schmidt erst im Laufe der Zeit. In dessen erstem Kanzler-Jahr, also 1974, hatte sich Kissinger zweimal kurz hintereinander zu einer Stippvisite in Bonn angemeldet, aber kurzfristig wieder abgesagt. Daraufhin hatte Schmidt für einen eventuellen dritten Anlauf des Amerikaners die Weisung ausgegeben: »Wenn er kommt, und ich habe Zeit, hat er Glück. Habe ich keine Zeit, hat er Pech!« Glücklicherweise unterblieb der dritte Versuch.

Ein Jahr darauf war Kissinger in Bonn, bekam einen Frühstückstermin im Bungalow, aber Schmidt machte es kurz. Die Begrüßung war auch nicht besonders herzlich ausgefallen. Die Zunge im Mund hin und her rollend, als hätte er schon am Frühstückstisch genascht, war Schmidt auf Kissinger zugegangen und hatte ihn mit der im Grunde nichtssagenden Formel begrüßt: »Nice to see you.« Bereits nach einer Stunde verabschiedete er wieder seinen Besucher. Mit Kissingers Machtzuwachs änderte sich Schmidts Haltung, und aus der Berufsbekanntschaft wurde ein persönliches, herzliches Verhältnis. Gleiche Bürde schafft gelegentlich feste Freundschaft. An der Verbundenheit änderte sich auch nichts, als Kissinger aus dem Amt des amerikanischen Außenministers ausschied. Erst recht nicht, als Helmut Schmidt sein Amt ebenfalls einbüßte.

Der Brief, den Kissinger zur Jahreswende 1976/77 schrieb, schmeichelte dem Kanzler und trug ein bißchen dazu bei, von den zurückliegenden deprimierenden Wochen Abstand zu gewinnen. Die Verbundenheit mit dem Amerikaner bestätigte einmal mehr, daß die wenigsten Menschen auf Dauer ohne Freunde auskommen – auch Helmut Schmidt nicht. Allerdings war der Kreis der wirklichen Freunde sehr klein. Selbst mit einem Mann wie Klaus Bölling, zu dem die Beziehung schon fast einem Vater-Sohn-Verhältnis ähnelte, wurde Schmidt erst per du, als beide nicht mehr ihre Ämter innehatten. In der Kanzler-Zeit redete er seinen Regierungssprecher mit Vornamen und Sie an. Als Bölling ihn zum Beispiel fragte, ob er die Stuttgarter Journalistin Krause-Burger zur Gratulationscour anläßlich von Schmidts Geburtstag ins Hamburger Privatheim seines Chefs mitbringen dürfe, damit sie für eine Arbeit über den Kanzler ein bißchen Atmosphäre schnuppern könne, lautete die Antwort: »Klaus, wenn Sie die Dame als Ihre Freundin mitbringen, ist sie mir zu Hause willkommen.« Bölling, auch nicht auf den Mund gefallen, entgegnete: »Nein danke, Herr Bundeskanzler, das ginge denn doch zu weit.«

Die Anrede mit Sie und Vornamen ist in Hamburg feiner Leute Art und dem Angelsächsischen entlehnt. Auf dieser Basis verkehrte der Kanzler mit einigen Mitgliedern der Hamburger Gesellschaft. Mancher war darunter, von dem man glaubte, Schmidt sei mit ihm längst per du. Aber der Kanzler wollte oder schaffte es nicht, die letzte Barriere derartiger Förmlichkeit abzubauen, was vielleicht mit seiner versteckten Schüchternheit zusammenhing. Das mag überraschen, aber Schmidt-Schnauze war im Grunde seines Wesens schüchtern. Zum Kreis derer, die seinerzeit mit ihm per du, jedoch »on a first name basis« verkehrten, gehörten der Hamburger Fabrikant Kurt Körber, Begründer des Bergedorfer Gesprächskreises und

Initiator von Lokis Pflanzenschutzaktion, die *Zeit*-Journalisten Theo Sommer, Kurt Becker und Marion Gräfin Dönhoff, Reeder Rolf Stödter und seine Frau Helga sowie der Film- und Fernsehproduzent Gyula Trebitsch. Als Willy Brandts ehemaliger Pressesprecher, der spätere SPD-Bundestagsabgeordnete Conrad Ahlers, im Dezember 1979 zum Intendanten der Deutschen Welle gewählt wurde, überbrachte ihm Klaus Bölling abends ins Bonner Prominentenlokal Weinhaus Maternus, wo Ahlers mit Freunden feierte, eine Botschaft des Kanzlers. Mit grünem Filzstift hatte dieser während einer Sitzung des Kleeblatts auf einen weißen DIN-A4-Bogen geschrieben:
»Lieber Conny,
1.) herzlichen Glückwunsch;
2.) auf ein neues,
stets Ihr Helmut Schmidt.«
Bei einem Glückwunsch Brandts hätte es zweifellos geheißen:
». . . Dein Willy.«
Per du war er mit Wilhelm Berkhan und Karl Klasen. Bei letzterem mag es auch ein Genossen-Du gewesen sein, denn der Bundesbankpräsident a. D. gehörte seit 1931 der Sozialdemokratischen Partei Deutschlands an. Bei jüngeren und vor allem fremden Parteigenossen war Helmut Schmidt die kumpelhafte Anrede mit Du unangenehm. Die meisten Mitglieder der Bundestagsfraktion wußten das und verzichteten auf das ihnen theoretisch zustehende Privileg, den Regierungschef zu duzen.

Die Verhaltensforschung weiß, welche Rolle die räumliche Distanz als Schutzzone im menschlichen Zusammenleben spielt. Wie Schmidt das Gespräch mit einem Besucher im Büro zu führen beabsichtigte, war schon daran abzulesen, welchen Platz er dem Eintretenden zuwies. War eine sachliche Unterhaltung unter ebenbürtigen Partnern beabsichtigt, kam er hinter seinem Palisanderschreibtisch hervor und setzte sich mit seinem Gast an einen längeren Konferenztisch, den er anstelle einer größeren Sitzgruppe hatte aufstellen lassen. (»Da sitzt man nicht so eingeknickt.«) Blieb er dienstlich und ganz Boß, erhob er sich nicht von seinem Schreibtischsessel, sondern wies dem Eintretenden mit einem Kopfnicken in Richtung auf zwei vor dem Schreibtisch stehende Stühle einen Platz an. Beabsichtigte er ein ganz persönliches Gespräch zu führen, vielleicht sogar mit weitreichenden Konsequenzen, bat Schmidt seinen Besucher in die Mitte des Büros, wo eine kleine Sitzgruppe stand.

Gelegentlich, wenn er abends im Schein der verchromten Schreibtischlampe einen Aktenstoß durcharbeitete und von seinem Bürochef Klaus Dieter Leister unterbrochen wurde, pflegte er zu sagen: »Na, Klaus Dieter, was führt Sie in meinen Garten?« Damit wurde Leister auf scherzhafte, aber unmißverständliche Weise bedeutet, daß er das Revier seines Vorgesetzten betrat.

Zu den wenigen, die Schmidt als ebenbürtige Freunde betrachtete und mit denen er sich deshalb duzte, zählten neben den schon Genannten auch Journalisten. Zum Beispiel die Bonner Korrespondentin der *Neuen-Ruhr-*

*zeitung*, Hilde Purwin, die er noch aus gemeinsamen SDS-Zeiten kannte. (Schmidt war einmal Vorsitzender des Sozialistischen Deutschen Studentenbundes.) Auch der Chefredakteur der *Westfälischen Rundschau*, Günter Hammer, Sozialdemokrat wie Schmidt, zählte zu dieser Gruppe, ebenso wie der Chefredakteur der *Lüneburger Landeszeitung*, Helmut Pleß, ein ehemaliger Klassenkamerad Helmut Schmidts.

Über gemeinsame Zeiten in der Jugend war er mit dem Hamburger Architekturprofessor Gerhart Laage, den er als Kanzler zu seinem Berater beim Ausbau Bonns zur Hauptstadt machte, per du. Laages Bruder Richard ging mit Schmidt in eine Klasse, was mit sich brachte, daß der junge Helmut häufig im Hause Laage verkehrte. Zum echten Duz-Kreis gehörte der Schriftsteller Siegfried Lenz, mit dem sich der Kanzler traf, wenn er am Brahmsee Urlaub machte, weil Lenz nicht allzu weit entfernt, kurz hinter der dänischen Grenze, seine Dichterklause hatte. Schmidt stand auch mit Walter Scheel auf Duzfuß, aber nicht mit Genscher. Die Freundschaft mit Willy Berkhan, seinem Grundstücksnachbarn am Brahmsee, reichte in die Hungerzeit der ersten Nachkriegsjahre zurück, als die beiden gemeinsame Hamsterfahrten unternahmen. »Willy, du brachtest immer Fischpaste mit.« Die Freunde liehen sich gegenseitig Schuhe aus, studierten zusammen, waren zur gleichen Zeit im SDS und diskutierten nächtelang, wie die Welt zu verbessern sei. Die Freundschaft wurde noch enger, als beide für Hamburg in den Bundestag einzogen. Nach seiner Ernennung zum Verteidigungsminister im Jahre 1969 machte Schmidt Berkhan zum Parlamentarischen Staatssekretär in seinem Ministerium.

Auf die Bonner Hardthöhe nahm Schmidt noch einen anderen Freund aus Hamburg mit: den Hamburger Staatsrat (Staatssekretär) Johannes Birckholtz. Dieser, seit den zwanziger Jahren eingefleischte Sozialdemokrat diente bereits dem hanseatischen Innensenator Helmut Schmidt von 1961 bis 1965 als Spitzenbeamter. Zum Zeitpunkt seiner Ernennung zum Staatssekretär hatte der sechsundsechzigjährige Birckholtz bereits das Pensionsalter erreicht. Deshalb mußte mit ausdrücklichem Kabinettsbeschluß die Dienstzeit als Beamter verlängert werden; das geschah zunächst für zwei Jahre. Daraufhin kündigte Schmidt vorsorglich an: »Ich werde, wenn ich es für nötig halte, die Amtszeit dieses hervorragenden Mannes ad infinitum verlängern, dann eben als Angestellter.«

Birckholtz spielte im Leben Helmut Schmidts eine Rolle, für die es später keinen Nachfolger gab: Er holte seinen Freund und Vorgesetzten auf den Teppich zurück, wenn dieser einen Anflug von Höhenrausch bekam. Die Freiheit, seinem Chef ungeschminkt die Meinung zu sagen, konnte er sich herausnehmen, weil er erstens fünfzehn Jahre älter war als dieser und zweitens nach Schmidts Ansicht einen »knallharten Verwaltungsarbeiter« abgab, »dem keiner etwas vormachen kann«. Es zeugte von Schmidts persönlichem Format, einen solch älteren Ratgeber nicht nur zu dulden, sondern sich seiner Dienste zu verpflichten.

Zu dem relativ kleinen Kreis von Mitmenschen, mit denen der Kanzler sich duzte, gehörte natürlich die Spitze der Sozialdemokratie, also Brandt,

Wehner, Bahr, Ehmke, Apel, Wischnewski, und Hamburger Parteifreunde wie Herbert Weichmann, Oswald Paulig und Hans-Ulrich Klose. Das Du bezog meistens auch die Frauen der Genossen mit ein.

Unter den Bonner FDP-Ministern war nur einer, mit dem er auf vertrautem Fuß stand: Ernährungs- und Landwirtschaftsminister Josef Ertl, vom Kanzler Bruder Josef genannt. Die Duzfreundschaft zwischen dem Nordlicht Schmidt und dem Bajuwaren Ertl kam auf ganz simple Art zustande: Bruder Josef duzte eines Tages einfach den Kanzler, und der kam nicht umhin, Gleiches mit Gleichem zu vergelten. Er tat es aber gern, weil er für das bayrische Original eine Schwäche hatte. Schmidt und Ertl waren außerdem beide Ritter des Karnevalsordens »Wider den tierischen Ernst«, was sie zur Brüderschaft und zum Du verpflichtete. Ordensritter war aber auch Hans-Dietrich Genscher, ohne daß es deswegen zum Austausch des vertraulichen Du zwischen dem Kanzler und seinem Vize gekommen wäre.

Wenn Schmidt für einen Mitmenschen echte Freundschaft empfand und ihn nicht nur duzte, weil es Genossenbrauch war, gab er das auf eine besondere Art zu verstehen: Mit geballter Faust schlug er dem anderen mehrmals auf die Brust und lachte dabei aus vollem Hals. Um diesen Sympathiebeweis zu überstehen, brauchte man allerdings einen Brustkorb vom Umfang des Bruder Josef.

**18** Blaß, aber gefaßt kehrte der Kanzler aus seinem verregneten Spanienurlaub zurück. Für sich hatte er einen Punkt erreicht, an dem er sich sagte: »Ihr könnt mich alle mal . . .« Loki formulierte es etwas weniger drastisch: »Er steht auf dem Standpunkt, ich tue meine Pflicht so gut ich kann. Wem das nicht ausreicht, der möge zur Kenntnis nehmen, mehr kann ich nicht tun.«

In Deutschland empfingen den Kanzler unfreundliche Nachrichten. Sein Fraktionskollege Conrad Ahlers leitartikelte in der *Hamburger Morgenpost*, es sei Zeit für Schmidt, sich »endlich wieder an die Spitze der Regierungsarbeit zu setzen«, denn in Bonn sei »einiges durcheinandergeraten . . . Seit die letzte Runde des Bundestagswahlkampfes im Sommer eingeleitet wurde, wird Deutschland nicht mehr ordentlich regiert.« Das war starker Tobak, zumal er von einem Parteifreund kam.

Außerdem war Schmidts Ausspruch »Ich möchte sterben« vom *Spiegel* veröffentlicht worden und hatte einigen Kanzler-Mitarbeitern einen heftigen Schreck eingejagt. Kaum war Schmidt in Bonn eingetroffen, eilte Regierungssprecher Klaus Bölling zu ihm ins Kanzleramt, um Genaueres zu erfahren. Fast euphorisch kehrte er von dem Erkundungstrip in sein Büro zurück und war fest davon überzeugt, daß an der Behauptung, sein Chef sei lebensmüde, nichts wahr sei. Er hatte einen aufgeräumten Helmut Schmidt angetroffen, der seinen Dienstwagen vom militärischen Teil des Köln-Bonner Flughafens selbst nach Bonn gesteuert hatte − was er öfter tat, wenn er guter Laune war.

Als der Kanzler jedoch das erste Mal wieder den Kabinettssaal betrat, ging er schleppenden Schrittes zu seinem Platz an dem großen Tisch. Er schien die Last des Rentenpaketes, das vor seinem Urlaub soviel Ärger verursacht hatte, allein auf seinen Schultern zu tragen. Hans-Dietrich Genscher machte sofort ein paar verbale Lockerungsübungen: »Ich versuche mich als bescheidener Ski-Langläufer, wenn ich in Urlaub bin, aber der gerade erst genesene Bundesminister der Verteidigung betätigt sich als Pistenraser.« Zwischenruf: »In Bayern heißt das Pistensau!«

Daraufhin kam auch in das bläßliche Gesicht des Kanzlers Bewegung, Spottlust nistete sich ein. Schmidt: »Kunststück, da gibt es doch bei Georg Leber oben auf der Hardthöhe eine Kneipe mit dem Namen Wildsau, da hockt er immer abends.« Während der Angesprochene einen schwachen Gegenstoß versuchte, musterte der Regierungschef die übrigen Kabinettsmitglieder. Sein Blick blieb am gebräunten Gesicht des Forschungsministers hängen, damals noch Hans Matthöfer. Schmidt: »Wenn man sich hier umschaut, sieht man gleich, wem's gut geht.«

Matthöfer, normalerweise nicht auf den Mund gefallen, holte erst zweimal Luft, bis ihm die passende Anspielung auf den verregneten Kanzlerurlaub einfiel: »Man muß ja auch nicht um diese Zeit nach Spanien fahren. Hätten Sie mich mal vorher gefragt.«

Plötzlich wurde der Kanzler dienstlich: »Wo ist denn der Josef?« Gemeint war Landwirtschaftsminister Ertl, dessen Platz am Kabinettstisch Staatssekretär Hans-Jürgen Rohr eingenommen hatte. Der entschuldigte seinen Chef: »Minister Ertl nimmt in München an einem Empfang des bayerischen Bauernverbandes teil.«

Dann entdeckte der Kanzler die nächste Lücke in der Runde, der Justizminister fehlte. »Wo ist denn Vogel?« Zwischenruf: »Der ist in Hamburg bei einer Diskussionsveranstaltung des *Stern*.«

Schmidt, für eine Sekunde sprachlos, meinte leicht ungehalten: »So geht das ja nun auch wieder nicht. Diese Termine müssen sich nach den Kabinettssitzungen richten und nicht umgekehrt. Wir sollten mal die Geschäftsordnung ändern.«

Für Minister gibt es bei Kabinettssitzungen keine Anwesenheitspflicht, sondern nur die Auflage, für einen Vertreter zu sorgen. Abmelden muß sich ein Minister beim Kanzler nur, wenn er Bonn länger als einen Tag verläßt. Dauert die Abwesenheit mehr als drei Tage – zum Beispiel im Urlaub –, ist laut Geschäftsordnung der Bundesregierung »Einvernehmen mit dem Bundeskanzler herzustellen«. Aber was heißt schon »Einvernehmen«? Ein Mann wie Graf Lambsdorff ließ sich vom Kanzler nicht vorschreiben, wann er seine Reise in ferne Länder unternahm.

Helmut Schmidt ergriff die Tischglocke, läutete einmal kurz, und die erste Kabinettssitzung begann. Friderichs und Ehrenberg erstatteten Bericht über die Sitzung der Konzertierten Aktion, die tags zuvor stattgefunden hatte. Der Wirtschaftsminister vermeldete – in Schmidts Augen keimte Genugtuung auf –, daß die Gewerkschaften sich vorher für den Ausbau von Kraftwerken aller Art, also auch von Kernkraftwerken, ausgesprochen hätten. Weitere Punkte der Kabinettssitzung: Bericht über die

Entwicklung des Sozialprodukts; Einigung des EG-Ministerrates über Mehrwertsteuerrichtlinien; Entwicklungshelfer-Förderungsverordnung etc. Nach drei Stunden und zehn Minuten war die Sitzung beendet. Schmidt ging in sein Büro, die Minister ließen ihre Wagen vorfahren und sich in ihre Ämter zurückchauffieren, wo sie selber Boß waren und sich nicht den Späßen des Kanzlers aussetzen mußten. Viele waren bei den Kabinettssitzungen doch nur Statisten oder geräuschlose Zuarbeiter für den Regierungschef.

Am Kabinettstisch signalisierten kleine Äußerlichkeiten, wo Helmut Schmidt seinen Platz hatte. Abgesehen von der fünf Zentimeter höheren Sessellehne bekam der Kanzler als einziger zwei Thermoskannen vor sich hingestellt: eine mit Tee, die andere mit Kaffee. Die Minister dagegen mußten sich zwischen Tee und Kaffee entscheiden. Vor Schmidts Platz standen außerdem Flaschen mit Apfelsaft, Mineralwasser, Coca-Cola und dunklem Johannisbeersaft. Außerdem lag zu jeder Kabinettssitzung eine neue Packung seiner Lieblingszigarettenmarke samt Streichhölzern parat.

Halblinks vor ihm auf dem Tisch stand eine würfelartige vergoldete Tischuhr: das Abschiedsgeschenk Konrad Adenauers an das Kabinett. Früher hatte diese Uhr genau vor Schmidt ihren Platz, und im Uhrenglas konnte der Regierungschef das stets blasse Gesicht seines rechts neben ihm sitzenden Stellvertreters, Hans-Dietrich Genscher, insgeheim studieren. Das muß den Vize irritiert haben, denn irgendwann wurde die Uhr etwas weiter nach links plaziert. Fortan sah der Kanzler im Glas den Kahlkopf seines Behördenchefs, Staatssekretärs Schüler, der links von ihm saß.

Im alten Kabinettssaal des Palais Schaumburg waren die versammelten Minister verdächtig oft wie blasenschwache Sextaner auf ihren Stühlen hin- und hergerutscht. Das kam daher, daß die Vorderkante der altmodischen Stühle bei längerem Sitzen gegen die Oberschenkel drückte. Und Genscher rückte immer etwas vom Kanzler ab, was indes keine politischen Gründe hatte, sondern an der Tischkonstruktion lag: Der Außenminister hatte ein Tischbein direkt vor sich.

Der im Juli 1976 bezogene Kabinettssaal im Neubau bot in jeder Hinsicht mehr Komfort: einhundertvierunddreißig Quadratmeter groß, vollklimatisiert, die Wände und Decken mit Mooreiche getäfelt und vor allem bequeme, hellbraune, drehbare Ledersessel. Die Innenausstattung hatte Schmidt selbst in die Hand genommen und sich von den Kölner Museumsdirektoren Borger und Bott sowie von dem Hamburger Architekten Gerhart Laage beraten lassen. Hingen im alten Kabinettssaal Bilder italienischer Künstler, wie Tintoretto, Bassano und Lorenzo Lotto, regierte Schmidt im neuen Saal die Republik mit einem Russen im Rücken: mit Wassily Kandinskys *Sonntagsimpressionen*, flankiert von jeweils zwei Werken des deutschen Expressionisten August Macke (*Orientalisches Märchen* und *Gladiolenstrauß*) und des deutsch-französischen Malers Franz Marc (*Bild mit dem Pferd* und *Zwei Rehe im Schilf*).

Die Sitzordnung war vom Kanzler persönlich festgelegt worden. Er selbst hatte seinen Platz in der Mitte der einen Längsseite mit Blick auf die

Fensterfront, eingerahmt von Genscher und Schüler. Ihm gegenüber saßen der Wirtschafts- und Finanzminister. Die übrigen Ressortchefs waren, wenn sie klassischen Ministerien vorstanden, ebenfalls an den Längsseiten untergebracht. Post, Gesundheit, Forschung und Wohnungsbau waren dagegen an die Tischenden verbannt, da sie nach Meinung des Hausherrn nicht viel zu melden hatten.

Die Kabinettssitzungen fanden, von Ausnahmen abgesehen, immer mittwochs um neun Uhr statt. Durchschnittliche Dauer: zweieinhalb Stunden. Alles Besprochene war streng geheim. Lediglich der Regierungssprecher und sein Stellvertreter waren befugt, in der anschließenden Pressekonferenz nach eigenem Ermessen Auskünfte zu erteilen. Mußten Bölling oder Grünewald eine offizielle Erklärung abgeben, stimmten sie diese vorher mit dem Kanzler oder dem zuständigen Fachminister ab. Für die Kabinettsmitglieder (und den Bundespräsidenten) wurde eine vertrauliche Niederschrift des Sitzungsverlaufs angefertigt. Dabei handelte es sich jedoch nicht um Wortprotokolle. Nebensächlichkeiten – wie der folgende, authentische Dialog – wurden weggelassen:

Schmidt: »Letzter Punkt der Tagesordnung: ›Vorschläge zur Ernennung von Beamten‹. Moment mal, befördern wir jetzt auch schon Dreiundsechzigjährige zum General?«

Aufgeregtes Papierrascheln am Platz des Verteidigungsministers. Dann: »Das Geburtsdatum 1917 in der Vorlage muß ein Tippfehler sein.«

Schmidt: »Genauigkeit ist wohl Glückssache?«

Die vier FDP-Minister frühstückten vor jeder Kabinettssitzung miteinander, um eine Marschroute festzulegen. Ihr geschlossenes Auftreten verschaffte ihnen im Kabinett einen Sonderstatus. Außerdem nahmen sie sich gegenüber dem Kanzler mehr heraus als Schmidts Parteifreunde. So war Otto Graf Lambsdorff, der im Oktober 1977 anstelle seines zur Dresdner Bank abgewanderten Parteifreundes Hans Friderichs das Wirtschaftsministerium übernahm, gerade vierzehn Tage im Amt, als sich der Kanzler im Kabinett nach dreißigminütigem Debattieren über Wirtschaftsfragen weiteres »Gelaber« verbat und empfahl, zur Sache zu kommen. Darauf entgegnete Lambsdorff – kühler Blick aus hellblauen Augen unter buschigen Brauen –, wenn er damit gemeint sei, könne Schmidt die Mitarbeit bereits wieder als beendet betrachten. Der Kanzler beschwichtigte ihn sofort (»So habe ich das doch nicht gemeint«).

An Otto Friedrich Wilhelm von der Wenge Graf Lambsdorff – so sein voller Name – biß sich Schmidt die Zähne aus. Lambsdorff war sich seines Wertes bewußt: »Schließlich habe ich im Vergleich zu anderen den Vorteil, daß ich für mein Arbeitsgebiet zwanzig Jahre persönliche Berufserfahrung in der Wirtschaft mitbringen konnte.«

Natürlich gab es im Kabinett auch SPD-Minister, die Wert darauf legten, sich ihre Unabhängigkeit gegenüber dem Regierungschef bewahrt zu haben. Zum Beispiel Hans Apel, in den ersten vier Jahren von Schmidts Kanzlerschaft Finanzminister. Auf die Behauptung, er verdanke seine Karriere letztlich nur Helmut Schmidt, pflegte der leidenschaftliche Fußballspieler entrüstet zu entgegnen: »Das ist doch Quatsch, daß ich das Produkt von Helmut sein soll. Er ist der Spielführer und Trainer dieses Teams. Er kann mir aber nicht vorschreiben, wie ich den Ball aus dem Strafraum treten soll – ins Aus, nach vorn oder zurück. Wenn er darauf bestünde, würde ich sagen: Hier hast du meine Stiefel.«

Das waren markige Worte, die davon ablenken sollten, daß es zwischen den beiden schon von jeher ein gewisses Vorgesetztenverhältnis gegeben hatte. Apel klebte bereits in den fünfziger Jahren für Schmidt Wahlkampfplakate, als dieser in Hamburg SPD-Kreisvorsitzender war.

Helmut Schmidt regierte in seiner über achtjährigen Kanzlerschaft vorwiegend mit Ministern, die studiert und promoviert hatten, wobei die Juristen und die Volkswirte überwogen. Nichtakademiker, wie der Bergarbeiter Walter Arendt, der gelernte Tischler Egon Franke sowie »der Junge vom Bau« und ehemalige Handelsschüler Georg Leber, waren die Ausnahme.

Der Forschungs- und spätere Finanzminister Hans Matthöfer, Jahrgang 1925 (heute Vorsitzender der Gewerkschaftsholding Beteiligungsgesellschaft für Gemeinwirtschaft AG), gab politisch den rötlichsten Farbtupfer ab. Er war Mitglied des SPD-Bezirksverbandes Hessen-Süd, der seinerzeit recht häufig in ideologischen Fragen von sich reden machte. »Ich war schon ein lizenzierter Linker im Bundestag, ehe Eppler nach Bonn kam«, pflegte Matthöfer nicht ohne Stolz festzustellen. Trotzdem kam er erstaunlich gut mit Graf Lambsdorff aus. Nicht selten stellte er während einer Kabinettssitzung Übereinstimmung fest: »Wie der Kollege Lambsdorff bin ich der Meinung . . .«

Wenn sich der Sozialdemokrat und IG-Metaller Hans Matthöfer an den adligen Kollegen wandte, dann stets mit der überkorrekten Anrede »Herr Graf Lambsdorff«, wobei er nie seine republikanische Gesinnung verleugnete. Einmal beschwerte er sich im Kabinett vor versammelter Ministerrunde: »Ich sehe nicht ein, daß der Herr Bundeswirtschaftsminister hier immer mit Graf Lambsdorff angeredet wird. Korrekt muß das heißen, Herr Graf Lambsdorff.« Dann folgte eine juristische Belehrung: Adelsprädikate seien gemäß Artikel 109 der Weimarer Verfassung vom 11. August 1919 abgeschafft und das »von«, der »Baron« oder der »Graf« heute nur noch »Teil des Namens«. Wer also ein guter Republikaner sei, der möge bei Lambsdorff nicht das Wörtchen Herr vergessen. Bei Müllers oder Schulzes würde man ja auch nicht den »Herrn« weglassen. Der Kanzler und die Minister nahmen die Beschwerde Matthöfers grinsend zur Kenntnis. Schmidt: »Ich red' ihn weiter an, wie ich will.«

Daß Hans Matthöfer im Kabinett, abgesehen von solchen Kleinigkeiten und gelegentlichen Disputen, Räson zeigte, hatte einen besonderen Grund: Ohne aufzuschneiden, konnte er behaupten, mit Helmut Schmidt befreundet zu sein; und gegen den Freund muckte er nicht auf. Wie kam diese seltsame Liaison überhaupt zustande? Horst Ehmke, der beide gut kennt, meint: »Weil Schmidt in Matthöfers Leben der erste Mensch war, der ihn anständig behandelte.« Und Matthöfer selbst: »Wir haben uns zwei Jahre in den Haaren gelegen, Schmidt damals als Fraktionsvorsitzender, ich als Mitorganisator der Notstandsopposition der Fraktion. Aber dann wurde er mir sympathisch, weil er sich unseren besseren Argumenten beugte. Er ist außerdem ein Mann, der Mehrheitsbeschlüsse akzeptiert. Ich habe eine Menge Respekt vor ihm.«

Als ihm Schmidt im Februar 1978 das Finanzministerium übertrug – Matthöfer ist immerhin Diplomvolkswirt und spricht Englisch und Spanisch –, war nicht nur die halbe Republik erstaunt, sondern auch Matthöfers Frau Traute: »Ich sagte dem Kanzler, wenn er den Hans zum Finanzminister macht, holt meine konservative Verwandtschaft sofort ihr Geld von der Bank.« Matthöfer genoß in der SPD-Bundestagsfraktion Respekt, brachte aber nicht jedes Mal die Genossen auf Anhieb hinter sich.

Zum Herrschaftszirkel der Ökonomen im Kabinett gehörte auch Herbert Ehrenberg, der am 15. Dezember 1976 für den zurückgetretenen Walter Arendt Arbeitsminister geworden war. Später hielt Schmidt nicht mehr so viel von ihm, aber sowohl von seinem Werdegang her als auch im Hinblick auf die Bedeutung seines Ressorts (Rentenfragen) konnte man Ehrenberg nicht links liegen lassen. Mit seinem kahlen, wuchtigen Schädel, dem furchteinflößenden Brustkasten und der hünenhaften Gestalt wirkte der gebürtige Ostpreuße aus Collnischken (dreihundertsechsundfünfzig Einwohner) immer wie ein Catcher im Sonntagsstaat. Aber der Schein trog. Am wohlsten fühlte sich der Arbeitsminister, wenn er in seinem Klinkerhaus nördlich von Wilhelmshaven zusammen mit seiner Frau Ilse in einem kleinen Dachzimmer saß – Strickjacke, offener Hemdkragen, braune Hauslatschen – und verfolgen konnte, wer mit wem auf der Deichkrone vor dem dahinterliegenden Jadebusen spazierenging.

Als Achtzehnjähriger war er 1945 aus dem Krieg zurückgekehrt, hatte sich zunächst als Landarbeiter und Polizist durchgeschlagen, dann die Hochschulreife über eine Begabtenprüfung nachgeholt, Volkswirtschaft studiert und in diesem Fach auch promoviert. Als die Sozialdemokraten ab 1966 im Rahmen der Großen Koalition in Bonn mitregierten, waren SPD-Leute, die etwas von Wirtschaft verstanden, sehr gefragt. 1968 schaffte Ehrenberg den Einstieg ins Bundeswirtschaftsministerium, und zwar als Unterabteilungsleiter und Ministerialdirigent. Dabei war das erst der Anfang seiner steilen Karriere. In vier Jahren war er Bundesminister.

Herbert Ehrenberg war nicht der einzige Neuzugang, als Helmut Schmidt nach der knapp gewonnenen Wahl sein zweites Kabinett vorstellte. Hinzu kam die Genossin Antje Huber, die das Ministerium für Jugend, Familie und Gesundheit von Katharina Focke übernahm. Mit Frau Focke hatte sich Schmidt nicht sonderlich gut verstanden; er hatte sie von Willy Brandt übernommen. Der Kanzler nutzte die Kabinettsneubildung, um noch eine zweite Dame loszuwerden: Marie Schlei, die ihm mit ihrer kumpelhaften Art auf die Nerven gegangen war. Er lobte sie in das Ministerium für wirtschaftliche Zusammenarbeit weg. Der Posten dort war frei geworden, weil der bisherige Amtsinhaber, Egon Bahr, SPD-Bundesgeschäftsführer wurde.

Helmut Schmidt brauchte weniger Solisten als fleißige Zuarbeiter. Das ging natürlich auf Kosten der geistigen Brillanz und des Ideenreichtums. Hauptsache war, die Minister taten ihre Pflicht. Eine der wenigen Ausnahmen war Hans-Jochen Vogel, damals Justizminister. Er galt als kluger Kopf, vollgestopft mit Universalwissen, und zudem mit einer großen rednerischen Begabung ausgestattet. Dennoch tat er sich schwer, da er nicht zu dem exklusiven Kränzchen der Volkswirte gehörte und ständig Streit hatte.

Auf der anderen Seite hatte der Kanzler aber auch dafür gesorgt, daß einige der herausragenden Figuren aus der SPD ins zweite Glied der Regierungsmannschaft aufrückten: Der neununddreißigjährige Bundestagsabgeordnete Andreas von Bülow wurde Parlamentarischer Staatssekretär im Verteidigungsministerium, Klaus von Dohnanyi Staatsminister im Auswärtigen Amt und Hans-Jürgen Wischnewski, der bis dahin dieses Amt innehatte, Kanzleramtsminister.

Die letzte Veränderung war die interessanteste. Hans-Dietrich Genscher, der sie zu verhindern suchte, war bislang mit »Ben Wisch«, wie der SPD-Tausendsassa wegen seiner arabischen Verbindungen genannt wurde, gut ausgekommen. Nun aber befürchtete er, daß ihm Wischnewski vom Kanzleramt aus Konkurrenz in der Außenpolitik machen würde – zu Recht, wie man bereits wenige Monate später bei der Entführung der Lufthansa-Maschine *Landshut* nach Mogadischu feststellen konnte. Für Helmut Schmidt war die Aufnahme Wischnewskis ins Kanzleramt ohne Frage ein guter Griff. Das Kleeblatt, der engste Führungskreis um den Kanzler, wurde wirksamer. Mit diesem routinierten Profi wuchs die Macht der Regierungszentrale.

19 An einem Mittwoch im Januar 1977 klingelte im Kanzleramt das Telefon. Am Apparat war ein Professor, der seine Verstimmung nur schlecht verbergen konnte. Er wollte wissen, wie es passieren konnte, daß am Morgen desselben Tages die *Bild*-Zeitung mit der Schlagzeile aufgemacht hatte: »Loki Schmidt geht auf eine einsame Insel.«

Bei dem Anrufer handelte es sich um einen der Direktoren des Max-Planck-Instituts für Verhaltensphysiologie, Professor Dr. Wolfgang Wickler. Der Wissenschaftler war ein Jahr zuvor einer breiteren Öffentlichkeit bekanntgeworden, weil er an einem Forschungsprojekt im afrikanischen Busch arbeitete und für vier Wochen die Frau des Bundeskanzlers als Hilfskraft eingespannt hatte. Das Presseecho war größer gewesen, als ihm lieb sein konnte. Nun wollte er mit Loki zu einer neuen Expedition aufbrechen, und zwar zu den vor Ecuador gelegenen Galapagosinseln. Er hätte das Vorhaben natürlich gern geheimgehalten.

Der gute Mann war allerdings von völlig falschen Voraussetzungen ausgegangen. Ein Normalsterblicher kann die eigene Ehehälfte vielleicht vier Wochen lang verstecken, ohne daß dies der Nachbarschaft auffiele. Das Versteckspielen klappt aber nicht bei der Frau eines Regierungschefs.

Ihr Fehlen bei offiziellen Anlässen wird schnell bemerkt, und Schweigen auf entsprechende Anfragen könnte in der Bonner Gerüchteküche die verwegensten Spekulationen über die Ehe des Kanzlers entstehen lassen.

Bei Lokis Kontakt zu den Max-Planck-Forschern hatte der Zufall die Hand im Spiel. Im Juni 1975 hielt die Max-Planck-Gesellschaft ihre Jahreshauptversammlung in Hamburg ab. Unter den Ehrengästen sah man auch den Kanzler und seine Frau. Loki saß an einem Tisch, an dem Professor Wickler ebenfalls seinen Platz hatte. Irgendwann fachsimpelte er mit Kollegen über ein Forschungsprojekt seines Instituts auf einer Außenstation in Kenia am Nakuru-See. Bei dieser Untersuchung ging es im großen und ganzen darum, herauszufinden, warum sich bestimmte Tierarten schneller vermehrten als andere. Allerdings waren die finanziellen Mittel so gering, daß die Arten und Häufigkeiten der Pflanzen im Wohngebiet des Malachit-Eisvogels nur von einer ehrenamtlichen Kraft bestimmt werden konnten. »Vielleicht versuchen Sie es mal mit mir«, hatte sich Frau Schmidt eingemischt. »Ich kann das doch im Urlaub auf eigene Kosten machen. Ein bißchen versteh' ich ja als ehemalige Lehrerin mit Botanik als Spezialgebiet auch davon.«

Sechs Monate später war Loki Schmidt bereits auf der Forschungsstation in Kenia und half einen Monat lang beim »Sozio-ökologischen Eisvogelprojekt« mit. Sie mußte Pflanzen sammeln, bestimmen, messen, zeichnen und eine Vegetationskarte von einem umgrenzten Gebiet, in dem der Eisvogel lebt, anfertigen. Professor Wickler nach der Expedition: »Sie brachte wirklich Begeisterung für die Sache, botanische Spezialkenntnisse und menschliche Eigenschaften mit, die sich sowohl im Umgang mit afrikanischen Behörden wie im unausweichlichen Zusammenleben auf engem Raum bewährten. Wir sind jedenfalls für ihre Hilfe und nicht zuletzt für ihre Gelassenheit dankbar.«

Als die Reise publik wurde, vermuteten einige Leute Schiebung. Unter anderem beschwerte sich der Bund der Steuerzahler, und eine Frau aus Stuhr bei Bremen schrieb, sie würde gern auch mal eingeladen werden. Jemand aus Hamburg bat den Bundesrechnungshof, bei der Max-Planck-Gesellschaft zu prüfen, ob für die Frau des Bundeskanzlers besondere Wohnräume angemietet wurden. Dem war nicht so. Frau Schmidt hatte sich ein Zelt und einen Wagen beschafft und die ganze Reise, einschließlich Verpflegung, Fachbücher und Pflanzenpresse, selbst finanziert. Genauer gesagt, ihr Mann hatte ihr diese Reise geschenkt und Loki damit einen alten Jugendtraum erfüllt.

Die Expedition zu den Galapagosinseln war noch interessanter als der Afrika-Trip und außerdem völlig überraschend zustande gekommen. Professor Wickler hatte kurz vor Weihnachten angerufen und gefragt: »Wollen Sie mit? Sie müssen sich aber schnell entscheiden. Am 1. Februar soll's losgehen.« Natürlich wollte sie. Das war doch die Chance, sich aus allen Bonner Verpflichtungen davonzustehlen, Einladungen, Besprechungstermine, lästige Korrespondenz, Telefonate, überhaupt die ganze Politik für ein paar Wochen hinter sich zu lassen. Was sie natürlich geahnt hatte, die

Reise wurde eine ungeheure Strapaze: hohe Luftfeuchtigkeit, kein Schatten durch Bäume, nur hüfthohes Gebüsch und Temperaturen zwischen fünfundvierzig und sechzig Grad in der Sonne. Trinkwasser gab es wirklich nur zum Trinken, zum Duschen und Putzen mußte Brackwasser genügen. Gelegentlich fragte sie sich: »Bist du eigentlich im Jahr 1977?«

Die Hälfte der Zeit war sie mit einem umgebauten Fischerboot unterwegs. »Das war von der sehr einfachen Sorte. Es hatte nur eine einzige Kabine, in der wir zu viert schliefen.« Die vier, das waren außer ihr Professor Wickler, dessen Mitarbeiterin, Frau Dr. Uta Seibt, unter deren Anleitung Loki Schmidt in Afrika am Eisvogelprojekt gearbeitet hatte, und der Kanzler-Leibwächter Heuer. Auf Deck schliefen der Kapitän und der einheimische Bootsmann; unter Deck war der Motorenraum. Der abgedeckte Motorblock diente dem Bootsmann gleichzeitig als Arbeitsplatz, wenn er auf seinem zweiflammigen Herd die Mahlzeiten zubereitete.

Irgendwo auf dem Boot war auch ein Niedergang, der zu einer Toilette führte. »Das war sehr abenteuerlich, sich darauf zu setzen«, erinnerte sich Loki. »Erstens weil die Pumpe nicht funktionierte. Zweitens mußte man immer mit anderen – na ja, Sie können es sich ja vorstellen.«

Daß die Frau des deutschen Regierungschefs auf einem solchen »Luxusdampfer« herumschipperte, hatte sich auf den Inseln bald herumgesprochen und löste unterschiedliche Reaktionen aus. Loki: »Die einen fanden es merkwürdig, die anderen prima.«

Die Reise zu den Galapagosinseln war nur indirekt eine Fortsetzung ihrer ehrenamtlichen Tätigkeit in Kenia. Ging es in Afrika um festumrissene Aufgaben der Verhaltensforschung, kam es diesmal für das Expeditionsteam darauf an, an Ort und Stelle zu prüfen, ob zusätzlich zu den zwei deutschen Wissenschaftlern, die bereits auf einer Darwin-Station arbeiteten, weitere Kräfte eingesetzt werden könnten. Zum Schluß der Reise kam man zu dem Fazit, daß dies ginge, aber nur, wenn die unmenschlich harten Lebensbedingungen verbessert würden.

Durch die beiden Expeditionen war Frau Schmidt auf den Geschmack gekommen. Mit schöner Regelmäßigkeit nahm sie fortan fast jedes Jahr an solchen Reisen teil: 1978 nach Malaysia, 1979 zu archäologischen Ausgrabungen nach Peru, 1981 in die Antarktis. Das war ihre Art, sich gegen das Leben unter der Bonner Käseglocke zu wehren.

Die Frau eines deutschen Bundeskanzlers spielt zwar bei weitem nicht die Rolle, die der Gattin des amerikanischen Präsidenten zukommt. Es wäre undenkbar, daß Frau Schmidt oder Frau Kohl in der Kabinettssitzung erschienen, sich zu den Ministern setzten und – wie Rosalynn Carter – im Weißen Haus ihren Kommentar zur Regierungspolitik abgäben. Das hieß aber nicht, daß Loki völlig abseits gestanden hätte und protokollarisch nicht existent gewesen wäre. Im Gegenteil, sie begriff sehr bald, »daß dieses hier für mich inzwischen auch Berufsstand geworden ist«. Ein unbezahlter, muß man hinzufügen.

Sie begleitete ihren Mann auf fast allen längeren Auslandsreisen, weil der Gastgeber auch seine Frau »vorzeigte«. Bei Besuchen von ausländischen Regierungschefs in Bonn mußte sie – falls der Gast seine Gattin mitbrachte – für das Damenprogramm zur Verfügung stehen. Ebenso wenn ihr Mann zu Herrenessen in den Bungalow einlud, und sei es zu Koalitionsgesprächen. Dann mußte sie die Gäste wenigstens begrüßen, denn »mein Mann kommt doch meistens zu spät«.

Jede Woche erhielt sie Berge von Briefen und Karten aus allen Kreisen der Bevölkerung, darunter Post von Menschen, die unverschuldet in Not geraten waren oder hilflos im Dickicht der Bürokratie zappelten. Es waren oft verzweifelte Hilferufe. Hinzu kamen Stöße von Autogrammwünschen und viele selbstgebastelte Geschenke. Schulklassen schrieben, sie hätten gern das Kanzleramt besichtigt oder der Frau des Kanzlers einen Besuch abgestattet. Auf jeden Fall bedurfte alle Post einer Antwort. Im Haushaltsplan des Bundes ist jedoch keine Sekretärin, geschweige denn eine Persönliche Referentin für die Frau des Bundeskanzlers vorgesehen. So konnte man Loki Schmidt immer wieder mit einem Koffer in der Hand durch die Hallen des Kanzleramtes gehen sehen und auf die Frage, wohin sie denn verreise, die Antwort bekommen: »Ins Büro meines Mannes zum Diktieren. Der Koffer ist voll mit Post, die ich beantworten muß.« An Menschen, die sie persönlich kannte, schrieb sie grundsätzlich mit der Hand – mit hellblauer Tinte und in einer leserlichen, großen, runden, sehr weiblichen Schrift.

Zu ihren Pflichten, für die sie nicht bezahlt wurde, gehörte auch, daß sie Altenheime, Krankenhäuser und karitative Einrichtungen besuchte. Außerdem mußte sie sich um die Gäste aus dem Wahlkreis ihres Mannes kümmern, vor allem dann, wenn dieser nur verspätet oder wegen plötzlicher Terminüberschneidungen überhaupt nicht erscheinen konnte. Zu ihren Obliegenheiten zählte ferner, daß sie in regelmäßigem Abstand die Frauen der in Bonn akkreditierten Botschafter und die in der Bundeshauptstadt tätigen Journalistinnen einlud. Schließlich kümmerte sie sich um die Frauen der Bonner Minister. Aber das betrachtete sie nicht als Pflichtübung, sondern das war ihre Art, Menschlichkeit ins rauhe politische Alltagsgeschäft zu bringen und Mißverständnisse zwischen den Männern, die für ihren Mann arbeiteten, auszuräumen, kurzum, Frieden zu stiften. Toleranz und Geduld waren Teil ihres Charakters.

Dagegen hatte sie etwas gegen regelmäßige Damentees: »Das bringt nichts ein.« Auch die Institution des politischen Salons hielt sie für überholt. »Der politische Salon müßte ja mit Politikern stattfinden. Ich sehe aber keine Chance, Politiker aus ihrer sehr angespannten Arbeit von morgens bis in die Nacht hinein zu irgendeinem geselligen Beisammensein zu bringen.«

Das heißt aber nicht, daß sie gegen jede Form von Gesellschaftsleben abgeneigt gewesen wäre. Im Gegenteil. »Das war eine Frage, die mich zuerst viel intensiver als jetzt beschäftigt hat. Ich habe mich in meinem ersten Bonner Jahr – mein Mann war noch Verteidigungsminister – beinah jeden Tag gefragt, was kannst du tun, um die vielen Menschen, die in diesem Glaskasten leben, zusammenzubringen? Bis ich zu der Erkenntnis gekommen bin: Es geht nicht. Die Zeiten des Salons sind vorbei. Dazu gehört doch Muße. Wenn man zu einem solchen Kreis hinginge, müßte man auch eine innere Bereitschaft haben, und die kann nur entstehen, wenn man vorher ein bißchen Ruhe hatte. Und die gibt es eben nicht mehr. Wir haben heute ein ganz anderes Arbeitstempo als früher.«

Sie erkannte aber auch, daß sich aus ihrer Position für eine gute Sache Kapital schlagen ließ, so wie Mildred Scheel mit der von ihr ins Leben gerufenen Krebshilfe eine Lawine der Hilfsbereitschaft ins Rollen brachte. Nur wollte Loki Schmidt ihren Namen nicht für eine Sache hergeben, zu der sie keine persönliche Beziehung, an der sie kein unmittelbares Interesse hätte.

Der Anstoß in die richtige Richtung kam von dem Hamburger Fabrikantenfreund Kurt Körber. Auf sein Betreiben hin gründete sie im Mai 1976 das Kuratorium »Zum Schutze gefährdeter Pflanzen«. Ziel dieser Einrichtung ist es seitdem, vom Aussterben bedrohte Pflanzen zu erhalten. Anfangs ging es Körber erst in zweiter Linie um den Naturschutz. Zunächst dachte er daran, das Image seiner Gefährtin »auf gemeinsamen Spaziergängen durch Wald und Flur« zu verbessern. Das war natürlich rein platonisch gemeint, ohne Händchenhalten und dergleichen.

In der klugen Voraussicht, eine solche Aktion nicht ohne den Segen und Rat bereits existierender Organisationen zu starten, rief Loki Schmidt beim Generalsekretär des Deutschen Naturschutzringes, Werner Melzer, an. Beim ersten Versuch wurde sie vom Vorzimmer nicht durchgestellt, da sie sich schlicht mit »Hier ist Frau Schmidt« gemeldet hatte. Für eine ihm unbekannte Frau Schmidt war Melzer nicht zu sprechen. »Richten Sie der Dame aus, ich habe zu tun. Sie kann mir schreiben.« Als sie es beim zweiten Anlauf schaffte, wußte der Geschäftsführer immer noch nicht, mit wem er es zu tun hatte. Erst als sie ein Gespräch im Kanzler-Bungalow vorschlug, dämmerte es Melzer, »welche Frau Schmidt das war«. Später wurde er Lokis Geschäftsführer.

Skeptiker meinten, die Bundesbürger würden zwar Geld für Mildred Scheels Krebshilfe-Aktion lockermachen, aber nicht aus Liebe zur Natur für Pflanzen spenden. Hannelore Schmidt (»Von Kindheit an ist die Botanik mein Lieblingsgebiet«) ließ sich trotzdem vor den Karren der Naturschützer spannen und brachte es allein in den ersten sechs Wochen auf fünfundvierzig Aktionen: Kuratoriumssitzungen, Besuche von Kongressen und Redaktionen, Fernsehauftritte und Signierstunden; sogar im *Playboy* schrieb sie. (»Der ist übrigens gar nicht so schlecht.«) Trotz dieses enormen persönlichen Einsatzes lief das Spendenaufkommen nur zäh an: ganze 104 500 Mark im ersten Halbjahr. Das war kein Reinfall, aber auch nicht gerade überwältigend.

Frau Schmidt gab nicht auf: Sie trommelte namhafte Wissenschaftler als Berater zusammen, ließ Autoaufkleber (»Anfassen immer – Abpflükken nie!«) drucken, für Sammler Medaillen in Silber und Gold prägen und veranstaltete Podiumsdiskussionen. Sie ging mit der Sammelbüchse auf die Straße (»Dann mache ich es eben selbst«), richtete bei Sonthofen einen

Lehrpfad mit zu schützenden Pflanzen ein und stiftete die »Silberpflanze«, eine jährliche Auszeichnung für besondere Leistungen im Pflanzen- und Naturschutz. Darüber hinaus schrieb sie ein Buch mit dem Titel *Schützt die Natur. Impressionen aus unserer Heimat,* und um den Verkauf voranzutreiben, reiste sie viele tausend Kilometer von Buchhandlung zu Buchhandlung und hielt Signierstunden ab. Sie bearbeitete Landwirtschaftsminister Josef Ertl — »Hier gibt es etwas für Sie zu tun« — und schrieb den Parteifreund und Staatssekretär im Bundesverkehrsministerium, Heinz Ruhnau (inzwischen Lufthansa-Chef), an:

»Lieber Heinz,

auf dem Dortmunder SPD-Parteitag sprachen wir über meine Aktion zum Schutz gefährdeter Pflanzen. Ich schlug vor, daß Du Dich einmal zur Verfügung stellen solltest, um auf dem Kuratorium, das sich auf meinen Vorschlag hin gebildet hat, die Möglichkeiten zu besprechen, künftig bei der Planung von Straßenbauvorhaben des Bundes stärker als bisher Gesichtspunkte des Pflanzenschutzes zu berücksichtigen. Es geht bei diesem Gespräch keineswegs darum, daß Du irgendwelche Zusagen machst. Die Mitglieder des Kuratoriums möchten lediglich einige Erfahrungen, Probleme und Wünsche vortragen.

Herzliche Grüße, auch an Deine Frau,

Deine Loki.«

Überflüssig zu sagen, daß Ruhnau sich nicht zweimal bitten ließ; da zahlte sich eben auch für Loki Schmidt der Kanzler-Bonus aus.

Und sie tat sich mit Philip Rosenthal zusammen, malte für eine Serie von zwölf Tellern sehr schöne Blumenmotive — von Drachenwurz bis Wilde Tulpe —, kaufte schützenswerte Wiesen und Hochwaldstücke auf, um sie als Anschauungsgebiete herzurichten, und eröffnete bei der Commerzbank in Bonn ein Spendenkonto. Kurt Körber machte noch einmal achtzigtausend Mark locker, ein anderer Geldgeber, der ungenannt bleiben wollte, spendete zweihundertfünfzigtausend Mark. Aber das waren Einzelfälle. Ansonsten kamen die Beträge nur tröpfchenweise. Das gesamte Aufkommen an Spenden und Erlösen aus Einzelaktionen betrug nach dreieinhalb Jahren sechshundertfünfzigtausend Mark; bei Mildred Scheel kamen im gleichen Zeitraum über 61,3 Millionen Mark zusammen. Man hätte Loki Schmidt ein bißchen mehr Erfolg und weniger Voreingenommenheit bei bestimmten Mitmenschen gewünscht. Daß sie die Frau des Bundeskanzlers war, zahlte sich nicht nur nicht aus, sondern weckte bei einigen auch den Verdacht, mit einer Spende die Sozis zu unterstützen.

Ihr Interesse für Pflanzen reicht in die früheste Kindheit zurück. Zu Hause gab es das fünfzehnbändige Nachschlagewerk *Flora von Deutschland,* das der Vater antiquarisch erstanden hatte und das sie sehr liebte. »Mein Wunsch war, einmal Biologie zu studieren. Darum habe ich auf der Schule auch Latein statt Französisch gelernt, was ich jetzt im nachhinein als großen Mangel, als Fehlsteuerung empfinde, zumal das Biologiestudium daran scheiterte, daß mein Vater viele Jahre lang arbeitslos war und ich Lehrerin werden mußte, weil das billiger kam.« Ihre Vorliebe für

Pflanzen betrieb sie privat weiter, ging später jedoch von der Botanik ein bißchen zur Ornithologie* über, um nicht einseitig zu werden. »Aber die Botanik ist nach wie vor das, was mir am meisten Spaß macht.«

Botaniker waren immer wieder über ihr gründliches Fachwissen erstaunt. Als sie die Bundesgartenschau in Mannheim besichtigte, sah sie eine Pflanze, die sie auf den ersten Blick nicht einordnen konnte. »Was ist das?« fragte sie die beflissen herumstehenden Experten. Auf diese Frage waren die Herren jedoch nicht gefaßt. Später erzählte Loki: »Ich guckte mir das Ding etwas genauer an und sagte, das müßte wohl eine Lobelia sein.« Darauf Entsetzensschreie von links, rechts und hinten. »Niemals! Alles andere, nur das nicht!« Mit höflicher Beharrlichkeit bat Frau Schmidt, den genauen Namen der geheimnisvollen Pflanze nachträglich festzustellen.

Wenige Tage später bekam sie die briefliche Bestätigung, daß sie recht hatte. Es habe sich um eine Gartenlobelia in einem besonders schönen Violettblau gehandelt.

»Stellen Sie sich vor, wie mir zumute war. Ich hatte alle Experten geschlagen«, meinte sie voller Stolz.

Solange ihr Mann in Bonn regierte und sie nur »die Angeheiratete der Regierungspolitik« war, kam ihre Leidenschaft für die Botanik trotz des Engagements für den Pflanzenschutz zu kurz. Meistens reichte die Zeit noch nicht einmal dafür, daß die Eheleute Schmidt sich über ihre Hobbys austauschen konnten. Als Loki zum Beispiel von den Galapagosinseln zurückkehrte, bahnte sich ausgerechnet an jenem Tag die Enthüllung einer Abhöraffäre an, eines Skandals, der (langfristig) das politische Ende des Bundesinnenministers bedeutete und zu einer Kabinettsumbildung führte, die ihr Mann zu diesem Zeitpunkt, mitten in der Legislaturperiode, nicht eingeplant hatte.

## 20

Erich Mende, Vizekanzler unter Ludwig Erhard und einunddreißig Jahre Bundestagsabgeordneter (1949–1980), war zu verschiedenen Zeiten Gast im Kanzleramt. »Zu Adenauers Zeiten spürte man etwas von rheinisch-kölnischer Atmosphäre. Es gab immer einen guten Mosel. Bei Willy Brandt hatte man das Gefühl, man käme in Wallensteins Lager. Keiner wußte genau, was der andere machte. Unter Schmidt ging es wie bei einer Datenverarbeitungsbank zu. Und die Seele des Computers war Schüler.«

Damit war Helmut Schmidts Hausmeier, der ranghöchste Beamte des Amtes, Staatssekretär Dr. Manfred Schüler, gemeint. Schüler war, obwohl man ihm das nicht ansah, der Mann mit der meisten Macht. Außer ihm saß nur noch der Leiter des Kanzler-Büros so nah am Ohr des Regierungschefs. Schülers geräumiges Arbeitszimmer lag auf derselben Etage wie das seines Herrn und Meisters. Wenn der Staatssekretär an seinem großen

---

* Ornithologie = Vogelkunde

Schreibtisch vor sauber aufgeschichteten Aktenstößen Platz nahm, in Griffnähe ein Kofferradio und mehrere Telefonapparate, darunter ein abhörsicheres mit Direktverbindung zu Schmidt, gab er sich erstaunlich ungezwungen. Mit abgelegtem Jackett und schwarzen Schnupftabak-bröseln auf dem weißen Hemd sah er eher aus wie jemand, der in einer Hinterstube Rennwetten vermittelt.

Ein Zipfel seiner Macht, die er gern verleugnete, wurde jeden Werktag-morgen, Punkt neun Uhr, sichtbar. Dann saß er in einem kleinen Ecksaal am Ende der zweiten Etage des Kanzleramtes mit Blick auf den vorbeiflu-tenden Verkehr der Adenauerallee und eröffnete die kleine Lage. Daran änderte sich auch nichts, als Helmut Schmidt nach der Bundestagswahl 1976 Hans-Jürgen Wischnewski als Minister zur Verstärkung ins Kanzler-amt holte. Die Konferenz, an der alle sechs Abteilungsleiter, Schmidts Bürovorsteher, die Regierungssprecher Bölling und Grünewald sowie die Persönlichen Referenten der Amtsleitung teilnahmen, diente der Auftrags-erteilung und der Sprachregelung. Hier wurde beraten und entschieden, auf welche Ereignisse des Tages die Regierung vorbereitet sein mußte und wie sie am besten zu reagieren hatte.

Willy Brandt pflegte die kleine Lage selbst zu leiten. Schmidt nahm zu Beginn seiner Kanzlerschaft ein- oder zweimal teil, befand dann jedoch, »daß der Zeitaufwand für mich nicht lohnt«. Dazu Schülers verständnis-voller Kommentar: »Er hat mehr davon, wenn er eine halbe Stunde länger schläft.«

Der Staatssekretär erledigte sein Geschäft mit äußerster Korrektheit. 1932 in der Niederlausitz (heute DDR) geboren, früher einmal Vorstands-assistent bei Hoesch, 1969 kurz Stadtkämmerer in Gelsenkirchen, schaffte er den Einstieg in die Bonner Beamtenhierarchie von oben. Mit der Übernahme der Regierungsgewalt durch die sozialliberale Koalition im Herbst 1969 wurde das SPD-Mitglied Schüler auf Anhieb Ministerialdirek-tor im Bundesfinanzministerium. Dort war er noch, als Helmut Schmidt im Juli 1972 die Nachfolge von Karl Schiller in diesem Ressort antrat. Schüler erging es wie den meisten, die plötzlich gezwungen waren, mit dem »Schnellbrüter« Schmidt zusammenzuarbeiten. »Ich hatte Mühe, ihn zu verdauen. Kraft seiner Person und seines Tempos erdrückt er erst einmal alles.«

Als sein Boß zum Bundeskanzler avancierte, nahm er den kleinwüchsi-gen Schüler mit ins Kanzleramt und setzte ihn dort auf Horst Ehmkes Stuhl. »Weil er keine großen Leute um sich duldet«, spotteten die einen. »Weil er jemand braucht, der ihm den täglichen Krimskrams des Regie-rungsgeschäfts abnimmt«, behaupteten die anderen. Schüler (heute Vor-standsmitglied der Kreditanstalt für Wiederaufbau in Frankfurt am Main) stellte sein Licht unter den Scheffel: »Ich hab' Freude am Administrieren. Außerdem: Es ist in einer Behörde noch lange nicht alles zum besten bestellt, wenn alle nur das richtige Glaubensbekenntnis haben. Es muß auch das Verständnis für solide Verwaltungsarbeit geben.«

Die Gefahr war natürlich groß, in einer derartigen Position zum reinen

Höfling zu werden. Wenn Schüler einen halben Schritt hinter dem Kanzler stand, das rechte Ohr leicht vorgebeugt, um ja keine Order seines Herrn zu verpassen, fragte man sich gelegentlich in der Tat, ob er nicht in ein derartiges Abhängigkeitsverhältnis gerutscht war. Schüler bestritt das immer, obwohl er das Risiko, die eigene Identität zu verlieren, erkannte.

Im Februar 1977 geriet der mächtige Staatssekretär wegen des Falls Traube unversehens ins Kreuzfeuer öffentlicher Kritik. In der Nacht vom ersten zum zweiten Januar 1976 waren Beamte des Verfassungsschutzes heimlich in die Wohnung des Atomphysikers Klaus Robert Traube eingedrungen und hatten eine Wanze installiert. Die Geheimdienstler waren angeblichen Verbindungen des Atomwissenschaftlers zur linken Terroristenszene auf die Spur gekommen und befürchteten, Traube könnte den Extremisten zu spaltbarem Material, mithin zu einer Atombombe verhelfen.

Als Chef des Bundeskanzleramtes auch Koordinator der verschiedenen Geheimdienste (BND, Verfassungsschutz) hatte Staatssekretär Schüler erlaubt, daß technische Experten des Bundesnachrichtendienstes bei der Operation den Verfassungsschützern Amtshilfe gaben.

Zwei Monate später war die Abhöranlage in Traubes Wohnung ebenso heimlich wieder ausgebaut worden. Die Überwachung hatte keine Belege für den Verdacht geliefert; außerdem war Traube auf Betreiben des Bundesinnenministers als Geschäftsführer der Internationalen Atomreaktorbau GmbH, Bensberg (Interatom), entlassen worden, konnte also keinen Schaden mehr anrichten, wenn er das vorgehabt hätte. Wahrscheinlich wäre über den »Lauschangriff« Gras gewachsen, hätte nicht der *Spiegel* ein Jahr darauf alle Einzelheiten anhand der kompletten Verfassungsschutzakte publiziert, womit er die SPD/FDP-Koalition samt dem Kanzler in große Bedrängnis brachte.

Unter dem Titel »Lauschangriff auf Bürger T. Verfassungsschutz bricht Verfassung. Atomstaat oder Rechtsstaat?« ließ das Nachrichtenmagazin am Montag, dem 28. Februar 1977, die Bombe platzen. Der Skandal reichte für drei weitere Titelgeschichten. Der Einbruch war ein Verstoß gegen Artikel 13 Grundgesetz, der besagt: »Die Wohnung ist unverletzlich.«

Bundesinnenminister Werner Maihofer (FDP) hatte im voraus auf Umwegen erfahren, daß der *Spiegel* zum Fall Traube eine Veröffentlichung plane – auf Umwegen, weil nicht einmal das Bonner *Spiegel*-Büro von der eigenen Redaktion in das brisante Thema eingeweiht worden war. Schlimm war nur, daß Maihofer von der Geheimdienstoperation gewußt hatte. Ob er vorher oder erst nachträglich informiert worden war, konnte man angeblich nicht mehr feststellen.

Als Maihofer von der bevorstehenden Veröffentlichung erfuhr, rief er umgehend den Kanzler in Hamburg an. Was das Nachrichtenmagazin im einzelnen an die Glocke hängen würde, wußten die Herren noch nicht. Am Samstagabend, dem 26. Februar, hatte sich der Minister ein Vorausexemplar – wahrscheinlich aus der Druckerei – besorgt und danach wieder mit dem Kanzler telefoniert. Schmidt schaltete sich daraufhin mit Genscher kurz. Nachdem die drei Herren sich einig waren, daß sie in dem ihrer Meinung nach einzig kritischen Punkt, der installierten Abhöranlage, wegen eines angeblich übergesetzlichen Notstandes nicht zurückzustecken brauchten, wiegten sie sich in trügerischer Sicherheit und ließen das Weitere fast schon mit bürokratischer Routine ablaufen. Maihofer schickte am folgenden Montag zwei schriftliche Berichte ins Kanzleramt, die im wesentlichen mit seinen vorher veröffentlichten Beschwichtigungsversuchen übereinstimmten. Darüber hinaus bekam Schmidt eine Einschätzung der Person Traubes, ein Resümee der Rechtslage und eine Übersicht, was an dem *Spiegel*-Artikel richtig oder falsch sei. Das meiste darin entsprach den Tatsachen.

Was Helmut Schmidts Urteil über Maihofer anging, war er hin- und hergerissen. Einerseits schätzte er die sympathische, intelligente Art des gebürtigen Alemannen aus Konstanz, andererseits hegte er Zweifel, ob der sensible Rechtsprofessor die politische Kärrnerarbeit eines Ministers durchstehen würde. Im Laufe der Affäre Traube kam es zwischen den beiden zu keiner wirklichen Verstimmung. Das war erst ein Jahr später der Fall. Nervös waren vorübergehend nur die engeren Mitarbeiter geworden. In der ersten Stellungnahme von Regierungssprecher Bölling hatte es geheißen, im übrigen erwarte der Kanzler »den dienstlichen Bericht« des Innenministers. Maihofers Büroleiter, Ministerialdirigent Herbert Schmülling (heute Stellvertretender Regierungssprecher) konterte: »Als wenn Schmidt der Vorgesetzte unseres Ministers wäre, bei dem der Chef zum Rapport antanzen muß.«

Bölling wiederum, in der ersten Stunde nur mit einer etwas dürftigen Erklärung des Kanzlers ausgestattet (FAZ: »Hoffentlich ist es nur der Anschein eines momentanen Schwankens, das bei Kanzler Schmidt sichtbar geworden ist«), reagierte gereizt, weil er die Erklärung in der Presse angeblich nicht überall richtig wiedergegeben fand. Dann jedoch hatte Schmidt vor der FDP-Fraktion jeden Zweifel ausgeräumt: »Ich will in der Sache nicht einmal zwischen den Zeilen an Maihofer Kritik üben.«

Erst recht vermied er Kritik an seinem Amtsvorsteher, Staatssekretär Schüler. Immerhin hatte der Chef-BK als Geheimdienstkoordinator den Einsatz von Technikern des BND erlaubt. Dennoch, mit seiner Nachsicht gegenüber Schüler taktierte Schmidt richtig. Nicht einmal die Linken in der SPD, von denen einige den Rücktritt Maihofers gefordert hatten – der Bremer SPD-Landesvorsitzende und gelernte Staatsanwalt Henning Scherf fand den Abgang des FDP-Ministers »zwingend« –, wollten Schüler ans Leder. Der ehemalige Juso-Vorsitzende und Bundestagsabgeordnete Wolfgang Roth gab die Warnung aus: »Jeder Angriff gegen Schüler geht doch nahtlos gegen Schmidt.«

Wenn der Staatssekretär in der Affäre Traube letztlich ungerupft blieb, hing das auch damit zusammen, daß Schmidt den Kontakt zu seinen sozialdemokratischen Parlamentskollegen seit dem Rentendebakel besonders wichtig nahm. Tunlichst vermied er es, irgendwelche Sitzungen zu versäumen. Entscheidend für das Verhalten des linken Fraktionsflügels dürfte jedoch gewesen sein, daß diese Gruppe nach der Bundestagswahl stärker denn je zuvor mit Fraktionsämtern betraut worden war, mithin auch leichter in die Pflicht genommen werden konnte. Vordergründig sah das wie ein typischer Schachzug Herbert Wehners aus. In Wirklichkeit hatten andere, zum Beispiel Horst Ehmke, dem Fraktionsvorsitzenden diese »Kulturrevolution« mit viel Kraft abgetrotzt.

Wolfgang Roth wurde stellvertretender Obmann seiner Fraktion im Wirtschaftsausschuß des Bundestages – ein Amt, das Wehner eigens geschaffen hatte. Der rheinland-pfälzische Abgeordnete Hugo Brandt, mit sechsundvierzig Jahren kein Nachwuchsmann mehr, aber wie Horst Ehmke ein Repräsentant des linken Flügels, wenn auch eher mittellinks, wurde Obmann im Innenausschuß, und Jürgen Egert, ehemals Vorsitzender der Berliner Jusos, übernahm eine solche Funktion im Ausschuß für Arbeit und Sozialordnung.

Wo es zu einem Pöstchen nicht reichte, gab es Nettigkeiten vom Kanzler. Den Abgeordneten und Schriftsteller Dieter Lattmann zog er bei Kabinettsberatungen hinzu, wenn Bildungsfragen anstanden. Von Norbert Gansels aufmüpfigen Kommentaren zur Regierungspolitik fühlte sich Schmidt zwar gelegentlich belästigt, aber er gab dies nicht zu erkennen und sprach Gansel, ohne mit der Wimper zu zucken, mit »lieber Norbert« an. Mit der intelligenten und mädchenhaft frischen Fraktionskollegin Heide Simonis, die er im Wahlkampf von 1976 mit einem Auftritt in Rendsburg unterstützt hatte, suchte Schmidt das Gespräch, selbst wenn er hinterher stöhnte: »Mein Gott, so viel Zeit, so viel Zeit!«

Lediglich drei Linke seiner Fraktion konnte er beim besten Willen nicht verknusen: Erhard Eppler, den hessischen Rechtsanwalt Manfred Coppik, einen fröhlich dreinblickenden Spitzbartträger, und den Düsseldorfer Studiendirektor a. D. Karl-Heinz Hansen, einen Mann, für den der Rollkragenpullover zum zweiten Parteiabzeichen geworden war. Schmidt hütete sich jedoch, diese Genossen zu provozieren, und das erwies sich als klug und richtig. Wenige Monate später probten Coppik und Hansen zusammen mit anderen Kollegen einen Aufstand gegen Schmidt und stellten seine Kanzlerschaft vorübergehend in Frage. Und das kam so:

Der Kanzler hatte mit dem freidemokratischen Koalitionspartner mühselig ein Steuerpaket ausgehandelt, das der Bundestag noch verabschieden mußte. Um Wirtschaftskonjunktur und Beschäftigung anzukurbeln, sollten unter anderem die Sonderausgaben-Freibeträge erhöht, Geschiedene steuerlich besser gestellt, das Kindergeld angehoben und als Anreiz für Investitionen die Gewerbe- und Vermögenssteuer gesenkt werden. Um den Einnahmeausfall im Staatshaushalt auszugleichen, war zunächst an eine zweiprozentige Erhöhung der Mehrwertsteuer gedacht. Das aber war der FDP zu viel, und die Liberalen wurden in ihrer Argumentation von der CDU/CSU unterstützt.

Gegen den Willen seines Finanzministers ließ sich Schmidt von Genscher und dessen Parteifreunden schließlich zu einer Anhebung der Mehrwertsteuer um lediglich ein Prozent breitschlagen. Das umgepackte Steuerpaket erregte aber immer noch den Zorn von Coppik, Hansen & Co. — unter anderem deshalb, weil die Masse der Lohn- und Gehaltsempfänger über die einprozentige Erhöhung der Mehrwertsteuer geschröpft, den Unternehmern aber neue Steuergeschenke gemacht werden sollten. Das wiederum würde nach Meinung der Fraktionsrebellen zu nicht vertretbaren Einnahmeausfällen bei den Gemeinden führen. Bei einer Probeabstimmung in der Fraktion votierten sie und andere SPD-Abgeordnete — insgesamt vierundvierzig — gegen die Pläne des Kanzlers. Der Aufstand war perfekt.

Aber Schmidt blieb »cool«. Bevor es zur endgültigen Abstimmung im Plenum des Parlaments kam, wurden vier der fünf Hauptdissidenten, die gegen den Gesetzentwurf über die Senkung der Vermögenssteuer votieren wollten, zur Einvernahme vor den Fraktionsvorstand geladen. Ein Teilnehmer dieser vertraulichen Sitzung: »Schmidt war auffallend ruhig und ungewöhnlich sachlich. Aber bei ihm weiß man natürlich nie, ob das Resignation ist.« In diesem Fall war es Berechnung. Der Kanzler hatte den Koalitionsabweichlern klarzumachen versucht, warum das Steuerpaket so und nicht anders verabschiedet werden mußte. (»Natürlich hätte auch ich das ohne die FDP anders gemacht.«) Als einer der Vorgeladenen für den Winter eine Rekordarbeitslosigkeit an die Wand malte und meinte, Schmidt und seine Regierungsmannschaft erinnerten ihn an jenen Bauern, der nach einer schlechten Ernte und vor einem harten Winter das letzte Heu an die Mastochsen verfüttere und die Milchkühe verhungern ließe, gab der Kanzler, statt wie so oft dem Gesprächspartner über den Mund zu fahren, ruhig zurück: »So schlecht ist die allgemeine Wirtschaftskonjunktur auch nicht, wie ihr sie darstellt.«

Der Fraktionsvorsitzende Herbert Wehner wurde massiver: »Wollt ihr wirklich um den Preis der Vermögenssteuer einen Koalitionswechsel heraufbeschwören und FJS und Kohl an die Regierungsmacht lassen?«

Nein, das wollten sie natürlich nicht, zumal Willy Brandt die trotzenden Abgeordneten mit einem Beispiel aus der Geschichte der Arbeiterpartei gewarnt hatte: »Der letzte SPD-Reichskanzler der Weimarer Republik, Hermann Müller, hat 1930 abtreten müssen, weil seine Fraktion die Beitragserhöhung zur Arbeitslosenversicherung um ein halbes Prozent nicht mitmachen wollte.«

Als es am 16. Juni 1977 zur Abstimmung im Bundestag kam, brachten Schmidt und Genscher ihr Steuerpaket mit 248 Ja-Stimmen gegen 245 Nein-Stimmen und 3 Enthaltungen durch. Mit Ach und Krach hatte es Schmidt noch einmal geschafft. Eine Ablehnung des Steuerpakets hätte nicht seinen Sturz bedeutet, aber gezeigt, daß er keine hundertprozentig sichere Regierungsmehrheit mehr besaß.

Die einzigen sozialdemokratischen Abgeordneten, die nicht mitgezogen hatten, waren Coppik und Hansen. Einer der Steuerrebellen, der noch rechtzeitig auf Kanzler-Kurs eingeschwenkt war, hieß Gunter Huonker. Zweieinhalb Jahre später wurde er mit dem Posten des Staatsministers beim Bundeskanzler belohnt.

21 In Bonn gab es zu Helmut Schmidts Zeiten viele Merkwürdigkeiten. Krisen mochten die Grundfesten der Republik erschüttern, Abgeordnete hektisch mit vertraulichen Geheimpapieren unter dem Arm von einer Ausschußsitzung in die andere eilen, der Bundessicherheitsrat mochte tagen und der Kanzler Krisensitzungen anberaumen – ein paar Stunden später breitete sich in der Bundeshauptstadt absolute Ruhe aus, ging das Leben weiter, als sei nichts geschehen, als hätten die Politiker Valium geschluckt.

Mitten in der Abhöraffäre um den Atomwissenschaftler Traube trat der Stellvertretende Regierungssprecher Armin Grünewald in einer Talk-Show des Bonner Contra-Kreis-Theaters auf, sang – auf besonderen Wunsch der ebenfalls anwesenden Kanzler-Gattin – das Landserlied vom angeblich so »schönen Westerwald« und hämmerte zum Gaudi des Publikums gekonnt einen Boogie-Woogie in die Klaviertasten.

Ebenso erhielten hundert VIPS in Bonn, Düsseldorf, Hamburg und anderen Städten Einladungskarten aus weißem, steifem Karton mit eingeprägtem Bundesadler, auf denen zum Beispiel geschrieben stand:

»Der Bundeskanzler und Frau Schmidt bitten Herrn und Frau Dr. Hans-Günther Sohl zu einem Hauskonzert mit Olga und Josef Rissin (Violine und Klavier) am Sonntag, dem 20. März 1977, um 20 Uhr. Dunkler Anzug. Palais Schaumburg.«

Fährt man die Adenauerallee entlang, kann man das Palais Schaumburg durch den hohen Gitterzaun um das Kanzleramt zwischen Bäumen und Sträuchern erkennen. Helmut Schmidt hatte es nach der Regierungsübernahme für zweihundertfünfundsechzigtausend Mark renovieren lassen, um würdevoller repräsentieren zu können; zum Beispiel mit Hauskonzerten. Dann standen er und seine Frau zunächst im früheren Kabinettssaal, dessen Wände die Ölbilder berühmter italienischer Maler zieren, um die Geladenen zu begrüßen. Vor dem Eintreffen des ersten Gastes fuhr sich der Kanzler gewöhnlich noch einmal mit einem Taschenkamm durch die silbergrauen Haare. Der gutgeschnittene dunkelblaue Einreiher mit Weste, den er bei solchen Gelegenheiten trug, stammte nicht mehr wie früher aus einem einfacheren Hamburger Konfektionsladen – hastig in einer Viertelstunde ausgesucht –, sondern längst aus einer besseren Herrenboutique. Statt der breitgestreiften Hemden von einst bevorzugte er nun ein vornehmes Uniweiß; dazu lugte das sorgfältig auf drei Spitzen gefaltete Kavalierstuch aus der Brusttasche.

Die Honneurs machte er längst mit Routine. Noch während ihm ein Protokollbeamter – meist Regierungsdirektor Hans Schliebusch – den Namen des eintretenden Gastes zuflüsterte, für den Fall, daß er diesen nicht kannte, hatte er den Ankömmling schon aus den Augenwinkeln eingestuft: Freund, Feind, Parteigenosse, ärgerlicher Wichtigtuer, belangloser Untergebener oder jemand, der Anerkennung verdiente. Zu der letzteren Kategorie zählte der Industrielle Hans-Günther Sohl.

»Herr Dr. Sohl!« begrüßte er den kleinen, immer freundlich dreinschauenden BDI-Präsidenten. Bei dem Wörtchen »Herr« hob er die Stimme so an, als wolle er ein Loblied anstimmen. Der Hofierte fühlte sich natürlich geschmeichelt und machte eine Verbeugung. Schmidt erwiderte sie, eine Nuance knapper. Beließ er es gegenüber Frau Sohl bei einem artigen Diener und Händeschütteln, beehrte er die nächste Dame mit einem Handkuß. Eine seltene Ehre, denn im allgemeinen hielt Schmidt nichts von Handküssen. Nun stand jedoch eine Genossin vor ihm, die immer tadellos frisierte Bundestagsvizepräsidentin Annemarie Renger. Er schäkerte mit Annemarie ein paar Augenblicke lang und kostete dabei die Gelegenheit weidlich aus, den nächsten in der Schlange, den Staatsminister im Auswärtigen Amt (und späteren Hamburger Bürgermeister) Klaus von Dohnanyi, warten zu lassen.

Dohnanyi wurde daraufhin spürbar unruhiger, da er sich gerne vor dem Kanzler in Szene setzte, um jedermann zu zeigen: Seht her, wie »dicke« ich mit ihm bin. Dem geplanten großen Auftritt war damit der Glanz genommen. Plötzlich jedoch wandte Helmut Schmidt sich dem Staatsminister zu, als hätte er ihn eben erst entdeckt: »Hallo Klaus, schön, daß Ihr gekommen seid.« Dabei wanderte sein Blick flüchtig zu Christa von Dohnanyi, die mit ihrer zarten, schlanken Figur und dem schönen, madonnenhaften Gesicht zu den wenigen wirklich eleganten Frauen des damaligen Bonn zählte. Aber ein charmantes Kompliment, wie es sich jede Frau an einem solch festlichen Abend wünscht, brachte er nicht über die Lippen. Gegenüber gutaussehenden Frauen legte Schmidt meist eine merkwürdige Schüchternheit an den Tag.

»So bringt uns wenigstens die Musik einmal zusammen«, sagte er nur und wandte sich – ohne eine Antwort abzuwarten – dem nächsten Gast zu. Damit hatte er dem Staatsminister den zweiten Dämpfer verpaßt. Helmut Schmidt, der dem ambitionierten Staatsminister durchaus hohe Intelligenz zubilligte, mokierte sich insgeheim über dessen hochtrabende, selten zu verwirklichende Vorschläge. »Dohnanieren« hatte Wehners böses Mundwerk das einmal genannt.

So rollte das Defilee der Gäste ab. Helmut Schmidt streckte seine Hand aus, nickte scheinbar freundlich, in Wirklichkeit allenfalls gnädig, wobei er den Kopf etwas zur Seite neigte, für Kenner das untrügliche Zeichen, daß ihm der Gast ziemlich gleichgültig war. Das Schlußlicht in der Schlange der Geladenen bildeten die engeren Mitarbeiter. Wenn zum Beispiel Bürochef Leister vor den Kanzler trat, schlug Schmidt die artig ausgestreckte Hand aus und schnitt eine Grimasse, als wollte er sagen: Klaus, Sie wollen mich wohl auf den Arm nehmen? Hatte der Hausherr den letzten Gast begrüßt, klatschte er einmal in die Hände – zum Zeichen, sich durch die weitgeöffnete Flügeltür in den angrenzenden ehemaligen Speisesaal des Palais zu begeben, der für diesen Abend in ein Konzertforum umfunktioniert worden war. Die Künstler nahmen unter einem riesigen Gobelin, genannt »Mann mit nacktem Knie«, Platz. Helmut Schmidt eröffnete das Konzert mit einer kurzen Ansprache, in der er nicht unbedingt auf das folgende musikalische Programm einging. Meist beschränkte er sich darauf, den weiteren Verlauf des Abends zu verkünden – etwa: »Ich bin schon gefragt worden, ob wir hier auf dem Trockenen sitzen. Nein, in der Pause gibt es etwas zu trinken.«

Nach dem Konzert gab es sogar etwas zu essen. Im sogenannten Hallstein-Zimmer, jenem Raum, von dem aus Walter Hallstein Außenpolitik machen durfte, soweit der »Alte« es zuließ, war ein Buffet aufgebaut worden. Man bediente sich selbst und versuchte, in dem inzwischen ummöblierten Kabinettssaal oder in den Nebenräumen ein Plätzchen zu ergattern. Wer Pech hatte, mußte mit den Katzentischen im Flur vorliebnehmen. Der Gastgeber hielt sich nicht mit einer Tischordnung auf.

Den Maître de plaisir spielte Armin Grünewald. Solche Abende waren für ihn eine seltene Gelegenheit, aus dem Schatten Böllings herauszutreten. Grünewald, dem die organisatorische Vorbereitung der Hauskonzerte oblag, führte dem Kanzler nach dem Essen die Künstler zu sowie den einen oder anderen Gast, der die Gunst der Stunde nutzen wollte, um Helmut Schmidt kurz zu sprechen. Alte Hasen warteten nicht auf Grünewald, sondern machten sich selber an den Regierungschef heran.

Wie kam man überhaupt zu solch einer Einladung?

Vor jedem Konzert nannte Helmut Schmidt Grünewald in groben Zügen, welche Gesellschaftsgruppen er eingeladen haben wollte. Meistens ein bißchen Wirtschaft, ein bißchen Gewerkschaft, nicht zu viele Beamte und von der Presse mitunter nur die Musikkritikerin des Bonner *General-Anzeigers*. Vielleicht noch den einen oder anderen Lokalkünstler sowie Bischof Kunst und Prälat Wöste. Nicht zu vergessen ein paar Bundestagsabgeordnete und diesen oder jenen persönlichen Freund.

Gelegentlich ließ der Kanzler auch nach einem bestimmten System einladen: etwa die in Bonn akkreditierten Botschafter jener Länder, die er in einer Amtszeit besucht hatte. Mit einer Einladung wurden mitunter auch jene Herren nebst ihren Ehefrauen beehrt, mit denen der Kanzler zuweilen dienstlich zu tun hatte. Zum Beispiel die Präsidenten des Bundesrates, des Bundestages und des Bundesverfassungsgerichts, damals Ernst Benda, oder der Generalbundesanwalt Kurt Rebmann.

Indes, weder Franz Josef Strauß noch Helmut Kohl, weder Alfons Goppel noch Hans Filbinger oder der csu-Landesgruppenvorsitzende Friedrich Zimmermann nahmen jemals eine von Schmidts Konzerteinladungen an. Die Animositäten gehen in Bonn bis ins Private.

Und wem wurde die Ehre zuteil, vor dem Regierungschef und seinen Gästen zu musizieren? Da hatte oft der Zufall die Hand im Spiel. Das erste Mal war es das Tel-Aviv-Quartett mit Werken von Mozart und Mendelssohn. Beim zweiten Hauskonzert war die Bonner Pianistin Rose Marie Zartner zu hören – mit Stücken von Maurice Ravel, Joseph Haydn, Frédéric Chopin, Marki Tajcevic und des 1856 in Bonn verstorbenen Robert Schumann. Ein anderes Mal bestritten die Pianisten Christoph Eschenbach und Justus Frantz einen Klavierabend mit Sonaten von Ludwig van Beethoven und Fantasien von Franz Schubert. Die Schmidts hatten das Duo bei Bundesbankpräsident Karl Klasen kennengelernt und waren fortan von beiden Künstlern begeistert. Der Enthusiasmus ging so weit, daß Loki ein öffentliches Konzert der jugendlich wirkenden Pianisten besuchte und vor Beginn wie ein schwärmender Teenager je eine dunkelrote Rose für Frantz und Eschenbach schüchtern auf die Flügel legte.

Vor dem Kanzler musizierten außerdem Otto Büchner (Violine), Kurt Hausmann (Oboe) und Rudolf Zartner (Cembalo), drei ältere Herren, die vorwiegend in Süddeutschland für gute Barockmusik bekannt waren. Helmut Schmidt liebt Barockmusik, spielt auf seiner Heimorgel selbst gern Stücke von Georg Friedrich Händel (Suite IX–XVI), mag bestimmte Werke der Romantik (weniger Johannes Brahms), goutiert sehr die sich durch Melodienreichtum und Harmonik auszeichnende Musik Antonin Dvořáks und erwärmt sich sowohl für die Werke moderner russischer Komponisten als auch für die Tondichtungen des Ungarn Béla Bartók. Außerdem hat er viel für Paul Hindemith übrig. Sein Lieblingskomponist aber bleibt Johann Sebastian Bach.

»Und die Vorliebe für [George] Gershwin dauert bei uns mindestens schon die Hälfte unseres Lebens an«, gestand einmal Frau Schmidt.

Vor jedem Konzert machten die Künstler einen Programmvorschlag, wobei die Änderungswünsche des Kanzlers nicht immer den Beifall der Interpreten fanden, weil sie ihnen meist nicht klassisch genug waren. Einzig Herbert von Karajan, der mit den Berliner Philharmonikern anläßlich eines vom Kanzler und dem Regierenden Bürgermeister von Berlin gegebenen Konzertabends in der Berliner Philharmonie auftrat, überschlug sich geradezu, Schmidts musikalische Wünsche zu erfüllen. Dabei war der Freizeitpianist Schmidt fast schon wie ein Intendant ins Detail gegangen, als er dem Maestro schrieb, ihm schiene es eine hervorragende Lösung, »wenn Sie sich bereit finden könnten, worum ich Sie bitten möchte, zwei Blöcke zu dirigieren. Einen ersten, der um 20.00 Uhr beginnen würde, und dann – nach einer Pause, in der die einzelnen Solistenvereinigungen der Philharmoniker zu Wort kommen würden – einen zweiten gegen 22.30 Uhr . . . Als interessierter Laie, der ich auf diesem Gebiet bin, wollte ich Sie fragen, ob Sie zum Beispiel das *Konzert in F-Dur für Klavier und Orchester* von George Gershwin oder seine *Rhapsody in Blue* für geeignet hielten. Wenn nicht, dann werde ich gerne mit Vergnügen – das gilt natürlich auch für den ersten Abschnitt – auf Ihre Vorschläge und Ihren Rat hören . . .«

Karajans Antwort erinnerte an Wilhelm Furtwänglers Ergebenheitsadressen an einen anderen Kanzler:

»Hochverehrter Herr Bundeskanzler!

Darf ich Ihnen herzlich für Ihr Schreiben danken. Ich freue mich, alle Ihre Vorschläge realisieren zu können. Das Programm lautet:

1) *Till Eulenspiegel* von Richard Strauß, *Fledermaus*-Ouvertüre von Johann Strauß.

2) *Rhapsody in Blue* von George Gershwin. Ich habe bereits den besten dafür infragekommenden Pianisten engagiert, es ist Alexis Weissenberg.

Alles ist nun klar, und wir werden uns bemühen, Ihnen ein schönes

Fest zu machen, als kleines Zeichen unseres Dankes sowie der Verehrung und Bewunderung, die wir für Ihre Person und Ihr Werk hegen.

Allerherzlichste Grüße, Ihr Herbert von Karajan.

PS. Es würde mir eine Freude sein, wenn Sie mein Apartment in der Philharmonie (Salon, Garderobe und Bad) an diesem Abend als das Ihre ansehen würden.«

Das luxuriöse Angebot war dem Kanzler etwas übertrieben, und er lehnte dankend ab. Ihm stand als Regierungschef bei seinen Berlin-Aufenthalten zwar nicht eine so hochherrschaftliche Residenz wie Schloß Bellevue für den Bundespräsidenten zur Verfügung, aber das Gästehaus der Bundesregierung im vornehmen Berliner Stadtteil Dahlem konnte sich auch sehen lassen, zumal es 1979 vollkommen renoviert wurde.

Helmut Schmidts musikalisches Interesse ist nicht aufgesetzt. Bevor er auf die Oberschule kam, konnte er schon Klavier spielen. Seine Frau erinnert sich: »Damals konnte er bereits den *Fröhlichen Landmann* spielen. Ich fand das fabelhaft. Er machte auf mich einen großen Eindruck.«

In seiner Kanzler-Zeit hatte er im Bungalow auch eine Heimorgel stehen. Allerdings kam er nur selten zum Spielen, und wenn, dann war es nichts Anspruchsvolles. Zum Beispiel das *Warschauer Konzert*, ausgewählt von Richard Addinsel, oder Gershwins *Rhapsody in Blue*. Egal, ob er E- oder U-Musik spielte, diejenigen, die ihn hören konnten, waren von seiner Musik angetan, wobei man natürlich nicht weiß, wieviel Heldenverehrung da mitschwang.

Helmut Schmidts Können sprach sich herum, und deshalb bekam das Kanzleramt immer wieder Anfragen aus der interessierten Bevölkerung, die Ministerialrat Horst Jürgen Winkel gewöhnlich beantworten mußte:

»Im Auftrag des Herrn Bundeskanzlers danke ich Ihnen für Ihre freundlichen Zeilen.

Der Bundeskanzler spielt tatsächlich Orgel, noch lieber allerdings Klavier. Wenn er abends — meist nach vierundzwanzig Uhr — aus seinem Arbeitszimmer in den Bungalow kommt, setzt er sich dort noch oft für fünfzehn Minuten an den Flügel und improvisiert etwas.

Vor einigen Jahren — ich glaube 1971 — ist der Kanzler, damals Verteidigungsminister, in der Sendung Drei mal Neun an der Hammond-Orgel aufgetreten, begleitet von Max Greger. Seitdem hat er allerdings die häufig an ihn herangetragenen Wünsche, für Schallplattenaufnahmen oder in Fernsehsendungen Orgel oder Klavier zu spielen, abgelehnt, weil er nicht genügend Zeit zum Üben hat.«

In diesem Zusammenhang darf nicht unerwähnt bleiben, daß Helmut Schmidt die Gründung der Bundeswehr-Big-Band unter Günter Noris betrieb. Manche meinen, sein bester Einfall als Verteidigungsminister.

Es gibt viele Menschen, die ein Instrument spielen, aber keinen Mut zum Singen haben. Diese Courage fehlte dem Kanzler durchaus nicht. In seiner Bibliothek in Hamburg steht ein kleiner hellgelber Bildband, ein Privatdruck, von dem es nur eine begrenzte Zahl von Exemplaren gibt. Wer einen dieser Bände in die Hand bekommt und ihn aufschlägt, erlebt eine kleine Überraschung: Auf der dritten Seite sieht man ein Farbfoto, auf dem der Kanzler – im Arm einer dunkelhäutigen, breit lächelnden Dame – abgebildet ist. Bei genauerem Hinsehen entpuppt sich diese als die amerikanische Sängerin Felicia Weathers, den Opernfreunden ein fester Begriff. Blättert man weiter, sieht man Schmidt am Konzertflügel, offensichtlich die Sängerin begleitend, wobei er ihr tief in die Augen schaut. Auf einem anderen Foto stehen die beiden zusammen, jeder ein Notenblatt in der Hand, und singen Gershwin-Melodien. Die Aufnahmen entstanden im September 1979 bei Kurt Körber; es war jedoch nicht das einzige Mal, daß sich der Kanzler und Felicia Weathers im Duett versuchten.

Schon im März desselben Jahres hatten die beiden im Kanzler-Bungalow zu Loki Schmidts sechzigstem Geburtstag einen gemeinsamen Auftritt gehabt. Zur Feier des Tages hatte Körber Frau Weathers und einen Pianisten mitgebracht. Als gegen Mitternacht die meisten Gäste schon gegangen waren und nur noch ein kleiner Kreis Unentwegter um den Flügel im Bungalow stand, hatte Helmut Schmidt plötzlich den Pianisten gefragt: »Haben Sie Gershwin-Noten dabei?« Der Mann am Flügel verneinte dies. Daraufhin entschwand Schmidt in seine Privatgemächer, um wenig später mit den gewünschten Noten zurückzukehren. Als die Melodie *Summertime* erklang, fingen Felicia Weathers und der Kanzler an zu singen. Sie Sopran, er Bariton. Körber fand dieses ungewöhnliche Mitternachtskonzert »so phantastisch gut, daß man nur bedauern kann, daß keine Tonbandaufnahme gemacht wurde«.

Der zweite Auftritt des Duos fand in Hamburg-Bergedorf statt, als Körber seinen siebzigsten Geburtstag im Beisein vieler Prominenter feierte, darunter der Kanzler, Walter Scheel, Josef Ertl, Gert Fröbe, Christoph von Dohnanyi, Anja Silja, Rolf Liebermann. Als man gegen Mitternacht wieder unter sich war, kam Gesangsstimmung auf. Und da Felicia Weathers ebenfalls geladen war, wurden Rufe nach dem Gesangsduo Schmidt/ Weathers laut. Zur Überraschung aller, die die Premiere nicht erlebt hatten, sangen die beiden wieder gekonnt Gershwin-Melodien – manchmal von dem amerikanischen Star Jeanette Scovotti sekundiert.

Musik, von der Aristoteles sagte, sie diene der sittlichen Bildung und der homöopathischen Reinigung von Affekten, bildet aber nur einen Teil der künstlerischen Neigungen des Helmut Schmidt. So stellte er sich eines Tages in seinem Bonner Arbeitszimmer die Skulptur einer Schauspielerin auf. »Ich garantiere Ihnen, daß Sie sie kennen«, ließ er den Hamburger CDU-Abgeordneten Erik Blumenfeld raten.

»Isa Vermehren?«

»Nein, es ist Tilla Durieux, vor 1914.«

Die Durieux, eigentlich Ottilie Godefrey, eine gebürtige Wienerin und 1971 verstorben, spielte im Berlin der zwanziger Jahre unter Max Reinhardt Theater, emigrierte 1934 und trat nach ihrer Rückkehr auch in Hamburg auf. Helmut Schmidt hatte sie persönlich nie kennengelernt. Aber er war von ihr ebenso fasziniert, wie er von der Grazie der Plastik angetan war, die ihm auf Vermittlung und Beratung seines späteren

Verlegers, Wolf Jobst Siedler, angeboten und von der Witwe des Bildhauers, Hedwig Haller-Braun, leihweise zur Verfügung gestellt wurde.

Das Interesse für Architektur, Bildhauerei, Malerei und Graphik ist bei ihm ebenfalls stark ausgeprägt. Bekanntlich wollte er in seiner Jugend Städtebauarchitekt werden, und seine Liebe für die Malerei und Bildhauerkunst wurde auf der Lichtwarkschule geweckt. In dieser Zeit besuchte er auch mehrmals die bei Bremen gelegene Künstlerkolonie Worpswede.

»Worpswede war für mich ein ganz wichtiger Orientierungspunkt. Ich habe damals geglaubt, das sei überhaupt die Spitze der Kunst. Das war sicher ein Irrtum. Aber die Liebe zu den Worpsweder Malern, wozu auch Paula Modersohn-Becker zählte, gehört für mich immer zu meiner damaligen Vorstellungswelt. Ich glaube, es ist damals, in diesen späten zwanziger und frühen dreißiger Jahren, allen jungen Menschen ähnlich ergangen.

Manche der großen Worpsweder Bilder waren seinerzeit schon fast vierzig Jahre alt, einige dreißig, andere waren jüngeren Datums. Gleichwohl hatten wir das Gefühl, sie brächten ein Lebensgefühl zum Ausdruck, das damals unser eigenes Gefühl war. Wenn ich es richtig verstanden habe, waren die Worpsweder Suchende, aber zugleich strahlten ihre Bilder Einfachheit, Ausgewogenheit, Ruhe und Kraft aus.«

1937, als Helmut Schmidt nach Bremen-Vegesack zum Militärdienst eingezogen wurde, fuhr er, wenn er Ausgang bekam, nach Fischerhude. »Das ist ein kleines Dorf nicht weit von Worpswede, vielleicht anderthalb oder zwei Stunden zu Fuß«, erinnerte er sich als Kanzler. »Da hatten sich einige Worpsweder, vor allem Otto Modersohn, schon Jahrzehnte vorher von Worpswede nach Fischerhude hin zurückgezogen. Ich war ein junger Soldat, achtzehnjährig, neunzehnjährig. Der Wehrsold betrug damals fünfzig Pfennig (pro Tag). Davon mußte man auch Zahnpasta und Rasierklingen kaufen. So sehr viel war das nicht. Da konnte man also nicht jedes Wochenende nach Hause nach Hamburg fahren. Ich habe die Wochenenden zunächst aus diesen finanziellen Gründen aufgeteilt. Ein oder zwei Wochenenden in Fischerhude und dann eins in Hamburg . . .

In Fischerhude wurde gelebt und gearbeitet weit weg vom Nazibetrieb jener Jahre, weit weg vom Großstadtbetrieb – ein Leben in der Natur, im Einfachen, im Ursprünglichen, gleichwohl doch ein kosmopolitisches Leben. Dort traf man Menschen aus anderen Ländern, von denen man etwas lernen konnte, die offen und frei sprachen . . .

Wenn man von Bremen nach Fischerhude wollte, dann stieg man an einem Bahnhof aus, der hieß Sagedorn, und von dort mußte man sieben Kilometer zu Fuß gehen. Das war ein phantastischer Fußmarsch. Der führte durch eine ganz flache Landschaft über – wenn ich es richtig erinnere – einundzwanzig oder dreiundzwanzig Brücken, und das waren alles kleine Nebenarme eines Flusses . . . Die Landschaft dort strömt nicht nur Schwermut aus, sondern sie hat eben auch diesen ganz großen Himmel, diese lebhaften Farben, seltsames Flimmern, bisweilen leuchtend. Das Starke und das Stille finden hier zugleich und nebeneinander Ausdruck.«

Der Sinn des jungen Schmidt für die schönen Künste entwickelte sich im Laufe der Jahre weiter. Bald gefielen ihm nicht nur die Worpsweder, sondern er entdeckte Kokoschka, Barlach, Kollwitz und Nolde. Als Finanzminister hängte er Lithographien von Marc Chagall in seinem Bonner Dienstzimmer auf. Als Kanzler favorisierte er die deutschen Expressionisten Ernst Ludwig Kirchner, Erich Heckel, Karl Schmidt-Rottluff, August Macke, Christian Rohlfs und Franz Marc, also vorwiegend jene Maler, die sich zu Beginn dieses Jahrhunderts in den beiden Künstlergemeinschaften *Die Brücke* (Berlin) und *Der Blaue Reiter* (München) zusammengeschlossen hatten. Ihren Werken sind leuchtend-warme Farben und eine nicht-aggressive Expressivität gemeinsam. Heute zählen sie zur klassischen Moderne, also zu jener Kunst, die noch nicht Antiquität, aber auch keine Avantgarde mehr ist.

Dagegen war Pop-art, inzwischen auch zur klassisch-modernen Kunst gehörend, nicht Schmidts Fall; ebensowenig zeitgenössische Maler und Bildhauer wie Herbert Schneider, Erich Herter, Heinz Trökes, Otto Herbert Hajek. Sie sagten Helmut Schmidt nicht viel. Hajek lud er zwar verschiedentlich zu seinen Festen und Vernissagen ein; eine Skulptur dieses Künstlers, dem langjährigen Präsidenten des Deutschen Künstlerbundes, suchte man im Kanzleramt jedoch lange Zeit vergebens. Erst ein halbes Jahr vor Schmidts Rücktritt wurden vier Wandtafeln von Hajek, darunter das Triptychon *Paraphrasen zu den Nationalfarben*, im NATO-Konferenzsaal aufgehängt.

Bereits ein halbes Jahr vor dem Umzug aus dem Palais Schaumburg in das neue Kanzleramt hatte sich Schmidt Gedanken über die künstlerische Ausgestaltung gemacht. Es sollten — wen wundert's — vornehmlich die klassischen Modernen sein, und in dieser Richtung wollte er sich auch beraten lassen. Zum Expertenkreis gehörten sein Jugendfreund Gerhart Laage, der Generaldirektor der Museen Kölns, Professor Gerhard Bott, und dessen Kollege, Professor Hugo Borger; ferner der Bonner Universitätsprofessor Heinrich Lützeler, der Generaldirektor des Germanischen Nationalmuseums in Nürnberg, Arno Schönberger, der damalige Pariser Operndirektor Rolf Liebermann und Leopold Reidemeister, vormals Chef der Staatlichen Museen Stiftung Preußischer Kulturbesitz und anschließend Direktor des Berliner Brücke-Museums.

Reidemeister kam in diesem Kreis eine besondere Rolle zu: Er mußte Leihgaben beschaffen. Dem Beraterkreis hatte Helmut Schmidt seine Vorstellungen, wie das Kanzleramt mit Kunst auszufüllen sei, so beschrieben:

»Dies ist ein Haus, das, wie ich immer sage, von außen zunächst wie 'ne ziemlich groß geratene rheinische Sparkasse, die sehr viel Geld zur Verfügung hatte, wirkt und das erst im Laufe von Jahren oder Jahrzehnten oder von Generationen, jedenfalls von vielen Bundeskanzlern, so eingerichtet werden und innen so ausgestattet werden kann, daß unser Volk sich mit einer gewissen Selbstverständlichkeit durch dieses Gebäude dargestellt und repräsentiert fühlt. Wir experimentieren noch ein bißchen und sind uns auch dessen bewußt, daß andere später etwas hinzufügen, vielleicht auch etwas ändern müssen.«

Und er fuhr fort: »Die Kunstwerke sollen allesamt Leihgaben sein, damit das Budget des Bundeskanzleramtes nicht übermäßig strapaziert wird. Und es sollen allesamt Künstler sein, deren Namen im Zusammenhang stehen mit Verfemung, Ächtung, Malverbot und Exil während der Jahre nationalsozialistischer Gewaltherrschaft in Deutschland. Neben der Freude am Anschauen soll auch zum Nachdenken angeregt werden. Denn diese Zeit von 1913 bis 1933 gehört ja nun nicht gerade zu den allerglücklichsten Epochen. Immerhin war sie sehr viel glücklicher noch als die Zeit, in die dann dieser Zeitabschnitt unmittelbar übergeleitet hat. Nämlich in die Epoche der vollendeten Barbarei.«

Dann wurde der Kanzler persönlich: »Für mich war es ein Schlüsselerlebnis, daß das, was ich für ganz große Kunst hielt, von den damaligen Machthabern verachtet und verächtlich gemacht wurde. Gegen Ende meines Lebens, durch eine Kette von Zufällen, auf die man selbst wenig Einfluß hat, bin ich in mein gegenwärtiges staatliches Amt berufen worden, und ich will versuchen, bei dem wieder anzuknüpfen, was ich damals erlebt habe.«

Mit der Berufung Reidemeisters hatte Helmut Schmidt einen guten Griff getan. Innerhalb weniger Monate trieb der engagierte Professor wertvolle Leihgaben von Werken Heckels, Schmidt-Rottluffs, Mackes, Rohlfs' und Noldes auf, um die Arbeitszimmer des Kanzlers und seiner unmittelbaren Mitarbeiter repräsentativ auszuschmücken. Der Kanzler bedankte sich bei ihm schriftlich: ». . . möchte ich Ihnen für Ihre intensiven und anhaltenden Bemühungen auf das herzlichste danken. Ich bin davon überzeugt, daß wir hinsichtlich der Kanzleretage zu einer überaus guten und sinnvollen Gesamtgestaltung gelangt sind, die ohne Ihr konzeptionelles und vermittelndes Zutun nicht möglich gewesen wäre. Ich wäre Ihnen dankbar, wenn Sie mir auch in Zukunft Ihren sachkundigen Rat leihen würden. Mit freundlichen Grüßen, Ihr sehr ergebener Helmut Schmidt.«

Auch die Familien der Künstler, die Bilder gestiftet hatten, erhielten Kanzler-Briefe mit »dem Ausdruck verbindlichen Danks« und der Ankündigung, »zu einem noch festzusetzenden Termin mein Gast zu sein und die Gemälde in ihrer jetzigen Umgebung zu besichtigen«.

Vier Jahre später ließ Helmut Schmidt den gesamten Vorplatz seines Amtes aufreißen und für einen Betrag von etwa anderthalb Millionen Mark umbauen, um einer neuen Leihgabe — einer überdimensionalen Plastik des englischen Künstlers Henry Moore — den gebührenden Rahmen zu verschaffen. Die Plastik, die wie die meisten Werke Moores an die Kunst der Naturvölker erinnert, aus voluminösen Formen und großen Löchern besteht und darum *Large Two Forms* heißt, stand bis dahin im Londoner Kensington Park. In Bonn hatte sie sofort einen Spitznamen: »Das Loch im Haushalt«. Daß der gesamte Vorplatz eigens für dieses Kunstwerk umgestaltet werden mußte, gab man natürlich nicht zu. Die

Bepflasterung des Platzes hätte nicht gehalten, der Käferfraß die Pflanzen befallen, und die Verkehrsführung sei gefährlich gewesen – so die offizielle Begründung.

Die Art und Weise, wie der Kanzler sich hierfür das Geld aus dem Bundeshaushalt beschaffte, war sogar bei dem Präsidenten des Bundesrechnungshofes, Karl Wittrock, auf Bedenken gestoßen. Staatssekretär Manfred Schüler versuchte im nachhinein, den Umbau damit zu rechtfertigen, neben baulichen Mängeln hätte sich gezeigt, »daß es an einer klaren – möglichst kreuzungsfreien – Linienführung für die Fahrwege fehlt«. Und schließlich: »Die Kosten werden aus Restmitteln für den Neubau des Bundeskanzleramtes bestritten.« Im Haushaltsausschuß des Parlaments wußte niemand etwas von solchen Ausgabenresten.

Später war zu hören, Schmidt habe versucht, dreihundertfünfzigtausend Mark aus dem Etat des Städtebauministers zu besorgen. Ein Taschenspielertrick, der ein weiterer Fall für den Bundesrechnungshof gewesen wäre. Aber die Opposition, die den kostspieligen Umbau durchaus zu einem Verschwendungsfall von Steuermitteln hätte aufspießen können, schlief. Schmidt hatte sich mit der ihm eigenen Beharrlichkeit und mit einer gehörigen Portion Unverfrorenheit über alle Widerstände hinweggesetzt, denn er vertrat die Ansicht: Regieren heißt Geld ausgeben.

Rückschauend kann man sagen, er hat recht gehandelt. Die Form des Vorplatzes ist beeindruckend und ästhetisch befriedigend. Wer das Haupttor und die Wache passiert hat, dessen Blick fällt sofort auf die *Large Two Forms*. Die runden, weichen Formen der vier Meter breiten und fast ebenso hohen Monumentalplastik setzen einen wirkungsvollen Kontrapunkt zu der kastenförmigen Architektur der dahinterliegenden Gebäude, wobei der Bronzeton der Plastik mit dem eloxierten Aluminium der Häuserfront harmoniert. Der Gesamteindruck wird durch das kräftige Grün eines im englischen Stil stets kurzgeschorenen Rasens vorteilhaft verstärkt.

Mit der Neuanlage des Vorplatzes und der Ausschmückung der Kanzler-Etage erschöpfte sich Helmut Schmidts Gestaltungsdrang jedoch nicht. Kurz nach dem Einzug hatte er angesichts der langen schmucklosen Korridore, die einen wegen ihrer in Perlweiß holzverkleideten Wände an Hotelflure erinnerten, befunden: »Nun tut hier doch mal irgend etwas. Hängt zum Beispiel einfach ein paar Plakate auf.«

Daraufhin wurden in der Kanzler-Etage vier Dutzend Plakate von Bauhaus-Künstlern als Leihgabe des Deutschen Plakat Museums Essen aufgehängt. Ein paar Monate danach wurde dieser Wandschmuck durch eine Ausstellung von Bildern der FAZ-Fotografin Barbara Klemm abgelöst. Dann wurde auf den Korridoren der Kanzler-Etage die Feldberg-Sammlung gezeigt, so benannt nach dem inzwischen verstorbenen, ehemals wohlhabenden jüdischen Kleiderfabrikanten Siegbert Feldberg aus Berlin, der mit vielen Künstlern der zwanziger Jahre befreundet war und als Gegenleistung für seine Großzügigkeit viele Bilder – vorwiegend Selbstbildnisse der Maler – geschenkt bekam. An die Feldberg-Sammlung schlossen sich Ausstellungen mit Werken von Käthe Kollwitz und Ernst Barlach, mit

Meisterstücken aus dem Kupferstichkabinett des Germanischen Nationalmuseums und mit alten Worpswedern aus der Bremer Kunsthalle an.

Helmut Kohl setzte die Tradition fort, die Wände des Hauses mit geliehenen Kunstwerken zu schmücken und Ausstellungen zu veranstalten. Er mußte jedoch Bilder zurückgeben, die laut Leihvertrag an die Person seines Vorgängers gebunden waren. Das galt zum Beispiel für die Werke Emil Noldes, die im Arbeitszimmer von Helmut Schmidt gehangen hatten, weswegen der Raum offiziell Emil-Nolde-Raum hieß. Ohne diese Bilder hatte es aber keinen Sinn, das Arbeitszimmer des Regierungschefs auch weiterhin nach dem Künstler zu benennen. Daraufhin ließ Helmut Kohl das Namensschild neben der Tür zum Flur entfernen.

Ein Trost: Die Skulptur der Tilla Durieux durfte er — leihweise — behalten.

**22** Anfang Juli 1977 startete Schmidt zu seiner sechsten außereuropäischen Reise. Innerhalb Europas war er in den ersten drei Jahren seiner Kanzlerschaft genau dreißigmal unterwegs gewesen und hatte vorwiegend an EG-Ratssitzungen und bilateralen Konsultationsgesprächen teilgenommen. Diesmal wollte er in elf Tagen Kanada, die USA und Island besuchen.

Oberstleutnant Christian Jungclausen, der Kommandant der Kanzler-Maschine, hatte den Nonstopflug nach Vancouver an der kanadischen Pazifikküste auf zehneinhalb Stunden veranschlagt. Zeit genug für die Delegationsmitglieder, untereinander bekannt zu werden. Einige Gesichter waren selbst dem Bonner Establishment fremd, darunter zwei Vertreter des Big Business: der Generaldirektor der Deutschen Babcock & Wilcox AG (Oberhausen), Hans L. Ewaldsen, ein Mann, der ständig einen Taschenkamm hervorkramte, um seine Haarpracht vorteilhaft zur Geltung zu bringen, und das Vorstandsmitglied der Rheinisch-Westfälischen Elektrizitätswerke AG (RWE) in Essen, Professor Heinrich Mandel. Auf Arbeitnehmerseite waren der stellvertretende DGB-Vorsitzende Gerd Muhr und der Vorsitzende der IG Nahrung-Genuß-Gaststätten, Herbert Stadelmeier, dabei. Letzterer war in Helmut Schmidts Wahlkreis Hamburg-Bergedorf zu Hause.

Ferner hatte Schmidt den Filmproduzenten und Regisseur Alexander Kluge mitgenommen, der sich unter den vielen Bürokraten der Kanzler-Delegation zunächst ein bißchen verloren vorkam, sich aber bald mit den Journalisten anfreundete.

Schließlich gab es da noch einen freundlichen älteren Herrn, mit dem die meisten Mitreisenden anfangs nichts anzufangen wußten. Er entpuppte sich als der siebenundsechzigjährige Stadtbaurat von Hannover und ehemalige Gropius-Mitarbeiter Professor Rudolf Hillebrecht. Helmut Schmidt hielt ihn für einen der wenigen genialen Städteplaner unserer Zeit, und sein heimlicher Wunsch war, daß drei Männer vom Kaliber Hillebrechts den Ausbau Bonns zur Hauptstadt planen sollten. Denn der Kanzler vertrat die Meinung, daß »niemand da ist, der mit einer klaren, überzeugenden Vorstellung von einer bundesstädtischen Hauptkonzeption hervorgetreten ist. Ein Konzept, das heute entwickelt wird, muß bis weit in das nächste Jahrhundert hineinreichen, vielleicht noch weiter.« Professor Hillebrecht sollte auf dieser Reise zusätzliche Ideen bekommen.

Die ersten vier Tage in Kanada waren als inoffizielle Visite gedacht. Sie sollten ohne militärisches Empfangszeremoniell, d. h. gemütlich beginnen. Als Helmut und Loki Schmidt in Vancouver landeten, spielte eine Drei-Mann-Combo (Saxophon, Akkordeon, Tuba) zur Begrüßung Polkatakte, darunter das Schmidt aus dem Zweiten Weltkrieg vertraute Landserlied »Rosamunde, schenk mir dein Herz und dein Ja . . .« Dazu der Bandleader: »Wir wurden angewiesen, die Nationalhymne beiseite zu lassen und statt dessen Humba-Humba-Musik zu spielen.«

Die Organisation dieses für einen Regierungschef ungewöhnlichen Empfangs lag in den Händen der Liberalen Partei Kanadas, deren Vorsitzender der amtierende Premierminister Pierre Trudeau war. Schmidt blieb gelassen und machte artige Komplimente: »Vancouver könnte ich mir gut als meine Heimat vorstellen, wenn ich nicht so ein fanatischer Hamburger wäre.« Mit diesem Lob löste er ungewollt große Heiterkeit aus, da Angelsachsen beim Wort »Hamburger« erst einmal an einen Fleischkloß, an eine Bulette denken. Fortan wurde in der Delegation gekalauert: »Hamburger, Schmidtburger« — und in Anspielung auf den deutschen ARD-Korrespondenten in Washington »Merseburger . . .«

Über seinen neuen Freund Trudeau urteilte Schmidt: »Ein Mann, den ich sehr schätze.« Dieser hätte nach den Regeln des internationalen Protokolls zur Begrüßung nicht erscheinen müssen, stand aber dennoch an der Gangway. Der Kanzler war natürlich geschmeichelt, nicht wissend, daß Trudeau in erster Linie aus einem ganz persönlichen Grund nach Vancouver gekommen war: Er brauchte dringend die Dienste seines dort praktizierenden Zahnarztes. Im Laufe des Schmidt-Aufenthalts mußte der kanadische Premier dreimal zum Dentisten, was hinterher jedesmal daran zu erkennen war, daß sein obligates Lächeln wegen der nachwirkenden Betäubungsspritze etwas gefroren wirkte.

Die dreiunddreißig Journalisten, die den Kanzler begleiteten, taten sich schwer, ihrer Berichterstattung politisches Gewicht zu verleihen. An einem Tag wurde ihnen die Besichtigung einer Wurstfabrik, an einem anderen die eines Altersheimes angeboten. Schmidts einzige Tischrede anläßlich eines Galaessens war steif und entlockte den Kanadiern an einer Stelle Applaus, der nicht nur purer Höflichkeit entsprang. Am Abend zuvor war der Kanzler-Freund Hardy Krüger als Nazi-Major im kanadischen Fernsehen zu sehen gewesen. Darauf spielte Schmidt an: »Lassen Sie uns unsere Vorstellungskraft gebrauchen und tatsächliche Informationen miteinander austauschen. Ich glaube, der Deutsche des Jahres 1977 paßt nicht mehr zu überholten Klischees aus der Kriegszeit.« Beifall.

Am dritten Tag ihres Aufenthalts flogen die Schmidts in die Olympiastadt Calgary. Dort erlebten sie eine traditionelle Stampede, ein jährlich

zur Erinnerung an die Pionierzeit stattfindendes Cowboy- und Indianer-
fest, das eine Woche lang geht. Für den Lotsenmützen-Träger Schmidt
hielten die Stadtväter einen Zehn-Gallonen-Cowboy-Hut bereit. Danach
sollten sich der Kanzler und seine Frau laut Programm an einem idylli-
schen See in Alberta für den offiziellen Teil des Kanada-Besuchs ausruhen.
Doch der rastlose Macher winkte ab. Statt dessen flog er für einen
Sonntagsabstecher zu Verwandten nach Duluth im US-Staat Minnesota.
Zu diesen Verwandten, die vor etwa vier Generationen in die Staaten
ausgewandert waren, bestanden seit eh und je Verbindungen. In Duluth
lebte bis kurz vor Kriegsausbruch unter anderem eine Tante mütterlicherseits, Tante Marianne, die sich bis zu ihrer Rückkehr nach Hamburg als
gescheiterte Sängerin mit Klavierunterricht mehr schlecht als recht über
Wasser gehalten hatte. Als junger Hamburger Senatsangestellter hatte
Helmut Schmidt seine amerikanische Verwandtschaft das erste Mal 1950
besucht. Damals bot ihm das Familienoberhaupt in Duluth, Uncle August,
Besitzer einer kleinen Eisengießerei, an: »Bleib einfach hier. Wir stellen
dich in der Fabrik ein, ein leeres Haus haben wir auch für dich. Du brauchst
Loki und [Tochter] Susanne nur nachkommen zu lassen.«

Das Angebot war für damalige Zeiten verlockend. Hamburg lag vom
Krieg zerstört darnieder. Die jungen Eheleute Schmidt lebten mit drei
anderen Familien zusammen in einer Vierzimmerwohnung. Dennoch
konnte sich Helmut Schmidt nicht zum Auswandern entschließen. Wie
wäre wohl drüben sein Weg verlaufen, hätte er das Angebot angenommen?
Big Business? Politik? Er vergaß der amerikanischen Verwandtschaft nie,
daß sie die Hamburger Schmidts in den schlimmen Nachkriegsjahren mit
Lebensmittelpaketen vor dem Verhungern bewahrt hatte.

Nach diesem neuerlichen Besuch in Duluth flog der Bundeskanzler
nach Ottawa. Zum offiziellen Programm gehörte der Besuch des Parlaments, das ebensoviel traditionelle Würde wie das englische House of
Commons ausstrahlt. Der Kanzler wurde auf die Diplomatengalerie geleitet und nahm dort Platz. Der Speaker des Hohen Hauses, der unter einem
riesigen, mit kostbaren Schnitzereien verzierten Baldachin thronte, unterbrach eine aktuelle Fragestunde, um den »höchst ehrenwerten Kanzler der
Bundesrepublik von Westdeutschland« zu begrüßen. Die lang anhaltenden
Ovationen der Abgeordneten quittierte Helmut Schmidt mit einem kurzen
Aufstehen, ohne allerdings eine Miene zu verziehen oder den ungewöhnlich langen Beifall durch ein nochmaliges Sicherheben zu honorieren. Nach
drei Jahren des Eingewöhnens war Schmidt in die staatsmännische Rolle
geschlüpft. Öffentliche Anerkennung betrachtete er als geziemend.

Das schloß nicht aus, daß er bei weniger offiziellen Auftritten wieder
Schmidt-Schnauze sein konnte – kumpelhaft und mit einer Portion
Frechheit. Als ihn nach Verlassen der Diplomatentribüne die Präsidentin
des Senats, Frau Lapointe, eine kleine, ältliche, sehr freundliche Dame, in
ihrem mit Eichenholz getäfelten Arbeitszimmer empfing, sagte sie wohl-
meinend, auf ein brisantes politisches Problem anspielend: »In diesem
Raum wird Sie keiner mit Fragen über Uranlieferungen belästigen.«

Darauf der Kanzler: »Was heißt hier Fragen stellen? Ich habe erwartet, daß jemand aufsteht und mir eine Tonne Uran anbietet.«

Die Uranversorgung der deutschen Atomindustrie war in Gefahr, weil der erst seit kurzem amtierende US-Präsident Jimmy Carter mit einer Ausfuhrbeschränkung für amerikanisches Uran nach Europa gedroht hatte. Damit wollte er verhindern, daß die Bundesrepublik acht Kernkraftwerke und eine Wiederaufbereitungsanlage nach Brasilien und die Franzosen ein Atomkraftwerk nach Pakistan lieferten. Carters Argument für den Boykott: Länder der Dritten Welt sollten nicht in die Lage versetzt werden, Kernwaffen zu bauen.

Für die Bundesrepublik hatte der Kanzler auf dem Recht beharrt, das Brasilien-Geschäft durchzuziehen; und zwar mit der Begründung, es läge innerhalb der gesetzlichen Bestimmungen des 1969 von Bonn mitunterzeichneten internationalen Atomwaffensperrvertrages. Artikel eins, der die Weitergabe von einschlägigen Kenntnissen an alle Nicht-Kernwaffenstaaten (Non-Proliferation) verbietet, träfe hier nicht zu. Er berief sich auf Artikel vier, der das Recht der Unterzeichner zur friedlichen Nutzung verbrieft. Kanada jedoch hatte Carters Meinung geteilt und bereits zu Beginn des Jahres Uranlieferungen nach Europa gestoppt.

Obwohl Helmut Schmidt noch beim Abflug von Bonn dieses Thema als zweitrangig eingestuft hatte (»Ich geh' nicht nach Kanada, um zu verhandeln«), ging ihm während der ganzen Reise dieses Anliegen nicht aus dem Kopf. Sogar auf dem Abstecher zu seinen Verwandten in Minnesota hatte er sich vom Auswärtigen Amt präparierte Gesprächsunterlagen mitgenommen. Und weil das, was die AA-Mitarbeiter zusammengestellt hatten, offensichtlich nicht ausreichend war, wurde er gleich nach seiner Rückkehr wieder dienstlich: »Man kann doch den Kanadiern nicht mit so weichen Argumenten kommen, sie müßten uns Uran liefern, nur weil wir NATO-Partner sind. Man muß doch auch ein bißchen Druck anwenden können. Nun lassen Sie sich mal was einfallen, meine Herren!«

Als Kanadas Premierminister Pierre Trudeau in einem silbergrauen Cadillac vor dem Gästehaus der Regierung, wo das erste offizielle Gespräch stattfand, vorfuhr, war er angezogen, als ginge er zu einem Cocktailempfang im Westberliner Tennisclub Blau-Weiß: weiße Hose, Mokassins mit Schnallen, eierschalenfarbenes Leinenjackett mit feinen braunen Streifen, dazu ein braunes Hemd mit weißen Tupfen.

Helmut Schmidt und Pierre Trudeau schienen überhaupt keine Gemeinsamkeiten zu haben. Der Kanadier mit dem klangvollen französischen Namen hatte Abenteuerblut in seinen Adern, durchquerte mit dem Motorrad die Wüste Gobi. Der Deutsche mit dem Allerweltsnamen war privat sehr bürgerlich, fuhr im Opel Kadett durch Hamburg. Pierre trug stets eine Rose im Knopfloch, Helmut seine Schiffermütze; der eine war katholisch, der andere protestantisch. Trudeau lebte von seiner skandalumwitterten Frau Margaret getrennt und ließ sich später von ihr scheiden; Schmidt hatte bereits sechsunddreißig Ehejahre auf dem Buckel. Trotzdem gaben sich diese ungleichen Männer wie gute Freunde. Es war Liebe auf

den ersten Blick. »Als wir uns das erste Mal begegneten«, so der Kanzler, »fühlte ich, daß wir Freunde werden könnten.«
Was verband die beiden?

Sie hegten eine heimliche Bewunderung für die Macht der Vereinigten Staaten. Beide bewunderten sich selbst am meisten, und am anderen, was sie selbst nicht besaßen. Der Kanzler war von Trudeaus Lässigkeit angetan, Trudeau von Schmidts Mundwerk: »Er kann grob werden, das gefällt mir.«

Nachdem der kanadische Premierminister also zum ersten politischen Gespräch mit Schmidt vorgefahren war, schickte der Kanzler seine Mitarbeiter aus dem Haus, da er mit dem Gastgeber allein Tacheles reden wollte. Später, als die Regierungschefs wieder zu ihren Delegationen stießen, schien er Trudeau davon überzeugt zu haben, daß die Bundesrepublik auf mehreren Gebieten der Atompolitik bereits freiwillige Vorleistungen erbracht hatte und daß bei einem langfristigen Ausbleiben der kanadischen Uranlieferungen zweihundertfünfzigtausend Arbeitsplätze auf dem Spiel standen; und last, but not least, daß man notgedrungen auch auf eine andere Technologie zur Gewinnung von Kernenergie ausweichen könne. Helmut Schmidt spielte damit auf das sogenannte Jetverfahren an, bei dem durch Erzeugung künstlicher Sonnenglut bei Temperaturen von wenigstens hundert Millionen Grad Celsius und der Verschmelzung von Wasserstoffteilchen Energie gewonnen werden kann. Einziger Haken: Keinem Forscher ist dieses Experiment bisher gelungen.

Daß die beiden Regierungschefs das strittige Thema schließlich doch unter sich lösten, lag an der gegenseitigen Wertschätzung. Helmut Schmidt beurteilte Pierre Trudeau nicht nach seinem dandyhaften Äußeren, sondern hielt ihn für »klug, nachdenklich« und für jemanden, der internationale Konferenzen »zügig, zugleich gelassen« zu führen verstand. Schmidt auch heute noch: »Ich habe meine Zuneigung zu ihm bewahrt.«

Bei dem Gespräch unter vier Augen hatte er, wie gesagt, den kanadischen Premier von der Abwegigkeit des Carterschen Uranembargos überzeugen können. Anschließend mußte er aber auch Trudeaus Begleitung, den Ministern Jamieson (Auswärtiges), Gillespie (Energie und Bergbau), MacDonald (Finanzen), Danson (Verteidigung), die Notwendigkeit — und Ungefährlichkeit — der Wiederaufnahme kanadischer Uranexporte plausibel machen. Notfalls sollten die Lieferungen ohne Euratom* über ein bilaterales Abkommen zwischen Ottawa und Bonn abgewickelt werden.

Nach Regierungssprecher Bölling war der Kanzler bei dem zweistündigen Gespräch »in Höchstform«. Er erreichte, daß die Kanadier — ohne sich allerdings schriftlich festzulegen — im Rahmen einer Interimslösung die Uranlieferungen vorläufig wiederaufnahmen, und zwar bis zu einer endgültigen Regelung mit der Europäischen Atomgemeinschaft.

---

* Euratom, eine Gemeinschaftseinrichtung der EG mit Sitz in Brüssel und Petten (Niederlande), ist alleine zuständig für den Abschluß von Verträgen für die Belieferung der EG-Staaten mit Uran. Daß dies zu ausschließlich friedlichen Zwecken geschieht, überwacht Euratom ebenfalls.

Den letzten Abend auf kanadischem Boden verbrachte Schmidt wieder unter Verwandtschaft. Dieses Mal im Hause eines jüngeren Bruders von Loki namens Christoph Glaser, der 1953 ausgewandert war, kanadischer Staatsbürger wurde, beim Elektrokonzern Philips in der Entwicklungsabteilung arbeitete und Deutsch mit englischen Einsprengseln sprach. Da er aber nicht in Ottawa wohnte, sondern im rund vierhundert Kilometer entfernten Toronto, mußte die zweiundneunzig Personen umfassende Delegation des Kanzlers mitgenommen werden. Am nächsten Morgen sollte es nämlich von Toronto aus direkt nach Washington weitergehen.

Für Schmidt sollte der Besuch in der amerikanischen Hauptstadt die zweite Begegnung mit dem neuen Mann im Weißen Haus, Jimmy Carter, bringen. Das erste Mal hatte man sich zwei Monate zuvor auf dem Weltwirtschaftsgipfel in London gesehen, doch waren die Herren danach noch nicht so weit, daß sie sich mit Vornamen angeredet hätten. Carter machte in der englischen Hauptstadt Schmidt gegenüber lediglich zaghafte Annäherungsversuche. (»As Helmut just said . . .«) Der Kanzler dagegen konnte sich nicht einmal zu solchen Avancen entschließen. Schmidt hinter vorgehaltener Hand: »Jimmy — ein schrecklicher Name.« Aber James Earl, wie Carter mit richtigem Vornamen heißt, wollte er auch nicht sagen, weil das sonst auch niemand tat. Also blieb er beim förmlichen »Mister President«.

Das Empfangszeremoniell des Weißen Hauses hat etwas Operettenhaftes: Die Begrüßung von Staats- und Regierungschefs findet stets im Park auf der Rückseite des Gebäudes statt. Die Presse, fünf Ehrenformationen der amerikanischen Streitkräfte sowie ausgesuchte Gruppen von Besuchern und Behördenangestellten bilden auf dem gepflegten sattgrünen Rasen ein offenes Viereck. An der offenen Seite steht ein rot drapiertes Podest, auf dem sich ein Rednerpult mit dem Siegel des amerikanischen Präsidenten befindet. Der obligate rote Läufer, der nirgendwo in der Welt bei solchen Anlässen fehlt, markiert den Weg von der asphaltierten Vorfahrt zu diesem Podest.

Am Mittwoch, dem 13. Juli 1977, wurde Helmut Schmidt laut Programm um 10.30 Uhr erwartet. In Washington herrschte typische Schwüle. Durch einen feinen Wolkenschleier brannte eine stechende Sonne auf die Köpfe der Versammelten. Nur die Damen genossen durch ihre farbenfrohen Hüte einen gewissen Schutz vor der Sonne. Eine Militärband spielte mit flotten Weisen gegen die abschlaffenden Gemüter an und vermittelte den Eindruck, ein Footballmatch zwischen zwei Highschool-Mannschaften stünde bevor.

Zu dieser Schulfeststimmung paßte nur nicht das Rabenschwarz, das die meisten Herren, so auch der Gewerkschafter Stadelmeier, aus dem Kleiderschrank geholt hatten. Wie vor einer Theatervorstellung suchten die Honoratioren ihre Plätze, die durch kleine, auf dem Rasen ausgelegte Namensschildchen markiert waren. Der Sicherheitsberater des Präsidenten, der »Russenfresser« Zbigniew Brzezinski, zeigte sich zur Abwechslung von seiner weichväterlichen Seite. Er hatte sein »auf fein« angezogenes

Töchterchen mitgebracht und bugsierte es in die erste Reihe des Empfangskomitees.

Angestellte des Weißen Hauses verteilten Papierfähnchen mit Stars & Stripes und den Farben der Bundesrepublik. Erinnerungen an bestellte Jubelchöre in Ostblockländern wurden bei den deutschen Gästen wach. Unter die erwartungsvolle Festgesellschaft hatten sich die Herren mit den Knöpfen im Ohr gemischt, aus denen gelegentlich Funksprüche störend quäkten. Unterstützt wurden sie von Wachsoldaten, die wie Operettengenerale hellblaue Hosen mit dreifingerbreiten Goldstreifen trugen.

Plötzlich ertönte von irgendwoher über eine Lautsprecheranlage eine energische Stimme: »Ladies and Gentlemen, the President of the United States!« Die Blicke der Amerikaner, die wußten, was nun kommen würde, richteten sich auf die zum ersten Stock führende Freitreppe des Weißen Hauses. Dort stieß ein Marineoffizier in schneeweißer Uniform eine Flügeltür auf, und händchenhaltend wie das amerikanische Glück von Goldwyn Brothers schritten Jimmy und Rosalynn Carter heraus. Sie strahlten, als träten sie zur Siegerehrung in der Weltmeisterschaft für lateinamerikanische Tänze an. Die Militärband intonierte *Hail America*, eine schmissige Melodie, und die Anwesenden applaudierten.

Dann ertönte wie vor einer besonders schwierigen Zirkusnummer Trommelwirbel. Aber es war nur die Autokolonne mit dem deutschen Kanzler und seiner Begleitung, die vorfuhr. Helmut Schmidt und Loki, Hans-Dietrich Genscher und Ehefrau Barbara schälten sich aus den tiefen Sitzen der gepanzerten amerikanischen Limousinen. Dann begann das umständliche Protokoll der Begrüßungszeremonie. Im Programm las sich das so:

»Der Herr Bundeskanzler und Frau Schmidt werden am Wagen von dem Präsidenten der Vereinigten Staaten von Amerika und Frau Carter begrüßt. Sodann stellt Präsident Carter dem Herrn Bundeskanzler und Frau Schmidt folgende Persönlichkeiten vor: Vizepräsident Mondale, Außenminister Vance, ein Mitglied des Generalstabes und Ehefrau.

Danach geleiten Präsident Carter und Frau Carter den Herrn Bundeskanzler und Frau Schmidt zum Podest. Der Herr Bundesminister und Frau Genscher werden zu der vorgesehenen Position geleitet.

Nationalhymnen, neunzehn Schuß Salut.

Sodann schreiten der Herr Bundeskanzler und der Präsident der Vereinigten Staaten von Amerika die Front der Ehrenformation, beginnend von rechts nach links, ab. Sie begeben sich anschließend wieder auf das Podest. Meldung der Ehrenformation durch den Kommandeur. Präsident Carter geleitet den Herrn Bundeskanzler zum Mikrofon. Frau Carter und Frau Schmidt folgen.

Begrüßungsansprachen.

Präsident Carter, der Herr Bundeskanzler, Frau Carter und Frau Schmidt wenden sich erneut der Ehrenformation zu. Der Kommandeur meldet die Beendigung des Begrüßungszeremoniells . . .

Präsident Carter geleitet den Herrn Bundeskanzler und den Herrn

Bundesminister in sein Arbeitszimmer (oval office). Die deutschen und amerikanischen Gesprächsteilnehmer schließen sich an. Frau Carter, Frau Schmidt und Frau Genscher verbleiben mit den übrigen Mitgliedern der offiziellen Delegation und der Sondergruppe im Blauen Salon des Weißen Hauses.«

Das erste Gespräch, das Helmut Schmidt und der neununddreißigste Präsident der Vereinigten Staaten hatten, dauerte eineinhalb Stunden, wobei das umstrittene Brasilien-Geschäft nur am Rande zur Sprache kam. Die Herren wandten sich der höheren Politik zu: der Détente, SALT II, also dem geplanten sowjetisch-amerikanischen Abkommen über die Begrenzung strategischer Waffen; sie sprachen über die in Wien endlos laufenden Verhandlungen betreffs eines möglichst gleichmäßigen Truppenabbaus in Ost- und Westeuropa, MBFR (Mutual Balanced Forces Reductions); sie konferierten über die in Belgrad vorgesehene KSZE-Nachfolgekonferenz, über die von Carter angestrebte, aber von Schmidt abgelehnte Leitfunktion der westdeutschen Wirtschaft in der Weltwirtschaftskrise und behandelten das heikle Thema der Menschenrechtsfragen.

Der stark moralisierende Präsident hatte unmittelbar nach Amtsantritt die Respektierung der Menschenrechte in den totalitären Staaten zur Grundlage seiner Außenpolitik machen wollen – eine Wunschvorstellung, von der er später abkam. Mit offenen Sympathiebemerkungen für sowjetische Bürgerrechtler verschreckte er die Kreml-Führung. Der Kanzler wiederum befürchtete wegen Carters Menschenrechtspolitik Rückschläge bei der sich immer besser anlassenden Übersiedlung von DDR-Bürgern, Deutschen aus der Sowjetunion, aus Polen und anderen Ostblockstaaten in die Bundesrepublik.

Präsident und Kanzler hatten zunächst nur im Beisein je eines Notetaker, der sich im Hintergrund hielt und Notizen vom Dialog machte, miteinander gesprochen. Dann wurde die Runde erweitert. Deutscherseits kamen Genscher, Berndt von Staden, Botschafter der Bundesrepublik in Washington, die Staatssekretäre Manfred Schüler und Klaus Bölling hinzu. Die amerikanische Seite wurde verstärkt durch Außenminister Cyrus Vance, von dem Schmidt große Stücke hielt, und durch Sicherheitsberater Brzezinski, mit dem der Kanzler – vor allem in den folgenden Monaten – überhaupt nicht zurechtkam, weil in seinen Augen der Amerikaner polnischer Abstammung zu sehr als kalter Krieger auftrat.

In einem ganz wichtigen Punkt waren die Meinungen Carters und Schmidts nicht auf einen Nenner zu bringen: Der Kanzler gab höflich zu bedenken, in die amerikanisch-sowjetischen Verhandlungen über den Abbau der interkontinentalen Atomraketen müßten auch die auf Europa – und dort vorwiegend auf die Bundesrepublik – gerichteten sowjetischen Mittelstreckenraketen vom Typ SS 20 einbezogen werden. Der Präsident sah das anders. Für ihn waren sowohl diese Raketen als auch die rund sechstausend Atomsprengköpfe, die die USA in Westdeutschland bereithielten, *nur* taktische Gefechtswaffen, die weder die Sowjetunion noch die Vereinigten Staaten bedrohten und darum nicht in ein künftiges Abkommen gehörten. Schmidt: »Ich stieß bei Carter und seinen Beratern auf taube Ohren.«

Jimmy Carter hatte andere Sorgen: Ihn quälte der Verdacht, der sowjetische Botschafter in Washington, Anatolij Dobrynin, könnte in seinen Berichten an Moskau ein ungenaues Bild von der amerikanischen Regierung und ihren Absichten vermitteln. Ob Schmidt das für möglich hielt? Der Kanzler entgegnete, daß Dobrynins Depeschen auf jeden Fall vom sowjetischen Außenministerium gesiebt werden würden, ehe sie Generalsekretär Breschnew erreichten. Darum sei es für den amerikanischen Präsidenten wichtig, einen direkten Draht zum sowjetischen Regierungschef zu finden.

Wenn zwei Tatmenschen miteinander zu tun haben, kann das gut gehen, weil sie eine Wellenlänge haben. Es kann aber auch ein totaler Reinfall werden, weil jeder von sich und der Richtigkeit seiner Weltanschauung überzeugt ist. Leider traf letzteres auf Schmidt und den um sechs Jahre jüngeren Carter zu. Ähnlich wie der deutsche Macher meinte der Erdnußfarmer aus Georgia: »I like to run things.«

Carters Wille, an die Macht zu gelangen, war noch viel ausgeprägter gewesen als bei Schmidt; nur so war seine Blitzkarriere zu erklären. Anders als der Kanzler verfügte er über eine relativ kurze Laufbahn in öffentlichen Ämtern: vier Jahre als Abgeordneter des Parlaments von Georgia und vier Jahre als Gouverneur dieses Bundesstaates. Dann allerdings hatte er beim ersten Versuch auf Anhieb den Sprung ins Weiße Haus geschafft. Helmut Schmidt dagegen hatte eine lange Wegstrecke in verschiedenen öffentlichen Ämtern zurückgelegt: achtzehn Jahre als Bundestags- und Hamburger Abgeordneter, davon zwei Jahre als Fraktionsvorsitzender, drei als Innensenator, fünf Jahre als Bundesminister (Verteidigung, Finanzen, Wirtschaft), ehe er nach dem Rücktritt von Willy Brandt Kanzler wurde.

Auch äußerlich waren die beiden Männer grundverschieden. An Carters Gesicht fielen vor allem das aschblonde Haar und die Krähenfüße an den Schläfen auf. Er hatte eine überraschend helle Stimme und strahlte gleichbleibende Freundlichkeit aus. Überhaupt wirkte er so, als ließe er sich durch die Hektik seines Amtes nicht aus der Ruhe bringen. Sein Gang hatte etwas aufreizend Lässiges, sein Händedruck währte lang, manchmal peinlich lang, wobei er seinem Gegenüber prüfend in die Augen schaute. Außerdem tat Carter im Beisein anderer Staats- und Regierungschefs immer so, als sei er nur Gleicher unter Gleichen. An der Vielzahl der Leibwächter war seine wahre Macht jedoch leicht abzulesen.

Bei Helmut Schmidt fällt zwar auch das Haar, der volle Schopf auf, aber seine Stimme kommt knurrig und hat etwas Befehlendes. Sein Gang war immer so, als wolle er jedermann zeigen, welch schwere Last er zu tragen hätte. Natürlich konnte er auch lachen; meistens blieb er jedoch todernst. Die Hände anderer Leute mochte er schon gar nicht schütteln.

Was Schmidt und Carter gleichermaßen auszeichnete, war die Fähigkeit, sich stundenlang auf ein Problem zu konzentrieren. Der Präsident benötigte bei Konferenzen, die fünf Stunden lang dauerten, keine einzige Toilettenpause. Der amerikanische Volkswirtschaftler Walter Heller verriet einmal: »Wir nannten ihn damals die eiserne Hose.« Ähnliches konnte man auch bei Schmidt beobachten. Bundeswehrgenerale erinnerten sich noch Jahre danach an stundenlange Nachtsitzungen mit dem Verteidigungsminister Schmidt. »Da trauten sich nicht einmal wir Generale, um Toilettenerlaubnis zu bitten.«

Beide, der Präsident und der Kanzler, glaubten an Gott und beschäftigten sich intensiv mit religiösen Fragen. Schmidt gehörte viele Jahre einer protestantischen Kirchengemeinde als aktives Mitglied an; Carter betätigte sich als Baptistenprediger. Dennoch waren sie einer Meinung, Gott habe in der Politik nichts zu suchen. Carter: »Da gibt es keine besondere Verbindung.« Schmidt: »Selbst die Kirche kann den Willen Gottes in bezug auf die politische Entwicklung nicht im voraus wissen.«

In zwei Punkten unterschieden sie sich jedoch grundsätzlich: »Es ist sehr schwierig für mich, Kompromisse zu machen, wenn ich von einer Sache fest überzeugt bin. Ich trag' die Angelegenheit dann lieber öffentlich aus, auch wenn ich dabei untergehe«, sagte der Präsident einmal von sich. Daß der Kanzler dagegen fähig war zurückzustecken, hatte er kurz vor seiner Washington-Reise bewiesen, als ihm die SPD-Fraktion in der Rentenfrage die Gefolgschaft verweigerte und er den mit dem Koalitionspartner ausgehandelten Plan zurücknehmen mußte.

Und noch ein Unterschied: Carter hatte es zum Millionär gebracht, Schmidt nur zum gutbezahlten »leitenden Angestellten der Bundesrepublik Deutschland«. Im letzten Jahr vor seiner Wahl zum Präsidenten versteuerte Carter ein Vermögen von umgerechnet zwei Millionen Mark. Schmidt wäre gern Millionär geworden, schaffte dies aber erst nach seinem Ausscheiden aus dem Kanzleramt mit Vorträgen und Buchveröffentlichungen. Als im Herbst 1987 sein Buch *Menschen und Mächte* erschien, waren ihm bereits nach wenigen Wochen zwei Millionen Mark an Honoraren sicher.

Die erste Unterredung an jenem Mittwoch im Juli 1977 dauerte rund eineinhalb Stunden. Das zweite Mal sahen sich Schmidt und Carter abends bei einem großen Galadiner im Weißen Haus. Bei der Vorbereitung dieses gesellschaftlichen Ereignisses war es zu protokollarischen Schwierigkeiten gekommen. Beim amerikanischen Präsidenten gibt es nämlich Gäste erster und zweiter Klasse. Die einen dürfen am Hauptportal vorfahren und bekommen von Soldaten in Paradeuniform den Wagenschlag aufgerissen; die anderen werden durch eine weniger pompöse Nebentür ins Souterrain eingelassen. Diese Regelung rührt daher, daß ein Galadiner im Weißen Haus häufig aus zwei Veranstaltungen besteht: aus dem eigentlichen Essen und einem anschließenden Unterhaltungsprogramm. Manche Gäste werden zu beidem eingeladen, einige aber auch nur zu letzterem.

Als bei der Reisevorbereitung die Einladungen zwischen Bonn und Washington ausgehandelt wurden, sollten die Industriebosse Hans L. Ewaldsen und Heinrich Mandel, die Gewerkschaftsoberen Gerd Muhr und

Herbert Stadelmeier sowie der Architekturprofessor Rudolf Hillebrecht und der Filmproduzent Alexander Kluge nach Meinung des amerikanischen Protokolls am Essen nicht teilnehmen. Und das nicht etwa, weil die Herren dem Gastgeber weniger gesellschaftsfähig erschienen, sondern weil Carter jeden Stuhl brauchte, um seinen neuen »Freund Helmut Schmidt, den erfahrenen und erleuchteten (!) Staatsmann«, wie er ihn nach der Begrüßung nannte, möglichst vielen amerikanischen Honoratioren vorführen zu können. Da aber auch der Kanzler Eigeninteressen verfolgte, wenn er Arbeitgeber- und Arbeitnehmervertreter auf Auslandsreisen mitnahm, setzte Bonns Protokollchef Franz Joachim Schoeller durch, daß die erwähnten Herren doch mitspeisen durften.

Auf diese Weise wurden sie Zeugen, als Jimmy Carter in seiner Tischrede im State Dining Room des Weißen Hauses dem Hauptgast aus Bonn das Kompliment machte: »Ich selbst fühle mich gestärkt in dem Wissen, mich mit Helmut Schmidt beraten zu können, wenn Probleme und Fragen im Zusammenhang mit dem Anwachsen des Kommunismus in einigen westeuropäischen Ländern auftauchen. Er ist ein Staatsmann, er ist klug, er kennt die Dinge aus eigener Anschauung. Er hat die Herausforderung unserer Zeit begriffen und macht sich Gedanken darüber, wie ihr zu begegnen ist. Ich höre zu und profitiere davon.«

Solcherart Lobgesänge hinderten ihn später aber nicht, bei internationalen Krisen, wie bei dem von ihm beschlossenen Boykott der Olympischen Spiele in Moskau wegen der Besetzung Afghanistans, Schmidt vorab nicht zu konsultieren.

Nach dem Essen entwickelte der Präsident seinen ganzen Charme. Im Park des Weißen Hauses verriet er – bei subtropischen Außentemperaturen, obwohl es schon Nacht war, und vor dem Hintergrund wunderschöner alter Bäume –, wie er seine Gäste weiterhin zu unterhalten gedenke. Breitbeinig auf einer hellerleuchteten Bühne stehend, in einem elegant geschnittenen Smoking, neben dem sich der von Schmidt wie ein Vorkriegsmodell ausnahm, zu seinen Füßen ein Armeeorchester, machte der erste Mann der Vereinigten Staaten höchstpersönlich die Conférence: »Als junger Matrose habe ich einmal in New York ein amerikanisches Musical gesehen, das mich begeistert hat, nämlich *Carousel* von den bekannten Komponisten Rodgers und Hammerstein. Mir gefielen nicht nur die vielen Melodien, sondern auch, daß jedes gesungene Wort wahr ist. Es ist bestes amerikanisches Theater.«

Dann sangen fünf Stars der New Yorker Metropolitan Opera, die extra für den Gast aus Deutschland eingeflogen worden waren, die tragische Geschichte von dem großsprecherischen Rummelplatzausrufer und seiner Liebe zu einem unprätentiösen jungen Mädchen – ein Märchen, das, wie könnte es bei dem Optimisten Jimmy Carter anders sein, ein glückliches Ende hat.

»Good night, everybody«, rief der Präsident, nachdem die letzten Takte verklungen, der trotz seines hohen Alters anwesende Komponist Richard Rodgers gefeiert und der Applaus abgeebbt waren. Carter nahm Loki beim

Arm und verschwand, von Helmut Schmidt und Rosalynn Carter gefolgt. Die vier begaben sich in die Privatgemächer des Präsidenten, wo die Männer noch eine gute Stunde zusammenblieben, um das Gespräch vom Vormittag fortzusetzen. Die Gattinnen durften sich in gebührendem Abstand in der Nähe aufhalten. Nur Amy, die neunjährige Carter-Tochter, sprang unbekümmert im Schlafanzug herum.

Am zweiten und letzten Abend seines Amerika-Aufenthalts lud der Kanzler Vizepräsident Mondale und einhundertsechsundsechzig Gäste zu einem Festbankett in die Deutsche Botschaft an der Reservoir Road ein. Unter den Gästen war auch Henry Kissinger mit seiner ihn um Haupteslänge überragenden Frau Nancy. Da ihr Mann nicht mehr Außenminister war, hatte sich das Paar wie alle anderen Besucher auch beim Defilee in die Schlange einreihen müssen. Privilegien, an ein politisches Amt gebunden, sind so flüchtig wie das Parfüm einer Frau. Nach Tisch widmete sich der Kanzler aber ganz »old« Henry, redete sich fest und verließ – gegen seine Gewohnheit – fast als letzter nach Mitternacht die Botschaft, um ins Gästehaus des Präsidenten, ins Blair House, zu fahren, wo er wohnte.

In seiner Delegation waren noch am selben Abend erste Bedenken aufgekommen, wie ernst jene Lobsprüche gemeint waren, die er von Carter zu hören bekommen hatte. Das alles war so dick aufgetragen, daß es wie eine handfeste Umarmungsstrategie wirkte. Bei einer Analyse der vorangegangenen politischen Gespräche war nicht zu übersehen gewesen, daß Jimmy Carter in der Sache weitgehend unnachgiebig geblieben war. Washington bestimmte nach wie vor das – nach Meinung Bonns viel zu langsame – Tempo bei den amerikanisch-sowjetischen Verhandlungen über die Begrenzung strategischer Waffen (SALT). Daß zum Ausgleich die Ost-West-Gespräche über den beiderseitigen ausgewogenen Abbau der konventionellen Streitkräfte in Europa (MBFR) forciert werden sollten, blieb eine stark verklausulierte Absichtserklärung ohne bindende Zusage.

In der Frage der Menschenrechte hatte Carter Schmidts Meinung, daß er für ein »standfestes, aber nicht lautstarkes Auftreten« sei, zwar zur Kenntnis genommen, doch der Amerikaner hatte sich ausdrücklich vorbehalten, die Verletzung der Menschenrechte durch die Sowjets weiterhin laut und vernehmlich anzuprangern. Dies auch dann, wenn Schmidt meinte, das könnte dem Entspannungsprozeß abträglich sein.

So enttäuschend der Washington-Aufenthalt für den Kanzler letztlich verlief, so erfolgreich war er für seine Frau. Mit ihrer menschlichen Wärme nahm sie im Nu jeden für sich ein. Ihr Englisch war ein wenig holprig. Als ihr zu Ehren aber die Frau des amerikanischen Außenministers Vance auf einer alten Plantage vor den Toren Washingtons ein Essen gab und die Kanzler-Gattin eine Tischrede halten mußte, legte sie den von der Delegation präparierten Zettel beiseite (»Der war zu steif«) und entschuldigte ihr Stegreif-Englisch mit dem Hinweis: »Aber ich spreche von Herzen.« Das glaubte ihr jeder aufs Wort. Loki war gerührt über die Aufmerksamkeiten, die ihr zuteil wurden. Bei einem vorangegangenen Amerika-Besuch hatte sie beiläufig erwähnt, daß ihr die Crape-Myrtel-

Bäume in Washington gefielen. Diesmal erhielt sie bei der Gala im Weißen Haus einen Topf mit dieser Pflanze geschenkt.

Bei fünfunddreißig Grad im Schatten verabschiedeten sich Helmut und Loki Schmidt am Morgen des dritten Tages. Bei nur zehn Grad erreichten sie die letzte Station der elftägigen Reise: Islands Hauptstadt Reykjavik.

Der Kanzler trug wieder seine Elbsegler-Mütze, auf die er in Washington zur Erleichterung von Protokollchef Schoeller verzichtet hatte. Das zaghaft vorgebrachte Ansinnen seiner Mitarbeiter, sich schon in Washington auf die Gespräche in Island vorzubereiten, hatte er barsch zurückgewiesen: »Ich bin doch nicht der oberste Fischhändler der Nation.« In Reykjavik sollte nämlich nicht über Raketen, Uranlieferungen oder Menschenrechte, sondern über Kabeljau gesprochen werden. Die Isländer hatten in den Jahren zuvor die Fangmöglichkeiten und Fischkontingente vor ihren Küsten für ausländische Trawler immer mehr eingeschränkt.

Eine Stunde vor Ankunft hatte Schmidt sich – typisch – doch auf seine eventuelle Rolle als »Fischhändler« präpariert. Er beorderte die Ministerialdirektoren Jürgen Ruhfus und Dieter Hiß zu sich und ging mit ihnen die vom Auswärtigen Amt vorbereiteten Gesprächsunterlagen durch. Sein Gastgeber, Ministerpräsident Geir Halgrimsson, brachte auch prompt das für die Isländer zu einer Überlebensfrage gewordene Thema zur Sprache. Neunundzwanzig Prozent seiner arbeitenden Landsleute lebten von der Fischerei und der fischverarbeitenden Industrie, dem mit Abstand wichtigsten Exportzweig. »Wir wollen nicht hier als Freunde auseinandergehen, und nach ein paar Monaten stehen wir vor einem Problem, das unsere Beziehung belasten könnte«, mahnte Halgrimsson, ohne seine Augen, die so hellblau wie die berühmten Springquellen des Landes waren, von Helmut Schmidt abzuwenden.

Der Kanzler versuchte sich zu drücken: »Ich bitte um Verständnis, aber ich bin hier nicht zum Verhandeln. Das ist eine Sache, die zwischen der EG und Island ausgetragen werden muß.« Bereits auf dem Heimflug gab er aber zu bedenken: »Man muß diesem kleinen Land helfen.« Das war eine Schwäche des Kanzlers: Auf Auslandsreisen ließ er sich leicht beeindrukken. Er brauchte nur eine halbe Stunde mit dem Hubschrauber ein ihm fremdes Gebiet zu überfliegen, ohne aus der Höhe den genauen Zustand der unten vorbeigleitenden Bauernhöfe ausmachen zu können, und schon urteilte er: »Dieses Land ist doch bestens in Schuß.«

Als die Luftwaffen-Boeing am Ende der Reise auf dem Hamburger Flughafen Fuhlsbüttel wieder aufsetzte, hatte der Kanzler 20 650 Kilometer zurückgelegt, war 26½ Stunden in der Luft gewesen, hatte 175 000 Liter Flugbenzin verflogen, sich durch zehn Diners gegessen und elf Reden gehalten. Kein leichter Job, wenn man bedenkt, daß er, vor allem bei Gesprächen, immer »voll da sein« mußte.

Nun machte er aber erst einmal wieder Ferien am Brahmsee.

**23** Helmut Schmidt gönnte sich sechs Wochen Urlaub. Diese ausgedehnte Pause hatte er auch dringend nötig. Denn vor der Reise nach Kanada, in die USA und nach Island waren seine Augen wegen ständiger Überarbeitung und mangels ausreichenden Schlafes immer häufiger gerötet gewesen, und sein Gesicht zeigte eine fahle Blässe, die die Mitarbeiter erschreckte. Vor SPD-Abgeordneten, die er zum Abendessen ins Kanzleramt eingeladen hatte, sprach er elfeinhalb Minuten – davon acht über seine Schlaflosigkeit, die drückende Bürde des Amtes, seine Krankheiten sowie über Streß und Strapazen.

Das wiederholt knappe Abschneiden der Koalition bei Abstimmungen im Bundestag, die Querschüsse von Abweichlern in der eigenen Fraktion bei der Verabschiedung des Steuerpaketes, der Imageverlust durch das immer noch nicht vergessene Rentendebakel, die Abhöraffären, die Unzufriedenheit der Partei mit ihm und seine Enttäuschung über sie – all das hatte ihn Kräfte gekostet und vorübergehend sogar den Anschein erweckt, als suche er nach einem Anlaß, sich einen wirkungsvollen Abgang zu verschaffen. Ein alter Hausdiener, der zwanzig Jahre in der Regierungszentrale hinter sich und vier Kanzler kommen und gehen gesehen hatte, meinte: »Ich kann's nicht beschreiben, aber ich fühl's in den Fingerspitzen. Diese ganze Hektik hier nachts. Eine Besprechung löst die andere ab. Zum Beispiel bevor der Stobbe Berliner Bürgermeister wurde. So fing's auch früher jedesmal an, wenn der Kanzler seinen Hut nahm.«

Star-Reporter wie Hermann Schreiber (*Der Spiegel*) und Hans Reiser (*Süddeutsche Zeitung*) waren nach Bonn gekommen, um Schmidts bevorstehendes Ende zu recherchieren. Bundespräsident Walter Scheel hatte mit kaum verhüllter Schadenfreude registriert, »was alles über meinen Nachbarn geschrieben wird«. Und Willy Brandt sang unter Freunden Spottlieder auf Schmidt: »Auf der Mauer, auf der Lauer sitzt ein kleiner Wanzen.« In Brandts Umgebung verdichteten sich feindselige Emotionen gegenüber dem »Macher von drüben« zu einem gefährlichen Gemisch. Rainer Barzel, der das aus erster Hand mitbekam: »Das Ausmaß dieses Hasses ist nicht mehr zu verstehen.« Schmidts alte Energien kehrten erst während des Aufenthalts am Brahmsee wieder zurück.

Wegen des Kanzler-Urlaubs war es kurz zuvor in der Bundespressekonferenz zu einem Wortgeplänkel gekommen. Ein Journalist hatte von Armin Grünewald wissen wollen, wie viele Urlaubstage der Kanzler in besagtem Jahr schon genommen habe. Grünewald gab sich zunächst kooperativ: »Ich bin gern bereit, das festzustellen.« Weil Regierungssprecher aber auch gern belehrende Töne in ihre Auskünfte legen, schob er nach: »Ich bin nicht so veranlagt, daß ich ihm [dem Kanzler] das von mir aus schon nachgerechnet hätte.« Der Journalist insistierte: »Wann kann man das erfahren?« Darauf Grünewald, nun gar nicht mehr um Konzilianz bemüht: »Wenn wir fertig sind. Ich glaube, daß das ziemlich mühsam sein wird. Darf ich zur Präzision fragen, von wieviel Stunden an Sie Urlaub rechnen, damit wir uns da nicht mißverstehen?« – »Über drei Tage.«

Damit hätte das Katz-und-Maus-Spiel um die Urlaubsgewohnheiten des Kanzlers eigentlich beendet sein können. Der Regierungssprecher wollte den Fragesteller offensichtlich aber noch deutlich fühlen lassen, für wie unangebracht er dieses an sich harmlose Auskunftsbegehren hielt: »Sind die Sonntage mitgezählt? Ohne Feiertage?« Später bekam der Journalist einen Anruf – allerdings nicht von Grünewald, sondern aus dem Kanzleramt –, in dem ihm nicht mitgeteilt wurde, an wie vielen Tagen der Kanzler nun geurlaubt hatte, sondern um abermals belehrt zu werden: »Der Kanzler ist immer im Dienst, er hat nie Urlaub.«

In einer der nächsten Pressekonferenzen rückte Grünewald dann doch mit Zahlen heraus: Der Bundeskanzler habe im Jahr zuvor fünfunddreißig Tage, im laufenden Jahr erst zehn Tage Urlaub genommen. Der Sommerurlaub am Brahmsee war in dieser Aufstellung noch nicht berücksichtigt. Grünewald: »Die Behauptung in der *Welt*, der Bundeskanzler sei in den letzten zwölf Monaten an vierundsechzig Tagen in Urlaub gewesen, ist falsch.«

Natürlich war sie richtig, dem Kanzleramt aber peinlich. Dabei können der Kanzler und seine Minister sooft und so lange Ferien machen, wie sie wollen und ihre Arbeit es zuläßt. Die Geschäftsordnung der Bundesregierung regelt zwar in einunddreißig Paragraphen solche Selbstverständlichkeiten wie »Die Kabinettssitzungen beginnen pünktlich«, über Urlaubsansprüche schweigt sie sich jedoch aus. Die Schmidt/Genscher-Regierung hatte am 2. Juli 1975 einen Kabinettsbeschluß gefaßt, in dem es heißt: »Bundesminister und Staatssekretäre gelten als immer im Dienst befindlich.« Insofern war die Auskunft des Kanzleramtes nach den Urlaubsgepflogenheiten Schmidts juristisch nicht falsch. Sie war nur ein Griff in die falsche Kiste zum falschen Moment. Zu dem Beschluß war das Kabinett gekommen, damit die Herren ihre Dienstwagen auch im Urlaub und außerhalb der Arbeitszeit benutzen konnten. Andernfalls hätten sie sich, wie jeder Steuerpflichtige, einen Abzug vom Gehalt gefallen lassen und Schadenersatz leisten müssen, falls sie in den Ferien oder in der Freizeit mit ihrem Dienstwagen einen Unfall hatten. Das war Schmidt im Urlaub zweimal passiert. Auch Walter Scheel fuhr als Außenminister seinen Dienstwagen in den Ferien im österreichischen Hinterthal zu Bruch, und Amtsnachfolger Genscher setzte in der Karnevalszeit 1981 einen Wagen des Bundeskriminalamtes auf der Heimfahrt gegen eine Mauer. In allen Fällen hätten die Herren ohne besagten Kabinettsbeschluß die Reparaturkosten selbst tragen müssen. Denn Fahrzeuge des Bundes sind nicht versichert, da der Staat finanzkräftig genug ist, Schadensfälle selber regulieren zu können.

Als Schmidt Ende August wieder an seinen Schreibtisch in Bonn zurückkehrte, war er leicht gebräunt. Was ihm jetzt noch fehlte, um sich rundum wohl zu fühlen, war ein Erfolgserlebnis. Es stellte sich früher ein, als er ahnte. Allerdings kam als Vorbote eine schwere menschliche Tragödie.

**24** Ort: das Arbeitszimmer des Bundeskanzlers. Helmut Schmidt, Genscher, Maihofer und Vogel sitzen am 5. September 1977, kurz nach achtzehn Uhr, noch zusammen, als der Innenminister von der Kanzler-Sekretärin ins Vorzimmer gebeten wird: »Ein Gespräch für Sie, Herr Maihofer.«

Am anderen Ende ist Maihofers Büroleiter, der heutige Stellvertretende Regierungssprecher Herbert Schmülling: »Die Sicherungsgruppe hat eben angerufen. Auf Schleyer ist ein Attentat verübt worden.«

»Du meine Güte! Wo denn?«

»In Köln. Aus einem vw-Kombi wurde auf ihn und seine Sicherheitsbeamten geschossen. Es soll Tote gegeben haben, vier.«

»Das darf nicht wahr sein!«

Schmülling räuspert sich, um die Stimme nicht abrutschen zu lassen. »Schleyer ist entführt worden. Ob verletzt oder gar tot, steht noch nicht fest.«

Maihofers wulstige Lippen werden schmal, die innere Anspannung verleiht seinem Gesicht etwas Maskenhaftes. »Ich muß das gleich an den Kanzler weitergeben. Halten Sie mich auf dem laufenden, Schmülling. Ich will jede Kleinigkeit wissen. Das ist ja alles furchtbar.«

Im Arbeitszimmer des Kanzlers gibt Maihofer hastig weiter, was er soeben erfahren hat. Entsetzen breitet sich auf den Gesichtern der Anwesenden aus. Es dauert eine Ewigkeit, bis die Herren sich gefangen haben. Schmidt stellt Fragen, aber Maihofer kann ihm keine weiteren Antworten geben, da er auch nicht mehr weiß. Instinktiv spürt Schmidt, daß der Staat einer schweren Belastungsprobe entgegengeht. Er überlegt, hört die hastig vorgebrachten Vorschläge von Genscher, Maihofer und Vogel an und gibt schließlich Anweisungen: Vogel soll sich, begleitet von Staatsminister Wischnewski, sofort an den Tatort begeben, um Einzelheiten des Attentats in Erfahrung zu bringen. Maihofer wird zur Sicherungsgruppe Bonn des Bundeskrimininalamtes (BKA) geschickt, wo bis auf weiteres alle Informationen gesammelt werden. Und Schmidt nimmt sich vor, Frau Schleyer anzurufen. Hierbei ergibt sich die erste Ungereimtheit des Dramas. Es sollte nicht die einzige bleiben.

In der von der Bundesregierung Wochen später herausgegebenen Dokumentation zur Entführung des BDI- und BDA-Präsidenten heißt es auf Seite achtzehn: »19 Uhr 45 – Der Bundeskanzler telefoniert mit Frau Schleyer.« Hanns-Eberhard Schleyer, der älteste Sohn und heutige Chef der rheinland-pfälzischen Staatskanzlei: »Mutter bestreitet, daß der Kanzler am ersten Abend angerufen hat.« Hatte der Schock Frau Schleyers Erinnerungsvermögen durcheinandergebracht? Ab neunzehn Uhr dreißig, also eine Viertelstunde vor dem fraglichen Kanzler-Telefonat, war der jüngste Sohn Jörg bei ihr. Auch er stellt in Abrede, daß Schmidt angerufen habe. An anderer Stelle der Dokumentation wird behauptet: »Der Bundeskanzler, der Bundesjustizminister oder andere Teilnehmer der Gremien führten fast täglich Gespräche mit Mitgliedern der Familie Schleyer.«

Tatsächlich telefonierte Schmidt nur ein- oder zweimal mit Frau Schleyer, und Hanns-Eberhard Schleyer empfing er auf dessen Bitte hin ein einziges Mal.

Diese Zusammenkunft – eine Woche nach dem Tag der Entführung – fand übrigens unter etwas merkwürdigen Begleitumständen statt. Von Hanns Martin Schleyer gab es inzwischen mehrere Lebenszeichen. Nur das Versteck, in dem er gefangengehalten wurde, war immer noch nicht ausfindig gemacht worden, obgleich man einen riesigen Fahndungsapparat in Gang gesetzt hatte. Die Kidnapper, die sich »Kommando Siegfried Hausner« nannten, stellten der Bundesregierung ein Ultimatum: Andreas Baader, Gudrun Ensslin und acht weitere einsitzende Terroristen sind sofort freizulassen, jeder mit hunderttausend Mark zu versehen und in ein Land ihrer Wahl zu fliegen. Außerdem sei die Fahndung einzustellen, »oder Schleyer wird sofort erschossen«.

Ihrer ersten Forderung hatten sie einen Brief Schleyers beigelegt. Der Arbeitgeberpräsident schien gefaßt zu sein, machte sich über die Gefährlichkeit seiner Situation jedoch keine Illusionen: »Mir wird erklärt, daß die Fortführung der Fahndung mein Leben gefährde. Das gleiche gelte, wenn die Forderungen nicht erfüllt und die Ultimaten nicht eingehalten würden. Mit geht es soweit gut, ich bin unverletzt und glaube, daß ich freigelassen werde, wenn die Forderungen erfüllt werden.

Dies ist jedoch nicht meine Entscheidung.

6. 9. 77 Hanns Martin Schleyer«

In Bonn wurden Krisenstäbe gebildet und der Schweizer Anwalt Denis Payot als Kontaktperson eingeschaltet. Die Bundesregierung zögerte das Ultimatum immer wieder hinaus und verhängte eine Nachrichtensperre. In der Zwischenzeit gingen weitere Lebenszeichen von Schleyer, darunter ein von ihm besprochenes Tonband ein. An dem Montag, an dem Schleyers Sohn zum Kanzler fuhr, spitzte sich die Lage dramatisch zu. Unter der Überschrift »Tauscht ihn aus!« kam die *Bild-Zeitung* mit einer Erklärung von Frau Schleyer heraus. »Seit den Ereignissen in Köln sind viele Tage des Hoffens und Bangens um das Leben meines Mannes vergangen. Sämtliche Bemühungen um seine Befreiung sind bisher erfolglos gewesen. Jetzt verlangt meiner Überzeugung nach das Schicksal der unmittelbar Betroffenen und die Selbstachtung unseres Staates eine klare Entscheidung der Verantwortlichen zu den gestellten Forderungen.«

Um die Mittagszeit war im Düsseldorfer Parkhotel eine für Helmut Kohl bestimmte, von den Entführern besprochene Videokassette abgegeben worden. Jetzt klang Schleyer verzweifelt: ». . . Ich habe immer die Entscheidung der Bundesregierung, wie ich ausdrücklich schriftlich mitgeteilt habe, anerkannt. Was sich aber seit Tagen abspielt, ist Menschenquälerei ohne Sinn. Es sei denn, man versucht mit naiven Tricks, meine Entführer zu fangen. Das wäre zugleich mein sicherer Tod, und ich kann mir nicht vorstellen, daß man zwar die offizielle Ablehnung der Forderungen scheut, aber Vorbereitungen trifft, um mich still um die Ecke zu bringen, das man vielleicht als technische Panne ausgeben könnte. Seit man Tag und Nacht berät, ich frage mich eigentlich worüber noch, hat man mir den Eindruck vermittelt, man würde die Forderungen annehmen. Alles redet zudem vom Leid der Familie und bekundet den Wunsch, mein Leben zu erhalten. Man verlangt aber ständig neue Lebenszeichen von mir und verleugnet die vorliegenden oder zweifelt die Authentizität grundlos an. Nachdem das BKA vor allem bei den vorbeugenden Maßnahmen eindeutig versagt hat, die Bundesregierung sich offenbar nicht zum Handeln entschließen kann, der Bundeskanzler, dem ich am 23. August in einem von mir erbetenen Termin in Hamburg die tiefe Sorge der Wirtschaft über mangelnde Sicherheitsmaßnahmen vorgetragen habe, ebenfalls keine Entscheidung trifft, ist es nunmehr Aufgabe der Opposition, die Verantwortlichkeiten klarzustellen und offenzulegen.

Ich bin nicht bereit, lautlos aus diesem Leben abzutreten, um die Fehler der Regierung, der sie tragenden Parteien und die Unzulänglichkeit des von ihnen hochgejubelten BKA-Chefs, Dr. Horst Herold, zu decken . . .«

Bevor der Inhalt der Kassette bekannt wurde, hatte Schleyer jr. am Morgen bei Schmidts Bürochef Klaus Dieter Leister um einen Termin beim Kanzler gebeten und für nachmittags erhalten. Im Kanzleramt wurde er zu seiner Überraschung nicht von Schmidt, sondern von Justizminister Vogel empfangen. Erst später stieß der Kanzler hinzu. Vogel blieb im Raum und machte sich ständig Notizen. Hanns-Eberhard Schleyer hatte den Eindruck, daß sich hier einer übertrieben wichtig machte und sich als Notar der Nation produzierte. Der Kanzler war anfangs unsicher, fast scheu und vermochte seinen Besucher kaum anzuschauen. Die meiste Zeit ließ er Vogel reden. Nur bei ihm wichtig scheinenden Punkten übernahm Schmidt das Wort.

Während des Gesprächs, das zweieinhalb Stunden dauerte, verließ der Kanzler mehrmals den Raum. Hanns-Eberhard Schleyer machte der Bundesregierung die Haltung seiner Mutter und der übrigen Familienmitglieder klar. Auf den ersten Blick ging es vor allem um zwei Standpunkte, die sich zu widersprechen schienen. So wie der Sohn seinen Vater kannte, war dieser bereit, im höheren Interesse des Staates jede Entscheidung der Bundesregierung hinzunehmen. Also auch, daß ein Austausch nicht in Frage käme, weil der Staat nicht erpreßbar sein dürfe. Die Familie hingegen vertrat die Meinung, der Staat habe alles zu tun, um den Vater freizubekommen.

Hanns-Eberhard Schleyer: »Ich habe auf den Fall Lorenz und die Entscheidung der japanischen Regierung in einem vergleichbaren Fall hingewiesen. Für mich stand die umfassende Schutzpflicht des Staates für das Leben seiner Bürger im Vordergrund. Deshalb konnte man meines Erachtens nicht abwägen zwischen dem Schutz des Lebens meines unmittelbar bedrohten Vaters und den Schutzinteressen Dritter, eventuell bedroht durch Straftaten der Freigepreßten.«

Schleyer jr. teilte dem Kanzler außerdem mit, notfalls werde er beim Bundesverfassungsgericht eine einstweilige Anordnung beantragen, die der Regierung auferlege, den Forderungen der Entführer nachzukommen.

Hanns-Eberhard Schleyer sicherte dem Kanzler jedoch zu, von dieser letzten drastischen Alternative so lange keinen Gebrauch zu machen, wie die Bundesregierung alles Menschenmögliche unternähme, um den Arbeitgeberpräsidenten aus den Händen der Geiselnehmer zu befreien. Trotz dieser unverkennbaren Drohung akzeptierte der Kanzler, daß der Schleyer-Sohn alles versuchte, um das Leben des Vaters zu retten. Ihm imponierte, daß Hanns-Eberhard Schleyer Trauer und Verzweiflung zu disziplinieren verstand. Das erleichterte beiden das schwierige Gespräch. Helmut Schmidt hinterher: »Ein hervorragender, im Urteil reifer, intelligenter Mann.« Unter anderem hatten sie über die eventuelle Wiedereinführung der Todesstrafe gesprochen. Schleyer jr.: »Ich bin dagegen.« Und der Bundeskanzler: »Seien Sie versichert, auch ich bin ein emotionaler Gegner der Todesstrafe.«

Immer wenn der Kanzler aus dem Raum ging, um Entscheidungen zu treffen, mußte sich Hanns-Eberhard Schleyer zwangsläufig mit dem Justizminister unterhalten, was ihm schwerfiel. Vogel verlas mit monotoner Stimme die Straftaten der in Stammheim einsitzenden Baader-Meinhof-Häftlinge: »Andreas Baader mehrere Morde und Mordversuche, Raubüberfälle; Gudrun Ensslin Mord, Mordversuch, Raub; Jan-Carl Raspe mehrere Morde und Mordversuche; Verena Becker Sprengstoffanschlag auf einen britischen Jachtclub; Karl-Heinz Dellwo Mord in zwei Fällen, Geiselnahme, Nötigung der Bundesregierung im Zusammenhang mit dem Überfall auf die Deutsche Botschaft in Stockholm . . .«

Schleyer hörte irgendwo eine Schreibmaschine klappern. Der »Notar der Nation« las weiter aus seinen Unterlagen vor: ». . . Werner Hoppe versuchter Totschlag; Hanna-Elise Krabbe vom OLG Düsseldorf wegen Mordes in zwei Fällen verurteilt. Bernhard Maria Rössner dasselbe. Ingrid Schubert Gefangenenbefreiung von Andreas Baader. Irmgard Möller Urkundenfälschung, Vergehen gegen das Waffengesetz, Widerstand gegen Vollstreckungsbeamte . . .« Vogel holte Luft. ». . . Günter Sonnenberg dringender Verdacht, am Mord an Generalbundesanwalt Buback beteiligt gewesen zu sein . . .«

Auch nachdem der Kanzler das Zimmer schon längst wieder betreten hatte, war Vogel nicht zu bremsen. Er zählte auf, welche Straftaten jene Terroristen, die gegen den damaligen Präsidenten des Berliner Abgeordnetenhauses, Peter Lorenz, ausgetauscht worden waren, nach ihrer Freilassung begangen hatten.

Mit einemmal begriff Hanns-Eberhard Schleyer, daß die drei Ziele, die die Bundesregierung verfolgte, nicht in Einklang zu bringen waren: Nämlich erstens seinen Vaters lebend zu befreien; zweitens die Entführer zu ergreifen und vor Gericht zu stellen, und drittens die Handlungsfähigkeit des Staates zu erhalten, d. h., die Baader-Meinhof-Häftlinge auf keinen Fall freizulassen. Schleyer jr. hatte nach zweieinhalb Stunden den niederschmetternden Eindruck, daß das Ansehen des Staates immer Vorrang haben und sein Vater, wenn nicht noch ein Wunder geschähe, geopfert werden würde.

Als er im Vorraum auf einen Fahrer wartete, der ihn zur Landesvertretung Baden-Württembergs zurückbringen sollte, wo sein eigener Wagen stand, trat Gerhard Boeden ein, der Leiter der Anti-Terror-Abteilung des Bundeskriminalamtes (heute Präsident des Bundesamtes für Verfassungsschutz). Boeden, ein untersetzter Mann mit vollem, glatt zurückgekämmtem grauem Haar, gab sich aufgekratzt. Er schäkerte mit den Kanzler-Sekretärinnen, bestellte sich einen Gin Tonic und schien sich im Mittelpunkt eines aufregenden Kriminalspiels zu sehen. Verstört verließ Schleyer jr. das Kanzleramt. Ihm kam der Gedanke, daß sich in Bonn Worte des Mitgefühls schnell zu nichtssagenden Höflichkeitsfloskeln abnutzen. Immerhin empfand er es als Vorteil, daß Vogel ab sofort die Familie täglich über den Stand der Dinge unterrichten würde. Das jedenfalls hatte der Kanzler zugesagt.

Kurze Zeit vor dem Kidnapping war die Stuttgarter Villa Hanns Martin Schleyers mit Panzerglas und einer elektrischen Warnanlage gesichert worden. Bundeskriminalamtschef Herold hatte den Arbeitgeberpräsidenten persönlich angerufen und ihm mitgeteilt, er habe neue Hinweise dafür, daß Terroristen nach Schleyers Leben trachteten. Er bat ihn, diese Warnungen nicht in den Wind zu schlagen und sich vorzusehen. Aber das Ehepaar Schleyer war skeptisch. Noch am Wochenende vor der Entführung hatte es über Herolds Warnung diskutiert. »Wenn jemand es darauf anlegt, mich zu entführen, ist das machbar«, hatte er prophezeit.

Die Suche nach dem Entführten zog sich wochenlang hin und offenbarte die Ohnmacht des Staates. Die Leiden des Hanns Martin Schleyer und seiner Familie weckten das Mitgefühl der ganzen Nation. Täglich tagten Krisenstäbe, die Pläne entwickelten, aber sofort wieder verwarfen. Zum Beispiel auf einem israelischen Flugplatz ein Potemkinsches Dorf zu errichten, die Stammheimer Häftlinge im Glauben, sie seien frei, dorthin zu fliegen, um sie nach der Befreiung Schleyers durch die Grenzschutzgruppe 9 sofort wieder gefangenzunehmen. Solche Pläne waren gar nicht so absurd. Wann immer Hanns-Eberhard Schleyer jedoch in Bonn anfragte, warum man seinen Vater nicht auf die eine oder andere Weise befreie, bekam er keine Antwort. Auch nicht von Vogel.

Sollte Schmidt an dem furchtbaren Dilemma schwer getragen haben – einerseits das Leben Schleyers zu retten, andererseits die Autorität des Staates gegenüber terroristischen Erpressungsversuchen zu wahren –, er zeigte es nicht. Eine Eskalation bis hin zum Mord hatte er schon im April vorausgesehen: »Wir haben gewußt, daß die Terroristen in dem gleichen Maße, wie es dank Polizei und Justiz gelang, ihre Handlungsfähigkeit einzuschränken, aus der Defensive heraus noch rücksichtsloser, noch brutaler zu handeln entschlossen waren.«

Der Kanzler war trotz Dauerstreß und Schlafdefizit in seinem Element. Das ganze deutsche Volk blickte auf ihn, teils bewundernd, teils mitfühlend. Er konnte Entscheidungen treffen, ohne sich fragen lassen zu müssen, ob er dazu von der Verfassung befugt sei. Die Opposition wurde in den Großen Krisenstab aufgenommen und hielt den Mund. Endlich wurde

Helmut Schmidt wieder seinem Image als Zupackender gerecht. Er verfolgte eine Taktik des Hinhaltens, um Zeit für das Aufspüren des Schleyer-Verstecks zu gewinnen. Als die Terroristen wieder einmal ein »letztes« Ultimatum zur Freilassung der elf Genossen stellten, ließ er die Häftlinge in gewollt umständlicher Prozedur einzeln befragen, in welches Land sie ausgeflogen zu werden wünschten. Prompt wurden mehrere Länder genannt — Libyen, Nordkorea, Uganda, Südjemen. Das gab der Bundesregierung den Vorwand, die Wünsche der Häftlinge erst einmal zu koordinieren und die in Frage kommenden Länder zu konsultieren, ob sie zur Aufnahme bereit seien. Kanzleramtsminister Hans-Jürgen Wischnewski wurde zu diesem Zweck in Marsch gesetzt. Schmidts Art zu handeln, imponierte jedermann. Sogar aus den Reihen der Christdemokraten erhielt er Lob. Der CDU-Abgeordnete Todenhöfer schwärmte: »Wie der Helmut das macht, ist absolute Klasse. Das wird ihm seine Partei nie danken können.«

Unterdessen machten sich die ersten Genossen Sorgen darüber, wie es um Helmut Schmidts Ansehen bestellt sei, wenn der ganze Wirbel zu nichts führe oder, schlimmer, wenn Schleyer nicht mehr lebend aus der Gefangenschaft zurückkäme? Noch befand sich der Regierungschef in Einklang mit der Öffentlichkeit. In einer Blitzumfrage des Allensbacher Instituts für Demoskopie ließ er die Volksmeinung abklopfen. Dabei stellte sich heraus, daß ihm selbst unter CDU-Anhängern zweiundvierzig Prozent der Befragten richtiges Verhalten bescheinigten. Siebenundsiebzig Prozent waren mit der Nachrichtensperre einverstanden, und vierundachtzig Prozent glaubten an eine langwierige Fahndung. Nicht zufrieden mit der Hinhaltetaktik war begreiflicherweise die Familie Schleyer. Als nach fünfzehn Tagen über das Schicksal des Entführten immer noch keine Entscheidung gefallen war, veröffentlichte *Bild* noch einmal einen Brief von Frau Schleyer an ihren Mann unter der Überschrift: »Er soll sich in der trostlosen Einsamkeit keine Sorgen um die Familie machen.« Warum gerade in *Bild*? Weil das Massenblatt mit seiner täglichen Auflage von fünf Millionen Exemplaren die größte Verbreitungsmöglichkeit bot, vor allem auch im Ausland. Denn dafür, daß die Entführer sich mit ihrem Opfer über die Grenze abgesetzt haben könnten, gab es begründete Vermutungen.

Nach dieser Veröffentlichung verging eine geschlagene Woche, ehe sich die Entführer meldeten. Ein bei der französischen Nachrichtenagentur AFP in Paris abgegebener Umschlag enthielt ein Foto Hanns Martin Schleyers. Das Bild war erschütternd. Es zeigte vor dem Emblem der »Rote Armee Fraktion« und einem Schild mit der Aufschrift »Seit 20 Tagen Gefangener der RAF« einen von den Strapazen der Haft gezeichneten Gefangenen. In einem beigefügten Brief hieß es: »Wenn der Bundesregierung noch am Erhalt des Lebens von Schleyer liegt, muß sie sofort für den Stopp der Fahndung in Frankreich, Holland und der Schweiz sorgen . . . Weitere Lebenszeichen von Schleyer wird es nur noch im Zusammenhang mit konkreten Hinweisen auf den Austausch geben . . .« Von dem Entführten selbst kein Wort.

Nach elf weiteren Tagen kam das ersehnte Lebenszeichen. Wahrscheinlich hatten die Entführer Schleyer nicht die ganze Zeitungsseite, sondern nur einen Ausschnitt gezeigt, denn in seiner Erwiderung sprach Schleyer irrtümlich von einem Beitrag in *Bild am Sonntag*. In einem handgeschriebenen Brief, der im Büro des Schweizer Kontaktmannes, Rechtsanwalt Payot, abgegeben worden war, hieß es:

»Ich habe die Gelegenheit bekommen, meiner Frau für den mich beruhigenden Brief in *Bild am Sonntag* vom 21. 9. 1977 zu danken. Ich kann meiner Frau versichern, daß es mir physisch gut geht, soweit dies unter den gegebenen Umständen möglich ist. Die Ungewißheit ist die größte Belastung. Ich habe in der ersten Erklärung nach der Entführung zum Ausdruck gebracht, daß die Entscheidung über mein Leben in der Hand der Bundesregierung liegt, und habe damit diese Entscheidung akzeptiert. Aber ich sprach von Entscheidung und dachte nicht an ein jetzt über einen Monat dauerndes Dahinvegetieren in ständiger Ungewißheit . . . Meine Familie und meine Freunde wissen, daß ich nicht so leicht umzuwerfen bin und über eine robuste Gesundheit verfüge. Dieser Zustand eines nicht mehr verständlichen Hinhaltens ist aber . . . auch von mir nicht mehr lange zu verkraften. Man muß schließlich die Umstände berücksichtigen, unter denen ich lebe. Deshalb ist eine Entscheidung der Bundesregierung − wie ich sie am ersten Tage gefordert habe − dringend geworden.

Dies um so mehr, als meine Entführer nach meiner festen Überzeugung so nicht mehr lange weitermachen werden. Ihre Entschlossenheit kann nach der Ermordung Bubacks und Pontos nicht in Zweifel gezogen werden.

Mit meiner Frau vertraue ich auf das hohe Verantwortungsbewußtsein der politisch Verantwortlichen und hoffe nach wie vor, bald wieder bei ihr sein zu können.«

Der Kanzler blieb bei seiner Taktik, die sechste Woche des Entführungsdramas brach an. Am Mittag des 13. Oktober, einem Donnerstag, nahm der Fall eine überraschende Wende. Die Flugsicherung im südfranzösischen Aix-en-Provence meldete eine Routenabweichung der Lufthansa Boeing 737 *Landshut*, die sich mit sechsundachtzig Passagieren und fünf Besatzungsmitgliedern auf dem Flug von Mallorca nach Frankfurt am Main befand. Die Maschine nahm Kurs auf Rom. Die Verantwortlichen in Bonn witterten mit einem Gespür für mögliche neue Anschläge eine Entführung. Und damit lagen sie auch richtig. Als die Maschine auf dem römischen Flughafen landete, verlangte ein »Hauptmann Mohammed Walter«, von dem man zuvor noch nie gehört hatte, die Freilassung aller in der Bundesrepublik inhaftierten »Kameraden«.

Diese Hiobsbotschaft erreichte den Kanzler in seinem Bungalow, wo ihn Staatssekretär Schüler angerufen hatte. Das Kanzleramt war vom Referat Luftsicherheit im Bundesinnenministerium bereits alarmiert worden. Als um 15.38 Uhr die erste Agenturmeldung (AFP) beim Chef des Bundespresseamtes auf den Tisch kam, war Helmut Schmidt schon orientiert. Ausnahmsweise waren die Behörden einmal schneller als die Presse.

Der Kanzler, im dunklen Anzug, ließ sich ins Amt fahren und berief die erste einer ganzen Serie von Konferenzen ein. Tags zuvor hatte er in der Kabinettssitzung zum erstenmal seit der Schleyer-Entführung Verschleißerscheinungen gezeigt. Jetzt aber wirkte er, wie immer, wenn er gefordert wurde, ruhig und konzentriert. Doch zunächst passierte eine schwere Panne.

Maihofer, der ins Lagezentrum des Innenministeriums geeilt war, hatte sich telefonisch mit dem italienischen Innenminister Cossiga in Verbindung gesetzt, um den Weiterflug der Maschine zu verhindern. Das war kurz nach siebzehn Uhr. Wenig später wollte Cossiga, trotz der knappen Zeit, fernschriftlich all das noch einmal erklärt bekommen, was ihm Maihofer bereits am Telefon gesagt hatte. Während der deutsche Innenminister am Telex formulierte und Helmut Schmidt glaubte, die gekaperte Maschine werde Rom nicht verlassen, ließen die Italiener das Flugzeug auftanken und nach Zypern weiterfliegen. Bonn war bewußt getäuscht worden.

Der italienische Botschafter in Bonn, Corroda Orlandi-Contucci, verteidigte später dieses Vorgehen. Die knapp fünfzig Minuten, die dem italienischen Innenminister nach dem Telefonat mit Maihofer zur Verfügung gestanden hätten, seien eine zu knappe Zeitspanne gewesen, um erstens Ministerpräsident Andreotti zu erreichen und zweitens unter den unterschiedlichsten politischen Kräften Italiens Zustimmung für eine Befreiungsaktion durch ein deutsches Kommando zu erhalten. Bei der Dringlichkeit wäre es besser gewesen, wenn das Telefonat nicht von Innenminister zu Innenminister, sondern von Kanzler zu Ministerpräsident geführt worden wäre.

Kurz vor zwei Uhr nachts ließ sich Helmut Schmidt ins Innenministerium fahren. Die *Landshut* hatte nach Zwischenlandungen auf Zypern und in Bahrein Kurs auf das Scheichtum Dubai am Persischen Golf genommen. Der Kanzler nahm in Maihofers Arbeitszimmer auf einem schweren schwarzen Ledersofa Platz und stellte präzise Fragen: »Wie groß ist die Reichweite einer Boeing 737? Wieviel Treibstoff hat sie jetzt noch? Wer ist unser Botschafter in der Gegend? Taugt der Mann etwas?« Der nächste deutsche Vertreter saß in Abu Dhabi und hieß Hans-Joachim Neumann. Schmidt zum ebenfalls anwesenden Hans-Jürgen Wischnewski: »Du hast doch Ortskenntnisse. Wie lange braucht unser Mann, bis er nach Dubai kommt?«

Um den Kanzler herum saßen oder standen der Innenminister, die Staatssekretäre Bölling, Schüler, van Well, Ruhnau, Fröhlich, Erkel, Justizminister Vogel und BKA-Chef Herold. Schmidt telefonierte nicht ein einziges Mal selbst. Wie ein Feldherr überließ er das seinen Gehilfen. Er stellte nur Fragen und fällte Entscheidungen.

Gegen fünf Uhr morgens stemmte er sich aus dem Ledersofa, gähnte ungeniert, rieb sich die vor Übermüdung geröteten Augen und verabschiedete sich mit den Worten: »Wenn Ihr Neues wißt, ruft mich im Bungalow an.« Bis zum Ende des Entführungsdramas schlief er jede Nacht nur wenige Stunden, manchmal sogar nur zwei oder drei. Er brauchte nie Schlafmittel, da ihn keine Zweifel plagten. Überliefert ist von ihm der Ausspruch: »Die Terroristen haben viele Fehler gemacht, uns ist Gott sei Dank keine Panne unterlaufen.« Dabei vergaß er freilich, daß die Entführer der Lufthansa-Maschine in Rom entwischt waren.

In derselben Nacht war eine neue Nachricht der Schleyer-Entführer eingegangen, die den Zusammenhang mit der Flugzeugaktion bestätigte. Bombastisch begann der Text: »Ultimatum an den Kanzler der Bundesrepublik Deutschland. Hiermit teilen wir Ihnen mit, daß die Passagiere und Besatzung der Lufthansa-Maschine 737, Flugnummer LH 181, von Palma nach Frankfurt (M.) unter unserer vollständigen Kontrolle und Verantwortung stehen. Das Leben der Passagiere und der Besatzung und das Leben von Dr. Hanns Martin Schleyer hängen davon ab, daß Sie die folgenden Forderungen erfüllen . . .«

Gefordert wurde erneut die Freilassung der in westdeutschen Haftanstalten einsitzenden RAF-Terroristen (»Jede Person soll DM 100 000 mitbekommen«), ihr ungehinderter Abflug ins Ausland und darüber hinaus die Freilassung zweier in der Türkei inhaftierter Palästinenser. Außerdem verlangten die Schleyer-Entführer − und das war neu − den nicht gerade bescheidenen Betrag von fünfzehn Millionen Dollar »gemäß beigefügter Anweisungen«. Wie Profis aus der Unterwelt wollten sie das Geld in verschieden großen Banknoten und in diversen Währungen: in US-Dollar, D-Mark, Schweizer Franken, holländischen Gulden. Betreffs der Übergabe hatten sie genaue Vorstellungen: »Die Koffer sollten von Eberhard Schleyer selbst getragen werden. Er sollte einen beigen Anzug tragen, Sonnenbrille in der obersten Tasche der Jacke. Das Gestell der Brille sollte von außen auf der Tasche deutlich erkennbar sein. Er sollte die letzte Ausgabe von *Der Spiegel* in der linken Hand mit sich führen. Er wird an einem Punkt seiner Reise kontaktiert werden von unserem Vertreter. Dieser wird sagen: ›Laßt uns Ihren Vater retten‹ (Let us save your father), er sollte antworten: ›Wir werden meinen Vater retten‹ (We shall save my father). Dann sollte er den Anweisungen unseres Vertreters gehorchen.«

Weiter heißt es im Originaltext: »Sie sollten nicht versuchen, Herrn E. Schleyer zu beschatten oder irgendwelche Schritte zu unternehmen, ihn zu unterbrechen, zu verzögern oder an der Erfüllung seines Auftrags zu hindern. Ein jeder solcher Schritt von Ihrer Seite bedeutet das sofortige Ende des Ultimatums und die Hinrichtung der Reisenden einschließlich Herrn Hanns Martin Schleyers.

Herr E. Schleyer sollte am Samstag, 15. Oktober 1977, Mittag 12.00 Uhr örtlicher Zeit, am Frankfurter Intercontinental Hotel sein, mit dem Lösegeld und seinem Paß, wo er auf genaue Anweisungen für seine Aufgaben warten soll.« Die Terroristen hatten für ihn einen Flug nach Paris gebucht.

Am nächsten Vormittag, Freitag, den 14. Oktober 1977, rief der Kanzler das Kabinett zu einer Sondersitzung zusammen. Nach Abwägung aller Gesichtspunkte beschloß die Ministerrunde, hart zu bleiben, die Häftlinge nicht freizulassen und die Entführer weiter hinzuhalten – zum Beispiel mit der Übergabe der geforderten fünfzehn Millionen Dollar. Gleichzeitig aber sollte eine Befreiungsaktion durch ein Sonderkommando des Bundesgrenzschutzes vorangetrieben werden. Eine Einheit der Grenzschutzgruppe (GSG 9) war bereits mit einem Sonderflugzeug in Richtung Persischer Golf unterwegs.

Als nächstes telefonierte der Kanzler mit dem britischen Premierminister und dem französischen Staatspräsidenten. Callaghan sollte englische Antiterrorspezialisten zur Unterstützung der GSG 9 abkommandieren, Giscard seinen Einfluß bei den arabischen Potentaten am Golf geltend machen. Justizminister Vogel bekam den Auftrag herauszufinden, ob der Schleyer-Sohn bereit war, sich auf das gefährliche Abenteuer der Geldübergabe einzulassen.

Schleyer jr. war bereit. Die Geldübergabe drohte zunächst jedoch am Gewicht der Scheine – hundertdreißig Kilogramm – zu scheitern. Zum Flugzeug hätte man die schweren Koffer noch von stämmigen Beamten des Bundeskanzleramtes schleppen lassen können. Aber den Flug sollte Schleyer alleine antreten. Wohin dann mit den fünfzehn Millionen? In die Flugzeugkabine mitnehmen? Als Reisegepäck aufgeben? Von diesem Transportproblem abgesehen, war Schleyer jr. nur unter zwei Bedingungen bereit, sich auf das Abenteuer einzulassen: Die Geldübergabe mußte dem Austausch seines Vaters dienen, und für die Dauer der Lösegeldtransaktion sollte keine gewaltsame Befreiung unternommen werden, weder die seines Vaters noch der Flugzeuggeiseln.

Darüber hatte der Große Krisenstab zu entscheiden. Als erstes mußte man sich klar werden, ob auf die Lösegeldforderung überhaupt eingegangen werden sollte. Am nächsten Morgen, einem Sonnabend, trat das Gremium zusammen. In der Nacht war die Abschrift eines weiteren Videobandes mit einer Botschaft des entführten Arbeitgeberpräsidenten beim Bundeskriminalamt in Wiesbaden eingegangen. Hanns Martin Schleyer schien verzweifelt zu sein: ». . . Ich frage mich in meiner jetzigen Situation wirklich, muß denn nun etwas geschehen, damit Bonn endlich zu einer Entscheidung kommt? Schließlich bin ich nun fünfeinhalb Wochen in der Haft der Terroristen, und das alles nur, weil ich mich jahrelang für diesen Staat und seine freiheitlich-demokratische Ordnung eingesetzt und exponiert habe . . .«

Mitten in die Beratungen des Krisenstabes über die Frage, ob das Lösegeld gezahlt werden sollte oder nicht, platzte eine Meldung der Deutschen Presse-Agentur, in der Ort und Uhrzeit der angeblich beabsichtigten Übergabe gemeldet wurden. Das stimmte zwar nicht; Schleyer sollte sich ja nur dort einfinden, um weitere Anweisungen abzuwarten. Jedenfalls belagerten wenig später über hundert Journalisten das Hotel und seine Umgebung. Hanns-Eberhard Schleyer später: »Diese Meldung wurde meines Erachtens von der Bundesregierung lanciert. Man wollte zunächst erneut Zeit gewinnen, letztlich aber auch eine Gefährdung meiner Person – die GSG 9 war in Marsch gesetzt – verhindern.« Vogel unterrichtete

Hanns-Eberhard Schleyer, daß neue Übergabevorschläge der Entführer abgewartet werden müßten. Von dem Beschluß des Großen Krisenstabes, die – notfalls gewaltsame – Befreiung der Flugzeuggeiseln ins Auge zu fassen, sagte er ihm nichts.

Aber der junge Schleyer war sowieso nicht mehr bereit, dem Hin und Her der offiziellen Stellen tatenlos zuzusehen. Er, von Beruf Wirtschaftsjurist, beantragte beim Bundesverfassungsgericht die gegenüber Helmut Schmidt bereits angekündigte einstweilige Anordnung. Danach sollten Bundes- und Länderregierungen durch höchstrichterlichen Beschluß gezwungen werden, die in deutschen Gefängnissen inhaftierten elf Terroristen freizulassen, um das Leben seines Vaters zu retten. Er fühlte sich nicht mehr an das dem Kanzler gegebene Versprechen gebunden, demzufolge er diesen Schritt so lange nicht unternehmen würde, wie seine Familie noch an eine Befreiung durch die Bundesregierung glauben konnte. Die Idee zu diesem Vorgehen stammte von ihm, aber seine beiden Anwaltspartner, Peter Mailänder und Klaus Gerstenmaier, hatten den Text formuliert.

Das Kabinett beschloß, daß Vogel die Bundesregierung bei der Verhandlung vor dem Verfassungsgericht vertreten sollte. Die von ihm vorgetragenen Argumente waren anfechtbar. Hanns-Eberhard Schleyer anerkannte jedoch, daß Bonn nicht die Zuständigkeit des Gerichts oder die Motive des Antragstellers anzweifelte. In dem Rechtsstreit vor dem höchsten deutschen Gericht ging es einzig um die Frage: Was war wichtiger – das Leben Schleyers oder die Schutzpflicht des Staats gegenüber der Gesamtheit aller Bürger. Viel Zeit blieb den sechs Richtern für diese schwierige Entscheidung nicht. Noch in der Nacht lehnten sie den Antrag auf einstweilige Anordnung ab.

Die Urteilsbegründung schien – merkwürdigerweise – zunächst Schleyer recht zu geben: ». . . Artikel 2, Absatz 2, Satz 1 in Verbindung mit Artikel 1, Absatz 1, Satz 2 Grundgesetz verpflichtet den Staat, jedes menschliche Leben zu schützen. Diese Schutzpflicht ist umfassend. Sie gebietet dem Staat, sich schützend und fördernd vor dieses Leben zu stellen; das heißt vor allem, es auch vor rechtswidrigen Eingriffen von seiten anderer zu bewahren. An diesem Gebot haben sich alle staatlichen Organe, je nach ihren besonderen Aufgaben, auszurichten. Da das menschliche Leben einen Höchstwert darstellt, muß diese Schutzverpflichtung besonders ernst genommen werden.«

Dann jedoch kam die Einschränkung: »Wie die staatlichen Organe ihre Verpflichtung zu einem effektiven Schutz des Lebens erfüllen, ist von ihnen grundsätzlich in eigener Verantwortung zu entscheiden.

Ihre Freiheit in der Wahl der Mittel zum Schutz des Lebens kann sich in besonders gelagerten Fällen auch auf die Wahl eines bestimmten Mittels verengen, wenn ein effektiver Lebensschutz auf andere Weise nicht zu erreichen ist.« Mit der »Verengung« meinten die Richter Fälle, in denen es nur noch eine einzige Möglichkeit gab, ein gefährdetes Leben zu retten. Im Falle des entführten Arbeitgeberpräsidenten verneinten sie das:

»Entgegen der durchaus verständlichen Meinung des Antragstellers ist ein solcher Fall hier jedoch nicht gegeben . . . Das Grundgesetz begründet eine Schutzpflicht nicht nur gegenüber der Gesamtheit aller Bürger. Eine wirksame Wahrnehmung dieser Pflicht setzt voraus, daß die zuständigen staatlichen Organe in der Lage sind, auf die jeweiligen Umstände des Einzelfalles angemessen zu reagieren; schon dies schließt eine Festlegung auf ein bestimmtes Mittel aus. Darüber hinaus kann eine solche Festlegung insbesondere deshalb nicht von Verfassungs wegen erfolgen, weil dann die Reaktion des Staates für Terroristen von vornherein kalkulierbar würde.«

Während das Bundesverfassungsgericht sich noch mit dem Fall befaßte, meldeten sich die Entführer beim Schleyer-Sohn gleich fünfmal telefonisch. Sie forderten Hanns-Eberhard Schleyer zunächst auf, von Frankfurt aus um 21.05 Uhr nach Paris zu fliegen und sich dort auf die Parole »Lassen Sie uns Ihren Vater retten« mit den Worten »Retten wir meinen Vater« zu erkennen zu geben.

Eine Stunde später riefen sie abermals an und drohten, sie seien nun nicht mehr bereit, »die Verzögerungstaktik hinzunehmen«. Eine Stunde vor Mitternacht lenkten sie dann wieder mit dem Hinweis ein, sie würden die Form der Geldübergabe ändern. In zwei weiteren Anrufen wollten sie schließlich wissen, ob die Bundesregierung in der Frage des Lösegeldes schon eine grundsätzliche Entscheidung getroffen hätte.

Im Kanzleramt verdrängten die Ereignisse um die gekaperte Lufthansa-Maschine das Schleyer-Drama. Es war Sonntag. Kurz vor sechs Uhr in der Frühe schlenderte Schmidt im Blazer mit Uniformknöpfen und weißem Rollkragenpulli durch den Park des Palais Schaumburg in Richtung Kanzler-Bau, so, als sei er auf dem Weg zu einer Segelpartie. Nicht einmal zum Frühstück hatte er sich Zeit genommen; Loki hatte ihm nur schnell eine Tasse Kaffee aufgebrüht. Beide waren durch einen nächtlichen Anruf gestört worden, der, obwohl an den Regierungschef der größten westeuropäischen Wirtschafts- und Militärmacht und der zweitgrößten westlichen Industrienation gerichtet, am Bett von Frau Schmidt auflief.

Der Anrufer war Wischnewski. Er hatte sich vom Tower des Flughafens Dubai gemeldet, wo die entführte *Landshut* inzwischen stand. Er hoffe, so Wischnewski, daß die GSG-9-Aktion zur Befreiung der Boeing in Dubai wie geplant ablaufen könne. Daraufhin entschloß sich der Kanzler, den Kleinen Krisenstab, der eigentlich erst um sieben Uhr zusammentreten sollte, bereits eine Viertelstunde früher zusammenzurufen.

So begann der erste von vier Tagen, die die Republik verändern sollten. Um neun Uhr morgens lief ein Ultimatum der Schleyer-Entführer ab, vier Stunden später eines der *Landshut*-Entführer. Die Herren des Krisenstabes hatten sich in dem mit Eichenholz getäfelten Speisesaal des Kanzler-Traktes niedergelassen — Schmidt an der einen Längsseite des großen Tisches mit dem Rücken zur Tür, rechts und links von ihm die Staatssekretäre Bölling und Schüler, gegenüber Innenminister Maihofer und BKA-Chef Herold. Der Kanzler brachte die verschlafene Runde auf Trab: »Wo ist der Vertreter des Verteidigungsministeriums? Wo ist zur Zeit die Ersatzmaschine Wischnewskis? Ist die Standleitung besetzt?«

Die Standleitung war besetzt. In einem kleinen Zimmer gegenüber vom Speisesaal stand der Apparat, der direkt mit dem Kontrollturm des Flughafens Dubai verbunden war. Das Telefon war in den zurückliegenden Wochen zum bevorzugten Kommunikationsmittel des Krisenmanagers Helmut Schmidt geworden. Fernmündlich hatte er nicht nur mit Carter, Giscard d'Estaing und Callaghan gesprochen, sondern auch mit dem Mittelsmann der Schleyer-Entführer, dem Genfer Rechtsanwalt Denis Payot. Dabei war es zu einem fast unhöflichen Wortwechsel gekommen. Der Kanzler hatte den Anwalt aufgefordert: »Sagen Sie mir doch mal, wie Sie Ihre Rolle als Vermittler selber einschätzen.«

»Auf jeden Fall bin ich nicht Ihr Hampelmann, ein nützlicher Trottel für Ihre Taktik.«

Nach der Sitzung des Kleinen Krisenstabes tagte das große Beratergremium (mit Helmut Kohl) und anschließend das Kabinett. Es beschloß, die gewaltsame Befreiung der Flugzeuggeiseln voranzutreiben und keine vorbereitenden Maßnahmen zum Austausch der in deutschen Haftanstalten einsitzenden elf Terroristen zu treffen.

Zwei unangenehme Telefongespräche standen Helmut Schmidt an diesem Morgen bevor. Zuerst gab ihm aus dem Tower von Dubai der Verteidigungsminister der Vereinigten Arabischen Emirate, Scheich Muhammed Ben Raschid, zu verstehen, daß sein Präsident einer Erstürmung der *Landshut* durch die GSG 9 wohl nicht zustimmen würde. Daraufhin ließ sich Schmidt mit dem Staatsoberhaupt, Scheich Zaid, verbinden. Das Gespräch verlief mühsam, da der Scheich keine Fremdsprachen beherrscht. Er wiederholte Argumente, die der Kanzler längst ausgeräumt zu haben glaubte, und es war offensichtlich, daß der Araber den deutschen Regierungschef hinhalten wollte. Aber warum? Der Scheich gab die Antwort schließlich selbst. Vierzig Minuten vor Ablauf des Ultimatums brach er das Gespräch plötzlich mit der Bemerkung ab, weitere Beratungen erübrigten sich, da die *Landshut* gerade mit unbekanntem Ziel wieder gestartet sei. Zorn, Enttäuschung und Resignation zeichneten sich im Gesicht des Kanzlers ab. In sich gekehrt, die Arme verschränkt, den Rauch einer Zigarette langsam in kleinen Wölkchen ausstoßend, saß Helmut Schmidt lange schweigend auf seinem Platz. Dann sagte er: »Ich glaube, das war unsere letzte Chance.«

Die wirklich letzte kam erst am folgenden Tag.

Zunächst ging die *Landshut* in Aden runter. Da der Tower die Landebahn gesperrt hatte, setzte der Pilot die Boeing auf einer Sandpiste daneben auf. Eine Lufthansa-Maschine mit Wischnewski an Bord flog hinterher, durfte aber nicht landen und ging daraufhin im saudiarabischen Djidda in Wartestellung. In Aden forderte das Entführungsdrama das erste Todesopfer: Die Terroristen erschossen Flugkapitän Schumann.

In Bonn stieg die Nervosität. Der Kanzler telefonierte mit dem saudiarabischen König. Hohe Beamte des Krisenstabes nahmen Kontakt zu Moskau und Ost-Berlin auf, mit der Bitte um diplomatische Fürsprache bei jenen Regierungen, wo eine Befreiung der Geiseln durch die Grenzschutzgruppe 9 möglich werden könnte. Hanns-Eberhard Schleyer wurde unterdessen klar, daß die Dinge sich zu seinen Ungunsten entwickelten. Bei einer Befreiungsaktion der *Landshut*-Geiseln würden die Entführer an seinem Vater Rache nehmen. Daraufhin ließ er (im Einverständnis mit der Bundesregierung) über den Schweizer Rechtsanwalt Payot den Kidnappern folgende Nachricht zukommen: »Ich möchte dem Kommando Siegfried Hausner einen Vorschlag meiner Familie unterbreiten, dessen Abwicklung ohne jede staatliche Einflußnahme vonstatten gehen soll. Ich möchte Sie deshalb bitten, daß das Kommando umgehend mit mir Kontakt aufnimmt.« Er wollte seinerseits den Entführern Geld für die Freilassung seines Vaters anbieten.

Inzwischen war es Montag, der 17. Oktober. Die *Landshut* hatte noch einmal ihren Standort gewechselt und war in der somalischen Hauptstadt Mogadischu gelandet. Wieder begannen die notwendigen diplomatischen Aktivitäten: Der Kanzler ließ den somalischen Botschafter zu sich kommen, er telefonierte mit dem Präsidenten von Somalia, Siad Barre – und plötzlich geschah das Unwahrscheinliche: Die Somalis gaben ihre Einwilligung, daß die Geiseln durch deutsche Sicherheitskräfte befreit wurden.

Eine Erstürmung am hellichten Tag kam nicht in Betracht. Also mußte man durch Verhandlungen mit den Entführern Zeit bis zur Nacht gewinnen. Das gelang, so daß nach Anbruch der Dunkelheit das GSG-9-Kommando unbemerkt landen konnte. Nun begann der Countdown.

In die nervöse Spannung im Kanzleramt platzte eine Meldung der französischen Nachrichtenagentur AFP: »Tel Aviv 17.10. – Die Lage in Mogadischu ist sehr gespannt. Man hat dort das Gefühl, daß sich im Verlauf der Nacht eine Änderung der Situation ergeben könnte. Dies teilt Montagabend die Funkauswertung des Israelischen Fernsehens mit. Das Fernsehen bestätigt außerdem, daß sich auf dem Flughafen der somalischen Hauptstadt ein westdeutsches Anti-Terroristen-Kommando befindet, das am Montag gegen 16.30 Uhr eingetroffen sein soll.«

Im Kanzleramt war man entsetzt. Würde die Befreiung wegen dieser vorzeitigen Veröffentlichung scheitern? *Die Welt* hatte die AFP-Meldung in ihre Spätausgabe aufgenommen. Als Helmut Schmidt davon erfuhr, verlor er die Beherrschung. Außer sich vor Wut rief er den Chefredakteur des Blattes, Wilfried Hertz-Eichenrode, den er persönlich kannte, an: »Wenn Sie nicht sofort Ihre Exemplare an den Kiosken einsammeln, mach ich Sie zur Schnecke!« Daraufhin schwärmten *Welt*-Redakteure der Zentralredaktion und der Außenbüros aus, um wenigstens an den Bahnhofskiosken, wo die Zeitung schon am Vorabend zu haben ist, alle Exemplare aufzukaufen. Andere Redakteure riefen Freunde und Verwandte an und baten sie, ähnliches zu tun. Noch Jahre später regte sich Schmidt über diesen »bodenlosen Leichtsinn« auf: »In der ganzen Geschichte gab es zwei Riesenarschlöcher, ein israelisches und diesen Hertz-Eichenrode.«

Fernsehen und Hörfunk, vom Kanzleramt ebenfalls dringend gebeten, weitere Nachrichten über die bevorstehende Aktion nicht zu bringen, schwiegen. Mithin konnte der Befreiungsschlag beginnen.

Der Große Krisenstab tagte nun im Lagezentrum des Kanzleramtes. Anwesend waren neben dem Kanzler sein Stellvertreter Genscher, außerdem Maihofer, Wehner, Bölling, Ruhnau. Von der Opposition unter anderen Kohl, Zimmermann und Filbinger. Helmut Schmidt wirkte erschöpft und wurde einsilbig. Die Last der Verantwortung, die er nun schon seit sechs Wochen trug, machte sich bemerkbar. Es war Genscher, der Schmidt in dieser Nacht zur Konzentration zwang. Als sich einige Mitglieder der Opposition für kurze Zeit aus dem Lagezentrum entfernen wollten, raunte der FDP-Vorsitzende dem Kanzler zu, in der kritischen Stunde der Entscheidung dürfe er niemanden aus der Verantwortung entlassen. Der Kanzler gab Genscher recht, und die CDU/CSU-Politiker mußten im Raum bleiben.

Helmut Schmidt war von Anfang an entschlossen gewesen, die Opposition an allen Entscheidungen zu beteiligen, die die Entführungsdramen betrafen. Kohl wurde auf Betreiben des Kanzlers auch von anderen hofiert. Er ließ ihn möglichst oft zu Wort kommen, bat manchmal ausdrücklich um seine Meinung und bestand darauf, den CDU-Vorsitzenden – wenn der Krisenstab nicht tagte, sich aber dennoch neue Entwicklungen ergeben hatten – persönlich telefonisch zu unterrichten. Der Chef des Bundeskriminalamtes versorgte ihn mit zusätzlichen Informationen, und Maihofer nahm den CDU-Vorsitzenden in die Godesberger Fahndungszentrale des BKA mit. Für ein paar Wochen war das Parteiengezänk vergessen.

Je mehr Kohl spürte, daß er von Schmidt für voll genommen wurde, um so lockerer gab er sich. Er setzte sich nicht mehr in Pose wie noch in den ersten Sitzungen des Krisenstabes. Wenn man seinen Mitarbeitern glauben durfte, entwickelte er so etwas wie Respekt für Schmidt. Sogar Baden-Württembergs Ministerpräsident Hans Filbinger, für Schmidt sonst ein Brechmittel, durfte Vorschläge machen. (Schmidt: »Wir haben alles überlegt, was Sie gesagt haben.«)

So war die Stimmung im Großen Krisenstab, als der Kanzler kurz vor Mitternacht ans Telefon gerufen wurde. Am anderen Ende der Leitung meldete sich Minister Wischnewski vom Tower des Flughafens Mogadischu: »In zehn Minuten ist es soweit.« Die folgenden Minuten kamen den Mitgliedern des Krisenstabes wie Stunden vor. Auf dem dunklen Flugfeld von Mogadischu hatten somalische Soldaten etwa hundert Meter von der *Landshut* entfernt ein Feuer angezündet – ein schlichtes Ablenkungsmanöver, auf das die Flugzeugentführer auch prompt hereinfielen. Sie eilten in die Pilotenkanzel, um besser beobachten zu können, was es mit dem Feuer auf sich hatte. Inzwischen schlichen sich die GSG-9-Leute von hinten an die Maschine – ohne Stahlhelm, aber in schußfesten Nylonwesten.

Punkt 00.05 Uhr zündeten Spezialisten der britischen Kommandoeinheit SAS Knallkörper. Die *Landshut* wurde in grelles Licht getaucht, was bei den Entführern Verwirrung stiftete. Über angelegte Leitern stürmten GSG-9-Beamte auf die Tragflächen, stießen die Notausstiege nach innen auf und eröffneten das Feuer auf die Terroristen. Drei waren auf der Stelle tot. Der vierte, eine Frau, schoß zurück, brach dann aber schwer verwundet zusammen. Die Kugel, die sie abgefeuert hatte, durchschlug den Hals eines GSG-9-Mannes genau zwischen Schlagader und Kehlkopf, ohne eines dieser Organe zu verletzen.* Nach nur sieben Minuten meldete Wischnewski dem Kanzler mit klassischem Understatement: »Die Arbeit ist erledigt.«

Schleppenden Schrittes kehrte Schmidt aus dem Nebenzimmer, von wo aus er das Telefonat geführt hatte, in den Hauptraum zurück. Sein Gesicht war eingefallen, das Haar strähnig, mühsam versuchte er, aufkommende Tränen zu unterdrücken. Dann verkündete er die Siegesmeldung. Die Anwesenden hatten Mühe, ihrer grenzenlosen Freude Herr zu werden. Bölling rief: »Mann, ist denn das möglich?« Maihofer stieß sich mit der rechten Faust immer wieder in die linke Handfläche, Kohl gratulierte ergriffen dem Kanzler, Zimmermann packte den Regierungschef mit beiden Händen an den Armen. Aber Schmidt blieb verschlossen. Nach der großen Anspannung verspürte er nun eine betäubende Leere.

»Ich war bereit, zurückzutreten, wenn es schiefgegangen wäre«, bekannte er später. »Die Periode, in der ich am meisten Angst gehabt habe, waren die Wochen der Entführung von Hanns Martin Schleyer, wo mich einmal die Angst um das Leben dieses Mannes, den ich gut kannte und sehr schätzte, und zweitens die Angst, es falsch zu machen und schuld zu sein an Konsequenzen, die man nicht übersehen konnte, bedrückte. Das hat sich dann noch gesteigert, bis in die letzten Tage, bis er schließlich ermordet wurde, während der Zeit dieser Flugzeugentführung, über eine Reihe von Stationen bis hin nach Somalia in Ostafrika, nach Mogadischu.«

Bevor er sich in jener Nacht zurückzog, sagte er nicht ohne Stolz: »Das wird Normen setzen.« Damit meinte er, daß sich Regierungen in Zukunft nicht mehr von Terroristen erpressen lassen würden. Mit dieser Einschätzung behielt er weitgehend recht. Wie aber reagierte die Familie Schleyer auf die Befreiung der Flugzeuggeiseln?

Wie Millionen Deutsche erfuhr sie die Nachricht zu nächtlicher Stunde aus dem Fernsehen, erlebte dabei den glücklichen, aber aufgewühlten Regierungssprecher. Schleyer jr.: »Mir war klar, daß das Vaters Ende wäre.« Bölling hatte in seiner Siegesmeldung auch an den noch immer festgehaltenen Arbeitgeberpräsidenten erinnert: »Wir denken heute nacht an Hanns Martin Schleyer und an seine Familie. In unseren Anstrengungen, sein Leben zu retten, werden wir nicht nachlassen.«

Auch Schmidt machte sich keine Illusionen darüber, was die gelungene Befreiung für das Schicksal Hanns Martin Schleyers bedeutete. Er wies seinen Justizminister an, anderntags der Familie Schleyer einen Besuch abzustatten und ihr das Mitgefühl der Regierung auszudrücken. Für diese heikle Aufgabe war Vogel allerdings der denkbar ungeeignetste Typ. Seine geschäftsmäßige Art (»Bei der Lufthansa-Maschine wußten wir, wo wir

---

* Bereits nach acht Tagen konnte der Beamte die Bonner Universitätsklinik, in die er eingeliefert worden war, wieder verlassen. Drei Jahre später schied er aus dem Polizeidienst aus und ließ sich zum Datenverarbeitungskaufmann ausbilden. An Mogadischu denkt er nur noch, wenn er mit früheren Kameraden zusammenkommt. »Sonst habe ich damit keine Probleme mehr.«

angreifen mußten«) und sein gefühlsarmes Auftreten machten für die Familie Schleyer alles nur noch schlimmer. Außerdem wußte er nichts Tröstliches zu vermelden. »Wir sind bei dem Versuch, Ihren Mann und Vater zu befreien, keinen Schritt weitergekommen. Man muß mit allem rechnen.« Zu dieser Erkenntnis waren die Schleyers auch ohne den Justizminister gelangt. Hanns-Eberhard Schleyer über den Besuch: »Beklemmend.«

Der Verdacht, sein Vater würde nicht mehr lebend zur Familie zurückkehren, erhärtete sich, als sich in der Nacht der Geiselbefreiung die inhaftierten Terroristen Andreas Baader, Gudrun Ensslin, Jan-Carl Raspe das Leben nahmen und Irmgard Möller mit Messerstichen in der Brust, die sie sich selbst zugefügt hatte, aufgefunden wurde. Im Hause Schleyer war die Stimmung dem Verzweifeln nahe.

In Bonn hingegen, wen wundert's, überwog die Siegesstimmung. Einige allerdings, darunter Klaus Bölling, beschlich eine schlimme Ahnung. Hatte in der Nacht noch die Rührung den Kanzler übermannt, zeigte er sich am folgenden Tag wieder gefaßt. Er hatte sich umgezogen, war ganz Staatsmann, trug einen dunkelblauen Westenanzug mit weißem Hemd und sah ausgeruht aus. Sein Gesicht zeigte sogar etwas Farbe. Englands Premier Callaghan war trotz der Krise für einen Tag zu den regulären deutsch-britischen Konsultationen an den Rhein gekommen. Nun verzögerte sich die gemeinsame Presseerklärung, weil Schmidt seinem Gast − nicht ohne Stolz − das Lagezentrum, die Bonner Bühne des wochenlangen Dramas, vorführte. Der Kanzler wirkte dabei versonnen, blies den Rauch seiner Zigarette genießerisch in kleinen Portionen aus, und Callaghan erlaubte sich, in Erinnerung zu rufen: »Ich denke, daß wir zu Ihrem Sieg mit einem bescheidenen Anteil beitragen konnten.« Darauf Schmidt: »Das war eine moralische Hilfe, die ich ganz hoch veranschlage.«

Glückwünsche und Komplimente prasselten in den nächsten Stunden und Tagen nur so auf ihn hernieder. Am schweren Gittertor des Kanzleramtes hatten Bürger ein handgeschriebenes Plakat angebracht: »Bravo Schmidt, Bravo GSG 9«. Die New Yorker *Daily News* leitartikelte: »Die westdeutsche Regierung hat Lob und Bewunderung der zivilisierten Welt verdient.« Für die Züricher Zeitung *Blick* hatte sich der Kanzler von »Schmidt-Schnauze« zu »Schmidt-Aktion« gewandelt. Die Londoner *Daily Mail* beschrieb den deutschen Regierungschef gar »heroisch wie in einem Heiligenschein«.

Die Siegesstimmung wurde jedoch schnell getrübt. Am darauffolgenden Mittwoch, dem 19. Oktober, kam der erste Hinweis auf die Ermordung Hanns Martin Schleyers. Im Stuttgarter Büro der Deutschen Presse-Agentur rief eine Frau an: »Wir haben nach dreiundvierzig Tagen Hanns Martin Schleyers klägliche und korrupte Existenz beendet. Herr Schmidt, der in seinem Machtkalkül von Anfang an mit Schleyers Tod spekulierte, kann ihn in der Rue Charles Péguy in Mühlhausen in einem grünen Audi 100 mit Homburger Kennzeichen abholen. Für unseren Schmerz und unsere Wut über die Massaker von Mogadischu und Stammheim ist sein

Tod bedeutungslos. Andreas, Gudrun, Jan, Irmgard und uns überrascht die faschistische Dramaturgie der Imperialisten zur Vernichtung der Befreiungsbewegungen nicht. Wir werden Schmidt und die ihn unterstützenden Imperialisten nie das vergossene Blut vergessen. Der Kampf hat erst begonnen. Freiheit durch bewaffneten antiimperialistischen Kampf!«

Dieses Mal bestand für Helmut Schmidt und sein Krisenmanagement kein Grund zum Feiern. Im Fall des Arbeitgeberpräsidenten hatte der Staat, vor allem aber die Polizei kläglich versagt. Wiederum beauftragte der Kanzler seinen Justizminister, die leidgeprüfte Familie Schleyer anzurufen und auf das Schlimmste vorzubereiten. (Warum tat er das nicht selbst?) Der Anruf Vogels kam jedoch zu spät. Schon vorher hatte sich eine Nachrichtenagentur bei der Familie gemeldet und das Gerücht weitergegeben, Hanns Martin Schleyer sei tot in einem abgestellten Wagen gefunden worden. Gegen Abend bestätigte sich die schreckliche Vermutung. Um 21.11 Uhr wurde im französischen Mühlhausen, unweit der deutschen Grenze, der Kofferraum eines grünen Audi geöffnet: darin die zusammengekrümmte Leiche Schleyers.

»Dies ist jetzt die Stunde der Fahndung«, verkündete Bölling, als der Tod des Entführten zur Gewißheit wurde. Eilends aus den Betten geholte Polizisten postierten sich an Fernstraßen, Bahnhöfen und Flugplätzen, in der vagen Hoffnung, doch noch die Mörder fangen zu können. Die größte Razzia seit Bestehen der Republik lief an – und das Resultat war gleich Null.

Das Versagen im Fall Schleyer indes konnte die Sympathiewelle, die Helmut Schmidt entgegenschlug, nicht stoppen. »Der bewunderte Deutsche« (*Der Spiegel* über den Kanzler) erlebte den höchsten Punkt seiner Regentschaft. Das Triumphgefühl wurde nur gedämpft durch die bevorstehende Beerdigung Schleyers und durch die Begegnung mit der Witwe des Mannes, den Schmidt um der Staatsraison willen geopfert hatte. Sei es, daß er wirklich über den Dingen stand, wie er später behauptete (»mir hat das nichts ausgemacht«), sei es, daß er nur so tat: Schmidt entledigte sich der unangenehmen Aufgabe mit bemerkenswerter Kühle.

Die Trauerfeier fand in der katholischen St.-Eberhard-Kirche zu Stuttgart im Beisein des Bundespräsidenten statt. In seiner Ansprache kam Scheel auch auf den Punkt zu sprechen, der Schmidt und der Bundesregierung möglicherweise anzulasten war: »Hanns Martin Schleyer ist tot. Mußte er sterben? Man kann darüber nachdenken, ob er vielleicht noch am Leben wäre, wenn die Verantwortlichen alle Forderungen der Terroristen hätten erfüllen können. Solche Gedanken werden vor allem Sie, die Angehörigen, heute bewegen. Wir wissen, daß die Verantwortlichen sich in diesen sechs Wochen Tag und Nacht darum bemüht haben, das Leben Hanns Martin Schleyers zu retten. Sie standen vor dem furchtbaren Dilemma, daß es einen richtigen, des Erfolgs sicheren Weg überhaupt nicht gab. Es ist die vielleicht überschwere Pflicht des Politikers, in einer solchen Lage die Verantwortung auf sich nehmen zu müssen.«

Schmidt blieb während des ganzen Traueraktes stumm. Vor Beginn waren Frau Schleyer und er sich in einem Nebenraum begegnet. Der Kanzler hatte ihr lange die Hand gereicht, aber nichts gesagt. Während der Trauerfeierlichkeiten saß er zwischen der Witwe und Schleyer jr. – schweigend, betroffen, nur mühsam Haltung bewahrend, wie einigen schien, und fortlaufend schnupfend. Aber war er innerlich wirklich berührt?

Nachdem der Arbeitgeberpräsident tot aufgefunden worden war, hatte er nicht einen handschriftlichen, sondern mit der Schreibmaschine getippten Kondolenzbrief geschickt. Nüchtern wie das Schriftbild waren auch die Worte des Beileids, so, als wären sie in einer Kanzlei von einem Bürokraten entworfen worden: ». . . haben uns jeweils nach reiflicher Überlegung und einvernehmlich zu dem eingeschlagenen Weg entschlossen, so schwer dies auch war . . . Die Bundesregierung dankt Hanns Martin Schleyer für seine Arbeit. Sie wird ihn in ehrender Erinnerung behalten . . .« Dem maschinengeschriebenen Text hatte Schmidt am Schluß immerhin ein paar handschriftliche Zeilen hinzugefügt (». . . Ich wünsche Ihnen Trost in Gott«).

Das war's.

Ein Jahr später war Schleyer schon vergessen. Zur ersten Wiederkehr des Todestags kein Wort, keine Blumen vom Kanzler oder der Bundesregierung, keine mitfühlenden Zeilen des Justizministers. Stumm blieb das offizielle Bonn auch in den folgenden Jahren. Erst aus Anlaß des zehnten Jahrestags der Entführung erinnerte man sich des Arbeitgeberpräsidenten. Aber vielleicht auch nur, weil inzwischen neue Herren in Bonn das Sagen hatten. Bundeskanzler Helmut Kohl verteidigte sogar die Handlungsweise der damaligen Regierung: »Heute jährt sich zum zehnten Male die Entführung Hanns Martin Schleyers und die Ermordung seiner Begleiter Heinz Marcisz, Reinhold Brändle, Roland Pieler und Helmut Ulmer.

Mit der Entführung Hanns Martin Schleyers und der Ermordung seiner Begleiter wurde die Bundesrepublik vor eine der schwersten Herausforderungen seit ihrer Gründung gestellt: Diese terroristischen Gewaltakte galten unserer demokratischen Staats- und Gesellschaftsordnung.

Die Täter haben einen Menschen entführt – aber sie wollten den Rechtsstaat erniedrigen. Die Täter haben Menschen getötet – aber sie wollten uns alle treffen. In dieser Lage bewährte sich der Rechtsstaat, getragen von der Gemeinsamkeit aller Demokraten, in zweifacher Weise: Er behauptete sich gegenüber seinen Feinden, ohne sich ihrer Mittel zu bedienen.

Dafür mußte ein hoher Preis entrichtet werden. Am 19. Oktober 1977 wurde Hanns Martin Schleyer brutal ermordet. Ihm wie den anderen Opfern gilt unser ehrendes Andenken, ihren Angehörigen unser tiefes Mitgefühl. Der heutige Gedenktag mahnt uns einmal mehr, unser freiheitliches Gemeinwesen entschlossen gegen seine Feinde zu verteidigen.«

Auch Innenminister Friedrich Zimmermann ließ sich vernehmen. Seine Erklärung hörte sich jedoch eher wie der Tagesbefehl eines Feldherrn an: ». . . Die Bundesregierung wird den Weg der Bekämpfung jeglicher

Form politisch motivierter Gewalt konsequent fortsetzen. Sie fordert alle tragenden gesellschaftlichen Kräfte auf, sie darin zu unterstützen. Jeder einzelne kann durch seine Aufmerksamkeit und die Bereitschaft, verdächtige Wahrnehmungen mitzuteilen, den Sicherheitsbehörden helfen, wirkungsvoll ihre schwierige Aufgabe zu erfüllen. Die Bekämpfung von Terror und Gewalt bleibt eine Daueraufgabe für Staat und Bürger.«

**25** Schmidt streifte die bedrückenden Erlebnisse der vergangenen Wochen schnell ab, eine Fähigkeit, die Teil seines Naturells war. In diesem Fall lag wohl aber ein Akt bewußter Verdrängung vor. Als er wenige Tage nach den spektakulären Ereignissen eines Morgens in sein Arbeitszimmer kam, war seine Laune bemerkenswert gut, obwohl er bis lange nach Mitternacht an einer Rede gearbeitet hatte. Seinem Kanzleramtsminister Hans-Jürgen Wischnewski, der ihn erwartete, wollte er zur frühen Vormittagsstunde ein Bier bestellen. Der winkte jedoch ab und vermischte dabei die korrekte Anrede mit dem vertraulichen Du, so, als säßen die Herren nicht im Bonner Kanzleramt, sondern am Wiener Ballhausplatz: »Herr Bundeskanzler, du solltest wissen, daß ich seit acht Jahren kein Bier mehr trinke.«

»Woher kommt dann der Bauch?«

»Vom Coca-Cola-trinken.«

Der erste Termin des Regierungschefs an diesem Vormittag, zu dem er Wischnewski hinzugebeten hatte, verlangte größtes Fingerspitzengefühl. Der Kanzler hatte nämlich die Witwen der beim Attentat auf Generalbundesanwalt Siegfried Buback im April ermordeten Begleiter, Elisabeth Goebel und Marga Wurster, ins Amt gebeten. Zur Erleichterung aller war das Zusammenkommen aber frei von jeglicher Befangenheit. Dazu trugen nicht zuletzt die fünf mitgebrachten Kinder bei. Sie strahlten, als sei Schmidt der Nikolaus. Den angebotenen Orangensaft verschmähten sie und verlangten Coca-Cola. Der Kanzler: »Ja, ja, wie die Alten sungen.« Helmut Schmidt nahm den Kindern jede Scheu, machte Späße. »Der Bundeskanzler stellt gerade fest, daß er einen großen Fehler gemacht hat«, fing er plötzlich an und zeigte auf ein Paket auf seinem Schoß. »Das sind Bücher für euch. Ich hätte sie sicherlich vorher aufteilen müssen, jetzt gibt es die große Klopperei.«

Die Keilerei blieb aus. Man hatte jedoch übersehen, daß das jüngste Kind, ein Mädchen, noch gar nicht lesen konnte. Mit den Worten »Ich hab' was Besseres für dich« sprang Schmidt auf, lief davon und kam mit einer großen farbigen Karikatur zurück, die ihn als Kängeruh zeigte. Er signierte sie und überreichte das Blatt der strahlenden Kleinen. Kommentar von Wischnewski: »Die mit dem leeren Beutel machen immer die höchsten Sprünge.«

Die für die Sicherheit des Kanzlers Verantwortlichen nahmen die Ereignisse der zurückliegenden Wochen dagegen nicht auf die leichte Schulter. Der internationale Terrorismus hatte durch Mogadischu zwar eine schwere Schlappe erlitten, aber er dauerte, wenn auch in verminderter Form, an. Zu Beginn der achtziger Jahre sollte sogar eine neue Welle aufkommen. Die »Bewegung 2. Juni«, die »Revolutionären Zellen« und andere terroristische Kleingruppen sagten dem Staat verstärkt den Kampf an.

Zunächst jedoch war die »Rote Armee Fraktion« isoliert. Die kaltblütigen Morde und vor allem die Killermentalität, auch unbeteiligte Flugpassagiere zu töten, kostete die RAF viele Anhänger — auch unter den Sympathisanten, einem Kreis, dessen Grenzen sehr fließend waren. Im Frühjahr 1977 schätzten die Sicherheitsbehörden die Gruppe der aktiven Helfer auf rund eintausendzweihundert Mitglieder. Jetzt waren es nur noch etwa hundert. In der Bevölkerung machte sich ein gewisser Stolz ob des geglückten Handstreichs der GSG 9 (»Unsere Jungs!«) breit, und man begrüßte, daß sich der Staat, mithin die Demokratie, gegenüber der Anarchie behauptet hatte.

Der Bundestag verabschiedete zusätzliche Anti-Terror-Gesetze. Danach konnten künftig auf allen Straßen Kontrollposten zur Ausweisüberprüfung errichtet, Wohnungen durchsucht und in Verfahren gegen Terroristen Gespräche zwischen Verteidigern und ihren Mandanten nur durch Trennscheiben geführt werden. Das Gesetz passierte den Bundestag jedoch mit der denkbar knappsten Mehrheit von 245 zu 244 Stimmen. Die CDU/CSU-Opposition stimmte dagegen, weil ihr die Vorschriften nicht ausreichend waren. Ihre Vorstellungen gingen weiter: Sicherheitsverwahrung, Überwachung der Gespräche zwischen Angeklagten und Verteidigern und (schon damals!) Straffreiheit für Kronzeugen aus der terroristischen Szene. Vier SPD-Abgeordneten des linken Flügels ging die Vorlage der Regierungskoalition zu weit; sie stimmten ebenfalls dagegen. Die vorübergehende Geschlossenheit der großen Parteien aus der Zeit der Schleyer-Entführung war damit schon wieder vorbei.

Die Schutzmaßnahmen für den Kanzler wurden überprüft und verstärkt. Unmißverständlich hatten die Schleyer-Entführer gedroht: »Wir werden niemals das von Schmidt vergossene Blut vergessen.« Für ihn wurden deshalb zwei gepanzerte Mercedes-Limousinen angeschafft, Stückpreis rund zweihunderttausend Mark. Die Sicherung von Schmidts Privathaus in Hamburg erhielt eine Spezialbefestigung, weil Raketenbeschuß befürchtet wurde, Wände wurden verstärkt, schußhemmende Scheiben eingesetzt, die Haustür in eine Sicherheitsschleuse umgewandelt, Tiefstrahler rund um das Haus installiert und ein Wachhäuschen errichtet.

Ob in Bonn oder unterwegs, der Kanzler war stets von einem dreifachen Sicherheitskordon umgeben — ein System, das auch heute noch bei Helmut Kohl praktiziert wird. Den äußeren Schutzgürtel bildeten Beamte des Bundesgrenzschutzes, ausgerüstet mit Funksprechgeräten, Maschinenpistolen und auf den Mann dressierten Wachhunden. Für den nächtlichen Einsatz erhielten ihre Waffen ein Zusatzgerät, das lange Zeit den Neid amerikanischer Sicherheitsexperten erregte: Auf den Lauf der Maschinenpistole wurde ein Schweinwerfer montiert, der jeden, auf den die Waffe gerichtet war, total blendete. Im Zentrum des Lichtkegels bildete sich zudem ein schwarzer Punkt, der dem Schützen als Zielhilfe diente, denn dort würde der abgefeuerte Schuß treffen.

Den zweiten Sicherheitsring um Helmut Schmidt bildeten Kriminalbeamte der Sicherungsgruppe Bonn. Chef dieses Schutzkommandos war immer ein Kriminalrat, meist ein Volljurist. Die Gruppe begleitete den Kanzler, wenn er Bonn verließ. Sonst sicherte sie den Kanzler-Bau, der durch den Vorplatz, auf dem die Henry-Moore-Plastik steht, vom übrigen Amtssitz getrennt ist. Es gibt zwar eine überdachte Passage zwischen beiden Gebäuden, wer aber über diese »Seufzerbrücke« zum Kanzler wollte, mußte seinen Dienstausweis an einer Glastür in einen Schlitz stecken, wo das Dokument elektronisch auf seine Echtheit überprüft wurde. Erst dann öffnete sich die Tür. Allerdings besaßen nur die wenigsten Angehörigen des Hauses eine solche Code-Karte. Auch zwischen dem Eingang im Erdgeschoß und dem Arbeitszimmer Schmidts im zweiten Stock bezogen Beamte der Sicherungsgruppe in Zivil Posten. Der Flur zum eigentlichen Büro wurde ständig über Fernsehkameras kontrolliert. Vor der Tür zu Schmidts Sekretariat saß ebenfalls ein Kripomann.

Den innersten Schutzring um Schmidt — und darum in der Stunde der Gefahr die letzte Rettung — bildeten seine vier persönlichen Leibwächter, die gegebenenfalls den Chef mit ihrem Körper decken mußten. Außerdem waren sie auch für die Sicherheit von Loki Schmidt verantwortlich. Alle vier stammten aus Hamburg. Gleich zu Beginn seiner Kanzlerschaft hatte Helmut Schmidt sich für Hamburger Polizisten entschieden, da er den Bonner Beamten der Sicherungsgruppe nicht traute. Deren Aussagen waren seinem Vorgänger Willy Brandt zum Verhängnis geworden, denn im Zusammenhang mit der Verhaftung des Kanzlerspions Günter Guillaume hatten sie ihn zusätzlich mit Frauengeschichten belastet. Schmidt hielt sie darüber hinaus allesamt für CDU-Sympathisanten, seine Hamburger Bodyguards dagegen parteipolitisch für »sauber«. Bevor sie zu seinem Schutz abkommandiert wurden, hatten sie bei der Hamburger Staatsschutzabteilung (politische Polizei) Dienst getan, beziehungsweise sie waren für diese Arbeit ausgebildet worden. Das hatte den Vorteil, daß sie sich in die Denkweise von Terroristen hineinversetzen konnten.

Chef dieser vier Leibwächter — und selbst einer von ihnen — war sieben Jahre lang Hauptkommissar Waldemar Guttmann, genannt »Benny Goodman«. Er begleitete Schmidt schon, als dieser Anfang der sechziger Jahre Hamburger Innensenator war. Guttmann vereitelte auch das bisher einzige Attentat auf Helmut Schmidt. Anfang der siebziger Jahre versuchte nämlich auf der Pferderennbahn in Hamburg ein politischer Fanatiker, Schmidt von hinten zu erstechen. In letzter Minute wurde er von Guttmann überwältigt. Schmidt, der gerade zu einer Menschenmenge sprach und vom Scheinwerferlicht geblendet wurde, hatte nichts mitbekommen. Erst später wunderte er sich: »Was war denn hinter mir los?«

Zu dem Bewacherquartett gehörten ferner der verhinderte Seemann Heuer, der Kriminalobermeister Werner Seewald, von der Kanzler-Sekretärin Lilo Schmarsow mütterlich »Sohn« genannt, und der Kriminal-Hauptkommissar Günter Warnholz. Dieser, Jahrgang 1939, gutaussehend, graues gewelltes Haar, stets modisch gekleidet, wurde 1957 Polizist, weil er sich nicht zur Bundeswehr einziehen lassen wollte. Später wechselte er zur Kripo und war gerade in einem sechsmonatigen Lehrgang zum Staatsschützer ausgebildet worden, als er von der polizeilichen Verbindungsstelle beim Hamburger Innensenator zum Bodyguard von Schmidt vorgeschlagen wurde. Der kannte ihn nicht, verließ sich aber wie meist in Personalfragen auf den Vorschlag Dritter.

Zwei der vier taten immer eine Woche Dienst in Bonn – einer begleitete den Kanzler, der andere Frau Schmidt. Die beiden anderen Beamten hatten »Freiwache« in Hamburg, das heißt, sie nutzten die Zeit unter anderem dazu, um sich auf dem Schießstand in Form zu halten. Den Bodyguards des Kanzlers standen verschiedene Waffen zu. Vor jedem Einsatz konnten sie selbst entscheiden, welche sie mitnahmen. Begleiteten sie den Kanzler im Smoking, steckten sie lieber eine kleinere Pistole (Kaliber 7,65) ein, die unter der feinen Garderobe weniger auffiel. Sonst bevorzugten sie den amerikanischen Trommelrevolver Smith & Wesson (Kaliber 38), da er schneller aus dem Halfter zu ziehen war, keine Ladehemmungen hatte und ein sogenannter man stopper war, das heißt, jeder Angreifer wurde allein durch die Wucht der Kugel umgeworfen.

Die vier lebten gefährlich, denn wie bei der Schleyer-Entführung hätten die Terroristen bei einem Attentat wahrscheinlich zunächst versucht, diese Polizisten zu töten. Dennoch mochten sie ihren Job »um nichts in der Welt missen«. Ein Teil des Glanzes, den das Amt Helmut Schmidt verlieh, fiel auch auf sie ab. Sie sahen mit dem Chef die halbe Welt und erlebten alle bedeutenden Herrscher dieser Erde aus nächster Nähe. Früher war es üblich, die Leibwächter bis zur Pensionierung auf ihren Posten zu belassen. Das änderte sich mit dem Aufkommen des Killerterrorismus, der blitzschnelle Reaktionen erforderlich machte. Darum entschied das Bundeskriminalamt zusammen mit der Hamburger Polizei, Kommandoführer Guttmann abzulösen, als er einundfünfzig wurde. Helmut Schmidt war bemerkenswerterweise vorher nicht gefragt worden und darum überrascht, als »Benny Goodman« ihm die Ablösung eröffnete. »Soll ich mich für Sie einsetzen, damit Sie bleiben?« fragte der Kanzler, sicherlich nicht nur aus reiner Fürsorge, sondern auch, weil er sich ungern an neue Gesichter gewöhnte. Der Polizist, einsichtig genug, lehnte dankend ab, und an seine Stelle trat im Frühjahr 1981 der Hamburger Kriminal-Obermeister Ulf-Jörg Millhahn.

Was wurde aus einem Mann wie Guttmann, der sieben Jahre lang erfolgreich das Leben des Regierungschefs geschützt hatte und zumindest für einige Zeit ein Geheimnisträger ersten Grades blieb, weil er über Schmidt Kenntnisse hatte, die jeden Spionagedienst interessiert hätten? Guttmann ging als Hauptkommissar zurück nach Hamburg und wurde in der Polizeidirektion West mit der Einsatzplanung der Kripo betraut. Auf der kleinen Abschiedsfeier, die er im Kanzleramt gegeben hatte, war

Schmidt nicht erschienen. Der Dank für jahrelange Dienste und dafür, in einem Fall durch Guttmanns Einsatz mit dem Leben davongekommen zu sein, hielt sich also in Grenzen. Er bekam von Schmidt ein Buch und ein Foto mit Widmung. »Für Waldemar Guttmann mit Dank und Anerkennung für den geleisteten Dienst bei mir.« So ungern sich der Kanzler von Mitarbeitern trennte, so schnell vergaß er sie.

Der finanzielle Aufwand zum Schutz des Kanzlers war nicht eben gering. Für die Wochenendfahrten nach Hamburg benutzte Schmidt nicht den Zug, sondern eine Maschine der Luftwaffe. Er wurde Deutschlands teuerster Berufspendler. Da das Flugzeug, das ihn jeden Freitagnachmittag in die Hansestadt brachte, dort nicht bis zum Montagmorgen geparkt werden konnte, mußte die Strecke Bonn-Hamburg zweimal hin- und zurückgeflogen werden. Kosten pro Wochenende je nach Flugzeugtyp: rund dreiunddreißigtausend Mark oder etwa 1,3 Millionen Mark im Jahr.

Die hohen Sicherheitsausgaben wurden von der Opposition wiederholt kritisiert. CDU-Chef Helmut Kohl, sonst stets voll Verständnis für die Belange des Staates: »Ein wirklich starkes Stück.« Als er Kanzler wurde, verbat er sich derartigen Sicherheitsaufwand.

Auch Schmidt hielt die Auflagen der Sicherheitsbehörden (»Sonst können wir nicht für Ihr Leben garantieren«) für übertrieben, aber er fügte sich. Immerhin kam in der Öffentlichkeit die Frage auf, welcher Aufwand zum Schutz der politischen Prominenz noch vertretbar sei und ob es nicht irgendwo auch (finanzielle) Grenzen gäbe. Durchschnittlich vierhundertfünfzigtausend Mark (!) kostete die Bewachung eines Politikers pro Jahr. 1980 waren vierhundert Leibwächter im Einsatz, um siebenundfünfzig führende Persönlichkeiten vor Anschlägen zu bewahren. Die am meisten gefährdeten Personen fuhren gepanzerte und mithin ebenso teure Limousinen wie Schmidt. Im ersten Bundeshaushalt nach dem Schleyer-Attentat (1978) betrugen die Gesamtausgaben für die innere Sicherheit in der Bundesrepublik 1,3 Milliarden Mark.

Beim Schutz des Kanzlers dachten die Verantwortlichen nicht nur an mögliche Anschläge, sondern seine Gesundheit galt als ein ebenso kostbares Gut. Als Helmut Schmidt einmal das Münchner Unternehmen Krauss-Maffei besichtigte, hätte er gern die dort entwickelte Magnetschwebebahn ausprobiert. Die ihn begleitenden Sicherheitsbeamten trauten der Konstruktion aber nicht und verbaten ihm kurzerhand die Fahrt. Trotzig sagte der Kanzler in seiner Rede vor der Belegschaft: »Ich hatte leider nicht die Möglichkeit, mit dieser Bahn hier zu fahren. Aber ich werde dies in Hamburg nachholen, wo ein derartiger Zug auf der Internationalen Verkehrsausstellung fahren soll.«

In Hamburg büxte er seinen Bewachern manchmal aus. So fuhr er zu einem Gespräch in der *Spiegel*-Redaktion ohne Leibwächter (nur von Bölling begleitet) in einem gelben Leihwagen, den er selbst steuerte. Zur Tarnung trug er einen schwarzen Hut. Im Ausland dagegen, vor allem in den USA, versuchte Schmidt erst gar nicht, sich solche Freiheiten herauszunehmen. »Ich bin an die Gesetze des Gastlandes gebunden.« Auf inneramerikanischen Flügen saßen stets zehn Secret-Service-Männer mit in der Kanzler-Maschine – zusätzlich zu den achtzehn deutschen Polizisten. Auf der New Yorker Flughafenpiste stand der Secret Service mit neun Sicherheitsfahrzeugen zum Empfang bereit, mehr als genug, um die gesamte deutsche Delegation in den dort ebenfalls wartenden zehn Autos mit Blaulicht und jaulenden Polizeisirenen nach Manhattan ins Waldorf Towers zu eskortieren. Aber sie lehnten dies stets ab. »Five cars for your people and no more. That's for your safety and security, Sir.« In Washington hatte der Secret Service einmal darauf bestanden, daß der Kanzler zwischen zwei Terminen nicht zurück in sein Hotel fuhr. Statt dessen mußte er im Blair House, dem Gästehaus der Regierung, bleiben, wo er mit dem amerikanischen Finanzminister Blumenthal und Energieminister Schlesinger konferiert hatte. Der Sicherheitsaufwand für die Fahrt ins Hotel lohne sich nicht, und im Blair House sei Schmidt außerdem besser zu bewachen, hieß es.

Die Vorkehrungen des Secret Service (seltsamerweise untersteht er dem amerikanischen Finanzministerium) waren immer übertrieben. Als Präsident Ford nach Bonn kam, wollten seine Leibwächter vor dem Gespräch mit Helmut Schmidt dessen Arbeitszimmer nach Sprengsätzen absuchen. Da platzte dem Kanzler der Kragen: »Wenn die das versuchen, schmeiß ich sie raus.« Daraufhin verkniffen sich die Herren mit den Sonnenbrillen und den Lautsprecherknöpfen im Ohr ihr Vorhaben. Nachdem Ford im Arbeitszimmer Helmut Schmidts Platz genommen hatte, baute sich ein Secret-Service-Agent mit Macho-Haltung – breitbeinig, mit verschränkten Armen – vor der Sekretariatstür auf und wollte niemanden hineinlassen, nicht einmal Kanzler-Sekretärin Marianne Duden. Da war er jedoch an die falsche geraten. »Was bilden Sie sich ein? Sie sind hier nicht zu Hause. Machen Sie mir gefälligst Platz!« fauchte sie ihn an. Prompt wich der Mann vor soviel teutonischem Zorn zur Seite.

Die deutschen Sicherheitskräfte waren da stets gelassener, bisweilen sogar sträflich leichtsinnig. Zum Beispiel im Bundestagswahlkampf 1980 bei der Eröffnungskundgebung auf dem Bonner Marktplatz. Während der Schmidt-Rede kreisten auf einmal in rund dreihundert Metern Höhe zwei Sportflugzeuge über dem Kundgebungsplatz. Nach der ersten Schleife unternahm die eine Maschine, ein Motorsegler, einen zweiten Anflug und schwebte genau über die Rednertribüne hinweg. Polizisten und Leibwächter starrten entsetzt nach oben, und Horst Ehmke, SPD-Kandidat des Wahlkreises Bonn, räumte hinterher ein: »Ich überlegte, wohin ich den Helmut stoßen und mich hinschmeißen kann.« Der einzige, dem das besorgniserregende Schauspiel entging, weil er sich ganz auf seine Zuhörer konzentrierte, war Helmut Schmidt.

Erst ein halbes Jahr zuvor waren fünf deutsche Terroristen in einer Pariser Wohnung festgenommen worden. Neben einhundertneun Kilogramm Sprengstoff wurde ein Funkgerät zum Fernsteuern von Modellflugzeugen gefunden. Seitdem rechnete das Bundeskriminalamt mit einem Anschlag auf den Kanzler aus der Luft. Unbeschadet dessen war der

Luftraum über der Bonner Innenstadt während der Kundgebung weder gesperrt noch durch Polizeihubschrauber gesichert worden.

Das Rednerpult, hinter dem Helmut Schmidt stand, war zwar mit grauen Polstern, die nach einem Kugelfang aussahen, in Unterleibshöhe verkleidet. (Ehmke:»Wo zugegebenerweise die wichtigsten Teile des Mannes liegen.«) Aber Kopf, Brust und Beine des Regierungschefs blieben völlig ungeschützt. Als nach Einbruch der Dunkelheit Schweinwerfer den Redner in grelles Licht tauchten, entstand auch noch ein, wie es im Kripo-Jargon heißt, Zielscheibeneffekt.

Gelegentlich machte sich Schmidt über den Sicherheitsapparat lustig, so, als einmal im Kanzleramt eingebrochen wurde. Im Palais Schaumburg, wo Schmidt Hauskonzerte gab, hatte der Täter nach bester Ganovenart eine Außentür aufgehebelt und war eingestiegen. Gestohlen wurde angeblich nichts, aber der Skandal war perfekt. Das Bundeskriminalamt, das die Untersuchung einleitete, gab sie ziemlich schnell an die Bonner Polizei mit der Begründung ab, da es sich »nur« um einen Einbruch handele und niemand eine Bombe unter den Stuhl des Kanzlers gelegt habe, sei das BKA nicht zuständig. Eine bemerkenswert bequeme Einstellung. Die ohnehin überlastete Bonner Polizei tappte im dunkeln und stellte nur soviel fest: »Der Täter kam nicht von außerhalb.« Nach drei Monaten gab sie das Verfahren an die Bonner Staatsanwaltschaft ab, die es ihrerseits ein halbes Jahr nach der Tat einstellte. »Täter nicht zu ermitteln. Es gibt nicht einmal einen verdächtigen Kreis.«

Bereits eine Woche nach dem Einbruch hatte der Kanzler sich seine eigene Meinung über den Täter gebildet. Das Delikt war nämlich am Morgen nach einem Betriebsfest in den Räumen des Kanzleramtes entdeckt worden. Schmidt: »Da haben zwei ein Plätzchen zum Vögeln gesucht. Einer war vom Grenzschutz.«

Der Kanzler verlor nur einmal in puncto Personenschutz seine Gelassenheit. Im Frühjahr 1980 kam der Hamburger Verfassungsschutz den beiden meistgesuchten Terroristen, Christian Klar und Adelheid Schulz, auf die Spur. Statt sie, vor allem den wegen mehrfachen Mordes gesuchten Klar, festzunehmen, entschieden sich die Verfassungsschützer, das Pärchen vorerst weiter zu beobachten. Innenminister Baum deckte dieses Vorgehen und entschied, daß Generalbundesanwalt Rebmann von der Aktion zunächst nichts erfuhr und der Chef des Bundeskriminalamtes, Horst Herold, sogar völlig außen vor gelassen wurde. Ein von Rechts wegen mehr als zweifelhaftes Vorgehen. Angeblich war diese gewagte Taktik vom Kanzler genehmigt worden. Am Ende wurden weder Klar und Schulz noch andere Komplizen gefaßt, denen man durch die Observation auf die Spur zu kommen hoffte. Im Gegenteil, die beschatteten Terroristen konnten wieder untertauchen.

Den Fahndern gelang es nach einiger Zeit offenbar wieder, sich an die Fersen von Christian Klar und Adelheid Schulz zu heften. Einiges deutete sogar darauf hin, daß sie einen V-Mann in der Umgebung der Gesuchten hatten. Da aber enthüllte *Die Welt* das Katz-und-Maus-Spiel und geißelte die unterlassene Festnahme als »Fahndungspanne«. Schmidt explodierte: »Dieses Blatt beschäftigt bezahlte Spione! Vielain, Schell und wie sie heißen. Die Veröffentlichung ist ein ungeheurer Verrat!«* Die Erklärung für den Wutanfall lieferte er gleich nach: »Klar und Schulz waren nämlich hinter mir her.«

**26** Helmut Schmidt behauptete von sich, pro Tag ein Buch zu lesen, vor allem dann, wenn Loki verreist sei. Und das bei einem vierzehn-, fünfzehnstündigen Arbeitstag. Des Rätsels Lösung: Seit Herbst 1977 beschäftigte er einen Vorleser. Dieser las alle wichtigen Neuerscheinungen, strich für Schmidt interessante Stellen an oder empfahl, das Buch ganz zu lesen. Schmidt (»Ich hab' nie im Leben in einem Arbeitszimmer ohne Bücher arbeiten können«) verriet einmal den Herren vom Börsenverein des Deutschen Buchhandels, daß das gebundene Wort für ihn auch wichtiges Rüstzeug sei. Zum Beispiel, wenn er ein Zitat bräuchte. Ohne eigene Bibliothek sei er aufgeschmissen. »Denn sonst geht das hier im Amt normalerweise so vor sich, daß man einen Abteilungsleiter bittet, und der bittet einen Referenten, und der Hilfsreferent ruft dann den ihm von früher her aus Studientagen bekannten außerordentlichen Professor irgendwo in Göttingen oder in aller Welt an, um festzustellen, wie's sich mit dem Zitat in Wirklichkeit verhält . . .« und weiter: »Wir zitieren nämlich gerne. Manche im Bundestag und andere Politiker zitieren besonders gerne aus der Bibel. Das ist auch international so. Breschnew, auch Chruschtschow zitierten gerne biblische Weisheiten. Amerika ist im Augenblick wieder sehr im Schwunge. Aber man zitiert auch gerne Schiller und Goethe. Die Engländer zitieren gerne aus Shakespeares Königsdramen, und unsereins weiß dann immer nicht ganz genau, wo es eigentlich wirklich hingehört, es sei denn *Hamlet,* den hat man einigermaßen im Kopf. Unsererseits haben wir meist den Goethe besser im Kopf als den Shakespeare, und selbst Goethe könnten wir ja von Amts wegen nicht kaufen, denn wie soll ein Rechnungshof, wie soll ein Haushaltsausschuß im Bundestag Verständnis dafür haben, daß wir hier Dichter oder schöne Literatur von Amts wegen uns anschaffen.«

Es wurde also lange nach einem Vorleser gesucht, der Schmidt auch mit Zitaten versorgen könnte. Der Kanzler-Freund und spätere Regierungssprecher Kurt Becker gab wieder den entscheidenden Tip — wieder einmal, weil er seinerzeit auch Bölling empfohlen hatte. Er riet, Fritz von Globig zu nehmen, einen freundlichen, distinguierten Sechziger, der bis 1976 Leiter der außenpolitischen Redaktion *der Stuttgarter Zeitung* und zuvor vier Jahre lang Londoner Korrespondent dieses Blattes gewesen war. Globig wurde angeheuert und bekam ein Zimmer im Kanzler-Bau, allerdings nicht auf der prestigeträchtigen Kanzler-Etage, sondern einen Stock darunter.

---

* Die Genannten waren die *Welt*-Redakteure Manfred Schell und Heinz Vielain. Ersterer ist heute Chefredakteur des Blattes, Heinz Vielain Leiter des Bonner Büros der *Welt am Sonntag.*

Wegen seiner umfassenden Kenntnisse mußte Globig sehr bald auch Reden zu außenpolitischen Themen für Helmut Schmidt entwerfen.

Die Ausarbeitung einer Kanzler-Rede war meist eine langwierige Prozedur. Sie begann mit einer Vorbesprechung bei Schmidt, an der der Chef seiner drei Redenschreiber, eventuell auch noch die Abteilungsleiter des Kanzleramts oder die Mitglieder des Kleeblatts teilnahmen. Danach forderten die Abteilungsleiter zu einzelnen Aspekten der geplanten Rede von den Bundesministerien, in deren Zuständigkeit die Themen fielen, Entwürfe an. Das eingegangene Material leiteten sie zusammen mit ihren Anmerkungen an das Ghostwriter-Team weiter, im Hausjargon »die Schreibstube« genannt. In den ersten beiden Jahren unter Schmidt bestand die Schreibstube aus drei Herren und einer Dame, letztere eine ausgebildete Politologin und ehemalige Journalistin. Einer der beiden Redenschreiber war Jurist, zwei hatten Volkswirtschaft studiert. Der damalige Chef der Schreibstube, Christian Bauer, war gelernter Volkswirt, hatte als Journalist bei der *Gießener Freien Presse* und der Deutschen Presse-Agentur angefangen und dann im Bundesfinanzministerium für Helmut Schmidt Reden verfaßt. Im Gegensatz zu seinen Nachfolgern brachte Bauer es zur Verbeamtung und zum Ministerialdirigenten.

Die Schreibstube brachte einen ersten Gesamttext zu Papier und schickte ihn zur Begutachtung an die Abteilungsleiter des Kanzleramts. Nachdem deren Korrekturwünsche berücksichtigt worden waren, ging das vorher sauber abgeschriebene Skript an den Kanzler. Manchmal fand daraufhin eine zweite Redaktionskonferenz mit dem Regierungschef statt. Meist blieb dazu aber keine Zeit.

Da Helmut Schmidt sich erfahrungsgemäß immer erst in der Nacht vor dem Tag, an dem die Rede zu halten war, an das Überarbeiten des Manuskripts machte, mußte ein Bereitschaftsdienst eingerichtet werden. Die Abteilungsleiter oder ihre Stellvertreter hatten sich auf eine lange Nacht im Amt einzurichten beziehungsweise mußten hinterlassen, wo sie telefonisch zu erreichen waren. Es kam vor, daß Schmidt an einer Regierungserklärung, die er um neun Uhr im Bundestag abzugeben hatte, bis fünf Uhr früh feilte. Und es passierte auch, daß die Fertigstellung der Kanzler-Rede daran zu scheitern drohte, weil sich die Verwaltungsabteilung aus Kostengründen außerstande sah, am Wochenende Schreibkräfte zur Verfügung zu stellen. Erst als der Leiter der Schreibstube am Telefon drohte, dann werde er eben einen Hunderter aus der eigenen Tasche hinblättern, wurden die Überstunden bewilligt.

Die vom Kanzler überarbeiteten und für gut befundenen Seiten nahm der Chefredenschreiber möglichst schnell an sich, brachte sie in sein Büro und ließ sie dort von zwei Sekretärinnen auf Schreibmaschinen mit besonders großen Buchstaben abtippen. Schmidts Sekretärinnen blieben von dieser Nachtarbeit verschont. War die letzte Seite geschrieben, wurden – bei einer Bundestagsrede – etwa zwanzig Kopien angefertigt und verteilt – an Genscher, Bölling und an die drei Fraktionsvorsitzenden, also auch an Oppositionsführer Kohl. Fahrer stellten die Texte in aller Herrgottsfrühe den betreffenden Herren zu. Weil Franz Josef Strauß diesem Service nicht immer traute, ließ er am Vorabend bei Schmidts Büroleiter anrufen, um sicherzustellen, daß eine Vorauskopie auch wirklich an ihn geliefert wurde.

Anfang November 1977 herrschte in der Schreibstube Hochbetrieb. Der SPD-Parteitag in Hamburg stand vor der Tür, und schon damals zeichneten sich Probleme ab, welche die SPD auf Jahre hinaus einer permanenten Zerreißprobe unterwerfen sollten: der Streit um die Kernenergie und die Angst vor Grünen und Alternativen, die mit enttäuschten linken Sozialdemokraten ein Bündnis eingehen könnten.

Die Schreibstube hatte damals Verstärkung durch einen Mann namens Armin Halle bekommen. Halle, ehemals Journalist bei der *Süddeutschen Zeitung*, dann sieben Jahre lang als Leiter des Informations- und Pressestabs im Verteidigungsministerium tätig (und heute Kommentator bei SAT 1), hatte eigentlich Chef der NATO-Informationsabteilung in Brüssel werden sollen, fiel dann aber einem Personalschacher zum Opfer. Daraufhin holte sich der Kanzler Halle nach Bonn. Für Schmidt war er kein unbeschriebenes Blatt mehr, denn Halle hatte gelegentlich an Brainstormings im Kanzleramt teilgenommen und war am Entwurf einiger Schmidt-Reden beteiligt gewesen. Nun sollte Halle neuer Chef des vierköpfigen Ghostwriter-Teams werden, da Christian Bauer um seine Versetzung gebeten hatte. Über seine Arbeit für Schmidt hatte er in vielen durchgeschriebenen Nächten graue Haare bekommen.

Es war nicht leicht, für Helmut Schmidt zu schreiben. Statt den Text seiner Ghostwriter einfach zu übernehmen, formulierte er − zum Beispiel im Flugzeug − noch bis zu fünfunddreißig Seiten ohne Zuhilfenahme irgendwelcher Unterlagen um und lieferte dann allerdings Reden, die hervorragende Kritiken einbrachten. Nur, für Bauer war das frustrierend.

An der Hamburger Parteitagsrede wurde noch gearbeitet, als der Kanzler und seine Redenschreiber in der Hansestadt Quartier bezogen; und zwar im Rathaus. Umgeben von würdigen Ölporträts ehemaliger Bürgermeister und von einem Senatsdiener mit Kaffee, Coca-Cola und Keksen versorgt, feilte ein siebenköpfiges Redaktionsteam drei volle Tage an der Rede. Da an dieser Rede aber schon vorher in Bonn vierzehn Tage lang gearbeitet worden war, war alle Welt sehr auf das Endprodukt gespannt.

Noch in der Nacht vor seinem Auftritt hatte der Kanzler bis um vier Uhr in der Frühe zum soundsovielten Mal am Manuskript herumgeschrieben, und zwar in einem Zwischengeschoß des riesigen Hamburger Congress-Centrums, wo der Parteitag stattfand. Dort saß er in einem provisorischen Arbeitsraum, von seinen Sekretärinnen Lilo Schmarsow und Marianne Duden nur durch eine orangefarbene, nach oben hin offene Resopalwand getrennt, und versuchte, sich zu konzentrieren. Von zwei früheren Regierungserklärungen abgesehen, war dies die langwierigste und umfangreichste Vorbereitung einer Rede. Schuld an der schweren Geburt war nicht nur Schmidts Redigierwut, sondern Bremens Bürgermeister; der stellvertretende SPD-Chef Hans Koschnick, kam in letzter Minute noch mit Spezialwünschen: »Helmut, ich habe dir gerade noch drei Seiten rübergeschickt. Es geht um eine Forderung, mit der du aber nicht einverstanden sein wirst.«

Schmidt amüsiert: »Und dann noch so lang?«

Koschnick wollte den Kanzler dazu bewegen, die Passage über die Grundwerte der bundesrepublikanischen Gesellschaft so umzuformulieren, daß sich die vom Parteivorstand eingesetzte und von Erhard Eppler geführte Grundwertekommission nicht auf den Schlips getreten fühlte. Just in diesem Punkt war der Kanzler aber nicht zu gravierenden Konzessionen bereit, denn bei dieser Gelegenheit wollte er das Vorurteil ausräumen, er sei lediglich ein Macher, dem es an richtungweisendem Ideengut fehle. Er wollte eigene Gedanken vortragen.

Der Parteitag war eine Mammutschau und kostete die SPD anderthalb Millionen Mark. Die Anträge der Delegierten schwollen auf fünf Millionen (!) Worte an. Im Foyer des Congress-Centrums mischten sich eintausendfünfhundert Journalisten und mindestens ebenso viele Gäste unter die Delegierten. Man sah den Ständigen Vertreter Ost-Berlins in Bonn, den inzwischen verstorbenen Michael Kohl, wie er beim Verfremdungskünstler Klaus Staeck eine Postkarte mit stilisierter Wanze und der Sprechblase »Ruf doch mal an!« erstand. Blechtrommler Grass und Deutschstündler Lenz suchten Tuchfühlung mit der »Es-Pe-De«. Der Schweizer Dichter Max Frisch verteidigte laut seinen Kollegen Böll gegen den Verdacht, mit den Terroristen zu sympathisieren, und Egon Bahr klatschte wild Beifall. In der Disko-Bar des sechsundzwanzigsten Stockwerks erinnerten sich Leibwächter, die bei der Geiselbefreiung von Mogadischu dabeigewesen waren, an alte Tage und sangen: »Wir lagen vor Mogadischu und hatten Ben Wisch an Bord . . .«

Am dritten Tag hielt Schmidt endlich seine Rede, an die er soviel Hoffnung knüpfte. Sie war gut, aber viel zu lang. »Liebe Genossinnen und Genossen!« begann er sein mehrstündiges Referat. »Zuvörderst möchte ich — nicht des Anstands halber, sondern vielmehr von Herzen — für Willy Brandts Rede von gestern Dank sagen. Die Genossen in der Bundesregierung wie auch ich selbst haben sie jedenfalls als eine ganz wesentliche Hilfe und Unterstützung in unserer gegenwärtigen und unserer zukünftigen gemeinsamen Arbeit empfunden . . .« In seiner Absicht, die Eintracht der Troika Schmidt-Brandt-Wehner hervorzukehren, schickte er gleich ein Lob für den Fraktionsvorsitzenden hinterher: »Ich nehme wohl nichts von der Spannung vorweg, mit der Herbert Wehners Rede heute nachmittag erwartet wird, wenn ich prophezeie — und Herbert wird mir das nicht verargen —, daß auch aus seiner Rede unsere grundsätzliche Übereinstimmung klar erkennbar werden wird.«

Dann fuhr Schmidt fort: »Ich habe die Absicht, meine Ausführungen heute morgen in fünf Teile zu gliedern: Erstens möchte ich über die Bewährungsprobe der zweiten deutschen Demokratie sprechen. Zweitens soll von den Grundwerten die Rede sein. Drittens sollen einige der konkreten Herausforderungen im Inneren unseres Staates sowie viertens einige der außenpolitischen Herausforderungen behandelt werden. Daran wird sich fünftens ein Schlußteil anschließen, der sich mit unserer Partei und mit der Zusammenarbeit in der Koalition beschäftigt – und der natürlich auch den politischen Gegner nicht außer acht lassen kann, sozusagen unter der Überschrift: Partner, Gegner und Genossen.«

Das Protokoll verzeichnet an dieser Stelle »Heiterkeit«. Der Ausgang des Parteitags war jedoch alles andere als heiter. Den Sozialdemokraten saß zum erstenmal die Angst vor den Grünen im Nacken. Vor Beginn des Konvents hatte Schmidt unmißverständlich klargemacht, er werde sich den Kernkraftgegnern nicht beugen, notfalls auch gegen den Willen der Genossen tun, was er für richtig halte. Dabei wäre es in diesem entscheidenden Punkt für Schmidt und seine Politik um Haaresbreite zu einer Abstimmungsniederlage gekommen. In letzter Minute riß ein Mann das Ruder herum: Volker Hauff, damals Parlamentarischer Staatssekretär beim Forschungsminister.

Zur Diskussion stand die Frage, ob der Bau von Schnellen Brütern zu verantworten sei oder nicht. Gegen Ende der hitzigen und für den Kanzler negativ verlaufenden Auseinandersetzung verkündete der Tagungsleiter: »Als vorläufig letzter zu diesem Komplex spricht jetzt der Genosse Volker Hauff.« Der Aufgerufene, der den Ruf eines intellektuellen Wunderknaben genoß, schoß wie ein Sprinter ans Rednerpult und redete, nach jedem klugen Gedanken geschickt eine Pause einflechtend, mit lauter, etwas schwäbelnder Stimme linken Besserwissern ebenso ins Gewissen wie besorgten Parteimitgliedern. Und zwar mit bestechend einfachen Argumenten. »Warum entwickeln wir eigentlich den Brüter? Hans Matthöfer hat darauf hingewiesen, daß er eine sechzigfach bessere Ausnutzung des Urans ermöglicht. Du da hinten schüttelst den Kopf! Woher weißt du eigentlich, ob wir nicht im Jahre 2000 heilfroh sein werden, Zugang zu einer Technologie zu haben, die mit den Abfallstoffen im angereicherten Uran für einige Jahrhunderte die Stromerzeugung sicherstellt? Dies weiß doch niemand . . .«

Statt Buhrufen kam Beifall. Instinktiv spürten die meisten im Saal, daß hier einer mit kurzer rhetorischer Kraftanstrengung in letzter Minute die Diskussion herumgerissen hatte. Die Fotografen stürzten sich auf Volker Hauff. Von der Vorstandsbühne aus signalisierte der Kanzler in der für ihn typischen Weise Lob und Dank: Schmidt legte seine erhobenen Hände ineinander und schüttelte sie. Es entbehrt nicht einer gewissen Ironie, daß derselbe Volker Hauff heute Vorsitzender einer SPD-Kommission ist, die Wege zum Ausstieg aus der Atomenergie finden soll.

Mit der schließlich auf dem Hamburger Parteitag gefundenen Kompromißformel – Vorrang für die Kohle, neue Kernkraftwerke nur, wenn die Energielücke nicht anders zu überbrücken ist – konnte die Kluft zwischen Partei und Regierungschef noch einmal überbrückt werden. Die »kleinen« Genossen in Stadt und Land hätten es ihren Parteioberen auch schwer verübelt, wenn sie dem »Helden von Mogadischu« nicht gefolgt wären.

Aber diese Kompromißformel hatte auf lange Sicht schwerwiegende Folgen für die Einheit der SPD: Grüne und Ökos, von vielen, darunter auch Helmut Schmidt, noch als Spinner abgetan, begannen, sich aus Enttäuschung über den Parteitagsverlauf zu organisieren. Der Sozialdemokratischen Partei Deutschlands drohte die Abspaltung ihrer linksorientierten Mitglieder. Anzeichen dafür gab es genug.

So hatte Bölling dem Kanzler die November-Ausgabe des *Playboy* dringend zur Lektüre empfohlen und auch ein Exemplar besorgt. Schmidt blätterte genüßlich das Heft durch, das auf dem Titel einen wohlgeformten Mädchenpopo zeigte (»Das ist ja richtig was für ältere Herren«), bis er auf Seite dreiundachtzig auf ein hochpolitisches Interview des Linksabweichlers Jochen Steffen stieß. Der »rote Jochen«, einst SPD-Landesvorsitzender in Schleswig-Holstein, Fraktionschef und Mitglied des sozialdemokratischen Parteivorstands, inzwischen verstorben, forderte ungeschminkt die Spaltung der SPD: »Irgendwann kommt der Punkt, wo man Luther spielen muß: Hier stehe ich und kann nicht anders.« Eine Linke links von der SPD hätte »mindestens 1,5 bis 3 Millionen Wähler«. Schmidt und Konsorten seien für ihn Leute, die Angst hätten, »daß sie nicht wiedergewählt werden«. Steffen sprach von »Onkel Herbert«, »Willy«, »Helmut I.« und der »ganzen geleckten Kanzleramtskamerilla«. Das war starker Tobak.

Ein weiteres Alarmzeichen: Die Gründung einer Umweltschützerpartei war eine Woche zuvor angekündigt worden. Vor den Delegierten des Parteitags berichtete der Oberbürgermeister von Hannover, Herbert Schmalstieg, welch schmerzhafte Erfahrungen die niedersächsische SPD bei den letzten Kreistagswahlen bereits mit den Umweltschützern hatte machen müssen, die in einigen Landstrichen ihre eigenen Wahlvorschläge ausgelegt hatten. Schmalstieg: »Diese Grünen Listen haben immerhin zwischen zwei und vier Prozent der Stimmen auf sich gezogen, und es war festzustellen, daß diese Stimmen zu einem großen Teil von uns, von der SPD abgezogen worden waren.« Der niedersächsische Parteivorsitzende, SPD-Vorstandsmitglied Peter von Oertzen, bestätigte diese Erfahrungen.

Der Kanzler sah für die SPD auch aus einer anderen Richtung Gefahr: Den CSU-Vorsitzenden Franz Josef Strauß griff er scharf an, weil jener — ohne Rücksicht auf die Einheit der Union — durch Manipulationen mit einer vierten Partei die Macht wiedergewinnen wollte. Schmidt: »Dies ist alles kein Grund zur Schadenfreude, es ist ein Grund zur Sorge.« Der Regierungschef befürchtete, daß einer vierten Partei auf der Rechten bald eine fünfte auf der Linken folgen werde — zu Lasten der SPD.

Nach Meinung der linken Delegierten auf dem Hamburger Parteitag provozierte Schmidt diese Entwicklung. Wenn sie schließlich doch zähneknirschend seiner Politik zustimmten, bei der Wahl des Parteivorsitzenden und seiner Stellvertreter verpaßten sie ihm einen Denkzettel. Auf dem Mannheimer Parteitag 1975 erhielt der Kanzler als SPD-Vize noch genauso viele Stimmen wie der Vorsitzende Brandt; in Hamburg fiel er mit 395 Stimmen nicht nur unter die Prestigemarke von 400, sondern auch deutlich hinter Brandt (413 Stimmen) zurück. Betroffen eilte einer der Exponenten des linken Flügels, Berlins Bausenator Harry Ristock, unmittelbar nach der Stimmenauszählung an den Vorstandstisch und entschuldigte sich förmlich bei Helmut Schmidt: »Das haben wir nicht gewollt.«

Sicher war dieses Ergebnis für den Kanzler enttäuschend. Aber alles in allem war der Parteitag in seinem Sinne gelaufen, und je mehr er das spürte, desto lockerer wurde er. Auf dem Bunten Abend der Delegierten demonstrierte er mit einer Bierrede seine Entspannung. »Ich lüfte heute abend ein von Egon Bahr wohlgehütetes Geheimnis einer absolut einmaligen technischen Innovation, ohne die diese Partei in Zukunft nicht mehr denkbar wäre: Ich meine den neuen sozialdemokratischen Allzweck-Berater Nummer eins, unsere neue Antrags-Produktions-Vervielfältigungs-und-Wiederaufbereitungsmaschine. Man kann sie programmieren und kodieren – ob man links oder rechts steht, ob Mitte-Links oder Kanaler, Frau oder Juso, ob man hessisch babbelt oder kölsch. Der Opposition ins Stammbuch: Es waren Sozialdemokraten, die das geleistet haben.« Und Helmut Schmidt flachste weiter: »Eine vorausschauende Bevölkerungspolitik verlangt freie Privatinitiative. Da gibt's nichts: Humanes Wachstum ist ohne freie Partnerwahl nicht möglich. In Wachstumsfragen müssen wir uns – wie in der Energie – alle Optionen offenhalten: Sonst knipst du unseren Frauen das Licht aus! Das kann doch keiner wollen, der nicht Arbeitsplätze gefährden will.

Ernsthaft, Genossen: Trotz unserer Antrags-Produktions-Phrasendresch-Maschine bleiben wir in der Lage, eine sehr vernünftige Politik auf die Beine zu stellen. Wie wir das machen, weiß allerdings niemand. Auf Parteitagen kann beschlossen werden, was will, so richtig großer Schaden wurde noch nie angerichtet.«

Nachdem der Parteitag nach fünf Tagen zu Ende gegangen war, flog der Kanzler-Troß nach Bonn; der »Chef« verbrachte das Wochenende wie immer in der Hansestadt. Bürochef Leister hatte ihm noch Unterlagen hinterlassen, anhand derer Schmidt sich auf die am darauffolgenden Montag beginnende Polen-Reise vorbereiten konnte. Diese stand plötzlich unter keinem guten Stern. Das Deutsche Fernsehen hatte den Film *Drei Tage in Stettin* über den Aufstand polnischer Werftarbeiter von 1971 ins Programm genommen. Die auf dem Parteitag anwesenden polnischen Journalisten ließen jedermann wissen, daß sie dies am Vorabend der Schmidt-Reise für einen Skandal hielten. Den Hinweis, der Bundesregierung stünde es schlecht an, hier zu intervenieren, mochten sie nicht einsehen.

Das war aber noch nicht alles: Bei einem Besuch Anfang November in Bonn hatte sich der stellvertretende polnische Außenminister Josef Czyrek beschwert, die Bundesregierung unternähme nichts gegen die passive Handelsbilanz im Warenverkehr (»nichts läuft mehr«). Allein von Anfang Januar bis Ende September 1977 führte Polen für sechshundertdreiundzwanzig Millionen Mark mehr Waren aus der Bundesrepublik ein, als es dorthin lieferte. Wie ernst Schmidt den polnischen Vorwurf nahm, mag man daraus ersehen, daß er statt der Leiterin der Außenwirtschaftsabteilung im Bundeswirtschaftsministerium, Helga Steeg, den hochkarätigen Staatssekretär Detlev Rohwedder nach Warschau mitnahm. Der sollte ihm den wirtschaftlichen Teil der Gespräche abnehmen. Sich selbst wollte Schmidt in einer neuen Rolle präsentieren: nicht mehr als Weltökonom, sondern als Entspannungspolitiker von internationalem Rang.

27 Auch unter Staats- und Regierungschefs gibt es eine »Hackordnung«. Solange Leonid Breschnew nicht wußte, wann er in die USA reisen könnte, solange trat er seine wiederholt avisierte Bonn-Reise nicht an. Und bevor der amerikanische Präsident nicht in Polen war, wollten die Polen den deutschen Kanzler nicht bei sich haben. Ende 1977 entwirrte sich jedoch plötzlich das Knäuel. Jimmy Carter mußte seine Weltreise, die ihn auch nach Warschau geführt hätte, absagen, und Schmidt durfte kommen.

Anfang November ließ die polnische Regierung Bonn überraschend wissen, daß ihr der Besuch des Kanzlers noch im selben Monat genehm wäre. Vorgeschlagen wurde die Woche vom 21. bis 26. November. Dem Kanzler war sehr daran gelegen, die Reise noch im Jahre 1977 zu machen. Zum einen, weil er seine guten persönlichen Beziehungen zum polnischen KP-Chef Edward Gierek nicht einschlafen lassen wollte, und zum anderen, weil er vorhatte, sich als Entspannungspolitiker zu profilieren und das von ihm bisher vernachlässigte Feld der Außenpolitik wieder zu bestellen.

Helmut Schmidt, der Auslandsbesuche sonst im D-Zugtempo abwickelte, nahm sich für die Polen-Reise fünf Tage Zeit; gleich vier Staatssekretäre begleiteten ihn: Detlev Rohwedder (Wirtschaft), Günther van Well (AA), Manfred Schüler (Kanzleramt) und Klaus Bölling (Presseamt). Geschenke hatte er im Gepäck wie der reiche Onkel aus Amerika: vier Ölbilder, die polnische Könige zeigten, Werke, die im Strudel der Zeiten nach Bayern geraten waren. (Vier andere Bilder dieser Art hatte Außenminister Walter Scheel bei einer früheren Visite den polnischen Gastgebern überreicht.) Zu Schmidts Mitbringseln zählten außerdem ein Scheck über zwei Millionen Mark für die Ausstattung des von den Deutschen im Zweiten Weltkrieg zerstörten Warschauer Schlosses und eine Lithographie von Käthe Kollwitz, die der Kanzler persönlich für Gierek in Hamburg erstanden hatte.

Von allen kommunistischen Führern stand ihm dieser Mann am nächsten, und er nannte ihn »meinen Freund«. Der Pole war der erste ausländische Staatsmann, den Schmidt 1976 privat in seinem Hamburger Haus empfing – noch vor Giscard und Breschnew. Die Freundschaft war 1975 bei der KSZE-Konferenz in Helsinki entstanden, in jener bis um vier Uhr früh dauernden Nachtsitzung, in der ein zum Schluß völlig erschöpfter Helmut Schmidt Gierek die Ausreisegenehmigung für hundertfünfundzwanzigtausend in Polen lebende Deutsche für 1,3 Milliarden Mark und einen zusätzlichen Kredit von einer Milliarde abgehandelt hatte. Auch später, nach Giereks Sturz im Jahre 1980, legte der Kanzler bei fast jeder Begegnung mit osteuropäischen Kommunisten ein gutes Wort für ihn ein.

Daß dieser 1981 zusammen mit Führern der Solidarność festgenommen wurde, empfand Schmidt als besondere Ironie des Schicksals. Denn vierzehn Monate zuvor war der polnische KP-Chef durch Streiks, die die Solidarność organisiert hatte, zum Rücktritt gezwungen worden. Außerdem hatte Gierek in seinen letzten Regierungstagen General Jaruzelski zum Eingreifen des Militärs überreden wollen, was dieser mit der Begründung ablehnte: »Es wird zur Zeit in fünfhundert Industriebetrieben gestreikt. Das sind fünfhundert Festungen. Ich habe nicht so viele Soldaten, um sie zu erobern.« Dann setzte sich eines Tages Jaruzelski auf Giereks Stuhl, schickte Soldaten in die Betriebe und ließ die Miliz auf die Arbeiter schießen.

Mit seiner Polen-Visite verband Schmidt die Absicht, die militärische Entspannung zwischen Ost und West voranzutreiben. Nach Adenauers Aussöhnung mit dem Westen und den Normalisierungsverträgen der Brandt/Scheel-Regierung mit dem Osten wollte Schmidt sich ein eigenes Denkmal setzen. Mit Hilfe der Polen sollten die festgefahrenen Wiener MBFR-Verhandlungen* zwischen NATO und Warschauer Pakt wieder in Gang gesetzt werden, da sie bereits seit fünf Jahren geführt wurden, ohne daß sich etwas bewegt hatte.

An der Dauerkonferenz, die bis heute noch nicht beendet ist, sind auf westlicher Seite Belgien, Luxemburg, die Niederlande, die Bundesrepublik sowie jene drei Staaten beteiligt, die auf dem zentraleuropäischen Territorium Truppen stationiert haben: die USA, Großbritannien und Kanada. Frankreich nimmt an den Verhandlungen nicht teil. Von den Warschauer Paktstaaten sitzen neben der Sowjetunion die Tschechoslowakei, die DDR und Polen am Verhandlungstisch.

Schmidt argwöhnte, Amerikaner und Russen könnten ihr Interesse an einer Truppenreduzierung in Europa verlieren, weil sie im Begriff zu sein schienen, sich über eine Begrenzung der Atomraketen mit interkontinentaler Reichweite zu einigen. Die Einigung kam allerdings erst zwei Jahre später in Form des SALT-II-Vertrages** zustande.

Der Kanzler wollte durch einen Alleingang der »kleinen Staaten« Druck auf die Supermächte ausüben, um bei der konventionellen Abrüstung Fortschritte zu erzielen. Er versuchte, Gierek für seine Idee zu gewinnen: »In Wien kann man sich bewegen ohne Rücksicht auf den jeweiligen Bündnispartner.«

In einer Tischrede schmeichelte der Bundeskanzler seinem Gastgeber: »Die Polen waren heute vor zwanzig Jahren die ersten, die mit eigenen Gedanken auf diesem Felde [Rüstungsbegrenzung in Europa] aufgetreten

---

* Mutual and Balanced Force Reductions: beiderseitige und ausgewogene Truppenreduzierung

** Strategic Arms Limitation Talks: Gespräche über die Begrenzung strategischer (interkontinentaler) Waffen. Im Juni 1979 einigten sich Carter und Breschnew auf Obergrenzen von je zweitausendzweihundertfünfzig Trägersystemen. Die Sowjets mußten zweihundertfünfzig Systeme verschrotten, die Amerikaner keine, weil sie die Obergrenze nicht erreicht hatten. Der Vertrag wurde vom amerikanischen Parlament nie ratifiziert; dennoch hielten sich beide Seiten bis auf weiteres an die Abmachung.

sind. Es gab zwei Pläne Rapackis*, es gab einen Gomulka-Plan**.« Und um Gierek einzureden, Polen und Deutsche seien für die Rolle des Vorreiters bestens geeignet, fügte er hinzu: »Vielleicht sind Sie freundlich genug, innerlich bei sich selbst zuzugeben, daß auch die Deutschen nicht sehr viel später mit eigenen Gedanken auf demselben Feld aufgetreten sind.«

Am Ende des Besuchs stand trotz der vielen wohlmeinenden Worte fest, daß Gast und Gastgeber aneinander vorbeigeredet hatten. Gierek war die Idee eines deutsch-polnischen Alleingangs bei der Abrüstung zu ungenau, zu nebelhaft. Er hatte dringlichere Probleme. So brauchte er Hilfe für die hoffnungslose Wirtschaftslage seines Landes. Die finanzielle Situation Polens war mehr als prekär und das Land im Westen hoch verschuldet. Im Handel mit der Bundesrepublik gab es bei einem Gesamtumsatz von fünf Milliarden Mark (1976) ein polnisches Defizit von 1,4 Milliarden Mark. Davon wollte Gierek runter, und er drängte den Kanzler, bestimmte Importbeschränkungen abzubauen. Dabei zielte er unbewußt auf deutsche Wirtschaftszweige, die ihrerseits strukturelle Probleme hatten. Schmidts Reisebegleiter, Staatssekretär Rohwedder: »Das ist der Bereich, wo es bei uns weh tut.«

Die gemeinsame Abschlußerklärung blieb daher nur eine Anhäufung vager Absichtserklärungen in schwülstiger Diplomatensprache: »Beide Seiten brachten ihre Überzeugung zum Ausdruck . . . Beide Seiten bekräftigten den festen und unveränderlichen Willen . . .« Zu Schmidts eigentlichem Anliegen hieß es unverbindlich: »Beide Seiten unterstrichen die wichtige Rolle, die den Wiener Verhandlungen über die gegenseitige Verminderung von Streitkräften und Rüstungen und damit zusammenhängenden Maßnahmen in Mitteleuropa beim Prozeß der Entspannung in Europa zukommt. Sie sind entschlossen, zum Erfolg dieser Verhandlungen beizutragen, deren Ergebnisse den Sicherheitserfordernissen aller Beteiligten entsprechen müssen . . .«

Während der Reise hatte der Kanzler dennoch gute Laune demonstriert. Er war auf dem Warschauer Schloß Wilanów — einem der schönsten Barockbauten Polens und einst Sommersitz des Königs Jan Sobieski — mit seiner Begleitung nobel untergebracht worden. Nachts hatte er auf einem Empire-Klavier undefinierbare Potpourris geklimpert, sehr zum Leidwesen der Staatssekretäre Schüler und Bölling, die ihren Wodkarausch ausschlafen wollten. Auch tagsüber war Schmidt zu lustigen Einlagen bereit. Beim Besuch des oberschlesischen Industr:ereviers tauschte er mit einem Kattowitzer Bergmann die Kopfbedeckung: Seglermütze gegen Grubenarbeiterkappe.

---

* Der 1970 verstorbene polnische Außenminister Adam Rapacki hatte 1957 eine atomwaffenfreie Zone vorgeschlagen, die aus beiden Teilen Deutschlands, der Tschechoslowakei und Polen bestehen sollte. Der Plan wurde 1958 ergänzt, die Diskussion darüber aber 1964 ergebnislos abgebrochen.
** Der polnische KP-Chef (1956–1971) Wladyslaw Gomulka schlug ebenfalls eine begrenzte Abrüstung in Mitteleuropa vor.

Zurück in Bonn verflog die gute Stimmung schnell, und gegen Ende des Jahres, das seine zweite Amtsperiode als Kanzler eingeläutet hatte, überkam den Kanzler Resignation. Frei nach Goethe (zu Eckermann) konnte er rückschauend behaupten: »Im Grunde ist es nichts als Mühe und Arbeit gewesen, und ich kann wohl sagen, daß ich keine vier Wochen eigentliches Behagen gehabt.« Vor kurzem noch als Held von Mogadischu gefeiert und einer Infas-Umfrage zufolge bei achtundfünfzig Prozent aller Befragten als der Mann ihres Vertrauens ausgewiesen, mußte er sich während der kommenden Weihnachtsfeiertage Gedanken über eine im Januar abzugebende Regierungserklärung machen, die sich vor allem mit der Bewältigung der aktuellen Krisen beschäftigen würde.

Nach der Pleite bei der Rentenberechnung Anfang 1977 hatte die Koalition zur Jahresmitte wegen des Mehrwertsteuer-Pakets auf dem Spiel gestanden; im Frühjahr – und dann noch einmal auf dem SPD-Parteitag im Herbst – kam es wegen der Kernenergie mit den Linken in der eigenen Partei zu Kraftproben. Vom Mord an Generalbundesanwalt Buback im April bis zur Tötung von Arbeitgeberpräsident Schleyer im Oktober ließen ihn die Terroranschläge nicht zur Ruhe kommen.

Dann war da noch der skandalöse Spionagefall Lutze/Wiegel im Verteidigungsministerium. Renate Lutze, eine attraktive Sekretärin, und der Angestellte Jürgen Wiegel hatten zwischen 1972 und 1976 rund tausend Dokumente an die DDR geliefert, darunter solche höchster Geheimhaltungsstufe wie die Pläne über das militärische Pipeline-System in der Bundesrepublik. Helmut Schmidt wurde vorgeworfen, vom ganzen Ausmaß des Verrats, der den des DDR-Spions Guillaume noch übertraf, gewußt zu haben, die Aufklärung des Falles und vor allem die Maßregelung der Verantwortlichen jedoch nicht energisch genug betrieben zu haben.

Die Mitarbeiter des Kanzlers blieben bei der Version, der »Chef« sei zwar bei der Verhaftung der Agenten über den Spionagefall unterrichtet und über »den Ernst der Sache« informiert worden, der Ermittlungsbericht des Bundeskriminalamtes und die Gutachten des Verteidigungsministeriums über das Ausmaß des Verrats hätten ihm aber bis zu einer Veröffentlichung durch die *Frankfurter Allgemeine* nie vorgelegen. Damit war er formal aus dem Schneider, aber nicht aus der Gesamtverantwortung. Die Opposition erreichte die Einsetzung eines Untersuchungsausschusses.

Helmut Schmidt blieb erstaunlich gelassen. Dahinter steckte jedoch die Einsicht in die beschränkten Möglichkeiten eines Regierungschefs, also ein Stück Resignation. Eingeklemmt zwischen Rücksichtnahme auf den Koalitionspartner, Unionsmehrheit im Bundesrat, angespannte Finanzlage und nicht überwundene Folgen der Wirtschaftskrise konnte er keine Berge versetzen, sondern höchstens mühevoll kleine Sandhaufen umschichten. Das bedrückte ihn. Sah man einmal von den Erfolgen ab, die lediglich darin bestanden hatten, Schaden abzuwenden (geglückte Geiselbefreiung in Mogadischu), waren es kleine Brötchen, die gebacken wurden. Zu den bescheidenen Erfolgen zählte unter anderem die auf dem letzten EG-Gipfel erreichte Änderung der EG-Rechnungseinheiten. Für den Bund bedeutete das jährliche Einsparungen zwischen drei- und vierhundert Millionen Mark. Schmidt mit Galgenhumor zu Finanzminister Apel: »Da kriege ich aber Prozente.«

Der Finanzminister: »Mindestens zehn Prozent.«

Wichtig waren für Helmut Schmidt in den vergangenen zwölf Monaten Rat und Beistand solcher Männer wie Wehner und Wischnewski. Es war für ihn eine große Beruhigung, gerade letzteren in seiner Umgebung zu wissen. Halt fand er auch bei seinem Hamburger Freundeskreis, den er regelmäßig zum Geburtstag, dem 23. Dezember, in seinem Heim um sich scharte. So auch Ende des Jahres 1977, als er neunundfünfzig wurde.

Weil keine Hausfrau es gern hat, ausgerechnet am Morgen des Heiligen Abend mit dem Durcheinander einer Geburtstagsparty konfrontiert zu werden, wurde bei den Schmidts immer in den Geburtstag hineingefeiert. Als einziges Kabinettsmitglied kam diesmal Finanzminister Hans Apel mit Frau Ingrid und als weiterer Freund aus Bonn Klaus Bölling. Aus Hamburg sah man unter den rund fünfzig Gästen den Reeder Rolf Stödter, den Bankier Alwin Münchmeyer, den Fabrikanten und Mäzen Kurt Körber; von der Kunst Boy Gobert sowie den Film- und Fernsehproduzenten Gyula Trebitsch; von der Presse die Zeit-Chefredakteure Theo Sommer jr. und Kurt Becker, Axel Springer jr. und Jürgen Kellermeier (NDR); ferner Albert Vietor (Neue Heimat), die Parteifreunde Hermann Brandt (DAG), Hans Hermsdorf (Landeszentralbank); die ehemaligen Hamburger Bürgermeister Herbert Weichmann und Peter Schulz sowie das damalige Stadtoberhaupt Hans-Ulrich Klose. Von der Schmidt-Sippe war der um zwei Jahre jüngere und einzige Bruder des Kanzlers, Wolfgang, erschienen. Alles in allem eine buntgemischte Gesellschaft, bei der nicht nur bloß Freundschaft eine Rolle spielte, sondern auch Rang und Würde.

Auch ein Gast von der »anderen Fakultät« war bei der Geburtstagsparty zugegen: der Hamburger CDU-Bundestagsabgeordnete Erik Blumenfeld: »Loki hat mir gesagt, ich soll gute Manieren zeigen und die Leute richtig begrüßen . . . Ich muß immer wieder sagen, wie wohl wir uns in Hamburg und in dem Kreis der vielen Freunde fühlen, auf die Verlaß ist und deren Rat wir jederzeit haben können . . . Dabei sind Herbert Weichmann, Peter Schulz und Ulli Klose gar keine echten Hamburger, weil hier nicht geboren. Da lob' ich mir einen so anständigen und lupenreinen Hamburger wie Erik Blumenfeld.«

Alsdann bat das Geburtstagskind ans kalte Büfett. Das war bei der Enge im Haus leichter gesagt als getan. Die Gäste mußten sich aufreihen und in die Küche marschieren, wo zwei Köche aus einem Hamburger Restaurant die Teller füllten. Es gab Leberkäse mit Spiegelei und serbische Bohnensuppe. Wer im Speise- oder Wohnzimmer keinen Platz zum Essen fand, zog sich auf die Treppe zurück, die zu Schmidts Arbeitszimmer führt. Auch dort herrschte drangvolle Enge, weil die Stiege gleichzeitig als Geschenkablage diente. Die meisten Präsente waren noch in Geschenkpapier; der Hausherr fand einfach keine Zeit, sie auszupacken. Es war eine Party mit typisch hamburgischem Understatement.

Unmittelbar nach dem Weihnachtsfest flogen der Kanzler und seine Frau zur Erholung nach Ägypten. An Ausspannen war aber bei der überschäumenden Gastfreundschaft der Ägypter gar nicht zu denken. Lokis inbrünstige Hoffnung, ihr Mann könne »richtig ausschlafen, ein bißchen segeln und geruhsam Pyramiden, Tempel und Museen besichtigen«, blieb reines Wunschdenken. Wo immer Schmidt auftauchte, umdrängten ihn Fellachen und Touristen, als gelte es, eine Kuh mit zwei Köpfen zu bestaunen. Irgendwie kamen die Schmidts aber doch noch auf ihre Kosten und besichtigten Ausgrabungen, die sie interessierten.

Ins neue Jahr kamen sie im Gegensatz zum übrigen Reisespektakel geruhsam. Zusammen mit Präsident Sadat und dessen Frau befanden sie sich auf einem Nildampfer. Eine halbe Stunde nach Mitternacht verabschiedete sich das Ehepaar Sadat, und nur wenig später gingen auch der Kanzler und seine Frau schlafen. Zurück blieben der mitgereiste Regierungssprecher Klaus Bölling und zwei von Schmidts Leibwächtern, die sich noch den Belmondo-Reißer *Ex-Agent Secret* ansahen. Dabei schliefen dann aber auch die Bodyguards ein.

Ganz abschalten konnte Helmut Schmidt auf der Reise jedoch nicht. Immer wieder hatte ihn die Frage geplagt, wie er Verteidigungsminister Georg Leber mit Anstand aus der Regierungsmannschaft abziehen könnte. Dem Kanzler war klar geworden, daß der wackere »Schorsch« zunehmenden Belastungen durch den immer weitere Kreise ziehenden Spionagefall Lutze/Wiegel nicht mehr gewachsen sein würde. Da reifte in Schmidt der Plan, die Demission für den verdienten Sozialdemokraten durch eine Umbesetzung auf mehreren Ministerposten erträglicher zu machen.

Eine Regierungsumbildung war fällig.

**28** Am 11. Januar trat das Bundeskabinett zur ersten Sitzung nach der Weihnachtspause zusammen. Egon Franke schien durch überpünktliches Erscheinen wettmachen zu wollen, was ihm an Erfolgen abging. »Schorsch« Leber gab sich gelassen und erholt wie selten zuvor, nicht ahnend, daß er bereits im folgenden Monat sein Amt einbüßen würde. Wischnewski wurde mit großem Hallo begrüßt, als sei »Ben Wisch« soeben erst aus Mogadischu heimgekehrt. Richtig turbulent und munter aber wurde es, als der von einer verschleppten Lungenentzündung wiedergenesene Außenminister den Raum betrat: Händeschütteln, Schulterklopfen, »Gut sehen Sie aus!«, »Man tut, was man kann.«

Nur der Kanzler, der fast unbemerkt hereingehuscht war, tat so, als ginge ihn die ganze Heiterkeit nichts an. Ernst und schmallippig blätterte er in seinen Akten. Da passierte Justizminister Jochen Vogel eine Ungeschicklichkeit. Mit gewaltigem Scheppern stieß er eine vor ihm stehende weiße Kaffeekanne um, und der schwarze Inhalt ergoß sich über wichtige Unterlagen. Jetzt war auch der Kanzler voll da. Lachend und prustend zeigte er mit ausgestrecktem Zeigefinger auf die Kaffeelache und rief: »Das ist ein Justizskandal!«

»Aber er hat kein Porzellan zerschlagen«, meinte Genscher trocken. Vogel stürzte aus dem Kabinettssaal, um das Malheur zu beseitigen, was leichter gedacht als getan war. Das Kanzleramt ist zwar mit den modernsten technischen Raffinessen ausgestattet, aber daran, daß Minister auch einmal kleckern, hatten die Architekten nicht gedacht. Drinnen wurde indessen weiter gespottet. Arbeitsminister Herbert Ehrenberg: »Schütten wir ihm doch Salz in den Rest Kaffee.« Darauf AA-Staatsminister Klaus von Dohnanyi: »Ach, laß mal, nicht noch Salz in diese Wunde.«

Einigen der Anwesenden verging schon drei Wochen später das Lachen. Das für sie verhängnisvolle Ereignis nahm in einer Nacht von Donnerstag auf Freitag seinen Lauf, so um die elfte Stunde. Auf dem querformatigen Schreibtischkalender des Kanzlers war noch der 2. Februar 1978 aufgeschlagen. Den ganzen Tag über hatte Schmidt sich mit einer Regierungsumbildung beschäftigt. Nun stand sie fest − zumindest auf dem Papier. Immerhin, einige Minister würden über die Klinge springen müssen.

Regierungssprecher Klaus Bölling durfte die Namen der sechs neuen Minister noch nicht bekannt geben, da Helmut Schmidt die Nachricht erst dem SPD-Fraktionsvorsitzenden zukommen lassen wollte. Doch sooft der Kanzler die Privatnummer vom »Onkel« auf dem Heiderhof, einem Bonner Vorort, auch anwählte, bei Wehners nahm niemand mehr ab. Schließlich gab der Regierungschef es auf: »Wenn Herbert müde ist, hat es auch keinen Zweck mehr, jemanden rumzuschicken, der an die Fensterläden klopft.« Bonner Politik − allzu menschlich.

»Wenn ein Kabinett erst einmal ins Wackeln gerät«, lautete eine von Konrad Adenauers schlichten Weisheiten, »dann kann schnell alles ins Wanken kommen.« So war es auch dieses Mal. Erst wackelte das Kabinett, dann wankte der Kanzler. Es begann mit »Leber-Schmerzen«. Verteidigungsminister Georg Leber hatte sich als Arbeiterführer in einundzwanzig Parlaments- und zwölf Ministerjahren nicht nur um die Republik verdient gemacht, sondern sich auch für das Allgemeinwohl verschlissen. Willy Brandt hatte in Schorsch einst noch seinen Nachfolger als Kanzler gesehen, und bei anderer Gelegenheit war er sogar als Kandidat für das Amt des Bundespräsidenten gehandelt worden. Nun aber zerbrach die Kraft dieses Mannes an Mißerfolgen, Skandalen und Affären der vorangegangenen Jahre. Hinzu kam der Spionagefall Renate Lutze. (Generalbundesanwalt Rebmann: »Sie war gefährlicher als Guillaume.«) Georg Leber hatte nicht einmal die Gutachten seines Ministeriums zu diesem brisanten Fall geprüft. Reichlich naiv verteidigte er sich: »Ich kann doch nicht von morgens bis abends nur Kriminalstorys lesen.«

Der Verteidigungsminister war Anfang des Jahres von einem Untersuchungsausschuß des Bundestages vernommen worden. Dabei zeigten sich seine Psyche und Physis in einem erschreckend schlechten Zustand. So redete er den CSU-Abgeordneten und Strauß-Vertrauten Friedrich Voss mit »Herr Wust« an − mit dem Namen des Generalinspekteurs der Bundeswehr. Ausschußmitglied Conrad Ahlers mokierte sich: »Herr Voss, Ihre Ernennungsurkunde bekommen Sie noch nachgereicht.«

Zu diesem Zeitpunkt stellte Lebers Mutter schon nicht mehr das Fernsehen an, da sie die Angriffe gegen »meinen Jungen« nicht länger ertragen konnte. Doch es sollte noch schlimmer kommen. Der ihm unterstellte Militärische Abschirmdienst (MAD) hatte in der Wohnung seiner Chefsekretärin rechtswidrig eine Wanze installiert. Der Minister beteuerte im Bundestag: »Das ist der einzige Fall dieser Art, den der MAD praktiziert hat.« Diese leichtfertige Behauptung sollte das Ende seiner Ministerkarriere bedeuten. Nur achtundvierzig Stunden später legten ihm seine Referenten eine vorläufige Zusammenstellung von weiteren illegalen Lauschangriffen des MAD auf den Schreibtisch. Mindestens zwölfmal waren Wanzen gelegt worden – unter anderem in einer öffentlichen Telefonzelle, in einem SPD-Presseclub und in einem Büro des Kommunistischen Bundes West-Deutschland. Möglicherweise auch bei mißliebigen Offizieren und Journalisten. In der Nacht zum Mittwoch, dem 1. Februar, hatte Leber gegen zwei Uhr den verhängnisvollen Bericht im Ministerium zu Ende gelesen. Sein Gesicht war aschfahl. Er stützte sich mit den Händen ab, als er aufstand. »Ich bin es endgültig leid«, sagte er leise und verließ seine Diensträume.

Zurück blieben vier betreten dreinschauende Herren: Staatssekretär Helmut Fingerhut, Generalinspekteur Harald Wust, Abwehr-Chef Gerd Helmut Komossa und Pressesprecher Kurt Fischer. Leber ließ sich in seinen Bungalow chauffieren, der auf dem Gelände des Ministeriums liegt. Bis in die Morgenstunden besprach er sich mit seiner Ehefrau Erna. Mehr als einmal hatte sie ihn in den letzten Wochen gefragt: »Schorsch, haben wir das nötig?« Erst in dieser Nacht wußte ihr Mann die endgültige Antwort.

Am nächsten Morgen, einem Mittwoch, war es kalt. »Mich fröstelt«, sagte der Kanzler nach dem Aufstehen. In der Bundeshauptstadt regierten die Karnevalsnarren. Familienministerin Antje Huber ließ eine Pressemitteilung, die sie für besonders witzig hielt, unter der Überschrift »Bonner Minister werden abgelöst« vervielfältigen. »In Bonn halten sich hartnäckige Gerüchte, daß der größte Teil der Regierungsmannschaft von Helmut Schmidt bald abgelöst wird. Innerhalb der Koalitions-Fraktionen verstärkt sich der Eindruck, daß sogar der Regierungschef selbst dadurch betroffen sein wird.«

Diese scherzhafte Pressemitteilung lag – was für eine Groteske! – auf dem Kabinettstisch, als sich um neun Uhr die Ministerrunde versammelte. Staatssekretär Manfred Schüler zog den eintretenden Kanzler auf die Seite und eröffnete ihm, Georg Leber wolle unwiderruflich das Handtuch werfen. Wiewohl Schmidt sich schon auf seiner Ägypten-Reise an den Gedanken gewöhnt hatte, den Parteifreund abzulösen, erschien ihm der Moment unpassend. Mit versteinertem Gesicht setzte er sich an den Tisch, schob unwirsch die stets bereitliegende Zigarettenpackung zur Seite und eröffnete die Sitzung mit Punkt eins der Tagesordnung: Bericht einer Enquete-Kommission über Grundgesetzänderungen.

Da öffnete sich die holzverkleidete Tür des Sitzungssaals, und Georg

Leber trat ein: das Gesicht von Falten durchfurcht, das sonst sorgfältig von links nach rechts gekämmte weiße Resthaar leicht derangiert, die kleinen braunen Augen von der durchwachten Nacht gerötet. Nachdem er umständlich Platz genommen hatte, versuchte er einige Male vergebens, die laufende Diskussion zu unterbrechen und loszuwerden, wozu er sich in der Nacht durchgerungen hatte: zu seinem Rücktritt. Endlich gelang es ihm. Er könne, so eröffnete er der verdutzten Runde, seine Erklärung über einen »einmaligen Lauschangriff« nicht mehr aufrechterhalten; der MAD habe auch andere Personen abgehört. Und dann, mit kaum vernehmbarer Stimme: »Ich trete zurück. Ich bin das meinem Ruf und den anderen schuldig.«

Alle am Kabinettstisch empfanden Mitleid, und sogar Forschungsminister Hans Matthöfer vom linken Flügel der SPD versuchte, Leber zum Bleiben zu bewegen: »Mensch, Schorsch, denk doch an das alte preußische Soldatenprinzip, eine Entscheidung wie diese erst mal zu überschlafen. Du bist doch nach dieser Nacht völlig übermüdet.« Auch der Kanzler bat: »Schorsch, das alles mußt du dir noch einmal vierundzwanzig Stunden gründlich überlegen.«

Die Bitte Schmidts wurzelte jedoch nicht in Mitleid, sondern entsprang kühlem Kalkül. Er mußte Zeit gewinnen, denn Lebers unerwarteter Rücktritt brachte ihn selbst in Gefahr. Bis zu diesem Morgen war er sicher gewesen, die Demission des Verteidigungsministers so lange hinauszögern zu können, um seine umfassende Kabinettsumbildung in Ruhe durchzuziehen. Nun war die Entwicklung seiner Kontrolle entglitten. Der Kanzler brauchte ein paar Stunden, um die deprimierte Runde wieder aufzumuntern und zusammenzuhalten. Er ließ Pfeffersteak, Nußkartoffeln, frischen Salat und Ananas servieren, dazu Rotwein. Einer hatte sich dennoch entfernt: der Minister für innerdeutsche Beziehungen, Egon Franke. Seit Wochen war er mit dem Kanzler wegen Bonns DDR-Politik zerstritten. Nun saß Franke im Restaurant des Bundeshauses, löffelte rote Grütze und grollte vieldeutig: »Der Schmidt macht demnächst alles alleine.«

Bei Kabinettssitzungen las Egon Franke überwiegend Zeitung, nur selten meldete er sich bei Themen zu Wort, die außerhalb seines Ressorts lagen. Dennoch ging in der Fraktion, auf deren Unterstützung der Kanzler bei der Verwirklichung seiner Politik angewiesen war, nichts ohne jene rechtsstehende Gruppe von rund hundertfünfzig sozialdemokratischen Abgeordneten, die sich scherzhaft »Kanalarbeitergewerkschaft« nannte und deren unangefochtener Boß Egon Franke war. Als innerdeutscher Minister hatte er immer mehr Zuständigkeiten an sich gerissen, oder es zumindest versucht. Das führte zu ständigen Spannungen mit dem Kanzleramt, so beim Freikauf politischer DDR-Häftlinge. Schmidts Dienststelle wußte oft nicht, was bei Frankes Behörde lief.

An jenem Mittwoch im Februar 1978 saß Egon Franke also demonstrativ im Bundeshausrestaurant, während Helmut Schmidt im Kanzleramt versuchte, aus Georg Lebers Rücktrittsgesuch das Beste zu machen. Kurz vor dreizehn Uhr verabschiedete er die Minister und bat nur Bildungsminister

Helmut Rohde zu bleiben. Das heißt, er winkte auch den in der Tür stehenden Klaus Bölling zurück. Schmidt zu Rohde: »Wenn dazu Fragen von den Journalisten kommen, muß der Klaus gerüstet sein.«

In dieser Sekunde war klar, was der Kanzler vorhatte. Zusammen mit Leber sollten drei weitere Minister ihren Abschied nehmen: Rohde, glücklos im Amt, erwog schon seit langem aus privaten Gründen seine Demission; Wohnungsbauminister Karl Ravens könnte im Sommer für die SPD als niedersächsischer Ministerpräsidenten-Kandidat in den Wahlkampf ziehen; Entwicklungsministerin Marie Schlei hatte dem Kanzler einmal unvorsichtigerweise einen Brief geschrieben, in dem sie Probleme im Zusammenhang mit einer Krebserkrankung, die sie befallen hatte, andeutete. Dieses Schreiben konnte er nun als Rücktrittsangebot auslegen.

Rohde ließ sich nicht lange bitten, war zum sofortigen Rücktritt bereit. Das Schlüsselproblem bildete in dieser Situation die Nachfolgeregelung für Leber. Helmut Schmidts Lieblingskandidat, Finanzminister Hans Apel, der 1955 in die SPD eingetreten war, um mit ihr »gegen die Wiederaufrüstung Westdeutschlands« zu streiten, lehnte das Angebot zunächst ab: »Helmut, laß mich darüber nachdenken.« Auch Kandidat Nummer zwei, Justizminister Hans-Jochen Vogel, war vom Angebot, auf die Hardthöhe zu wechseln, nicht begeistert. Er stellte Schmidt die Gegenfrage: »Wer soll denn dann die Justiz machen?« Darauf wußte der Kanzler keine Antwort.

Nachdem Schmidt sich so die ersten Körbe geholt hatte, machte er an besagtem Mittwoch erst einmal business as usual. Er empfing den französischen General Richard zum Abschiedsbesuch, hörte sich eine halbe Stunde länger als vom Protokoll geplant die bewegten wirtschaftlichen Klagen von Zaires Staatschef Mobutu an, empfing Annemarie Renger und eine Kommission für den Ausbau Bonns zur Hauptstadt und hatte schließlich sogar noch Zeit für den deutschen Botschafter in Paris, Axel Herbst. Als später die leicht verstörten Kanzler-Vertrauten, die Staatssekretäre Schüler und Bölling, hereinschauten, frotzelte Helmut Schmidt: »Die Herren entraten ja jeder Fröhlichkeit.« Als der Kanzler zu Bett ging, war noch alles offen. Am nächsten Tag wurden jedoch Nägel mit Köpfen gemacht.

Wieder glich das Drum und Dran einer Komödie. Es muß wohl so sein, daß große Politik sich oft vor einem höchst banalen Hintergrund abspielt. Durch die Straßen von Bonn tanzten die Narren zur Weiberfastnacht. Finanzminister Hans Apel hatte sich ins heimatliche Hamburg abgesetzt und in seinem Haus den Telefonhörer ausgehängt, um ein stärkendes Nickerchen machen zu können. Sein Kanzler ließ ihm jedoch keine Ruhe. Schmidt schickte einen Polizeistreifenwagen vorbei, und siehe da, wenig später hatte er die telefonische Zusage Apels, das Verteidigungsministerium zu übernehmen. Alle anderen Personalentscheidungen ergaben sich dann wie von alleine.

Forschungsminister Hans Matthöfer erklärte sich bereit, Finanzminister zu werden. Vorher hatte er noch mit dem durch die USA reisenden FDP-Wirtschaftsminister Otto Graf Lambsdorff telefoniert. Ein Insider:

»Noch mit Friderichs als Wirtschaftsminister hätte Matthöfer das Finanz-
ressort nicht übernommen.«

Matthöfer-Nachfolger als Forschungsminister sollte sein siebenund-
dreißigjähriger Parlamentarischer Staatssekretär Volker Hauff werden, auf
den Schmidt große Stücke hielt, nachdem dieser auf dem Hamburger SPD-
Parteitag mit einer rhetorischen Glanzleistung über die Notwendigkeit
Schneller Brüter dem Kanzler und seiner Energiepolitik eine Abstimmungsniederlage erspart hatte.

Zum Nachfolger von Marie Schlei als Entwicklungsministerin hatte
Schmidt den Parlamentarischen Staatssekretär im Finanzministerium, Rainer Offergeld, vierzig, auserkoren. Er war allerdings zweite Wahl, denn am
liebsten hätte der Kanzler den Parlamentarischen Staatssekretär im Verteidigungsministerium, Andreas von Bülow, vierzig, genommen. Aber da
hatte Hans Apel sein Veto eingelegt: Als Neuling auf der Hardthöhe
brauchte er von Bülow dringend selbst.

An die Spitze des Wohnungsministeriums wollte Schmidt ebenfalls den
dortigen Parlamentarischen Staatssekretär Dieter Haack, vierundvierzig,
stellen. Als Nachfolger von Bildungsminister Rohde war der SPD-Bundestagsabgeordnete und ehemalige Parlamentarische Staatssekretär im Innenministerium, Jürgen Schmude, einundvierzig, vorgesehen. Seinetwegen
hätte es um ein Haar noch eine Panne gegeben. Schmude hielt sich in
Südafrika auf und war nicht zu erreichen. Der Kanzler am Donnerstag-
abend: »Er muß mich noch heute nacht, spätestens morgen früh anrufen.
Koste es, was es wolle.«

Die Deutsche Botschaft in Pretoria war nicht mehr besetzt, der dortige
Botschafter nicht zu erreichen. Schließlich war es eine deutsche Diploma-
tengattin mit Namen Schmidt, die ihrem Namensvetter in Bonn den
entscheidenden Tip gab: Schmude sei im Carlton-Hotel in Pretoria. Punkt
zweiundzwanzig Uhr läutete das Telefon auf dem Schreibtisch des Kanzlers. Am anderen Ende, neuntausend Kilometer entfernt, meldete sich
Schmude. »Was gibt's denn?« Von Bonn aus wurde ihm ein Ministerjob
wie saures Bier angeboten.

Am 16. Februar 1978 wurden die neuen Minister vereidigt. Jedes
zweite von den Sozialdemokraten gehaltene Ministerium hatte einen
neuen Chef. Die Krise schien gebannt. Da kamen die Freien Demokraten
jedoch zum erstenmal auf Abwanderungsideen. »Sie wollen mit Schmidt
trotz seiner SPD regieren, nicht aber mit Schmidt samt seiner Partei
untergehen«, schrieb Spiegel-Herausgeber Rudolf Augstein.

29 Die Regierungsumbildung war zwar unter Dach und Fach, der
Spionagefall im Verteidigungsministerium, der das Revirement ins Rollen
gebracht hatte, beeinträchtigte jedoch zunehmend das Image des Kanzlers.
Der Untersuchungsausschuß des Bundestages lud Helmut Schmidt zur
Aussage vor. Vor allem drei Fragen sollten geklärt werden: Wann hatte der
Kanzler erstmals von dem Fall gehört? War ihm überhaupt bewußt

geworden, daß hier der größte militärische Geheimnisverrat der deutschen Nachkriegsgeschichte vorlag? Was hatte er unternommen, um den Schaden so klein wie möglich zu halten und vor allem eine Wiederholung zu verhindern? In der Bundespressekonferenz vom 14. Dezember 1977 war Regierungssprecher Klaus Bölling zum Spionagefall befragt worden: »Hatte der Bundeskanzler Kenntnis vom Ausmaß des Falles?«

»Nein, das hatte er nicht.«

Einen Monat später, am 19. Januar 1978, machte Schmidt vor dem Bundestag eine Aussage, die in gewissem Widerspruch zu Böllings Erklärung stand: »Es ist unrichtig, davon auszugehen, der Bundeskanzler habe von Anfang an keine ausreichende Kenntnis des zur Rede stehenden Spionagefalles besessen.« Nun sollte er diesen Widerspruch vor dem Untersuchungsausschuß, der im Sitzungssaal 1903 des »Langen Eugen« tagte, erklären.

Getreu dem Leninschen Grundsatz »Vertrauen ist gut, Kontrolle ist besser« hatte er zur Vernehmung außer seinem Leibwächter Günter Warnholz auch einen Stenografen mitgebracht. Zumindest das hatte der Zeuge Schmidt aus der Spionageaffäre gelernt: Kleine Unwahrheiten können sich zu größeren Unbequemlichkeiten auswachsen. Vordergründig ging es bei der Einvernahme durch die Abgeordneten darum, das Ausmaß des Verrats festzustellen. Dahinter wurde jedoch der Schwund an Glaubwürdigkeit der sozialliberalen Koalition deutlich.

Äußerlich ruhig und herablassend, aber eine Zigarette nach der anderen rauchend und auffällig oft zum Wasserglas greifend, saß der Kanzler vor den Abgeordneten. Im Hintergrund quietschte ein Kaffeewagen. Bei der Vernehmung zur Person erfuhr die Öffentlichkeit erstmals sämtliche Vornamen des Regierungschefs. »Ich heiße Helmut Heinrich Waldemar Schmidt.« Der CDU-Abgeordnete Lothar Haase, Ausschußmitglied, summte daraufhin leise ein paar Takte des alten Schlagers »Er hieß Waldemar und war wunderbar . . .«

Der Vorsitzende, der CDU-Wehrexperte, spätere Verteidigungsminister und heutige NATO-Generalsekretär, Manfred Wörner, hielt dem Kanzler den Widerspruch zwischen dessen Äußerungen und denen des Regierungssprechers zum Fall Lutze vor. Schmidt versuchte abzuwiegeln: »Herr Bölling war einem Irrtum erlegen. Ich hatte in dieser Sache . . . vier Gespräche mit dem Chef des Bundeskanzleramtes, Staatssekretär Schüler.« Wörner hakte nach: »Staatssekretär Bölling hat am 14. Dezember 1977 gesagt, in der am selben Tag stattgefundenen Kabinettssitzung habe der Bundeskanzler darum gebeten, daß der Aspekt künftiger Sicherheitsvorkehrungen geprüft wird, z. B. die Frage, ob Sekretärinnen, Chefsekretärinnen oder andere, die geheim oder gar streng geheim verpflichtet sind, einen Schlüssel zu einem Tresor haben können. Man hat sich also erst nach neunzehn Monaten mit den Konsequenzen des Falles im Kabinett befaßt. War das zu spät?«

»Die Auskunft ist wahrscheinlich falsch. Vielleicht hätte Herr Bölling besser sagen sollen: Ich weiß es nicht.«

Mit erhobenem Zeigefinger schob Helmut Schmidt eine grundsätzliche Belehrung über die Informationspraxis der Regierung nach: »Ach, wissen Sie, das war schon immer mit allen Regierungssprechern seit den Zeiten des Herrn von Eckardt [Adenauers Pressechef] so, daß die Herren nicht jedesmal von ihrem Kanzler instruiert werden, was sie sagen sollen. Die sind da meistens auf sich allein gestellt, wenn sie vor Journalisten treten.« Dann zeigte der Kanzler auf den hinten rechts im Saal sitzenden SPD-Abgeordneten und ehemaligen Regierungssprecher Conrad Ahlers und meinte: »Da sitzt ja ein Experte, den Sie befragen können.«

Sollte es bei dem außergewöhnlich engen Kontakt zwischen Kanzler und Regierungssprecher im Fall Lutze tatsächlich zu einem Informationsdefizit gekommen sein? Jedenfalls konnte man Schmidt nichts Gegenteiliges beweisen. In einem anderen Punkt vermochte er seine Unschuld glaubwürdig zu belegen: mit der schönen Agentin Lutze, geborene Übelakker, kein amouröses Abenteuer gehabt zu haben. In diesen Verdacht war er durch einen Bericht der in Würzburg erscheinenden *Deutschen Tagespost* geraten. Da war von einem Haus in der Lüneburger Heide die Rede gewesen, das einem Neffen des Vorgesetzten der Agentin, Ministerialdirektor Herbert Laabs, gehöre. Dort seien sowohl der Kanzler als auch die Agentin ein- und ausgegangen. Schmidt hatte der Zeitung die Wiederholung der »unwahren Behauptung« gerichtlich verbieten lassen, aber weder auf einem Dementi noch auf einem Widerruf bestanden. In den Augen der Opposition eine verdächtige Unterlassung. In Wirklichkeit war der Kanzler von der richtigen Überlegung ausgegangen, daß die Behauptung durch eine Gegendarstellung einem breiten Publikum überhaupt erst bekannt geworden wäre. Das konnte nicht in seinem Interesse liegen.

Vor dem Untersuchungsausschuß erwies sich die Angelegenheit sehr schnell als falsch. Das fragliche Haus wurde zwar von einem Herrn Laabs bewohnt, der aber mit dem Vorgesetzten der Agentin weder verwandt noch bekannt war. Folglich hatte niemand aus Bonn das Anwesen als Absteige benutzt. Schmidt: »Der Name Lutze ist mir erst geläufig, seit er in den Zeitungen steht. Die Frau ist mir [in meiner Zeit als Verteidigungsminister] nie aufgefallen. Ich konnte mich an sie nicht erinnern. Sie ist für mich eine völlig unbekannte Person.«

Die Sozialdemokraten im Untersuchungsausschuß atmeten auf, da sie schon befürchtet hatten, nach Willy Brandt könnte nun der zweite SPD-Kanzler über Bettgeschichten stolpern.

Helmut Schmidt sollte noch ein zweites Mal als Zeuge vor dem Untersuchungsausschuß erscheinen. Aber für die Einvernahme in nichtöffentlicher Sitzung zu geheimen Themen war zum nächstmöglichen Termin kein abhörsicherer Saal im Bundeshaus frei. In dem hierfür in Frage kommenden Raum tagte der sogenannte Gemeinsame Ausschuß, der laut Artikel 53a Grundgesetz das Notparlament für den Verteidigungsfall darstellt. Bei der darauffolgenden Gelegenheit war der Kanzler unabkömmlich; er mußte im Parlament den Bericht zur Lage der Nation einbringen. So konnte Helmut Schmidt erst einmal in die Osterferien fahren.

Der Ausschußvorsitzende Manfred Wörner wollte sowieso erst zwei Komplexe geklärt wissen: das Verhältnis des Militärischen Abschirmdienstes zur militärischen Führung im Verteidigungsministerium und die Rolle von Staatssekretär Manfred Schüler, der Helmut Schmidt in der Spionageaffäre auf dem laufenden zu halten hatte. Sollte sich durch gezielte Fragen herausstellen, daß Schüler nicht über alle Vorgänge voll unterrichtet war, konnte auch der Kanzler nicht in Gänze informiert gewesen sein.

Als Helmut Schmidt schließlich ein zweites Mal auf dem Zeugenstuhl Platz nahm, waren seit der ersten Vernehmung zwei Monate vergangen. Die erneute Befragung dauerte rund eineinhalb Stunden. Zehn Minuten vor Schluß platzte dem Kanzler der Kragen: »Ich weiß ja nicht, wie oft dieser Ausschuß mich von meinen normalen Geschäften abhalten will. Wenn ich den Gehalt der Fragen und Antworten bewerte, die hier die letzten eineinviertel Stunden gestellt worden sind, werden Sie verstehen, daß ich ungeduldig werde.«

Darauf Manfred Wörner: »Herr Bundeskanzler, ich muß mich jetzt, und zwar für den Ausschuß, energisch dagegen wehren, daß Sie hier eine Bewertung vornehmen, die Ihnen als Zeuge nicht zusteht. Dieser Ausschuß hat sich die Aufgabe gestellt, in einen Verratsfall Licht zu bringen, der nach Ihrer eigenen Darstellung von großem Gewicht ist. Und für diese Aufgabe nimmt er alle Möglichkeiten wahr. Wir können es nicht zulassen, daß das Parlament und ein Gremium dieses Parlaments hier mit Noten bedacht wird, auch nicht durch den Bundeskanzler der Bundesrepublik Deutschland. Ich frage Sie jetzt . . .«

Schmidt: »Herr Vorsitzender, ich . . .«

Wörner: ». . .Sie kriegen gerne das Wort, wie ich Ihnen schon wiederholt gesagt und auch praktiziert habe – nur haben Sie hier darum nachzusuchen.«

Trotz dieses Zusammenstoßes trieb Wörner in souveräner Verhandlungsführung die Einvernahme des Regierungschefs auf den eigentlichen Punkt: War dem Kanzler von Anfang an die ganze Tragweite des Verrats klar gewesen oder nicht? Wußte er, daß dem Osten Geheimnisse zugespielt worden waren, die die Sicherheit der Bundesrepublik aufs schwerste gefährdeten, zum Beispiel Unterlagen über angenommene Warnzeiten vor einem Krieg? Berechnungen über die Zeit, die die Bundeswehr braucht, um einsatzbereit zu sein? Ministerielle Angaben über Schwachpunkte der Streitkräfte? Tabellen über Waffenausrüstungen bis zum Jahre 1985? Und sogar Berechnungen, wann die NATO atomare Abwehrwaffen einzusetzen hatte?

Schmidts Unduldsamkeit, ein typisches Merkmal seines Charakters, brach sich wieder Bahn: »Ich kann mich an solche Einzelheiten nicht erinnern. Ich bin mir aber sicher, daß ich ein deutliches Bild über den Umfang des Verrats erhielt, Herr Vorsitzender.«

Schmidt rauchte bei der Vernehmung, eine Tatsache, die die Mitglieder des Untersuchungsausschusses, soweit sie nicht der SPD angehörten, als weiteres Zeichen der Herablassung empfinden mußten. Als Wörner gezielt nachfaßte und wissen wollte, ob der Kanzler zum Beispiel gewußt habe, daß auch der eintausendfünfhundert Seiten starke Bericht über Reformvorschläge für eine neue Gliederung der Bundeswehr verraten worden war – an diesem Werk hatten hundertfünfzig Offiziere rund zweihunderttausend Stunden gearbeitet –, belehrte Schmidt den Ausschuß: »Ich kenne dieses Dokument nicht, und ich habe auch nicht die Absicht, es zu lesen. Ich sehe es auch nicht als Aufgabe des Bundeskanzlers an, militärische Fachfragen bis ins Detail zu studieren.«

Zum Schluß versicherte er noch, die Agentin Lutze werde nicht ausgetauscht werden. Fünf Jahre später wurde sie dennoch gegen in der DDR einsitzende westliche Agenten ausgetauscht! Mit dem Segen Schmidts. Nach der Vernehmung bekam er, wie schon nach dem ersten Auftritt vor dem Untersuchungsausschuß, Komplimente von Mitarbeitern und regierungstreuen Journalisten. (»Das haben Sie prima gemacht.«) Schmidt war sich selbst gegenüber aber kritisch genug, um diese Komplimente nicht vollends für bare Münze zu nehmen.

Der Kanzler war in jenen Wochen immer häufiger schlecht gelaunt und sah sehr mitgenommen aus. Um so plumper wirkten die Schmeicheleien seiner Umwelt. »You look good« – mit diesem Kompliment begrüßte Englands Premierminister James Callaghan, der zu einem Blitzbesuch nach Bonn gekommen war, den Kanzler. Noch vor Eintreffen des Gastes aus London hatte Schmidt über das allzu reichhaltige Büfett, das für die Sicherheitsbeamten aufgebaut worden war, genörgelt. Allerdings zu Recht, denn der Engländer kam nicht mit einer halben Kompanie Bodyguards, wie vermutet, sondern nur mit zwei. Dem Kanzler schien an jenem Abend im März eigentlich nur das Wetter zu gefallen. Die Hände tief in die Taschen seiner grauen Flanellhose (dazu trug er ein dunkelblaues Sportsakko) vergraben, schlenderte er mit Loki durch den Park des Kanzleramtes. Er wollte Callaghan ein Stück entgegengehen, verfehlte ihn aber, da die Wagenkolonne an den Schmidts vorbeirollte. Helmut und Loki Schmidt kehrten sofort um, und als sich Gast und Gastgeber endlich gegenüberstanden, kommentierte der Kanzler den Vorfrühlingsabend: »Spring has started.«

Drinnen schickte er nach dem obligatorischen Begrüßungsdrink die anderen Anwesenden nach Hause, darunter Callaghans Bürochef Ken Stowe, den britischen Botschafter in Bonn, Sir Oliver Wright, und den Abteilungsleiter im Kanzleramt für Wirtschafts-, Finanz- und Sozialpolitik, Horst Schulmann. Er wünsche mit seinem Gast alleine zu speisen. Um halb zehn könnten die Herren sich wieder einfinden. Schulmann, der erst vierzehn Tage zuvor die Nachfolge des zur Berliner Zentralbank abgewanderten Dieter Hiß angetreten hatte, bekam gleich eine Lektion, wie der Dienst bei Helmut Schmidt war. Als das deutsch-britische Tête-à-tête beendet wurde, war der nächste Tag schon angebrochen.

Am folgenden Vormittag wirkte der Kanzler übernächtigt. Als er um elf Uhr die Präsidenten der beiden Kriegsopfer- und Sozialrentenverbände, Karl Weishäupl und Rudolf Kleine, empfing, war seine Laune keinen Deut besser. Daß er nicht den Eindruck besonderer Herzlichkeit aufkommen lassen wollte, hatte auch politische Gründe. Sehr zum Ärger der Regierung hatte Verbandspräsident Kleine in der Woche zuvor auf einer von der CDU einberufenen Protestkundgebung in Bonn gesprochen, die unter dem Motto stand: »Aktion sichere Renten – Gegen Wortbruch und Willkür«. Begriffe wie »Wortbruch« oder »Rentenbetrug«, die Helmut Schmidt immer häufiger zu hören bekam, waren Reizwörter für ihn. Aber auch mehr und mehr Witze kursierten über ihn, was bis dahin kaum der Fall gewesen war. Bemerkenswert an den Schmidt-Witzen war, daß sie in der Grundtendenz negativ und bösartig ausfielen. Ausgerechnet in der *Bergedorfer Zeitung*, die im Wahlkreis des Kanzlers erschien, war folgender zu lesen:

»Egon Bahr hat seinen Pilotenschein gemacht und lädt Schmidt sowie den schleswig-holsteinischen SPD-Landesvorsitzenden Günther Jansen und den SPD-Fraktionschef im Kieler Landtag, Klaus Matthiesen, zum ersten Spazierflug ein. In der Luft fallen die Motoren aus, und die Herren müssen aussteigen. Aber es gibt nur drei Fallschirme an Bord. Bahr rettet sich – natürlich – als erster. Schmidt zu Jansen: ›Gib mir den zweiten Schirm, denn ich werde da unten auf der Erde am meisten gebraucht.‹ Jansen reicht ihm wortlos ein olivgrünes Päckchen, und der Kanzler springt.

Darauf Jansen zum Fraktionschef Matthiesen: ›So, jetzt haben wir jeder einen Fallschirm; dem Helmut hab' ich nämlich nur meinen alten Rucksack gegeben.‹«

Es war beklemmend mitanzusehen, wie der »Held von Mogadischu« innerhalb von drei Monaten an Ansehen verlor. Im Bundestag hatte er große Schwierigkeiten, wichtige Gesetze durchzubringen, etwa die Anti-Terror-Gesetze oder einen Rentenkompromiß. Der FDP-Abgeordnete Graf Lambsdorff: »Wenn wir für die Terroristengesetze keine Mehrheit kriegen, ist die Regierung kaputt.«

Fünf SPD-Abgeordnete hatten zu erkennen gegeben, daß sie nicht mitziehen würden, und das, obwohl Schmidts Mehrheit im Parlament nur noch vier Stimmen betrug. Linke in der SPD-Fraktion wie die später aus der Fraktionsgemeinschaft ausgetretenen Abgeordneten Manfred Coppik und Karl-Heinz Hansen, aber auch Parlamentarier wie Dieter Lattmann, Klaus Thüsing und Ernst Waltemathe sahen in den Gesetzen zur Bekämpfung des Terrorismus, vor allem im Kontaktsperre-Gesetz, »scheibchenweisen Abbau liberaler Freiheitsrechte«. Sie waren dagegen, daß Gebäude per richterlichem Befehl bei Polizeirazzien durchsucht werden konnten. Und sie wehrten sich gegen die Absicht, Verteidiger schon bei »einfachem« und nicht wie bisher lediglich bei »dringendem« Verdacht der Konspiration mit den Angeklagten von einem Verfahren auszuschließen.

Beim Widerstand gegen die Rentenpolitik des Kanzlers ging es um die Streitfrage, wie das Milliardendefizit in der Rentenfinanzierung ausgeglichen werden sollte. Erst nach langem Tauziehen mit der FDP hatte man sich im Kabinett dahingehend geeinigt, die 1957 als Jahrhundertwerk eingeführte dynamische Koppelung der Altengelder an die Entwicklung der

Bruttolöhne abzuschaffen. Die Renten sollten – egal, wie hoch die Löhne stiegen – 1979 nur noch um viereinhalb Prozent, in den beiden darauffolgenden Jahren sogar lediglich um vier Prozent erhöht werden. Weil damit das Loch in der Rentenkasse noch nicht gestopft war, wollte »Rentendoktor Schmidt« auch die Versicherungsbeiträge für die Renten erhöhen. Allerdings nur um ein halbes Prozent, und erst ab 1981. Viele SPD-Sozialpolitiker, darunter der nicht mehr an die Kabinettsdisziplin gebundene Helmut Rohde, aber auch der Deutsche Gewerkschaftsbund, liefen gegen die beabsichtigte Regelung Sturm. Sie wollten die Beitragserhöhung für die im Berufsleben Stehenden früher einführen, um die auf die Rentner zukommenden Lasten zu mildern.

Das waren jedoch nicht alle Probleme, mit denen der Kanzler sich herumzuschlagen hatte. So blieb der dringend benötigte Wirtschaftsaufschwung aus. Ungeachtet dessen erhoben die Gewerkschaften massive Lohnforderungen. Die IG Metall verlangte acht Prozent und Klunckers ÖTV siebeneinhalb. Damit lagen sie um mindestens drei Prozent über dem, was der Sachverständigenrat der Bundesregierung für vertretbar hielt. Hinzu kam, daß die Zahl der Arbeitslosen auf über eine Million gestiegen war – für damalige Verhältnisse eine bedrückend hohe Zahl, heute eine Traummarke. Die Probleme hatten sich zudem in einem Jahr angesammelt, in dem in vier Bundesländern Landtagswahlen anstanden: in Hessen, Niedersachsen, Hamburg und Bayern. Bei einem Sieg Albrechts in Niedersachsen und Dreggers in Hessen würden die unionsgeführten Länder im Bundesrat die Zweidrittelmehrheit erreichen. Wäre das dann das Ende der Regierung Schmidt/Genscher? Der Kanzler versuchte, der Gefahr eines Unionssieges unter anderem durch vermehrte Betriebsbesuche vorzubeugen.

So nahm er im März an einer außerordentlichen Betriebsversammlung der Stahlwerke Peine-Salzgitter AG teil, wo er zu den sechstausend Belegschaftsmitgliedern sprach. Im Februar war er nach München geflogen, um vor den Arbeitern der Rüstungsschmiede Krauss-Maffei AG im Rahmen einer Betriebsversammlung eine Rede zu halten. In Bayern fanden vier Wochen danach Kommunalwahlen und ein halbes Jahr später Landtagswahlen statt. Florian Harlander, CSU-Landesgeschäftsführer, über den Kanzler-Besuch bei Krauss-Maffei: »Daß uns das nicht freut, können Sie sich ja vorstellen. Nur, dagegen kann man nichts machen.«

Einen CSU-Sieg konnte Schmidt nicht verhindern, aber vielleicht war er in Niedersachsen erfolgreicher, wo ebenfalls gewählt werden sollte. Günter Gerlach, Betriebsratsvorsitzender der Stahlwerke in Peine: »Wir wollten den Bundeskanzler eigentlich schon im Oktober haben, um nicht zu dicht an die heiße Phase des Wahlkampfes zu geraten. Daß das nun anders kam, ist nicht unsere Schuld.«

Aber Helmut Schmidt konnte das nur recht sein.

Nach dem Betriebsverfassungsgesetz hat ein Bundeskanzler auf einer Betriebsversammlung nichts zu suchen, weil an ihr nur die Betriebsangehörigen teilnehmen dürfen. Das Bundesarbeitsgericht hatte in einem

Grundsatzurteil (Aktenzeichen IARB 67/75) den Standpunkt bekräftigt: Würde man die breite Öffentlichkeit zu diesem »Gedankenaustausch mit dem Betriebsrat« zulassen, bestünde Gefahr, daß sich »Betriebsfremde, insbesondere politische Einflüsse« in die Betriebsversammlung einschlichen, mit der Folge unsachlicher Auseinandersetzungen, »unter Umständen provoziert durch die Betriebsfremden«. Besucher wollten die Richter nur ausnahmsweise zulassen, wenn diese »den Betriebsrat in der Erfüllung seiner Aufgaben gegenüber der Betriebsversammlung unterstützen« und Sachdienliches vorzubringen haben. Diese Ausnahme machte sich Helmut Schmidt geschickt zu eigen. Er hatte es gar nicht nötig, den SPD-Genossen hervorzukehren, sondern nahm zu unmittelbaren Problemen der Arbeitnehmer Stellung (Arbeitslosigkeit, Rentenproblematik, Stahlflaute) und blieb damit juristisch unanfechtbar. Vorausgesetzt allerdings, er besaß – unabhängig von der Einladung des Betriebsrats – auch eine der Unternehmensleitung. Das war sowohl in Peine als auch in München der Fall. Der Krauss-Maffei-Vorstand ließ das Kanzleramt, bevor die offizielle Einladung von Betriebsrat und Unternehmensleitung verschickt wurde, brieflich wissen, daß Helmut Schmidts Besuch genehm sei. Salzgitter-Chef Hans Birnbaum, der den Kanzler 1975 auf seinen Reisen nach China und Persien begleitete, hatte natürlich auch keine Einwände, es sei denn, er hätte Schmidt lieber als Redner für das Hauptwerk in Salzgitter bekommen.

Damit wurde wieder einmal deutlich, daß es einen Kanzler-Bonus gibt und Helmut Schmidt ihn für sich auch nutzte. Natürlich fühlen sich die meisten Manager und Betriebsräte geschmeichelt, wenn der Regierungschef ihrem Betrieb die Ehre gibt. In Peine faßten im Betriebsrat Sozialdemokraten, Christdemokraten und Kommunisten (!) einstimmig den Beschluß, den Kanzler einzuladen. Ein Kanzler-Besuch läßt sich in Firmenprospekten, insbesondere gegenüber ausländischen Kunden, verkaufsfördernd vermarkten.

Helmut Schmidt hatte in den zurückliegenden zweieinhalb Jahren auf Belegschaftsversammlungen so renommierter Konzerne wie Opel, Volkswagen, Mannesmann, Bayer, Krupp und AEG-Telefunken gesprochen. Diese Betriebsbesuche waren der CDU/CSU-Führung ein Dorn im Auge, denn die Sozialdemokraten verdankten ihre Wahlerfolge von 1972 zu einem guten Teil der Mobilisierung der Arbeitnehmerschaft durch zahlreiche Auftritte Willy Brandts.

Der baden-württembergische Ministerpräsident und CDU-Landesvorsitzende Hans Filbinger protestierte gegen das Auftreten des Kanzlers im Ulmer Werk der AEG-Telefunken und schrieb dem Betriebsrat:

»Da derartige Auftritte von Regierungsmitgliedern kurz vor einer Wahl zum Bundestag oder zu einem Landtag nicht ohne parteipolitische Wirkung denkbar sind, sehe ich darin einen Verstoß gegen das Betriebsverfassungsgesetz, das mit guten Gründen eine parteipolitische Betätigung im Betrieb untersagt hat. Die Einladung des Herrn Bundeskanzlers erachte ich auch deshalb für verfehlt, weil damit die politische Auseinandersetzung in den Betrieb hineingetragen wird und so der Betriebsfrieden und das Klima des Vertrauens unter den Arbeitnehmern zerstört werden kann . . .«

Die Betriebsräte Braun und Kuhn ließen dies nicht unbeantwortet: ». . .Ihre Feststellung, daß Sie in der Einladung einen Verstoß gegen das Betriebsverfassungsgesetz sehen, kann nicht unwidersprochen bleiben. Wir möchten Sie darauf hinweisen, daß in § 45 Betr.VG die Themenstellung auf Betriebsversammlungen eindeutig geklärt ist. Zu Ihrer Unterrichtung dürfen wir Ihnen einen Auszug aus dem Kommentar zum Betriebsverfassungsgesetz übersenden.

Wir möchten deshalb auch Ihren Vorwurf, daß durch die Vorgangsweise des Betriebsrates der Betriebsfrieden und das Klima des Vertrauens unter den Arbeitnehmern zerstört werden kann, energisch zurückweisen. Wir halten es für nicht richtig, wenn Sie ohne Kenntnis der innerbetrieblichen Situation und vor dem Ablauf der Betriebsversammlung solche Feststellungen treffen.

Wir sehen demgegenüber in Ihrem Protestschreiben eine unzulässige Einmischung in die inneren Angelegenheiten eines Betriebes und den Aufgabenbereich des Betriebsrates. Wir glauben nicht, daß Sie es verstehen würden, wenn andere Institutionen Ihnen Vorschriften machen würden, die Sie in Ihrer Zuständigkeit regeln können.«

Helmut Schmidt hielt sich nicht an die Vorschrift des Gesetzgebers, nur über unmittelbare Probleme der Belegschaften zu reden; diese höchstrichterliche Einschränkung war weltfremd und darum in der Praxis nicht einzuhalten. Die Belegschaften wollten mit dem Regierungschef auch diskutieren. Und natürlich wurden dann Fragen zu aktuellen Vorgängen gestellt. Zum Beispiel in einer Betriebsversammlung der Chemischen Werke Hüls in Marl. Dort hielt die Belegschaft dem Kanzler vor: »Wir werden auf Heller und Pfennig zur Kasse gebeten; vom Weihnachtsgeld bleibt nicht viel, dank der hohen Steuern. Und wenn wir dann hören, daß der Altbundespräsident Walter Scheel zweihundertfünfzigtausend Mark steuerfrei pro Jahr erhält und zusätzlich rund zweihunderttausend Mark für die Sekretärin, den Fahrer und den Referenten, dann wissen Sie, wie die Stimmung unter den Arbeitnehmern ist.«

Darauf der Kanzler: »Ich finde es nicht richtig, über Walter Scheel so zu reden. Er kriegt die Bezüge nach dem Gesetz, die auch Gustav Heinemann bekommen hat, als er im Ruhestand war, wie auch vorher Heinrich Lübke. Die Gesetze sind nicht geändert worden. Steuerfrei ist das nicht, wie jemand gesagt hat. Das ist ein Irrtum. Die Pension ist gut, die ist erstklassig, die möchte ich auch einmal haben. Aber seid froh, daß Ihr anständige Bundespräsidenten habt und nicht Könige, die dumme Sachen machen.«

**30** Der große Khan stieß aus den Wolken herab, und die Bundesrepublik erzitterte. Einundzwanzig Salutschüsse der Bundeswehr zu Ehren des sowjetischen Staats- und Parteichefs Leonid Breschnew ließen am Donnerstag, dem 4. Mai 1978, kurz nach elf Uhr, die Betonpiste des Regierungsflughafens Köln-Wahn erbeben. Es war wie einst, als Amerikas General-Staatschef Eisenhower Adenauers kleine Residenz besuchte: Was Bonn an Trägern von Würde und Wichtigkeit aufzubieten hatte, war erschienen, um sich auf dem roten Teppich zu drängeln. Bedächtig, eine Hand am Geländer, war der einundsiebzigjährige Breschnew die Gangway seiner Aeroflot-Maschine (Typ Iljuschin 62 A) heruntergetappt.

Schon nach den ersten Minuten des viertägigen Staatsbesuches wurde klar, warum sich bundesrepublikanische Diplomaten und Politiker ganz allgemein im Umgang mit Russen so wohl fühlen: Ihnen fällt automatisch die weltmännisch-überlegene Rolle zu, die sonst etwa die Franzosen gegenüber den Deutschen einnehmen. Wie Bundespräsident Walter Scheel im maßgeschneiderten Schwarz den russischen Bären in die richtige Position vor die präsentierende Ehrenkompanie der Bundeswehr bugsierte – Roger vom Maxim's hätte es nicht eleganter machen können. Seinen ersten Besuch fünf Jahre zuvor hatte Leonid Breschnew mit einem gutturalen »Gutten Tag« begonnen. Diesmal blieben die aufgebauten Mikrofone unbenutzt. Gerade noch Zeit für ein staatsmännisches Foto, dann verschwanden Scheel und Breschnew in die bereitstehende Staatskarosse und fuhren davon. Der Generalsekretär der KPdSU war gealtert und wirkte krank.

Ursprünglich sollten die beiden Staatsoberhäupter allein zum Gästehaus Schloß Gymnich fahren. Wenige Stunden vor der Landung hatte Helmut Schmidt aber darauf bestanden, mit von der Partie zu sein. Sein Argument: »Als ich 1974 in Moskau war, begleiteten mich auch Breschnew und Kossygin gemeinsam zu den Lenin-Hügeln.« So zwängte sich der deutsche Regierungschef mit in die Limousine, Knie an Knie mit einem der mächtigsten Männer der Erde. Walter Scheel und Leonid Breschnew saßen auf dem Rücksitz, der Kanzler und der sowjetische Dolmetscher auf Klappsitzen. Während der Fahrt zog Breschnew einen Kamm aus der Tasche und ordnete seine Frisur. Das Gespräch verlief schleppend. Scheel zeigte auf eine Koppel neben der Autobahn: »In Deutschland hat es noch nie so viele Reitpferde gegeben wie heute – rund vierhunderttausend.« Etwa so viele, wie einst der große Dschingis Khan bei seinem Aufbruch gen Westen einsetzte. Dann sprachen die Herren über das Braunkohlenrevier bei Frechen. Breschnew prahlte: »Wir haben schon 1950 unsere ersten Umweltschutzverordnungen erlassen.«

Eine rotgetünchte Fabrikmauer flog vorbei. Eineinhalb Stunden zuvor hatte dort noch in der Farbe der Weltrevolution gestanden: »Breschnew = Hitler«. Inzwischen hatten Heinzelmännchen die Gleichung übermalt. Auf Schloß Gymnich ließen Präsident und Kanzler ihren Gast allein. Im Salon seiner Suite war ein kleiner Tisch am Fenster gedeckt, mit Ausblick auf den Schloßpark. Aber der Kreml-Herrscher bestellte nur einen Kaffee und einen Granatapfelsaft. Wachen im Garten bemerkten, daß er minutenlang unbeweglich ins satte Grün blickte.

Der Besuch Breschnews war mit einem Aufwand, den die Republik seit langem nicht mehr erlebt hatte, organisiert worden. Bonn hatte Sicherheitsstufe eins angeordnet. Fünftausend Beamte schützten den Russen. Allein in Hamburg, wo Breschnew zwei Tage später im gepanzerten Mercedes 600 vor Helmut Schmidts Reihenhaus vorfuhr, deckten viertausend Polizisten mit ihren Leibern den Mächtigen. Wo immer der Breschnew-Konvoi auftauchte, waren alle Zufahrtsstraßen gesperrt, blieben Kreuzungen auf Rot geschaltet. Nicht nur gegen ein Attentat auf Breschnew suchten sich deutsche und sowjetische Sicherheitsbehörden zu wappnen, sondern ähnliche Sorgen bereitete ihnen auch der labile Gesundheitszustand des Kreml-Chefs. Der Kanzler bot ihm einen Ruheraum im Palais Schaumburg an, doch die Vorstellung, ihr oberster Boß könnte vor den Augen deutscher Beamter ein Nickerchen machen, war den Sowjets unerträglich. Statt dessen leistete sich Breschnew ein solches Ruhepäuschen – von eintausend Polizisten beschützt – in gelbseidener Bettwäsche auf Schloß Gymnich, zu dem für die Dauer des Staatsbesuchs kein Deutscher Zutritt hatte. Selbst Protokollchef Franz Joachim Schoeller durfte nur ins Nebenhaus. Breschnew logierte in der Präsidentensuite, an der Wand ein Ölbild, das den geschlagenen Napoléon auf dem Rückzug aus Rußland zeigt. Im Park hatten einunddreißig russische Techniker vierzehn Tonnen Kabel verlegt: Der Kreml-Boß war über Funk mit der Machtzentrale in Moskau verbunden. Ein Adjutant trug stets ein grünes Telefon hinter Breschnew her, mit dem der Atomkrieg ausgelöst werden konnte.

Dreimal war der Staatsbesuch verschoben worden, bevor der hohe Gast endlich eintraf. Gesprächsstoff gab es genügend. Politisch stand die Fortsetzung der Entspannung obenan. Helmut Schmidt war vor allem darüber besorgt, daß die Sowjets begonnen hatten, ihre Mittelstreckenraketen zu modernisieren. Die veralteten SS 4 und SS 5, die nur einen Atomsprengkopf mit sich führten, wurden durch die SS 20 ersetzt, die nicht nur drei – auf verschiedene Ziele gerichtete – Atomsprengköpfe tragen konnte, sondern auch eine größere Reichweite (bis zu fünftausendfünfhundert Kilometer) besaß. Das heißt, sie konnte hinter dem Ural in Stellung gebracht werden, von wo aus sie Ziele in der Bundesrepublik zu treffen vermochte, selbst aber von amerikanischen, englischen oder französischen Nuklearwaffen nicht erreicht wurde; höchstens durch die Interkontinentalraketen der Amerikaner.

Dazu Helmut Schmidt in seinen Erinnerungen *Menschen und Mächte*: »Das Faustpfand Deutschland wurde immer stärker bedroht – die Möglichkeit einer künftigen politischen Nötigung der Deutschen stieg am Horizont auf.

Mir war unklar, ob Breschnew wirklich wußte, daß die militärische Führung der Sowjetunion im Begriff stand, seinem Land solche Erpressungsinstrumente in die Hand zu geben. Es konnte sein, daß er und das

Politbüro vom Militär mit dem Argument bloß routinemäßiger Modernisierung zu dem SS-20-Aufrüstungsentschluß überredet worden waren, ohne daß sie sich die politischen Wirkungen vor Augen führten. Es konnte aber auch sein, daß das Politbüro bei seinem – übrigens sehr kostspieligen – Beschluß sehr wohl wußte, was es damit ganz Westeuropa, vor allem aber Deutschland zumutete. In beiden Fällen erschien es mir nötig, mit Breschnew darüber zu reden, zumal Carter dies nicht selbst tun wollte, um nicht die SALT-II-Verhandlungen zu belasten.«

Aber es gab auch noch andere Themen mit Leonid Breschnew zu besprechen. In wirtschaftlicher Hinsicht wollten sich die Deutschen nach besseren Absatzmöglichkeiten erkundigen. Was war aus den hochfliegenden Plänen Brandts und Breschnews aus dem Jahre 1973 über die gemeinsame Ausbeutung der gigantischen Schätze Sibiriens geworden? Breschnew wiederum war nach Bonn gekommen, um seine unumstrittene Oberhoheit in Osteuropa (einschließlich der DDR) einmal mehr festzuschreiben und seinen Anspruch auf die Vorherrschaft in Westeuropa ein Stück weiter voranzutreiben. Noch forderte er keinen Tribut, aber er erwartete ähnliches: deutsches Wohlverhalten gegenüber der sowjetischen Politik und deutsche Wirtschaftshilfe beim Ausbau der Sowjetmacht trotz der vierzig Milliarden Mark Schulden, die Moskau damals schon im Westen hatte. Das Abschlußkommuniqué war, wie bei internationalen Treffen üblich, bereits vorformuliert; ebenso ein wirtschaftliches Kooperationsabkommen.

Noch am Ankunftstag fuhr Breschnew von Schloß Gymnich zur Villa Hammerschmidt des Bundespräsidenten. Auf dem Weg dorthin platzte peinlicherweise mit lautem Knall ein Reifen, so daß der hohe Gast in eine Ersatzlimousine umsteigen mußte. Gegenüber seinem Gastgeber Walter Scheel verschwendete Leonid Breschnew wenig Zeit auf höfliche Floskeln, sondern er beschwerte sich schon bald darüber, daß ein Teil der deutschen Presse seinen bevorstehenden Staatsbesuch unfreundlich kommentiert habe.

»Ich muß mir auch Kritik gefallen lassen«, meinte daraufhin Scheel.

Breschnews Begleiter, Außenminister Andrej Gromyko: »Jede Regierung, die etwas auf sich hält, muß diese Sache in den Griff bekommen.«

Gromyko, wegen seines grimmigen Aussehens »Grimmko« genannt, war es, der vor dem Besuch die sowjetischen Absichten so präzise wie selten zuvor formuliert hatte: »Natürlich soll durch Entspannung die Gefahr eines neuen Weltkrieges gezügelt werden, aber in keiner Weise bedeutet Entspannung das Einfrieren der objektiven Prozesse der historischen Entwicklung.« Oder anders formuliert: Die Entspannung hat sich an den Zielen der Weltrevolution zu orientieren. Diese Marschroute behielten die Sowjets auch beim nachmittäglichen Gespräch mit Helmut Schmidt bei. Die Unterredung begann mit einer Überraschung, da die Russen zur Verblüffung der Deutschen mit drei Mann mehr als vorgesehen kamen. Außer Gromyko, der sich um Breschnew sorgte wie ein Neffe um den Erbonkel, hatte der Generalsekretär Botschafter Valentin Falin, einen Dolmetscher, seine engsten politischen ZK-Berater, Blatow und Alexander, sowie Pressesprecher Leonid Samjatin mitgebracht. Da der für das Gespräch vorgesehene Konferenztisch insgesamt nur acht Personen Platz bot, wurden die überzähligen Herren gebeten, sich abseits in einer Sesselgruppe niederzulassen. Dann mußte der Kanzler sich in Geduld üben und etwas tun, was ihm besonders schwerfiel: zuhören! Mehr als eine halbe Stunde lang las Leonid Breschnew eine vorbereitete Erklärung vom Blatt ab. Dann folgte die Übersetzung des Dolmetschers, so daß die vereinbarte Gesprächszeit längst abgelaufen war, bevor der Kanzler schließlich einmal zu Wort kommen konnte.

Breschnew, dessen Streitkräfte zu drei Viertel in Osteuropa stationiert waren (allein vierhundertfünfzigtausend Mann in der DDR), forderte in dieser Erklärung vor allem eines: Fortschritte bei der Abrüstung. Schmidt (»Ich habe natürlich frei formuliert«) hielt ihm entgegen, was den Deutschen am meisten Sorge bereitete: die Situation in und um Berlin. Breschnew sollte der vollen Einbeziehung West-Berlins in alle internationalen Verträge Bonns zustimmen. Auf Schmidts Wunsch, die Bundesbehörden in Berlin weiter auszubauen, entgegnete Breschnew kalt: »Das ist gegen das Vier-Mächte-Abkommen.«

»Ich bin müd'«, sagte der Kanzler nach dem Gespräch. Die Anstrengungen der Konzentration standen ihm ins Gesicht geschrieben – dunkle Ringe unter den Augen, scharfe Falten um die Mundwinkel. Am Abend – Breschnew hatte inzwischen noch schnell einen Kranz am Bonner Hofgarten niedergelegt – sah man sich jedoch beim Dinner des Bundespräsidenten auf Schloß Augustusburg bei Brühl wieder. Über dreihundert geladene Gäste drückten dem Staatsgast die Hand, darunter Berlins Bürgermeister Stobbe – wortlos.

Gespeist wurde in sieben Salons im ersten Stock. Abermals sorgte Leonid Breschnew für eine Überraschung. Statt wie üblich die Tischrede nach dem Hauptgang zu halten, regte er an, damit schon nach dem ersten Gang zu beginnen. Der Chefkoch des Bonner Steigenberger Hotels, der an diesem Abend in der Schloßküche das Zepter führte, war der Verzweiflung nahe: Sein Fisch war bereits angerichtet.

Breschnew schlug den gleichen Ton an wie am Nachmittag im Bundeskanzleramt. Er drängte auf Abrüstung, insbesondere auf einen Verzicht auf die Neutronenwaffe. Denn so wie der erste große Khan von seinen Steppenpferden abhing, so mußte sich Breschnew im Ernstfall auf seine Panzer verlassen, was nicht mehr möglich wäre, würde die Neutronenwaffe eingesetzt. Breschnew brachte seine Forderungen äußerst geschickt, eingangs geradezu jovial vor: »Es ist angenehm, sich wieder mit den staatlichen und politischen Persönlichkeiten sowie Parlamentariern und Geschäftsleuten zu treffen . . . Man sagt, daß sich der Mensch fast an alles gewöhnen kann. Im Kriege gewöhnt man sich an die Gefahren, in guten Zeiten an den Wohlstand, und solange man nicht krank ist, gewöhnt man sich sogar an die Gesundheit. Schon seit mehr als dreißig Jahren herrscht in Europa Frieden. So etwas hat es nie zuvor gegeben. Und die Menschen begannen, sich an den Frieden zu gewöhnen, als wäre er etwas Selbstverständliches, als wäre die Entspannung nicht mehreren Prüfungen unterzogen.«

Der Kreml-Chef sprach mit kräftiger, aber etwas unkontrollierter Stimme, denn im Laufe des Tages hatte er dem Wodka schon reichlich zugesprochen. Ein aus Moskau mitgebrachter Kammerdiener (Schmidt: »Ich meine, Breschnew nannte ihn Aljascha«) hielt sich bei jedem Essen in der Nähe seines Herrn auf und schenkte ihm aus einem im Jackett verborgenen Flachmann immer nach. Breschnew weiter in seiner Tischrede:

»Die Angst ist ein schlechter Ratgeber, und die Verdächtigung kann dem Frieden nicht dienlich sein . . . Der schlammigste Sumpf ist der Sumpf der Vorurteile. Die schwierigste Hürde ist die des Mißtrauens. Wenn wir diese überwinden, dann erlangt die Menschheit die noch nie dagewesenen Kräfte und Mittel für die Herstellung des Friedens, der dauerhaft wie nie zuvor sein wird. Das Mißtrauen nährt solch eine gräßliche Brut des gegenwärtigen internationalen Lebens wie den Wetteifer bei der Produktion von Mitteln zur Massenvernichtung der Menschen. Seinem Wesen nach ist dieser Wetteifer eigentlich sinnlos. Den kann man nicht gewinnen. Leicht ist es aber, die Menschheit zugrunde zu richten. Es ist an der Zeit, haltzumachen. Wollen wir nun haltmachen! Machen wir es so, daß die Rüstungen nicht mehr aufgestockt werden. Leiten wir reale Schritte zum Abbau der Streitkräfte und Rüstungen sowohl im Weltmaßstab, als auch in Europa, insbesondere Mitteleuropa, ein. Vereinbaren wir den Verzicht auf die Produktion und Stationierung neuer Systeme von Massenbekämpfungswaffen. Durch die verpflichtenden, gegenseitigen Vereinbarungen schließen wir es aus, daß die Neutronenwaffe nicht das Licht der Welt erblickt, die man als unheilverkündende Danaergaben den Völkern unseres Kontinents darbringen will . . .«

Der Generalsekretär der KPdSU drängte also energisch auf Abrüstung, ohne jedoch konkret zu werden. Dafür brachte er gefühlvoll die russische Seele ins Spiel: »Wir sind davon überzeugt, daß es heutzutage keine herangereiftere und unaufschiebbarere Aufgabe gibt, als alle Kanäle des Wettrüstens, ob nuklear oder konventionell, abzusperren. Zur Zusammenarbeit an der Lösung dieser Aufgabe rufen wir alle Staaten, alle Menschen der Welt, die guten Willens sind, darunter natürlich auch unsere geehrten Partner und Freunde in der Bundesrepublik Deutschland, auf . . . Unser Land ist groß. Es liegt auf zwei Kontinenten. Dutzende von Nationen und Völkerschaften bevölkern es. Das ist eine einheitliche und einträchtige Familie. Das ist ein friedliches und fleißiges Volk, das reich an Talenten und guter Seele ist. Es ist nicht auf das Fremde erpicht. Seine Absichten sind edel. Es ist bereit, in Frieden und Einvernehmen mit allen Völkern, auch mit Ihrem Volke, zu leben . . .«

Darauf folgte die deutsche Antwort mit der Erwähnung Berlins. Der Bundespräsident, der in seiner Erwiderung den Besuch »ein historisches Ereignis« nannte, betonte zugleich, die Lage Berlins sei für die Stabilität

Europas »von großer Bedeutung«. Solche Gedanken waren nicht nach dem Geschmack Breschnews. Sein Pressesprecher Samjatin hatte schon vorher auf der Eröffnungskonferenz vor versammelter Weltpresse den Deutschen in Sachen Berlin einen bösen Trick unterstellt und losgepoltert: »Wenn man uns etwas hineinschieben will, wenn uns etwas unterschoben werden soll, was nicht in den Rahmen des Vier-Mächte-Abkommens (über Berlin) paßt, so kann die Sowjetunion darauf nicht eingehen.«

Sein Chef brachte nach der Rede des Bundespräsidenten zwar noch Trinksprüche auf Scheel, Schmidt und die anwesenden Damen aus – ohne das heiße Eisen Berlin zu erwähnen –, doch noch ehe der Mokka gereicht wurde, meldete er Müdigkeit an. Durch seinen Protokollchef ließ er mitteilen, nach deutschen Uhren (zwei Stunden Zeitverschiebung gegenüber Moskau) sei er schon seit fünf Uhr früh auf den Beinen. Ehe noch der eigens für ihn eingeladene Bielefelder Kinderchor im Treppenhaus singen konnte, verließen Breschnew und sein Gefolge die Tafel.

Verdutzt begleiteten Scheel und Schmidt ihren Gast hinaus zum Wagen. Dem Kanzler war bereits vor Beginn des Staatsbesuchs klar gewesen, daß es allenfalls im Atmosphärischen Erfolge geben könnte. Im Gespräch mit Vertrauten hatte er sogar noch überlegt, ob es nicht besser sei, wenn die Visite gar nicht stattfände. Als nun die roten Schlußlichter der Breschnew-Kolonne im Dunkel des Schloßparks verschwanden, kamen ihm Zweifel, ob eine klimatische Verbesserung überhaupt möglich sei.

Plötzlich fiel Helmut Schmidt ein, daß das Programm im Schloß ja noch weiterlief. Zu Walter Scheel gewandt sagte er: »Die Kinder lassen wir aber jetzt nicht im Stich, die hören wir uns jetzt noch an.«

Der vorzeitige Aufbruch des Kreml-Herrn heizte die Spekulationen über seinen Gesundheitszustand noch an. Zwar hatte Klaus Bölling zu Beginn des Besuchs über die Berichterstattung der Boulevardpresse geklagt: »Man kann doch nicht die körperliche Verfassung des wichtigsten Mannes im Ostblock wie die Kondition von Berti Vogts abhandeln.« Doch solche Mahnungen halfen nun nicht mehr. Zu offensichtlich war an diesem ersten Besuchstag geworden, daß der Herr aus dem Kreml nicht gesund war. Er hatte Schwierigkeiten beim Aufstehen von niedrigen Sitzmöbeln, blickte oft ausdruckslos vor sich hin und schlaffte nach längeren Konferenzen deutlich ab. Nicht einmal ein Abstecher nach Trier, dem Geburtsort von Karl Marx, war mit Rücksicht auf Breschnews Konstitution vom Protokoll einzuplanen gewesen. Zusätzlich zu seinen mitgebrachten Ärzten hatte die Bundesregierung ein deutsches Ärzteteam einschließlich eines Anästhesisten bereitgestellt, das dem Besucher auf Schritt und Tritt folgte.

Der zweite Tag des Breschnew-Besuchs begann auf Schloß Gymnich mit einem Gespräch zwischen Helmut Schmidt und Leonid Breschnew. Der Kanzler brachte nur einen Dolmetscher und seinen Abteilungsleiter für Außenpolitik, Jürgen Ruhfus, mit. Die *Prawda* hatte aus der Tischrede Walter Scheels vom Vorabend die Passagen über Menschenrechte und Familienzusammenführung gestrichen. Schmidt hatte jedoch andere Sorgen. Ausgerechnet vor dem Breschnew-Besuch hatte ihm Genscher mit einer Auflistung aller vermeintlichen oder tatsächlichen Verstöße der Sowjets gegen die 1971 getroffene Vier-Mächte-Vereinbarung über Berlin in den Ohren gelegen. Das Abkommen sollte die lebensnotwendigen Bindungen West-Berlins an die Bundesrepublik sichern. Der Vizekanzler verteidigte seinen Standpunkt – das Verhalten der Sowjets in der Berlin-Frage sei ein »Störfaktor« in der Ost-West-Entspannung – mit dem Hinweis, seine Auffassung werde von der Mehrheit der deutschen Bevölkerung geteilt. Die Sowjets waren natürlich über diese Behauptung, die in der deutschen Presse wiedergegeben worden war (dafür hatte Genschers AA-Sprecher Jürgen Sudhoff gesorgt), sauer.

Im zweiten Gespräch mit dem Kreml-Chef gab der Kanzler sein Wort, deutscherseits werde am Berlin-Abkommen nicht gerüttelt. Man werde es voll einhalten, es sei weder »Expander« noch »Trampolin«, wie Klaus Bölling in einer Pressekonferenz über das Gespräch berichtete. Helmut Schmidt behauptet heute, er sei noch weiter gegangen und hätte Breschnew versichert, keine neuen Bundesbehörden mehr in West-Berlin anzusiedeln, worauf Gromyko dem Kreml-Herrscher zugeflüstert habe: »Das sagen die Deutschen immer und tun dann das Gegenteil.«

Berlin war aber nicht das Hauptthema. Wichtiger waren die atomaren Mittelstreckenraketen der Sowjets. Gleich einem Generalstabsoffizier hatte der Kanzler zum Gespräch eine große militärische Landkarte mitgebracht, die das Gebiet von Westeuropa bis zum Ural zeigte und auf der die Stellungen sowie Reichweiten der westlichen, vor allem aber der SS 20 von deutschen Experten eingezeichnet worden waren. Er hatte Breschnew auf dieses »Mitbringsel« vorbereitet, was diesen seinerseits dazu veranlaßte, ebenfalls Kartenmaterial mitzubringen. Die Situation entbehrte nicht einer gewissen Komik, da sowohl Schmidts Karte wie die des Generalsekretärs Stempel mit der höchsten Geheimhaltungsstufe trugen, nun aber vor den Augen des Gegners ausgebreitet wurden. Der Kanzler stand auf dem Standpunkt, daß im Zeitalter der Satellitenaufklärung jegliche Geheimniskrämerei völlig überflüssig sei.

Als Helmut Schmidt anhand der russischen Karte seine Sorge über die sowjetische Bedrohung erläutern wollte (»Es war jedoch schwierig, alle eingetragenen Angaben zu verstehen, der kyrillischen Schrift und der andersartigen taktischen Zeichen wegen«), platzte Leonid Breschnew plötzlich der Kragen: Verärgert wischte er die Karte vom Tisch, so daß sie auf den Fußboden segelte. Für Sekunden herrschte betretenes Schweigen. Schmidt wußte nicht, ob sich sein Gesprächspartner in die Enge getrieben fühlte oder ob ihn militärische Details überforderten. Jedenfalls war das Thema Mittelstreckenwaffen damit beendet, kaum daß man mit ihm begonnen hatte. Um die verkorkste Situation etwas zu retten, überließ der Kanzler seine Karte dem Russen mit dem Vorschlag, Breschnew solle ihre Richtigkeit und damit die von ihm behauptete, nicht hinnehmbare Übermacht der Sowjets in Moskau überprüfen lassen.

Dann mußten die Herren ihr Gespräch abbrechen. Leonid Breschnew war Gastgeber eines Mittagessens mit Kaviar, zu dem er einhundertzweiundfünfzig Personen in das ehemalige kurfürstliche Ballhaus Redoute in Bonn-Bad Godesberg gebeten hatte. Auf der Fahrt dorthin setzten Schmidt und Breschnew ihr politisches Gespräch fort. Dabei ging es vor allem darum, ob es – so die Meinung des Russen – in Europa bereits annähernd ein militärisches Gleichgewicht gäbe, oder ob – wie Schmidt argumentierte – die ungefähre Parität erst durch Abrüstungsverhandlungen erreicht werden müßte. Im späteren Abschlußkommuniqué klammerte man die unterschiedlichen Standpunkte diplomatisch aus und einigte sich auf die unverbindliche Formulierung: »Beide Seiten betrachten es als wichtig, daß niemand militärische Überlegenheit anstrebt. Sie gehen davon aus, daß annäherndes Gleichgewicht und Parität zur Gewährleistung der Verteidigung ausreichen . . .« – Helmut Schmidt: »Damit war die Kuh aber nicht vom Eis.«

Unter den Gästen des Mittagessens, zwischen Ministern und Diplomaten, saß vergnügt Herbert Mies, Chef der Deutschen Kommunistischen Partei (DKP). Er genoß seine Aufwertung. Sein großer »Bruder« aus dem Kreml hielt eine fünfzehnminütige Tischrede, bei der er langsam sprach, nie sehr laut, manchmal murmelnd. Vor der Redoute standen die unvermeidlichen Begleitfahrzeuge des Staatsbesuchs, ein Notarztwagen mit Spezialausrüstung und ein Krankenwagen der Bundeswehr. Als wollte er alle Gerüchte über seine angegriffene Gesundheit im Wodka ertränken, hielt Leonid Breschnew den Kanzler mehrmals dazu an, mit ihm ex zu trinken. Der Quasi-Nichtalkoholiker Helmut Schmidt mußte sich daraufhin nach dem Essen erst einmal eine halbe Stunde hinlegen.

Am Nachmittag fand auf Schloß Gymnich das dritte Gespräch statt. Es dauerte zweieinhalb Stunden. Leonid Breschnew hatte eine umfangreiche Zettelsammlung zur Hand, aus der er, je nach Schmidts Stichworten, vortrug. Zwischendurch fragte er allen Ernstes seinen Untergebenen, Gromyko: »Ist das so richtig?«, oder er lobte sich selbst: »Das habe ich doch so gut gesagt.«

Breschnew und Schmidt unterzeichneten schließlich eine Erklärung, die eine Menge »Quallenfett« enthielt, wie der Kanzler nichtssagende Formulierungen zu bezeichnen pflegte. Die Wischiwaschiformulierung bezüglich des militärischen Gleichgewichts buchte Helmut Schmidt gegenüber der deutschen Öffentlichkeit glatt als Verhandlungserfolg: »Es ist zum erstenmal in einer zwischen Ost und West vereinbarten Erklärung die Feststellung getroffen worden, beide Seiten hielten es für wichtig, daß niemand militärische Überlegenheit anstrebe und daß annähernde Gleichheit und Parität zur Gewährleistung der Verteidigung ausreichen.«

Ansonsten enthielt die Deklaration zwei deutliche Vorteile für die Russen. Bonn erklärte sich ausdrücklich bereit, bei den in Wien laufenden Ost-West-Verhandlungen über einen Truppenabbau in Zentraleuropa (MBFR) auch die Bundeswehr zur Disposition zu stellen. Bis dahin war man seitens der NATO davon ausgegangen, daß es allein Sache der westlichen Allianz sei, zu bestimmen, wie der eines Tages mit den Ostblockstaaten ausgehandelte Abbau auf (möglichst) siebenhunderttausend Mann Landesstreitkräfte – beziehungsweise neunhunderttausend Mann Land- und Luftstreitkräfte – auf die einzelnen Mitgliedsstaaten aufzuteilen wäre. Genscher hätte es lieber gesehen, wenn auf westlicher Seite zunächst die anderen NATO-Partner vor der Bundesrepublik ihre Truppenkontingente verringert hätten. Insofern machte der Kanzler gegenüber Breschnew eine Vorleistung.

Der zweite Punkt, den die Sowjets für sich buchen konnten, war der Abschluß eines »Abkommens über die Entwicklung und Vertiefung der langfristigen Zusammenarbeit zwischen der Bundesrepublik Deutschland und der UdSSR auf dem Gebiete der Wirtschaft und der Industrie«. Dieser auf fünfundzwanzig Jahre angelegte Vertrag enthielt anscheinend auch nichts Konkretes, bildete aber den Rahmen für ein späteres Milliardengeschäft: deutsche Stahlrohre gegen sowjetisches Erdgas – ein Deal, der vier Jahre später zu einer ernsthaften Verstimmung zwischen Deutschen und Amerikanern führen sollte.

Am Abend des zweiten Besuchstags empfing Leonid Breschnew Hans-Dietrich Genscher. Zum Abschied begleitete er ihn die Außentreppe von Schloß Gymnich hinab, an deren Fuß der Wagen des Außenministers parkte. Auf dem linken Rücksitz saß die Mutter Genschers; eine Dreiviertelstunde hatte sie dort ausgeharrt. Als nun ihr Sohn mit Breschnew kam, stieg sie aus. Genscher stellte sie vor: »Herr Generalsekretär, das ist meine Mutter. Sie ist im wesentlichen für mich verantwortlich.« Breschnew in einer Mischung aus Courtoisie und Gönnerhaftigkeit: »Sie haben einen prächtigen Sohn.«

Danach – inzwischen war ein Gewitter aufgezogen – machten noch jene beiden Spitzenpolitiker dem Kreml-Chef ihre Aufwartung, die in der Vergangenheit so oft Verständnis für die sowjetische Politik gezeigt hatten: SPD-Chef Willy Brandt und sein Geschäftsführer Egon Bahr. Breschnew zog Außenminister Gromyko hinzu. Damit waren die Konstrukteure der Bonner Ost- und Moskauer Westpolitik von 1970 wieder einmal unter sich. Derweil ging draußen ein schweres Unwetter nieder.

Nachdem sich Brandt und Bahr verabschiedet hatten, blieb Breschnew in seiner Suite, allein mit sich, seinen Gedanken und den Präsenten, die Bonns Protokollchef im Zimmer des Gastes hatte aufbauen lassen: eine Nymphenburger Vase, ein Porträt Walter Scheels im Silberrahmen und – als Hauptgeschenk – ein Jagdgewehr. Damit hatte es Probleme gegeben.

Zehn Tage vor Ankunft des Besuchers hatte die Bundesregierung noch nichts Passendes gefunden. Bei seinem Besuch fünf Jahre zuvor hatte Leonid Breschnew sich, wie es schien, um die deutsch-sowjetischen Beziehungen verdient gemacht. Nach langwierigen Verhandlungen waren mit seiner Hilfe die Ostverträge, die das dunkle Kapitel der Kriegsgeschichte endgültig mit einem neuen Start besiegeln sollten, unter Dach und Fach gebracht worden. Dafür bekam er ein stattliches kapitalistisches Geschenk, ein einundvierzigtausend Mark teures Mercedes-Coupé 450 SLC. Nachdem man in der Zwischenzeit die bittere Erfahrung hatte machen müssen, daß die Verträge nicht hielten, was man sich von ihnen erhofft hatte, konnten die Politiker gegenüber den deutschen Steuerzahlern schlecht noch einmal ein so großzügiges Geschenk vertreten. Was sollte es dann aber sein? Helmut Schmidt wollte sich darüber nicht den Kopf zerbrechen. Für Geschenke sei der Bundespräsident zuständig, ließ er wissen. Der wiederum hatte die Erfahrung gemacht, daß sich zahlungskräftige Wirtschaftsbosse, die schon einmal mit einer Geschenkspende eingesprungen waren, bei einer erneuten Anfrage taub stellten. Aber wie im Märchen – Ende gut, alles gut – tauchte in der Person des Berthold Beitz, der nach dem Krieg die ersten Großgeschäfte mit dem Ostblock abgewickelt hatte, der Retter in der Not auf. Der Krupp-Manager war von Walter Scheel um Rat gebeten worden: »Vielleicht ein Motorboot?«

»So etwas hat er doch längst, und wahrscheinlich ein viel besseres, als wir es ihm schenken können. Aber«, fuhr der selten um eine pfiffige Idee verlegene Krupp-Senior fort, »der Mann ist doch leidenschaftlicher Jäger, und was ein rechter Waidmann ist, kann gar nicht genug schöne Waffen haben. Wie wär's also mit einem Gewehr?«

Walter Scheel, selbst ein begeisterter Jäger, war sofort Feuer und Flamme. Beitz wußte auch, wo man ein besonders schönes und mit einmaliger Treffsicherheit ausgestattetes Gewehr bekam: »Da kommt nur eine 300er Magnum von Weiss & Hartmann in Frage, damit kann man in Europa jedes Wild schießen.«

Das passende Geschenk war mithin gefunden. Nun aber tauchte eine neue Schwierigkeit auf. Weil alles an diesem Gewehr Handarbeit ist – unter anderem die kostbaren Einlegearbeiten und Ziselierungen –, zieht sich die Anfertigung über eineinhalb Jahre hin. Beim Hersteller lag jedoch genau ein solches Jagdgewehr abholbereit: von Beitz für Beitz bestellt. Großzügig stellte Mr. Krupp seine 300er Magnum zur Verfügung. Vielleicht war der noble Verzicht jedoch umsonst, denn bis zu seinem Abflug hatte sich der Beschenkte weder bedankt noch zu erkennen gegeben, daß er sich über dieses Präsent gefreut hätte. War für den verwöhnten Mann aus dem Kreml die Gabe vielleicht doch eine Nummer zu klein gewesen?

Vor seiner Rückkehr in die Sowjetunion war Breschnew noch nach Hamburg geflogen. Ein russisches Vorauskommando hatte den Abstecher vorbereitet, war im vornehmen Hotel Atlantik abgestiegen und hatte zum Schrecken des Geschäftsführers und des Bonner Protokolls eine Zeche von weit über hunderttausend Mark gemacht. Die Genossen gönnten sich schon zum Frühstück Kaviar und Champagner – auf Kosten der Bundesregierung. Eigentlicher Grund des Hamburg-Besuchs von Breschnew war ein Mittagessen im Privathaus des Kanzlers im Neuberger Weg.

Bereits fünf Minuten vor der vereinbarten Zeit war Breschnew eingetroffen. Seine massige Gestalt und der wuchtige Schädel mit den kohlrabenschwarzen Augenbrauen schienen das ganze Wohnzimmer auszufüllen. Er war besonders gut aufgelegt. Sein Beraterstab war – aus Sicherheitsgründen? – gegen den Abstecher in die Hansestadt gewesen. Vielleicht genoß ihn der »Ausreißer« gerade darum. Zunächst schwärmte er von dem vorzüglichen Frühstück, das er im Gästehaus des Senats serviert bekommen hatte. Der ebenfalls anwesende Klaus Bölling flachste leise: »Gute Kost ist der Tod der Wespe.«

Nachdem Leonid Breschnew auf einem der drei rotbraunen Ledersofas Platz genommen hatte, scherzte der Kanzler: »Jetzt sind Sie ganz nahe an Karl Marx.« Breschnew verstand nicht sofort. Neben ihm saß im gepunkteten Kleid Loki Schmidt. Da deutete der Hausherr mit der Zigarette in der Hand hinter seinen Gast. Der drehte sich um und sah im Bücherregal genau über seinem Kopf säuberlich aufgereiht die gesammelten Werke von Karl Marx.

Alsdann schritt man zur Hausbesichtigung. Hoch ging's die Treppe in Helmut Schmidts winziges Arbeitszimmer. Dieser mit Büchern, Akten, Zeitschriften und anderem vollgestopfte Raum war so eng, daß nur für einen Schreibtisch und einen dazugehörigen Stuhl, einen Abstelltisch mit einem Globus und zwei Sessel Platz war. Ausgerechnet in dieser beengten Umgebung ließen sich zum letzten politischen Gespräch des Staatsbesuchs der Kanzler, Breschnew, Genscher, Gromyko und zwei Dolmetscher nieder. Frau Schmidt hinterher: »Niemand hat nach einem Stuhl gerufen, also werden sie alle irgendwo gesessen haben.« Und ihr Mann: »Genscher muß wohl auf der Bücherleiter gehockt haben.«

Der erwähnte Globus spielte im Verlauf des Gesprächs noch eine besondere Rolle. Breschnew hatte sich über die intensiven Kontakte zwischen Bonn und Peking besorgt geäußert, hatte von einer »Zangenbewegung« gesprochen. Da war der Kanzler an die Weltkugel herangetreten und hatte mit dem einen Finger auf Bonn, mit dem anderen auf Peking gedeutet. »Ist das nicht ein bißchen weit für eine Zange, Herr Generalsekretär?« Breschnew antwortete mit einem dröhnenden Lachen.

Nach einer Stunde kamen die Herren die Treppe wieder herabgestiegen und betraten das Eßzimmer. In der Zwischenzeit hatten sich auch Willy Brandt, Graf Lambsdorff, Egon Bahr, Hans Apel und Botschafter Valentin Falin als Teilnehmer des Essens eingefunden. Schmidt und Breschnew nahmen an den Längsseiten des Tisches einander gegenüber Platz. Zur Rechten des Ehrengastes saß Brandt, zur Linken Genscher. Der Hausherr hatte Gromyko zur »Tischdame«. Zu essen gab es frischen Spargel mit Schinken. Beim Nachtisch — Vanilleeis mit Rumtopffrüchten — erzählte Breschnew Witze, und es wurde, wie ein Teilnehmer berichtete, nicht nur anstandshalber gelacht. Auch Helmut Schmidt trug zur allgemeinen Erheiterung bei. So sagte er plötzlich mit ernstem Gesicht zu Breschnew: »Sie müssen Ihren Botschafter anweisen, daß er mich ab sofort mit Zubrowka-Wodka versorgt.«

Beim Eintreffen in Schmidts Haus hatte Breschnew nach Wodka verlangt und vom Hausherrn polnischen, Marke Zubrowka, kredenzt bekommen, der ihm besonders schmeckte. Die Flasche war — die anderen tranken mit — schnell leer getrunken. Daraufhin der Kanzler zu Breschnew: »Sie müssen Ihren Botschafter anweisen, daß er mich ab sofort mit Wodka versorgt.« Ehe der Kreml-Boß darauf noch antworten konnte, weil der Dolmetscher nicht so schnell übersetzen konnte, sprang Botschafter Falin

1 Oben: Eine schußbreite Pocketkamera,
ein verschmitztes Lächeln – Helmut Schmidt einmal ganz
Mensch: 1978 in Kamakura (Japan) vor der fünfhundert Jahre
alten Buddha-Statue. In Bonn war sein Gesicht meistens von
Pflichtgefühl und Anstrengung gezeichnet.

2 Oben: Mit erhobener
Hand, den Blick auf Bundestagspräsidentin Annemarie
Renger (rechts) gerichtet,
leistet Helmut Schmidt
am 17. Mai 1974 den Eid als
fünfter Kanzler der Bundesrepublik Deutschland:
». . . So wahr mir Gott helfe.« Der SPD-Abgeordnete
Werner Marquardt (Mitte)
fungiert als Schriftführer.

3 Oben: Ernst, aber mit der
festen Absicht, vieles besser
zu machen als die Vorgän-
ger: erste Sitzung des
Schmidt/Genscher-Kabinetts
am 20. Mai 1974 im Palais
Schaumburg. Rechts oben
der neue Kanzler und sein
Vize, vorn Georg Leber
(Verteidigung) und Werner
Maihofer (Inneres).

4 Unten: Vier Jahre später:
Das Regieren ist schwierig
geworden. Der Kanzler be-
spricht sich im Kabinett mit
Herbert Wehner und Hans-
Jürgen Wischnewski. Buch-
autor Graf Nayhauß, kurz
zugelassen, macht sich No-
zen. Der neue Leiter des
Kanzler-Büros, Dr. Wern-
Bruns (links hinten), pro-
testiert: »Das geht zu weit

5 Oben: Reisen gehort zum Regieren: Helmut Schmidt (ohne Schuhe) unterrichtet 1979 auf einem Washington-Flug die mitreisenden Journalisten. Zu seiner Rechten Graf Nayhauß, links außen Klaus Bölling. Schätzungsweise eine Million Flugkilometer legte Schmidt als Kanzler zurück.

6 Unten: Als Wirtschafts experte unbestritten: Der Kanzler vor No. 10 Downing Street anläßlich des dritten Weltwirtschaftsgipfels 1977 mit (v.l.n.r.) Julio Andreotti (Italien), Takeo Fukuda (Japan), Valéry Giscard d'Estaing (Frankreich), Jimmy Carter (USA), James Callaghan (England), Pierre Trudeau (Kanada).

7 Oben: Breschnew in Bonn
(1981): Interessiert blättert
der Gast ein Fotoalbum
mit Schnappschüssen von
der Visite durch, das ihm
geschenkt wurde. Schmidt,
der ihm neugierig über
die Schulter schaut, gilt
inzwischen als anerkannter
Makler im Abrüstungs-
dialog der Supermächte.

8 Oben: Der sensible
Aristrokat und der bullige
Macher«: Jeder bewunderte
am anderen, was er selbst
nicht hatte. Der Atlantiker
Schmidt wurde über die

Freundschaft mit Staats-
präsident Giscard zum Frankophilen. Ohne die beiden
ging nichts in der EG.

9 Unten: Schmidt und
Carter, das lief nicht. Der
amerikanische Präsident
über den Bundeskanzler, der
ihm Ende 1980 mit Hans-
Dietrich Genscher einen

Abschiedsbesuch abstattet.
»Manchmal kann Helmut
eine Nervensäge sein.«
Vizepräsident Muskie (links
neben Carter) teilte diese
Meinung.

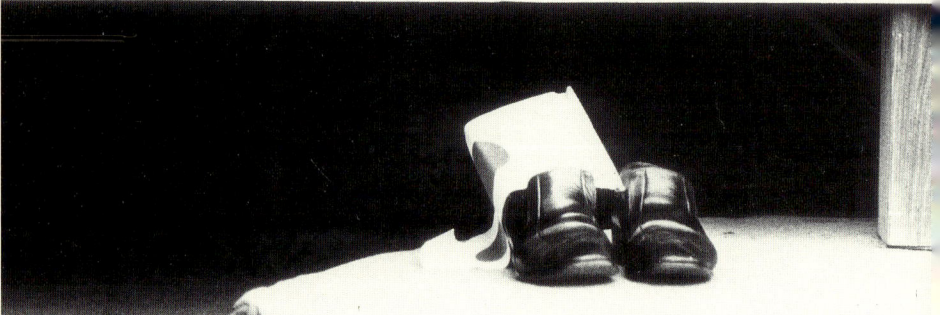

10 Oben: Der Leibwächter
des Kanzlers: Hauptkommissar Günter Warnholz, sym-
patischer Typ, früher Hamburger Kripomann, bewacht
vor einem japanischen Tem-

pel die Schuhe des Chefs.
Schmidt stand ganz oben auf
der »Abschußliste« der RAF.

11 Folgende Seite oben
links: Die Hausdame: Hil-

mar Pirwitz, Tochter eines
Landwirts, war zweiund-
zwanzig, als sie die Stellung
im Kanzler-Bungalow er-
hielt. Heute dient sie Helmut
Kohl.

12 Folgende Seite unten
links: Die Sekretärinnen:
Marianne Duden (l.) und
Liselotte Schmarsow (r.).
Wen sie nicht mochten,
bekam beim Kanzler nur

schwer einen Termin. Frau Duden arbeitet heute in Schmidts Bundestagsbüro.

13 Oben rechts: Der Büror: Dr. Klaus Dieter Leister,

Jurist, Hauptmann d. R., verheiratet mit einer Lehrerin, flotter Tänzer, leitete sechs Jahre lang das Kanzler-Büro, zuvor Helmut Schmidts Büro im Finanzministerium.

14 Unten rechts: Der Leibarzt: Dozent Dr. med. habil. Wolfgang Völpel, Bundeswehrarzt, begleitete den Kanzler auf fast allen Auslandsreisen. Obwohl

Schmidt 1974 gesundheitlich angeschlagen war, ermunterte ihn Völpel, die Kanzlerschaft anzutreten.

15 Oben links: Der Sprecher: Der in Potsdam geborene Journalist Klaus Bölling
verband geschliffene Ausdrucksweise mit telegener
Ausstrahlung. Für Helmut

Schmidt unverzichtbar,
wuchs er in die Rolle eines
engen Beraters.

16 Oben rechts: Der
Amtschef: Staatssekretär

Dr. Manfred Schüler, klein,
mit wuchtigem Schädel, leitete geräuschlos und effizient
die Behörde. Der Kanzler
redete ihn mit Vornamen,
aber per »Sie« an.

17 Unten: Der außenpolische Berater: Die angestrengte Aufmerksamkeit
des Kanzlers auf diesem Fo
(1978 in Singapur) verrät
viel von der Wertschätzun

für den Leiter der Außenpolitischen Abteilung im Kanzleramt, Dr. Jürgen Ruhfus.

18 Oben: Der Planer: Albrecht Müller, Leiter des Planungsstabes, saß auf diesem Posten schon unter Brandt. Er galt als »Chefideologe« des Hauses, kämpfte gegen *Bild* und Privatfernsehen, kam aber unter dem Pragmatiker Schmidt nicht richtig zum Zuge. Zu Hause hielt er sich japanische Zwerghühner.

19 Unten: Der zweite Berater: Otto von der Gablentz, Berufsdiplomat, wurde Nachfolger von Jürgen Ruhfus. Obwohl er sehr tüchtig war, gehörte er nicht zum engsten Kreis um Schmidt.

20 Oben: Der Staatssekretär: Manfred Lahnstein, Hobbygärtner, 190 cm groß, blondes, jungenhaft ins Gesicht gekämmtes Haar, übernahm von Manfred Schüler Ende 1980 die Leitung des Kanzleramtes. Selbst entscheidungsfreudig, ermunterte er Schmidt zum Handeln, wenn dieser depressiv wurde und sich einigelte.

21 Unten: Der Redenschreiber: Jens Fischer, einst *Vorwärts*-Redakteur, war Schmidts letzter Ghostwriter. Er flocht in die Reden mehr sozialdemokratisches Gedankengut ein. Der Vater war im Krieg gefallen, die Mutter brachte die Familie mit Verkaufen von Waschpulver durch. Leitet heute Schmidts Bundestagsbüro.

22 Oben. Männerfreund-
schaft: Nur mit wenigen
[ni]cht-Genossen war Helmut
Schmidt per Du. Einer der
Auserwählten war »Bruder
[Jo]sef«, FDP-Landwirtschafts-
minister Ertl. Der Kanzler
hatte eine schmerzhafte Art,
Duzfreunden seine Sympa-
thie zu beweisen: Er boxte
ihnen mit aller Kraft auf die
Brust.

23 Unten: Die musische
Seite des Kanzlers: Helmut
Schmidt singt auf der Feier
zum siebzigsten Geburtstag
seines Freundes, des Ham-
burger Industriellen Kurt
Körber, Gershwin-Melodien,
begleitet von den Opernstars
Felicia Weathers (l.) und
Jeanette Scovotti (r.); am
Flügel Eckart Besch.

24 Oben: Das Ende:
Am 1. Oktober 1982 wird
Helmut Schmidt durch ein
konstruktives Mißtrauens-
votum gestürzt. Mit 156
gegen 135 Stimmen bei vier
Enthaltungen wählt der Bundestag Helmut Kohl zum
sechsten Kanzler der Bun-
desrepublik Deutschland.
Der Verlierer gratuliert dem
Sieger.

25 Unten: Verlassen von
Freunden: Auf dem Kölner
SPD-Sonderparteitag im
November 1983 stimmen die
Genossen gegen die von
Schmidt geforderte Nach-

rüstung mit Mittelstreckenraketen. Hans-Jochen Vogel
und Willy Brandt würdigen
ihn keines Blickes mehr;
geschlagen verläßt der Alt-
Kanzler den Saal.

26 Oben: Die Frau an seiner Seite: Helmut und Hannelore (Loki) Schmidt, inzwischen seit 46 Jahren verheiratet, am Rande eines Empfangs in der Godesberger Redoute. Er bekennt: »Wenn es ein halbes Jahrhundert gutgegangen ist mit uns beiden, so ist das zum allergrößten Teil das Verdienst meiner Frau.«

27 Unten: Das neue Leben: Der ehemalige Kanzler als Herausgeber und Geschäftsführer der Zeit in der wöchentlichen Konferenz der politischen Redakteure. Links von ihm Ex-Regierungssprecher Kurt Becker, rechts Zeit-Verleger Gerd Bucerius, Vize-Chefredakteur Robert Leicht, Marion Gräfin Dönhoff.

28  Oben: Einer der wenigen
Augenblicke der Muße: Der Kanzler im Oktober 1978
bei einem Journalistengespräch im Akasaka-Palast zu Tokio –
den Arm lässig über die Lehne eines antiken Sofas
gelegt. Viel mehr freie Zeit hat der Pensionär Schmidt auch
nicht. »Aber ich kann mich wenigstens öfter
ausschlafen.« Bei der *Zeit* hat er eine Vierzig-Stunden-Woche.
Hinzu kommen seine internationalen Verpflichtungen
als gesuchter Redner. Und schließlich schreibt er an einem
weiteren Buch, das im Herbst 1989 erscheinen soll.
Thema: Die klassischen Nationalstaaten.

auf, nahm die Hände an die Hosennaht seines nicht mehr ganz modernen Anzugs und erwiderte in bestem Kommißdeutsch: »Zu Befehl!« Und da Schmidt nicht auf den Kopf gefallen ist, vor allem nicht in derartigen Situationen, bemerkte er mit Blick auf Verteidigungsminister Apel in das dröhnende Gelächter der aufgekratzten Herrenrunde hinein: »Ja, ja, die Anwesenheit von Hans Apel macht sich bemerkbar.«

Loki Schmidt saß unterdessen im Wohnzimmer immer noch auf dem Ledersofa, neben ihr Klaus Bölling, der nicht dazu ausersehen war mitzuessen und darum die Dame des Hauses unterhielt. Die Aufforderung Falins: »Gnädige Frau, essen Sie doch mit uns, wir können ja zusammenrücken«, hatte sie dankend abgelehnt. »Das bleibt ein Herrenessen.«

Im Wohnzimmer hielten sich noch andere Gäste »zweiter Klasse« auf, die nicht mitessen durften. Zum Beispiel Breschnews Sicherheitschef, General Storoschew, der ungeniert herumging. Auffallend interessiert musterte er die Schmidtsche Steinsammlung, was bei den Leibwächtern des deutschen Regierungschefs sofort den Argwohn auslöste, der Russe könnte eine Wanze verstecken. Schließlich war auch noch Breschnews Hausarzt anwesend. Nach einer bestimmten Zeit mußte er dem Generalsekretär eine Spritze verpassen, wozu sich die beiden Herren in das Badezimmer zurückzogen. Wofür oder wogegen die Spritze gut war, blieb allerdings ein Geheimnis.

Das Ergebnis des Staatsbesuchs bot keinen Anlaß zum Jubeln. Die Visite im Heim des Kanzlers trug wenigstens dazu bei, daß sich Deutsche und Russen menschlich etwas näher kamen. Dafür, daß die Gastgeber das Vertrauen des Kreml-Chefs gewonnen hätten, gab es nach Meinung des Kanzlers ein untrügliches Indiz. Bis kurz vor dem Abstecher nach Hamburg war nämlich offengeblieben, ob Leonid Breschnew aus Sicherheitsgründen in seiner eigenen Aeroflot-Maschine fliegen oder aus Höflichkeit und nach internationalem Brauch ein Flugzeug des Gastgebers benutzen würde. Der Vertreter des Landes, das im Zweiten Weltkrieg mit 20,6 Millionen Toten — davon sieben Millionen Zivilisten — am meisten zu leiden gehabt hatte, entschied sich für die Luftwaffen-Boeing mit dem schwarzen Balkenkreuz am Rumpf. Das hieß, daß Breschnew im Fall eines plötzlichen bewaffneten Ost-West-Konflikts eine volle Stunde lang für seine Militärs in Moskau nicht erreichbar gewesen wäre, da das grüne Funktelefon, das ihm in Bonn stets hinterhergetragen wurde, in der Luft mangels einer in der Nähe befindlichen Relaisstation nutzlos war.

Schmidt über die Unbekümmertheit seines Gastes: »Die Amerikaner sind da viel pingeliger. Ihr Präsident würde so etwas nie machen.«

# 31

Beim Breschnew-Besuch hatte es keine Garderobenprobleme gegeben. Sowjetische Staatsoberhäupter leben vielleicht wie Feudalherren, aber deswegen ziehen sie noch lange keinen Frack oder Smoking an. Für die Essen mit dem Generalsekretär war lediglich »dunkler Anzug« vorgeschrieben.

Beim nächsten Besucher stellte sich aber das Frackproblem. Für Ende Mai war die englische Königin angesagt. So wie sich Helmut Schmidt bei allen vorangegangenen Anlässen stets geweigert hatte, derartige Gesellschaftskleidung anzulegen, so war er auch nicht bereit, dies für die Queen zu tun. Vielleicht hing das mit seiner Herkunft zusammen. Schon einmal hatte es in Bonn einen ähnlichen Fall gegeben. Heinrich »Papa« Krone, enger Vertrauter Konrad Adenauers und von 1955 bis 1961 CDU/CSU-Fraktionsvorsitzender, hatte den Posten des Außenministers unter anderem deshalb abgelehnt, weil er wie Schmidt keinen Frack tragen wollte. Er, Sohn eines Arbeiters aus dem Hessischen, habe nicht vergessen, ließ er wissen, wie sich seine Mutter schinden mußte, um für feine Leute Frackhemden in einem Schweinetrog zu waschen.

So wurde mit Rücksicht auf Helmut Schmidt für das Essen des Bundespräsidenten zu Ehren von Elizabeth II. auf der Einladungskarte mit dem goldgeprägten Bundesadler die Bekleidungsalternative angeboten: »Frack, Smoking, Uniform«. Gegen einen Smoking hatte der Kanzler keine Einwände, und schon gar nicht gegen die Queen. Er, der bei allen möglichen Gelegenheiten gern mit seinem Bürgerstolz kokettierte, zeigte Neugier und Vorfreude auf den Moment königlicher Tuchfühlung. Der Republikaner Schmidt erinnerte sich gerne seiner Besuche im Buckingham-Palace. Genau ein Jahr zuvor war er anläßlich des Weltwirtschaftsgipfels dort gleich zweimal Gast gewesen. Das erste Mal hatte er beim Abendessen neben Prinz Philip (»den ich bis dahin nur flüchtig kannte«) gesessen, das zweite Mal neben der Königinmutter, von deren Persönlichkeit er noch auf dem Heimflug schwärmte: »Ich hab' mich mit ihr besonders gut unterhalten.«

Der Besuch der Queen begann am 22. Mai 1978 in Bonn. Elizabeth II. landete mit ihrer etwas altmodischen Privatmaschine vom Typ Hawker Siddley auf dem Köln-Bonner Flughafen. Es war bereits ihr zweiter Staatsbesuch in der Bundesrepublik. Mit ihr und Prinzgemahl Philip flogen zweihundert Koffer ein (Gesamtgewicht: achtzig Zentner). Außer ihrer Garderobe brachte sie Tafelgeschirr mit Goldrand und königlichem Wappen, mehrere Dutzend Silberbestecke, Kristallgläser, Damasttischdecken, tiefgefrorene Fasane und Meerhühner aus Schottland, englisches Mineralwasser und Malventee, rosa Satinkopfkissen, ein schwarzes Köfferchen mit homöopathischen Heilmitteln und – eine eigene Spezialtoilette aus Mahagoni mit.

Nicht nur das Gepäck, sondern auch der Hofstaat war königlich. Da gab es als Hofdame, als Lady-in-waiting, eine aristokratische Schönheit, die Countess of Airlie. Ferner gehörten zum Gefolge ein Hofmarschall und sein Stellvertreter, ein Privatsekretär, der natürlich auch einen Stellvertreter mitbrachte, ein Pressesprecher mit, versteht sich, Stellvertreter, ein Leibarzt – der allerdings ohne Vertreter –, zwei Adjutanten, vier Sekretärinnen und zwei Friseure. Bundesrepublikanische Minister wurden ob der vielen dienstbaren Geister ganz neidisch. In einem Punkt allerdings gab sich die Königin mehr als bescheiden: Sie und ihr Gemahl brachten nur je einen Sicherheitsbeamten mit, weniger als manchem Bonner Staatssekretär zustand.

Bundespräsident Scheel, der feinen Lebensart mehr verpflichtet, trug beim Festessen in Brühl natürlich Frack, die »Genossen« unter der deutschen Prominenz aber nicht. Andererseits wollten sie dabeisein, und das möglichst in vollem Wichs. So kam es zu einer protokollarischen Neuheit: Erstmals durften auch zum Smoking Orden angelegt werden.

Einquartiert wurden Elizabeth und Philip dort, wo auch schon Leonid Breschnew genächtigt hatte: auf Schloß Gymnich. Alle Räume waren mit Blumen in den britischen Landesfarben – Blau-Weiß-Rot – geschmückt. Doch die Briten hatten es abgelehnt, ihre Queen in jenem Bett schlafen zu lassen, das zuvor der Kreml-Herr benutzt hatte.

Am zweiten Tag gab Helmut Schmidt ein Essen im Palais Schaumburg. Sechzig Gäste waren gebeten, mehr konnte er nicht unterbringen. Als das Herrscherpaar das Palais betrat, schlüpfte die Queen aus ihrem Sommermantel, und ein befrackter Kanzleramtsdiener verschwand damit in Richtung Garderobe. Plötzlich tuschelte die Königin mit Prinz Philip. Der winkte daraufhin einen Adjutanten herbei, der mit einem deutschen Protokollbeamten flüsterte. Dieser rannte in die Garderobe und brachte den Mantel zurück. Und nun geschah etwas Verblüffendes: Elizabeth nahm eine brillantenbesetzte Brosche, die den Mantel zierte, ab und steckte sie – sicher ist sicher – in die Handtasche. Prinz Philip lachte schallend, die deutschen Gastgeber lächelten gequält.

Dann rollte das übliche Programm ab: offizielles Foto auf der Terrasse, Defilee, Essen, Tischreden, Mokka, kurzer Plausch, Abfahrt. Hinterher urteilte der Kanzler: »Ich bin beeindruckt von dem guten politischen Urteil dieser Frau.«

Die kurze Begegnung mit der Queen genügte dem Kanzler nicht. So wie es einst Konrad Adenauer zusammen mit US-Präsident Kennedy nach Berlin gedrängt hatte, um etwas vom Glanz und Jubel zu erhaschen, der den amerikanischen Gast umbrandete, so flog Helmut Schmidt (nicht aber Scheel) in die geteilte Stadt, um das Senatsprogramm für die Queen einschließlich eines Bummels über den Kurfürstendamm mitzumachen. Er und seine Gäste verließen die ehemalige Reichshauptstadt zwar getrennt – der Kanzler mit der US-Air-Force –, aber am Abend sahen sie sich auf dem Empfang wieder, den Gerhard Stoltenberg als Ministerpräsident von Schleswig-Holstein gab.

Wahrscheinlich wäre der Kanzler gerne auch noch anderntags beim Großen Zapfenstreich in Bremen dabeigewesen, dessen klangvolles Zeremoniell Prinz Philip beim ersten Staatsbesuch mit der Bemerkung kommentiert hatte: »Es klingt, als hätte man ein seltenes Tier erlegt.« Aber just an diesem Tag war Helmut Schmidt schon auf dem Weg nach New York zur UN-Abrüstungskonferenz und zum NATO-Gipfel in Washington.

Die »10. Sondersitzung der UN-Vollversammlung zu Abrüstungsfragen« war unter anderem auf Betreiben der Entwicklungsländer, der Ostblockstaaten, aber auch der Bundesrepublik zustande gekommen. Der

Versuch, auf dem Konferenzweg kriegerischen Auseinandersetzungen vorzubeugen, war nicht neu. Schon im neunzehnten Jahrhundert bemühten sich die Zaren Alexander I. und Nikolaus II. um ein solches Vorhaben, das 1899 zur Ersten Haager Friedenskonferenz und zu drei Abkommen über die friedliche Beilegung von Streitfällen führte. 1907 trat eine Zweite Haager Friedenskonferenz auf Initiative des amerikanischen Präsidenten Theodore Roosevelt zusammen. Zwölf Abkommen wurden unterzeichnet, darunter die Haager Landkriegsordnung (Kriegsgefangenenrechte, verbotene Waffen, Rechtsstellung von Parlamentären und Spionen usw.).

1932 begann nach siebenjähriger Vorbereitungszeit eine Abrüstungskonferenz des Völkerbundes, an der sechzig Staaten teilnahmen. Bedingt durch das Ausscheren Hitler-Deutschlands im Jahre 1933 wurden keine Vereinbarungen getroffen. Nach dem Zweiten Weltkrieg kam es zu einer ganzen Reihe von Abrüstungskonferenzen und -abkommen, so 1962 zur Internationalen Abrüstungskonferenz in Genf, die heute noch tagt, und zu spektakulären Sonderkonferenzen wie START und MBFR in Wien. War bei den Tagungen der Internationalen Abrüstungskonferenz der moralische Druck auf die Großmächte auch gering, so gelang es immerhin, einen Vertrag über die Ächtung biologischer und bakteriologischer Waffen abzuschließen.

Vor diesem Hintergrund maß Helmut Schmidt der neuen Abrüstungsinitiative der Vereinten Nationen besondere Bedeutung zu – ganz abgesehen davon, daß sie ihm die Gelegenheit bot, sich zum erstenmal vor dem Weltforum als internationaler Staatsmann zu profilieren. Bis dahin hatte vor den Vereinten Nationen nur ein einziges Mal ein deutscher Regierungschef gesprochen: Willy Brandt bei der Aufnahme der Bundesrepublik in die UNO.

Helmut Schmidts Auftritt war für einen Freitagvormittag, 11.30 Uhr Ortszeit, vorgesehen. Es war gar nicht so einfach gewesen, diese Redezeit für ihn zu bekommen, da sie als besonders günstig gilt. Denn erfahrungsgemäß sind dann auch die Spätaufsteher unter den Delegierten eingetroffen und die anderen noch nicht zum Diplomaten-Lunch aufgebrochen. Generell pflegte UN-Generalsekretär Kurt Waldheim vor großen Debatten Listen auslegen zu lassen, in welche die vorgesehenen Redner Terminwünsche eintragen konnten. Als bekannt wurde, daß die Listen für die Reden auf der Sonder-Abrüstungskonferenz an einem bestimmten Tag um neun Uhr morgens eröffnet werden würden, hatte sich ein Vertreter der deutschen UN-Delegation wie beim Kartenvorverkauf für ein Broadway-Musical schon um drei Uhr nachts angestellt, um für den Bundeskanzler die bestmögliche Zeit zu bekommen. Allerdings warteten vor ihm bereits fünf andere, als er zu nächtlicher Stunde am UNO-Glaspalast eintraf.

Helmut Schmidt bekam dennoch eine günstige Redezeit und sprach als vierter Redner. Vor ihm waren die Außenminister Argentiniens, der Sowjetunion und Boliviens. Frankreichs Staatspräsident Giscard d'Estaing und US-Vizepräsident Mondale waren bereits an den Vortagen zu Wort gekommen.

So wie der Kanzler seine Rede angelegt hatte, bestand die Gefahr, daß er sich in einen krassen Gegensatz zu den Amerikanern manövrierte. Präsident Jimmy Carter versuchte gerade, die NATO für ein Aufrüstungsprogramm von umgerechnet rund zwanzig Milliarden Mark zu gewinnen, wovon die Deutschen mindestens ein Drittel tragen sollten. Außerdem erwartete Carter auf dem bevorstehenden NATO-Gipfel in Washington, zu dem Schmidt anschließend reisen würde, eine verbale Brandmarkung der sowjetischen Bedrohung des Westens. Bei Vorgesprächen in Brüssel hatte US-Verteidigungsminister Brown angekündigt, im Ernstfall würden die Amerikaner ihre in Europa stationierten Soldaten auf fünfhunderttausend verdoppeln und die Zahl ihrer Kampfflugzeuge sogar auf tausendfünfhundert Maschinen verdreifachen. Die Europäer hätten über diese Beistandsbereitschaft der Amerikaner eigentlich froh sein sollen. Doch war die Absichtserklärung Washingtons mit der Forderung verbunden, die europäischen Verbündeten sollten den nötigen Ausbau von Häfen und Flugplätzen sowie die Errichtung zusätzlicher Waffen- und Gerätedepots finanzieren. Vorläufiger Kostenvoranschlag: drei Milliarden Mark, wovon der größte Teil auf Bonn entfiel.

Aufgabe der Deutschen sollte es außerdem sein, schon in Friedenszeiten zehntausend Bundeswehrsoldaten für die Wartung des auf deutschem Boden lagernden amerikanischen Verteidigungsmaterials abzukommandieren. All dies paßte natürlich schlecht zum Abrüstungsdialog vor den Vereinten Nationen und ebensowenig zu der angespannten Kassenlage der sozialliberalen Koalition. Insofern war man auf die Kanzler-Rede sehr gespannt.

Bereits zwei Stunden vor seinem Auftritt nahm Helmut Schmidt im großen Sitzungssaal Platz, um sich die Rede Gromykos anzuhören. Als schließlich der Kanzler an der Reihe war, hielt er zwar keine Rede, die die Anwesenden zu Begeisterungsstürmen hinriß, die aber wohldurchdacht war. Helmut Schmidt formulierte vier Grundelemente einer Sicherheitspolitik: politisches, strategisches und militärisches Gleichgewicht; Entspannung, Konflikteindämmung und Interessenausgleich; Krisenbeherrschung; Berechenbarkeit des politischen und militärischen Verhaltens.

Wörtlich sagte Helmut Schmidt: »Die Erfahrung zeigt allerdings, daß es in einer Welt voller Mißtrauen und tiefgreifender Konflikte keine einfachen und keine schnellen Rezepte gibt, um diese vier Grundelemente stabiler Sicherheitspolitik zu erreichen.«

Namens der Bundesrepublik unterbreitete er mehrere Vorschläge, um der Festigung des Friedens und der Sicherheit näherzukommen: »Erstens, unsere Erfahrungen bei der Kontrolle unseres Verzichts auf Herstellung von C-Waffen stehen anderen Nationen zur Verfügung; zweitens, wir stellen unsere seismologischen Einrichtungen für die Verifikation eines vollständigen Teststopps bereit; drittens, wir treten ein für eine Beschränkung des internationalen Transfers von konventionellen Waffen; viertens, wir treten ein für die Schaffung von Vertrauen durch größere Transparenz bei militärischen Aufwendungen und bei militärischen Aktivitäten; fünftens, wir werden unser Ziel erst erreicht haben, wenn die Völker selbst Vertrauen zueinander haben. Hierbei wird es besonders auf die Jugend ankommen. Deshalb treten wir dafür ein, daß die UN sich konkret damit befassen, wie die Jugend der Völker in nähere Kontakte zueinander gebracht werden kann. – Allumfassende Konzepte zur weltweiten Abrüstung haben nach aller Erfahrung keine Aussicht auf Erfolg. Wir brauchen statt dessen viele einzelne Fortschritte – einen nach dem anderen. Und alle im zähen Willen zum Ausgleich der Interessen . . .«

Der Beifall der Delegierten hielt sich in Grenzen, war lediglich bei einer Passage über die Friedensbewegung stark. Mag sein, daß der Kanzler sich mehr versprochen hatte. So erklärte er hinterher im Gespräch mit Journalisten: »Wenn man liest, was Giscard, Mondale und Gromyko vorgetragen haben, dann sind das riesige Konzepte, die die ganze Welt verbessern sollen. Aber man muß sehr suchen, um das wirklich Neue zu finden. Fachleute werden sich Zeit nehmen mit ihrem Urteil. Nichtfachleute werden von den Rollbildern beeindruckt sein. Solche Rollbilder habe ich nicht entfaltet.«

Bei seinem viertägigen New-York-Aufenthalt hatte Helmut Schmidt ein volles Programm: ein Essen mit Kurt Waldheim, ein Höflichkeitsbesuch beim jugoslawischen Präsidenten der Generalversammlung, Mojsov, ein Gespräch mit dem zypriotischen Präsidenten und ein Empfang, den der Kanzler im Plaza-Hotel für tausend Gäste gab. Schließlich hatte »Happy« Rockefeller, die Frau des ehemaligen amerikanischen Vizepräsidenten, Helmut Schmidt zum siebzigsten Geburtstag ihres Mannes auf den Familiensitz im Staate New York eingeladen. Obwohl dort die High Society Amerikas vertreten war, wollte der Kanzler zunächst nicht an diesem Fest teilnehmen und sich statt dessen auf den NATO-Gipfel in Washington vorbereiten. Regierungssprecher Bölling und Botschafter Berndt von Staden waren schon beauftragt worden, ein passendes Geschenk auszusuchen, mit dem der Kanzler seine Absage versüßen konnte. Aber dann ging er doch zu der Geburtstagsparty und schwärmte anschließend von seinen Gesprächen mit Henry Kissinger und Leonard Bernstein.

Am Dienstag der darauffolgenden Woche, dem 27. Mai 1978, begann in Washington das zweitägige Treffen der NATO-Staats- und Regierungschefs. Jimmy Carter war von Anfang an bemüht, jene Lügen zu strafen, die behaupteten, er zeige »Führungsschwächen«. Er ging mit der Sowjetunion hart ins Gericht, was weder zum Entspannungskonzept der Schmidt-Regierung noch zu den Friedensbeteuerungen paßte, die Breschnew gerade in Bonn von sich gegeben hatte. Der amerikanische Präsident geißelte vor allem den sowjetischen Eroberungsdrang in Afrika: »In den letzten Jahren ist die expandierende Sowjetmacht weit über das Gebiet des Nordatlantiks hinaus vorgedrungen. Während ich heute spreche, hindern die Aktivitäten der Sowjetunion und Kubas in Afrika einzelne Nationen daran, ihren eigenen Weg zu bestimmen. Als Mitglieder der größten Allianz der Welt können wir diesen Ereignissen nicht gleichgültig zusehen – wegen dessen, was sie für Afrika bedeuten, und wegen ihrer Auswirkungen auf die langfristigen Interessen des Bündnisses. Ich begrüße die Bemühungen einzelner NATO-Verbündeter um den Frieden in Afrika und um die Unterstützung einzelner Nationen und Völker in Not – zuletzt in Zaire . . .«

Der britische Premier James Callaghan höhnte hinterher: »In Washington gibt es eine Reihe von Leuten, die Columbus spielen, die erstmalig nach Afrika aufbrechen. Afrika hat es aber schon lange vorher gegeben.«

Carter verkündete, die NATO werde Milliarden in die Modernisierung ihrer Streitkräfte investieren, und drohte sogar mit dem Atomknüppel: »Damit keine Mißverständnisse aufkommen – die Vereinigten Staaten sind zum Einsatz aller Mittel bereit, die für die Verteidigung des NATO-Gebietes notwendig sind.« Das Wort »aller« war im Manuskript unterstrichen.

Helmut Schmidt fiel auf diesem Gipfel dadurch auf, daß er seine typisch deutsche Aktentasche meist selber trug. Ansonsten war er einer unter sechzehn NATO-Chefs. Meinungsverschiedenheiten mit dem amerikanischen Präsidenten verbarg er hinter einem Grinsen und der Beteuerung, Berichte über gegenseitige Abneigung seien »Pressegequatsche«. Heute ist in seinen Erinnerungen nachzulesen, er sei von dem Eindruck »deprimiert« gewesen, »daß Leonid Breschnew meine Besorgnisse besser verstehen konnte als Jimmy Carter«. So versuchte er seinerzeit, die Journalisten und damit die Öffentlichkeit zu täuschen.

Sein bilaterales Gespräch mit Carter am Rande der Washingtoner Konferenz sei »flächendeckend« gewesen. Man habe über SALT II und Breschnew, China und Inflation, Zahlungsbilanz und MBFR, Energiepolitik und Wirtschaftswachstum, Mittelstreckenraketen, Non-Proliferationsgesetz und Rüstungsbegrenzung gesprochen. Wie wenig dabei herauskommen konnte, wird klar, wenn man bedenkt, daß die beiden nur rund eineinhalb Stunden Zeit füreinander hatten.

Am Ende blieb die Versicherung des Kanzlers, er werde künftig wieder häufiger mit dem Präsidenten telefonieren. Im übrigen ließ Helmut Schmidt sich nicht von seiner Überzeugung abbringen, die Entspannungspolitik sei der einzig richtige Weg. Die deutsche Delegation, so lautete eine Sprachregelung, habe mit Erfolg dagegengehalten, »daß die NATO in den kalten Krieg getrieben wird«. Zweifel an der Richtigkeit seines Urteils ließ Schmidt nicht aufkommen. »Ich habe um meine Statur keine Sorge, die ist in der ganzen Welt anerkannt. Fragen Sie mal Herrn Andreotti, fragen Sie mal Herrn Trudeau«, rief er nach seiner Rückkehr der Opposition im Bundestag zu.

Daß er allerdings in puncto Afrika, dem die Hauptsorge der NATO-Tagung galt, über keine eigenen Erfahrungen verfügte, war ein Schönheitsfehler. Den gedachte er noch im folgenden Monat zu beseitigen. Am 26. Juni 1978 brach der Kanzler zu einem fünftägigen Besuch nach Nigeria und Sambia auf.

# 32

Im Auswärtigen Amt spuckte der Fernschreiber ein Telex aus:
»vs — Nur für Dienstgebrauch! Erbitten für eine bessere Versorgung des
Bundeskanzlers einen Sack Mehl, drei Büchsen Kaffee Marke Gold-Mocca,
drei Kästen Bier . . . 0920241410 aalusk za.« Absender dieser ungewöhnlichen Bestellung war die Deutsche Botschaft in Sambia. Zum erstenmal
schickte sich ein deutscher Bundeskanzler an, Schwarzafrika einen Besuch
abzustatten. Besucht werden sollten Lagos, die eine Million Einwohner
zählende Metropole des westafrikanischen Erdölstaates Nigeria, und Lusaka, die Hauptstadt des Frontstaates Sambia.

Die Kanzler-Maschine, die *Otto Lilienthal,* nahm fünf Tonnen Versor-
gungsgüter an Bord, nämlich Speisen und Getränke für fünf Tage sowie
Geschirr für jede Mahlzeit. Von den Deutschen Botschaften war das
Kanzleramt vorgewarnt worden: Unterwegs gäbe es keine Möglichkeiten,
den Proviant aufzufrischen. So flog man als Selbstversorger und vor allem
»keimfrei«. Das Spülwasser von Lagos und Lusaka hielt man für nicht
vertrauenswürdig. Darum nahm man auch für jede Mahlzeit das komplette
Geschirr mit. Möglich wurde diese logistische Operation überhaupt nur
dadurch, daß zwei Mitarbeiter der Lufthansa-Service GmbH mitflogen. Sie
sorgten zum Beispiel mit Trockeneis für die Kühlung jener Vorräte, die
nicht mehr in die Kühlschränke paßten. Dafür mußten die Aggregate Tag
und Nacht laufen, also auch dann, wenn die Maschine des Kanzlers
irgendwo am Rande eines Flugplatzes abgestellt war. Am Tag des Weiterflugs von Nigeria nach Sambia sollten die LH-Service-Leute laut Einsatz-
plan bereits um sechs Uhr morgens an Bord mit den Vorbereitungen für
das Mittagessen beginnen. Einem Hotel wollte man die Vorbereitung nicht
anvertrauen — aus Furcht vor mangelnder Hygiene.

Es war Montag, der 26. Juni 1978, acht Uhr dreißig, als nach diesen
komplizierten Vorbereitungen die Luftwaffen-Boeing 707 mit Flugzeug-
kommandant Dieter Schünemann und einer sechsundachtzigköpfigen
Delegation startbereit auf dem militärischen Teil des Köln-Bonner Flughafens stand. Zum umfangreichen Kanzler-Troß gehörten auch Rainer
Offergeld mit Ehefrau Christel, der als erst knapp fünf Monate zuvor
ernannter Minister für wirtschaftliche Zusammenarbeit gewissermaßen
seine Jungfernreise antrat. Außerdem saßen in den breiten bequemen
Sesseln der Kanzler-Suite die Staatssekretäre Günther van Well (Auswärtiges Amt) und Detlev Rohwedder (Wirtschaftsministerium). Mit von der
Partie waren ferner Abteilungsleiter Jürgen Ruhfus, Protokollchef Franz
Joachim Schoeller, diverse Räte und Referenten.

Außerdem hatte der Kanzler sieben persönliche Gäste eingeladen, die
protokollarisch gleich hinter den Spitzenbeamten rangierten und auch an
den kommenden Verhandlungen teilnehmen sollten: die Hamburger
Reederin Liselotte von Rantzau-Essberger (Deutsche Afrika-Linien), die
Außenhandelsexperten Michael A. Thomas (Industrie- und Anlagenbau)
und Rolf-Dieter Mehr (Afrika-Verein); ferner der Präsident des Goethe-
Instituts, Klaus von Bismarck, sowie die Gewerkschaftsführer Rudolf

Sperner (IG Bau-Steine-Erden) und Willi Lojewski (IG Gartenbau, Land- und Forstwirtschaft).

Außerdem waren vier Fernsehteams mit von der Partie. Alles in allem reisten im Kanzler-Troß achtundzwanzig Pressevertreter, darunter – ein Novum – auch zwei ausländische Korrespondenten. Bislang waren Ausländer von dem Vorrecht, in der Kanzler-Maschine mitfliegen zu dürfen, ausgeschlossen gewesen, weil man von der Annahme ausging, nur Deutsche würden die notwendige Diskretion garantieren, sollte Helmut Schmidt bei den üblichen Gesprächen mit den Journalisten hoch über den Wolken seine Zunge nicht zügeln können. Jedermann, also auch der Kanzler, war gegen Pocken, Gelbfieber, Cholera, Wundstarrkrampf und Malaria geimpft. Insofern war an jenem Montag eigentlich alles startklar. Das heißt, doch nicht ganz.

Helmut Schmidt saß noch in der zweiten, auf dem Rollfeld stehenden Luftwaffenmaschine, mit der er von Hamburg eingeflogen war. Nach der Landung hatte er Staatsminister Wischnewski, Staatssekretär van Well und Abteilungsleiter Ruhfus zu sich in die Kabine beordert, um »Schaden vom bevorstehenden Weltwirtschaftsgipfel abzuwenden«. Gemeint war das knapp drei Wochen später in Bonn stattfindende Treffen der Staats- und Regierungschefs der sieben wichtigsten westlichen Industrieländer.

Durch diese Besprechung verzögerte sich der Abflug nach Afrika um eine geschlagene Stunde. Endlich in der Luft, ging es weiter mit harscher Kanzler-Kritik: Den vom Auswärtigen Amt ausgearbeiteten Entwurf einer vor dem Nigerian Institute for International Affairs zu haltenden Rede mit richtungweisenden Aussagen verwarf er in Bausch und Bogen. Auch Wirtschaftsminister Graf Lambsdorff mußte einen Seitenhieb einstecken. Auf den Sitz des Ministeriums in Bonn-Duisdorf anspielend, schimpfte Schmidt: »Das ist doch Duisdorfer Marktwirtschaftskauderwelsch! Das versteht kein Aas! Wir fahren ja nicht zum Begründer der liberalen Wirtschaftspolitik, Altvater Walter Eucken, meine Herren, sondern zu einer Militärregierung.«

Seinem Persönlichen Referenten Roland Kliesow befahl er: »Sofort in Bonn die Freigabe des Textes stoppen.«

Kliesow erledigte den Auftrag telefonisch. So wie der amerikanische Präsident von der *Air Force Number One* jederzeit mit jedem Ort in der Welt telefonieren kann, war vor kurzem auch das Flugzeug des deutschen Regierungschefs mit Telefon und Telefax ausgerüstet worden. Schmidt: »Das war doch früher ein unhaltbarer Zustand, da war man mitunter elf Stunden für Bonn unerreichbar und mußte nach der Landung beim Abschreiten der Ehrenformation gewärtig sein, daß einem auf einem diskret zugesteckten Zettel vielleicht mitgeteilt wurde: ›Ihr Land existiert nicht mehr.‹«

Das neue Telefon hatte jedoch seine Tücken: Erstens konnten die Gespräche, da sie über Kurzwelle abgewickelt wurden, nur bei günstigen atmosphärischen Bedingungen geführt werden. Zweitens mußten sie über eine »Funkleitstelle« des Luftwaffentransportkommandos in Münster vermittelt werden. Drittens hatte das Telefonat im Wechselsprechsystem zu erfolgen, das heißt, es konnte immer nur einer der beiden Gesprächspartner reden. Mit dem Wort »over« signalisierte er, wenn der andere an der Reihe war. Weiteres Handicap: Ein Offizier der Leitstelle in Münster hörte immer mit. Schmidt gab es bald auf, sich dieses komplizierten Systems zu bedienen, und überließ es seinen Untergebenen, sich durch den rauschenden Äther brüllend mit Bonn zu verständigen.

Der deutsche Botschafter in Lagos, Heinz Dröge, hatte dem Kanzler vor Antritt der Reise »harte Gespräche« angekündigt. Schon damals ging es vornehmlich um das Apartheid-System Südafrikas, gegenüber dem sich Bonn nach Meinung der Schwarzafrikaner zu lasch verhielt.

Nach sechseinhalb Stunden Flug traf Helmut Schmidt im Gästehaus der nigerianischen Regierung, einem ehemaligen Gouverneurspalast, den Chef der Militärregierung und gleichzeitigen Oberbefehlshaber der Streitkräfte, Generalleutnant Olusegun Obasanjo. Sein Gesprächspartner war ein schwergewichtiger Mann mit den Zeichen seines Stammes auf den dunkelhäutigen Wangen. Wie immer bei solchen Begegnungen zwischen zwei Regierungschefs, die sich nicht kennen, tauschten die Herren zunächst Belanglosigkeiten aus.

Der General: »Ich habe zwar eine offizielle Residenz, aber ich wohne in der Kaserne.«

Schmidt: »Das finde ich in Ordnung. Als Verteidigungsminister habe ich auch in so etwas wie einer Kaserne gewohnt.«

Obasanjo führte auch seine Amtsgeschäfte zum Teil in soldatischer Umgebung. Das war nicht besonders verwunderlich, wenn man bedenkt, daß Nigeria seit seiner Unabhängigkeit von britischer Kolonialherrschaft im Oktober 1960 bereits vier Militärputsche durchgemacht hatte.

Nach dem Begrüßungsplausch im Gästehaus wurde der Kanzler eine halbe Stunde später zum ersten politischen Meinungsaustausch ins Hauptquartier der nigerianischen Streitkräfte chauffiert, wo ihn der General in einem schmucklosen Konferenzraum, dessen einziger Luxus ein brauner langfloriger Teppich und schwere Polstermöbel waren, empfing. Nachdem die Herren und ihre Begleitung Platz genommen hatten, rief der dunkelhäutige General mit befehlsgewohnter Stimme: »Shut the door.«

Bevor sich jedoch die Türen schlossen, hastete ein Mitglied der deutschen Delegation wieder hinaus. Der Kanzler hatte plötzlich laut gefragt: »Wo ist van Well?«, worauf sich die Deutschen suchend nach dem AA-Staatssekretär umblickten. Schmidt hatte noch einmal, jetzt schon ungehalten, zu wissen begehrt: »Wo habt ihr den denn?«

»Der ist direkt vom Flughafen ins Hotel gefahren, um die Rede umzuschreiben«, war jemandem eingefallen. »Holt ihn sofort heran!« hatte Schmidt barsch befohlen. Ohne den Top-Diplomaten an seiner Seite wollte er keine Sachgespräche führen.

Wer die Karriere van Wells kannte, schmunzelte darüber, daß er als unentbehrlich galt. Derselbe van Well war den Sozis unmittelbar nach dem »Machtwechsel« 1969 so suspekt gewesen, daß sie ihn aus seiner

Position zu entfernen versuchten. Betrieben hatte das Ganze Egon Bahr, seinerzeit unter Willy Brandt Staatssekretär im Kanzler-Amt. Bahr handelte 1969/70 in Moskau den deutsch-sowjetischen Vertrag und damit die Ausgangsbasis des zwei Jahre später mit der DDR unterzeichneten Grundlagenvertrages aus. Van Well war seinerzeit in der AA-Zentrale für Berlin- und Deutschlandfragen zuständig, wurde aber von Bahr für einen verkappten CDU-Sympathisanten und heimlichen Gegner der Ostverträge gehalten. Er forderte: »Der muß verschwinden.«

Bahr hatte jedoch den Korpsgeist im Auswärtigen Amt unterschätzt. Van Wells Vorgesetzter, Hans Hellmuth Ruete, stellte sich vor seinen Untergebenen: »Nur über meine Leiche.« So weit mochte »Tricky Egon« nicht gehen; van Well blieb und wurde – Ironie des Schicksals – einer der engsten Mitarbeiter Helmut Schmidts, der gute Leute unabhängig von ihren parteipolitischen Neigungen beurteilte.

In Nigeria wurde er schnellstens aus dem Hotel geholt und in die Kaserne gefahren, um als wachsamer Beistand an dem Gespräch zwischen Schmidt und Obasanjo teilzunehmen. Der Kanzler hatte sich für die Begegnung vier Ziele gesetzt: erstens sich von den Militärs, deren Land den größten politischen Einfluß in Schwarzafrika ausstrahlte, über die politischen Strömungen und aktuellen Krisenherde eingehend informieren zu lassen; zweitens die wirtschaftlichen Kontakte zwischen der Bundesrepublik und Nigeria zu vertiefen. Der afrikanische Staat bezog bereits mehr Waren aus Westdeutschland als Südafrika, Polen oder Griechenland; drittens die Stimme Nigerias für die Ziele der Bonner Politik, insbesondere in den internationalen Organisationen, zu gewinnen; viertens, seinen Gesprächspartnern klarzumachen, daß Bonn das südafrikanische Regime und Rhodesien weder direkt noch indirekt militärisch unterstützte.

Letzteres erwies sich als besonders schwierig, da die private deutsche Abschreibungsfirma Otrag (Neu-Isenburg/Stuttgart) in Zaire technisch umstrittene Billigraketen zu Testzwecken startete und so in anderen afrikanischen Staaten den Verdacht nährte, die Südafrikaner könnten diese Flugkörper eines Tages auf Umwegen erwerben und für militärische Zwecke mißbrauchen. Noch im Anflug auf Lagos hatte der irritierte Kanzler seine Begleiter gefragt: »Ist das vielleicht eine Schwindelfirma?«

Seit Monaten hatten die Versuche des Firmeninhabers Lutz Kayser die deutsche Außenpolitik belastet. Im Osten wie im Westen keimte der Verdacht, Bonn fördere heimlich den Neokolonialismus und exportiere unter falscher Flagge Waffen in Spannungsgebiete. Wirtschaftsstaatssekretär Rohwedder: »Breschnew hat danach gefragt, der Gromyko motzt dauernd den Genscher an, und die Amerikaner wollen auch wissen, was da los ist.« Helmut Schmidt über den Otrag-Ingenieur Kayser: »Ich könnte dem Kerl den Hals umdrehen.«

Der Bundeskanzler versprach General Obasanjo, der Ausfuhr von Raketen und Flugkörperteilen einen Riegel vorzuschieben. »Wir werden durch eine Ergänzung unseres Außenwirtschaftsgesetzes das schon machen, Your Excellency.«

Was die Vertiefung der Wirtschaftsbeziehungen anging, so sah sich Schmidt gezwungen, zunächst einmal den Status quo zu verteidigen. Deutschen Unternehmen, die in Südafrika Tochterfirmen unterhielten, aber auch mit Nigeria Geschäfte machten, drohten von seiten der Nigerianer Boykottmaßnahmen; das betraf zum Beispiel auch Siemens. Dennoch weigerte sich der Kanzler eisern, einem Handelsembargo gegen Südafrika beizutreten – was seine Gastgeber erwarteten. Schmidt sagte dazu beim Vorgespräch mit seinen Mitarbeitern: »Wir haben dort viel Geld verdient.«

Und nicht nur das. Südafrika war (und ist) für die Bundesrepublik ein wichtiger Rohstofflieferant. Von dort kamen zu Schmidts Zeiten fünfundsechzig Prozent des für die Stahl-, Textil- und Chemieindustrie wichtigen Mangans sowie dreiundvierzig Prozent des Chrombedarfs, um nur drei Beispiele zu nennen.

Der Kanzler versuchte sich sogar als Salesman. Im Zuge der wirtschaftlichen Tour d'horizon mit dem nigerianischen Staatsoberhaupt pries er die Vorzüge des Airbus. Daraufhin entgegnete Obasanjo: »Wir sind interessiert, aber es kommt auf Ihre Konditionen an.« Schmidt: »Sie müssen ihn jetzt kaufen, jetzt hat er noch seinen billigen Einführungspreis. Bald geht der Preis hoch.«

Zu einem anderen Thema, zum Einsatz sowjetischer Waffen und kubanischer Söldner zur Unterstützung der zahlreichen Befreiungsbewegungen, hörte sich der Dialog so an: Helmut Schmidt: »Wir treten für friedliche Lösungen von Konflikten in Afrika ein.« Obasanjo: »Wir haben Verständnis für die Einmischung der Kubaner in Angola, weil sich zuvor die Südafrikaner eingemischt haben.«

Erstaunt zeigte sich der Kanzler über die guten und zahlreichen Kontakte seiner Gesprächspartner zu den Befreiungsbewegungen im südlichen Teil Afrikas. Als Helmut Schmidt nach Sambia weiterflog, hielt sich in der deutschen Delegation hartnäckig das Gerücht von einem bevorstehenden Treffen des deutschen Regierungschefs mit den Vertretern der von dort aus operierenden Befreiungsarmee.

Zunächst aber lernte die deutsche Delegation den Staatschef von Sambia kennen, Dr. Kenneth David Kaunda – eine schillernde Persönlichkeit. Der dunkelhäutige Präsident entpuppte sich als eine Mischung aus tiefgläubigem Missionar und leichtfüßigem Entertainer. Nach fünf Stunden Flugzeit war die *Otto Lilienthal* auf dem Flughafen von Lusaka gelandet. Im Gegensatz zum stickig-schwülen Nigeria herrschte vorabendliche Kühle. Das militärische Empfangszeremoniell des 1964 von der englischen Kolonialmacht unabhängig gewordenen Staates spielte sich nichtsdestotrotz streng nach britischem Exerzierdrill ab. Unter anderem hatte der Gast die Ehrenformation nicht einmal, sondern jede der hintereinander aufgebauten Soldatenreihen abzuschreiten, also insgesamt dreimal.

Während der Kanzler zu den Rhythmen von drei in orangefarbenen Uniformen steckenden Trommlern an den schwarzen Soldaten vorbeidefilierte, blieb Kaunda auf einem Podest stehen. Er trug einen dunkelblauen

Tropenanzug mit offenem Kragen, um den Hals einen eleganten rosa Seidenschal, in der Brusttasche das passende Kavalierstuch. In seiner Rechten hielt er ein blütenweißes Taschentuch – sein Markenzeichen, wie bei Trudeau die Nelke im Revers. Zum Rhythmus der Trommeln schlug er mit einem Fuß den Takt, während sich sein Oberkörper wie bei einem Läufer in Trance hin und her wiegte. Das gab dem Zeremoniell einen merkwürdig heiteren Anstrich.

Zwei Stunden später, im State House, dem Gästehaus der Regierung, erlebte der Kanzler den anderen Kaunda. Der Präsident faltete die Hände zum Tischgebet: ». . . und beschütze alle, die für die Mahlzeit gearbeitet haben. Gib deinen Segen allen, die sich hier mit deiner Güte versammeln dürfen . . .« Der Kanzler, zur Rechten des Hausherrn, verharrte in andächtigem Schweigen und stimmte leise in das anschließende »Amen« ein. Kaunda hatte zum Essen in kleinem Kreis geladen. Einen seltsamen Kontrast zu der andächtigen Tischgesellschaft bot das hinter ihm hängende Ölporträt, das Kaunda in jugendlicher Dandypose zeigte: im modischen Einreiher mit Weste, das weiße Kavalierstuch lässig in der Brusttasche gefaltet, die rechte Hand in der Hosentasche.

Kaunda, beim damaligen Kanzler-Besuch achtundfünfzig Jahre alt, zeigte sich als ein vielschichtiger Mann von nicht zu übersehender Ausstrahlungskraft und starker Empfindsamkeit, von tiefem religiösem Ernst und musischer Begabung. Als er bei der Vorbereitung der Kanzler-Reise von deutscher Seite gefragt wurde, was er sich als Gastgeschenk wünsche, äußerte er die Bitte: »Eine Konzertgitarre.«

Er zögerte nach dem Auspacken des Gastgeschenks denn auch nicht, vor den erstaunten Augen beider Delegationen gekonnt Akkorde zu schlagen. Als der Kanzler um eine Zugabe bat: »Können Sie auch noch ein Lied singen?«, gab er eine Gesangseinlage zum besten.

Das Beherrschende im Gesicht des schwarzen Präsidenten, der seit der Entlassung Sambias in die Unabhängigkeit sein Amt bekleidet, waren die braunen, Wärme ausstrahlenden Augen. Diese Augen konnten jedoch auch im privaten Gespräch oder bei öffentlichen Anlässen in Tränen ausbrechen. Etwa wenn er über das seinerzeit noch ungelöste Rhodesien-Problem oder die wirtschaftlichen Sorgen seines Landes klagte. Wegen dieser ungehemmten Gefühlsausbrüche hielten nicht wenige sein Auftreten in bestimmten Situationen für Schauspielerei. Auch den Kanzler hatte er bereits nach dem ersten Gespräch, das sich an das Begrüßungsessen anschloß und im engsten Kreis bis ein Uhr nachts währte, in seinen Bann gezogen. Kaunda hatte in jener Nacht ein bedrückendes Bild von Afrika gezeichnet: »Die Lage in Afrika hat mit den vielen Krisenherden jetzt einen Siedepunkt erreicht. Herr Bundeskanzler, ich bin in großer Sorge, daß für die meisten Schauplätze der Auseinandersetzung eine friedliche Lösung zu spät ist . . .«

Betroffenheit spiegelte sich auf dem Gesicht des Kanzlers wider. Kaunda fuhr fort: »Wenn der Westen friedliche Lösungen nicht durchsetzt, gibt es nur noch den bewaffneten Kampf. Und da der Westen uns keine militärische Unterstützung gewährt, nehmen wir die Waffen vom Osten und die Soldaten von den Kubanern.«

Der Kanzler, der mit seiner Reise zum Frieden in Afrika beitragen wollte (»Wir sind bereit, bei der Bewältigung dieses Problems zu helfen«), sah sich plötzlich mit einer scheinbar aussichtslosen Lage konfrontiert. Die von ihm und seinem Außenminister erst vor kurzem eingeläutete neue Afrika-Politik (»Wir unterstützen die Forderungen der Afrikaner«) drohte schon jetzt in eine Sackgasse zu geraten.

Eine noch düsterere Zukunftsvision zeichnete Joshua Nkomo, Führer der gegen' Rhodesien operierenden schwarzen Untergrundbewegung Patriotische Front. Der Termin für ein Gespräch mit ihm war erst am Tag des Abflugs von Lagos durch Vermittlung Kaundas zustande gekommen. Als der Guerillachef am zweiten Besuchstag seine massige Gestalt die Treppe zur Kanzler-Suite im Gästehaus hochwuchtete, wurde er von den dort wartenden Fotografen natürlich sofort unter Blitzlichtfeuer genommen. Protokollchef Franz Joachim Schoeller, die vorangegangene Geheimnistuerei noch in Erinnerung, stürzte irritiert zu Helmut Schmidt ins Zimmer: »Da sind ja Fotografen draußen!« Der Kanzler reagierte gelassen: »Lassen Sie mal, mich stört's nicht, und den Nkomo wird soviel Publicity freuen.«

Ausgerechnet einen Tag vor dem einstündigen Gespräch war Nkomos wichtigster militärischer Kommandeur bei der Explosion einer Mine an der sambisch-rhodesischen Grenze ums Leben gekommen. Teils bedrückt, teils von Zorn erfüllt, monologisierte Nkomo: »Ich habe in letzter Zeit so viele meiner Leute verloren. Der Zeitpunkt, alle streitenden Parteien an den Verhandlungstisch zu bekommen, ist, glaube ich, verpaßt. Wir werden in Zukunft schärfer zuschlagen und in immer kürzeren Abständen angreifen . . .«

Die Haltung der sozialliberalen Koalition war gegenüber den zum Teil kommunistischen Befreiungsbewegungen immer zwiespältig gewesen: Einerseits zeigten sich SPD und FDP bei humanitärer und wirtschaftlicher Hilfe spendabel, andererseits lehnten sie jede militärische Hilfe ab. Im Gespräch mit Nkomo wiederholte der Kanzler, was er schon in Lagos erklärt hatte: keine Wirtschaftsblockade gegenüber Südafrika, dessen Rassendiskriminierung man moralisch verurteile, und deshalb würden auch keine Waffenlieferungen dorthin genehmigt, ansonsten aber würde die Bundesrepublik in der EG Erörterungen über weitere nichtwirtschaftliche Maßnahmen gegen Pretoria forcieren. Zu den bereits verfügten Maßnahmen gehöre die Aufforderung der EG-Staaten an die Firmen ihrer Länder, die Arbeitsbedingungen in den südafrikanischen Zweigwerken für die Schwarzen zu verbessern, zum Beispiel Sozialleistungen ohne Rücksicht auf die Hautfarbe zu gewähren, und somit ein Beispiel für die Rassenintegration zu geben. Nur ging das Nkomo natürlich viel zu langsam. Zu der allgemeinen Enttäuschung kam eine zweite hinzu: Helmut Schmidt geleitete seinen Gast nach dem düsteren Gespräch zwar hinaus, aber sich Arm in Arm mit dem Rebellen für ein Foto zu zeigen, lehnte er ab.

»Ich fürchte«, resümierte der mitgeflogene Hamburger Außenhandels-
kaufmann und langjährige Afrika-Kenner Michael Thomas, »daß nach
dieser Reise verheerende Dinge auf uns zukommen werden. Die Gespräche
haben bei Schmidt einen tiefen Eindruck hinterlassen und könnten ihn zu
Konzessionen veranlassen, die die Position des Westens in diesem Erdteil
schnell unterhöhlen. Der Mann hat doch in der viel zu kurzen Zeit ein
einseitiges Bild der Situation bekommen. Er hat weder mit den anderen
Untergrundführern, die unter sich uneins bezüglich der Lagebeurteilung
sind, gesprochen, noch hat er die Repräsentanten der schwarzen Bevölkerung in Südafrika, Rhodesien und Namibia, von denen viele keine Veränderung wollen, getroffen.«

Dafür hätte der linke Flügel in der SPD auch kaum Verständnis gehabt.
Aber Helmut Schmidt war nun einmal schnell begeisterungsfähig für
Menschen, die gleich ihm Macht und Ansehen genossen und Personen der
Zeitgeschichte waren. Diese bei ihm leicht zu weckenden Sympathien
machten ihn oft blind für die Schwächen und Schattenseiten ausländischer
Gesprächspartner.

Nach fünf Tagen flog er zurück nach Bonn. Er mußte sich schleunigst
um die letzten Vorbereitungen des Weltwirtschaftsgipfels kümmern.
Außerdem wurde vorher Jimmy Carter zu einem offiziellen Staatsbesuch
erwartet.

33 Das Klingeln des kleinen schwarzen Telefons nervte den Kanzler. »Stellt das Ding ab«, befahl er. »Ich mag das nicht.«

Das »Ding« trug die Aufschrift »White House« und war die vom
Vorkommando Jimmy Carters gelegte Direktleitung nach Washington.
Der Kanzler saß in der VIP-Lounge des Bonner Flughafens. Es war der
13. Juli 1978. Helmut Schmidt und Ehefrau Loki warteten mit Genscher,
Protokollchef Franz Joachim Schoeller und deren Gattinnen darauf, daß der
große »Manitu« des Weißen Hauses in der Bundeshauptstadt ankommen
würde. Aber auch ein Amerikaner saß in der Runde, als die Nerven des
Kanzlers offensichtlich flatterten: der weißhaarige, stets gentlemanlike
auftretende US-Botschafter Walter Stoessel.

Die Beziehung zwischen Helmut Schmidt und Jimmy Carter war nach
wie vor gespannt. »Sturheit« warf der Amerikaner Schmidts Politik vor,
»Unvermögen« entdeckte der Deutsche bei Carter. Dazu kamen sachliche
Meinungsverschiedenheiten von der Wirtschaftspolitik bis zur Neutronenbombe. Um so kurz vor dem Weltwirtschaftsgipfel jedoch zu demonstrieren, daß »meine Beziehungen zum Präsidenten sehr gut sind«, hatte der
Kanzler in letzter Minute das Protokoll umgestoßen und sich zum Flughafen Köln-Bonn hinausfahren lassen, um den Gast nicht erst im Beisein
des Bundespräsidenten vor der Villa Hammerschmidt, sondern bereits auf
dem Rollfeld begrüßen zu können. Mit diesem spontanen Entschluß hatte
er jedoch eine Komplikation ausgelöst. Wie sollten Gäste — Carter kam mit
Familie — und Gastgeber nach Bonn fahren? Die Staatsmänner in der

Präsidenten-Limousine und Carters Familie und Loki Schmidt im gemieteten 600er aus Untertürkheim? Über die Telefonvermittlung des Weißen Hauses wurde der bereits im Anflug befindliche Präsident um einen Entscheid ersucht. Carters Message: »Let's all drive in one car.«

Punkt 21.30 Uhr war es dann soweit. Nachdem der neununddreißigste Präsident der Vereinigten Staaten von Amerika auf dieser Reise schon seinen französischen und englischen Verbündeten, der Brüsseler EG-Kommission und sogar Nigeria seine Aufwartung gemacht hatte, schwebte er nun in die Bundesrepublik ein. Mit der Lässigkeit des Südstaatlers stieg er die Gangway herab. »Nice to see you, Helmut.«

Es war die fünfte Begegnung. Diesmal hatten sich die Herren vorgenommen, Mißverständnisse und Peinlichkeiten zu vermeiden. Schmidt war aus Carter, dem Mann mit den gläubigen hellblauen Augen und dem sinnlichen Mund, immer noch nicht klug geworden. Genauso zwiespältig wie sein Gesichtsausdruck war seine Politik. Er kämpfte für die Menschenrechte und wich doch der Konfrontation mit dem Kreml aus. Er ernannte den Falken Zbigniew Brzezinski zu seinem Sicherheitsberater, die schwarze Taube Andrew Young zu seinem UN-Botschafter. Er versprach, die Amerikaner zu führen, und hatte sie bisher eher verwirrt.

Offiziell begann der Staatsbesuch mit dem üblichen militärischen Empfangszeremoniell vor der Villa Hammerschmidt. Bundespräsident Walter Scheel war als unerreichbarer Staats-Entertainer wieder einmal ganz in seinem Element: »This way, please, Mr. President.« Das Gesicht des damals erst dreiundfünfzigjährigen Carter wirkte an diesem kühlen Julimorgen – das Thermometer zeigte nur vierzehn Grad – grau und zerknittert. Er trug ein schlichtes hellblaues Hemd zu einem taubenblauen Einreiher. Schmidt mußte sich, wie immer wenn Scheel die erste Geige spielte, im Hintergrund halten. Für viele der Anwesenden verdeckt, stand er hinter Carter und Scheel, etwa gleichauf mit den Marine-Adjutanten der Präsidenten.

Nach der Meldung durch den Kommandeur des Wachbataillons: »Exzellenz, ich melde: Ehrenformation der Bundeswehr zu Ihrem Empfang angetreten!«, nach dem Erklingen der Nationalhymnen und dem Abschreiten der Ehrenformation zu den Klängen des Preußischen Präsentiermarsches kam die übliche Vorstellung der Honoratioren. Das ging diesmal nicht ganz ohne Belustigung für die Anwesenden ab. Carter hatte nicht nur seine Frau Rosalynn mitgebracht, sondern auch seine elfjährige Tochter Amy – sehr zur Verwirrung des deutschen Protokolls und der Amerikanischen Botschaft. Dort war eigens der 1. Sekretär, Robert P. Gallagher, normalerweise zuständig für Fragen der Zivilluftfahrt, beauftragt worden, für Amy eingehende Geschenke entgegenzunehmen und Verehrerpost zu beantworten. Zu dieser höfischen Übertreibung gehörte auch, daß sich Amy – im rosafarbenen Jäckchenkleid mit weißen Strümpfen und Handtäschchen – beim Empfangszeremoniell vor der Villa Hammerschmidt im Gefolge ihrer Eltern die deutschen Würdenträger vorstellen ließ. Das sah reichlich komisch aus. Etwa als sich der baumlange Generalinspekteur der

Bundeswehr, der Vier-Sterne-General Harald Wust, tief herabbeugen mußte, um Amy das Händchen zu schütteln. Als die Vorstellungsprozedur vorbei war, zogen sich Carter und Scheel mit Gefolge zu einem ersten Gespräch zurück. Der Kanzler durfte jedoch nicht teilnehmen, denn Gastgeber war ja der Bundespräsident. Als Helmut Schmidt später kam, um Carter ins Kanzleramt abzuholen, spottete Walter Scheel: »Der dringt sogar hier auf fremdes Territorium ein, um seinen Spezi abzuholen.«

Dann nahm der Bundeskanzler Jimmy Carter neunzig Minuten lang in Beschlag − in einem Gespräch unter vier Augen.

Allein der Vorsatz, Umgangsformen zu wahren, löste noch nicht die Konflikte, die damals zwischen Bonn und Washington schwelten. Da war erstens immer noch Carters Absicht, die Wahrung der Menschenrechte zur Grundlage seiner Außenpolitik zu machen. Schmidt befürchtete dadurch nie wieder gutzumachende Rückschläge bei seiner Entspannungspolitik; insbesondere bei der Ausreise deutschstämmiger Bürger aus der Sowjetunion, Polen, der DDR und anderen Ostblockstaaten.

Zweitens: Nach wie vor drängte die Carter-Administration auf Änderung des deutsch-brasilianischen Abkommens über die Lieferung von Kernkraftwerken. Die zusätzliche Lieferung von Anreicherungs- und Aufarbeitungsanlagen sollte sogar völlig gestrichen werden. Die Amerikaner befürchteten, die Brasilianer würden die Anlagen militärisch mißbrauchen. Der Kanzler dagegen wollte nicht auf Druck der Vereinigten Staaten Verträge mit Drittländern brechen.

Drittens: Die Bundesrepublik sollte zur Überwindung der Weltwirtschaftskrise bei der Konjunkturbelebung die Funktion der Lokomotive übernehmen − durch Expansion und Reflation der eigenen Wirtschaft. Ein paar Monate zuvor hatte Jimmy Carter seinen Finanzminister Michael Blumenthal zu einem Blitzbesuch nach Bonn geschickt, um Schmidt dazu zu bewegen, die Konjunktur anzuheizen. Der Kanzler lehnte das damals wie jetzt im Gespräch mit dem US-Präsidenten ab, weil er seine Politik der Stabilität und Inflationsbekämpfung gefährdet sah.

Der vierte Reibungspunkt war Schmidt persönlich unangenehm: die Neutronenbombe. Ein Jahr zuvor hatte − ausgelöst durch einen Artikel in der *Washington Post* − eine heftige Diskussion über diese neue Waffe eingesetzt. Es war zu erheblichen Spannungen zwischen den USA und ihren europäischen Verbündeten gekommen. Bei diesem Waffensystem handelte es sich nicht um eine von Flugzeugen abzuwerfende Bombe, sondern um einen nuklearen Sprengkopf für Raketen, zum Beispiel die Lance, und 203-Millimeter-Geschütze. Ihr militärischer, jedoch moralisch heftig umstrittener Vorteil: die Atomstrahlen töten Menschen, lassen aber militärisches Gerät, Anlagen und Gebäude, von relativ kurzfristiger radioaktiver Vergiftung abgesehen, unbeschädigt. Gegenüber dem Bonner Journalisten Jürgen Lorenz hatte sich der Kanzler in einem Interview *für* die neue Waffe stark gemacht: »Ich will dazu beitragen, daß dieses ganze Thema im richtigen sachlichen Zusammenhang gesehen wird. Es handelt sich um kleine nukleare Waffen, die für das sogenannte Gefechtsfeld bestimmt sind . . .

Solche Waffen hat es schon bisher in größerer Vielfalt auf westlicher wie auf sowjetischer Seite gegeben. Der Ausdruck Neutronenbombe klingt so, als ob es sich, ähnlich wie bei der Wasserstoffbombe, um eine noch schrecklichere Waffe handelte als die bisher bekannten. Das ist eine falsche Vorstellung.«

Der Kanzler hatte die Genossen seiner Bundestagsfraktion sanft zur Brust genommen: »Ich warne vor einer Diskussion über die Neutronenwaffe, in der das Thema Kernkraftwerke und andere Fragen unzulässigerweise miteinander vermengt werden.« Und zur Beschwichtigung stellte er eine Behauptung auf, die sich später als falsch herausstellte: »Der amerikanische Präsident wird nicht ohne tiefgreifende Konsultationen mit uns entscheiden.«

Helmut Schmidt begründete schließlich auch noch vor dem International Institute for Strategic Studies in London, warum er für die neue Waffe sei: »Solange keine Fortschritte bei den Wiener Verhandlungen über gegenseitige, ausgewogene Truppenreduzierungen zu verzeichnen sind, müssen wir am Prinzip der Abschreckung festhalten . . . Die Neutronenwaffe ist daraufhin zu prüfen, ob sie als zusätzliches Mittel der Abschreckungsstrategie, als Mittel zur Verhinderung eines Krieges, für das Bündnis von Wert ist.«

Der Kanzler hatte jedoch von Anbeginn an Bedingungen gestellt: »Die Entscheidung, eine solche Waffe zu produzieren, muß eine amerikanische sein. Dann muß geprüft werden, wie dies in die Rüstungspolitik eingebracht werden kann. Eine Stationierung auf deutschem Boden könnten wir uns nur vorstellen, wenn die Rüstungskontrollverhandlungen ergebnislos geblieben sein sollten.«

Nachdem sich der Kanzler solchermaßen für diese nukleare Gefechtsfeldwaffe eingesetzt und sich dadurch bei einem Teil der SPD höchst unbeliebt gemacht hatte, war er dennoch am 7. April 1978 von einer Entscheidung des amerikanischen Präsidenten überrumpelt worden: Carter stellte die Produktion der Neutronenwaffe vorläufig zurück und machte sie von weiteren Verhandlungen mit den Sowjets abhängig. Schmidt war umsonst vorgeprescht.

Dieses kontroverse Thema, aber auch die anderen Differenzen beherrschten das Gespräch, das der Kanzler und der amerikanische Präsident am ersten Tag des Carters-Besuches unter vier Augen führten. Die Zeit war natürlich zu kurz, um Lösungen zu erzielen. Als die Mitarbeiter nach eineinhalb Stunden zu ihren Chefs stoßen durften, schien Jimmy Carter, der bislang, anders als sein Vorgänger Jerry Ford, nicht auf den »Weltökonom« aus Bonn hatte hören wollen, wie verwandelt. Carter: »Ich habe niemals irgendeinen Weltführer getroffen, der mir beim Verstehen wirtschaftlicher Dinge von größerer Hilfe war als Kanzler Schmidt.«

Ob diese Wandlung Jimmy Carters echt war oder nicht, sollte sich auf dem Gipfeltreffen der westlichen Industrienationen und Japans, das zwei Tage später in Bonn stattfand, erweisen. Wie dem auch sei, die Meinung der Bundesregierung, Washington unternehme zu wenig gegen den Dol larverfall, weil die US-Ölimporte zu hoch seien, ließ Carter schon bei seinem ersten Besuch nicht gelten. »In den ersten fünf Monaten des Jahres 1978 lag unser durchschnittlicher Ölimport um eine Million Tonnen pro Tag unter dem des Jahres 1977.«

Dann setzte er mit einem kleinen Seitenhieb auf Bonn hinzu: »Ich bin erst achtzehn Monate im Amt, aber wir haben eine dreiviertel Million Arbeitslose weniger. Das bedeutet eine Reduzierung der Arbeitslosenquote um zwei Prozent.« Das war mehr, als »Weltökonom« Helmut Schmidt vorweisen konnte! Als die Chefs und Berater sich nach ihrem ersten Gespräch der Presse stellten, lobte der Kanzler sich und seinen Gast: »Wir haben hart gearbeitet. Und wir haben noch ein bißchen Arbeit vor uns.«

Für den Abend hatte Walter Scheel zum Galadiner auf Schloß Augustusburg in Brühl geladen. Unter den Gästen sah man die Schauspieler Curd Jürgens mit Ehefrau Margie, Heinz Rühmann und Hildegard Knef. Carter schüttelte Hände, als könne er Silberdollars aus dem Ärmel pumpen. Loki, die den Vorbeimarsch der Gäste mit abnahm, bekam vom *Zeit*-Chefredakteur Theo Sommer ein Wangenküßchen links, ein Küßchen rechts, worauf sich Schmidt entrüstet gab: »Ach, sieh mal einer an!« Am Ende des Defilees bat Walter Scheel, in den Speisesaal weisend, den amerikanischen Präsidenten: »Take the lead!« Es gab als Vorspeise Lachs, als Hauptgericht Rehnüßchen. Noch bevor das Vanilleeis mit Himbeeren aufgetragen wurde, forderte Jimmy Carter die Anwesenden auf: »Ich bitte Sie, mit mir das Glas zu heben: Auf den Frieden in der Welt und auf die lange und dauerhafte Freundschaft zwischen Deutschland und Amerika.« Artige Freundlichkeit breitete sich aus wie Saunadampf.

Nach diesem ersten Besuchstag hatten Schmidt und Carter kaum mehr Gelegenheit zu einem ausführlichen Gespräch. Denn anderntags fuhr der amerikanische Präsident »über Land«. Zunächst ging es zu den amerikanischen Truppen im Raum Wiesbaden. Im Programm war diese Begegnung als »deutsch-amerikanisches Familienfest der 76. US-Brigade und der 14. Bundeswehr-Brigade, Flugplatz Wiesbaden-Erbenheim« aufgeführt. Ein Teil der GIs hatte Frau und Kinder mitgebracht, ein zum Schmunzeln verleitender Kontrast zu all dem aufgebauten Kriegsgerät: Panzer, Panzerhaubitzen, Kampfhubschrauber, entweder in der scheckigen Tarnfarbe der US-Army oder im schwärzlichen Dunkelgrün der Bundeswehr. Aus den Luken der Kampfwagen schauten die Besatzungen – die Amerikaner trugen Helme, die Deutschen das schwarze Barett. Vor dieser waffenstarrenden Kulisse sah man junge Mütter in Superminis mit Babys auf dem Arm; Väter in olivfarbenen Kampfanzügen, die nicht zum angetretenen Verband gehörten, sondern zu Nachbargarnisonen, schoben Kinderwagen. Als der Präsident und Helmut Schmidt plötzlich in einem Jeep vorfuhren, vor und hinter sich drei weitere Jeeps voller Secret-Service-Agenten, erschollen Rufe wie: »Look, there is Schmidt with his Hamburg Cap!« Trotz der dann abrollenden kurzen Vorführung einer militärischen Übung wirkte das Ganze wie ein großes Picknick. Dem Betrachter wurde hier der besondere American way of life vorgeführt.

Natürlich war auch Amy Carter wieder mit von der Partie. Sie wurde tatsächlich von einem General als erste auf die für Honoratioren errichtete Plattform geleitet und den rund viertausend Soldaten und deren Familienangehörigen als »Miss Amy« vorgestellt.

Ihr Vater hielt eine kurze Ansprache: »Diejenigen unter Ihnen, die in der 76. Brigade dienen, repräsentieren die über dreihunderttausend Angehörigen der amerikanischen Armee, die zur Unterstützung des NATO-Bündnisses hier sind, und als die zuletzt auf diesem Kontinent eingetroffene amerikanische Einheit symbolisieren Sie in ganz besonderer Weise den erhöhten Beitrag Ihres Landes zur Stärkung der NATO. Diejenigen unter Ihnen, die in der 14. Panzerbrigade dienen, repräsentieren die Streitkräfte der Bundesrepublik, die über die Hälfte der in Mitteleuropa stationierten Landstreitkräfte der NATO stellt. Und zusammen repräsentieren Ihre beiden Einheiten die enge Zusammenarbeit und Koordination, die für die Effektivität des Bündnisses und damit für die Sicherheit unserer Länder von so entscheidender Bedeutung ist . . . Ich spreche Ihnen meine tief empfundene Anerkennung für Ihre Leistung hier aus . . . Ich bin stolz auf Ihren Patriotismus und Ihren Mut.«

Auch der Herr im hellen Trenchcoat mit der »Hamburg Cap« hielt eine kurze Ansprache: ». . .Unser Freund, der amerikanische Präsident, hat eben mit großem Nachdruck klargemacht, daß die NATO ein Kernstück der amerikanischen Außenpolitik ist. Dies gilt ganz genauso auch für uns Deutsche. Wir sind uns dessen bewußt, daß die Präsenz amerikanischer Soldaten in Europa auch in Zukunft für unsere Sicherheit unentbehrlich sein wird. Wir wissen aber auch, daß dieser Dienst, tausende Meilen von Ihrer Heimat entfernt, für Sie nicht immer leicht ist. Für viele oder gar für alle von Ihnen – und das gilt für Soldaten auf aller Welt – ist Ihr Dienst mit persönlichen Opfern verbunden . . .«

Anschließend machte Jimmy Carter noch Stippvisiten in Frankfurt und Berlin. Am Vortag war noch unklar gewesen, ob Helmut Schmidt ihn an die Berliner Mauer begleiten sollte. Die außenpolitische Abteilung des Kanzleramtes unter Ministerialdirektor Jürgen Ruhfus hatte geraten, »die Dinge nicht auf die Spitze zu treiben«. Breschnew hätte gerade erst bei seinem Bonn-Besuch zu erkennen gegeben, wie wenig die Russen Kanzler-Reisen nach Berlin schätzten. Es war schließlich Regierungssprecher Klaus Bölling, der sich mit der Meinung durchsetzte, der innenpolitische Schaden sei größer, falls sich der Kanzler von der Opposition den Vorwurf des »Kneifens« gefallen lassen müsse.

So war also Schmidt auch während des Berlin-Besuchs Carters fast ständig an dessen Seite. Er hatte sogar darauf gedrängt, den Gast wieder persönlich am Flughafen, diesmal in Tempelhof, abzuholen. Hier allerdings bestand Carter darauf, allein auf dem Flugfeld die Militärparade abzunehmen, um seine Rolle als Oberbefehlshaber der amerikanischen Besatzungsmacht in Berlin herauszukehren. Mit der DDR hatte es bereits Komplikationen gegeben. In der Nacht zuvor hatten die ostdeutschen Behörden einen Bummelstreik auf den Transitwegen von Westdeutschland nach Berlin begonnen. Bis in die Mittagszeit des Tages, an dem Carter einflog, staute sich der Berlin-Verkehr. Das Muskelspiel der DDR wurde von den Russen unterstützt. Die Botschaft der UdSSR in Ost-Berlin veröffentlichte in verschrobenem Politdeutsch eine Protesterklärung: »Im Zusammenhang mit dem Aufenthalt des Präsidenten der USA Carter in West-Berlin, zu dem er im Verlauf seines Staatsbesuches in der BRD in Begleitung hochgestellter Persönlichkeiten der BRD in deren offizieller Eigenschaft eintraf, hält es die Botschaft der UdSSR in der DDR für notwendig, die Aufmerksamkeit darauf zu lenken, daß die Westsektoren Berlins – wie es gut bekannt ist – kein Bestandteil der BRD sind und von ihr auch weiterhin nicht regiert werden dürfen. Daher können alle Versuche der Vertreter der BRD, einen anderen Eindruck zu erwecken und so zu handeln, als sei diese Stadt ein ›Land‹ der BRD, worauf die demonstrative Begleitung des Präsidenten der USA durch die westdeutschen Staatsmänner abzielt, keinesfalls das Prinzip der Nichtzugehörigkeit der BRD und der Nichtregierbarkeit der Stadt durch die BRD ins Schwanken bringen, das vom Vierseitigen Abkommen vom 3. September 1971 bekräftigt wurde. Es ist ganz klar, daß die widerrechtlichen Handlungen der BRD bezüglich West-Berlins den Interessen der Aufrechterhaltung einer ruhigen und normalen Lage in diesem Gebiet – wonach die sowjetische Seite konsequent strebt – nicht entsprechen.«

Im Kanzleramt trat noch in der Nacht ein kleiner Krisenstab zusammen. Man hatte Schwierigkeiten, den für die Deutschlandpolitik zuständigen Staatsminister beim Bundeskanzler, Hans-Jürgen Wischnewski, aus dem Bett ans Telefon zu bekommen. »Tut mir leid«, wehrte Frau Wischnewski ab, »ich kriege meinen Mann nicht wach.« Später entschuldigte »Ben Wisch«, der sich irgendwann dann doch noch meldete, das Verhalten seiner Gattin: »Sie konnte mit dem Namen des Anrufers nichts anfangen.«

Aber selbst als das offizielle Bonn aus dem Schlaf erwacht war, staute sich der Verkehr auf den Transitstrecken weiter. Die drei Westmächte protestierten gegen das schikanöse Verhalten der DDR, aber damit hatte es sich. Bezeichnend an dem Vorgang war, daß weder das von Egon Bahr 1971 mit der DDR ausgehandelte Transitabkommen noch das Vier-Mächte-Abkommen zur Verbesserung der Lage Berlins aus dem gleichen Jahr das Klima zwischen den beiden deutschen Staaten so weit verbessert hatte, daß solche Zwischenfälle unterblieben.

Für Jimmy Carter war der Berlin-Tag nichtsdestotrotz ein großes Erlebnis. Er fuhr stehend im offenen Wagen über den Kurfürstendamm. Auf hundertfünfzigtausend schätzte die Polizei die jubelnde, Fähnchen schwingende Menge, die nicht nur Kleinkinder, sondern auch Hunde und Katzen hochhielt. Immer wieder stoppte der Konvoi, Carter stieg zum Entsetzen der Sicherheitsbeamten mehrmals aus, um ein Bad in der Menge zu nehmen. Zu Protesten und gewalttätigen Demonstrationen, die beim Reagan-Besuch sieben Jahre später die Stadt verunsicherten, kam es nicht.

Vorher hatte Jimmy Carter ein anderes Experiment gewagt: In der

Kongreßhalle hielt er ein sogenanntes town meeting ab. Vor einem ausgewählten Publikum von etwa tausend Berlinern beantwortete er aus dem Stegreif angeblich vorher nicht abgesprochene Fragen. Er beherrschte die Situation meisterhaft, gab ebenso freimütig Auskunft über Angelegenheiten von Tochter Amy wie über das »Eingemachte« der Berliner Situation. Auf die Frage »Wie beurteilen Sie die Behauptung der östlichen Seite, daß es nach dem Vier-Mächte-Abkommen zwischen den Westsektoren Berlins und der Bundesrepublik Deutschland keine Bindungen, sondern nur Verbindungen gibt, womit offensichtlich die Landverkehrswege gemeint sind?« antwortete er:

»Nach dem Vier-Mächte-Abkommen, wie ich es sehe, werden stärkere Kommunikationsverbindungen und Beziehungen zwischen West-Berlin und der Bundesrepublik ermutigt. In diesem Sinne ist heute zum Beispiel Kanzler Schmidt mit mir hier, und es ist einer der Gründe, warum ich heute hier bin. Ich möchte sichergehen, daß die stärkstmöglichen Bindungen zwischen West-Berlin und der Bundesrepublik Deutschland bestehen, ohne daß Berlin tatsächlich ein integrierter Bestandteil der Bundesrepublik Deutschland wird . . . Ich glaube aber nicht, daß irgend etwas den Eindruck von der Einschränkung der grundlegenden Menschenrechte verwischen kann. Die Mauer ist ein Symbol dafür. Es ist das erste Mal in der Geschichte, daß eine Mauer gebaut wurde, nicht um eine Nation gegen ausländische Aggressoren zu schützen, sondern die eigenen Leute von dem Recht abzuhalten, sich frei zu bewegen. Ich glaube, die Verkehrsstörungen und das Anmalen der Mauer sind das typische Beispiel dafür.«

Eine andere Frage lautete: »Wie lange werden wir noch mit der Mauer fertig werden müssen?«

»Das weiß ich nicht. Ich hoffe, daß sie eines Tages abgerissen wird. Aber ich weiß nicht, wann. Es tut mir leid, daß ich Ihnen keine bessere Antwort geben kann. Aber das ist die Realität.«

Der Präsident hatte dazugelernt. Noch ein Jahr zuvor hatte er Schmidt naiv gefragt: »Helmut, können wir beide nicht die Mauer beseitigen? Ich dachte, Sie hätten vielleicht ein Rezept dafür.«

Während Carter in Berlin durch seine Anwesenheit noch einmal das von seinen Vorgängern abgegebene Versprechen bekräftigte, die schützende Hand über die geteilte Stadt zu halten, wurden in Bonn letzte Vorbereitungen für den Wirtschaftsgipfel der sieben führenden westlichen Industrienationen getroffen. Er sollte am nächsten Tag im Beisein Carters, Giscards, Trudeaus, Callaghans, Andreottis und des japanischen Regierungschefs Fukuda beginnen. Helmut Schmidt hatte sich laufend über die Vorbereitungen unterrichten lassen. Ihm lag viel an einem erfolgreichen Verlauf der Konferenz, bot sie ihm doch die Möglichkeit, sich als Gastgeber eines so wichtigen Treffens wirkungsvoll in Szene zu setzen.

34 Seit dem Londoner Gipfel im Vorjahr hatte sich die Weltwirtschaftslage nicht verbessert. Wachstumsziele wurden nicht erreicht, die Inflation konnte zwar in der Bundesrepublik, nicht aber in anderen wichtigen Ländern gedrosselt werden. Der Dollar verfiel weiter, der Welthandel drohte durch Einfuhrerschwernisse abgewürgt zu werden.

Helmut Schmidts Standpunkt vor Konferenzbeginn: »Ich selbst habe von keinem der drei vorausgegangenen Weltwirtschaftsgipfel in Rambouillet, Puerto Rico und London eine Trendwende erwartet. Ich erwarte sie deshalb auch nicht vom vierten Weltwirtschaftsgipfel, der diesmal in Bonn stattfindet. Ich bin deswegen aber nicht skeptisch. Ich möchte nur dem Eindruck entgegenwirken, als säßen beim Weltwirtschaftsgipfel sieben Kabinette mit sieben Parlamenten zusammen, um in zwei Tagen bündige Gesetzesbeschlüsse zustande zu bringen. Was ein solches Treffen leisten kann, ist, erneut dafür zu sorgen, daß sich die Politik in den sieben vertretenen Staaten einander ergänzt, statt sich gegenseitig auszuhebeln.«

Als Konferenzgebäude hatte der Bundeskanzler das alte Kanzleramt, das Palais Schaumburg, gewählt. Er meinte, das über hundert Jahre alte Stadtschlößchen mit schwarzem Schieferdach und rundem Uhrturm inmitten des großen, schönen Parks mit alten Bäumen — darunter ein japanischer Pagodenbaum und ein Mammutbaum mit feuerfester Borke — strahle mehr Würde aus als der Neubau mit seinem sparkassenartigen Aussehen. Das Palais hat eine bewegte Vergangenheit. Der erste Eigentümer und Bewohner war 1858 ein alternder Textilmillionär namens William Löschigk. Nach seinem Tod kaufte es Prinz Adolf Wilhelm Victor zu Schaumburg-Lippe, königlich-preußischer Generalmajor und Schwager von Kaiser Wilhelm II. Er bezog 1891 den Besitz, der seit dieser Zeit Palais Schaumburg heißt, mit seiner vierundzwanzigjährigen Frau, Prinzessin Victoria, der Schwester des Kaisers. 1939 erwarb das Deutsche Reich das Anwesen und quartierte dort fortan militärische Dienststellen ein. Schließlich, am 25. November 1949, zog der erste deutsche Bundeskanzler, Konrad Adenauer, ein. Die nächsten siebenundzwanzig Jahre regierten von hier aus nacheinander fünf Bundeskanzler die Republik.

Der letzte, Helmut Schmidt, hatte das Palais nach seinem Auszug für zweihundertfünfundsechzigtausend Mark renovieren lassen. Davon entfielen zweihundertvierzigtausend Mark allein auf die Erneuerung sämtlicher Fenster und Terrassentüren, der Rest auf Gardinen und Malerarbeiten. Es sollte eine Art Gästehaus werden. Aber die Inneneinrichtung, vorwiegend aus Restbeständen der Bundesbaudirektion zusammengestellt, erschien Schmidt für den Weltwirtschaftsgipfel nicht würdig genug. Über das Protokoll ließ er vom Kölner Einrichtungshaus Georg Fahrbach wertvolle alte Stücke ausleihen. Denn abgesehen vom Konferenzraum, wozu der ehemalige Kabinettssaal diente, wurde jedem der sieben Staats- beziehungsweise Regierungschefs ein Zimmer als Ruhe- und Arbeitsraum eingerichtet. Giscard zum Beispiel wurde im ehemaligen kleinen Kabinettssaal untergebracht — an der Wand ein alter Stich vom Kurfürstlichen

Lustschloß Poppelsdorf, als Prunkstück aber ein besonders schöner Louis-XVI.-Schreibtisch. Darauf stand allerdings ein schwarzes Feldtelefon mit Handkurbel, das die Direktleitung zur Französischen Botschaft herstellte. Auch Schmidt hatte sein altes Arbeitszimmer vorwiegend mit englischen Leihmöbeln (Ende 18. Jahrhundert) ausstatten lassen. Die Kosten spielten offensichtlich keine Rolle.

Dem Protokoll bereitete lange Zeit die Frage Kopfzerbrechen, wer von den erlauchten Gästen auf Schloß Gymnich wohnen sollte. Alle angereisten Staats- und Regierungschefs dort unterzubringen, erwies sich als unmöglich, weil das Haus nicht über so viele Royal Suites verfügt. Aber auch die beiden ranghöchsten Besucher, der amerikanische und der französische Präsident, konnten nach Meinung des Protokolls schlecht unter einem Dach logieren. Das Problem löste sich, wie so oft, von selbst. Giscard ließ wissen, er wohne lieber bei seinem Botschafter auf Schloß Ernich, hoch über dem Rhein. Für Carter entschied der Secret Service, Gymnich sei wegen der langen An- und Abfahrt zu gefährlich. Die Furcht vor deutschen Terroristen saß tief, und außerdem hatten die deutschen Kommunisten mit Demonstrationen gedroht. Also stieg Carter in der Residenz seines Botschafters ab; zuvor wurde die im Bonner Stadtteil Bad Godesberg gelegene Villa jedoch extra umgebaut.

Auch Andreotti, Fukuda und Callaghan zogen es vor, bei ihren Botschaftern zu logieren. So teilten sich Gymnich schließlich Kanadas Premier Trudeau und der Präsident der EG-Kommission, Roy Jenkins, der auch am Gipfel teilnehmen durfte. Der Anhang der »Chefs« logierte in Bonner Hotels. Die Amerikaner bewiesen einmal mehr, was US-Power bedeutet. Obwohl die Konferenz nur auf zwei Tage angesetzt war, hatten sie für vierzehn Tage eine ganze Etage des Steigenberger Hotels angemietet. Das ganze Stockwerk wurde zur »restricted area – US-Members only« erklärt und auf dem Dach eine riesige Antenne installiert.

Am Sonntag, dem 16. Juli, kurz vor zehn Uhr, war es soweit. Der Kanzler stand im Portal des Palais Schaumburg. Er hatte sich fein gemacht, trug einen Anzug mit Mitternachtsstreifen, dessen Weste die Leibesfülle verdeckte. Dazu hatte er ein weißes Hemd und einen dunkelblauen Binder mit weißem Kringelmuster angelegt. Helmut Schmidt, sonst eher unterkühlt, sprühte an diesem Vormittag vor Charme. Er begrüßte die sechs Staats- und Regierungschefs so herzlich, daß jeder das Gefühl bekommen mußte, er sei der Lieblingsgast des deutschen Kanzlers. Schmidts hervorragend gespielte Herzlichkeit verfolgte eine handfeste Absicht: Er wollte auf diesem vierten Wirtschaftsgipfel nicht nur Gastgeber, sondern, wie ein angelsächsischer Teilnehmer es formulierte, »top manager of the world« sein.

Das Protokoll hatte das Eintreffen der Gäste minutiös festgelegt: erst die Regierungschefs, dann die Staatsoberhäupter, und zwar jeweils die dienstältesten zuletzt; dabei sollte ein Abstand von zwei Minuten eingehalten werden. Aber schon die erste Anfahrt ging schief. Der Japaner Fukuda blieb aus. Über Funk wurde Schmidt schließlich mitgeteilt, sein fernöstlicher Kollege habe bei der Abfahrt seine Gesprächsunterlagen vergessen. So traf als erster EG-Präsident Roy Jenkins ein. Schmidt begrüßte ihn mit einem »Hello Roy!« und einem kräftigen Händedruck. Als dann der Wagen Fukudas mit elfminütiger Verspätung vor dem Palais Schaumburg ausrollte, ging Schmidt mit überschwenglich dröhnender Stimme und ausgestreckten Armen auf ihn zu: »Welcome Mr. Prime Minister! You forgot your papers? You had to go back?«

Takeo Fukuda war damals bereits dreiundsiebzig Jahre alt und ein kleiner, zerbrechlich wirkender Herr, dessen Gesicht mit Falten und Altersflecken übersät war. Seine Schüchternheit fiel in diesem Moment ab, er strahlte. Ein paar Sekunden länger als nötig winkte er den Fotografen zu. Er und Helmut Schmidt verstanden sich prächtig, vor allem, weil sie gemeinsame — energiepolitische — Interessen verfolgten. Sie wurden vom amerikanischen Präsidenten gedrängt, höhere Haushaltsdefizite und Inflationsraten in Kauf zu nehmen, um auf diese Weise zur Ankurbelung der Weltwirtschaft beizutragen. Andererseits waren die Amerikaner nicht bereit, etwas gegen die weltweite Energiekrise zu unternehmen, unter der vor allem die Bundesrepublik und Japan als von Rohölimporten abhängige Länder zu leiden hatten. Und schließlich: Die Stabilitätspolitik der Bundesrepublik stand genau im Gegensatz zu der auf Wachstum setzenden Politik der USA.

Als nächstes trafen hintereinander Callaghan, Andreotti, Trudeau und als vorletzter Jimmy Carter ein. Er fuhr in einem gepanzerten Cadillac vor. Schmidt hatte lange Zeit darüber nachgedacht, wie er verhindern könnte, daß ihm der Amerikaner die Schau stehlen würde. Denn vierzehn Monate zuvor, beim Wirtschaftsgipfel in London, hatte Carter als frischgewählter Präsident automatisch im Mittelpunkt der internationalen Aufmerksamkeit gestanden. Das sollte sich nun nicht wiederholen. Mit dem Einverständnis der anderen Teilnehmer hatte es Schmidt geschafft, daß der nächste Gipfel nicht wie ursprünglich geplant in Tokio, sondern in Bonn stattfand. Hier sollte Jimmy Carter allenfalls als Gleicher unter Gleichen auftreten. Wenn sich einer aus dem erlauchten Kreis herausheben dürfte, dann nur Schmidt. »How are you«, begrüßte er in breitestem Amerikanisch Jimmy Carter. Der Präsident zeigte beim Lächeln eine Reihe makelloser Zähne. Er war seit dem Londoner Gipfel etwas korpulenter geworden, aber nichtsdestotrotz ging von ihm etwas Befehlsgewohntes aus. Statt nach der Begrüßung ins Palais zu den anderen Konferenzteilnehmern zu gehen, verweilte er mit Helmut Schmidt am Portal, um mit diesem die Ankunft des letzten Gastes, Valéry Giscard d'Estaings, abzuwarten. Ein Carter läßt sich nicht so einfach in den Schatten stellen.

Als der französische Aristokrat aus einem schwarzen Citroën ausstieg, wurde er vom Kanzler ebenfalls sehr persönlich begrüßt: »Schön Sie zu sehen, Valéry, und was für ein feines Wetter Sie mitgebracht haben!« Dann gingen die Herren zu dritt ins Innere.

Die Gespräche der acht VIPs wurden nur von Mittag- oder Abendessen unterbrochen. Schmidt sorgte für eine straffe Verhandlungsführung.

Wenn Gipfeltreffen der Weltwirtschaft überhaupt Vertrauenssignale geben können, dann war das bei der Bonner Begegnung der Fall. Der Kanzler brachte die drei wichtigsten Industrienationen dazu, freiwillige Verpflichtungen einzugehen. Jimmy Carter verpflichtete sich im Namen der USA, langfristig (bis 1985) die amerikanischen Ölimporte um täglich zweieinhalb Millionen Barrel zu drosseln, außerdem den amerikanischen Inlandsölpreis bis 1980 auf das Weltmarktniveau anzuheben und schließlich zur Dämpfung die amerikanische Kohleproduktion zu steigern. Die Drosselung der Rohölimporte erreichten die Amerikaner bereits eineinhalb Jahre später, den Inlandsölpreis gaben sie pünktlich frei.

Der Japaner Fukuda versprach, den heimischen Markt für Importe endlich mehr zu öffnen und Handelsschranken abzubauen. Für die Bundesrepublik verpflichtete sich der Kanzler, zur Konjunkturbelebung dreizehn Milliarden Mark Steuern nachzulassen und unters Volk zu bringen. Das entsprach einem Prozent des Bruttosozialprodukts. Bis dahin hatte er eine solche Lokomotivfunktion abgelehnt. Dafür zogen die Amerikaner die Drohung zurück, für die Bundesrepublik bestimmte Uranlieferungen zu stoppen. Sie versprachen, künftig pünktlich zu liefern.

Zum Abschluß gab es im Bonner Stadttheater eine pompöse Pressekonferenz, auf der alle sieben »Gipfelstürmer« das Ergebnis verkündeten. Wieder führte Helmut Schmidt Regie. Er kommentierte die eingegangenen Verpflichtungen der einzelnen Teilnehmer so: »Ich weiß als Gesprächsleiter der Konferenz, daß das nicht jedem immer ganz leicht gefallen ist. Der eine oder andere von uns hat über seinen Schatten springen müssen, um zu dem beizutragen, was wir nun der Öffentlichkeit vorlegen. Niemand darf übersehen, daß die hier in Bonn Versammelten Staaten vertreten, die als Demokratien verfaßt sind. Das heißt, daß für die Erfüllung vieler der hier eingegangenen Verpflichtungen im eigenen Land parlamentarische Mehrheiten notwendig sind . . .«

Die Bereitschaft zur − allerdings nur vorübergehenden − Zusammenarbeit wurde auch dadurch gefördert, daß sich Bonn und Washington schon vor dem Wirtschaftsgipfel auf gemeinsame Maßnahmen zur Stützung des Dollar geeinigt hatten. Die Bundesbank sagte Beistandskredite bis zu sechs Milliarden Dollar zu. Denn schon damals drohte, ähnlich wie neun Jahre später unter Präsident Reagan, die amerikanische Währung »in den Keller« zu fallen.

Was nicht in der Abschlußerklärung zum Bonner Weltwirtschaftsgipfel stand, aber schon am Rande besprochen wurde: daß sich die Staats- und Regierungschefs der USA, Großbritanniens, Frankreichs und der Bundesrepublik zu einer Sonderkonferenz zusammenfinden sollten, um Gegenmaßnahmen gegen die auf Europa gerichteten sowjetischen Mittelstreckenraketen zu erwägen. Wenn man so will, war das die Geburtsstunde der westlichen Nachrüstung mit Pershing II und Cruise Missiles, was schließlich im Dezember 1987 zum amerikanisch-sowjetischen Vertrag über die Abschaffung der Mittelstreckenwaffen führte. So endete die Konferenz mit einem relativ guten Ergebnis.

Kaum waren die Staats- und Regierungschefs abgereist, entbrannte in Bonn zwischen den Koalitionspartnern sofort der Streit darüber, wie die Milliarden zur Konjunkturbelebung unters Volk zu bringen seien. Der Freidemokrat Graf Lambsdorff war auf Steuersenkungen fixiert, Hans Matthöfer forderte Steuererleichterungen für zweckbestimmte Investitionen, höheres Kindergeld und bei der Lohn- und Einkommenssteuer Nachlässe nur für die Bezieher niedriger Einkommen. Ein neuerlicher innenpolitischer Krach stand ins Haus. Aber der außenpolitische Erfolg überwog, zumal es gelungen war, sich auf eine Erklärung zur Ächtung von Flugzeugentführungen zu einigen. Darin hieß es: »In Fällen, in denen ein Land die Auslieferung oder gerichtliche Verfolgung von Flugzeugentführern verweigert beziehungsweise solche Flugzeuge nicht zurückgibt, sind die Staats- und Regierungschefs daher gemeinsam entschlossen, durch ihre Regierungen sofort dafür zu sorgen, daß sämtliche Flüge in ein solches Land eingestellt werden. Gleichzeitig werden ihre Regierungen Schritte einleiten, damit sämtliche Einflüge aus diesem Land sowie durch Luftfahrtunternehmen dieses Landes aus irgendeinem anderen Land unterbunden werden. Die Staats- und Regierungschefs fordern andere Regierungen nachdrücklich auf, sich dieser Verpflichtung anzuschließen.«

Später sollte sich allerdings herausstellen, daß die Initiative verpuffte. Nur Österreich, Japan und der Iran schlossen sich der Erklärung an. Einzelne Ostblockstaaten, vor allem die Sowjetunion und die ČSSR, legten sogar Proteste ein. Dennoch war der Verlauf des Bonner Weltwirtschaftsgipfels für den Kanzler ein persönlicher Erfolg. Die internationale Presse berichtete erneut mit großem Respekt über ihn. Seit Mogadischu war erst knapp ein Dreivierteljahr vergangen, und schon erlebte das Ansehen des deutschen Regierungschefs ein neues Hoch. Was konnte er sich mehr wünschen?

Unmittelbar im Anschluß an den Gipfel segelte er für zwei Tage mit Trudeau nach Dänemark. Für den Törn benutzte der Kanzler wieder den Zweimastschoner *Atalanta* seines Bankierfreundes Eric M. Warburg (Bankhaus M. M. Warburg-Brinckmann, Wirtz & Co.). Als der Bankier Helmut Schmidt an Bord begrüßte — er segelte nicht mit —, trugen beide die Helgoländer Lotsenmütze (hier war die Kopfbedeckung am Platz). Die Tour ging zur dänischen Insel Fünen, wo es zu einem Treffen mit dem dänischen Ministerpräsidenten Anker Jörgensen kam. Schmidt und Trudeau unterrichteten ihn über die Ergebnisse des Bonner Wirtschaftsgipfels, wobei der Kanzler die Meinung äußerte, es könne infolge der Bonner Beschlüsse in den Industriestaaten schon im kommenden Jahr rückläufige Arbeitslosenquoten geben. Die angepeilten Maßnahmen zur Konjunkturankurbelung und zur Währungskursstabilisierung seien aber keine Wundermittel. Bis es global wieder Vollbeschäftigung gäbe, würden noch Jahre vergehen. Jörgensens Einschätzung fiel optimistischer aus: Die Bonner Beschlüsse hätten zum besten Klima in der Weltwirtschaft seit fünf Jahren geführt; für Dänemark sei besonders die angekündigte Stimulierung der deutschen Wirtschaft von zentraler Bedeutung.

Unterwegs, während die *Atalanta* die Ostsee durchpflügte, hatte sich der Kanzler wieder einmal als Salesman versucht. Er bat Trudeau, Kanada möge bei der Anschaffung neuer Kampfflugzeuge den von der Bundesrepublik, Großbritannien und Italien gemeinsam gebauten Jagdbomber Tornado berücksichtigen. Im Gegenzug offerierte er eine europäische Beteiligung bei der Erschließung der kanadischen Rohstoffvorkommen. Freund Trudeau versprach, den Vorschlag zu prüfen, aber schon vier Monate später siegten harte Geschäftsinteressen über persönliche Freundschaft: Die Kanadier entschieden sich im November 1978 für die Anschaffung des amerikanischen Flugzeugs F 18.

Nach dem Segeltörn kehrte Schmidt noch einmal nach Bonn zurück. Wie die meisten Bonner Spitzenpolitiker und -beamten verbrachte er die letzten Nächte vor der Sommerpause damit, die Berge auf seinem Schreibtisch abzuarbeiten. Er wollte für die nächsten Wochen nichts mehr von Politik hören, was bei einem »political animal« wie Helmut Schmidt sehr viel hieß.

Zuletzt hatte er noch dem SPD-Fraktionsvorstand sein auf dem Wirtschaftsgipfel initiiertes Konjunktur- und Steuerprogramm »verkaufen« müssen. Dabei war ihm nach einer kritischen Frage der Kragen geplatzt. »Was soll ich denn noch alles tun!« Später entschuldigte er sich: »Verzeiht bitte, aber ich bin nach all den turbulenten Wochen ziemlich groggy.«

Immerhin hegte er die Hoffnung, das Konjunktur- und Steuerpaket mit geringen Änderungen durch den Bundesrat bringen zu können. Die Anmerkungen des damaligen schleswig-holsteinischen Ministerpräsidenten und CDU-Wirtschaftsexperten Gerhard Stoltenberg, die zwar kritisch ausfielen, aber das Sanierungsprojekt der Regierungskoalition nicht in Bausch und Bogen verdammten, vermittelten ihm diese Zuversicht.

Mit dieser Hoffnung im Urlaubsgepäck setzte Schmidt sich für vier Wochen an den Brahmsee ab. Auf die Frage eines ZDF-Reporters vor dem Abflug, ob es ihn nicht heiter stimme, daß er nach den letzten Meinungsumfragen so populär sei wie Konrad Adenauer in seinen besten Kanzlerzeiten, entgegnete er schnippisch: »Heiter stimmt mich wie jeden Bürger das sonnige Wetter.«

**35** Die Bewohner des holsteinischen Dorfes Langwedel erkannten an vertrauten Geräuschen, daß ihr prominenter Feriengast eingetroffen war. Vom nahegelegenen Brahmsee, wo Helmut Schmidts Ferienhaus liegt, hörte man das Krächzen einer Säge, das dumpfe Aufschlagen einer Axt und das Splittern von Holz. Mit einer Besessenheit, die typisch ist für Intellektuelle, die sich an der frischen Luft endlich einmal ausarbeiten können und dabei das befriedigende Gefühl genießen, den Fortschritt des Geleisteten konkret sehen zu können, verkürzte der Kanzler seinen Bootssteg, karrte die zerkleinerten Planken und Pfähle selbst zum Haus und stapelte sie dort säuberlich als Kaminholz. Frau Schmidt jätete derweil auf dem reichlich verwilderten Grundstück Unkraut.

Der tägliche Linienflug der Lufthansa Köln—Hamburg brachte die Kurierpost aus Bonn. Was zum »Lago di Sozi« geschickt wurde, war wenig und bestand im wesentlichen aus der vom Bundespresseamt zusammengestellten Mappe mit Presseausschnitten. Der Chef des Kanzleramtes, Manfred Schüler, war diesmal nicht zur selben Zeit in Ferien gegangen. Streng siebte er den Schrift- und Aktenverkehr mit dem Kanzler. Weil die meisten Bundesminister ebenfalls urlaubten, wurden auch in den Ministerien weniger Akten für das Kanzleramt produziert. Was vom Kanzler an Stellungnahmen zum Konjunktur- und Steuerpaket in Auftrag gegeben worden war, hatte bis zur Kabinettssitzung am 30. August Zeit.

An den Brahmsee begleitet hatte Schmidt nur einer seiner persönlichen Referenten, Peter Walter. Dessen Aufgabe bestand vor allem darin, für die ordnungsgemäße Abwicklung des Kurierdienstes zu sorgen, in den vom Hamburger Senat morgens angelieferten Zeitungen wichtige Artikel und Meldungen anzustreichen, einige wenige Besuchstermine zu arrangieren und — am wichtigsten — in letzter Instanz zu entscheiden, welche eingehenden Telefonanrufe zum Kanzler durchgestellt werden durften. Den Dienst in der »Telefonzentrale« besorgte einer der Leibwächter, der sich mit »Langwedel zwo, drei, null« meldete. Komplettiert wurde die Minibesetzung durch einige wenige Schreibkräfte des Bundesnachrichtendienstes, die zugleich das Dechiffrieren und Verschlüsseln des Telexverkehrs besorgten.

Anfangs kamen nur Schleswig-Holsteins Ministerpräsident Gerhard Stoltenberg und Bundesbank-Vizepräsident Karl Otto Pöhl an den Brahmsee. Ersterer, um mit dem Kanzler das Konjunktur- und Steuerpaket zu besprechen, letzterer, um Helmut Schmidt fachmännischen Rat zu europäischen Währungsfragen anzubieten. Außerdem hatte sich der Kanzler zu einem Termin mit Pressefotografen breitschlagen lassen. Ansonsten wollte er in den ersten beiden Wochen möglichst niemanden sehen. Er nutzte die Zeit zum Segeln mit seiner neuen Laser, einem Miniboot, das ihm Pierre Trudeau geschenkt hatte. Beim Eintreffen des Präsents war guter Rat zunächst teuer gewesen. Wie war das Ein-Mann-Boot aufzurigen (startklar zu machen)? Zwei zufällig mit dem gleichen Bootstyp vorbeisegelnde Jugendliche gaben dem Regierungschef Starthilfe. Bald beherrschte er den Flitzer so gut, daß er die in einer größeren, aber nicht so schnellen Conger-Jolle folgende Begleitung umkreiste und frotzelte: »Soll ich pusten, damit's schneller geht?«

Das Schöne im Urlaub ist, daß man Dinge tun kann, die man sich in der übrigen Zeit des Jahres verkneifen muß. Das gilt auch für einen Regierungschef. Der Kanzler schwang sich auf sein Fahrrad und radelte zum Friseur ins Dorf. Sein Chefleibwächter »Benny« Guttmann, auch nicht mehr der jüngste, mußte sich ebenfalls einen Drahtesel schnappen und hinterherstrampeln. Den meisten Dorfbewohnern entging freilich das seltene Schauspiel des radelnden Kanzlers, weil sie entweder arbeiteten oder sich — vorwiegend die Kinder — am See tummelten. Seit ihr prominenter Mitbürger die Bundesrepublik regierte, bekamen sie ihn immer weniger zu Gesicht. Noch viel weniger reichte es zu einem Klönschnack wie in alten Zeiten. Um dieses Versäumnis einigermaßen wiedergutzumachen, hatten der Kanzler und seine Frau die Mitglieder des Gemeinderates nebst Damen in diesem Urlaub wieder zum Abendessen in den Dörpskrog eingeladen. Es galt überdies ein besonderes Ereignis zu feiern: Vor genau zwanzig Jahren hatten sich die Schmidts zusammen mit ihrem Freund, Karl-Wilhelm Berkhan, dem Wehrbeauftragten des Bundestags, am Brahmsee angekauft.

Der Dörpskrog war an diesem Abend für die Öffentlichkeit geschlossen. Das Kanzler-Essen fand in einem Klubzimmer statt. Am Scheitelpunkt der hufeisenförmigen Tafel saßen der Kanzler und Loki, flankiert vom Bürgermeister der Neunhundert-Seelen-Gemeinde, Ernst Sachau, und seiner Frau. Dazu kamen neunundzwanzig Gäste. Zunächst lag über der Gesellschaft trotz der guten Küche (es gab Ochsenschwanzsuppe, Rehrücken mit Preiselbeeren und Pfifferlingen, Eis mit Rumkirschen) eine gewisse Befangenheit. Aber dank der launigen Begrüßungsrede des Bürgermeisters und der etlichen Runden an Klaren kam doch noch Stimmung auf. Ernst Sachau: »Daß Sie, Herr Bundeskanzler, es hier bei uns am See so schön haben, dazu tragen wir auch bei, indem wir Sie meistens verschwiegen haben. Wer sich nach Ihnen erkundigte, den haben wir in die Irre geführt.«

Lästerzungen behaupten, daß dieses Verstecken des Kanzlers auch parteipolitische Gründe hätte. Die Langwedler wählten mehrheitlich CDU. Eine der wenigen Ausnahmen bildete der Fischer, Campingplatzverwalter und Namensvetter des Kanzlers, Bernhardt Schmidt. Er, der auch schon mal den beim Segeln gekenterten Kanzler aus dem See gefischt hatte, war beim Gemeinderatsessen ebenfalls zugegen. Die Genossen Schmidt und Schmidt verschmähten als einzige den Klaren und tranken Malteser. Als sich die Abendgesellschaft im Dörpskrog auflöste, war es halb ein Uhr nachts. Für den Kanzler, der sich in Bonn bei gesellschaftlichen Anlässen gewöhnlich gegen dreiundzwanzig Uhr verabschiedete, erstaunlich spät.

Ansonsten las Helmut Schmidt viel im Urlaub, unter anderem Sadats Memoiren *Unterwegs zur Gerechtigkeit*. Das Wetter war diesmal durchwachsen. Vormittags durchbrach nur ab und zu die Sonne den bedeckten Himmel. Der Kanzler, der anfangs möglichst wenig Leute sehen wollte, freute sich nach der dritten Ferienwoche auf Besuch. Zum Beispiel erschien *Zeit*-Herausgeberin Marion Gräfin Dönhoff zum Politplausch.

Loki Schmidt nutzte das nicht so ideale Wetter zum Einkaufen. Morgens, wenn sie vor dem Frühstück ihr tägliches Schwimmpensum absolvierte und bei Wassertemperaturen um achtzehn Grad die drei- bis vierhundert Meter zum anderen Ufer schwamm, präsentierte sich das dunkelgrüne, spiegelblanke Wasser des Brahmsees in schöner Unberührtheit. Dem Kanzler war es zu kalt. Er tauchte lediglich nach einer Schwitzkur in seiner Sauna zur Abkühlung kurz in den See.

Zwischendurch besichtigten die Schmidts das in der Nähe von Rendsburg gelegene Schloß Emkendorf, vormals Sitz des Grafen Reventlow, oder sie besuchten den Schriftsteller Siegfried Lenz in Dänemark; das war fast schon eine Tradition. Das eine Jahr traf man sich am Brahmsee, das andere im Ferienhaus des Autors. Da es bei Lenz kein Telefon gibt – zum Schreiben braucht er absolute Ruhe –, müssen Besuche umständlich per Postkarte oder Telegramm verabredet werden.

Daß sich die Ferien dem Ende näherten, merkte der Kanzler daran, daß Freund »Scholle« Berkhan abreiste. Damit verlor Schmidt für das Segeln mit dem größeren Boot, der Conger-Jolle, seinen Vorschotmann. Diesen Posten, auf dem man beim Wenden die meiste Arbeit hat, konnte Loki zwar ersatzweise ausfüllen, nach eigenem Bekunden jedoch gerade nur so gut, »daß ich nicht mehr so angeschrien werde«.

Der Abschied vom Brahmsee fiel Helmut Schmidt diesmal einigermaßen schwer, aber er hatte sich gut erholt. Ernst Dieter Lueg vom Bonner ARD-Studio, der ihn noch in der letzten Woche besuchte: »Er ist zur Zeit von einem geradezu unerträglichen Selbstbewußtsein. Er sieht erst sich, dann kommt eine Weile gar nichts, und dann erst spricht er von den anstehenden Problemen.«

Daß er schon an einem Sonnabend seine Zelte abbrach und nicht erst, wie ursprünglich beabsichtigt, am Sonntag oder Montag, war indes nicht auf dringende Geschäfte in Bonn zurückzuführen. Einer seiner vier Leibwächter, Kriminaloberkommissar Günther Warnholz, startete an besagtem Sonntag bei den Internationalen offenen Deutschen Wasserskimeisterschaften an Seilbahnen in Neuhaus bei Cuxhaven. Loki hatte sich seit längerer Zeit bereit erklärt, für die Veranstaltung die Schirmherrschaft zu übernehmen. Und ohne seine Frau wollte der Kanzler nicht am Brahmsee bleiben. Auch das ist Helmut Schmidt.

**36** Rechtzeitig zur Kabinettssitzung am 30. August 1978 kehrte der Kanzler aus dem Urlaub zurück. Es galt, das auf dem Bonner Weltwirtschaftsgipfel sechs Wochen zuvor versprochene Steuer- und Konjunkturprogramm zu verabschieden. Helmut Schmidt trug an seinem ersten Arbeitstag statt seines staatsmännisch dunklen Anzuges mit Weste einen Blazer und war ungewöhnlich guter Stimmung. Während er um den Kabinettstisch auf seinen Platz zusteuerte, stoppte er kurz bei Bildungsminister Jürgen Schmude, schlug den dort liegenden Bonner *General-Anzeiger* auf und deutete amüsiert auf ein Foto, das Loki bei einer Vorstellung im Zirkus Barum zeigte – inmitten von Gastarbeiterkindern, darunter aber auch eine Schmude-Tochter.

Die Ausgelassenheit Helmut Schmidts war insofern auffallend, als es bei den zur Beratung anstehenden Themen nichts zu lachen gab. Wer in den Tagen zuvor die heftigen Auseinandersetzungen um die geplante Abschaffung der Lohnsummensteuer verfolgt hatte, mußte annehmen, daß nicht nur die Koalition unter einer starken Belastungsprobe stand, sondern daß in der SPD ob des Steuer- und Konjunkturpakets ein neuer Bruderzwist auszubrechen drohte.

Helmut Schmidts Laune hing immer davon ab, ob er gerade Erfolg oder

Mißerfolg hatte. Liefen die Dinge nicht zu seiner Zufriedenheit, konnte er ungenießbar sein, auch im Kabinett. Einmal unterhielten sich während einer Sitzung Wirtschaftsminister Friderichs und Finanzminister Apel. Daraufhin fuhr Schmidt dazwischen: »Wer hier schwätzen will, soll gefälligst rausgehen!«

Friderichs und Apel schauten sich einen Augenblick verdutzt an und verließen wortlos den Kabinettssaal. Die anderen Minister sahen dem Auszug neugierig zu. Die beiden blieben ungewöhnlich lange fort, kehrten aber schließlich in den Kabinettssaal zurück. Als Schmidt die Sitzung beendete, meldete sich Apel: »Helmut, wir hätten dich gerne noch einmal gesprochen.«

»Dann kommt mit«, knurrte der Kanzler.

Die drei gingen ein Stockwerk höher, ins Arbeitszimmer des Regierungschefs. Dort fragte der Kanzler − nun versöhnlich: »Was wollt ihr trinken?«

Apel und Friderichs lehnten ab.

»Also, was gibt's?«

Apel, Unmutsfalten auf der Stirn: »Helmut, du sollst wissen, daß wir uns vorhin lange überlegt haben, ob wir überhaupt noch einmal in die Kabinettssitzung zurückkommen sollten. Aber dann sagten wir uns, deine schlechte Laune ist es nicht wert, daß wir den Beratungen fernbleiben. Nur darum sind wir zurückgekommen. Wenn du das mit uns jedoch noch einmal machst, gehen wir, und zwar für immer! Der Bundeswirtschaftsminister denkt genauso wie ich.« Friderichs nickte.

Helmut Schmidts Gesicht drückte Betroffenheit aus. Er wich dem Blick der beiden Minister aus. »Schon gut, schon gut.«

»Nie wieder«, erinnert sich noch viele Jahre später Friderichs, »hat er uns auf diese Art angenommen.«

Daß Helmut Schmidt nach der Sommerpause 1978 ungewöhnlich guter Stimmung war, hatte recht einfache Gründe. Seine Gunst beim Wahlvolk entsprach der Konrad Adenauers zu dessen besten Zeiten. Hinzu kam, daß eine Wiederwahl des hessischen Ministerpräsidenten Holger Börner im Oktober sehr wahrscheinlich schien (Schmidt: »Der Dicke hat eine dicke Chance.«) Außerdem bestand Grund zur Annahme, daß das Steuer- und Konjunkturprogramm trotz der Einwände der Opposition die Prozedur der Gesetzgebung passieren würde. Über die unumgänglichen Kompromisse schien er sich bereits am Brahmsee mit dem maßgeblichen Oppositionspolitiker, Gerhard Stoltenberg, einig geworden zu sein.

Die beiden Politiker hatten allerdings zunächst die Rechnung ohne ihr Fußvolk gemacht. Das Konjunkturprogramm mit Steuererleichterungen von insgesamt dreizehn Milliarden Mark, von Helmut Schmidt auf dem Weltwirtschaftsgipfel versprochen, drohte an einer banalen Frage zu scheitern: ob Deutschlands Steuerzahler ihren Finanzämtern zwecks Anerkennung eines bestimmten Freibetrages Quittungen über Kindergartenfreibeträge vorlegen sollten oder nicht.

Der Hintergrund: Die Christdemokraten wollten in das Steuerpaket noch mehr hineinpacken. Die vorgesehene Milderung der Steuerprogression und der Gewerbesteuer sowie die steuerliche Absetzbarkeit von Unterhaltszahlungen auch für Geschiedene oder getrennt lebende Ehegatten (»Realsplitting«) reichte ihnen nicht. Sie wollten dem Ganzen nur ihren Segen geben, wenn zusätzlich zum staatlichen Kindergeld wieder steuerliche Freibeträge für Kinder eingeführt werden würden – eine Forderung, die manchen sozialdemokratischen Genossen gegen den Strich ging. Die SPD-Abgeordneten Norbert Gansel und Eckart Kuhlwein erregten sich, ihre Partei könnte nicht einerseits »draußen im Land« für Kindergarten-Nulltarife kämpfen und andererseits in Bonn die Abzugsfähigkeit von Kindergartengebühren beschließen, was zudem vorwiegend den Reichen zugute käme.

Drei lange Monate wurde gefeilscht, und erst nach zwei Anläufen im Vermittlungsausschuß von Bundestag und Bundesrat konnte das »Steueränderungsgesetz 1979«* endlich alle parlamentarische Hürden passieren. Zum Schluß sagte ein spöttelnder Kanzler zu seinem Finanzminister Matthöfer: »Hans, du machst ja so ein fröhliches Gesicht und weißt nicht einmal, ob du gewonnen oder verloren hast.«

Neben der parlamentarischen Auseinandersetzung um die Steuererleichterungen mußte Helmut Schmidt auch noch Landtagswahlkämpfe in Hessen und Bayern bestreiten. In Hessen beschränkte er seine Schützenhilfe auf fünf Auftritte. In Anbetracht dessen, daß im Fall einer Niederlage der amtierenden SPD/FDP-Koalition auch Helmut Schmidt auf Grund der Mehrheitsverschiebung im Bundesrat schweren Zeiten entgegengegangen wäre, ein dürftiger Einsatz. In Bayern ließ sich der Kanzler noch weniger sehen. Fragte man im Kanzleramt an, warum sich der »Chef« bei den Landtagswahlkämpfen so rar mache, erhielt man zwei Versionen zur Antwort. Die offizielle: »Er muß ja nebenbei auch noch regieren.« Die unter vorgehaltener Hand: »Das ist eine gute Frage!«

Alle Empfehlungen seiner Berater, nach amerikanischem Vorbild mehr Hände zu schütteln, mehr Autogramme zu geben, mehr populäre Posen einzunehmen und mit Hilfe vieler Kurzansprachen ein Millionenpublikum zu erreichen, hatte Helmut Schmidt bereits im Bundestagswahlkampf 1976 von sich gewiesen. Da sein Selbstbewußtsein in letzter Zeit beträchtlich gestiegen war, sah er nun erst recht keinen Grund, seine Haltung zu ändern. Bei seinen Auftritten beließ er es bei einer Rede. Anschließende Diskussionen, seine eigentliche Stärke, fanden nicht statt. Kundgebungen im Freien lagen ihm nicht. In Bürstadt und Limburg standen geeignete Hallen zur Verfügung, in Melsungen mußte er dagegen auf dem Marktplatz sprechen. Er hatte sich bei seinen Redenschreibern keinen fertigen Text bestellt, sondern nur etwas ausführlichere Stichworte zu von ihm benannten Themen. Am Tag vor dem jeweiligen Auftritt wurde ihm eine aktuelle Seite nachgeliefert. Was jedoch dann gegenüber dem Wahlvolk mitteilenswert war, entschied er selbst. Einen neuerlichen Spionagefall in

---

* Die wichtigsten Erleichterungen wurden zum Januar 1979 wirksam.

Bonn, der durch alle Zeitungen ging, tat Helmut Schmidt mit der Bemerkung ab: »Das ist alles nur Dünnschiß.«

Gegenüber dem bayerischen Ministerpräsidenten und csu-Vorsitzenden Franz Josef Strauß wurde er sogar taktlos: »Ich will Ihnen die Reife nicht absprechen, Herr Strauß. Sie haben die Sechzig hinter sich. Irgendwann kommt dann die Überreife.«

Im Wahlkampf saß Helmut Schmidt die Zunge immer locker. So setzte er sich plötzlich für die Wiederwahl Scheels als Bundespräsident ein, dessen Amtszeit in der Mitte des folgenden Jahres ablaufen würde. Das war verwunderlich, weil bis dahin jeder der Meinung gewesen war, er hielte von der Nummer eins im Staat nicht viel. Die Opposition, die Karl Carstens für das hohe Amt vorgesehen hatte, geriet ob Schmidts Parteinahme in Rage. Intern hatte der Kanzler seine Wertschätzung für Walter Scheel (»Das ist doch ein guter Bundespräsident, der muß bleiben«) schon vorher zu erkennen gegeben. Als in einer Kabinettssitzung geklärt werden sollte, wer am selben Abend in Brühl auf einem Empfang des Bundespräsidenten für die Konferenzteilnehmer der Interparlamentarischen Union (ipu) die Regierung vertreten könne, aber keiner der Minister Zeit zu haben glaubte, wurde Helmut Schmidt grantig: »Meine Herren, das geht doch nicht. Wir sind unser Erscheinen nicht nur der Institution schuldig, sondern vor allem auch dem Mann, der das Amt so hervorragend ausfüllt wie Walter Scheel.« Die Ministerrunde reagierte mit Erstaunen.

Walter Scheel honorierte natürlich sofort solche Lobsprüche. Denn entgegen seinen späteren Behauptungen, er sei am Amt des Bundespräsidenten gar nicht mehr interessiert gewesen, wollte er doch noch einmal fünf Jahre in der Villa Hammerschmidt die Bundesrepublik repräsentieren. Hans-Dietrich Genscher wird nie eine Äußerung vergessen, die Scheel am Tag der Vereidigung seines Nachfolgers, Karl Carstens, fallen ließ.

»Weißt du, Hans-Dietrich, was mir heute früh beim Rasieren durch den Kopf ging?« hatte Scheel gefragt.

»Nein, was denn?«

»Wenn Carstens seine Amtszeit beendet hat, bin ich so alt, wie er heute ist.« Für Genscher war das ein klarer Wink, daß Walter Scheel damals gerne Bundespräsident geblieben wäre.

Nachdem Scheel also Mitte 1978 soviel Positives über sich aus dem Munde Schmidts gehört hatte, beeilte er sich, dem Kanzler zwischen zwei Wahlkampfterminen einen Besuch abzustatten. Am Tag nach besagter Kabinettssitzung aßen die Herren im kleinen Bibliotheksraum des Kanzleramtes, im sogenannten Schmidt-Rottluff-Zimmer, zu Mittag. Die Beziehungen zwischen den beiden waren nicht immer so rosig gewesen. Wenn Helmut Schmidt früher den Bundespräsidenten »Sir Walter« titulierte, war da immer – wie der Berliner sagt – ein Schuß Verhohnepipelung herauszuhören. Scheel wiederum sprach »von meinem lieben Nachbarn, dessen Arbeit ich mit Interesse verfolge«, was an einen Gutsherrn erinnert, der sich über einen weniger tüchtigen Pächter äußert.

Die Spannungen waren konsequenterweise auch im politischen Alltag zu registrieren gewesen. Einst rief der Kanzler gleich zweimal kurz hintereinander im Präsidialamt an, weil er sich über einen *Spiegel*-Artikel geärgert hatte, der auf ein Hintergrundgespräch mit Scheels Staatssekretär Paul Frank zurückging und in dem unter anderem die schwerwiegende Behauptung aufgestellt wurde, Helmut Schmidt sei nicht nur in der Außenpolitik, sondern auch in innenpolitischen Fragen »auf Abstimmung« mit dem Bundespräsidenten angewiesen. Walter Scheel distanzierte sich zwar von den Äußerungen seines Staatssekretärs, aber daß er selbst seine Kompetenzen weiter absteckte, konnte man aus einer Rede heraushören, die er drei Tage später vor dem Bundesverfassungsgericht anläßlich dessen fünfundzwanzigjährigen Bestehens hielt. »Jedes Verfassungsorgan hat die Pflicht, die ihm zustehenden Kompetenzen voll auszuschöpfen.«

Wenn Walter Scheel dem Kanzler also Ungelegenheiten bereitete, warum setzte sich dann Helmut Schmidt öffentlich im Herbst 1978 für dessen Wiederwahl ein?

Er hatte inzwischen erkannt, daß Scheel die Bundesrepublik als Bundespräsident bestens repräsentierte – nicht nur weil er sprachgewandt und protokollsicher auftrat, sondern weil er immer wieder versuchte, in wichtigen Fragen, die das Wohl der Nation betrafen, den Konsens aller politischen Kräfte herzustellen.

Helmut Schmidt imponierte, daß sich Scheel ohne Rücksicht auf seine Chancen für eine Wiederwahl mehr und mehr in Richtung eines kritischen Redners an die Nation entwickelte, wozu die Gedenkrede für Hanns-Martin Schleyer (»Wir wissen uns in seiner Schuld«) gehörte, aber auch die unprotokollarische Erwiderung auf eine aggressive Tischrede, die der syrische Staatschef Hafis al-Assad in Brühl vom Stapel gelassen hatte. Als Schmidts engste Mitarbeiter zu bedenken gaben, daß man die neue Wertschätzung für Scheel auch »etwas niedriger hängen« könnte, entgegnete der Kanzler lapidar: »Warum denn? Wenn der gut ist, soll man's auch laut sagen.«

In jenen Wochen des Wahlkampfs, des Tauziehens um das Steuerpaket und turbulenter Bundestagsdebatten zum Haushalt 1979 wurde Helmut Schmidt mit einem grotesken Vorwurf konfrontiert. Im August hatte das *Flensburger Tageblatt* unter der Überschrift »War Helmut Schmidt ein ›Vomag‹?« einen Artikel nachgedruckt, der zuvor im Pressedienst einer »Bürgerinitiative Selbstschutz vor dem Atomtod (Der Bunker)« veröffentlicht worden war. Darin wurde der Verdacht geäußert, Schmidt habe von Januar bis April 1943 an einem Ausbildungslehrgang zum »Vomag« (damaliges Kürzel im Volksjargon für Offiziere ohne Abitur »Volks-Offizier mit Arbeiter-Gesicht«) teilgenommen. Das aber hätten laut Vorschrift nur Soldaten gewesen sein können, die »aus ihrem bisherigen Verhalten eine nationalsozialistische Grundhaltung erkennen lassen«.

Die Version vom »Vomag« Schmidt war leicht als böswilliges Gerücht zu entlarven. In jedem besseren Redaktionsarchiv liegt das Hochzeitsfoto von Helmut und Loki Schmidt, das ihn in der schmucken Uniform eines Luftwaffen-Oberleutnants zeigt. Datum der Hochzeit: 28. Juni 1942. Ergo konnte er nicht erst 1943 einen Ausbildungslehrgang zum (Volks-)Offizier besucht haben.

SPD und FDP gewannen am 8. Oktober die Hessen-Wahlen, fügten der CDU sogar Verluste bei, die sechs Wahlkreise an die SPD verlor. Holger Börner war es gelungen, der SPD den Geruch der Skandalpartei zu nehmen, der ihr durch schockierende Unregelmäßigkeiten bei der Hessischen Landesbank (Helaba) und umstrittene Grundstücksgeschäfte des ehemaligen SPD-Ministerpräsidenten Albert Osswald anhaftete. In Bayern konnte die CSU zwar am darauffolgenden Sonntag ihre Führungsposition halten, mußte aber selbst in dieser Hochburg der »Schwarzen« geringe Verluste einstecken.

Der Ausgang beider Landtagswahlen hatte mehrere Irrtümer offenbart: Erstens befand sich die FDP damals noch nicht in Lebensgefahr, wie viele behaupteten; zweitens waren die Grünen noch lange nicht im Kommen. Die »Grüne Liste Hessen« und die »Grüne Aktion Zukunft« konnten zusammen gerade zwei Prozent der gültigen Stimmen auf sich vereinigen. Drittens war die Bonner Koalition beileibe nicht in Bedrängnis; in keinem Bundesland, in dem 1978 gewählt wurde, war die Opposition auf dem Vormarsch, im Gegenteil, in Hamburg und Hessen war sie zurückgefallen. Schließlich wurde mit dem Fehlurteil aufgeräumt, der Kanzler habe sich seiner eigenen Partei entfremdet.

Richtig war, daß ein Teil der Funktionäre, Parteitagsdelegierten und Mandatsträger mit Helmut Schmidt nichts mehr am Hut hatte. Aber die SPD zählte seinerzeit genau 1 006 316 Mitglieder, und in der Gunst des Parteivolkes stand keiner höher als der Kanzler, nicht einmal die Vaterfigur Willy Brandt und auch der Rammhammer Herbert Wehner nicht. Dies wurde in einer Meinungsumfrage deutlich, die das Institut für angewandte Sozialwissenschaft (Infas) in Bonn-Bad Godesberg im Auftrag des SPD-Parteivorstandes durchgeführt hatte. Die Analyse blieb jedoch in den Stahlschränken des Erich-Ollenhauer-Hauses verschlossen. Diesem Infas-Report zufolge erhielt der Kanzler auf die an SPD-Mitglieder gerichtete Frage »Stimmen Sie mit der politischen Linie von Helmut Schmidt überein?« die Note plus 3,5; Willy Brandt und Herbert Wehner, über deren Politik im Rahmen dieser Umfrage Zensuren erteilt wurden, kamen auf plus 3,4 beziehungsweise auf nur plus 2,8. Die Bewertungsskala reichte von minus fünf bis plus fünf. Bei den befragten Parteifunktionären sah das Ergebnis anders aus: Willy und Onkel Herbert erreichten die Note plus 3,4, Helmut dagegen nur plus 3,3. Auf die Frage »Stimmen Sie mit der Politik der SPD/FDP-Bundesregierung überein?« fiel das Ergebnis für den Kanzler wiederum bei den SPD-Mitgliedern (plus 2,7) günstiger aus als bei den Apparatschiks (plus 2,6).

Das Resultat überraschte auch Kenner der Parteiszene, da Funktionäre durch ihren engeren Kontakt zu den Mitgliedern normalerweise die größeren Einflußmöglichkeiten haben. Schmidt-Witze wurden meist nur von diesem Kreis unters (Partei-)Volk gebracht. Daß sich jedoch die Funktionäre, und dazu gehörten auch linke Bundestagsabgeordnete wie Manfred

Coppik, mit ihrem »Feindbild« von Schmidt nicht oder nur sehr begrenzt durchsetzen konnten, dürfte nicht nur mit der Billigung der Schmidtschen Politik durch die Mehrheit der Parteimitglieder zu erklären gewesen sein. Nach der Infas-Umfrage bezogen mehr als sechzig Prozent der Parteimitglieder die Informationen über die Politik ihrer eigenen Partei in erster Linie aus den Tageszeitungen und dem Fernsehen. Weniger als zehn Prozent informierten sich dagegen vornehmlich aus Gesprächen mit Funktionären. Das bedeutete, daß die Beeinflussung durch die Funktionäre nicht so groß war, wie man eigentlich hätte annehmen können.

Noch etwas erklärte vielleicht die breite Anhängerschaft, die der Kanzler 1978 in der Partei besaß: Nur ein Prozent befürwortete eine stärkere Verfolgung reformerischer Ideen. Die SPD war in ihrer Mitgliederstruktur längst nicht mehr die traditionelle Arbeiterpartei, sondern – laut Infas – »die Partei der Mittelschicht und Aufsteiger«. Und diese neue Gruppierung fühlte sich am besten von Helmut Schmidt repräsentiert.

37 Zwei Tage nach der Hessen-Wahl zog es den Kanzler bereits wieder in die Ferne. Am 10. Oktober brach er zu einem Flug nach Japan und Singapur auf. Auf dem Hinweg benutzte er die Polarroute, zurück ging es über Indien und Arabien – einmal rund um die Welt. Neun Jahre waren seit dem letzten Besuch eines deutschen Bundeskanzlers, Kurt Georg Kiesingers, im Kaiserreich Nippon verstrichen.

Da sowohl in Japan wie in Singapur Verteidigungsfragen auf der Themenliste standen, schien das Bundespresseamt Wert darauf zu legen, Schmidts militärische Vergangenheit hervorzukehren. Im englisch abgefaßten, offiziellen Lebenslauf des Kanzlers, der durch die deutschen Botschaften verteilt wurde, hieß es unter anderem: »Military service (AA unit), finishing up as 1st Lieutenant of the Reserve and battery commander.«

Man flog mit zwei Flugzeugen. In der einen Maschine reiste der Kanzler mit seinen persönlichen Mitarbeitern, höheren Chargen des Auswärtigen Amtes, sechs Gästen aus Wirtschaft und Gewerkschaften sowie einigen Sicherheitsbeamten. Im zweiten Flugzeug, einer Linienmaschine der Lufthansa, saßen die technischen Delegationen und die Presse. Für die Journalisten hatte das Vor- und Nachteile. Das traditionelle Hintergrundgespräch mit dem Kanzler im Flugzeug fiel aus. Damit gab es auch keine Möglichkeit zu einem zwanglosen Gedankenaustausch mit der Kanzler-Begleitung, der von den Journalisten gerade auf langen Flügeln nicht nur als willkommene Abwechslung, sondern auch als Gelegenheit betrachtet wird, neue Verbindungen zu knüpfen beziehungsweise alte zu pflegen. Vielleicht wollte Helmut Schmidt das diesmal nicht.

Immerhin, kaum war er nach siebzehneinhalb Stunden Flugzeit in Tokio gelandet und hatte im Akasaka-Palast, dem Gästehaus für ausländische Staatsoberhäupter und Regierungschefs, die Koffer abgestellt, beeilte er sich, den »Kollegen von der Presse« noch vor dem Abendessen eine persönliche Einschätzung seines beginnenden Japan-Besuchs zu geben. Helmut Schmidt hatte es sich auf einem goldweißen Empire-Sessel bequem gemacht und das Jackett seines dunkelblauen Westenanzuges aufgeknöpft. Den linken Arm lässig auf die Rückenlehne gelegt, die rechte Hand mit der unvermeidlichen Mentholzigarette von Zeit zu Zeit genüßlich zum Mund führend, genoß der sozialdemokratische Kanzler die feudale Atmosphäre des Palastes, in dem einst die Meigi-Kaiser hofhielten. In einem Raum mit riesigen Kristallüstern, umrahmt von pompösem Dekor aus Goldstuck, weinroten Portieren und spiegelblanken Parkettfußböden, servierten weißbehandschuhte Diener kühle Drinks.

Der Kanzler wollte von Anfang an keine Zweifel aufkommen lassen, zwischen Deutschen und Japanern stünde nicht alles zum besten. Mehr noch: Der halben Hundertschaft deutscher Journalisten, die seinen Besuch zu kommentieren hatte, sollte eingeredet werden, der zierliche Ministerpräsident Fukuda sei Helmut Schmidts wichtigster Verbündeter bei der Bewältigung nationaler, bilateraler und multinationaler Wirtschaftsprobleme. Nicht nur an diesem Abend, auch in den folgenden drei Tagen wurde der Kanzler nicht müde, das Besondere seiner Freundschaft zu dem dreiundsiebzig Jahre alten Herrn mit dem zerknitterten Gesicht herauszukehren. »Ich kenne ihn schon mindestens sechs Jahre, noch aus meiner Zeit als Finanzminister . . . Ohne die Bereitschaft von Premierminister Fukuda, einen substantiellen Beitrag Japans zuzusagen, wäre ein erfolgreicher Abschluß der letzten Weltwirtschaftskonferenz in Bonn nicht möglich gewesen.«

Um jedoch dem politischen Schwenk das sensationell Neue zu nehmen und die deutsch-japanische Freundschaft als etwas ganz Natürliches, über einen längeren Zeitraum Gewachsenes hinzustellen, griff er tief in die Kiste und überraschte zum Beispiel in einer Tischrede am folgenden Abend die Ehrengäste mit einer Enthüllung aus seinem Lebenslauf: »So habe ich bereits 1949 eine wissenschaftliche Diplomarbeit über einen Vergleich deutscher und japanischer Geld- und Währungspolitik nach dem Krieg geschrieben . . .«

Helmut Schmidts Konzept war klar: Japan und die Bundesrepublik waren Ende der siebziger Jahre in ihrer Region die jeweils mächtigsten Industrie- und Handelsnationen. Beide Länder konnten jedoch – das war klar – ihren hohen Lebens- und Produktionsstandard nur aufrechterhalten, wenn der internationale Warenaustausch florierte, der Zugang zu den in anderen Ländern lagernden Rohstoffquellen gesichert blieb und das internationale Währungssystem nicht durch einen weiteren Fall des Dollar aus dem Gleichgewicht geriet (der Dollar war auf 1,86 Mark gesunken). Ausgerechnet am Vortag seiner Abreise erfuhr Helmut Schmidt eine Äußerung des amerikanischen Energieministers Schlesinger, wonach die USA 1985 nicht weniger, sondern noch mehr Rohöl verbrauchen würden als bisher. Eine Prognose, die sich später als falsch herausstellte, aber der Weltökonom Schmidt fiel darauf herein. Ein höherer Ölverbrauch hätte sich negativ auf die amerikanische Handelsbilanz und damit auf den Dollarkurs ausgewirkt. Schmidt: »Ich bin irritiert.«

Aber zu mehr als einer öffentlich bekundeten Beunruhigung ließ er sich nicht hinreißen. Er wußte natürlich, daß ohne die Amerikaner eine Lösung der weltweiten Wirtschafts- und Währungsprobleme nicht möglich war. Darum hatte er während der Anreise noch einmal drei Stunden darauf verwendet, mit grünem Filzstift seine in Tokio zu haltende Hauptrede zu überarbeiten. Die Passage über die unumgängliche Kooperation mit Washington formulierte er noch stärker. Damit außerdem nicht der Eindruck entstünde, die wiedererstarkten Deutschen und Japaner könnten ihrem amerikanischen Ziehvater aus der schweren Nachkriegszeit eine lange Nase machen, baute er unter anderem in seine Rede die Mahnung ein: »Deutsche und Japaner haben beide nach dem Krieg ihren Weg in die Völkergemeinschaft zurückfinden müssen. Beide Völker sind in diesen schwierigen Jahren den USA zu einem zuverlässigen Partner und guten Freund geworden.«

Er verglich die künftige Kooperation zwischen Japan, der Bundesrepublik und den Vereinigten Staaten mit einem »Dreieck« und reagierte allergisch, als ein Gesprächspartner von der Achse Bonn-Tokio sprach. »Tun Sie mir den Gefallen und benutzen Sie nicht diesen Ausdruck. Das löst Irritationen in anderen Gegenden der Welt aus.«

Zu den möglichen Irritationen trug Helmut Schmidt allerdings selbst unfreiwillig bei. Der Delegation des Kanzlers gehörte ein Mann an, der normalerweise nicht im Fahrwasser Schmidts anzutreffen war. Kurioserweise war es der Regierungschef selbst, der die deutschen Journalisten auf diesen ungewöhnlichen Vorgang aufmerksam machte: »Ich möchte Ihnen sagen, daß der Marineinspekteur, Vizeadmiral Günter Luther, mit uns reist.«

Der Bonner Journalist Gisbert Kuhn fragte prompt: »Mir ist nicht klar, was Luther hier eigentlich soll? Die Aufgabe der Bundeswehr ist doch innerhalb der NATO umschrieben.«

Für einen Moment kam der Kanzler ins Schleudern: »Sie haben völlig recht. Trotzdem haben die Bundesrepublik und die Bundesregierung ein außerordentliches Interesse an der Beurteilung der militärstrategischen Situation nicht nur in Europa, sondern auch zum Beispiel im Mittleren Osten.«

Regierungssprecher Bölling bemerkte hinterher zu seinem Chef: »Ich fand diese Frage völlig überflüssig.« Der Kanzler, realistischer: »Die Frage mußte doch kommen.«

Auch später wurde keine plausible Erklärung nachgeschoben, warum der ranghöchste Offizier der Bundesmarine mitreiste. Dabei bestand die Gefahr, daß die Sowjets die Anwesenheit des Admirals falsch deuteten. Seinerzeit wurden eine Aufrüstung Japans (damalige Mannschaftsstärke nur zweihundertfünfundzwanzigtausend) sowie seine Eingliederung in das westliche Verteidigungskonzept erwogen. Schon das Gerücht, es könne in diesem Zusammenhang zu einer Neuauflage deutsch-japanischer Waffenbrüderschaft aus dem letzten Weltkrieg kommen, hätte die Sowjets auf den Plan rufen müssen. Bölling nahm sich nachträglich noch einmal den

Journalisten Kuhn vor: »Sie wollen doch nicht etwa schreiben, daß wir hier eine Art schwarze Reichswehr aufbauen?«

Das war eine Anspielung auf Truppen, Waffen und Kriegsgerät, die sich die Weimarer Republik über die im Friedensvertrag von Versailles festgesetzten Kontingente (Heer nur hunderttausend Mann) verbotenerweise leistete; Flugzeug- und Panzerbesatzungen übten damals heimlich in der Sowjetunion. Auch Japan waren nach dem Zweiten Weltkrieg im Friedensvertrag von San Francisco bezüglich seiner militärischen Stärke strenge Auflagen gemacht worden. Natürlich wollte der Journalist Gisbert Kuhn nicht berichten, Bonn sei dabei, Tokio bei der Aufstellung geheimer Truppenkontingente zu helfen. Aber er wollte den Kanzler und seine Begleiter ein bißchen »zwiebeln«, was seit jeher zum Katz-und-Maus-Spiel zwischen Journalisten und Regierenden gehört.

Helmut Schmidt duldete jedenfalls während des zweieinhalbtägigen Tokio-Aufenthaltes keine Kritik an seinen neuen Verbündeten, den Japanern. Wie der Slalomfahrer die Torstange mied er das Problem der mageren deutschen Exporte nach Japan, das man auf Importrestriktionen und die Übermacht traditioneller japanischer Handelsfirmen zurückführte. Wo er die unzureichenden Angebote Tokios für Zollsenkungen ansprach, tat er es, ohne die Japaner beim Namen zu nennen: »Wer auf den Weltmärkten exportieren will, der muß auch seine heimischen Märkte für Importe öffnen.«

Damals betrug das Handelsdefizit der Bundesrepublik gegenüber Japan jährlich dreieinhalb Milliarden Mark. Dennoch sah der Kanzler keinen Anlaß, sich in Tokio für die deutsche Exportwirtschaft zu engagieren. »Herr Diehl«, hatte er am Vorabend seines Besuchs den deutschen Botschafter im Beisein der angereisten Journalisten scheinheilig gefragt, »können Sie uns mal sagen, ob es irgendwelche Dinge von bilateralem Charakter gibt, die wir den Kollegen von der Presse vorweg sagen müssen?«

Nein, auch der Botschafter vermochte nicht mit konkreten Beschwerden zu dienen – »so leid mir das im Interesse der Presse tut«. Eine ausgeklügelte Regie sorgte dafür, daß die Journalisten im weiteren Verlauf mit einer Gruppe deutscher Wirtschaftsvertreter zusammentrafen, die ganz auf der Kanzler-Linie lag und angeblich auch keine Probleme sah. Daß die Schwierigkeiten nichtsdestotrotz existent waren (und es bis heute sind), ging schon aus der geheimgehaltenen Tatsache hervor, daß – kurz vor dem Eintreffen des Kanzlers in Japan – die Abteilungsleiterin im Bundeswirtschaftsministerium, Ministerialdirektorin Helga Steeg, im Namen von Wirtschaftsminister Graf Lambsdorff dem japanischen Außenwirtschaftsminister einen Brief geschrieben hatte, in dem sie die Japaner aufforderte, endlich einen größeren Beitrag bei den Genfer Gesprächen über Zollsenkungen (GATT) zu leisten.

Zu den Erschwernissen, mit denen deutsche Exporteure in Japan zu kämpfen hatten, zählten nicht nur zu hohe Importzölle, sondern auch ein feingesponnenes Netz anderer restriktiver Einfuhrbestimmungen. So wurden deutsche Pharmahersteller durchschnittlich fünf Jahre hingehalten, bis sie in der Bundesrepublik entwickelte Erzeugnisse in Japan verkaufen durften. Die Gesundheitsbehörden in Tokio erkannten die deutschen pharmakologischen Tests nicht an. Die klinischen wie vorklinischen Versuche mußten in Japan wiederholt werden. Während Nippons Söhne an Rhein und Ruhr ganze Branchen, etwa den HiFi- und Kameramarkt, eroberten, schotteten sie sich zu Hause gegen ausländische Erzeugnisse ab.

Es waren allerdings nicht nur die bürokratischen Schikanen, die den vermehrten Absatz von Waren »Made in Germany« beinahe unmöglich machten. Viele deutsche Unternehmer trauten sich nicht zu, mit den Besonderheiten dieses Marktes fertig zu werden. Das wiederum erregte bei Helmut Schmidt und seinem Wirtschaftsminister nicht Mitleid, sondern allenfalls Spott. Lambsdorff: »Das Schlimmste ist doch der Umstand, daß hier Japaner leben und daß sie dazu noch japanisch reden.«

Als Helmut Schmidt am 13. Oktober 1978 nach Singapur weiterflog, hatte er in Tokio zwar nichts bewegt, sich jedoch als Staatsmann weiter profiliert. Der Kanzler hatte mit Kaiser Hirohito gespeist, zwischen seinen Gesprächen mit Ministerpräsident Fukuda historische Sehenswürdigkeiten, wie den Hachimangu-Schrein und den großen Buddha auf der Insel Enoshima, besichtigt und vor allem die Japaner mit Komplimenten überschüttet. Aber an der extrem unausgeglichenen Handelsbilanz änderte das für die nächsten Jahre nichts.

Während seines Tokio-Aufenthalts hatte ihn ein Fernschreiben aus Bonn mit der höchsten Dringlichkeitsstufe, nämlich »citissime nachts«, erreicht, was in Normaldeutsch soviel wie »auch nachts zuzustellen« heißt. Eingedenk der Schlafgewohnheiten des deutschen Regierungschefs trug der Dringlichkeitsvermerk jedoch den einschränkenden Zusatz »zum dienstbeginn mittwoch 11. 10. 78«. Die Nachricht selbst las sich wie folgt: »betr. bundeskanzlerbesuch. ministerpraesident lee kuan yew hat nach rueckkehr von laengerer reise nachstehende aenderungswuensche ausgesprochen . . . begruendung: ministerpraesident haelt frueher uebermitteltes programm fuer zu ueberlastet und legt fuer sich wert auf eine einstuendige unterbrechung zwischen delegationsgespraechen und fernsehinterview . . . um umgehende mitteilung, ob bundeskanzler mit diesem neuen programmablauf einverstanden, wird gebeten.«

Lee Kuan Yew, Singapurs starker Mann, seit der Unabhängigkeit von britischer Kolonialherrschaft im Jahre 1959 Premierminister des nur 2,3 Millionen Einwohner zählenden Inselstaates an der Südspitze des malaiischen Festlandes, bewies einmal mehr, wer der Herr im Hause ist: nämlich er, und auf gar keinen Fall irgendwelche Protokollbeamten. Der 1923 geborene Chinese — mit der mittelgroßen, asketischen Statur und der hohen Stirn im kantigen Gesicht, das mit seiner Physiognomie an Adenauersche Gesichtszüge erinnerte — hatte schon immer »par ordre du moufti« regiert. Langhaarigen Jünglingen ließ er die Haare stutzen. Wer Papier oder Zigarettenkippen auf die Straße warf, wurde mit einer hohen Geldstrafe belegt, auf den Besitz von Rauschgift stand sogar die Todesstrafe.

Aber das war nur die eine Seite des Lee Kuan Yew, der bei tropischer

Schwüle den Bundeskanzler am Flugplatz persönlich abholte und ihn in das im Kolonialstil errichtete Gästehaus Istana, dem ehemaligen Sitz des britischen Generalgouverneurs, begleitete. Das Bemerkenswerte an der von ihm praktizierten südostasiatischen »Demokratur« war, daß sie von einem Sozialisten verordnet wurde. So glich die Tischrede Lee Kuan Yews beim Bankett zu Ehren des Besuchers aus Deutschland eher der Grußadresse auf einem sozialistischen Brudertreffen. Der Gastgeber sang das Hohelied auf die Sozialdemokratische Partei Deutschlands: »Sie repräsentieren eine exzeptionell sozialdemokratische Partei . . . Die SPD/FDP-Regierung hat die niedrigste Inflationsrate aller Industriestaaten erreicht.« Auch der Hinweis auf die eigene sozialistische Kinderstube fehlte in dieser Rede nicht: »Unsere Gesellschaft ist geprägt von Männern, die ihrerseits geprägt wurden von den sozialistischen Idealen der britischen Labour Party der vierziger und fünfziger Jahre . . .«

Daß sich der Kanzler in der Umgebung dieses Mannes wohl fühlte und daß es sein ganz persönlicher Wunsch gewesen war, die vorangegangene Japan-Reise mit einem zweitägigen Abstecher nach Singapur zu verbinden, hing außerdem mit den kapitalistischen Ansichten dieses ungewöhnlichen Sozialisten Lee Kuan Yew zusammen. Der Chinese war ein lupenreiner Anhänger westlichen Unternehmertums und freier Marktwirtschaft. Hier ein kurzer Auszug aus seinen wirtschaftspolitischen Ansichten, die er auch in seinem Gespräch mit Helmut Schmidt äußerte:

»Jene Länder in Asien, die freies Unternehmertum zugelassen haben, haben unvergleichbar mehr Erfolg als jene, die es mit Verstaatlichung und Staatsbetrieben versucht haben . . . In den fünfziger Jahren waren in Singapur viele intelligente, beflissene junge Männer als Mitglieder kommunistischer Untergrundzellen im Guerillakampf engagiert. Streiks, Demonstrationen und Morde gehörten zum wöchentlichen Geschehen. Heute sind dieselben jungen, hellen, beflissenen Typen in der Industrie als junge Ingenieure und Manager . . . Unternehmerschaft und Funktion des freien Marktes haben uns den höchsten Produktions- und Konsumstandard in der Geschichte beschert.«

Lee Kuan Yew teilte sogar, was den ost- und südostasiatischen Raum anging, militärpolitisch die Einschätzung von Helmut Schmidt. Beide forderten eine militärische Aufrüstung Japans zur Unterstützung der USA im Pazifik. Lee Kuan Yew: »Die meisten Führer erkennen und akzeptieren die Tatsache, daß eine wirkungsvolle japanische Verteidigungskapazität unvermeidbar ist.«

Der Kanzler und seine Delegation wurden vom Genossen Kapitalisten, Lee Kuan Yew, gleich am ersten Abend mit einem Galadiner und folkloristischen Darbietungen im Park des Gästehauses unterhalten. Es war eine laue Tropennacht unter traumhaft schönem Sternenhimmel – und die einmalige Gelegenheit, der für alle Beteiligten anstrengenden Reise endlich etwas Angenehmes abzugewinnen. Die Anwesenden waren auf eine lange, unterhaltsame Nacht eingestimmt. Aber mit sturer Einfallslosigkeit schrieb das Programm für 22.30 Uhr vor: »Der Herr Bundeskanzler und

Frau Schmidt verabschieden sich.« Helmut Schmidt hielt sich auch ans Protokoll, wie er sich im Ausland stets durch Manierlichkeit auszeichnete. Als er aufbrach, ließ er eine heitere Abendgesellschaft zurück, die plötzlich das Gefühl hatte, man hätte ihr die Stühle unter dem Allerwertesten weggezogen. Der Leibarzt des Kanzlers, Dr. Wolfgang Völpel, schlenderte noch lange mit einem Bonner Reisegefährten durch den nächtlichen, von schwerem Blütenduft erfüllten Park und dachte laut über den »idiotischen« Ablauf solcher Veranstaltungen nach.

Anderntags besichtigte Helmut Schmidt den gewaltigen Hafen, der damals mit jährlich zweiundvierzigtausend abgefertigten Schiffen, über fünfundsechzig Millionen Tonnen umgeschlagenen Gütern und mit den drittgrößten Raffinerieanlagen der Welt (nach Rotterdam und Houston) einer der bedeutendsten Seeverkehrsknotenpunkte war und immer noch ist. Dazwischen fanden weitere Gespräche mit Lee Kuan Yew statt, an denen zeitweise auch Schmidts persönliche Gäste teilnahmen: Commerzbank-Vorstand Robert Dhom, Daimer-Benz-Vorstand Edzard Reuter, der Vorsitzende der IG Textil und Bekleidung Karl Buschmann, der Betriebsratsvorsitzende der Blohm & Voss AG, Carl Schreyer, ferner Dr. Dieter Lorenz-Meyer, Vizepräses der Handelskammer Hamburg, und Frau Professor Dr. Beatrix von Ragué, Direktorin des Museums für Ostasiatische Kunst, Berlin.

Der Kanzler und Lee Kuan Yew hatten sich auf Anhieb verstanden, weil, wie einer von Schmidts persönlichen Gästen befand, »beide vom Sozialismus reden, aber stramme Unternehmerpolitik betreiben«.

In der Tat, Westdeutschlands Wirtschaftsbosse waren mit dem zweiten SPD-Kanzler in den zurückliegenden vier Jahren nicht schlecht gefahren. Das Kapital der an der Börse notierten Aktiengesellschaften war von vierundzwanzig auf vierundvierzig Milliarden, der Kurswert der Papiere von hundert auf hunderteinundfünfzig Milliarden, die Dividenden von 12,98 auf 18,74 Mark je Hundert-Mark-Stück, die Aktien-Renditen von 3,72 auf 4,58 Prozent gestiegen. Die veranlagten Einkommensteuern waren im Monatsmittel von 2,2 auf 2,9 Milliarden, die Lohnsteuer dagegen, die der kleine Mann bezahlen mußte, sogar von 5 auf 7,5 Milliarden geklettert. Schmidt hatte die Inflation von sieben auf zwei Prozent gedrückt, wodurch es den Gewerkschaften schwerfiel, mit dem Argument eines notwendigen Inflationsausgleichs auf kräftige Lohnerhöhungen zu drängen. Andererseits waren die Kapitalkosten (Anleihezins) von zehn auf sechs Prozent gesunken.

Der Kanzler fand das Gespräch mit Lee Kuan Yew hochinteressant. Unter anderem erhielt er einen detaillierten Bericht über die Untaten der kommunistischen Roten Khmer unter Pol Pot in Kambodscha. Sein Gastgeber sagte, die Zahl der Ermordeten belaufe sich auf zwei bis drei Millionen, »eher drei Millionen Menschen«. Der Kanzler war tief betroffen. Über dem Gespräch vergaß er sogar die genaue Abflugzeit, was dazu führte, daß der gesamte internationale Flugverkehr über Singapur für vierzig Minuten unterbrochen werden mußte. Erst dann war die Kanzler-

Maschine endlich gestartet. Niemand aus seiner Begleitung hatte den Mumm gehabt, ihn auf die Konsequenzen eines verspäteten Abflugs aufmerksam zu machen.

# 38

Wie ein geborener Herrscher verstand Helmut Schmidt, seinen politischen Gesprächspartnern mit zeremoniellem Klimbim zu schmeicheln. So auch, als Roy Jenkins, Präsident der EG-Kommission, Bonn einen Besuch abstattete. Obwohl der Kanzler die häufigen Besuche des Engländers schon glossierte (»Also immer noch einmal in derselben Starbesetzung im selben Zimmertheater«), kitzelte er dessen Ego mit den kleinen Accessoires des Protokolls. Für den EG-Präsidenten wurde jedesmal am Portal des Kanzleramtes der rote Teppich ausgerollt, und ein eigens aufmarschierter Doppelposten des Bundesgrenzschutzes präsentierte das Gewehr. Schmidt war für Roy Jenkins das, was man im Showgeschäft einen Promoter nennt.

Als sich Großbritannien für die Präsidentschaft der EG-Kommission interessierte, war es der Kanzler, der sich für »my dear Roy« als Kandidat stark machte. Und als Jenkins dann den Posten erhielt, setzte sich Helmut Schmidt dafür ein, daß der neue EG-Präsident am nächsten Weltwirtschaftsgipfel als achtes Konferenzmitglied teilnehmen durfte. Dabei riskierte er eine ernste Verstimmung, denn nicht nur die Franzosen sperrten sich dagegen, sondern komischerweise auch die Briten.

In Brüssel hatte Jenkins keinen guten Start. Er tat sich schwer, Freunde zu finden, und war sehr bald vom Alltag der Kommissionsarbeit gelangweilt. Seine Ernennung sah schon nach einem Fehlgriff aus, da trat er im Oktober 1977 mit dem (wieder aufgewärmten) Vorschlag einer europäischen Währungsunion an die Öffentlichkeit, um der Dollarabhängigkeit zu begegnen und der wirtschaftlichen Schwierigkeiten in den EG-Ländern besser Herr zu werden. Er handelte sich damit zwar die Kritik von Helmut Schmidt ein, der eine Währungsunion mit einem europäischen Zentralbankrat für eine Utopie hielt, aber Jenkins hatte sich als politischer Vollprofi erwiesen, weil er zum richtigen Zeitpunkt in die richtige Richtung wies. Wenig später zog der Kanzler mit seiner eigenen Idee eines Systems sich gegenseitig stützender europäischer Währungen – Europäisches Währungssystem (EWS) – nach. Seitdem war zwar Jenkins' Vorschlag erledigt, aber er selbst galt als wichtiger Vermittler zwischen den divergierenden Ansichten der neun Mitgliedsstaaten.

Seine Maklerrrolle führte Jenkins im Spätherbst 1978 gleich zweimal nach Bonn. Für den 5. Dezember war das nächste Treffen der EG-Staats- und Regierungschefs angesetzt. Dort sollte die Entscheidung fallen, ob man den EWS-Plan des Kanzlers in ursprünglicher, in abgewandelter Form oder gar nicht annehmen wollte. Die Vorverhandlungen waren nicht in seinem Sinne verlaufen. Die Belgier hatten einen Gegenvorschlag unterbreitet – zum finanziellen Nachteil der Deutschen –, und bis auf die Holländer und Dänen zogen alle anderen diesen Plan dem des Kanzlers vor.

Ein gewichtiges Wort hatten in diesem Währungskonzert aber immer noch die Banken zu sprechen. Zu einigen Bankiers, insbesondere zu britischen, hatte Roy Jenkins gute Verbindungen, die Helmut Schmidt jetzt nutzen konnte.

Das Europäische Währungssystem sollte folgendermaßen funktionieren (inzwischen wurde es auch verwirklicht): Die Wechselkurse der beteiligten EG-Währungen würden gegeneinander festgeschrieben werden, jedoch nicht völlig starr. Geringfügige Schwankungen innerhalb einer bestimmten Bandbreite wären erlaubt. Für den Fall, daß auf Grund gestiegener Inflation in einem Partnerland die Währung an den Interventionspunkt gelangte, würden die nationalen Notenbanken durch Stützungskäufe ein weiteres Absinken der Währung verhindern. Zu diesem Zweck sollten sie ein Fünftel ihrer Währungsreserven in Gold oder Dollar in einen Spezialfonds einzahlen – die Deutschen am meisten, nämlich bis zu zwanzig Milliarden Mark. Als Währungseinheit im Buchungsaustausch zwischen den Notenbanken sollte eine Euro-Währung, der Ecu (European Currency), geschaffen werden. Mit den quasi stabilen Wechselkursen sollten die europäischen Unternehmer wieder die Möglichkeit erhalten, Kosten und Preise exakt zu kalkulieren. Bereits seit 1973 existierte ein ähnliches System, die Währungsschlange, allerdings waren die Franzosen 1976 ausgeschert. Nun sollte sich Frankreich dem EWS wieder anschließen.

Drei Tage vor der entscheidenden Sitzung in Brüssel erschien Roy Jenkins erneut beim Kanzler: »It seems to have become a sort of routine«, näselte der EG-Präsident entschuldigend. Wie stets, fragte er zunächst nach der Toilette.

Als er wenig später Helmut Schmidt gegenübersaß, stöhnte der Kanzler: »I am under heavy pressure«, und als Jenkins ihm einen Brief mit der Bemerkung »Ich habe da ein kleines Geschenk für Sie« über den Tisch reichte, fragte Schmidt irritiert zurück: »Was Nettes oder eine Bombe?«

»Ihnen wird's gefallen, einigen Ihrer Minister nicht. Es sind die neuen Vorschläge der Kommission zur Landwirtschaftspolitik.«

Damit waren die Herren mitten im EG-Alltag. Der Warenaustausch innerhalb der EG war in den vergangenen fünf Jahren noch langsamer gestiegen als der nur schleppend wachsende Welthandel – eine besonders für die Bundesrepublik sehr bedrohliche Entwicklung, weil sechzig Prozent (heute 50,8 Prozent) des westdeutschen Exports in EG-Länder gingen. Vor diesem Hintergrund und auf Grund der Tatsache, daß die Bundesrepublik als das wirtschaftlich stabilste Land der EG galt, fand es Helmut Schmidt »reichlich provinziell«, wenn jemand gegenüber seiner Idee von stabilen Wechselkursen für die Europäische Gemeinschaft Skepsis äußerte. Der Kanzler: »Es gibt nicht wenige deutsche Banker und übrigens natürlich auch Professoren – wie sollte es anders sein? –, die die Sorge verbreiten: Die Schaffung dieses Europäischen Währungssystems sei der Anfang vom Ende unserer Stabilitätspolitik . . . Aber wenn man die Besorgnis deutscher und englischer Bankiers nebeneinanderlegen würde, würden sie sich gegenseitig aufheben. Und diejenigen, die dieses neue System betreiben, bräuchten von den Besorgnissen weder der einen noch der anderen Seite groß Kenntnis zu nehmen.«

Vor dem Verband öffentlicher Banken in Berlin verteidigte er reichlich barsch und mit einem wahren Bandwurmsatz seine Währungspläne: »Für was hält man mich eigentlich, der ich einer derjenigen war, die seit der Lösung der Mark vom Dollar unter Inkaufnahme von unglaublicher Pression und innenpolitischer Kritik, von links wie von rechts, von Arbeitgebern wie Gewerkschaften, es auf sich genommen haben, gemeinsam mit anderen, gemeinsam mit der Bundesbank, gemeinsam mit wenigen, seit fünfeinhalb Jahren diesen Stabilitätskurs zu fahren –, daß man mir nun, wo wir die Erfolge deutlich in der Hand halten, unterstellt, diesen Erfolg verschenken zu wollen.«

Das honorige Publikum war baff. So direkt pflegte man sich in diesen Kreisen nicht auszudrücken. Jüngere SPD-Minister waren eher von Helmut Schmidt beeindruckt, wenn er so sprach, vor allem, wenn er Zukunftsvisionen von einer deutsch-französischen Allianz in einem erstarkten Europa vortrug. Entwicklungshilfeminister Rainer Offergeld meinte: »Ich denke oft an Bismarck, wenn ich ihn so reden höre.«

Der »Bismarck von Bonn« regierte zwar noch nicht so lange wie sein berühmtes Vorbild, aber immerhin bereits länger als sein Vorgänger Willy Brandt. Als ihn Roy Jenkins besuchte, war er genau vier Jahre und einhundertneunundneunzig Tage im Amt.

Die Sitzung des EG-Rats, die halbjährliche Konferenz der damals neun Staats- und Regierungschefs der Europäischen Gemeinschaft, verlief jedoch anders, als Helmut Schmidt gehofft hatte. Wiewohl er den Vorsitz führte und mit Elan das Konferenzgebäude betrat – das Ende eines farbigen Wollschals wie Karajan lässig über die Schulter geworfen –, zerbrach im Laufe der vierundzwanzigstündigen Marathonsitzung seine Vision, »etwas zustande zu bringen, was für den ganzen Rest des Jahrhunderts von großer politischer Bedeutung ist«. Er hatte letztlich Höheres als Wechselkurse im Visier. Ihm ging es um die politische Führung in Europa, wenn nicht gar in der westlichen Welt. Die Europäer müßten die Führungsrolle übernehmen, die Amerika nach Meinung von Schmidt nicht mehr ausfüllte. Mit Carter hatte er zwar vorübergehend einen Burgfrieden geschlossen, aber von dessen staatsmännischen Fähigkeiten hielt er nach wie vor nichts. Die neue Leitfigur sollte Giscard d'Estaing heißen, dem er, Helmut Schmidt, im Hintergrund assistieren wollte, und die Westeuropäer sollten auf dem Fundament des neuen Europäischen Währungssystems einen wirtschaftlichen Machtblock darstellen und mit einer Stimme sprechen.

Die Realität von Brüssel sah indes anders aus.

Zunächst einmal zerstritten sich – schon damals – die Konferenzteilnehmer über eine geplante Revision des Agrarmarktes. Der Kanzler voller Enttäuschung: »Den gemeinsamen Agrarmarkt gibt es in Wirklichkeit nicht. Es gibt nicht denselben Preis für einen Liter Milch oder für ein Pfund Butter in zwei verschiedenen europäischen Ländern; jedenfalls nicht für die Konsumenten. Den gleichen Preis gibt es nur für die Rechner. Der Agrarmarkt ist also schon auseinandergefallen. Der Agraraustausch ist heute in Europa schwieriger als vor fünfzig Jahren. Seinerzeit brauchte man nur Zölle zu bezahlen. Heute muß man unglaubliche Berechnungen anstellen, um zu wissen, was man für ein Pfund Butter verlangen darf.«

Was das geplante Währungssystem anging, so mochten sich die Briten mit Schmidts Freund James Callaghan an der Spitze dem nicht anschließen, und die Iren und Italiener nur unter Vorbehalt. Rom bestand auf einer Extrawurst, nämlich auf einem besonders großen zulässigen Schwankungsbereich. Der Kanzler: »Ich glaube nicht, daß dies dem ganzen System zusätzliche Festigkeit gibt.« Als er nach Bonn zurückkehrte und dem Kabinett Bericht erstattete, herrschte zunächst peinliches Schweigen – bis ihm Josef Ertl für die »umsichtige Verhandlungsführung« dankte: »Sie haben viel auf sich genommen.«

Noch tat diese Schlappe dem glanzvollen Image des Kanzlers keinen Abbruch. Dessen Haben-Konto war weiterhin hoch. Außerdem hielt Giscard ein Trostpflaster bereit: Er lud den Kanzler für Anfang Januar zu einem vertraulichen Beisammensein mit Jimmy Carter und James Callaghan auf die französische Karibikinsel Guadeloupe ein. Äußerlich war Schmidt damit zu einem der vier obersten Staatslenker der westlichen Welt aufgerückt, rangierte mithin in den Augen der Weltöffentlichkeit noch vor dem Italiener Andreotti, dem Japaner Fukuda und Kanadas Premier Trudeau.

Bevor es jedoch zu dem spektakulären Vierergipfel kam, feierte der Kanzler seinen sechzigsten Geburtstag. Er hätte es gern klein gehabt. »Drei Stunden stehen, das könnt ihr mir doch nicht zumuten«, hatte er bei der Planung der Bonner Gratulationscour gebeten. Dann aber wurde gleich dreimal gefeiert. Bereits am Vorabend des großen Ereignisses flog eine kleine, erlauchte Gästeschar in einer Bundeswehrmaschine von Bonn nach Hamburg, wo sie sich zusammen mit dem Kanzler eine Theateraufführung ansah. Ort des Spektakels war indes nicht die noble Staatsoper der Hansestadt, sondern – was keine Anspielung auf das Alter des Jubilars sein sollte – ein Seniorenzentrum in Helmut Schmidts Wahlkreis Hamburg-Bergedorf, Das Haus am Park. Dorthin hatte Freund Kurt Körber (Hauni-Werke) eingeladen. Gespielt wurde – wieder eine Besonderheit – Carl Maria von Webers Freischütz auf Plattdeutsch. Körber: »Ein Lacher von Anfang bis Ende.« Ein anderes Ensemble war für diesen Tag nicht zu kriegen. Aber immerhin traten die Gesangssolisten der Staatsoper und die Darsteller der Neumünster Laienbühne auf.

Nach der Vorstellung wurde im kleinen Kreis weitergefeiert. Unter den Gästen befanden sich Ex-Krupp-Chef Ernst Wolf Mommsen, Ex-Bürgermeister Herbert Weichmann und Ex-Kanzlerkandidat Rainer Barzel, Bankier Alwin Münchmeyer und Verteidigungsminister Hans Apel. Als später der Hamburger Reeder Rolf Stödter und der ehemalige Bundesbankpräsident Karl Klasen in einem schon Wochen vorher einstudierten halbstündigen Sketch Helmut Schmidt mit dem »Eisernen Kanzler« verglichen – das wurde unter Gesinnungsgenossen anscheinend langsam Mode −, maulte der ebenfalls geladene Hamburger SPD-Chef Oswald Paulig: »Ausgerechnet mit Bismarck, der uns Sozialdemokraten ein Saupack schimpfte.« Staatssekretär Manfred Schüler vom Kanzleramt, auch zu Gast, fand sogar, die Darbietung hätte »das Niveau einer Abiturfeier« gehabt.

Lange nach zwei Uhr nachts verließ Helmut Schmidt das Haus am Park, um zu Fuß zum Bergedorfer Bahnhof zu gehen, wo ein Sonderzug nach Bonn bereitstand. Als er durch ein Spalier von achthundert Fackelträgern schritt, die Fabrikant Körber aus seiner Belegschaft zusammengetrommelt hatte, machte sich in den Augen des Kanzlers verdächtige Feuchtigkeit bemerkbar. Auch ein barscher Mann zeigt gelegentlich Gefühl.

Der nächste Morgen in Bonn begann mit einer wahren Flut von Glückwünschen. Jimmy Carter meldete sich im Namen des »amerikanischen Volkes«, und Breschnew vertrat brieflich die Ansicht, daß sie beide noch viel Mühe aufwenden müßten, damit sich die Zusammenarbeit zwischen Moskau und Bonn auch künftig erfolgreich entwickle. Kurz vor zehn Uhr stand der Jubilar unter einem Kristalleuchter im alten Kabinettssaal des Palais Schaumburg − frisch vom Friseur, im schwarzen Westenzug − und schaute drein wie jemand, dem die Sechzig schwer im Magen liegen.

»Ich komme mir sehr komisch vor«, gestand er dem Bundespräsidenten, der ihm seine guten Wünsche aussprach. Mildred Scheel versuchte, mit bewährten Sprüchen über die Altersschwelle hinwegzuhelfen: »Helmut, es fängt jetzt erst an, schön zu werden. Von sechzig bis achtzig, da kommt doch die Zeit der Muße.«

Rund sechshundert Repräsentanten aus Politik und Wirtschaft, der Kirchen und der Kunst machten dem Kanzler ihre Aufwartung und stießen mit lauwarmem Sekt auf ihn an. Zum Auftakt hatte ein Musikkorps des Bundesgrenzschutzes einen Militärmarsch und ein Potpourri von Seemannsliedern *Hallo, Hamburg* gespielt. Unter den Gratulanten fehlten nur Franz Josef Strauß und Willy Brandt. Sonst war alles anwesend, was Rang und Namen hatte. Bundestagspräsident Karl Carstens überreichte einen alten Landkartenstich von Schleswig-Holstein (»mit dem Brahmsee«), Helmut Kohl schenkte ein Deutschland-Buch, und von Herbert Wehner erhielt der Kanzler Reproduktionen von zwanzig vollständigen Zeitungsausgaben, darunter die *Neue Zürcher Zeitung*, das *Hamburger Tageblatt*, der *Simplicissimus*, jeweils die Ausgabe vom 23. Dezember 1918, dem Tag, an dem Helmut Schmidt geboren wurde.

Der Präsident des Deutschen Industrie- und Handelstags, Otto Wolff von Amerongen, nannte Schmidt »einen der großen Kanzler dieser Republik«. Und AA-Staatsministerin Hildegard Hamm-Brücher meinte etwas mißverständlich: »Die Zukunft der Demokratie legen wir Ihnen auch ans Herz.« Für die, die sonst wenig das Sagen hatten, schlug die große Stunde. Egon Franke beanspruchte für sich das Recht, als »Senior des Kabinetts« die bis auf Hans Apel vollständig erschienene Ministerriege anzuführen und das Präsent des Kabinetts zu überreichen.

Franke: »Herr Bundeskanzler, ich erlaube mir, Ihnen dieses Geschenk, das wir im engsten Einvernehmen mit Ihrer Umgebung ausgesucht haben«, dabei glitt sein Blick zu Loki Schmidt, die in einem blauen Kostüm mit heller Paspelierung strahlend neben ihrem Mann stand, »zu überreichen.« Es handelte sich um Gesammelte Werke von Autoren aus vier Jahrhunderten. Da der Transport der Bände, darunter Ausgaben von Heine, Hölderlin und Stifter, den Ministern zu schwer war, hatte man sich mit einer urkundenähnlichen Auflistung der Autoren und Titel begnügt.

Franke: »Günter Gaus, der das draußen vor der Tür sah, hielt es für die neue Kabinettsliste und war sauer, daß er nicht draufstand.«

Echte Freude löste beim Kanzler aus, was von untrüglichem Wert war. So das Geschenk der Bundesbank, bestehend aus silbernen und goldenen Ecus, ein Gemälde (*Mädchenhändler*) des sozialkritischen Malers Otto Dix, das sich der Gemeinschaftsausschuß der Gewerblichen Deutschen Wirtschaft um die fünfundfünfzigtausend Mark hatte kosten lassen, und ein echter Nolde, ein Geschenk seiner Hamburger Freunde.

Am Nachmittag flog das Geburtstagskind in seine Heimatstadt zurück. Dort stieg dann die dritte Fete. Erst gab es einen Empfang im Rathaus, dann ein Essen im Ratskeller. Helmut Schmidt begrüßte alte Freunde und Bekannte mit Zurufen wie: »Na, du alter Gauner« oder »Gruß an Tante Anni!« Zweitausendfünfhundert Hamburgern mußte er die Rechte schütteln. Des Kanzlers Stoßseufzer am Ende des Geburtstags: »Meine Hand fällt mir ab.«

Aber er hatte es letztlich nicht anders gewollt.

**39** Der Kanzler trug einen Pappzylinder und tutete auf einer Kinderquäke. Dazu schwang er eine Rassel, blies bunte Luftballons auf und rief: »Prosit Neujahr!«

Ort der Ausgelassenheit war der vornehmlich von Engländern besuchte Windermere Club auf den Bahamas. Hier feierte Helmut Schmidt mit seinen engsten Mitarbeitern den Eintritt ins neue Jahr. Fünf Stunden zuvor hatte er schon einmal auf 1979 angestoßen und dazu seine Begleiter in seinen Hotelbungalow gebeten, um just in jenem Moment die Gläser klirren zu lassen, da es zu Hause in Deutschland Mitternacht schlug und die Böller krachten.

Zum Jahreswechsel 1976/77 hatte er einen verregneten Urlaub in Marbella im Haus seines Freundes Rolf Stödter verbracht. Im darauffolgenden Jahr war er einer Einladung Sadats an den Nil gefolgt und hatte mit ihm auf einem Dampfer Silvester gefeiert, was auch nicht besonders lustig ausfiel. Dieses Mal hatte er sich vorgenommen, sein Urlaubsdomizil selber zu bezahlen, um von jeglichen Verpflichtungen frei zu sein.

Schon Monate zuvor hatte er wie Otto Normalverbraucher über das Bahama-Tourist-Office in Frankfurt anfragen lassen, wo sich in dem Inselstaat am Rande der Karibik am besten Urlaub machen lasse. »Im Windermere Club vor der Insel Eluthera«, lautete die Antwort. »Er ist mit der Insel nur durch eine einzige Brücke verbunden und daher sicherheitsmäßig optimal.«

Der Kanzler hatte es immerhin verstanden, seine Ferien als Arbeitsurlaub auszugeben. So mußte er nicht die ganze Reise aus eigener Tasche bezahlen. Bevor er in besagtem Club entspannte, hatte er an einem zweitägigen Nord-Süd-Dialog der Regierungschefs von sieben Industrie- und Entwicklungsländern auf Jamaika teilgenommen. Außer ihm waren Michael Manley (Jamaika), Olusegun Obasanjo (Nigeria), Carlos Andres Perez (Venezuela), Malcolm Fraser (Australien), Pierre Trudeau (Kanada) und Odvar Nordli (Norwegen) zugegen. Helmut Schmidts Beitrag auf dieser Zusammenkunft bestand im wesentlichen in der Anregung, die kommunistischen Staaten des Ostblocks künftig zu solchen Nord-Süd-Dialogen einzuladen und die Sowjetunion, ihre osteuropäischen Verbündeten und China aufzufordern, sich an einem gemeinsamen Fonds in Höhe von mehreren Millionen Dollar zu beteiligen, mit dem die Weltmarktpreise wichtiger Rohstoffe stabilisiert werden könnten. Außerdem sollten sie ihre Rüstungslieferungen an Entwicklungsländer einstellen. Aus dieser Anregung wurde, wie zu erwarten, nie etwas.

Danach war der Kanzler auf die Bahamas geflogen, um vor der nächsten Konferenz, einem Gipfeltreffen mit Jimmy Carter, Valéry Giscard d'Estaing und James Callaghan, auszuspannen. Während dieses Kurzurlaubs vergaß er die Arbeit jedoch nicht. Jede Lufthansa-Maschine aus der Bundesrepublik, die auf den Bahamas zwischenlandete, hatte Kuriergepäck für den Regierungschef an Bord: Packen von Zeitungen, Nachrichtenübersichten des Bundespresseamtes, Akten und Post aus dem Kanzler-Büro. Helmut Schmidt war so fleißig, daß er seinen mitgereisten Bürochef, Klaus Dieter Leister, gelegentlich mahnte: »Holen Sie mal die Akten ab, die ich fertig habe.«

Wenn der Kanzler nicht vor sich hinwerkelte, schlief er, spielte Schach und Pingpong. Oder er ging am Strand, vor dem sich eine herrliche Brandung brach, spazieren. Ins Wasser steigen sah man ihn nie. »Ich lasse mir nur ungern von fremden Leuten auf den Bauch gucken«, meinte Schmidt. Nach vier Tagen flog er mit seiner Luftwaffen-Boeing zum Gipfeltreffen nach Guadeloupe. Für Helmut Schmidt war es eine Premiere: Vor ihm war noch kein deutscher Bundeskanzler zu einem solch hochkarätigen Treffen eingeladen worden – als Gleichberechtigter unter den Spitzenpolitikern der drei westlichen Alliierten.

Die Konferenz fand in lockerer Atmosphäre, bei strahlender Sonne und milder Meeresluft statt. Für Loki und die Ehefrauen der anderen Herren (Jimmy Carter hatte außerdem wieder einmal Tochter Amy mitgebracht) gab es ein eigenes Programm. Zu den Erfreulichkeiten zählte auch eine Abendparty in einem alten kreolischen Gutshaus, das Freunden des französischen Staatspräsidenten gehörte. Kurzum, die Gipfelteilnehmer waren bester Laune und lernten unter anderem, Kokosnüsse mit der Machete aufzuschlagen. Bei den politischen Gesprächen saß man auf weißen Gartenstühlen in einem großen Pavillon, der nach allen Seiten hin offen und luftig war. Helmut Schmidt trug einen dunkelblauen, kurzärmeligen Tropenanzug.

Obwohl in erster Linie militärisch-strategische Themen auf der Tagesordnung standen, behauptet Helmut Schmidt in seinen Erinnerungen *Menschen und Mächte*, auf den wichtigsten Vorschlag Jimmy Carters nicht vorbereitet gewesen zu sein: nämlich den auf Europa gerichteten sowjetischen Mittelstreckenraketen vom Typ SS 20 mit einer wirksamen Maßnahme zu begegnen. Dabei war der Kanzler gegen diese gefährliche Bedrohung aus dem Osten seit über einem Jahr öffentlich zu Felde gezogen. Unter anderem hatte er in einer Rede vor dem Internationalen Institut für strategische Studien in London am 28. Oktober 1977 Alarm geschlagen. Außerdem konnte man am 27. Dezember 1978, also unmittelbar vor seinem Abflug in die Karibik, in der *Welt* lesen: »Auf Guadeloupe geht es um ein ganz heißes Eisen: um die eventuelle Stationierung neuer atomarer Raketen auf deutschem Territorium, mit denen erstmalig Ziele in der Sowjetunion getroffen werden können.«

Die Brisanz des Konferenzthemas war für Bonn Anfang Dezember zugegebenermaßen noch nicht voll erkennbar gewesen. Jimmy Carter hatte die Bedeutung des Treffens als »somewhat of a social affair« heruntergespielt, »da unsere Ehefrauen mitkommen«. In Bonn war man erst hellhörig geworden, als durchsickerte, die Amerikaner kämen mit einer regelrechten Delegation und hätten beim französischen Gastgeber um die Bereitstellung von zweihundertdreiundachtzig Hotelzimmern nachgesucht. Helmut Schmidt dagegen hatte für sich und seine Begleitung nur fünf reservieren lassen.

Als die Staats- und Regierungschefs sich nun gegenübersaßen, schlug Carter vor, amerikanische Mittelstreckenraketen in Europa zu stationieren, um wieder ein militärisches Gleichgewicht herzustellen. Die SS 20 war damals die neueste sowjetische Raketengeneration. Sie konnte auf einer Lafette transportiert werden und war bereits wenige Minuten nach Erreichen ihrer Stellung abschußbereit. Diese Waffe verfügte über eine Reichweite von bis zu fünftausend Kilometern und war mit drei Gefechtsköpfen bestückt, die sich nach dem Abfeuern und dem Wiedereintritt in die Erdatmosphäre voneinander lösen und verschiedene Ziele ansteuern konnten.

Helmut Schmidt hielt sich zunächst bedeckt, als Carter mit dem Vorschlag einer Gegenrüstung herauskam, und ließ Callaghan und Giscard reden. Der Engländer schlug vor, den Sowjets zunächst Verhandlungen über die Begrenzung oder den Abbau dieser Waffen vorzuschlagen, und zwar bald. Der Franzose erweiterte diesen Vorschlag, allerdings mit der Auflage, man müsse den Russen eine Verhandlungsfrist setzen, damit sie die Gespräche nicht aus taktischen Überlegungen in die Länge ziehen könnten.

Der Kanzler, der schließlich nicht umhinkonnte, seine Meinung zu äußern, machte zur Bedingung, die amerikanischen Mittelstreckenraketen dürften nicht nur in der Bundesrepublik stationiert werden, sondern müßten auch auf andere europäische Länder verteilt werden. Also keine »Singularisierung« der Deutschen. Präsident Carter akzeptierte die Ergänzungsvorschläge seiner Gesprächspartner. Das war die Geburtsstunde des inzwischen legendären Doppelbeschlusses. Er sollte allen Beteiligten noch viel Ärger bereiten, wiewohl er zehn Monate später, am 12. Dezember 1979, vom Ministerrat des Nordatlantischen Bündnisses offiziell beschlossen wurde. Und was damals wohl niemand zu glauben wagte: Die Stationierung der amerikanischen Raketen brachte die Russen nicht nur an den Verhandlungstisch, sondern bewog sie acht Jahre später auch dazu, ihre Mittelstreckenraketen aus dem östlichen Europa hinter den Ural abzuziehen.

Auf dem Rückflug redigierte Schmidt ein Interview, das er noch auf den Bahamas im Windermere Club mit *Spiegel*-Chefredakteur Erich Böhme und dessen Bonner Büroleiter Dirk Koch zum Thema »Dreißig Jahre Bundesrepublik« geführt hatte. Die beiden Journalisten saßen einem bemerkenswert ausgeruhten Helmut Schmidt gegenüber, der in dem dreistündigen Gespräch nicht ein einziges Mal den Faden verlor, was ihm vorher unter Streß häufiger passiert war (»Moment mal, wie war doch noch gleich Ihre Frage?«).

Als er auf dem Köln-Bonner Flughafen landete, war es sieben Uhr morgens und noch stockdunkel. Er ließ sich in seinen Amtsbungalow fahren, wusch und rasierte sich, frühstückte und machte sich auf den Weg in die erste Kabinettssitzung des neuen Jahres. Wie weiland Bismarck durch den Sachsenwald stapfte er mit Spazierstock und einer Mütze auf dem Kopf durch den verschneiten Park des Amtes in Richtung seines Büros — im gebührenden Abstand, drei Schritte hinter ihm, Loki.

Es schien, als wolle er das neue Arbeitsjahr mit dem löblichen Vorsatz beginnen, morgens etwas für seine Gesundheit zu tun. Normalerweise benutzte er für die zweihundert Meter vom Bungalow bis zum Amt Wagen und Chauffeur. Im Gegensatz zu Regierungssprecher Klaus Bölling, der eine gepflegte Bräune zur Schau trug, hatte er im Urlaub nur ein bißchen Farbe abbekommen, wobei das Rot der Nase dominierte.

Drei der im Kabinettssaal Anwesenden wurde die Ehre zuteil, von ihm mit Handschlag begrüßt zu werden: Hans-Dietrich Genscher, Staatssekretär Manfred Schüler und Staatsminister Hans-Jürgen Wischnewski. Für die Herren, die ihm gegenübersaßen, hatte der Kanzler dagegen nur ein hingeworfenes Lächeln übrig. Aber dort saß ohnehin nur die zweite Garnitur, die Staatssekretäre Reinhard Strehlke (Arbeit und Sozialordnung), Martin Grüner (Wirtschaft) und Karl Haehser (Finanzen), die stellvertretend für ihre Minister gekommen waren.

Mit einem leichten Seufzer ließ sich der Kanzler in das hellbraune Polster seines Ledersessels fallen, ergriff die vor ihm liegende Tagesordnung und stellte mit Befriedigung fest: »Das ist ja heute gar nicht so viel.« Landwirtschaftsminister Josef Ertl, der den Kabinettsraum wie ein Lastenträger mit zwei großen Aktentaschen betreten hatte, dachte, mir reicht's.

Immerhin stand das heiße Thema des EG-Grenzausgleichs* auf der Themenliste.

Aber die Schwierigkeiten innerhalb der EG (und die sowjetischen Mittelstreckenraketen) waren nicht die einzigen Probleme, mit denen sich der Kanzler zu Beginn des Jahres 1979 auseinanderzusetzen hatte. Ihn drückten noch andere Sorgen. Auf die Frage in dem bereits erwähnten *Spiegel*-Interview, ob und wo Gefahren für den westdeutschen Wohlstand bestünden, hatte Schmidt geantwortet: »Die Inflation der Ansprüche ist eine Gefahr.« Eine zusätzliche Gefahr sah er dort, »wo nachwachsende Generationen meinen, das gegenwärtig Bestehende sei nicht ausreichend, nicht einmal achtbar, es müsse alles ganz anders gemacht werden, dann würde über Nacht vieles besser«.

Zu dem Ballast, den der Kanzler aus dem abgelaufenen in das neue Jahr hinübernehmen mußte, gehörte ein seit fünf Wochen erbittert ausgetragener Streik in der Stahlindustrie, der Wirtschaft und Staat zunehmend belastete. Seit 1928 war dies der erste Arbeitskampf, der die gesamte Stahlindustrie ergriffen hatte. Die IG Metall forderte den Einstieg in die Fünfunddreißig-Stundenwoche bei gleichzeitiger Anhebung der Gehälter und Löhne um fünf Prozent. Außerdem sollte die Ausbildungsvergütung angehoben werden. Nachdem die Verhandlungen mit den Arbeitgebern gescheitert waren, beschloß die Gewerkschaft, ihre Forderungen mit Hilfe von Schwerpunktstreiks** durchzusetzen.

Der Streik hatte am 28. November 1978 begonnen, ausgerechnet an jenem Tag, an dem vor dem Bundesverfassungsgericht in Karlsruhe die Verhandlungen über eine Verfassungsbeschwerde der Arbeitgeber gegen das Mitbestimmungsgesetz aufgenommen wurden. Dabei handelte es sich um jene Beschwerde, um deren Rücknahme sich Helmut Schmidt über den Industrieboß Hans-Günther Sohl vergeblich bei Arbeitgeberpräsident Hanns-Martin Schleyer bemüht hatte. Durch die Wahl des Zeitpunkts für den Streikbeginn sollten die Karlsruher Richter indirekt unter Druck gesetzt werden. Die Arbeitgeber reagierten umgehend: Ab dem 1. Dezember sperrten sie in sechzehn Betrieben die Belegschaft aus.*** Daraufhin wurde der Arbeitskampf mit äußerster Härte geführt, wobei die Gewerkschaft in ihrer Wortwahl nicht gerade zimperlich war und Parallelen zur Weimarer Republik zog, zu den »Repräsentanten der Stahlindustrie als Steigbügelhalter des Faschismus«.

Der Kanzler, der Streiks in seiner auf Konjunkturbelebung angelegten

---

* In der Europäischen Gemeinschaft soll ein einheitlicher Agrarpreis garantiert werden. Wertet ein Land seine Währung auf oder ab, werden die entstehenden Differenzen zum einheitlichen Agrarpreis durch einen Grenzausgleich aus der EG-Kasse wettgemacht.

** Um die Streikkasse der Gewerkschaft, aus der für die organisierten Arbeitnehmer bei Lohnausfall bezahlt werden, zu entlasten, werden nur Schwerpunktbetriebe oder Teilbereiche bestreikt.

*** Die Aussperrung ist das legitime Kampfmittel der Arbeitgeber als Antwort auf einen Streik im Zusammenhang mit Tarifverhandlungen. Dieses Kampfmittel wurde vom Bundesarbeitsgericht anerkannt. Bei einer Aussperrung müssen die Arbeitgeber keine Löhne weiterzahlen. Ausgesperrt werden dürfen auch streikunwillige Arbeitnehmer. Die Gewerkschaften geraten daher sehr leicht unter Druck.

Wirtschaftspolitik nicht brauchen konnte, geriet gegenüber dem Deutschen Gewerkschaftsbund unweigerlich in eine Frontstellung. Dabei hatte er zu Beginn seiner Kanzlerschaft ein gutes Verhältnis zu den Spitzen der Arbeitnehmervertreter gehabt. Für das ÖTV-Mitglied Helmut Schmidt (seit zweiunddreißig Jahren) waren die Gewerkschaften zunächst so etwas wie eine Hausmacht. Zu einigen »Fürsten« der Einzelgewerkschaften hatte er gute persönliche Beziehungen, zum Beispiel zu Adolf Schmidt (Bergbau), Eugen Loderer (Metall), Stadelmeier (Nahrung-Genuß-Gaststätten). Umgekehrt betrachteten die Gewerkschaften die SPD als ihre Partei. Mehr als fünfundneunzig Prozent der SPD-Bundestagsfraktion waren Mitglied des Deutschen Gewerkschaftsbundes, und fast alle Vorstandsmitglieder des DGB und der siebzehn Einzelgewerkschaften gehörten der SPD an. Die Verflechtung zahlte sich aus: Unter den sozialdemokratischen Kanzlern Willy Brandt und Helmut Schmidt wurden wichtige Gewerkschaftsforderungen, wie das Betriebsverfassungsgesetz oder das Mitbestimmungsgesetz, durchgesetzt.

Die Gewerkschafter revanchierten sich, indem sie in schlechten Zeiten mit ihren Lohnforderungen maßvoll blieben. Bei dem Versuch Rainer Barzels im Jahr 1972, Willy Brandt durch ein konstruktives Mißtrauensvotum zu stürzen, mobilisierten sie die Arbeitnehmerschaft gegen diesen nach dem Grundgesetz völlig legitimen Schritt. Helmut Schmidt unterstützten sie zum Beispiel in der Auseinandersetzung um die Kernenergie gegen den linken Flügel in seiner Partei.

Das Bündnis hielt jedoch nicht ewig. Einerseits kam es immer häufiger zu Krächen mit den Arbeitnehmervertretern, die mal von den Freien Demokraten, mal von der CSU angezettelt wurden; andererseits wurden die Gewerkschaften von der eigenen Basis unter Druck gesetzt. Wilde Streiks brachen aus, über die die Gewerkschaften jede Kontrolle zu verlieren drohten, wenn sie in ihren Forderungen nicht kämpferischer wurden. In der Ära Schmidt verließen die Gewerkschaften die 1967 von Bundeswirtschaftsminister Karl Schiller ins Leben gerufene Konzertierte Aktion, eine in unregelmäßigen Abständen tagende Gesprächsrunde aller Gruppen, die mit Wirtschaftspolitik zu tun hatten: Gewerkschaften, Unternehmerverbände, Regierung, Bundesbank. In diesem Kreis wurde zwar nichts entschieden, aber es war — laut Schiller — ein »Gesprächskränzchen zur Seelenmassage«.

Die IG Druck und Papier war sogar gegen jede Zusammenarbeit mit dem sozialdemokratischen Bundeskanzler. 1978 hatte sie einen erbitterten Druckerstreik inszeniert, um die Einführung elektronischer Satztechniken zu verhindern.

Der schwerste beschäftigungspolitische Konflikt blieb jedoch der Stahlarbeiterstreik vom Winter 1978/79, der mit einer Niederlage der IG Metall endete. Nach sechs Wochen einigte man sich auf einen Kompromiß, der durch die Vermittlung des nordrhein-westfälischen Arbeitsministers Friedhelm Farthmann zustande kam. Es blieb bei der Vierzig-Stunden-Woche, Löhne und Gehälter wurden um vier Prozent erhöht, der Urlaub stufenweise auf sechs Wochen ausgedehnt. Für bestimmte Gruppen gab es eine Freischichtenregelung. Wie sehr die Gewerkschaftsführung das Vertrauen ihrer Metaller eingebüßt hatte, ging aus der Urabstimmung über das Verhandlungsergebnis hervor: Nur 54,5 Prozent der abgegebenen Stimmen sprachen sich für den Kompromiß aus.

Dem Bundeskanzler kam das Streikende sehr gelegen; sein Wirtschaftskurs war von dieser Seite vorerst nicht mehr gefährdet. In den folgenden Jahren seiner Amtszeit fühlte sich der Kanzler aber zunehmend von den Gewerkschaften gestört. Immer häufiger schimpfte er über die »mangelnde Bereitschaft« der Funktionäre, bei der Durchsetzung ihrer Verbandsinteressen auch die volkswirtschaftlichen Daten zu berücksichtigen. Für ihn waren sie ein »Interessenhaufen« geworden. Und er mußte erleben, daß vor allem die Führungsgarde der neuen Funktionäre, wie der damalige IG-Metall-Bezirksleiter Franz Steinkühler, die Interessen der von ihnen vertretenen Arbeitnehmer über die der sozialdemokratisch geführten Regierung stellten und rücksichtslos ihre Gefolgschaft gegen Bonn mobilisierten.

Helmut Schmidts Verhältnis zum DGB-Vorsitzenden Oskar Vetter war korrekt und freundlich, aber nicht freundschaftlich. Der Kanzler anerkannte zwar, daß der zunächst eher farblos wirkende Vetter später an Statur gewann, kreidete ihm jedoch an, daß er sich zu sehr von jungen Soziologen im Düsseldorfer DGB-Hauptquartier beeinflussen ließ. Auf der anderen Seite hütete sich Helmut Schmidt, an dem Gewerkschaftsführer vorbei zu operieren.

40 Der Kanzler hatte es wieder einmal mit den Fotografen: »Was wollt ihr denn nun schon wieder von mir? Ihr habt mich doch noch und noch geknipst!«

Da mischte sich Bundeswirtschaftsminister Graf Lambsdorff ein: »Wissen Sie nicht, was dem amerikanischen Präsidenten auf dieselbe Beschwerde geantwortet wurde?« Mit seinen Kulleraugen fixierte Lambsdorff den Kanzler spöttisch und ließ den nächsten Satz wie eine besonders gelungene Süßspeise auf der Zunge zergehen: »Sir, Sie könnten heute noch einem Attentat zum Opfer fallen, dann sind die Fotos Tausende wert!«

Helmut Schmidt rang sich erst nach einer Schrecksekunde ein gequältes Lächeln ab.

Selbst wenn nicht gleich das Schlimmste eintritt: Daß ein Kanzler schneller weg vom Fenster sein kann, als man glaubt, läßt sich an der wenn auch jungen Geschichte der Bundesrepublik belegen. Helmut Schmidt hatte bis dahin in seiner fast fünfjährigen Amtszeit dreimal an Rücktritt gedacht. Das erste Mal im Zusammenhang mit dem Rentendebakel im Dezember 1976. Damals sprach er den schockierenden Satz aus: »Ich möchte sterben.« Das zweite Mal war er im Spätsommer 1977 bereit gewesen, alles auf eine Karte zu setzen, als nämlich der Gegensatz zwischen ihm und der Partei in der Frage der Kernenergie unüberbrückbar schien. Das dritte Mal hätte er den Hut genommen, wenn die von ihm befohlene Erstürmung der nach Mogadischu entführten Lufthansa-Maschine mit einem Blutbad unter den Geiseln geendet hätte.

Zu Beginn des Jahres 1979 stand Helmut Schmidt trotz vieler Probleme immer noch auf dem Höhepunkt seiner Kanzlerschaft. Insofern konnte er den drei anstehenden Landtagswahlen in Berlin, Rheinland-Pfalz und Schleswig-Holstein sowie den Europa-Wahlen mit einer gewissen Gelassenheit entgegensehen. Für die vier Wahlen hatte er sich zwanzig Einsätze vorgenommen, zu denen er allerdings auch kleinere Veranstaltungen rechnete, wie ein Hintergrundgespräch mit Berliner Unternehmern.

Der Kanzler präsentierte sich in guter Form. Er hielt lange Reden, ohne jedoch die Leute zu langweilen. Auch weihte er sie in vermeintliche Vertraulichkeiten ein — ». . . dann habe ich dem Jimmy Carter gesagt . . .« —, konnte sich aber nicht verkneifen, den politischen Gegner verächtlich zu machen. Dabei wurde er gegenüber dem Berliner Spitzenkandidaten der CDU, Richard Freiherr von Weizsäcker, sogar ordinär, als er sagte: »Der Weizsäcker, der ist weder Fisch noch Fleisch, politisch ein Klops.« Dabei gehörte »Klops Weizsäcker« zu den wenigen Unionspolitikern, die er in Wirklichkeit schätzte. Aber Wahlkampf führte er nach dem Grundsatz »immer feste druff« — wie einst Adenauer.

Für seine Auftritte hatte sich Helmut Schmidt wieder keine fertigen Reden schreiben lassen. Statt dessen erhielt er von seinen Ghostwritern Armin Halle und Regierungsdirektor Thilo von Trotha Versatzstücke, sprich Stichworte und griffige Formulierungen zu bestimmten Themen. Diese Spickzettel sollten möglichst nur eine DIN-A4-Seite lang sein. Wenn er am Rednerpult stand, konnte er diese Versatzstücke beliebig mischen — ein Verfahren, dessen sich schon John F. Kennedy bedient hatte.

Wie Ludwig Erhard produzierte sich Helmut Schmidt in den Wahlkampfveranstaltungen als eine Art Übervater, der seine Kinder anhält, bescheiden zu bleiben sowie »besser, schneller und pünktlicher« zu arbeiten. Außerdem gab er sich als Volkswirt und Wirtschaftsprophet: »Herr Jedermann, der Arbeitnehmer, muß es auf sich nehmen, oder seine Söhne müssen es auf sich nehmen, einen anderen Beruf auszuüben, als sie sich einmal vorgestellt haben, als es in der Familie üblich gewesen ist.«

Hinzu kam die Mahnung, daß, wer im Betrieb Mitbestimmung ausübe, auch Mitverantwortung tragen müsse: »Ich bin ein tief engagierter Advokat der Mitbestimmung . . ., aber in Wirklichkeit kann man sich auf die Dauer, wenn man viele Jahre in diesem Gremium sitzt, nicht freizeichnen von der Verantwortung. Im Gegenteil: Man soll die Verantwortung wollen.«

Von seinem Konkurrenten Helmut Kohl sprach er wenig, da ihm seine Berater eingetrichtert hatten, mit dem Oppositionsführer schonend umzugehen. Kohl wollte man sich — so gering schätzte man ihn ein — erhalten. Helmut Schmidts Behauptung, viel lieber würde er mit »Franz Josef« in den Ring steigen, war daher nicht ernst gemeint.

Außerdem hatten ihm seine Berater nahegelegt, den Grünen das Wasser abzugraben. Zu ihrem Entsetzen kam er auf diese neue Partei bei seinen Wahlveranstaltungen in Berlin und Rheinland-Pfalz so gut wie überhaupt nicht zu sprechen. Warum nicht? Seine Ghostwriter hatten es ihm nicht aufgeschrieben.

Auf Zwischenrufe lauerte Schmidt geradezu. Kommunistische Störer, die ihm gern den »Rentenbetrug« unter die Nase rieben, beschied er: »Die Werktätigen in den Ländern, die ihr repräsentiert, kriegen für eine Achtundvierzig-Stunden-Woche nicht so viel wie ein Rentner bei uns.« Als in Landau eine Zuhörerin nachhakte, gab er zurück: »Das aber war der Stimme nach keine Rentnerin!« Prompt hatte er die Lacher auf seiner Seite.

Wehe allerdings, wenn er nicht ausgeschlafen war oder Ärger hatte. Dann unterliefen ihm verbale Entgleisungen, wie die über Karl Carstens, den späteren Bundespräsidenten, den er »einen vom äußersten rechten Rand« nannte. Am überzeugendsten wirkte Schmidt, wenn er von wirtschaftlichen Problemen sprach. Zum Beispiel: »Keine Regierung in Europa, keine Gewerkschaft und auch kein Unternehmensverband hat ein Rezept, wonach in einem Jahr die Arbeitslosigkeit zu Ende ist.«

Mit viel Tee und Pfefferminzstückchen hielt er seine Stimme geschmeidig. Er hatte nur das gleiche Handikap wie Genscher: seine Neigung zu starken Schweißausbrüchen. Seine Umgebung wurde fast krank bei dem Gedanken, er könne den Wechsel vom überheizten Saal ins kalte Auto nicht verkraften und plötzlich ausfallen. Die große SPD stand nämlich mit ihren vielen Meinungen nur auf zwei Beinen und unter einer einzigen Helgoländer Lotsenmütze.

Hatte sich der Einsatz gelohnt? In Rheinland-Pfalz holten die Sozialdemokraten, so Willy Brandt, »das beste Ergebnis, seit es Rheinland-Pfalz gibt«: 42,3 Prozent (3,8 Prozent plus). Das hatte der Spitzenkandidat, AA-Staatsminister Klaus von Dohnanyi, möglich gemacht. Der satte Mandatsvorsprung der CDU (fünfundfünfzig Sitze bei hundert Sitzen im Landtag) schmolz auf einen knappen Vorsprung von zwei Sitzen zusammen (CDU einundfünfzig, SPD dreiundvierzig, FDP sechs). In Berlin errang die CDU unter Richard von Weizsäcker zwar knappe Zugewinne (0,5 Prozent), aber die SPD/FDP-Koalition (50,7 Prozent) unter dem neuen sozialdemokratischen Bürgermeister Dietrich Stobbe konnte vorerst weiterregieren.

In Schleswig-Holstein dagegen gelang es den Sozialdemokraten auch mit Helmut Schmidts Hilfe und dessen Kanzler-Bonus nicht, die absolute Mehrheit der CDU (48,29 Prozent) zu brechen. Bei der ersten Direktwahl zum Europa-Parlament erlitten sie sogar eine regelrechte Schlappe und rutschten von 42,6 Prozent der Stimmen bei der letzten Bundestagswahl unter Schmidt (1976) auf 40,8 Prozent ab. Der Kanzler hatte vergeblich von den vielen Wahlplakaten gelächelt. Wehner hielt in der Fraktion eine Standpauke: »Mies! Ganz mies! Jetzt steht auch der Sieg bei der nächsten Bundestagswahl in Frage.«

Der Kanzler nahm zu dieser Zeit Herbert Wehner noch in Schutz, und zwar mit Rücksicht auf dessen schlechte Gesundheit und den noch schlechteren Zustand von Lotte Wehner (sie starb am 26. Oktober 1979). Der Fraktionsvorsitzende entglitt mehr und mehr der Kontrolle. Er stichelte, Brandt und er, Wehner, seien die gleichen Spezis und verträten ein sozialdemokratisches Gedankengut, das aus der Bewegung käme; bei »Helmut Schmidt aus dem Offizierskasino«. Aber selbst die wenigen, die den Mut aufbrachten, dem grantigen Alten im Bundestag oder in der Fraktion die Meinung zu sagen, redeten nur auf einen stumm an der Pfeife kauenden Altvorderen ein.

Helmut Schmidt war der Ansicht, man befände sich meinungsmäßig auf »einem Dampfer«; wiederholt lobte er das Arbeitspensum des Fraktionschefs, so vor einer Belegschaftsversammlung der Chemischen Werke Hüls in Marl: »Wenn ich einen Mann sehe, wie meinen Freund Herbert Wehner – das ist auch ein Nachtschichtarbeiter –, der steht morgens um fünf Uhr auf und fängt an zu arbeiten. Ja, da lachen Sie. Das macht der Mann, obwohl er dreiundsiebzig ist. Das ist ein Schwerstarbeiter.«

Am Arbeitspensum des »Onkels« war nicht zu deuteln. Dagegen bezweifelte mancher, ob die Zuckerkrankheit als Entschuldigung für jeden seiner Wutanfälle hingenommen werden sollte. Rainer Barzel erinnerte sich noch seiner Zeit als CDU/CSU-Fraktionsvorsitzender, da Herbert Wehner nach skandalösen Auftritten im Parlament zu ihm kam und unter Vorweis seiner neuesten Zuckerwerte um Nachsicht bat. Er schien diesen Entschuldigungsgrund zu kultivieren.

Wenn es sein mußte, nahm Helmut Schmidt in Gesprächen mit Herbert Wehner keine Rücksicht auf dessen angeschlagene Gesundheit. Manche Aussprache verlief mehr als hart. Zum Beispiel, als der Fraktionsvorsitzende im Frühjahr 1979 die naive Behauptung von der »defensiven Natur« der sowjetischen Rüstung äußerte, um die Nachrüstung des Westens mit atomaren Mittelstreckenraketen überflüssig zu machen. Als Schmidt ihn daraufhin kräftig annahm, fand Wehner zur Realität zurück und segnete auf dem Berliner SPD-Parteitag im Dezember 1979 den Nachrüstungsbeschluß mit ab. Insgesamt überwog zwischen Schmidt und Wehner die sachliche Zusammenarbeit mehr, als es nach außen hin den Anschein hatte. Und das sollte auch noch einige Zeit so bleiben, jedenfalls so lange, wie Wehner von der überwiegenden Mehrheit der Fraktion getragen wurde. Ohne den Fraktionszuchtmeister lief nichts, auch für Helmut Schmidt nicht.

Gelegentlich redete der Kanzler Wehner auch gut zu. Mehrmals versuchte er, ihn zu einer USA-Reise zu überreden. Wehner war nämlich nur ein einziges Mal Anfang der fünfziger Jahre in den Vereinigten Staaten gewesen. Um diese Reise rankte sich inzwischen eine Legende.

1950, fünf Jahre nach Ende des Zweiten Weltkrieges, sollten sich die Vereinten Nationen in New York im Rahmen der jährlichen Vollversammlung mit dem Antrag befassen, das Schicksal der noch in Gewahrsam befindlichen Kriegsgefangenen, Kriegsverurteilten und Vermißten, egal welcher Nationalität, zu klären. Die Bundesrepublik war noch nicht Mitglied der Vereinten Nationen, aber zwei Abgeordnete des Deutschen Bundestages sollten trotzdem nach New York reisen, um die Antragsteller zu beraten. Einer war der CDU-Abgeordnete und spätere Präsident des Deutschen Bundestages, Dr. Eugen Gerstenmaier, der andere der SPD-Abgeordnete Herbert Wehner. Sie reisten in Begleitung des deutschen Diplomaten und späteren Generalkonsuls in New York, Georg Federer.

Wehners Reise wäre beinahe schon im Vorbereitungsstadium gescheitert, da er es ablehnte, sich für den Antrag auf ein Einreisevisum Fingerabdrücke abnehmen zu lassen. Im allgemeinen waren Fingerabdrücke bei diesen Formalitäten nicht notwendig. Bei Wehner stießen sich die Amerikaner jedoch an seiner früheren Zugehörigkeit zur Kommunistischen Partei Deutschlands. Erst auf Intervention des Kanzleramtes (damals unter Konrad Adenauer) verzichteten sie auf Wehners Fingerabdrücke. Zuvor hatte der SPD-Vorsitzende Kurt Schumacher erklärt, wenn man Wehner nicht wie jeden anderen Abgeordneten behandele, würde kein anderer Sozialdemokrat an seiner Stelle reisen.

Nach der Landung in New York stellten sich weitere Schwierigkeiten ein. Gerstenmaier, Wehner und Federer hatten die für die Einreise vorgeschriebenen Impfungen versäumt. Daraufhin verweigerten ihnen die amerikanischen Einwanderungsbeamten die Einreise, es sei denn, die Herren würden sich noch auf dem New Yorker Flughafen impfen lassen. Gerstenmaier und Federer willigten sofort ein, Wehner aber verbat sich lautstark diesen Eingriff in seine Persönlichkeitsrechte und pochte auf seinen Status als Gastmitglied der UN-Vollversammlung. Erst als die Immigrationsbeamten drohten, ihn nach Haus zu schicken, ließ Wehner sich impfen. So jedenfalls Gerstenmaiers Version.

Wehner stellte die Geschichte später ganz anders dar. Der CDU-Abgeordnete Gerstenmaier sei der Querulant gewesen, der vor Antritt der Reise in Deutschland und später während der damals noch erforderlichen Zwischenlandungen (mit Propellerflugzeugen) in Holland, Schottland und Neufundland die Impfung verweigert habe. Er habe dies damit begründet, daß er wissen wolle, ob sich zum Beispiel der britische Außenminister Bevin auch jedesmal impfen lassen müsse, wenn er zur UNO flog. Gerstenmaier habe von Wehner gefordert, sich mit ihm solidarisch zu zeigen. Dann aber hätte sich Gerstenmaier plötzlich bei der Einreise in die Staaten widerstandslos impfen lassen und ihn, Wehner, aus der bisherigen »Solidaritätspflicht« entlassen.

Es gab noch ein zweites Schlüsselerlebnis für Wehners echte oder vermeintliche Antipathie gegen alles Amerikanische. 1955 waren er und SPD-Chef Erich Ollenhauer von ihrer Partei nach Genf entsandt worden, wo eine Außenministerkonferenz der vier Siegermächte zur deutschen Frage stattfand. Nach einem Mittagessen mit der ehemaligen kommunistischen Reichstagsabgeordneten Ruth Fischer in einem Genfer Hotel war Wehners Mantel verschwunden, den er an der Garderobe abgegeben hatte. Daraufhin bekam er einen seiner berüchtigten Wutanfälle. Der amerikanische Geheimdienst habe das Kleidungsstück vorübergehend entwendet, um es nach geheimen Papieren zu durchsuchen oder »etwas Kompromittierendes« hineinzustecken.

Der Mantel wurde später beim Hotelportier abgegeben. Wehner blieb jedoch bei seinem Verdacht. Ollenhauer versuchte zu besänftigen: »Ach, Herbert, so wichtig sind wir doch gar nicht.«

Wehner wies später jeden Verdacht zurück, er habe etwas gegen die Amerikaner. Als Persilschein pflegte er eine Erklärung aus der Tasche zu ziehen, die er am 16. April 1980 auf einer Pressekonferenz nach einer Sitzung der SPD-Fraktion im Berliner Reichstag abgegeben hatte. Sie begann mit dem Satz: »Der Respekt für die Schutzmacht USA ist ungetrübt und uneingeschränkt . . .«

Einige kluge Beobachter betrachteten die scheinbar labile, spannungsgeladene Troika Brandt-Wehner-Schmidt als einen gewissen Glücksfall für die SPD. Hermann Rudolph von der *Frankfurter Allgemeinen* etwa schrieb: »Wen der Gefühlssozialismus Brandts mit seinen unscharfen Rändern befremdete, der konnte allemal auf den gouvernementalen Etatismus des Kanzlers setzen. Wer sich am Technokraten Schmidt rieb, hatte als Bezugsperson den langsam in Patriarchenluft hineinwachsenden Vorsitzenden; daneben immer Wehner als der variierbare Ausleger, der mit dem ihm eigenen politischen Instinkt beide − und damit die Spannung zwischen Partei und Regierung − ausbalancierte oder aber zum Reagieren brachte.«

Obwohl das Dreierteam also letztlich funktionierte, stellte sich immer häufiger die Frage, wer denn Brandt und Wehner eines Tages beerben könnte? Daß ausgerechnet Helmut Schmidt als erster beerbt werden würde − und das von Kohl −, ahnte niemand.

**41** An Helmut Schmidts Image prangte ein neues Etikett: Nach »Schmidt-Schnauze«, »Schmidt-weltweit«, »Macher« und »Größter Volkswirt aller Zeiten« wurde er nun plötzlich auch »Der Staatsschauspieler« genannt.

Erfinder dieses neuen Titels war der CDU-Bundestagsabgeordnete Gerhard Zeitel, der den Kanzler damit in einer Parlamentsdebatte bedacht hatte: »Während der Sommerpause hat unser Staatsschauspieler ein Dreizehn-Milliarden-Programm aufgelegt.« Bundestags-Vizepräsidentin Annemarie Renger, die die Sitzung leitete, hielt den Ausdruck »wirklich nicht für passend«, und auch in der Umgebung des Kanzlers fühlte sich der eine oder andere Mitarbeiter getroffen (»Was bildet sich der Zeitel eigentlich ein?«).

Der »Staatsschauspieler« besänftigte seine Mitstreiter: »Ich kann daran nichts Ehrenrühriges erkennen. Warum soll ich nicht von meiner Begabung Gebrauch machen?«

In der Tat gehört die Kunst des Schauspielerns zum guten Politiker. Die »Verkaufe« ist mindestens ebenso wichtig wie die Idee oder das Programm. Oder wie Helmut Schmidt es bei anderer Gelegenheit formulierte: »Unser

Gewerbe ist doch wie das der Schauspieler. Ohne Zustimmung von draußen gehen wir ein.« Darum war jeder öffentliche Auftritt des Kanzlers immer eine Mischung aus Leistung und Show. Da hatte er zum Beispiel die »ungezogene Tour« im Repertoire, kanzelte einen Diskussionspartner mit dem Satz ab: »Ich halte das für ausgemachten Quatsch, den Sie hier erzählen.« Oder er titulierte den CSU-Abgeordneten Richard Jaeger als »Herrn Jaeger-Formosa«, um ihn als kalten Krieger vom Schlage Chiang Kai-sheks abzustempeln. Die CDU war für ihn auch schon mal die »Christlich-Deutschnationale Union«.

Daneben gab es bei ihm aber auch die liebenswürdige Masche, zum Beispiel, wenn er dem ARD-Fernsehstudioleiter Friedrich Nowottny schmeichelte: »Herr Nowottny, ich bin ganz dankbar für diese Frage . . .« Seltener, aber darum besonders effektvoll, waren bei ihm Einsprengsel von Bescheidenheit. Begegnete er im Ausland einem hohen Würdenträger, etwa dem Papst, so machte er eine tiefe Verbeugung, wobei er hörbar die Hacken zusammenschlug.

Bühnenreif waren jedoch Helmut Schmidts Auftritte bei Fernsehdiskussionen, wie zu Beginn des Jahres in Paris mit französischen Staatsbürgern. Da saß er — lässig in seinem Stuhl, das Jackett geöffnet, den einen Arm über die Rückenlehne gelegt — und strich sich von Zeit zu Zeit durch die silbergraue Mähne oder wischte sich ungeniert die Augen aus — Gesten, die signalisieren sollten, seht her, ich bin ein ganz normaler Mensch.

Am liebsten hätte er die zu beantwortenden Fragen gleich mitgeliefert, um sich noch wirkungsvoller darstellen zu können. Er beherrschte gleichermaßen die weltmännische Pose, die imperiale Geste und die Primusrolle. Seit er die neue Hauptrolle »Kanzler-Darsteller« spielte, legte er nicht mehr die Füße auf den Tisch und trug Westenanzüge. Wie alle großen Mimen war er aber auch ein wenig eitler geworden.

Der CDU-Politiker Professor Kurt Biedenkopf sah ihn freilich ganz anders. In einem Memorandum schrieb er: »Die Person Helmut Schmidts ist keineswegs unangreifbar. Eine Analyse seiner politischen Tätigkeit zeigt, daß er ein glänzender Administrator und ein guter Koordinator ist. Was ihm entscheidend fehlt, ist die Fähigkeit zur Gestaltung neuer Situationen über einen längeren Zeitraum . . . Er hat bisher der Politik der Bundesrepublik keinen eigenen Stempel aufgedrückt.«

Solche Unterstellungen brachten Helmut Schmidt auf die Palme. Mit der Hartnäckigkeit eines Kanufahrers, der gegen den Wildstrom paddelt, wehrte er sich schon seit längerem dagegen, für einen bloßen »Macher« gehalten zu werden. Das Bundespresseamt war darum in jenen Tagen gehalten, eine Broschüre unter dem Titel *Politik mit Augenmaß* herauszugeben. Darin waren drei Kanzlerreden aus dem Jahre 1978 abgedruckt, die beweisen sollten, daß ihr Autor nicht nur ein geistiges »Gleitboot« war, sondern auch intellektuellen Tiefgang besaß.

Egal, ob nun »Staatsschauspieler«, »Macher« oder »Staatsmann mit

Zukunftsvisionen«, eines mußte man bedenken: Helmut Schmidts Alltag war von einer enormen Arbeitslast geprägt. Die tägliche Bürde wurde noch schwerer durch seine notorische Unpünktlichkeit. Seine Entschuldigung gegenüber Wartenden hörte sich meist so an: »Zunächst einmal muß ich bei Ihnen um Entschuldigung bitten, das war ein furchtbarer Tag. Ich bin heute morgen früh in Berlin aufgestanden und konnte wegen Nebels nicht raus. Dann mit Verspätung hierher nach Bonn, Akten gelesen, und dann ein Staatspräsident, vier oder fünf Minister, ein Botschafter, zwei Botschafter, drei Botschafter, ein Oberst im Generalstab, ein Ministerialdirektor, ein Herr Leister − das war der Schlimmste! . . .«

Den »schlimmen« Herrn Leister, seinen Bürochef, gab es zwar nicht mehr, das besorgte inzwischen ein Herr Bruns, aber in jedem Fall war er mit seinen vielen Terminen überfordert. Eine typische Woche im März 1979 sah für ihn so aus:

Am Montag das wöchentliche Mittagessen mit den Spitzenpolitikern der Regierungskoalition. Vorgespräch mit den Ministern Genscher und Apel für die am darauffolgenden Donnerstag stattfindende Abrüstungsdebatte im Bundestag. Ohne diese Besprechung konnte der Text seiner Rede nicht entworfen werden. Außerdem kamen EG-Präsident Roy Jenkins und die beiden damals neuen Gewerkschaftsvorsitzenden Berthold Keller (IG Textil-Bekleidung-Leder) und Günter Döding (IG Nahrung-Genuß-Gaststätten) nach Bonn. Für den Abend hatte sich Helmut Schmidt einen Besuch bei »Willy« vorgenommen; es sollte das erste Zusammentreffen der beiden sein seit Brandts Krankenhausaufenthalt infolge eines Herzinfarkts. Der Montagabend war ausgefüllt mit einer Sitzung des SPD-Präsidiums.

Dienstag: Kleeblatt, die wöchentliche Lagebesprechung mit den engsten Mitarbeitern; ein Gespräch mit Wirtschaftsminister Graf Lambsdorff und am Nachmittag Teilnahme an der SPD-Fraktionssitzung im Bundeshaus. Dazwischen mußte er noch den Abrüstungsexperten der Fraktion, den Abgeordneten und Bundeswehr-Major a. D. Alfons Pawelczyk, wegen der anstehenden Abrüstungsdebatte konsultieren. Dann wurde es Zeit, sich Gedanken über die eigene Rede zu machen. Ehe er sich selbst nicht darüber im klaren war, konnten ihm seine Ghostwriter nicht zuarbeiten.

Der gesamte Mittwochvormittag war mit der wöchentlichen Kabinettssitzung ausgefüllt. Anschließend trat der Unterausschuß des Kabinetts für Kernenergie unter Helmut Schmidts Vorsitz zusammen, und zwar ohne Mittagspause, was Minister Apel erzürnte: »Bei Helmut gibt es nie etwas zu essen.« Dann mußte der Kanzler Weltbankpräsident McNamara empfangen und abends an einer Gesprächsrunde mit den Gewerkschaften in der Friedrich-Ebert-Stiftung teilnehmen.

Am Donnerstag war seine Anwesenheit im Bundestag ganztägig erforderlich. Zwischendurch mußte er eine Besuchergruppe seiner Fraktionskollegin Helga Timm empfangen und bekam selber Besuch von der neuen Präsidentin des EG-Wirtschafts- und Sozialausschusses. Abends Hintergrundgespräche mit den Mitgliedern des Bonner Presseclubs.

Am Freitagvormittag wurde die Abrüstungdebatte im Bundestag fortgesetzt; abends besuchte er eine Wahlkundgebung in Landau in der Pfalz. Dann allerdings drängte es Helmut Schmidt ins Wochenende nach Hamburg. Zu der Terminlast kam noch jede Menge Ärger, zum Beispiel mit Herbert Wehner. Der Fraktionsvorsitzende entwickelte sich immer mehr zu einem unberechenbaren Kritiker der Schmidtschen Regierungspolitik. Er schoß quer gegen die vom Kanzler betriebene Stationierung von Mittelstreckenraketen, mäkelte aber auch an Kleinigkeiten herum, so an einer angeblich zu scharfen Reaktion der Bundesregierung auf eine von der DDR verfügte Arbeitsbeschränkung für westliche Journalisten. Andere fanden die Reaktion eher zu lasch. Das Vertrackte war, daß der Kanzler unter verstärkten Druck seiner Fraktion geriet und auf Wehners Schützenhilfe angewiesen war. Zum Beispiel in der Frage der Kernenergie, wo nach einem Reaktorunfall im amerikanischen Harrisburg ein klares Kanzler-Wort erwartet wurde. Ebenso im Hinblick auf eine anstehende UNCTAD-Konferenz* in Manila, wo von mehreren SPD-Abgeordneten pauschal mehr deutsche Entwicklungshilfe gefordert wurde, der Kanzler aber eine Unterstützung nach dem Gießkannenprinzip strikt ablehnte.

Wie ungenießbar der »Onkel« geworden war, zeigte sich, als er aus Verärgerung darüber, daß Willy Brandt nicht zur Beerdigung des SPD-Bundestags-Vizepräsidenten Schmitt-Vockenhausen gekommen war, knurrte: »Dieser Herr ist nur noch mit seinem zweiten Leben beschäftigt.« Der SPD-Vorsitzende hatte drei Monate zuvor einen stummen Herzinfarkt erlitten und an der Schwelle zum Tod seine Genesung dankbar als »mein zweites Leben« bezeichnet.

Herbert Wehner war seit 1966 schwer zuckerkrank. Er mußte streng Diät halten, und die Krankheit schien sich noch zu verschlimmern. Bei Plenarsitzungen des Bundestags sah man seine Stieftochter Greta, die gleichzeitig seine Sekretärin war und später seine zweite Ehefrau wurde, am Saaleingang auftauchen, wo sie einem der befrackten Saaldiener ein kleines Päckchen zusteckte. Der wiederum ging nach vorn und lieferte es bei dem in der ersten Reihe sitzenden Herbert Wehner ab. Das Päckchen verschwand zunächst unter dem Klapptisch. Später angelte sich der Fraktionsvorsitzende von dort kleine Häppchen heraus und aß, fast verschämt, still vor sich hin. Auch seine Bandscheibe befand sich in einem chronischen Reizzustand. Wenn er nicht im Plenarsaal saß, sondern in seinem Büro oder zu Hause arbeitete, konnte er das teilweise nur noch am Stehpult. »Ich rauche zu viel«, bekannte er einmal. Auch das noch.

Zu den Querelen mit der Fraktion, ihrem Vorsitzenden und der CDU/CSU-Opposition kamen die Schwierigkeiten im eigenen Haus. Der Per-

---

* United Nations Conference on Trade and Development, kurz Welthandelskonferenz. Findet von Zeit zu Zeit statt. Auf ihr wollen die Entwicklungsländer ein Produzentenkartell für Rohstoffe mit festen Produktionsquoten und Preisen durchsetzen, die Bonner UNCTAD-Delegation dagegen die Prinzipien der freien (Welt-)Marktwirtschaft.

sonalrat des Kanzleramtes hatte unter den vierhundertneunundsechzig Amtsangehörigen eine Umfrage durchgeführt. Zentrales Thema: das schlechte Betriebsklima. Vergeblich hatte ein Mitarbeiter aus dem persönlichen Büro Helmut Schmidts die Umfrager gewarnt: »Kinders, laßt doch den Quatsch!«

Die Auswertung, die die Personalratsvorsitzende Christel Steigler-Roeder verkündete, war für den Kanzler und die Leitung des Hauses wenig schmeichelhaft. Dickster Brocken der insgesamt kritischen Zusammenfassung: »Es wird wiederholt darauf hingewiesen, daß die Amtsleitung sich zu wenig um die Bediensteten kümmert und dabei ihre Fürsorgepflicht vernachlässigt.«

Von den Betriebsangehörigen hatte sich allerdings nur knapp ein Drittel (einhundertvierundfünfzig) an der Fragebogenaktion ganz oder teilweise beteiligt. Den Grund für die Zurückhaltung nannte eine Sekretärin der Amtsleitung: »Geändert wird ja doch nichts, und die Anonymität beim Ausfüllen der Fragebögen bleibt nicht gewahrt, also was soll's.«

Trotzdem war das Ergebnis sehr aufschlußreich, da eine große Lücke klaffte zwischen dem generellen demokratischen Anspruch, die Interessen der Arbeitnehmer zu vertreten, und der Praxis. Den Umgangston der Leitung des Hauses empfanden zweiundvierzig Befragte nur »mittelmäßig«, vierundzwanzig sogar »unerfreulich«. Sechsundfünfzig zogen es vor, sich in diesem Punkt lieber auszuschweigen, und nur zweiunddreißig fanden den Ton »erfreulich«. Bei der Frage nach der »menschlichen Anteilnahme« fiel die Antwort vernichtend aus. Fast die Hälfte war der Meinung, daß sie »ungenügend« sei. Die übrigen nannten sie »mittelmäßig«, und nur dreizehn fanden die Anteilnahme »erfreulich«.

Auch das Vertrauensverhältnis, das Helmut Schmidt, Manfred Schüler und Hans-Jürgen Wischnewski als Staatsminister im Kanzleramt ihren Untergebenen entgegenbrachten, wurde negativ benotet. Siebenunddreißig Befragte fanden es »weniger gut«, siebenundzwanzig sogar »schlecht«, nur einundzwanzig »gut«. Daß hier kein typischer Fall von Büromeckerei vorlag, ging daraus hervor, daß bei derselben Frage die unmittelbaren Vorgesetzten besser wegkamen: Sechsundachtzig der Untergebenen fanden den Kontakt »gut«. Das Vertrauensverhältnis unter den Kollegen befanden sogar einhundertsiebzehn als »gut«, nur sieben als »schlecht«.

Auf die Frage »Haben Sie den Eindruck, daß bei personellen Maßnahmen sachfremde Erwägungen eine Rolle spielen?« antworteten vierundsiebzig mit Ja, siebenundvierzig mit Nein. »Wiederholt wird die Auffassung vertreten«, schrieb der Personalrat, »persönliche Beziehungen zu Vorgesetzten oder dem Personalrat, vor allem Parteizugehörigkeit – SPD-Patronage –, erleichterten das Weiterkommen . . .« Einundachtzig der Befragten waren der Meinung, daß im Kanzleramt »Leistung und Eignung« bei Beförderungen und Höhergruppierungen »zu wenig« berücksichtigt würden. Fünfzig meinten, dies erfolge »angemessen«.

Als Underdogs betrachteten sich auch all jene, die ihren Arbeitsplatz im Abteilungsbau hatten – das war die Mehrheit –, die keinen Spezialausweis zum Betreten des Kanzler-Baus, in dem Helmut Schmidt und seine engeren Mitarbeiter saßen, hatten. Daß das mit hohem Kostenaufwand erbaute Hallenschwimmbad für die Bediensteten von acht bis siebzehn Uhr gesperrt blieb und auch nicht in der Mittagspause benutzt werden durfte, wurde als krasses Mißtrauen im Hinblick auf die Arbeitsbereitschaft ausgelegt. Auch die zwischenmenschlichen Begegnungen kamen zu kurz. Der letzte Betriebsausflug hatte 1976 stattgefunden. Zu Karneval verdrückte sich der Kanzler regelmäßig, und zu seinem Sommerfest im Stadttheater (zweitausend Gäste) waren magere zwanzig Karten an die Belegschaft verlost worden. Die Amtsleitung dagegen war natürlich vollzählig eingeladen.

Aber das war noch nicht alles. Die Bediensteten kritisierten die Führungsqualität ihrer Vorgesetzten, die ständige Gefahr, abgehört zu werden, und die zu hohen Preise in der Kantine. Staatssekretär Manfred Schüler gab zu, daß er ein schlechtes Gewissen hatte: »Vielleicht habe ich mich um diese Probleme zu wenig gekümmert. Aber woher bei dem Arbeitsanfall die Zeit nehmen?«

Auch dem Kanzler war im Hinblick auf das Betriebsklima nicht ganz wohl. Um gewisse Versäumnisse wiedergutzumachen, lud er schnell die gesamte Belegschaft samt Ehegatten »und Verlobten« zur Eröffnung einer Kunstausstellung im Hause ein. Aber dann in seiner Rede zu behaupten, »hier zu arbeiten kann jeden mit Stolz erfüllen«, war eine nicht einmal charmante Übertreibung.

Auch bei seinen unmittelbaren Zuarbeitern hatte Helmut Schmidt Personalprobleme. Im Februar hatten ihn nach sechseinhalbjähriger Zusammenarbeit der Leiter seines Büros, Ministerialdirigent Klaus Dieter Leister, und einer seiner beiden Persönlichen Referenten, der Legationsrat I. Klasse Roland Kliesow, verlassen. Letzterer ging zurück ins Auswärtige Amt.

Im Herbst verließen ihn der zweite Persönliche Referent, der für Parteifragen und Kontakte zum Bundestag verantwortliche Peter Walter, sowie sein Hauptredenschreiber Armin Halle. Außerdem ging noch der Leiter für Außenpolitik und Verteidigungsfragen, Ministerialdirektor Jürgen Ruhfus, der als Botschafter nach London wechselte. Für den Kanzler bedeutete dies, daß er sich an fünf neue Gesichter gewöhnen mußte, was bei seiner Mentalität keine leichte Sache war. Und der tüchtigste Chef ist meist hilflos, wenn's im Vorzimmer nicht klappt.

Der Abgang der Mitarbeiter hatte mehrere Gründe. Zwischen Helmut Schmidt und seinem Bürochef war es seit einem Jahr ausgemachte Sache, daß sich dieser bei einer günstigen Gelegenheit einen neuen und dann mit einer Beförderung verbundenen Job aussuchen durfte. Kein leichtes Unterfangen, denn mit einundvierzig Jahren war Leister bereits Ministerialdirigent, was in der Bundeswehr dem Rang eines Brigadegenerals entspricht. Auf den nächsthöheren Dienstgrad, den Ministerialdirektor, wartete eine ganze Reihe von Kandidaten, die in allen Bonner Ministerien saßen und mit den Füßen scharrten. Nicht einmal ein Kanzler kann da ein Machtwort sprechen, ganz abgesehen davon, daß sich Schmidt aus Personalfragen weitgehendst heraushielt und sich sogar engere Mitarbeiter von Dritten vorschlagen ließ.

Im Bundeswirtschaftsministerium, wo Leister 1968 als Volljurist im Personalreferat seine Beamtenkarriere begonnen hatte, wollte man den Aufsteiger nicht unbedingt zurück haben. Dort regierte inzwischen Graf Lambsdorff von der FDP. Im Entwicklungshilfeministerium des Genossen Rainer Offergeld wurde schließlich eine Abteilungsleiterposition frei, die Leister (heute Staatssekretär und Leiter der nordrhein-westfälischen Staatskanzlei) erhielt.

Schon bei der Gründung der Bundesrepublik war angestrebt worden, einen ständigen Personalaustausch zwischen dem Kanzleramt und den Bonner Ministerien vorzunehmen. Durch dieses Rotationsprinzip sollte eine bessere Kooperation zwischen der Regierungszentrale und den Ressorts möglich werden – nach der Maxime, so lernt jede Behörde die Anforderungen der anderen Häuser kennen und kann ihnen besser zuarbeiten. Der Austausch funktionierte aber nur mit dem Auswärtigen Amt und dem Verteidigungsministerium (was auch heute noch der Fall ist). Erstens wurden deren Beamte nur für zwei, maximal drei Jahre zum Dienst in der Regierungszentrale abgestellt; und zweitens durften sie im Kanzleramt nur mit Zustimmung ihrer alten Behörde befördert werden. Dafür erhielten sie die Garantie, jederzeit in ihr Mutterhaus zurückkehren zu können.

Das war zum Beispiel der Fall bei dem siebenunddreißigjährigen Diplomaten Kliesow, der seine zwei Jahre bei Helmut Schmidt als Persönlicher Referent abgedient hatte (»eine der interessantesten Zeiten in meinem Leben«). Bei ihm bedurfte es nur eines Fünf-Minuten-Gesprächs mit der AA-Personalabteilung, damit er als Botschaftsrat an die Deutsche Botschaft in Peru versetzt wurde – ein Posten, wie er ihn sich gewünscht hatte. Aus der Sicht des Auswärtigen Amtes war das eine indirekte Anerkennung dafür, daß ihm während seiner Zeit bei Schmidt die Macht nicht zu Kopfe gestiegen war und er immer ein offenes Ohr für die Wünsche des Auswärtigen Amtes (meist Termine beim Kanzler) gehabt hatte. Das war keine Selbstverständlichkeit. Manchem seiner Vorgänger war der Job am Hofe des Kanzlers zu Kopf gestiegen. Kliesow: »Von Anfang an hab' ich mir gesagt: So normal wie möglich, so höflich wie möglich.« Ein Motto, das man über dem Kanzleramt in Leuchtschrift anbringen sollte.

Der Fall des zweiten Persönlichen Referenten, Peter Walter, der am 1. Oktober 1979 in die Dienste des Hamburger Wirtschaftssenators trat, war in anderer Hinsicht exemplarisch. Nach sechs Jahren des Zuarbeitens für Helmut Schmidt war er es leid, den Aktentaschenträger zu spielen. In der Privatwirtschaft kann man einen Mann in vergleichbarer Position, also einen Assistenten des Vorstandsvorsitzenden, mit einer Beförderung oder einer gehörigen Gehaltsaufbesserung zum Bleiben bewegen. In einer Bundesbehörde ist das nicht so einfach. Als Oberamtsrat und Beamter des gehobenen Dienstes hatte Walter mit fünfunddreißig Jahren das Ende der

Fahnenstange erreicht. Um ihn zu befördern, hätte er in den höheren Dienst (Regierungsrat bis Staatssekretär), der normalerweise Akademikern vorbehalten ist, gehievt werden müssen. Nach der Laufbahnverordnung des Bundes ist das nur in Ausnahmefällen möglich. Dazu ist eine strenge Prüfung, die an ein Hochschulexamen angelehnt ist, vor dem Bundespersonalausschuß zu bestehen. Der Personalrat der jeweiligen Behörde, in diesem Fall des Kanzleramtes, hat jedoch vor der Zulassung zur Prüfung ein Anhörungsrecht. Im Falle Walters wäre der Antrag, ihn in den höheren Dienst zu übernehmen, mit Sicherheit abgeschmettert worden, weil der Persönliche Referent an Lebens- und Dienstjahren der jüngste aller Interessenten gewesen wäre. Helmut Schmidt beziehungsweise der Chef des Kanzleramtes, Staatssekretär Schüler, hätten sich zwar nach dem Personalvertretungsgesetz über einen Einspruch hinwegsetzen können, aber sie wollten wegen eines Kanzler-Referenten keinen Aufstand auslösen. So zog Walter ein Angebot, als Parlamentsreferent beim Hamburger Wirtschaftssenat tätig zu werden, vor. Dort hatte er die Chance weiterzukommen.

Bessere Aufstiegsmöglichkeiten außerhalb des Kanzleramtes hatte auch Chefredenschreiber Armin Halle. Ihm lag ein Angebot vor, bei der NATO in Brüssel Informationsdirektor zu werden. Als er Helmut Schmidt die Offerte »beichtete« und ein wenig g'schamig zu bedenken gab, »ich möchte da gern hin, aber hier nicht fahnenflüchtig werden«, sagte der Kanzler lakonisch: »Nutzen Sie Ihre Chance.«

Wer waren nun die neuen Leute, die im Zentrum der Macht Positionen bezogen? Neuer Leiter des Kanzler-Büros wurde nicht ein Beamter, sondern ein leitender Angestellter aus dem Bundespresseamt namens Dr. Werner Bruns, seit vierzehn Jahren SPD-Mitglied, examinierter Diplomkaufmann und von nervöser Geschäftigkeit. Da er nicht das Format von Leister hatte, gab es zunächst ständig Ärger mit Schmidts Sekretärinnen Lilo Schmarsow und Marianne Duden. Die Damen ließen sich ungern von einem Neuling Vorschriften machen.

Außer Bruns waren noch zwei weitere Kandidaten im Gespräch gewesen: ein Oberst im Generalstab namens Dietrich Genschel, ein Fliegenträger, der im Kanzleramt für Verteidigungsfragen zuständig war, und ein Ministerialrat Hartmut Rudloff – Schmidt noch bekannt aus seiner Zeit als Finanzminister, als Rudloff Persönlicher Referent des Finanz-Staatssekretärs Karl Otto Pöhl (heute Bundesbankpräsident) war. Bruns machte jedoch das Rennen, nicht weil der Kanzler ihm den Zuschlag erteilte, sondern weil Vorgänger Leister ihn vorgeschlagen hatte.

Neuer Persönlicher Referent wurde ein relativ junger Legationsrat I. Klasse namens Hans-Jochen Peters, keine besonders auffallende Person. Wichtiger und auch gewichtiger war der neue Chefredenschreiber Rolf Breitenstein, bis dahin Leiter der Wirtschaftsabteilung an der Deutschen Botschaft in Warschau. Seine Berufung ging voll auf das Konto von Helmut Schmidt und war insofern eine Ausnahme. Das Besondere an dieser Ernennung war das Parteibuch Breitensteins: Er war FDP-Mann. An seinem »falschen« Parteibuch stießen sich prompt gestandene Sozialdemokraten im Hause, wie Staatsminister Hans-Jürgen Wischnewski und Regierungssprecher Klaus Bölling.

Der Kanzler hegte jedoch seit einiger Zeit die heimliche Absicht, sogar ein bis zwei Unionspolitiker für ein Regierungsamt zu gewinnen. Breitensteins FDP-Zugehörigkeit war für ihn deshalb kein Hinderungsgrund.

Vorausgegangen war der gescheiterte Versuch, einen anderen Kandidaten anzuheuern, nämlich Scheels ehemaligen Redenschreiber Michael Engelhardt. Dessen hervorragenden Formulierungskünsten schrieb man die Erfolge des Bundespräsidenten gegen Ende seiner Amtszeit weitgehendst zu. Aber für Walter Scheel Reden zu Papier zu bringen, war etwas anderes, als für den Dynamo Schmidt zu formulieren. Beim Kanzler entstanden die Entwürfe zu Reden immer unter Zeitdruck, wie in einer Zeitungsredaktion. Dabei wurden vor allem griffige Formulierungen gesucht, »Nägel mit Köpfen für den Kanzler«, wie Vorgänger Armin Halle es ausdrückte.

Solche Arbeitsbedingungen störten das ästhetische Qualitätsempfinden des gelernten Diplomaten Engelhardt, der es gewohnt war, in Ruhe für Walter Scheel zu »dichten« und sich Reden einfallen zu lassen, die vor allem geistige Anstöße geben sollten. Hinzu kam, daß der Bundespräsident in Vorgesprächen mit seinem Ghostwriter, genauer als Schmidt es zu tun pflegte, Ideen entwickelte, wie er sich die jeweils zu haltende Rede vorstellte. Dafür wurde an Engelhardts Texten hinterher wenig geändert. Helmut Schmidt dagegen schrieb Engelhardts einzigen Beitrag, den Bericht zur Lage der Nation, kräftig um, was dem Autor nicht schmeckte. Er wagte jedoch nicht, das zu tun, was Schmidts Redenschreiber (insgesamt vier) in so einem Fall gelegentlich taten: einfach den Kanzler-Text wieder umzuredigieren, ohne daß es Schmidt hinterher merkte.

Rudolf Breitenstein, mehrfacher Buchautor, jahrelang Agentur- und Zeitungskorrespondent in Bonn und London, bis er 1972 in den Auswärtigen Dienst überwechselte, hatte eine eigene Maxime: »Wenn mein Name über dem steht, was ich geschrieben habe, kämpfe ich um jedes Wort. Wenn ich nicht genannt werde, bin ich ein Zuarbeiter.«

Dieses Mal verkraftete der Kanzler noch den Abgang wichtiger Mitarbeiter. Aber schon im folgenden Jahr würde auch Kanzleramtschef Manfred Schüler abwandern, und wiederum ein Jahr später Klaus Bölling. Deren Weggang riß Lücken in das Schmidt-Team, die nicht mehr zu füllen waren.

**42** Die Hiobsbotschaft erreichte den Kanzler zu unpassender Zeit. Gerade hatte er auf Schloß Ernich, der Residenz des französischen Botschafters in Bonn, bei einem Abendessen eine süße Nachspeise, die ganz nach seinem Geschmack war – Zuckergebäck mit Sahne und Eis – gegessen, als der Butler des Hauses, Monsieur Meire, ihm einen gefalteten Zettel zusteckte: »Eine Nachricht für Sie, Herr Bundeskanzler.«

Da Schmidt im Stimmengewirr der übrigen Gäste nicht recht verstand (»Was ist?«), hielt der Nachrichtenüberbringer es für angebracht, ihm den Inhalt der Einfachheit halber laut mitzuteilen: »Mister Callaghan ist mit einer Stimme Mehrheit gestürzt worden.« Es war der 4. Mai 1979.

Der Kanzler reagierte erst nach einigen Sekunden des Nachdenkens. Während seine Augen auf dem Zettel ruhten, sagte er schließlich auf Englisch: »That's too bad.«

»Jim« und »Helmut«, wie sich der ehemalige britische Labour-Premier und der deutsche Kanzler anredeten, kannten sich schon viele Jahre, ehe beide zu höchsten Ämtern aufstiegen. Die Verbindung riß auch nicht ab, als Callaghans Partei 1970 für vier Jahre in die Opposition abrutschte. Wann immer der Engländer mit dem straff gescheitelten Haar nach Bonn kam, war er Schmidts privater Gast, gelegentlich schon morgens zum Frühstück.

Selbst Helmut Schmidts engste Mitarbeiter wußten zunächst nicht mit Sicherheit, ob ihr »Chef« Callaghans Nachfolgerin, Margaret Thatcher, überhaupt schon einmal getroffen hatte. Einer erinnerte sich lediglich vage: »Sie soll eine große Verehrerin von Schmidt sein.«

Auch die Britische Botschaft in Bonn wußte nichts Genaues. Da traf es sich, daß in der darauffolgenden Woche die zweitägigen deutsch-britischen Konsultationen fällig waren. Einem politischen Miteinander stand auf jeden Fall der harte Antigewerkschaftskurs der neuen Regierungschefin entgegen. Der Kanzler war nach wie vor der Meinung, daß Demokratie und Wohlstand nur mit den Arbeitnehmerfunktionären erreicht werden könnten. So hatte Helmut Schmidt in einer Tischrede anläßlich eines Essens, das er zwei Jahre zuvor im Kanzleramt für Callaghan und dessen Delegation gegeben hatte, gesagt: »Das ist nun nicht im Spaß gemeint, sondern ich fürchte sogar, daß dies einigen von Ihnen nicht sehr gefällt, möchte es aber trotzdem erwähnen: Es handelt sich hier um zwei Regierungen, die sich weitgehendst auf den politischen Konsens mit den Gewerkschaften in ihren Ländern stützen . . . Die Gewerkschaften müssen immer mehr fordern. Es ist ihre Aufgabe in einer gesellschaftspolitischen Struktur wie der unsrigen, daß sie immer mehr fordern, als heute erfüllt werden kann.«

Was er freilich in diesem Moment nicht ahnte war, daß ausgerechnet sein Freund »Jim« an den maßlosen Forderungen der englischen Gewerkschaften eines Tages scheitern würde.

Als der Kanzler wenige Tage später zu den deutsch-britischen Konsultationen nach London flog, war er sehr gespannt. Er traf auf den ersten weiblichen Regierungschef Westeuropas. Schon im Anflug auf die englische Metropole bekam er weibliche Macht zu spüren – allerdings noch nicht die von Maggie. Über dem Londoner Flughafen wurde seine Luftwaffenmaschine (Rufzeichen »Delta-Charlie-November 1593«) in Wartestellung geschickt. Sie mußte so lange Schleifen fliegen, bis ein anderes Flugzeug gelandet war, nämlich das der Königin.

Mit einer halben Stunde Verspätung fuhr Helmut Schmidt in No. 10

Downing Street vor; es war der 11. Mai 1979. Seine Gastgeberin empfing ihn jedoch nicht, wie ihre Vorgänger, an der Bordsteinkante, sondern erst unter dem schützenden Türrahmen der schwarzlackierten Eingangspforte. Im grauen London regnete es nämlich, und Margaret Thatcher dachte an ·ihre Frisur. Ihr rötlich schimmerndes Haar war – wie in der Folge stets – tipptopp frisiert.

»It is so nice to see you«, begrüßte sie den Gast aus Bonn und setzte dabei ein Lächeln auf, das jenes Entgegenkommen zeigte, das Verkäuferinnen in Juwelierläden kaufkräftigen Kunden entgegenbringen.

Helmut Schmidt, im hellen Burberry Coat und mit schwarzer Lotsenmütze, gratulierte zunächst einmal: »Mrs. Prime Minister, herzlichen Glückwunsch!« Dabei betonte er das ungewohnte »Missis«, als habe er es vorher sorgfältig einstudiert. Aber die First Lady hatte die Situation voll im Griff. Als sei es bereits langjährige Routine, das Gespann Schmidt/Genscher zu empfangen, fragte sie: »Where is Herr Genscher?«

Nachdem sich dieser aus dem zweiten Wagen der Kanzler-Kolonne herausgeschält hatte und vor die Gastgeberin getreten war, begrüßte sie ihn mit einer winzigen Variante, die aber damals im internationalen Politgeschäft Gold wert war: »Es ist so nett, Sie *wieder*zusehen.« Bei dem »wieder« vollführten die Pausbacken des deutschen Außenministers vor Freude einen kräftigen Klimmzug.

Es war wie bei der überraschenden Wahl des bis dahin unter europäischen Politikern weitgehend unbekannten Jimmy Carter zum amerikanischen Präsidenten: Jeder tat so, als sei er mit dem Neuling Thatcher längst bekannt. In Bonn hatte sich Helmut Schmidt bereits über das schlechte Erinnerungsvermögen seiner Mitarbeiter geärgert und selbst dafür gesorgt, daß keine schädliche Legende entstand. »Ist doch alles Quatsch, was da geschrieben wird. Natürlich kenne ich Frau Thatcher von früher.«

Gleich im zweiten Absatz seiner Tischrede, die er beim Essen am ersten Abend hielt, strich er die alte-neue Bekanntschaft dick heraus: »Ich erinnere mich mit besonderem Vergnügen unseres Zusammentreffens 1975 und an die beeindruckende Diskussion mit Ihnen über wirtschaftliche und monetäre Fragen.«

Der Stellvertretende Regierungssprecher Armin Grünewald hatte mit feinem Gespür dafür, was seinem obersten Dienstherrn gefiel, in Bonn sofort ein Foto dieser über Nacht so wichtig gewordenen Begegnung, die vier Jahre zurücklag, ausgegraben und an die Presse verteilen lassen.

Während es der Kanzler also beim britischen Verbündeten plötzlich mit einer neuen Führungscrew zu tun hatte, regierte in Paris immer noch sein Freund Valéry, mit dem er es aber auch nicht immer leicht hatte. Das fing schon bei Terminabsprachen an. Im Frühjahr 1979 waren zum Beispiel wieder deutsch-französische Konsultationen fällig. Giscard d'Estaing hatte zunächst als Konferenzort Aix-en-Provence vorgeschlagen, was der deutschen Seite nicht ganz einleuchtete. Dann ließ der Elysée-Palast die östlichen Nachbarn wissen, dort sei die Sicherheit der Prominenz nicht gewährleistet, man werde sich an einem anderen Ort treffen. Schließlich hieß es, die Gespräche würden doch in Aix stattfinden; aber das war nicht das letzte Wort. Vierzehn Tage vor der Konferenz kam der Bescheid: Treffpunkt Paris.

Inzwischen hatte sich der französische Staatspräsident überlegt, daß ihm ein Ausflug mit dem deutschen Bundeskanzler in die Provinz im Hinblick auf den in Frankreich angelaufenen Europa-Wahlkampf nicht genügend Publizität einbrächte. Helmut Schmidt wollte seinen Freund nicht enttäuschen und tat daraufhin das Seine, damit das deutsch-französische Tête-à-tête werbewirksam genug ausfiel. Einige Bundesminister, die sich vor der Fahrt nach Paris drücken wollten, stauchte er in der letzten Kabinettssitzung vor der Abreise zusammen: »Eine Riesensauerei!«

Arbeitsminister Herbert Ehrenberg, der seine angegriffene Galle behandeln lassen wollte, bekam zu hören: »Du kannst zwei Tage später in die Klinik fahren.« Finanzminister Hans Matthöfer und Forschungsminister Volker Hauff, die Bundesunternehmen in Berlin besuchen wollten, befahl er, sie sollten gefälligst in Paris »antreten«. Zwei Kabinettskollegen freilich, die normalerweise bei den halbjährlich stattfindenden Gesprächen zur Kanzler-Equipe gehörten, konnte er nicht mehr zurückpfeifen: Hans Apel flog zu seinem ersten offiziellen Besuch in die USA, und Wirtschaftsminister Otto Graf Lambsdorff hatte Termine in Kanada wahrzunehmen.

Helmut Schmidts Schützenhilfe für Giscard kam nicht von ungefähr. Das deutsch-französische Bündnis, das 1963 von Konrad Adenauer und Charles de Gaulle mit dem Elysée-Vertrag geschlossen worden war, gewann immer mehr an Bedeutung, seit die Führungsschwäche des amerikanischen Präsidenten in der internationalen Politik deutlicher wurde. Die Europäische Gemeinschaft bereitete sich darauf vor, eigene Wege zu gehen. Der Kanzler war der festen Überzeugung, »daß ohne einen fortschreitenden Prozeß besseren deutsch-französischen Verständnisses die Europäische Gemeinschaft überhaupt nicht denkbar ist. Und in dem Maße darf um Gottes willen dieses zentrale Stück der deutsch-französischen Verständigung nicht leiden.«

Es schien, als wäre aus dem ehemaligen Atlantiker Helmut Schmidt ein Frankophiler geworden. In einem Interview mit dem englischen *Economist* bekannte er: »Ich wuchs auf als ein Anglophiler, wurde bis zu einem gewissen Grad ein Amerikanophiler und habe mich, in den jetzt zehn Jahren meiner Regierungstätigkeit, zu einem Frankophilen gewandelt.« Und schon bedauerte er: »Meine Tochter ist längst eine erwachsene Frau, aber sie hat zum Beispiel als junges Mädchen vom deutsch-französischen Jugendaustausch profitiert und eine viel bessere Kenntnis von Frankreich gewinnen können als ich jemals in so jungen Jahren . . . Ich muß zu meiner Schande gestehen, daß ich außer ›Madame‹, ›Monsieur‹ und ›Champs-Elysées‹ sehr viel Französisch nicht kann. Und weil ich darunter leide, daß ich mit den Franzosen zum Beispiel nicht in einer Sprache reden kann, trete ich überall in Deutschland dafür ein, daß bei uns mehr Französisch an den Schulen gelehrt wird.«

Allerdings sollte die Intensivierung der deutsch-französischen Zusammenarbeit, und zwar unter Einbeziehung der Sicherheits- und Verteidigungspolitik, erst ein Jahr später zustande kommen. Bis 1979 war sie noch von Auf- und Abbewegungen gekennzeichnet. Einerseits gab es enge kulturelle Beziehungen zwischen den Bundesländern und Gemeinden mit Partnerschaften in Frankreich, und es fand vor allem ein umfangreiches Austauschprogramm für Jugendliche statt. Das größte Werk der bisherigen deutsch-französischen Kooperation war jedoch das Zustandekommen des Europäischen Währungssystems. Zuvor hatte es zwar etwas Ähnliches gegeben, die Währungsschlange, aus der die Franzosen erst ausgeschieden, dann zurückgekehrt und schließlich wieder ausgeschieden waren. Nun aber hatten sich Schmidt und Giscard auf das System der festen Wechselkurse innerhalb des Europäischen Währungssystems geeinigt. Soweit die Errungenschaften.

Andererseits gab es mit den Franzosen Schwierigkeiten. In der EG wehrten sie sich dagegen, daß Großbritannien von den unzumutbar hohen Nettozahlungen durch einen Kompromiß erlöst werden sollte. Erst durch die Vermittlung Helmut Schmidts kam es schließlich zu einem solchen Ausgleich. Auch in der Politik gegenüber den afrikanischen Rohstoffländern war man unterschiedlicher Meinung. Paris befürwortete sogenannte Rohstoffabkommen. Danach sollten internationale Ausgleichslager für achtzehn ausgewählte Rohstoffe geschaffen und zu deren Finanzierung ein gemeinsamer Fonds errichtet werden. Bonn war strikt dagegen, Helmut Schmidt dachte an die Überschußpolitik der EG.

Grundsätzlich war der Kanzler jedoch der Meinung: »Giscard gerät wegen seiner europafreundlichen Politik innenpolitisch unter Beschuß. Er sieht, speziell was die Beziehungen zum deutschen Nachbarn angeht, Kräfte des Rückschritts und des Hasses am Werk.« Um dieser Entwicklung gegenzusteuern, war er bereit, seinem Freund Giscard immer wieder entgegenzukommen. Deshalb gab es seit kurzem eine direkte Telefonleitung zwischen dem Kanzleramt und dem Elysée-Palast.

Im Frühsommer 1979 besuchte Helmut Schmidt die USA. Die Reise – sie dauerte vom 5. bis 9. Juni – war eigentlich schon ein Stückchen Tradition, da er jeden Sommer einmal in die Vereinigten Staaten zu fliegen pflegte. So jedenfalls hatte Schmidt es in den vergangenen drei Jahren gehalten. Was anfangs wie ein Routinebesuch ausgesehen hatte – nur angereichert durch die Entgegennahme der Ehrendoktorwürde der Harvard-Universität –, war plötzlich durch die Nachricht, die amerikanische Regierung wolle die Heizöl- und Dieselimporte mit fünf Dollar pro Barrel subventionieren, zu einem hochbrisanten Trip geworden. Die amerikanischen Maßnahmen bedeuteten nicht nur einen weiteren Anstieg der Rohölpreise und den vorübergehenden Abzug leichten Heizöls von den übrigen Weltmärkten. Schlimmer noch, der Dollar, die westliche Leitwährung, die erst im November 1978 durch einen gewaltigen Währungskredit anderer Industrienationen in Höhe von rund dreißig Milliarden Dollar gestützt worden war, könnte bald erneut vor einem Kollaps stehen. Nach Ansicht des Kanzlers war die Ölpreissubventionierung ein klarer Verstoß gegen die Verpflichtungen, die Carter beim Weltwirtschaftsgipfel in Bonn im vorangegangenen Jahr eingegangen war.

Bis zu seiner Abreise aus Bonn hielt Helmut Schmidt sich mit diesbezüglichen kritischen Äußerungen zurück. Frei von solcher Rücksichtnahme war dagegen die Reaktion des Wirtschaftsministers. Graf Lambsdorff rief sofort den amerikanischen Botschafter in Bonn, Walter J. Stoessel jr., an und blies ihm ganz undiplomatisch den Marsch. Wenn er, Lambsdorff, nicht schon auf dem Weg nach Manila wäre, würde er ihn jetzt zu sich ins Ministerium nach Bonn-Duisdorf bestellen. So aber wolle er telefonisch das Mißfallen der Bundesregierung zum Ausdruck bringen. Stoessel, ein vornehmer Herr, der einen solch barschen Umgangston nicht verdiente, sprach von einem großen Mißverständnis. Es sei lediglich an die Subvention eines sehr kleinen Teils der Importe, nämlich der von Destillaten, gedacht.

Nach dem Start vom Köln-Bonner Flughafen sah es zunächst so aus, als wollte Helmut Schmidt das ärgerliche Thema in Washington nicht zur Sprache bringen. Auf die entsprechende Frage eines mitreisenden Journalisten hatte er gereizt reagiert: »Das ist nicht mein Bier. Ich bin nicht der Briefträger irgendeiner Abteilung XY in der Duisdorfer Kaserne. Das gehört auf die Etage Lambsdorff/Schlesinger.«

Aber dann hatte er doch den »Briefträger« für den Wirtschaftsminister gespielt, sich im Green Room des Blair House, des Regierungsgästehauses, mit dem amerikanischen Finanzminister Blumenthal und Energieminister Schlesinger zusammengesetzt und die leidige Subventionsgeschichte mit dem Satz zur Sprache gebracht: »Da gibt es bei uns nicht wenige Leute, die sich darüber aufgeregt haben.«

Schlesinger, links von ihm placiert, wie stets finster dreinblickend und an einer Pfeife kauend, hatte etwas von »vorbereiteten Fernschreibtexten zur Vorausunterrichtung befreundeter Regierungen« geknurrt, die aber dann »aus Versehen« nicht abgesetzt worden seien. Helmut Schmidt machte geltend, daß selbst im amerikanischen Regierungsapparat die Meinung darüber geteilt war, ob mit Preiskontrollen oder anderen restriktiven Maßnahmen die Spotmarkets in Rotterdam und anderen Orten an die Kette zu legen seien.

Es war ein ausgesprochen milder Helmut Schmidt, der in Washington auftrat, ein Mann, der anscheinend zu Unrecht den Spitznamen »Schmidt the lip« (Schmidt-Schnauze) trug. Bei einem Abendessen in der Deutschen Botschaft, zu dem amerikanische Senatoren wie Nunn, Moynihan und Glenn eingeladen waren, Politiker, die noch schwankten, ob sie für die Ratifizierung des zwischen den USA und der Sowjetunion geschlossenen SALT-II-Abkommens stimmen sollten, hatte der Kanzler demonstrative Bescheidenheit gezeigt: »Ich bin nicht hier, um Ratschläge zu erteilen, sondern um zuzuhören.«

Und als er anderntags von einem zweistündigen Gespräch mit Präsident Carter im Weißen Haus ins Watergate-Hotel zurückkam, summte er fröhlich vor sich hin. Daß die ursprünglich auf vier Stunden festgesetzte

Begegnung einen Tag vor Helmut Schmidts Ankunft von den Amerikanern um die Hälfte verkürzt worden war, schien ihn nicht mehr zu kratzen. Überhaupt hatte sich seine Einstellung zu dem ehemaligen Erdnußfarmer plötzlich geändert. Bis in die Nähe der Einmischung in inneramerikanische Angelegenheiten machte er sich nach Wahlkämpfermanier für die Ratifizierung des unter seinem »Freund Jimmy« unterschriftsreif ausgehandelten Vertrages stark. Im amerikanischen Fernsehen beschwor er die negativen Folgen einer Nichtratifizierung: »Die Welt würde zurück in einen kalten Krieg verfallen.«

Sie fiel in keinen kalten Krieg zurück, obwohl SALT II nie ratifiziert wurde. Hier irrte der Staatsmann Schmidt. Später machten die Sowjets Verhandlungen über den Abbau der atomaren Mittelstreckenraketen von der Ratifizierung abhängig – und bauten dann doch die Raketen ab, woraus man ersehen kann, daß Prognosen in der Politik bisweilen eine sehr geringe Trefferquote haben. (Das Gute für die Politiker ist, daß sich hinterher kaum jemand mehr an ihre – düsteren – Prophezeiungen erinnert.)

Helmut Schmidts auffälliges Engagement für Carter im Juni 1979 hatte auch einen persönlichen Grund. Der Kanzler glaubte, daß ein Scheitern des Vertrags früher oder später das Ausscheiden Jimmy Carters aus dem Präsidentenamt zur Folge haben könnte. Selbst wenn dieser von seiner Partei für eine zweite Amtszeit nominiert werden sollte, sei damit zu rechnen, daß er die Ablehnung des Vertrags durch den Senat moralisch nicht überstehen würde.

Somit war die merkwürdige Situation eingetreten, daß Helmut Schmidt, der Carter noch kurz vorher Führungsschwäche angekreidet hatte (»Was für eine Regierung ist das, die ihre Landeswährung zur Hölle fahren läßt?«), inzwischen das gewohnte Gesicht des Erdnußfarmers aus Georgia im Weißen Haus lieber sah als jedes andere. So beruhigend es auf einmal für den Kanzler war, Carter dort zu wissen, so beunruhigend war dessen schlechtes Aussehen. Seit ihrem letzten Treffen ein knappes halbes Jahr zuvor auf Guadeloupe war Carter erschreckend gealtert. Sein Gesicht wirkte eingefallen und klein, war von vielen Fältchen zerfurcht, und das graue Haar war schütter geworden. Die schon immer leise Stimme war noch schwerer verständlich.

Die Männer um den Präsidenten, die jungen, ein wenig zu cleveren Burschen, allen voran Carters schlaksiger Pressesprecher Jody Powel, der ihn schon managte, bevor sein Boß das höchste Amt der Vereinigten Staaten bekleidete, sorgten dafür, daß das vorübergehend gute Verhältnis zwischen Schmidt und Carter nicht so blieb. Für sie war der »Kraut« Schmidt ein ungebetener Ratgeber, der ihrem Chef zunehmend die Show stahl – ein Mann, der ausgerechnet in der Woche seines Amerika-Besuchs auch noch auf die Titelseite des amerikanischen Nachrichtenmagazins *Time* gerutscht und als eine Art Superman vorgestellt worden war, dessen »Führerschaft, die er der freien Welt gibt«, sogar von amerikanischen Politikern öffentlich gepriesen wurde.

Diese nach wie vor negative Einstellung der Männer um den Präsidenten bekam Klaus Bölling besonders zu spüren. Nachdem Jody Powel ihn schon auf Guadeloupe in der Manier eines Besatzungsoffiziers angeherrscht hatte (wegen einer dem deutschen Regierungssprecher grundlos angehängten kritischen Äußerung zur amerikanischen Iran-Politik), wollte Bölling dieses Mal zum Zeichen des guten Willens einen Höflichkeitsbesuch abstatten und sogar ein Geschenk überreichen. Trotz eines vereinbarten Gesprächstermins wurde er an der Außenpforte des Weißen Hauses zunächst nicht eingelassen, dann gefilzt. Die auf dreißig Minuten geplante Begegnung sah schließlich so aus, daß Bölling im Vorzimmer zweiundzwanzig Minuten warten mußte, um Mr. Powel acht Minuten sprechen zu dürfen. Bölling später: »Ein ungehobelter Yankee.«

1979 war für Helmut Schmidt ein Reisejahr. Nach der USA-Reise Anfang Juni flog er Ende des Monats zum Weltwirtschaftsgipfel nach Tokio. Mitte Juli stattete er dem Vatikan einen Besuch ab, Ende Juli war Norwegen dran, wo der Kanzler anschließend auf den Lofoten Urlaub machte. Ungarn besuchte er Anfang September, und im Oktober stattete er der Republik Irland eine offizielle Visite ab.

Eine ganz bestimmte Reise fand jedoch wieder nicht statt, obwohl Helmut Schmidt sie bereits seit Jahren vor sich herschob: ein Besuch Israels!

Eine Einladung lag bereits seit über vier Jahren vor, genauer gesagt seit dem Bonn-Besuch des damaligen Ministerpräsidenten Jizchak Rabin im November 1975, so daß Helmut Schmidts Zögern langsam peinlich wurde. Bei einem Aufenthalt in Kairo hatte er Hoffnungen geweckt, als er erklärte, er werde den israelischen Ministerpräsidenten Menachem Begin »im Laufe des Jahres 1978« besuchen. Das Jahr verstrich, ohne daß der Kanzler gefahren war.

Zur Begründung hatte es zunächst geheißen, er wolle nicht eher fahren, bis nicht der israelisch-ägyptische Friedensvertrag unter Dach und Fach sei. Nachdem das Abkommen geschlossen worden war, gab es eine neue Ausrede aus dem Kanzleramt: »In dem angespannten Zustand, in dem sich der Nahe Osten zur Zeit befindet, insbesondere nach dem zusätzlichen Zwist zwischen den Saudis und den Amerikanern, ist ein Schmidt-Besuch eine äußerst heikle Angelegenheit.«

Dennoch fragte man sich, warum ein Mann wie Helmut Schmidt nicht sein zweifellos vorhandenes internationales Prestige in die Waagschale warf und sich als Vermittler im Nahost-Konflikt engagierte. Auch dazu hörte man aus dem Kanzleramt ein Argument: »Die Möglichkeiten, etwas zu bewegen – und die Israelis wollen ja dann von Schmidt etwas zu ihren Gunsten bewegt haben –, sind jetzt zusätzlich eingeschränkt.«

Tatsache war, daß die Israelis nicht nur – wie die Ägypter – massive Wirtschaftshilfe zur Abstützung des Friedensvertrages erwarteten, sondern daß sie sich von der Bundesregierung auch wirksame Gesetze und Verwaltungsmaßnahmen wünschten, um die gegen ihr Land gerichteten Boykottmaßnahmen der Arabischen Liga zu neutralisieren. Zum Beispiel sollten Exportbürgschaften des Bundes nur solchen deutschen Firmen gewährt werden, die sich nicht an dem arabischen Boykott beteiligten.

Wenn es um den Nahen Osten ging, gab Helmut Schmidt viel auf den Rat seines Freundes Giscard d'Estaing. Der hatte ihn schon vor Jahresfrist gewarnt: »Helmut, verbrenn dir nicht die Finger!«

Last, but not least hatte der Kanzler keine Lust, sich den Schimpfkanonaden des israelischen Ministerpräsidenten Begin auszusetzen, denn der war auf den deutschen Regierungschef nicht gut zu sprechen. Ausgerechnet in der Schmidt-Ära vollzog sich ein Wandel der westdeutschen Nahost-Politik. Die ersten fünfundzwanzig Jahre war Bonns Haltung gegenüber dem jüdischen Staat von Schuldgefühlen geprägt. Am 10. September 1952 hatte Konrad Adenauer für die Bundesrepublik Deutschland ein historisches Wiedergutmachungsabkommen unterzeichnet. Israel erhielt über einen Zeitraum von vierzehn Jahren Devisen im Wert von drei Milliarden Mark; außerdem wurden vierhundertfünfzig Millionen Mark an die Verfolgtenorganisation Conference on Jewish Material Claims against Germany gezahlt. Darüber hinaus wurden Entschädigungen an jüdische Privatpersonen gewährt, die sich noch einmal auf siebzehn Milliarden beliefen.

In den späteren Jahren kam es auch zu einem regen Kultur- und Jugendaustausch. Die diplomatischen Beziehungen zwischen beiden Ländern wurden unter Ludwig Erhard am 13. Mai 1965 aufgenommen. Ein Jahr später stattete Adenauer dem Land als Alt-Bundeskanzler einen Besuch ab. Willy Brandt reiste 1973 als erster amtierender Bundeskanzler nach Israel. Als das kleine Land im Sechstagekrieg von 1967 die Armeen von vier arabischen Staaten überrannte, wurden die Israelis in Deutschland gefeiert, als seien sie deutsche Soldaten.

Eine Wende in dieser proisraelischen Politik Bonns trat erst unter Helmut Schmidt ein, und zwar im Jahre 1979. Durch zwei von den arabischen Staaten ausgelöste Ölkrisen sah sich die Bundesrepublik über Nacht genötigt, mehr Rücksicht auf die Araber und vor allem auf das Selbstbestimmungsrecht der Palästinenser zu nehmen. Letzteres ließ sich aber schwer mit den Sicherheitsinteressen Israels vereinbaren. So kam es sehr schnell zu einer tiefen Verstimmung zwischen beiden Staaten.

Verschärft wurde die Situation durch eine Reise Hans-Dietrich Genschers in den Nahen Osten. Der deutsche Außenminister besuchte Syrien, Jordanien, Ägypten und den Libanon und mißbilligte öffentlich die Bombardements des Südlibanons durch die Israelis. Ferner kritisierte er die israelische Siedlungspolitik im besetzten Westjordanien. Israels Todfeinde bezeichnete er plötzlich als seine »Freunde«. Immer wieder wies er auf das »Selbstbestimmungsrecht der Palästinenser« hin, auf ihr Recht auf einen eigenen Staat wie auf das Recht, eigene Vertreter in die Parlamente zu schicken. Daheim wurde es Helmut Schmidt mulmig.

Bis dahin hatte der Kanzler den Standpunkt vertreten, daß er nicht der Zensor der Reisepläne seines Außenministers sei. Und bis zu einem gewissen Grad konnte er Hans-Dietrich Genscher sogar nachsehen, daß dieser jedes Mal empfindlich reagierte, wenn es um Kompetenzbeschneidungen ging. Denn das Aufgabengebiet des Ministers hatte allein schon dadurch an Bedeutung eingebüßt, daß im Laufe der Jahre immer mehr internationale und bilaterale Fragen von den Staats- und Regierungschefs selber behandelt wurden – etwa beim Weltwirtschaftsgipfel oder in den deutsch-französischen Beziehungen.

Nun aber reagierte er auf Genschers Nahost-Reise mit Kopfschütteln oder mokantem Lächeln, so, als er die vom Pressesprecher des Auswärtigen Amtes, Jürgen Sudhoff, in die Medien lancierten Lobeshymnen ausländischer Politiker über Genscher las. Demzufolge hatte Sadat nach der jüngsten Genscher-Visite gesagt: »Das Gespräch war eines der wichtigsten, die ich je mit einem westeuropäischen Minister geführt habe.«

Nach Helmut Schmidts Auffassung hatte der Minister ohne Not das Wort vom Recht der »Selbstbestimmung« des palästinensischen Volkes in die Debatte gebracht. Auch der Kanzler hatte schon einmal laut über diese These nachgedacht, aber für ihn war immer abgemachte Sache, daß diese Selbstbestimmung ebensowenig ohne Israel verwirklicht werden konnte wie das Selbstbestimmungsrecht der Deutschen in West und Ost ohne die Sowjetunion. In dieser Auffassung wurde er von Klaus Bölling bestärkt, der wohl als einziger im engeren Beraterkreis in dieser Zeit hartnäckig für Israel argumentierte – sogar mit gewissem Erfolg. Jedenfalls verstärkte sich bei Schmidt das Gefühl, daß er die Nahost-Politik nicht mehr seinem Außenminister überlassen durfte.

Schon mußte der Kanzler sich von der *Allgemeinen Wochenzeitung der Juden in Deutschland* vorhalten lassen, daß seine »Formel von der ausgewogenen Nahost-Politik nichts als ein beschönigendes Kaschieren eigener Ratlosigkeit und fehlender Courage ist«. Bedachte man, welche Widerstände Carter, Sadat und Begin zu überwinden hatten, bis das Friedensabkommen von Camp David unterzeichnet werden konnte, dann war Schmidts Zögern, nach Israel zu reisen, nicht Realpolitik, sondern kleinmütig.

Ganz anders bei der Osteuropa-Politik. Hier engagierte sich Helmut Schmidt enorm, und das nicht nur gegenüber der mächtigen Sowjetunion. Da waren seine engen Beziehungen zu Polens Partei- und Regierungschef Gierek, er besuchte Ungarn, Rumänien, Bulgarien und die Tschechoslowakei. Und vielen der kommunistischen Staats- und Regierungschefs breitete er in Bonn den roten Teppich aus. Der Ausbau der politischen, wirtschaftlichen und kulturellen Beziehungen zu diesen Ländern war ihm wichtig. »Unsere Aufgabe ist Brückenfunktion. Unsere Aufgabe ist, die geistigen Ströme, die wirtschaftlichen und politischen Ströme zwischen West- und Osteuropa zu stärken.«

In dieser Zielsetzung wurde er von Hans-Dietrich Genscher voll unterstützt. Je mehr sich allerdings die Bonner Regierung in ihrer Brückenfunktion engagierte und die Liberalisierung in diesen Ländern förderte, desto mehr trug sie hier und da ungewollt zur Stabilisierung der kommunistischen Herrschaftsstrukturen bei. Sie machte diejenigen, die »am Drükker« saßen, salonfähig oder gab den Sowjets einen Vorwand, gegen destabilisierende Entwicklungen vorzugehen. Außerdem mußten Schmidt und Genscher beobachten, wie sich sofort Rauhreif auf das mühsam geknüpfte Geflecht der Beziehungen legte, sobald die Supermächte USA und Sowjetunion aneinandergerieten.

Trotzdem war für den Kanzler das Kennenlernen der Mächtigen aus dem Ostblock ein enormer Gewinn, vor allem, wenn es darauf ankam, politische Entwicklungen im sowjetischen Herrschaftsbereich zu beurteilen. Mancher seiner Gesprächspartner nahm kein Blatt vor den Mund, wenn das Gespräch auf die Russen kam. Eine der originellsten Erscheinungen, denen Schmidt begegnete, war der bulgarische Staatsratsvorsitzende und KP-Chef Todor Schiwkoff, den er im Mai 1979 besuchte.

Lilo Schmarsow, »allererste« Sekretärin des Kanzlers, war schon auf hundert, bevor es überhaupt losging. »Nun sagen Sie mal«, fragte sie ein Mitglied aus der Kanzler-Delegation, die Helmut Schmidt bei seinem dreitägigen Besuch im kommunistischen Bulgarien begleiten sollte, »haben Sie auch so'n Wisch unterschreiben müssen, daß man sich keine sexuellen oder alkoholischen Exzesse leisten darf? Da spinnt doch einer! Erst wochenlang diese Anflachserei wegen der in den Osten abgehauenen Sekretärinnen, und nun muß man sich noch dies gefallen lassen.«

Die schriftliche Vergatterung, sich durch kompromittierenden Sex oder Alkohol nicht erpreßbar machen zu lassen, paßte schlecht zu der Parole, die ansonsten ausgegeben wurde: Wir fahren nicht zum bösen Feind, sondern zu einem neuen Freund. Noch im Anflug auf den schon in Sichtweite liegenden Flughafen von Sofia (der Kanzler: »Schaut mal, wie modern und grün das alles aussieht«) redete Regierungssprecher Klaus Bölling den mitfliegenden Journalisten ins Gewissen: »Das Klischee, Bulgarien sei nur der beste Satellit der Sowjetunion, stimmt nicht.« Der Kanzler werde diese Reise »zum Anlaß nehmen, einiges zu korrigieren«.

Todor Schiwkoff, ein kleiner Mann, der zehn Minuten später mit kurzen Schritten und gebräunter Glatze im blauen Nadelstreifenanzug lächelnd den Kanzler am Fuße der Gangway »Herzlich willkommen« hieß − Schmidt: »Bei uns zu Haus ist Sch . . .wetter« −, sah nicht so aus, als sei er ein bloßer Statthalter Moskaus. Noch weniger ließen seine politischen Witzchen diesen Schluß zu. Nachdem die Herren in der Residenz für Staatsgäste, Bojana, eingetroffen waren − ein riesiges Areal mit Wasserspielen, Parkanlagen und mehreren Gästehäusern, von denen eines allein mehr als dreihundert Zimmer hat −, erklärte Schiwkoff nicht ohne Besitzerstolz: »Das haben wir alles innerhalb von zweieinhalb Jahren gebaut.« Und nach ein paar Sekunden fügte er mit Schalk in seinen dunkelbraunen Augen hinzu: »Wenn wir so schnell mit dem Aufbau des Kommunismus wären, hätten wir bereits den Weltkommunismus.«

Vielleicht war es diese Selbstironie, dieses Fehlen jeglicher ideologischer Verklemmungen, weshalb Helmut Schmidt ausgerechnet an diesem kommunistischen Partei- und Regierungschef ganz offensichtlich einen Narren gefressen hatte. Als sich die beiden im Sommer 1975 auf der

KSZE-Konferenz in Helsinki das erste Mal sahen, verstanden sie sich auf Anhieb.

Mag Bulgarien auch fest in den Armen der Sowjetunion liegen, wer den bulgarischen Staatsratsvorsitzenden als einen Büttel abtut, wird seiner Persönlichkeit nicht gerecht; doch sein Handlungsspielraum ist eng. Die Anwesenheit des »großen Bruders« war auch während der Kanzler-Visite auf Schritt und Tritt zu beobachten. In den Straßen Sofias sah man mehr rote Fahnen mit Hammer und Sichel als solche mit den Farben der Bundesrepublik.

In der Staatsresidenz Bojana, einer pompösen Mischung aus Reichskanzlei, Hilton und Airport Abu Dhabi, bewirtete Schiwkoff seinen Gast aus Deutschland am ersten Abend mit Bouillon-au-volauvent-Forelle und gespicktem Rehbraten; dazu gab's bulgarische Weine. Nach dem Essen entschied der Gastgeber: »Wir gehen noch ein bißchen zu mir.«

Wenig später betraten Gast und Gastgeber eine pompöse Villa. Helmut Schmidt glaubte sich zunächst in ein zoologisches Museum versetzt. Wohin seine von den Anstrengungen des Tages entzündeten Augen auch blickten, überall sahen sie ausgestopfte Bären, Wildschweine, Adler, Falken, Birkhähne und Wildenten in allen Größen sowie Tiger- und Leopardenfelle, Elefantenzähne und -füße und vor allem unzählige Geweihe. Während der Kanzler ein wenig betreten die Führung des Hauses (Schiwkoff: »So eine Wildsau hat auch Herr Beitz bei mir geschossen«) über sich ergehen ließ, ertönten plötzlich seltsame Geräusche. Es grunzte, balzte und zwitscherte aus allen Ecken. Dazu hörte man Brunftschreie und Löwengebrüll. Die Erklärung für dieses merkwürdige Potpourri: Von einer eingebauten Stereoanlage ließ der Hausherr Begleitmusik zu seiner Jagdshow abspielen. Der Kanzler, etwas hilflos: »Und das haben Sie alles selbst geschossen?« Schiwkoff nickte zustimmend und strahlte wie die Kerzen am Weihnachtsbaum.

Zum Programm des nächsten Tages gehörten zwei Kranzniederlegungen. Helmut Schmidt erwies nicht nur dem Grabmal des Unbekannten Soldaten seine Reverenz, sondern legte auch auf dem deutschen Soldatenfriedhof in Sofia einen Kranz nieder. Als er von Bonn aus den Bulgaren diesen persönlichen Wunsch übermitteln ließ, setzte sich die Regierung in Sofia sogar über zu erwartende Empfindlichkeiten der DDR hinweg. Bis dahin war von bulgarischer Seite immer wieder erklärt worden, für diesen bis zum Kanzler-Besuch völlig verwilderten Flecken am Rande eines Friedhofs seien einzig die Ostdeutschen zuständig. Und wiewohl die DDR-Behörden die Gräber der Gefallenen — vorwiegend aus dem Ersten Weltkrieg — völlig verwildern ließen, wurde der Botschaft der Bundesrepublik die Pflege des Soldatenfriedhofs verwehrt.

Zum Kanzler-Besuch hatten die Bulgaren den Friedhof vom kniehohen Unkraut befreit und als Geste auf jedes Grab zwei Nelken gelegt. Außerdem versprach Schiwkoff persönlich dem Kanzler (der darum gebeten hatte), daß sich der Präsident der Deutschen Kriegsgräberfürsorge erstmals mit seinem bulgarischen Kollegen treffen dürfe.

Zur zweiten Station der Bulgarien-Reise gehörte ein Abstecher in die Schwarzmeerstadt Varna. Die Ausfahrt vom Flughafen in Varna war mit einem überlebensgroßen Plakat geschmückt, auf dem Parolen in kyrillischer Schrift und Schiwkoff zu sehen waren, wie er gerade Breschnew die Hand schüttelt – ganz so, als erwartete er nicht den Gast aus Bonn, sondern den aus dem Kreml. Der Spielraum, den die Sowjets den Bulgaren ließen, war genau abgesteckt. Daß nichts geschah, was nicht den Segen Moskaus hatte, dafür sorgte der russische Botschafter, der – zumindest damals – an Kabinettssitzungen der bulgarischen Regierung teilnahm. Und seinerzeit paßte eine deutsch-bulgarische Annäherung ins sowjetische Konzept.

Zur Verblüffung des Kanzlers und seiner Begleitung erklärten sich die Bulgaren unter anderem bereit, deutsch-bulgarische Produktions- und Handelsgesellschaften auf ihrem Boden zuzulassen (Schiwkoff: »Natürlich geht das«); das hatten sie bis dahin strikt abgelehnt. Ebenso überraschend zeigten sie sich bereit, Verhandlungen über ein Investitionsförderungsgesetz, das den Schutz westdeutschen Investitionskapitals garantieren würde, aufzunehmen.

Nichts schien dem Genossen Staatsratsvorsitzenden zu gut oder zu anstrengend, um seinem Gast den Aufenthalt so angenehm wie möglich zu gestalten. Dazu gehörten fähnchenschwingende Massen in den Straßen von Varna ebenso wie die abermals pompöse Unterbringung in der dortigen Staatsresidenz Euxinograd. Helmut Schmidt: »Da ist ja wie Cap Ferrat!« Mit dem Unterschied, daß alles nur noch ein bißchen teurer gebaut und ausgestattet war als an der Côte d'Azur. Wände und Fußböden waren mit weißem Marmor verkleidet, und zum Meer hatte das Haus eine riesige Fensterfront. Dazu auf dem Felsvorsprung ein riesiges Schwimmbecken (nebst Bar, Umkleideraum und Fahrstuhl zum Haus) sowie ein Hallenschwimmbad mit Olympiamaßen.

Wie weiland zu Zeiten des Schahs in Persien waren vor dem Grandhotel Varna, wo dem Kanzler an diesem Abend das offizielle Dinner gegeben wurde, Perserteppiche auf dem Trottoir vor dem Eingang ausgebreitet worden. Die Blumensträuße, die ihm überreicht wurden, waren so groß wie er selbst: einhundertsiebzig Zentimeter.

Als dem Kanzler zu vorgerückter Stunde schon fast die Augen zufielen, schleppte ihn Schiwkoff noch in einen Nachtklub. Im schummrigen Licht legten eigens vor Helmut Schmidt und den Oberkommunisten ein paar ranke, schlanke, mit nur wenig Flitter und Tand bedeckte Girls heiße Tänze mit gewagten Stellungen aufs Parkett. Doch der Kanzler verzog keine Miene. Auch zwei Superschöne, die eine unsichtbare Regie an seinen Tisch abkommandiert hatte und die ihn um einen Tanz baten (Schiwkoff tanzte bereits mit einem Mädchen »cheek to cheek«), bekamen einen Korb.

Dieser Kanzler blieb brav.

43 Der Bundeshaushalt 1979 erreichte eine Rekordsumme: 204 441 892 000 Mark. Das waren mehr als dreimal soviel Mark, wie Sekunden seit Christi Geburt verstrichen waren. Kein anderer Zweig des deutschen Lebens blühte so üppig wie die Bonner Bürokratie. Auch unter Kanzler Helmut Schmidt.

Grenzen des Wachstums? Bei den Staatsausgaben drohte diese Gefahr nicht. Ob Bundespräsident, Bundeskanzler oder Außenminister – sie alle kamen den deutschen Steuerzahler rund fünfmal so teuer zu stehen wie zwanzig Jahre zuvor, ohne daß sie ihm alle deshalb auch fünfmal so teuer gewesen wären. Der Etat des Bundeskanzleramtes stieg in zwei Jahrzehnten um das Viereinhalbfache: von dreiundachtzig auf dreihundertdreiundachtzig Millionen Mark. Unter Konrad Adenauer hatte das Haus 1959 noch hundertdreiundsiebzig Bedienstete. Helmut Schmidts Truppe hatte 1979 Bataillonsstärke: vierhundertzweiundachtzig Beamte, Angestellte und Arbeiter. Unter Adenauer gab es Ende der fünfziger Jahre überhaupt keinen Spesenfonds. Bei Schmidt waren es schon vierhundertfünfundsechzigtausend Mark.

Der SPD-Kanzler mußte sich den Vorwurf der Verschwendung gefallen lassen. So befaßte sich der Haushaltsausschuß des Bundestages noch einmal eingehend mit Schmidts Sommerfesten. Der Beauftragte im Kanzleramt für diese Feste, Ministerialrat Horst-Jürgen Winkel, wurde vor den Ausschuß zitiert, mit dem Erfolg, daß nach der Sitzung einige Abgeordnete wie die Rohrspatzen schimpften. Der für die Kontrolle des Kanzler-Etats zuständige CDU-Abgeordnete Horst Schröder aus Lüneburg: »Dieser Winkel hat uns regelrecht verarscht!«

Das letztjährige Sommerfest hatte immerhin 136 034,95 Mark gekostet. Und zwar ohne die Spenden der Wirtschaft, die reichlich geflossen waren. Auf diese Sponsoren war Helmut Schmidt angewiesen, wollte er seinen Spesenfonds nicht zu sehr strapazieren, aus dem auch »Bewirtungen aus dienstlichem Anlaß«, die von seinen leitenden Mitarbeitern vorgenommen wurden, bezahlt werden mußten. Außerdem hatte Helmut Schmidt, um seine Repräsentationskasse zu schonen, einen Teil des letzten Sommerfestes, genau 53 393,76 Mark, mit Mitteln des Bundespresseamtes finanziert; das stellte einen Verstoß gegen die Bundeshaushaltsordnung dar, deren Paragraph 35, Absatz 2, bestimmt: »Für denselben Zweck dürfen Ausgaben aus verschiedenen Titeln nur geleistet werden, soweit der Haushaltsplan dies zuläßt.« Im Haushalt 1978 war diese Ausnahme nicht vorgesehen. Der Abgeordnete Schröder: »Hier haben wir den Kanzler wieder einmal bei einem Verstoß gegen das Haushaltsrecht ertappt.«

»MinRat« Winkel versuchte vor dem Ausschuß ein face lifting für seinen obersten Dienstherrn: »Mittel des Presseamtes wurden lediglich wegen des besonders hohen Anteils von Gästen aus dem journalistischen und publizistischen Bereich zusätzlich in Anspruch genommen.« Dennoch segelte der Kanzler haarscharf an einem Verweis durch den Bundesrechnungshof vorbei.

Die Parlamentarier monierten aber auch, daß sich Helmut Schmidt die Feste zum Teil von der Wirtschaft finanzieren ließ – schätzungsweise mit einer halben Million Mark. Der Unionsabgeordnete Lothar Haase aus Kassel mäkelte: »Wenn sich der Regierungschef der drittgrößten Industrienation die Ehre gibt einzuladen, ist es schlechter Stil, diese Einladung zum überwiegenden Teil von Werbeträgern der Wirtschaft finanzieren zu lassen. Der Geladene glaubt, Gast beim Kanzler zu sein, wird in Wirklichkeit von der Bahlsen-Keksfabrik Hannover und der Coca-Cola GmbH Essen ausgehalten.« Daß Schmidts Nachfolger, Helmut Kohl, heute seine Feste auf dieselbe Art finanziert, stört niemanden.

Keinen Anstoß nahm das Parlament dagegen an den von Helmut Schmidt eingeführten Berlin-Festen. Aber die bezahlte auch als Mitgastgeber der Regierende Bürgermeister der Stadt. Dafür kümmerte sich der Kanzler nicht nur bei der Programmgestaltung um jedes Detail, sondern schrieb auch nach dem Fest den beteiligten Künstlern einen persönlichen Dankesbrief. So Vicco von Bülow, besser bekannt als Loriot, der 1979 bei der Fete »Philharmonische Eulenspiegeleien« mit von der Partie gewesen war: ». . . Ihre Episode als Klaviertransporteur wird sobald nicht vergessen werden, ebensowenig Ihre Conférence. Daß der Abend insgesamt so gelungen war, ist mit Ihr Verdienst und das von [Partnerin] Evelyn Hamann. Ich möchte mich nochmals sehr herzlich bei Ihnen bedanken und bitte Sie, meinen Dank auch an Frau Hamann weiterzugeben. Ich hoffe, daß unsere Wege sich bald einmal wieder kreuzen mögen. Mit meinen besten Grüßen Ihr ergebener Helmut Schmidt.«

Zu Beginn seiner Kanzlerschaft ließ es Helmut Schmidt, so schien es jedenfalls, an wirklichem Engagement für die geteilte Stadt fehlen. Das änderte sich aber. So lud er an einem Maiabend im Jahre 1979 Topmanager der westdeutschen Wirtschaft zu sich in seinen Bonner Amtsbungalow – zusammen mit den Ministern Lambsdorff und Matthöfer sowie Berlins Regierendem Bürgermeister Dietrich Stobbe und den Senatoren Klaus Riebschläger und Wolfgang Lüder –, um über neue Investitionsmöglichkeiten in West-Berlin zu beraten. Als die Herren nach Mitternacht auseinandergingen, resümierte einer der Bosse: »Für mich war das deutliche Engagement des Kanzlers eine sehr positive Erkenntnis. Ich dachte erst, das leiert der so als Pflichtübung ab. Das war aber nicht der Fall.«

Helmut Schmidt hatte aufmerksam zugehört. Ein Banker beschrieb das Treffen so: »Jeder, der sich meldete, bekam das Wort, und dabei redete keiner zum Fenster raus.« Zudem war Vertraulichkeit vereinbart worden.

Im Laufe des Abends hatte sich sehr schnell herausgestellt, daß Investitionen in Berlin nicht in erster Linie eine Frage des Geldes oder von Steuerpräferenzen waren. Dies um so weniger, als der Abteilungsleiter für Wirtschafts-, Finanz- und Sozialpolitik im Kanzleramt, Ministerialdirektor Horst Schulmann, ein Gutachten des Deutschen Instituts für Wirtschaftsforschung parat hielt, das ausdrücklich feststellte: »Berlin verfügt mit seinem Präferenzsystem gegenüber westdeutschen Förderregionen über einen deutlichen Vorsprung . . . Dieser hat sich in den siebziger Jahren, sowohl gesamtwirtschaftlich als auch betriebswirtschaftlich betrachtet, nicht verringert. Er ist eher etwas größer geworden. Vorteile ergeben sich für den Industriestandort Berlin insbesondere aus der Investitionszulage, Umsatzsteuerpräferenz und Gewinnsteuerkürzung.«

In der Kanzler-Runde setzte sich deshalb die Erkenntnis durch, der Berliner Wirtschaft könne am ehesten dadurch geholfen werden, wenn man die Nachfrage nach Berliner Produkten ankurbelte, weil ein solcher Nachfrageschub automatisch Erweiterungsinvestitionen nach sich zöge. Die Wirtschaftskapitäne, aber auch die Bonner Minister versprachen einander, künftig die Berliner Angebotspalette aufmerksamer zu berücksichtigen, statt »aus Faulheit« in Westdeutschland zu ordern.

Seitdem die Sicherheit der ehemaligen Reichshauptstadt, vor allem aber die der Zufahrtswege 1971 durch Verträge mit den Sowjets und der DDR garantiert war, hatte sich in der Bundesrepublik eine Berlin-Gleichgültigkeit breitgemacht. Es blieb aber nicht nur beim Rütlischwur, fortan bei der Berliner Industrie mehr in Auftrag zu geben, sondern es wurde auch ein Vorschlag des Flick-Gesellschafters Eberhard von Brauchitsch aufgegriffen, einem Hauptproblem der wirtschaftlichen Misere Berlins beizukommen, nämlich dem alarmierenden Rückgang von Industriearbeitern. Wo Arbeitskräfte fehlten, waren Kapazitätsausweitungen schlechterdings unmöglich. Hatte Berlin 1970 noch 264 900 Industriebeschäftigte, waren es 1979 nur noch 173 600. Obwohl der Berliner Senat junge westdeutsche Arbeiter umgarnte wie ein Ehevermittlungsinstitut potentielle Heiratskandidaten, wanderten unter dem Strich mehr Arbeitskräfte ab, als neue hinzukamen.

Brauchitsch schlug vor, das große Reservoir der in Berlin lebenden ausländischen Arbeiterkinder in die langfristige Planung einzubeziehen. Soll heißen, schon im Vorschulalter, aber erst recht während der Schulzeit, sollte das Wissensniveau dieser Kinder so angehoben werden, daß sie nach Schulabschluß ohne Bildungsdefizit die gleiche Ausbildung erhielten wie ihre deutschen Kameraden. In Berlin gab es damals 65 577 Gastarbeiterkinder und -jugendliche.

In das Jahr 1979 fiel auch der erste Berlin-Besuch eines französischen Staatsoberhauptes, eine Geste gegenüber den West-Berlinern, zu der sich nicht einmal Charles de Gaulle bei seinem Deutschland-Besuch 1962 hatte entschließen können. Schmidt-Freund Valéry Giscard d'Estaing machte sich im Oktober auf den Weg, der geteilten Stadt eine Visite abzustatten. Allerdings mußte tunlichst vermieden werden, die Sowjets und die Ostdeutschen zu provozieren, da die deutsch-deutschen Beziehungen eisig und die politische Großwetterlage durch den anstehenden NATO-Doppelbeschluß düster waren. Auf Besuche ausländischer Staatsoberhäupter und Regierungschefs in West-Berlin hatten die SED-Machthaber bis dahin meist mit Protesten oder sogar Störungen im Luftraum reagiert. Außerdem hatten die Franzosen — anders als Amerikaner und Briten — aus zwei Gründen mehr Rücksicht auf das kommunistische Regime in Mitteldeutschland zu nehmen. Da gab es zum einen traditionelle Bande zwischen der französischen Résistance und führenden ostdeutschen Kommunisten. Mitglieder des SED-Politbüros, wie Hermann Axen, Kurt Hager und Albert Norden, waren in den dreißiger Jahren auf der Flucht vor den Nazis in Frankreich untergetaucht; desgleichen der DDR-Gründer Walter Ulbricht, der in erster Ehe mit einer in Warschau geborenen Französin namens Marie Wacziarg verheiratet war. Der erste DDR-Botschafter in Paris, Ernst Scholz, hatte sogar die französische Staatsbürgerschaft besessen, die ihm als Mitglied der Résistance 1944 verliehen worden war.

Zum anderen hatte sich in den letzten Jahren zwischen Paris und Ost-Berlin eine wirtschaftliche und kulturelle Zusammenarbeit entwickelt, wie sie die DDR mit keinem anderen bedeutenden »kapitalistischen« Staat unterhielt. So gab es ein Rahmenabkommen mit Citroën zum Bau von Nutzfahrzeugen in der DDR. Um diese guten Beziehungen mit seinem West-Berlin-Besuch nicht unnötig zu strapazieren, hatte Giscard den Ostdeutschen als Trostpflaster und Beruhigungspille Ende Juli seinen Außenminister geschickt. Auch diese Visite hatte protokollarisches Gewicht: Es war der erste Besuch eines Außenministers der drei alliierten Westmächte. Es gab aber auch protokollarische Verrenkungen: Formell stattete Jean François-Poncet einen Besuch *bei* der Regierung der DDR ab, aber nicht *in* der DDR. Außerdem hatte jedes militärische Zeremoniell zu unterbleiben, da der von den Alliierten bei Kriegsende beschlossene entmilitarisierte Status Gesamt-Berlins die Anwesenheit von DDR-Soldaten in Ost-Berlin nicht zuläßt. Als François-Poncet dann beim Betreten des Amtssitzes von Honecker aber doch mit militärischen Wachtposten konfrontiert wurde, behauptete er hinterher keck, diese nicht gesehen zu haben, da die Scheinwerfer des Fernsehens ihn geblendet hätten.

Zur französischen Beschwichtigungspolitik gehörte auch die Programmgestaltung des Giscard-Besuchs in West-Berlin. Helmut Schmidt durfte den Präsidenten nicht als erster nach der Landung begrüßen, sondern mußte dem französischen Stadtkommandanten, General Bernard d'Astorg, und Bürgermeister Stobbe den Vortritt lassen, um jeden Zweifel auszuschließen, wer in Berlin das Sagen hat.

Der Präsident kam, im Gegensatz zu sonstigen Besuchen, ohne seine Frau und besichtigte auch nicht die Berliner Mauer, sondern ließ sich nur an ihr vorbeifahren. Das Programm blieb in erster Linie ein französisches: französische Militärparade, Empfang für die französische Kolonie, Aufführung von zwei französischen Kurzopern. In das französische Rahmenprogramm war ein deutsches eingebettet: ein Essen des Regierenden Bürgermeisters im Charlottenburger Schloß, Stadtbummel, Fernsehdiskussion mit Berliner Bürgern, Kranzniederlegung an der Gedenkstätte Plötzensee, Eintragung ins Goldene Buch der Stadt — allerdings nicht im Schöneberger Rathaus, sondern in der Staatsbibliothek Preußischer Kulturbesitz.

Bei dieser Gelegenheit durfte endlich auch Helmut Schmidt eine Rede halten (»Die Berliner und wir Deutschen insgesamt sind Ihnen für diesen Besuch dankbar . . .«). Giscard lobte die Wiederaufbauleistung der Berliner nach dem Kriege und ihren Mut, allen sowjetischen Repressalien zu widerstehen: »Frankreich empfindet dafür Respekt und Bewunderung. Ist dies nicht auch für die Deutschen der Bundesrepublik Deutschland, deren Kanzler, meinen Freund, ich hier begrüßen darf, eine Befriedigung? . . .«

Gleich zu Beginn des Besuchs hatte sich indes eine Panne ereignet, die symbolisch für die besondere Lage West-Berlins stand: Helmut Schmidt wollte von Hamburg nach Berlin fliegen und dort das französische Oberhaupt treffen. Als es soweit war, konnte er jedoch nicht starten, weil die amerikanische Militärmaschine einen Defekt an der Hydraulik hatte.

Dazu muß man wissen, daß, wann immer der Kanzler oder der Bundespräsident nach West-Berlin fliegen, sie eine Maschine der amerikanischen Luftwaffe benutzen. Diese Gepflogenheit ist ein Relikt des kalten Krieges. Im ersten Jahr der Bundesrepublik und noch Anfang der fünfziger Jahre mußten der damalige Bundeskanzler Konrad Adenauer und Bundespräsident Theodor Heuss beim Reisen auf dem Landweg von und nach Berlin gewärtig sein, von den sowjetischen Behörden oder ihren ostdeutschen Helfern an der Weiterfahrt gehindert oder von ihnen sogar festgehalten zu werden. Bekanntlich hatten die Russen erst im Mai 1949 eine totale Blockade der Land- und Wasserwege zwischen der Bundesrepublik und West-Berlin aufgehoben.

Um nicht in eine prekäre Lage zu geraten, vertrauten sich daraufhin Adenauer und Heuss bei Berlin-Reisen dem Schutz der Amerikaner an und flogen stets mit der US-Air Force, worüber es eine Vereinbarung mit dem amerikanischen Verteidigungsminister gab. Dieser Service besteht heute noch. Präsident und Kanzler könnten natürlich auch einen Linien- oder Charterflug der Air France (wie Giscard), einer amerikanischen Gesellschaft (wie einmal Bundeskanzler Kreisky) oder der British Airways benutzen. Dagegen wurden aber inzwischen Bedenken wegen möglicher Entführungsversuche laut. Mittlerweile ist es für westdeutsche Staatsmänner wohl auch eine Imagefrage geworden. Zur Ehre der Amerikaner sei gesagt, daß sie diese Dienste unentgeltlich leisten. (»No billing, Sir.«) Darum war ihnen kein Vorwurf zu machen, daß sie an jenem Montag im Mai 1979, als Helmut Schmidt zu Giscard nach Berlin wollte, erst eine Ersatzmaschine aus Norwegen heranholen mußten, was fast eineinhalb Stunden dauerte.

Auch der SPD-Parteitag fand dieses Mal (1979) in Berlin statt. Er war für Helmut Schmidt besonders wichtig, so daß sich der Kanzler gedanklich auf das erst im Dezember anstehende Ereignis bereits ab dem Sommerurlaub konzentrierte. Drei Dinge wollte er erreichen, möglichst mit einstimmigen Beschlüssen: die Wahl Hans-Jürgen Wischnewskis zum stellvertretenden Parteivorsitzenden und damit zum eigentlichen Manager des kommenden Bundestagswahlkampfes am 5. Oktober 1980; die Durchsetzung des Schmidtschen Energiekonzepts, das den Bau neuer Atomkraftwerke vorsah; die Nachrüstung, das heißt Stationierung amerikanischer Mittelstreckenraketen in der Bundesrepublik (und anderen NATO-Staaten), die bis in die Sowjetunion reichten.

Die Vorbereitungen im Urlaub konzentrierten sich auf Gespräche mit

Gegnern seiner Konzepte, zum Beispiel mit dem Chefideologen des linken Flügels in seiner Partei, Erhard Eppler. Dieser wollte der Energiekrise, die damals noch herrschte, mit Reglementierungen und Sparappellen begegnen, wovon Schmidt nichts hielt. Er drückte das so aus: »Deutschland ist nicht gedient, wenn Eppler künftig mit dem Fahrrad ins Büro fährt – oder ich das tue.« Eppler über sein Verhältnis zu Schmidt: »Ich hab' ihn verstanden, aber er mich nie. Er hat nur auf die Botanisiertrommel seiner Frau verwiesen.«

Im Vorfeld des Parteitags mußte der Kanzler sich auch mit dem Vorsitzenden der Jusos auseinandersetzen, denn in deren Reihen saßen die meisten Kernenergiegegner. Chef der Jungsozialisten war der dreißigjährige Gerhard Schröder (heute niedersächsischer SPD-Landesvorsitzender), dessen Erkennungszeichen sportliche Jacketts mit Glencheck- oder Hahnentrittmuster waren.

Das Problem der Energieversorgung schien für die Schmidt-Genscher-Koalition immer mehr zu einer Schicksalsfrage zu werden. In vertraulicher Runde hatte der Kanzler – wieder einmal, wenn auch durch die Blume – Rücktrittsabsichten zu erkennen gegeben. Wenn er in der Lage Jimmy Carters wäre, dessen Energiesorgen noch viel gravierender seien, würde er vor das amerikanische Volk treten und ihm die ungeschminkte Wahrheit sagen. Nämlich: »Um eine Hungersnot und Arbeitslosigkeit zu verhindern, die alles bisher Dagewesene in den Schatten stellt, müßt Ihr es so machen, wie ich es Euch sage, oder von mir lassen.«

Bei einer Sitzung des SPD-Parteivorstands wurde er deutlicher: »Wenn ihr das Energieproblem so nicht seht wie ich – ohne Kernenergie kommen wir für eine Übergangsphase nicht aus –, müßt ihr euch einen anderen suchen, der eine andere Politik versucht. Vielleicht hat er Glück damit.« Betroffenheit zeichnete sich auf den Gesichtern der Genossen ab. Ein Jahr vor der Bundestagswahl den Kanzler wechseln? Das hieße, den Wahlsieg gleich an die Union verschenken. Man tröstete sich schließlich damit, daß Helmut Schmidt, wenn es zum Schwur für oder wider die Kernenergie käme, nicht nur Konzessionen von der Partei erwartete, sondern in Einzelfragen selbst zum Nachgeben bereit sein würde. Schmidt sah das ein bißchen anders: »Ich möchte um jede Seele kämpfen.« Aber: »Wenn einzelne sich Frechheiten erlauben, müssen sie eins auf den Hut kriegen.«

1979 konnte er sich solch starke Sprüche noch erlauben, da er weiterhin im Zenit seiner politischen Karriere stand. Seine demoskopischen Spitzenwerte erinnerten an die Bestzeiten von Konrad Adenauer. Brandt hatte diese Werte selbst in seinen besten Zeiten nicht erreicht. In der Vorbereitungsphase des Parteitags, der vom 3. bis 7. Dezember in Berlin stattfinden sollte, wurden aber auch die Linken in der SPD rührig, die nicht mit Schmidts Politik einverstanden waren, beziehungsweise denen der Mann überhaupt »stank«.

Der Bremer Finanzsenator und zeitweilige Vorsitzende der Bremer SPD, Henning Scherf, einer der Wortführer der Parteilinken, forderte auf, alles zu tun, »um uns daran zu hindern, ein Kanzlerverein à la CDU der fünfziger Jahre zu werden«. Die parteiinternen Kritiker schwelgten in Brandt-Nostalgie. Der Parteivorsitzende hatte sich nach seinem Herzinfarkt Ende 1978 zwar für mehrere Monate von der politischen Bühne verabschiedet, wurde aber nach seiner Genesung immer mehr als der Antipol zu Helmut Schmidt herausgestellt. Hugo Brandt, Parteilinker aus Rheinland-Pfalz, Jahrgang 1930, Lehrer, stellte die Situation so dar: »Jedermann weiß, daß Schmidt unersetzlich ist, jedenfalls zur Zeit. Jedermann weiß, daß er einer der besten Kanzler ist, die wir hatten, vielleicht der beste . . . Wenn man es von der Begeisterung zur Person her sieht, hatte sicherlich Willy Brandt eine höhere Zuwendung, als Helmut Schmidt sie je erreichen konnte. Es gibt eben Leute, die sind parteisympathischer als andere. Schmidt ist nicht die Verkörperung eines Programms, wie das Brandt einmal war. Und deshalb wird die Partei ihn auch nicht lieben können.«

Bei der Vorbereitung auf die zu erwartende Auseinandersetzung auf dem Berliner Parteitag beging Schmidt allerdings eine sträfliche Unterlassung: Er kümmerte sich zu wenig um die Hamburger SPD, die ja immerhin sein Heimatverband war. Statt die vorhergehenden Bezirks- und Landesparteitage, auf denen Anträge zum Bundesparteitag in Berlin formuliert wurden, zu besuchen und eventuelle Fehlentwicklungen im Frühstadium zu verhindern, schwänzte er diese Veranstaltungen.

Erschwerend im Hinblick auf Berlin kam hinzu, daß Schmidt in seinem eigenen Landesverband nur wenige Freunde hatte. Außerdem gab es in der SPD der Hansestadt immer eine Gruppe, die sich gerne am Kanzler rieb, und dann hing der Hausfrieden ganz von Helmut Schmidts Reaktion ab. Jahre zuvor hatte er aufmuckenden Linken mit ungewöhnlicher Schärfe die Leviten gelesen: »Ihr beschäftigt euch mit der Krise des eigenen Hirns statt mit den ökonomischen Bedingungen, mit denen wir es zu tun haben.« Ein Genosse schrieb ihm daraufhin: »Für mich war es das Schlimmste, was Sie sich mit der Partei geleistet haben.«

Aber auch ein schweigender Helmut Schmidt konnte die Genossen auf die Palme bringen. Etwa wenn er mit hochmütig abweisendem Gesicht in Akten blätterte, während ein Delegierter sprach, wenn er zwischendurch ungnädig den Kopf schüttelte oder sich immer gerade dann demonstrativ eine Zigarette anzündete, wenn er eigentlich hätte klatschen müssen.

Einer der wenigen Freunde entschuldigte Schmidts Distanz zur Parteiarbeit vor Ort mit dem Hinweis, der Kanzler agiere zu neunzig Prozent hinter den Kulissen. Dennoch, Bezirks- und Landesparteitage sind allemal günstige Gelegenheiten, um Stimmungen an der Basis zu orten, um unliebsamen Entwicklungen in geduldigen Gesprächen vor der Saaltür oder an der Theke gegenzusteuern. Und nicht zu unterschätzen ist der für viele Genossen wichtige »Anfaßeffekt«, das heißt, daß sie »ihren« Kanzler aus nächster Nähe miterleben, mit ihm vielleicht sogar sprechen dürfen. Helmut Schmidt blieb jedoch zu Hause und ließ sich auf den Hamburger Parteiveranstaltungen von seinem für diese Fragen zuständigen Persönlichen Referenten, Dr. Uwe Bluhm, vertreten.

Als der Berliner Parteitag am ersten Montag im Dezember begann, traf

Helmut Schmidt wieder einmal verspätet ein. Bis zwei Uhr fünfunddreißig hatte er in der Nacht zuvor mit seinen engsten Mitarbeitern an der Rede gefeilt, die er um neun Uhr vor den Delegierten halten wollte, Ausführungen, zu denen ihm sein Parteifreund Hans Apel noch in Bonn eingeschärft hatte: »Helmut, du mußt eine große programmatische Rede halten.«

Die Nachtarbeit am Manuskript hatte der sozialdemokratische Kanzler in adliger Umgebung geleistet – im Graf-Zeppelin-Saal des Berliner Congress Centrums, im Beisein seiner blaublütigen Redenschreiber Thilo von Trotha und Fritz von Globig (dem Vorleser). Mit von der Partie waren allerdings auch einige Bürgerliche: der neue Boß des Ghostwriter-Teams, Rolf Breitenstein, der Chef der Planungsabteilung im Kanzleramt, Albrecht Müller, dessen Stellvertreter Pelny, der frühere Hamburger Senatssprecher Paul-Otto Vogel und Staatssekretär Klaus Bölling. Die nächtliche Runde hatte vor einer beinahe unlösbaren Aufgabe gestanden: Das inzwischen auf drei Stunden Redezeit angewachsene Manuskript auf eineinhalb Stunden zusammenzustreichen, das heißt, es möglichst noch mehr zu kürzen, damit Helmut Schmidt Zeit verbliebe, vom vorbereiteten Text abzuweichen. Denn wirklich gut war der Kanzler meistens nur dann, wenn er frei von der Leber weg sprach.

Seine gutgemeinte Absicht, möglichst viele von außen an ihn herangetragene Anregungen zu verarbeiten – weshalb er zum Beispiel auch Beiträge von Hamburgs ehemaligem Bürgermeister Herbert Weichmann, dem Berliner Politologen Professor Richard Löwenthal und dem WDR-Journalisten Peter Bender erbat –, erwies sich als doppelter Bumerang: Zum einen verschlang die Bearbeitung des Materials einen kaum zumutbaren Aufwand an Zeit und Nerven; zum anderen zeigte sich, je weniger die Zulieferanten seinem Denken verhaftet waren, desto weniger konnten sie gebrauchsfertige Schmidt-Texte liefern. Alles in allem hatte der Kanzler in drei Nächten rund zweiundzwanzig Stunden Arbeit in seine Rede investiert.

Helmut Schmidt hatte sich für seinen Auftritt staatsmännisch gewandet: dunkler Anzug mit Weste, weißes Hemd mit dezent gestreifter Krawatte. »Liebe Genossinnen und Genossen«, begann er, »ein Wort vorweg zu Willys Rede gestern vormittag. Er hat am Schluß von der Hoffnung geredet, vom Mut und von der gelassenen Zuversicht. Ich möchte sagen, daß das aus dem Herzen gesprochen ist . . .«

Nach diesem geschickten Einstieg mit dem Brückenschlag zum Parteivorsitzenden schoß er eine Breitseite auf seinen Herausforderer bei der kommenden Bundestagswahl, Franz Josef Strauß, ab: »Keiner weiß, was ihm morgen einfällt. Auch für seine eigenen politischen Freunde ist er unkalkulierbar. Er ist für alle unberechenbar. Er darf nicht ans Ruder!« Beifall kam auf. Dann referierte er über »Politik nach innen«, über die echte und vermeintliche »Kinderfeindlichkeit unseres Landes«, über das Geleistete »seit der Weltwirtschaftskrise, seit 1974«, über die »einseitige politische Einflußmacht mit Hilfe eines Fernsehens in Unternehmerhand«, womit das private Fernsehen gemeint war, um alsdann den Grünen, deren erste Wahlerfolge die Sozialdemokraten aufgeschreckt hatten, ihr Fett zu geben: »die Grünen und die Bunten sind nicht fähig, umfassende Verantwortung für Frieden und Gerechtigkeit zu übernehmen . . . Dort, wo die Grünen bei den Wahlen als politische Partei antreten, sind sie unser Gegner.« Das Parteitagsprotokoll verzeichnet später an dieser Stelle: »Lebhafter Beifall.«

Nachdem die zweitrangigen Themen abgehandelt waren, packte Helmut Schmidt das erste heiße Eisen an: das Für und Wider der Kernenergie (»Nichts im Leben ist ohne Risiko«). Er veranschaulichte geschickt die Problematik des weiteren Ausbaus der heimischen Kohleförderung – Verschmutzung der Atmosphäre, Milliardeninvestitionen, EG-Hoheit im Krisenfall über deutsche Kohle –, zählte europäische Länder mit hohem Anteil an Kernenergie auf, um dann auf den Punkt zu kommen: »Ich weiß, daß das keine erfreulichen Nachrichten sind für denjenigen, der Sorgen hat wegen der Kernkraft. Aber ich muß auch sagen: Ich kann mir nicht vorstellen, daß alle diese Regierungen in Ost und West unrecht haben sollten und nur wir seien energiepolitisch soviel klüger und hätten soviel mehr Reserven als andere.« Kein Zwischenruf, statt dessen wieder Beifall. Er versprach namens der Bundesregierung, beim »begrenzten Ausbau der Kernenergie« für die Sicherheit der Reaktoren und deren Entsorgung zu garantieren. Die Delegierten vertrauten ihm, die erste Schlacht in der Auseinandersetzung mit seinen Kritikern schien gewonnen.

Dann kam er auf das heikle Thema des NATO-Doppelbeschlusses und der damit verbundenen atomaren Nachrüstung zu sprechen: »Die Vereinigten Staaten von Amerika sind verhandlungsbereit.« Die Russen seien es auch, aber »jede Woche kommt eine neue SS-20-Rakete mit drei Sprengköpfen hinzu – fünfzig im Jahr –, ferner im Jahr dreißig neue Backfire-Bomber – weit mehr als einhundert nukleare Sprengköpfe insgesamt! . . . Ohne beide Teile des NATO-Doppelbeschlusses können die Verhandlungen nicht zustande kommen.« Er redete eindringlich, fast beschwörend.

Wieder kein Aufmucken der Linken. Am Schluß hatten die Delegierten dem Kanzler neunundsiebzigmal Beifall gespendet. Tagungsleiter Dietrich Stobbe, Berlins Regierender Bürgermeister: »Lieber Helmut Schmidt, der Parteitag dankt dir für deine Rede, und er dankt dir für deine Leistung.« Ein zufriedener, ja glücklicher Kanzler verließ das Rednerpult – als klarer Sieger.

Die Stimmung im Schmidt-Lager nach der Rede gab Lilo Schmarsow treffend so wieder: »Jott sei Dank, dat det jeschafft is. Aber der Mann war doch Klasse!«

Die Meinung im Brandt-Lager tat Willys Pressesprecher Uwe-Karsten Heye kund: »Das war humanitäres Nachrüsten.« Mit derart spöttischem Galgenhumor versuchten Brandts Mitarbeiter, gegen Strömungen anzugehen, die nach der Rede des Parteivorsitzenden auszumachen waren: Viele Genossen waren von Willy enttäuscht, vermißten in seiner Rede sowohl das Kämpferische als auch eine klare Befürwortung der Position, die ihr Kanzler in Sachen Kernenergie und atomarer Nachrüstung bezogen hatte.

Vor der gleichfalls in Berlin fälligen Neuwahl des Parteivorstandes fragten nicht wenige Delegierte: »Können wir Brandt denn überhaupt noch wählen?«

Das Rudel schien vom Platzhirsch abzufallen. Helmut Schmidt hatte für solches Rumoren ein feines Ohr und genügend Zuträger. Daß Brandt es nach der Kanzler-Rede bei dem obligaten Shakehands beließ und sich sofort wieder hinsetzte, daß andererseits Wehner nach der Gratulation durch sein beharrliches Stehenbleiben die Delegierten geradezu nötigte, sich von ihren Plätzen zu erheben und dem Kanzler stehend zu applaudieren, bis Schmidt Wehner zurief: »Nun ist es aber gut!«, das waren Nuancen, die der Kanzler natürlich dankbar registrierte.

Als er am Abend einen Abstecher in den Journalistenclub am Kurfürstendamm unternahm und plötzlich Brandt an einem Tisch entdeckte, machte er einen großen Bogen um ihn. Helmut Schmidt war mit sich und dem Verlauf des Parteitags zufrieden: »Ich bin losgeworden, was ich auf der Pfanne hatte.« Die um seine Gesundheit besorgten Mitarbeiter wollten den »Chef« ins Bett stecken. Aber Schmidt, vom Erfolg beflügelt, dachte nicht daran, den Parteitag zu schwänzen, war statt dessen selbst für Leute zu sprechen, mit denen er sonst nichts am Hut hatte. Berlins ehemaligen Innensenator Kurt Neubauer begrüßte er mit den Worten: »Na, du alter Radfahrer, wie geht's?«

Dann lieferte er seiner Umgebung gleich die Erklärung für diese Titulierung nach: »Der hat mich mal beim Sechstagerennen im Berliner Sportpalast dazu überredet, mit ihm eine Ehrenrunde zu fahren. Auf meinen Einwand, ›Kurt, ich hab' noch nie auf so 'nem Ding gesessen‹, hat er geantwortet: ›Wir fahren ganz langsam, ich bleib' an deiner Seite.‹ Als es aber in die Zielgerade ging, zog er plötzlich ab und ließ sich groß wie ein Sieger feiern.«

Am letzten Tag des Berliner Parteitags fand die Neuwahl der Parteispitze statt. Vorübergehend mag Helmut Schmidt gehofft haben, daß er bei seiner Wiederwahl zum stellvertretenden Parteivorsitzenden die magische Zahl von vierhundert Stimmen erreichen könnte, zumal er eine bessere Rede als Willy Brandt gehalten hatte. Schließlich war er doch von Dankbarkeit erfüllt, als bekannt wurde, daß er diese Traummarke zwar nicht erreicht, mit dreihundertfünfundsechzig Ja-Stimmen aber immer noch besser als Willy (dreihundertsechzig) abgeschnitten hatte.

Mit gesenktem Blick war er bemüht, nur ja keine Gefühle zu zeigen. Erst als über die Lautsprecheranlage der Zusatz ertönte »Damit hat Helmut Schmidt die erforderliche Zahl erreicht«, was in der riesigen Congress-Halle mit Gelächter quittiert wurde, gestattete sich Helmut Schmidt ein befreiendes Lachen. Aber schon Minuten später versuchte er, die von Gratulanten eingeflochtenen Hinweise auf seinen Stimmenvorsprung gegenüber Willy aufs rechte Maß zurechtzustutzen: »Das könnt ihr auslegen, wie ihr wollt, denn ihr dürft nicht übersehen, daß ich andererseits mehr Nein-Stimmen bekommen habe. Und es haben sich bei mir mehr Delegierte an der Abstimmung beteiligt.«

Schlagzeilen wie »Schmidt liegt vor Willy Brandt« wären ihm unangenehm gewesen, da sie zu unnötigen Schwierigkeiten mit der Baracke geführt hätten. Solche Rücksichten zeigte er allerdings nicht in bezug auf das schlechte Abschneiden der Linken bei den anschließenden Wahlen zum Parteivorstand. Gegenüber einem ideologischen Theoretiker, wie dem durchgefallenen Wolfgang Roth (heute wirtschaftspolitischer Sprecher der SPD-Bundestagsfraktion), war er schon immer der Meinung: »Sehr intelligent, aber es wäre ganz gut, wenn der sein Geld mal verdienen müßte.«

Vor den Abstimmungen war kräftig gekungelt worden. Justizminister Hans-Jochen Vogel und der Bundestagsabgeordnete Günther Metzger hatten mit dem inoffiziellen Sprecher der Linken, dem Berliner Harry Ristock, ausgehandelt, daß dem Kanzler genehme »Linke«, wie Horst Ehmke, Peter von Oertzen, Heinrich Junker, Werner Vitt und Ristock, bei den Vorstandswahlen Stimmen aus dem rechten Lager bekämen, aber nicht Roth und Scherf. Entsprechend verliefen die Vorstandswahlen.

Schmidt konnte mit dem Ergebnis des Parteitags zufrieden sein. In allen drei wesentlichen Punkten hatte er sich durchgesetzt, so auch mit der Wahl seines Troubleshooters Wischnewski zum stellvertretenden Parteivorsitzenden. Zurück in Bonn mußte er für den als Staatsminister im Kanzleramt nicht mehr zur Verfügung stehenden Ben Wisch einen Amtsnachfolger einführen: den SPD-Abgeordneten Gunter Huonker.

Das geschah im Foyer des Kanzleramtes, wo die Belegschaft im Halbrund – den Blick auf einen Tannenbaum mit von Loki gebasteltem Christbaumschmuck – angetreten war. Schmidt fand lobende Worte für Wischnewski. (»Er hat mir unheimlich viel Arbeit abgenommen, mich belehrt, mich kritisiert.«) Huonker war zwar vielen unbekannt, hatte aber den meisten Günstlingen bei Hofe eines voraus: Er war mit Schmidt per du. Bei der Amtsübergabe wirkte er, der gelegentlich in ein Papiertaschentuch schneuzte, noch etwas ungelenk. Dabei hatte er in den vorangegangenen Wochen zwecks Einarbeitung an den wöchentlichen Sitzungen des Kleeblatts teilnehmen dürfen. Da wurde zum Beispiel besprochen, ob der Berliner SPD-Bundestagsabgeordnete Peter Männing beim bevorstehenden Bundestagswahlkampf Helmut Schmidt wieder helfen sollte. Nicht nur Sachverstand war in diesem innersten Zirkel der Macht verlangt, sondern vor allem auch Instinkt. Etwa bei der Frage, inwieweit der Kanzler seine Partei in der Frage der atomaren Nachrüstung unter Druck setzen konnte, ohne daß dies gleich als Rücktrittsdrohung aufgefaßt wurde? Während die Herren dergleichen besprachen, löffelten sie ein Süppchen oder verzehrten eine Rindsroulade aus der Kantine.

Eine gute Antenne für frühes Erkennen von Entwicklungen war neben seiner großen Verhandlungskunst Wischnewskis Stärke gewesen. Huonker, zweiundvierzig, Schwabe, das volle, rechts gescheitelte Haar so grau wie das des Kanzlers, war bisher vornehmlich als Experte für Steuer- und Rentenfragen aufgefallen und dadurch, daß er zu den Linken in der SPD-Bundestagsfraktion zählte. Seine Einbindung in den Regierungsapparat war daher ein geschickter Schachzug Helmut Schmidts.

Bevor Wischnewski seine neue Tätigkeit im Parteivorstand aufnahm, hatte er in den Wochen zuvor Henkersdienste für den Kanzler verrichtet. Er entließ Schmidts Persönliche Referentin im Parteivorstand, Angela Grützmann, die Schmidts Ansprüchen nicht genügte. Am 3. Oktober hatte er ihr beigebracht, daß zum Monatsende für sie »Sense« sei. So arbeitnehmerfreundlich und ruck, zuck wurde das unter Sozialdemokraten gehandhabt. An ihre Stelle trat der bisherige Referent im Arbeitskreis Rechtswesen der Fraktion, Wolfgang Schulz, Mittvierziger, Anwalt, der Ende der sechziger Jahre schon einmal für Helmut Schmidt gearbeitet hatte.

Das Jahr ging zu Ende, und der Kanzler sah den kommenden Monaten mit erstaunlicher Zuversicht entgegen. Dabei wußte er nicht einmal, wie lange der wirtschaftliche Aufschwung in der Bundesrepublik noch anhalten würde, ob die Grünen ihn bei der nächsten Wahl um den Sieg bringen könnten und ob die von den Ölförderländern erneut verursachten Kostensteigerungen nicht zu einer noch größeren Energiekrise führen würden als zu der des Jahres 1973.

Woher nahm er seinen Optimismus, wo er normalerweise eher zur Schwarzmalerei neigte? »Aus der Tatsache, daß wir in den siebziger Jahren mit diesen Ölpreissteigerungen so relativ gut fertig geworden sind, beziehe ich meine Zuversicht und mein Selbstvertrauen, daß wir damit auch 1980 und in den folgenden Jahren gut fertig werden können.« Minister Egon Franke, wegen seiner Hausmacht als Vorsitzender der Kanalarbeitergewerkschaft in der Fraktion für den Kanzler ein wichtiger Mann, befand: »Schmidt hat sich in diesem Jahr in jeder Phase politisch richtig verhalten und sich bei so schwierigen Fragen wie der Kernenergie und der atomaren Nachrüstung nicht verschleißen lassen.« In der Tat, der Kanzler hatte Augenmaß für das Machbare und die Fähigkeit entwickelt, Kompromisse herbeizuführen und durchzusetzen. Dies war sein größter Erfolg im abgelaufenen Jahr.

Nach seinem Geburtstag und dem Christfest reihte er sich mit Frau und Tochter Susanne in das Heer der deutschen Mallorca-Urlauber ein und flog nach Cap Formentor in ein Hotel, das er von früheren Besuchen her kannte und schätzte. Allerdings hatte er sich innerlich darauf eingestellt, vorzeitig nach Bonn zurückkehren zu müssen, da ihm die Entwicklung im Nahen Osten keine Ruhe ließ. Der Konflikt brach jedoch an einem anderen Ende der Welt aus: Am 26. Dezember rollten endlos lange sowjetische Konvois in Afghanistan ein. Zuvor waren Luftlandetruppen an den strategisch wichtigen Punkten des Landes abgesetzt worden. Nach knapp einer Woche hatten vierzigtausend sowjetische Soldaten das kleine Land fest im Griff. Bonn, Vorreiter der Entspannungspolitik, war geschockt.

**44** Vom Einmarsch der Sowjets wurde der Kanzler völlig überrascht, keine einzige Vorwarnung hatte ihn erreicht. Der Bundesnachrichtendienst, der den Steuerzahler jährlich über einhundertfünfzig Millionen Mark kostet, hatte die Ohren zwar in die richtige Richtung gespitzt und von den Aufmarschplänen der Sowjets erfahren, aber die Truppenkonzentration falsch gedeutet: Man erwartete eine sowjetische Invasion in Pakistan. Die deutschen Diplomaten in Moskau, eine andere mögliche Nachrichtenquelle, bewiesen einmal mehr, daß sie – jedenfalls damals – völlig isoliert lebten und nicht einmal über gut funktionierende Kanäle zu den dort akkreditierten Ostblockbotschaftern verfügten, von denen manche Zugang zu Informationen aus dem Politbüro der KPdSU besaßen.

Die Deutsche Botschaft in Kabul war insofern auf der Hut gewesen, als sie eine Reihe von Vorkehrungen getroffen hatte. Bereits im Mai 1979 ließ sie Listen mit den persönlichen Daten aller in Afghanistan lebenden Deutschen erstellen. Vorangegangen war eine Warnung an alle Landsleute, sich nicht weiter als sechzig Kilometer von Kabul zu entfernen und persönliche Vorsorge für Krisenfälle zu treffen. Alle diese Maßnahmen wurden aber nur getroffen, weil man weitere innerafghanische Unruhen befürchtete. Mit einer Invasion der Sowjetarmee wurde nicht gerechnet. Im Gegenteil, die Mitglieder der Deutschen Botschaft hatten sich durch freundschaftliche Kontakte zu den sowjetischen Beratern in Kabul, die zum Fußball, Tennis, Schwimmen und Kegeln in den deutschen Club kamen, einlullen lassen. Auch von der amerikanischen Regierung hatte der Kanzler keinen Wink bekommen, obwohl Washington auf Grund der Luftaufklärung in den Tagen vor der Invasion auf die Entwicklung vorbereitet gewesen sein müßte.

Helmut Schmidt hatte ursprünglich vorgehabt, im Anschluß an seinen Urlaub nach Hamburg zu fliegen, um zu Hause noch ein paar Ferientage zu verbringen und an einer fälligen Regierungserklärung zu arbeiten. Nun flog er statt dessen direkt nach Bonn, um als erstes im abhörsicheren Konferenzraum des Kanzleramtes an einer Sitzung des Bundessicherheitsrates (ständige Mitglieder sind neben dem Kanzler die Minister für Verteidigung, Auswärtiges, Inneres, Finanzen und Wirtschaft) teilzunehmen. Sein Hauptinteresse galt einem Mann, der normalerweise in dieser Runde nichts zu suchen hatte: Hans-Georg Wieck, der Botschafter der Bundesrepublik in Moskau. Von ihm erhoffte sich der Kanzler Aufklärung darüber, welche Rolle Leonid Breschnew beim Einfall in Afghanistan gespielt haben könnte: Ob die Okkupation mit seiner vollen Billigung stattgefunden hatte oder ob der kränkelnde KP-Chef vielleicht nicht mehr Herr im eigenen Hause war. Nach der Sitzung war Schmidt keinen Deut klüger und mußte sich mit der Auskunft begnügen, die Regierungssprecher Armin Grünewald für die Journalisten bereithielt: »Weder Herr Wieck noch jemand anders konnte dem Sicherheitsrat eine handfeste Bestätigung für die Spekulation geben, daß die Invasion durch Übereinstimmung [gemeint ist: mit Einverständnis] des Herrn Breschnew zustande gekommen ist.«

Deshalb hielt sich der Kanzler mit Äußerungen zunächst zurück, was ihm den Vorwurf eintrug, ein »Weichmann« zu sein und wie Chamberlain und Daladier, die Premiers Englands und Frankreichs, gegenüber Hitler eine Politik des Appeasement zu betreiben, die seinerzeit den Ausbruch des Zweiten Weltkrieges eher beschleunigte als verhinderte. Schmidts Berater bildeten zwei Lager: Die einen vertraten die Ansicht, der Kanzler müsse sich gegen diese Verdächtigungen wehren; die anderen waren der Meinung, er habe eine Rechtfertigung nicht nötig. Fest stand auf jeden Fall, daß die deutsche Entspannungspolitik zunächst einmal auf Eis lag. Jahre später schrieb Schmidt: »Ich war über Afghanistan schockiert und empört. Dabei hätte ich es eigentlich besser wissen sollen, denn am fortwährenden Expansionsdrang Rußlands und der von Russen geführten Sowjetunion hatte ich nie gezweifelt.« In den Wochen nach dem Einmarsch drückte er sich aber nicht so pointiert aus und mochte dafür gute Gründe haben.

Die amerikanische Regierung dagegen handelte. Sie verfügte gegenüber der Sowjetunion ein Handelsembargo für bestimmte landwirtschaftliche Produkte und High-Tech-Ausrüstungen und kündigte einen Boykott der Olympischen Spiele an, die im Sommer desselben Jahres in Moskau stattfinden sollten. Schmidt betrieb eine Gratwanderung. Einerseits versuchte er, eine eigenständige europäische Politik an der Seite Frankreichs zu verfolgen, mit dem Ziel, die Entspannungspolitik zu retten. Andererseits wollte er es nicht mit den Amerikanern verderben. Diese Politik löste nicht nur in den Vereinigten Staaten zunehmend Ärger aus, sie stieß auch in außereuropäischen Ländern auf Kritik. Die Presse in Japan, Korea und auf den Philippinen nannte den deutschen Bundeskanzler namentlich, wenn sie das Zögern der Europäer kritisierte, den Amerikanern volle Rückendeckung zu geben.

Die Regierungserklärung, die der Kanzler im Bundestag abgab, war dürftig, und auch in der Folge verkniff er sich zum Thema Afghanistan konkrete Stellungnahmen in Presse, Funk und Fernsehen. Erst nach fünf Wochen stellte er sich in der ARD-Sendung *Bonner Berichte* den Fragen von Friedrich Nowottny. Viel schlauer war die Öffentlichkeit hinterher allerdings auch nicht. Schmidt sprach geschraubt, wie das Politiker häufig tun, wenn sie gehalten sind, Auskunft zu geben, aber nichts sagen wollen.

Ein heißes Thema, nämlich die mögliche Verlegung deutscher Soldaten dorthin, wo amerikanische, britische oder andere NATO-Streitkräfte zwecks Einsatzes im Nahen Osten aus Europa abgezogen werden könnten, klang bei ihm so: »Kann sein, daß im Laufe der Zeit sich die dortige Aufgabenstellung für die Bundeswehr verändert, daß sie andere Akzente bekommt, daß sie vielleicht auch eintreten muß für gewisse Veränderungen, die bei einem anderen Bündnispartner, anderer Region wegen, gewisser Schwerpunktverlagerungen wegen, bei ihm eintreten.«

Die politisch interessierten Bundesbürger hätten von ihrem Kanzler gerne etwas über seine persönliche Enttäuschung bezüglich Breschnew erfahren, der vor gar nicht allzu langer Zeit im Hamburger Privathaus Schmidts gewesen war, der noch im November Außenminister Gromyko zum ahnungslosen Kanzler nach Bonn entsandt hatte, obwohl die Vorbereitungen zur Invasion Afghanistans bereits angelaufen sein mußten.

Wer den Kanzler jedoch unter vier Augen nach seinem Befinden befragte, erhielt die ungeschönte Auskunft: »Nicht gut.« Der Antwort schickte er meistens einen tiefen Seufzer hinterher.

Ein Brief an Leonid Breschnew blieb unbeantwortet. Während im Osten absolute Funkstille herrschte, häuften sich aus dem Lager der Verbündeten die Hiobsbotschaften. Ein geplantes Treffen der westlichen Außenminister platzte am Einspruch Frankreichs, und zwar just, nachdem Helmut Schmidt von den deutsch-französischen Konsultationen in Paris zurückgekehrt war und alles in bester Ordnung glaubte. »Das bedrückt ihn«, verriet ein Mitarbeiter. Noch in der französischen Hauptstadt hatte er sein gutes Verhältnis zu Giscard d'Estaing als »eine sehr tiefgreifende persönliche Freundschaft, von der ich glaube, daß sie bis ans Lebensende andauern wird«, besungen.

Am 4. März flog der Kanzler nach Washington, um sich bei Jimmy Carter Gewißheit darüber zu verschaffen, was die Vereinigten Staaten langfristig an weiteren »Strafaktionen« planten. Mehr denn je war er um die Entspannungspolitik besorgt, war sich nicht sicher, ob die Amerikaner die Abrüstungsgespräche in Genf nicht doch abbrechen würden. Die Abstimmung zwischen der westlichen Führungsmacht und den Europäern war höchst ungenügend. Vor allem in der Frage des Olympiaboykotts waren die Verbündeten über die Absichten des Präsidenten nur unzureichend – streckenweise sogar falsch – unterrichtet worden.

Schmidts Luftwaffenmaschine hatte bereits den Nordatlantik überflogen und nahm Kurs auf die amerikanische Hauptstadt, als er die ihn begleitenden zwei Dutzend Journalisten zu sich bat. Er saß in der Mitte des Ganges auf einer Kiste, die in diesem Moment als eine Art Thronersatz diente. »Ich habe fünfzehn Stunden Arbeit hinter mir und noch drei Stunden vor mir«, begann er das sogenannte Briefing. »Außerdem landen wir bald, also machen wir es kurz.« Alsdann hielt er einen viertelstündigen Monolog. Worauf es ihm ankam, sagte er allerdings schon im dritten Satz: »Dieser Besuch wird in Harmonie verlaufen.«

Er sagte nicht »Ich hoffe . . .« oder »Ich bin der Meinung, der Besuch sollte harmonisch verlaufen . . .«, nein, er schloß von vornherein jeden Zweifel am Gesprächsausgang aus. Kaum war man gelandet und hatte im Gästehaus des amerikanischen Präsidenten Quartier bezogen, sorgte auch his masters voice, Regierungssprecher Klaus Bölling, in einem Hintergrundgespräch mit den ortsansässigen deutschen Korrespondenten und vorausgeflogenen Journalisten für Optimismus. Dem stellvertretenden SPD-Vorsitzenden Hans-Jürgen Wischnewski, der kurz zuvor in Washington Station gemacht hatte, sei »von einer wichtigen amerikanischen Persönlichkeit« (es handelte sich um Carters Wahlkampfmanager und ehemaligen Nahost-Sonderbotschafter Robert Strauss) versichert worden, die Übereinstimmung zwischen Deutschen und Amerikanern sei – Afghanistan hin, Entspannungspolitik her – »so groß«. Dabei breitete Bölling die Arme aus, als wolle er Flugversuche machen. Die kaum nennenswerten Unstimmigkeiten seien dagegen »so klein«. Dabei deutete er die Länge eines Zwerghasen an.

Wie dem auch sei, um den Termin bei Carter hatte es mit den Appointment boys vom Weißen Haus das übliche Tauziehen gegeben. Hatte es bei der Vorausplanung noch geheißen, der Präsident stünde für ein dreistündiges Gespräch zur Verfügung – zunächst unter vier Augen, dann mit der gesamten Delegation –, war die Gesprächszeit bei der Ankunft um die Hälfte gekürzt worden. Als Schmidt am nächsten Tag zur vereinbarten Zeit im Oval Office des amerikanischen Präsidenten eintraf und sich mit Carter Seite an Seite für ein gemeinsames Foto vor dem Kamin aufbaute, war eine gewisse Befangenheit bei beiden Herren nicht zu übersehen. Carter, leicht gebräunt und das Gesicht nicht mehr so krankhaft spitz und klein wie noch im vergangenen Jahr, stand in der für ihn typischen breitbeinigen Haltung des ehemaligen Marineoffiziers da, die Arme steif herabhängend und höflich Konversation treibend (»Elf Vorwahlen haben wir jetzt hinter uns«). Der Kanzler dagegen, die Finger der linken Hand in die Uhrtasche seiner Weste gesteckt, hörte artig zu. Interessenunterschiede und Kommunikationsschwierigkeiten ließen sich auch von einem Schauspieler wie Helmut Schmidt nicht vertuschen.

Als die beiden allein waren, ging es hart auf hart. Jimmy Carter führte Klage, daß Helmut Schmidt sich in der Frage des Olympiaboykotts noch nicht der amerikanischen Ankündigung angeschlossen hätte und daß die Bundesregierung auch keine Handelsbeschränkungen gegen die Sowjetunion verhängen wolle. Ob die Bundesrepublik auf Grund ihres Osthandels bereits von Moskau abhängig sei?

Schmidt bestritt das energisch. Ungeschminkt erklärte er dem Präsidenten, daß er von einem Sportboykott überhaupt nichts halte. Dadurch würden nur die innerdeutschen Sportbeziehungen, die mühevoll in einem Jahrzehnt aufgebaut worden seien, zerstört werden. Auch andere Fortschritte seien dann gefährdet, wie etwa der innerdeutsche Reiseverkehr, der jährlich acht Millionen Besuchern aus der DDR die Fahrt in den Westen ermögliche. Helmut Schmidt in seinen Erinnerungen:

»Ich hatte nicht das Gefühl, Carter überzeugt zu haben. Der amerikanische Präsident schien nur mehr in der Lage zu sein, Schwarzweißdarstellungen zu akzeptieren. Dies wurde besonders bei seinem beharrlichen Drängen deutlich, Europa müsse sich am Olympiaboykott beteiligen. Ihm fehlte jedes Bewußtsein für die schwierige Lage, in die er Giscard, mich und andere europäische Regierungschefs durch seine einseitige Ankündigung des Boykotts gebracht hatte. Vor Carters öffentlicher Ankündigung hatte ich mich auf Grund von Gerüchten dreimal in Washington erkundigt, ob es solche Absichten gebe; noch vier Tage vor Carters [endgültiger] Bekanntgabe hatte ich seinen gerade in Bonn anwesenden Stellvertretenden Außenminister Warren Christopher danach gefragt. Auf die jedesmal negative Antwort vertrauend, hatte ich die deutschen Sportverbände unterrichten lassen, es stehe kein Olympiaboykott ins Haus. Völlig überraschend verkündete Carter dann doch den Boykott und verlangte umgehend und ohne Rücksicht auf die innenpolitische Bloßstellung seiner Verbündeten deren Einschwenken auf seine öffentlich gemachte Entscheidung.«

Was denn geschehen solle, wollte der Kanzler von Jimmy Carter wissen, wenn die Olympischen Spiele vorüber und die sowjetischen Truppen nach wie vor in Afghanistan stationiert seien? Carter zum Entsetzen Schmidts: »Ich glaube nicht, daß die Sowjets sich zurückziehen werden.« Als der Präsident den Spieß umdrehte und von seinem Besucher aus Bonn wissen wollte, welche Maßnahmen er denn für geeignet halte, um die Sowjetunion zum Rückzug zu bewegen, wußte Helmut Schmidt auch keine Lösung. Damit war die Kluft zwischen beiden Männern noch tiefer geworden. Carter äußerte Zweifel an der Zuverlässigkeit Giscards und meinte, er habe das Gefühl, Frankreich werde aus innenpolitischen Gründen eine neutralistische Richtung einschlagen. Darüber sei er »zutiefst besorgt«. Das einzige, worauf sich die Herren zum Schluß einigen konnten, war die Absicht, von ihren tiefgreifenden Meinungsverschiedenheiten nichts nach außen dringen zu lassen, was ihnen auch fürs erste gelang.

Als sie sich nach zweieinhalb Stunden im Park des Weißen Hauses den wartenden Journalisten stellten, kamen sie lachend den schmalen asphaltierten Weg entlang. Helmut Schmidt gab sich ungewöhnlich bescheiden: »Der Präsident hat mich gebeten, als erster zu Ihnen zu sprechen. Ich tue es widerstrebend.« Der Kanzler, der sich so gern englisch sprechen hört und es auch zugegebenermaßen vorzüglich beherrscht, erbat plötzlich für den Fall der Fälle (»Es ist nicht so leicht, zu einer ausländischen Zuhörerschaft in einer fremden Sprache zu sprechen«) den Beistand eines Dolmetschers, den er dann letztlich natürlich nicht brauchte.

Er wolle vor allem seine Dankbarkeit zum Ausdruck bringen, »vom amerikanischen Präsidenten eingeladen worden zu sein«. Schmidt bedankte sich mehrmals, ohne rot zu werden, für den »hohen Grad der Übereinstimmung zwischen uns« und entschuldigte sich nach zehn Minuten, »daß ich so lange geredet habe, Jimmy«. So flüssig war ihm der Vorname des amerikanischen Präsidenten noch nie über die Zunge gegangen. Und all das, um die Distanz zwischen ihnen zu kaschieren. Am Abend gab Carter noch ein festliches Essen für den Bundeskanzler.

Am nächsten Morgen frühstückte Schmidt auf dem Capitol mit Senator Byrd und flog anschließend nach New York. Wenn er sich mit Präsident Carter schon nicht verstand und das gestörte Verhältnis zwischen Bonn und Washington nicht bereinigen konnte, wollte er wenigstens im Laufe seines USA-Aufenthalts eine Aufklärungskampagne über die besonderen Leistungen und Probleme der Bundesrepublik bei den aufgekommenen Ost-West-Spannungen lancieren. In Gesprächen, Vorträgen und Interviews machte er Public Relations.

In New York bestand das Programm des Kanzlers zur Hälfte nur aus Presseterminen: Interview mit dem *Wall Street Journal*, Besuch der *New-York-Times*-Redaktion, Mittagessen im Haus des deutschen Generalkonsuls Hartmut Schulze-Boysen mit führenden Journalisten der Stadt. Und falls er jemanden übersehen haben sollte, hatte sich Schmidt den gesamten Nachmittag für weitere Pressetermine freigehalten. »Ich habe gelernt, wie die goldene Regel für den Gastredner dieser Stadt heißt: Er muß sich hinstellen, damit er auch gesehen wird. Er muß laut genug sprechen, damit er auch gehört wird, und er muß rechtzeitig den Mund halten, damit jeder seinen einträglicheren Geschäften nachgehen kann.«

Seine Botschaft: »Wer in der Bundesrepublik Deutschland lebt, wo achtzehn Millionen östlich der Grenze meines Landes leben, hat seine täglichen Erfahrungen an der Grenzlinie zwischen Ost und West. Von meinem Wahlkreis bis dorthin, wo russische Panzer stehen, sind es nur zwanzig Meilen . . . Unsere Sicherheit liegt in der NATO. Unsere Gegenleistung dafür ist beträchtlich. Wir stellen zum Beispiel dreißig von hundert aller NATO-Jagdflugzeuge und die Hälfte der NATO-Landstreitkräfte in Mitteleuropa. Im Gegensatz zu Ihnen haben wir die Wehrpflicht und berufen Jahr für Jahr etwa zweihundertdreißigtausend junge Männer zum fünfzehnmonatigen Wehrdienst ein . . . Unsere Ostpolitik hat bewirkt, daß in den letzten fünf Jahren Hunderttausende von Deutschen aus kommunistischen Ländern Osteuropas die Erlaubnis erhalten haben, mit ihren Familien und Verwandten in der Bundesrepublik zusammenzuleben. Deshalb wollen wir den Dialog in Europa fortsetzen.«

Am Samstag, dem 8. März 1980, hob um neun Uhr die Kanzler-Maschine zum Heimflug vom John-F.-Kennedy-Airport ab. Das Ergebnis des Besuchs blieb unter dem Strich mager. Es war dem Kanzler lediglich gelungen, dem amerikanischen Präsidenten eine gemeinsame Erklärung abzuringen, wonach es »in der gegenwärtigen Periode erhöhter Spannung wünschenswert ist, den Rahmen der Ost-West-Beziehungen zu erhalten, der in über zwei Jahrzehnten errichtet worden ist«. Beide Politiker versprachen »ihre fortdauernde Unterstützung für die Rüstungskontrollverhandlungen«. Sie bekräftigten die Entschlossenheit der NATO, das Verhandlungsangebot über die Mittelstreckenraketen trotz Ablehnung durch die Sowjets »auf dem Tisch zu lassen«. Noch während des Rückflugs versuchte der Kanzler, das Ergebnis zu schönen. Was die von ihm nach Ausbruch der Afghanistan-Krise bei der amerikanischen Regierung vermißte langfristige Strategie anging, sei man »nach meinem Eindruck weiter als vor acht Wochen«. Auf die Frage, ob er und seine amerikanischen Gesprächspartner sich auch darüber unterhalten hätten, wie ein sowjetischer Rückzug aus Afghanistan auszusehen habe, reagierte er schroff: »Was sollen wir uns für die russischen Generale im Kreml den Kopf zerbrechen. Wenn die Russen aus Afghanistan raus sind, sind sie raus!« Die Zusatzfrage, ob dem Westen eine bloße Absichtserklärung der Sowjets, ihre Truppen zurückzuziehen, schon genüge, um an den Olympischen Spielen in Moskau teilzunehmen − auch auf die Gefahr hin, die Sowjets wollten nur Zeit gewinnen und blieben letztlich in Afghanistan −, zog der Kanzler, wie es oft seine Art war, ins Lächerliche: »Das klingt so, als würdest du sagen: Wenn ich dir erkläre, ich liebe dich . . . Aber ich erkläre es dir nicht.«

Das Fatale war, daß Helmut Schmidt auch in Europa Schwierigkeiten gemacht wurden, und zwar ausgerechnet von seinem Freund Giscard. In einem Gespräch mit dem Hamburger Bankier Eric M. Warburg offenbarte er: »Die Franzosen sind zur Zeit die schlimmsten.«

Wenn er »die Franzosen« erwähnte, meinte er letztlich den französischen Staatspräsidenten. Giscard hatte den Kanzler in letzter Zeit einige Nerven gekostet. Nach dem sowjetischen Einfall in Afghanistan gebärdete sich Giscard als Verwalter des gaullistischen Erbes, verkündete eine »eigenständige« Afghanistan-Politik und sagte, an die Adresse der USA gerichtet, Frankreich habe aus seiner Geschichte andere Lehren gezogen, als daß es zulassen dürfte, zur Provinz einer Großmacht zu werden. Giscard ließ vorschnell wissen, sein Land werde sich am Olympiaboykott nicht beteiligen, und schickte den Generalsekretär des Quai d'Orsay, de Leusse, als Emissär eigens nach Moskau, um Näheres über einen von Breschnew vage angedeuteten, eventuellen Rückzug aus Afghanistan zu erfahren. Der Abgesandte kehrte mit leeren Händen zurück. Dafür hatte er insgeheim eine Begegnung zwischen Giscard und Leonid Breschnew in Warschau arrangiert, die am 21. Mai stattfand – sehr zum Ärger Jimmy Carters. Diesem wurde das französische Staatsoberhaupt damit nur noch suspekter.

Deutsch-französische Querelen gab es auch noch auf anderem Gebiet. Außenminister Hans-Dietrich Genscher hatte im Januar einen alten, von der EG-Kommission entwickelten Plan aufgegriffen, stärkere politische und wirtschaftliche Beziehungen zu den Ölförderländern am Persischen Golf herzustellen. Daraufhin sprach Giscard der EG jegliche Zuständigkeit ab, mit den Arabern in einen politischen Dialog einzutreten. Er selbst reiste zwei Monate später durch die Golfstaaten, machte der PLO Avancen und verkündete das Selbstbestimmungsrecht der Palästinenser, ohne im gleichen Atemzug auf das Recht Israels hinzuweisen, in gesicherten Grenzen zu leben.

Außerdem hatte Giscard monatelang eine Obstruktionspolitik gegenüber dem britischen EG-Beitrag und der Neuregelung der Agrarpreise betrieben. Wiewohl es also zum Teil gravierende Meinungsverschiedenheiten zwischen Bonn und Paris gab, war der Kanzler wütend, als seine Bemerkung gegenüber dem Hamburger Bankier publik wurde. Er besuchte gerade die jährliche Kommandeurstagung der Bundeswehr in Trier, verhängte eine Art Sippenhaft und ließ die Presse des Saales verweisen. Und das, obwohl die Medienvertreter eingeladen und zum Teil mit Bundeswehrfahrzeugen hingefahren worden waren.

Diesem Zornausbruch war eine allgemeine Presseschelte des Kanzlers vor versammelter Generalität vorausgegangen, in der er die Massenmedien für die unbefriedigende Kommunikation im westlichen Lager mitverantwortlich machte. Schmidt gab dann vor, so lange nicht offen reden zu können, wie Journalisten im Saal seien (»aber das ist nun wohl mal so in der Demokratie«). Das war dann das Signal für den Generalinspekteur der Bundeswehr, Jürgen Brandt, die Presse vor die Tür zu setzen. Man habe nun genug »Demokratieverständnis« gezeigt.

Der Vorstand der Bundespressekonferenz schickte daraufhin dem Kanzler einen Protestbrief. Davon abgesehen kamen sich Schmidt und Giscard wie zwei alte »Eheknochen« doch sehr schnell wieder näher. Und dazu trug ein Zwischenfall im Elysée-Palast bei.

**45** Das Unheil kam ohne Vorwarnung, zudem noch an einem Sonntag. Es war der 3. Februar, ein kühler, unwirtlicher Wintersonntag. Helmut Schmidt traf zu den üblichen deutsch-französischen Konsultationen in Paris ein und logierte wie immer im Bristol, das schräg gegenüber vom Elysée-Palast in der Rue Faubourg Saint-Honoré gelegen ist. Die Straße, mit ihren aneinandergereihten Luxusgeschäften sonst ein Anziehungspunkt für alle Welt, war wie leergefegt.

Am Nachmittag des nächsten Tages hatten sich Valéry Giscard d'Estaing und Helmut Schmidt zu einem letzten Gespräch im Elysée-Palast verabredet. Man traf sich im Erdgeschoß des Gebäudes in einem eleganten Salon, dessen Täfelung in Weiß und Gold gehalten war. In der Mitte stand ein wunderschöner Mosaiktisch aus Marmor. Der Kanzler war grau im Gesicht. Das war das erste, was seinem Gastgeber auffiel. Was dann geschah, beschreibt Giscard d'Estaing so in seinen Memoiren *Macht und Leben*:

»Er fragt mich: ›Haben Sie vor, Reagan bald zu besuchen?‹

Mir fällt auf, wie schleppend und kehlig seine Stimme plötzlich klingt.

›Ich fühle mich nicht wohl, Valéry. Aber das geht schon vorüber.‹

Er zieht heftig an seiner Krawatte, öffnet den Knoten. Seine Augäpfel sind von dunkelroten Äderchen durchzogen. Er versucht, es sich in dem Sessel mit der geraden Lehne etwas bequemer zu machen.

Ich setze die Unterhaltung fort, um sein Unwohlsein zu überspielen. ›Vor den nächsten Wahlen werde ich sicherlich nicht nach Washington fliegen. Im nächsten Juni findet erst einmal das Finanzgipfeltreffen in Venedig statt. Und was danach kommt, kann ich noch gar nicht sagen, denn in Frankreich stehen die Präsidentschaftswahlen vor der Tür.‹

Er stößt ein Röcheln aus, gefolgt von einem lauten Stöhnen. Mir wird klar, wie ernst es um ihn steht.

›Legen Sie sich auf das Sofa. Dort haben Sie es bequemer. Soll ich einen Arzt rufen?‹

Ich helfe ihm aufzustehen und sich auf dem Sofa auszustrecken. Er antwortet mir nicht. Sein Kopf fällt zur Seite, er verdreht die Augen. Offensichtlich hat er das Bewußtsein verloren. Wir beide sind allein im Zimmer; die Türen sind geschlossen. Draußen nimmt man natürlich an, wir seien in unser Gespräch vertieft. Wenn ich hinaus in das Vorzimmer gehe und um Hilfe bitte, werden seine Mitarbeiter sofort herbeistürzen. Die Journalisten und die Fotografen warten bestimmt im Hof. Man müßte ihn hinaustragen, und das in seinem beklagenswerten Zustand. Nein, besser, ich nehme die Sache selbst in die Hand. Ich gehe zum Telefon, das zur Vermittlung geschaltet ist. ›Hier spricht der Präsident, können Sie mich mit Herrn Hennequin verbinden?‹

Hennequin, der Verwalter des Elysée-Palastes, ist ein prächtiger Mensch, den ich von Präsident Pompidou ›geerbt‹ habe; noch in den letzten Monaten von dessen Amtszeit ist mir seine jugendliche Erscheinung aufgefallen, die Tatkraft und Umsicht ausstrahlt. Er ist sozusagen das

Mädchen für alles im Haus, herrscht über Tafel und Küche, sorgt für Sauberkeit und Ordnung in den Privatgemächern. Er ist ein Marineoffizier des technischen Dienstes, von tadelloser Diskretion, . . .

Es ist nie schwer, ihn zu erreichen. Die Vermittlung verbindet mich mit ihm.

›Sind Sie es, Hennequin? Bundeskanzler Schmidt geht es nicht gut. Mir ist es jedoch lieber, daß man niemanden davon verständigt. Können Sie mir den diensthabenden Arzt herbringen? Gehen Sie durch den großen Salon, aber beeilen Sie sich. Ich warte auf Sie.‹

›Gut, Herr Präsident. Ich komme sofort.‹

Die ärztliche Versorgung des Präsidialamts der Republik besteht . . . aus einem jungen Arzt am Ende seiner Ausbildung, der von der Armee abkommandiert ist, und einer Krankenschwester, . . . Ironie des Schicksals: Ausgerechnet Helmut Schmidt hatte wegen dieser schlechten medizinischen Versorgung Bedenken geäußert.

›Das ist doch einfach lächerlich. Sehen Sie nur mal, was die Amerikaner und die Sowjets an Ärzten haben. Wenn Ihnen irgend etwas passiert, brauchen Sie erfahrene Leute.‹*. . .

Vom Speisesaal her dringen die gedämpften Laute der Vorbereitungen zum Abendessen herüber. Ich werfe einen Blick auf Helmut, wage aber nicht, ihm ins Gesicht zu sehen. Er rührt sich nicht mehr. Ein leichtes pfeifendes Atemgeräusch ist das einzige Lebenszeichen. Inzwischen ist es Nacht geworden. Auf den Champs-Elysées sieht man die Scheinwerfer der Wagen, die, wenn die Ampel grün wird, wieder anfahren, und die von innen beleuchtete Kuppel des Grand Palais.

Diese Krankenwache, finde ich, hat etwas von einer Shakespeare-Szene . . . Was würde wohl die Öffentlichkeit, die Menge dazu sagen, wenn sie uns so sähe, Helmut auf dem Sofa und mich, wie ich hilflos neben ihm wache, ohne ihm helfen zu können?

Ein leichtes Klopfen an der Tür. Hennequin und der Arzt treten ein. Auf dem Weg durch den großen Salon sind sie niemandem begegnet. Ich deute auf Helmut. Der Arzt beugt sich über ihn und untersucht ihn. Ich wende ihm den Rücken zu und unterhalte mich mit Hennequin. Er hat ein Tablett mit einer Wasserkaraffe und ein Glas mitgebracht.

Der Arzt nimmt sein Stethoskop — das einzige medizinische Instrument, dessen Name ich kenne — aus seinem schwarzen Koffer. Er steckt sich die beiden Gummistöpsel in die Ohren.

›Der Kanzler hat das Bewußtsein verloren‹, sagt er zu mir. ›Aber ich glaube nicht, daß es etwas sehr Ernsthaftes ist. Das Herz schlägt ganz normal. Er wird bald wieder zu sich kommen.‹

Ich beobachte Helmuts Gesichtszüge.

Ein paar Minuten später ein Seufzen, eine erste Bewegung. Er streicht sich mit der Hand über die Stirn.

›Was ist geschehen?‹ fragt er . . .

---

* Im Bonner Kanzleramt gab und gibt es keinen Arzt. (Anm. d. Autors)

Der Arzt hilft dem Kanzler, sich aufzusetzen. Wenn er sich erst etwas besser fühlt, werden wir seinen Assistenten kommen lassen.

›Valéry, Sie brauchen wirklich nicht länger zu warten. Es wird mir gleich besser gehen.‹

›Möchten Sie lieber ins Hotel zurückgehen?‹ frage ich. ›Ich werde dann sagen, daß Sie an dem Essen lieber nicht teilnehmen wollten.‹

›Nein‹, entgegnet Helmut, ›ich glaube, bis zum Essen wird es mir bessergehen. Es ist in einer Stunde, nicht wahr? Ich werde hierbleiben.‹

Seine alte Energie kehrt wieder zurück . . . Ich lasse ihn in Hennequins Obhut zurück und bitte diesen, so zu tun, als sei nichts geschehen, als brauche Helmut nur vorübergehend etwas Ruhe.

Ein paar Minuten vor zwanzig Uhr kehre ich in den Salon der Adjutanten zurück. Ich habe veranlaßt, daß die Gäste schon ihre Plätze bei Tisch einnehmen und auf uns warten. Unser Gespräch, so wurde ihnen erklärt, habe sich noch etwas hingezogen. Noch bevor ich ihn frage, sagt Helmut zu mir: ›Mir geht es besser. Ich werde am Essen teilnehmen. Ich bitte Sie nur, es nicht zu spät werden zu lassen.‹

Er hat den Knoten seiner Krawatte wieder festgezogen. Sein Hemdkragen jedoch ist noch zerdrückt. An seiner Kleidung entdeckt man jene untrüglichen Zeichen, die beweisen, daß sie in Unordnung geraten ist. Aber die Aufmerksamkeit meiner Gäste wird sich sicher auf andere Dinge richten.

Die Amtsdiener haben die beiden Flügeltüren geöffnet.

Er steht auf und betritt vor mir den Saal, als müsse er seine Schritte beschleunigen, um sie nicht unsicher erscheinen zu lassen. Wir nehmen unsere Plätze einander gegenüber ein. Am Ende des Essens hält er noch eine kurze Tischrede.«

So weit Giscard. Was er in seinem Memoiren nicht erwähnt, und auch nicht beschreiben konnte, da er Schmidt zeitweilig alleine ließ, waren die fieberhaften Aktionen der Kanzler-Begleiter, sobald sie von dem Zwischenfall erfuhren. Das war, nachdem Schmidt wieder zu sich kam. Ein Mitarbeiter rief sofort den Leibarzt des Kanzlers, Bundeswehroberstabsarzt Dr. Wolfgang Völpel, in Koblenz an: »Der Kanzler ist bewußtlos geworden, mitten in einem Gespräch mit Giscard. Was sollen wir tun?«

»Bevor ich irgend etwas sage, muß ich mit dem Bundeskanzler selbst sprechen. Ich muß ihn hören, muß mir einen persönlichen Eindruck verschaffen. Bitte, holen Sie ihn mir ans Telefon.«

Der Kanzler meldete sich, wie stets, nur schlicht mit seinem Nachnamen: »Schmidt.«

»Herr Bundeskanzler, erzählen Sie mir bitte alles genau. Alles, was Sie in Erinnerung haben.«

Schmidt wiederholte, was dem Arzt bereits berichtet worden war. Völpel war nicht beunruhigt. Er kannte die Krankengeschichte des Kanzlers genau und wußte, daß Helmut Schmidt sein Leben lang immer wieder mal von flüchtig auftretenden Kollapsen heimgesucht worden war – von kleinen Knockouts, die er schon als Zwanzigjähriger gehabt hatte. Medizinisch gesehen handelte es sich um eine leichte Hypertonie, einen Zustand arteriellen Unterdrucks, der vielleicht angeboren und daher nicht als Krankheit zu werten war. Allerdings war dieses Leiden, über das der Kanzler kaum mit jemandem sprach, infolge schneller Ermüdbarkeit, mit Neigung zu Kopfschmerzen und Schwindelanfällen bis zur Ohnmacht sehr lästig.

»Das haben Sie bald hinter sich, Herr Bundeskanzler«, tröstete ihn der Arzt. »Aber wir können ja in Kontakt bleiben. Vielleicht rufen Sie mich in einer Stunde noch einmal an oder lassen mich anrufen. Ich möchte gerne wissen, wie es Ihnen geht. Vielleicht muß ich dann doch noch etwas für Sie tun.«

»Ich muß aber noch eine kleine Rede halten. Ich glaube, ich kann das nicht.«

»Sie werden das können. Gehen Sie einfach eine Viertelstunde später in den Saal. Erholen Sie sich inzwischen.«

Der Kanzler seufzte. »Wenn Sie meinen, Herr Völpel . . .«

Dann ließ sich der Arzt noch einmal den Mitarbeiter geben. »Wenn in der Zwischenzeit etwas passiert, mich sofort anrufen. Ich komme dann. Vielleicht sollten Sie jetzt aber schon mal über das Kanzleramt prophylaktisch meine Reise nach Paris organisieren, damit es dann ruck, zuck geht.«

»Alles klar, ich veranlasse das Notwendige.«

Eine halbe Stunde später klingelte bei Völpel in Koblenz wieder das Telefon: »Bitte sofort kommen!«

Der Arzt eilte mit dem Taxi zum Bahnhof, bestieg den Intercity nach Düsseldorf, wo noch eine Air-France-Maschine zu erreichen war. Als das Flugzeug in Paris landete, stand auf dem Rollfeld eine Polizeilimousine mit laufendem Motor bereit. Mit Blaulicht und Sirene raste der Wagen durch das abendliche Paris direkt zum Elysée. Helmut Schmidt wirkte etwas erschöpft. Völpel untersuchte ihn, fand aber nichts Besorgniserregendes.

Inzwischen war das Festessen vorbei, Schmidt hatte seine Rede gehalten, und keinem der Gäste war irgend etwas aufgefallen. Dann verabschiedete sich der Kanzler von Giscard und fuhr zurück ins Bristol. Schmidt bat Dr. Völpel, für alle Fälle mit in seinem Apartment zu übernachten. Da die Suite eine Art Maisonette war, machte es überhaupt keine Probleme, dem Arzt im oberen Stockwerk ein Zimmer zuzuweisen. Der Ohnmachtsanfall wiederholte sich nicht. Am nächsten Tag flog Helmut Schmidt zurück nach Bonn.

Er war nicht beunruhigt, denn er hatte nicht nur gelernt, mit seinen Krankheiten fertig zu werden, sondern sich auch damit abgefunden, daß er in mancherlei Hinsicht anfällig war. So trug er bei Veranstaltungen in geschlossenen Räumen, vor allem, wenn er eine Rede zu halten hatte, unter dem Jackett einen Pulli, aus Sorge, er könne sich erkälten, wenn er nach der Veranstaltung erhitzt ins Freie trat. Die Helgoländer Lotsenmütze, sein Markenzeichen wie Konrad Adenauers Pepita-Hütchen, war kein modischer Gag, sondern ebenfalls reine Vorsorge gegen Erkältungen.

Außerdem hörte Schmidt seit längerem auf dem linken Ohr schlecht.

Darum hielt er im Gespräch nach der Gewohnheit älterer Menschen immer öfter die Hand hinters Ohr und sperrte gelegentlich sogar den Mund auf, um besser hören zu können. Empfing er Besucher, gab er Interviews oder begleitete ihn jemand im Auto, ließ er den anderen grundsätzlich rechts von sich Platz nehmen, weil er mit dem rechten Ohr besser hörte.

Der Macher, für Millionen Deutsche der Prototyp des harten Mannes, hatte ferner seit vielen Jahren Probleme mit den Zähnen. Schon als Fraktionsvorsitzender stöhnte er gegenüber Besuchern, wenn er morgens im Bundeshausbüro sein Frühstück zu sich nahm: »Das Gebiß sitzt schlecht.« Die Saunas, die er in Bonn, Hamburg und am Brahmsee nach Bedarf unter Dampf hielt, waren nicht Statussymbole, sondern Zellen der Heilbehandlung. Helmut Schmidt brauchte das Schwitzbad zur Linderung seiner chronischen Bandscheibenschmerzen.

Noch schwerwiegender als seine Zahn- und Bandscheibenbeschwerden war das Schilddrüsenleiden, das ihn 1971 befiel. Es schien das Ende seiner politischen Karriere zu bedeuten. Helmut Schmidt bekleidete damals den Posten des Verteidigungsministers. Er magerte zum Gespenst seiner selbst ab – schlimmer noch, er wurde bereits von einigen Parteigenossen, die nicht mehr an seine politische Zukunft glaubten, wie ein Aussätziger geschnitten. Die Krankheit war, wie das bei tückischen Leiden meistens ist, schleichend über ihn gekommen und wurde zunächst nicht richtig diagnostiziert. Das demoralisierte ihn zusätzlich. Sein Bonner Hausarzt wurde mit dem Fall nicht fertig. So geriet Schmidt an seinen späteren Leibarzt Dr. med. habil. Wolfgang Völpel, Leitender Arzt der Medizinischen Abteilung im Bundeswehrzentralkrankenhaus Koblenz mit dem militärischen Dienstgrad eines Oberstarztes. Völpel, Jahrgang 1921, in mancherlei Hinsicht Schmidt ähnlich – mittelgroß, graue, dichte Haartolle, mit einem Schuß Schnoddrigkeit ausgestattet, allerdings mit Berliner Einfärbung –, war bis zum Bau der Berliner Mauer im August 1961 Arzt an der Ost-Berliner Charité gewesen und ist heute – nach seiner Pensionierung – frei praktizierender Internist in Koblenz.

Verteidigungsminister Schmidt ließ Völpel mit dem Hubschrauber einfliegen. Nach der Untersuchung nahm der Arzt sein Stethoskop aus den Ohren, legte seine Stirn in Falten, was er besonders gut kann, und befand mit jener gekünstelten Mischung aus Zuvorkommenheit und Bestimmtheit, die Ärzte bei der Behandlung prominenter Patienten an sich haben: »Herr Minister, eine ambulante, häusliche Behandlung ist nicht mehr möglich. Es geht nur noch stationär.«

Schmidt, inzwischen zu allem bereit: »Wohin soll ich gehen?«

Völpel zählte höflich die in Frage kommenden Bonner Krankenhäuser auf. »Uni-Kliniken . . .«

»Kann ich nicht zu Ihnen kommen?«

So geschah es dann. Da Helmut Schmidt von einer Afrika-Reise eine schwere Darmgrippe mitgebracht hatte, wollte Völpel – »Schmidt fühlte sich nicht nur beschissen, er litt auch unter ungeheurem Durchfall« – zunächst die Möglichkeit einer Tropenkrankheit ausschließen. Über diesen

Untersuchungen auf Tropenkrankheit verging fast ein Vierteljahr, was Völpel im nachhinein den Vorwurf eintrug, die Schilddrüsenüberfunktion nicht rechtzeitig erkannt zu haben. Die Bonner Ärzte, die den bekannten Politiker gern selbst als Renommierpatienten gehabt hätten, spotteten, das komme davon, wenn man sich von einem »Karbolmajor« behandeln lasse.

Ab April 1972 war die Schilddrüsenüberfunktion jedenfalls erkannt, und die Behandlung lief auf vollen Touren. Der Minister bekam radioaktive Isotopen-Cocktails. Diese Therapie führte umgehend zu einer Besserung des Krankheitsbildes, und ab Frühjahr 1974 brauchte Schmidt keine Medikamente mehr zu nehmen. Trotz der auskurierten Drüsenstörung war er bei Antritt der Kanzlerschaft aus anderen Gründen gesundheitlich am Ende und sein Ausscheiden aus dem Kabinett abgemachte Sache. Später verriet Helmut Schmidt: »So im Januar oder Februar 1974 hatte ich mit Brandt vereinbart, daß ich nach Ende der Legislaturperiode im Oktober '76 ausscheide. Ich sagte einfach: ›Willy, ich hab' meine Pflicht getan. Laß mich ziehen.‹«

Offen blieb, ob er nur kein Ministeramt mehr wollte oder den totalen Abgang von der Bonner Bühne im Sinn hatte, also auch die Aufgabe seines Abgeordnetenmandates. Vielleicht war er sich auch noch nicht schlüssig. Jedenfalls wollte er »aus der Tretmühle raus«.

Dann kam (Brandt: »Man wird immer erst etwas, wenn man gar nichts mehr werden will«) die Kanzlerschaft auf Helmut Schmidt zu. Bevor er sich entschied, konsultierte er Dr. Völpel, der ihm riet: »Tun Sie's. Es wird besser gehen als bisher, weil Sie sich als Bundeskanzler weniger ärgern werden.« Damit hatte der Arzt nur bedingt recht. Schmidt hatte als Regierungschef bald ebensoviel Ärger am Hals wie zuvor, nur daß er anderer Art war, und er hatte weniger Zeit für den Arzt. Er wunderte sich selbst: »Wie ich all das durchhalte, ist mir schleierhaft.«

Anfang 1975 bekam er eine Lungenentzündung, im November 1978 eine Erkrankung seines linken Auges. Die Augengeschichte bewies zweierlei: Erstens war der Kanzler, wenn er sich in Behandlung begab, ein schwieriger Patient, und zweitens war selbst ein so prominenter Mann wie er vor ärztlichen Fehldiagnosen nicht gefeit, wie das folgende Beispiel beweist.

Zwölf Tage war der Kanzler mit häßlich geschwollenem Auge und starken Schmerzen weiter seinen Pflichten nachgegangen. Angefangen hatten die Beschwerden nach einem Wochenendbesuch bei seinem über neunzigjährigen Vater Gustav in einem Hamburger Altersheim. Beim Hinausgehen hatte eine Böe dem Kanzler eine Ladung Staub ins Gesicht geblasen. Was er und die Ärzte zunächst nicht bemerkten, war, daß der Windstoß einen winzigen Glassplitter ins linke Auge geweht hatte, wo er sich regelrecht in die Hornhaut bohrte.

Als Helmut Schmidt dann eines Morgens mit verklebtem und geschlossenem Auge aufwachte, wurde ein Arzt gerufen. Dieser diagnostizierte fälschlicherweise eine Bindehautentzündung und pflasterte ohne

Rücksicht auf Amt und Würde seines Patienten einen weißen Verband aufs Auge.

Als das Auge nicht besser wurde, schaltete sich Dr. Völpel ein und schickte den Kanzler ins Bonner Johanniter-Krankenhaus. Warum dorthin und nicht in die Universitätsklinik? Weil das Johanniter-Krankenhaus in der Nähe des Kanzleramtes liegt. (So simpel sind manchmal Bonner Entscheidungen!) Dort nahm sich Professor Hans Borgmann des Patienten an. Das Ödem im Auge des Kanzlers, also die Ansammlung von Blutwasser im Gewebe, erlaubte zunächst keinen tieferen Einblick und machte darum das Erkennen des Glassplitters unmöglich. Der Arzt verordnete entzündungshemmende Medikamente und verband das Auge erneut. Mit Befremden mußte Professor Borgmann aber zur Kenntnis nehmen, daß sein Patient für sich das Recht beanspruchte, trotz des ruhebedürftigen Auges Terminverpflichtungen nachzugehen. Schmidt flog am nächsten Tag zum italienischen Ministerpräsidenten Andreotti und von dort zu Giscard nach Paris. Als er sich nach der Reise im Johanniter-Krankenhaus zurückmeldete, war das Ödem immerhin so weit abgeklungen, daß unter der vierzigfachen Vergrößerung einer Speziallampe der Glassplitter entdeckt wurde. Ein operativer Eingriff war geboten. Der Patient bat jedoch – wieder mit Hinweis auf angeblich nicht absagbare Termine – um Aufschub.

Schließlich fand die Operation an einem Samstag statt. Der entfernte Splitter war einen halben Millimeter groß. Offiziell hieß es, für die Operation sei ein Wochenende gewählt worden, damit der Kanzler möglichst wenige Termine versäume. Nach dem Eingriff mußte er für mindestens sechsunddreißig Stunden im Bungalow stilliegen; beide Augen waren verbunden, da ein krankes Auge nur ruht, wenn auch das gesunde nicht bewegt wird.

In Wirklichkeit war der Eingriff auf einen Samstag hinausgeschoben worden, weil Schmidt nackte Angst hatte. Seine Begründung: »Abgesehen von den Hoden gibt es doch am Körper des Mannes keine empfindlichere Stelle als die Augen.«

Wie gesagt, Helmut Schmidt hatte sich im Laufe der Jahre damit abgefunden, mit seinen körperlichen Schwachstellen zu leben: »Weder Kennedy noch Roosevelt, noch Ollenhauer oder Schumacher waren gesund. Ein Mann in meinem Alter ist nur im Ausnahmefall ohne Krankheit.«

Seine Mitarbeiter waren dagegen jedesmal aufs neue irritiert, wie schnell sich die Presse des Gesundheitszustandes ihres Chefs annahm, wenn diese in Frage gestellt war. Eine kleine Verkühlung, ein großer Schnupfen oder ein Splitter im Auge – sofort gingen die Zeitungen darauf ein. Wer Verantwortung für ein Sechzig-Millionen-Volk trägt, dessen Fieberkurve ist eben nicht mehr nur Privatsache. Schmidts Freund, US-Präsident Gerald Ford, stimmte einmal in Kenntnis dieser simplen Weisheit gegen den Rat seines Arztes der Veröffentlichung eines siebenseitigen ärztlichen Berichtes nach der jährlichen Routineuntersuchung zu. Das brachte ihm zwar auch Witze auf seine Kosten ein — »White-House-Tour durch Fords Leistengegend« —, aber der Befund bewies jedermann, daß der Präsident pudelgesund war.

1980 zog sich der Kanzler eine akute Herzmuskelentzündung (Myokarditis) infolge einer verschleppten eitrigen Mandelentzündung zu. Zu Jahresbeginn hatte er auf Mallorca geurlaubt, schlechtes Wetter gehabt und sich erkältet. Statt bei Urlaubsende direkt nach Bonn zurückzufliegen, machte er noch Staatsvisite in Madrid. Bereits am ersten Tag wurden die Schluckbeschwerden und das Anschwellen des Gaumens so unangenehm, daß Dr. Völpel mit einer Luftwaffenmaschine eingeflogen werden mußte. Völpel diagnostizierte einen Mandelabszeß mit Speichelfluß und hohem Fieber. Er verordnete Bettruhe. »Andernfalls laufen Sie Gefahr, Herr Bundeskanzler, sich Rheuma oder eine Herzmuskelentzündung einzuhandeln.«

Politiker sind bisweilen so leichtsinnig wie Kinder: Schmidt hütete nicht das Bett, sondern regierte, zurück in Bonn, weiter. Mit belegter Stimme und hohem Fieber gab er im Bundestag eine Regierungserklärung ab. Lediglich auswärtige Termine wurden abgesagt. Da das Fieber jedoch nicht zurückging und sich zusätzlich Herzschmerzen einstellten, wurde der Kanzler ins Bundeswehrzentralkrankenhaus nach Koblenz geflogen. Dort stellten die Ärzte im Elektrokardiogramm das Fehlen der sogenannten Vorhofzacke P fest — das untrügliche Zeichen für eine Herzmuskelentzündung. Mithin war genau das eingetreten, was Dr. Völpel vorhergesagt hatte.

Nun war strengste Bettruhe unumgänglich. Vom ärztlichen Standpunkt aus hätte der Kanzler in Koblenz stationär behandelt und anschließend in ein Herzsanatorium geschickt werden müssen. Diese Therapie verbot sich jedoch schon allein im Hinblick auf den Eindruck in der Öffentlichkeit, der Republik stünde ein kranker Kanzler vor. Hinzu kam, daß es für den »work maniac« Schmidt unvorstellbar war, drei Wochen nichts zu tun und sich der Krankenhausdisziplin zu fügen. Er und Völpel schlossen darum einen Kompromiß: Schmidt durfte sich im Bonner Kanzler-Bungalow ins Bett legen.

In dieser Zeit wurde Schmidt zum erstenmal zur Eindämmung der Herzmuskelentzündung mit Cortison behandelt. Er hielt es aber nicht lange im Bett aus, geschweige denn, daß er sich einen anschließenden Erholungsurlaub gönnte. Das Kanzleramt gab die Parole aus: »Der Kanzler ist wieder gesund und topfit.« Daß er eine Herzmuskelentzündung hatte, wurde verschwiegen. Die Cortisonbehandlung wurde bis Ende März fortgesetzt, dann war die Myokarditis ohne Folgen ausgeheilt.

Im Herbst wurde der Kanzler abermals herzkrank. Diesmal litt er unter Herzrhythmusstörungen. Dr. Völpel sah darin jedoch keine Nachwirkung der Herzmuskelentzündung vom Jahresbeginn, sondern die Folgen einer Nikotinvergiftung. Schmidt rauchte bis zu achtzig Mentholzigaretten pro Tag und trug stets zwei Schachteln bei sich; für Nachschub sorgte einer seiner Bodyguards.

Der Chefredakteur des *Manager Magazins*, Leo Brawand, sprach ihn einmal auf seine Vielraucherei an: »Übrigens, Herr Bundeskanzler, ich soll Ihnen von meinem dreizehnjährigen Sohn Claus ausrichten, in der Schule hätten sie gerade eine Anti-Drogenkampagne. Es sei ihnen erklärt worden, daß Rauchen eine Gesellschaftsdroge sei. Wenn er und seine Kameraden aber im Fernsehen ständig einen rauchenden Kanzler sähen, könnten sie sich das Paffen schlecht abgewöhnen. Dies sollte ich Ihnen ausrichten.« Brawand war auf die Reaktion Helmut Schmidts gespannt.

Dieser zog aus seinem Jackett gelassen eine Packung Zigaretten, zündete sich eine an, inhalierte tief und sagte, als er den Rauch in Richtung Zimmerdecke ausblies: »Richten Sie Ihrem Sohn aus, Sie hätten damit Ihre Pflicht erfüllt.« Damit war für ihn das Thema erledigt.

Für alle Bürger, die an dem rauchenden Regierungschef Anstoß nahmen und sich brieflich beschwerten, hielt das Kanzleramt einen vorbereiteten Text parat, in dem es unter anderem hieß: »Ganz offensichtlich gibt es viele Bürger, die den Bundeskanzler als einen Menschen ohne Fehler, Ecken und Kanten sehen wollen und die ihr eigenes Bild von einem Regierungschef gestört sehen, wenn sie entdecken, daß auch dieser Mensch nicht vollkommen ist. Der Regierungschef ist in seinem Tagesablauf selbst am Wochenende und in den Ferien so eingespannt, daß man ihm nicht noch weitere Zwänge auferlegen sollte . . . Bei allem Vernunft- und Idealdenken: Lassen Sie ihm einige Eigenheiten.«

Jahrelang hatten er und Völpel ein Gentlemen's Agreement, das darin bestand, daß Schmidt, solange es nur um die allgemein bekannten, mutmaßlichen Gefahren des Rauchens ging, auf sein »Laster« nicht zu verzichten brauchte. Sollten sich bei ihm aber eines Tages Beschwerden einstellen, die auf den hohen Nikotingenuß zurückzuführen waren, würde er das Rauchen sofort einstellen. Dieser Zeitpunkt war nun unweigerlich gekommen. Mit dem alarmierenden Hinweis, »so signalisiert sich ein Herzinfarkt, Herr Bundeskanzler«, verordnete sein Arzt eine mehrstufige Therapie, an deren Ende ein totaler Rauchverzicht stand. Diesmal fügte sich Schmidt. In der ersten Koalitionssitzung nach der Bundestagswahl 1980 rauchte er seine letzte Zigarette, in der Silvesternacht das letzte Pfeifchen. (Als Alt-Kanzler erlag er immer wieder der Versuchung des Rauchens.) Wieder glaubten seine Berater, dem Volk etwas vorgaukeln zu müssen. Sie streuten die Parole aus, der Kanzler habe den Entschluß, das Rauchen aufzugeben, allein gefaßt, »ohne Druck von außen«.

Im Laufe des Jahres 1980 hatte Helmut Schmidt zunehmend Schwierigkeiten, sich zu artikulieren. Er, der einst wegen seines flinken Mundwerks Schmidt-Schnauze genannt worden war, verlor den Faden, fing an zu stottern. In der Fernsehreihe *Bürger fragen – Politiker antworten* wurde er auf die überbordende Staatsverschuldung angesprochen. Darauf Schmidt: »Wir haben im Laufe der letzten zehn Jahre allein an den Freistaat Bayern von Bundes wegen über einhundertvierzig Milliarden Mark gegeben . . .« Minuten später mußte er sich, nach einem verstohlenen Blick in seine schriftlichen Unterlagen korrigieren: »Ich habe mich versprochen. Ich hab' gesagt einhundertvierzig Milliarden Mark nur für den Freistaat Bayern. Für die Länder insgesamt!«

In derselben Sendung verhaspelte er sich obendrein mehrmals bei Fremdwörtern. So brachte er das Wort »spektakulär« nicht über die Lippen. Seine Bemühungen klangen so: »Spektakol . . . äh . . . Spektakel oder Zirkus . . .« Schließlich kanzelte er einen Theologiestudenten, der ihm gegen Ende der Sendung wegen der hohen Staatsverschuldung Skrupellosigkeit vorgeworfen hatte, mit folgenden Worten ab: »Also verehrter Freund, ich hoffe ja, daß Sie am Ende Ihres Theologus . . . äh, Ihres Theologiestudiums solche Worte wie Skrupellosigkeit dem politischen Gegner gegenüber nicht mehr gebrauchen . . .«

Die Konzentrationsmängel konnten ihren Grund kaum in Überarbeitung haben. Schmidts Mitarbeiter hatten es so eingerichtet, daß er an diesem Tag von anderen Verpflichtungen freigehalten wurde. Er hatte auch nicht einfach einen schlechten Tag erwischt, da bei anderen Auftritten gleichfalls Gedächtnislücken offenbar wurden. Zum Beispiel im Herbst 1980 bei der Eröffnungskundgebung des Bundestagswahlkampfes auf dem Bonner Markt. Dort verteidigte er wiederum die Staatsverschuldung, diesmal mit dem Beispiel einer Kreditaufnahme durch private Unternehmer. Dabei wies er auf die umliegenden Geschäfte und zählte sie namentlich auf. Bei einem Fotogeschäft stockte er jedoch, weil ihm die korrekte Bezeichnung nicht in den Sinn kam. Schließlich überspielte er die Lücke mit »ein Geschäft, das Fotografenapparate verkauft«.

In Bremen ging er auf die geplante, aber immer wieder hinausgezögerte Fusion des Luftfahrtkonzerns Messerschmitt-Bölkow-Blohm (MBB) mit einem Teil der deutsch-holländischen Unternehmensgruppe VFW-Fokker ein. Dabei sprach er von »Fokke-Bull VFW«.

Was weder er noch Dr. Völpel ahnten: In Schmidts Körper tickte eine Zeitbombe.

**46** Der Hubschrauber kam über den Rhein geflogen, hüpfte über die Mauer und wirbelte die Blätter in den mächtigen Kronen des alten Kanzler-Parks durcheinander, als sollten sie gefönt werden. Auf dem kurzgeschorenen Rasen vor dem Bungalow landete die Maschine und kam zum Stillstand. Die Tür ging auf, Helmut Schmidt kletterte heraus. Er trug einen dunkelblauen Blazer und, wie seine Mitarbeiter es nannten, »ein normales Arbeitsgesicht«.

Es war Wahljahr. In der zu Ende gehenden Achten Legislaturperiode (1976—1980) waren zweihundertfünfundsiebzig Gesetzesvorlagen von Bundestag und Bundesrat verabschiedet worden. In sechsundfünfzig Fällen gab die Länderkammer der Vorlage nicht ihre Zustimmung, sondern verwies sie an den Vermittlungsausschuß. Die Mehrzahl wurde dann aber doch rechtsgültig. Dabei handelte es sich um so kontroverse Gesetze wie die Krankenhausfinanzierung, die Aussetzung auf lebenslänglich ergangene Strafurteile zur Bewährung und die Künstler-Sozialversicherung. Bei

zwei Vorlagen war die Schmidt/Genscher-Regierung indes total abgeschmettert worden: bei der Änderung des Wehrpflichtgesetzes (Kriegs-
dienstverweigerer) und beim Bundessozialhilfegesetz. Dennoch konnte
sich diese Arbeitsleistung alles in allem sehen lassen.

Der Kanzler hatte jedoch erhebliche Probleme mit seiner Partei. In
einem Artikel hatte der Bonner Korrespondent der *Herald Tribune*, John
Vinocour, über den inneren Zustand der SPD geschrieben:»Kanzler
Schmidt sieht sich innerhalb seiner Sozialdemokratischen Partei einer
Fraktionsbildung gegenüber, von der Parteikreise einräumen, daß sie die
Beziehungen zu den Vereinigten Staaten stören . . . Die Fraktionsbildung
ist bis zu einem Punkt gediehen, an dem sich die Mitglieder manchmal
gegenseitig als ›Amerikaner‹ oder ›Russen‹ bezeichnen. Die ›Amerikaner‹
sind diejenigen, die kraftvoll die Vereinigten Staaten sowie die Zugehörigkeit Westdeutschlands zum westlichen Lager und zur NATO unterstützen.
Die ›Russen‹, obwohl der Ausdruck klar eine Übertreibung ist, sind
diejenigen, die eine beinahe romantische Zuneigung zu Osteuropa haben
und sich nicht von der Aussicht abschrecken lassen, daß die deutsche
Wiedervereinigung durch deutsche Neutralisierung erreicht werden
könnte . . .«

Die *Frankfurter Allgemeine Zeitung* widmete dem Vinocour-Bericht
einen Kommentar:». . . Nach dem Streit um die Worte des Fraktionsvorsitzenden Wehner, der vor zehn Tagen die Afghanistan-Intervention als
sowjetische Vorbeugungsmaßnahme entschuldigte und die sowjetische
Rüstung abermals als ›defensiv‹ verharmloste, merkt es nun auch das
westliche Ausland. Führende amerikanische Zeitungen sprechen nun schon
von einer ›amerikanischen‹ und einer ›russischen‹ Fraktion innerhalb der
großen Bonner Koalitionspartei.«

Oppositionsführer Helmut Kohl griff den FAZ-Bericht in einer öffent-
lichen Erklärung auf. Dabei wandelte er kühn die Bezeichnung für die
Gruppe um Wehner noch einmal ab: Aus den »Russen« (Vinocour) und
der »russischen Fraktion« (FAZ) machte er die »Moskau-Fraktion«. Alle
drei Formulierungen zielten auf den gleichen Tatbestand: das ständige
Schielen eines Teils der SPD-Akteure nach Moskau, was Helmut Schmidts
Politik erschwerte. Dieser klagte ohnehin bereits:»Nur fünf Prozent seiner
Zeit hat man, um selber nachzudenken und sich zu entscheiden.«

Für ihn war es immer frustrierend zu erleben, wenn eine seiner
Anordnungen von der Bürokratie verwässert und schließlich nicht ausgeführt wurde. Gute Minister und Staatssekretäre sollten garantieren, daß
dies nicht passiert. Aber hatte der Kanzler wirklich genug gute Leute?

Er selbst war jetzt nicht immer »gut drauf«, und häufig verließ ihn sein
guter Riecher. Zum Beispiel, als er zunächst bereit war, Kurt Gscheidle
grünes Licht für vorgezogene Verhandlungen mit der Postgewerkschaft zu
geben (es ging um mehr Freizeit für Schichtdienstleistende), dann aber
einen Rückzieher machte, als Genscher mit ungewöhnlicher Heftigkeit im
Kabinett dagegen protestierte. Der Einspruch des FDP-Chefs war vorauszusehen gewesen.

Andererseits arbeitete er mehr denn je. Helmut Schmidt unterbrach sogar seinen Sommerurlaub mehrmals, empfing in Hamburg König Hussein von Jordanien, besuchte die Belegschaft eines Braunkohlebergwerks in der Nähe von Bonn, traf sich mit Polens KP-Chef Gierek und mit dem norwegischen Ministerpräsidenten Odvar Nordli. Anfang September stürzte er sich mit einer Emsigkeit in den Wahlkampf, als würde er für jeden Einsatz hoch dotiert. An einem Montagvormittag wurde er in München auf dem Weltenergiekongreß gesehen, am Nachmittag tauchte er am anderen Ende der Republik, in Flensburg, auf. Abends war er bereits in Cuxhaven. Anderntags, also am Dienstag, sprach er vormittags vor Gewerkschaftlern in Berlin. In Hamburg lockten zur gleichen Zeit Plakate mit der knalligen Schlagzeile: »Helmut Schmidt kommt! 17 Uhr Gerhart-Hauptmann-Platz!«

Am darauffolgenden Tag ging er bereits ab neun Uhr seinen Amtsgeschäften nach: Kabinett, Sicherheitsrat, Kleeblatt, SPD-Präsidium. Abends überraschte er die Krefelder Wähler mit einem Besuch. Wiederum am nächsten Tag war er bei den *Nürnberger Nachrichten*, um anderntags Kundgebungen in Karlsruhe und Freiburg abzuhalten. Dabei nahm er nicht einmal den direkten Weg, sondern übernachtete in Bonn. Danach standen Auftritte in Braunschweig und Hamburg auf seinem Terminkalender – und so weiter, und so fort.

Seine engeren Mitarbeiter bemühten sich, ein Klischee abzubauen, das da lautete, die Menschen achten Helmut und lieben Willy. Was die Menschen jedoch oft davon abhielt, dem Kanzler auf die Schulter zu klopfen, war sein abweisendes Gesicht. Sich volksnah zu geben, kostete ihn immer noch Überwindung und damit Kraft. Kumpelhaftigkeit entsprach nicht seinem Naturell. Im Fernsehen bekamen die Zuschauer je nach Bildeinstellung den Kanzler, den sie sich wünschten: den Charmeur mit Haifisch-Lächeln, den hochfahrenden Oberlehrer oder den Macher mit anfänglichem Lampenfieber.

Sein Hauptkontrahent im Wahlkampf von 1980 war Franz Josef Strauß. Wenn man den Wahlkampfstil beider beobachtete, fiel auf, daß der Bayer nach amerikanischem Vorbild Frau und Kinder einspannte, Helmut Schmidt dagegen auf den Beistand seiner Ehehälfte und seiner zweiunddreißigjährigen Tochter Susanne gänzlich verzichtete. Seine Berater waren der Meinung, daß er, anders als vier Jahre zuvor, wo er den Wählern erst noch als Regierungschef vorgestellt werden mußte, dieses Mal von seiner Popularität getragen werden würde. Es wäre auch nicht notwendig, dem Publikum klarzumachen, daß Schmidt in Wahrheit »ganz anders« sei. An der Aufrichtigkeit seines Charakters wurde nicht gedeutet. »Allenfalls an der Richtigkeit seines Parteibuchs«, wie ein Mitarbeiter einräumte, »aber daran kann selbst Loki nichts ändern.«

Daß Frau Schmidt im Gegensatz zum Wahlkampf von 1976, wo sie gelegentlich mit ihrem Mann auf Tournee gegangen war und ein eigenes Programm abgewickelt hatte, diesmal zurückhaltender blieb, hing auch mit ihrem Alter zusammen. Mit Einundsechzig war sie nicht mehr die Jüngste

(Marianne Strauß war fünfzig). Die sechs Jahre als »Angeheiratete der Regierungspolitik«, wie sie sich selbst bezeichnete, hatten an ihren Kräften gezehrt. Außerdem hatte sie im Bonner Alltag längst eine eigene Rolle mit einem nicht zu knapp gefüllten Terminkalender. Dabei bildete die Arbeit für die von ihr ins Leben gerufene Stiftung *Zum Schutze gefährdeter Pflanzen* nur einen Teil ihrer Tätigkeit.

Der Bundestagswahlkampf 1980 – es war der dritte und, wie sich herausstellen sollte, letzte in der Ära der sozialliberalen Koalition – wurde mit äußerster Härte geführt. Einer der Gründe für die heftige Polemik lag im Fehlen herausragender Sachthemen. 1972 stand die Ostpolitik Willy Brandts zur Diskussion. Dergleichen Bewegendes fehlte 1980. Es war zwar ein Jahr außenpolitischer Krisen – Khomeini war ans Ruder gekommen, hatte die amerikanischen Botschaftsangehörigen als Geiseln festgehalten, in Afghanistan waren die Sowjets einmarschiert, und Ende 1979 hatten sich die polnischen Arbeiter in einem Aufstand erhoben –, aber diese Ereignisse gingen dem westdeutschen Wähler nicht unter die Haut.

Der zweite Grund für die Heftigkeit des Wahlkampfes war in der totalen Gegensätzlichkeit der beiden Spitzenkandidaten Schmidt und Strauß zu suchen. Der Kanzler wurde von CDU und CSU, die übrigens mit der Schlammschlacht begonnen hatten, als »politischer Rentenbetrüger« (Geißler) und »Schuldenkanzler« abqualifiziert. Die Union operierte mit dem Slogan: »Gegen den SPD-Staat – Stoppt den Sozialismus!« Die Sozialdemokraten wiederum rückten Strauß in die Nähe der Nazis. Die FDP spekulierte zum erstenmal auf die Zweitstimmen: »Strauß verhindern – Schmidt unterstützen – Genscher wählen.«

Der Kanzler mischte kräftig mit, wobei er mit der Vergeßlichkeit der Zuhörer rechnete. In der Kasseler Eissporthalle zog er über den örtlichen CDU-Kandidaten, den Bundestagsabgeordneten Lothar Haase, her: »Der hat im Bundestag noch nie eine Rede gehalten, nur Zwischenrufe gemacht.« Haase-Kassel, wie er zur Unterscheidung von anderen Abgeordneten gleichen Namens im Bundestagshandbuch genannt wurde, war in der Tat für seine Zwischenrufe berühmt. Willy Brandt hatte er mit der Bemerkung: »Jawohl, Herr Major!« – eine Anspielung auf die norwegische Emigrantenzeit des Parteivorsitzenden – aus dem Konzept und in Rage gebracht. Den SPD-Wirtschafts- und Finanzminister Karl Schiller, einst NSDAP-Mitglied, brachte er mit dem Zuruf: »Sie Professor von Hitlers Gnaden!« ins Schleudern. Da gab es aber auch den Lothar Haase, der als Obmann der CDU/CSU-Opposition im Haushaltsausschuß im Parlament über fünfzig Reden gehalten hatte, so in jeder Haushaltsdebatte.

Im Wahlkampf 1980 wurde mit allen möglichen Verdächtigungen operiert, so mit dem Schreckgespenst einer Währungsreform, also einer Abwertung des Geldes und der Sparguthaben. Die katholische Kirche wandte sich in einem Hirtenbrief der Bischöfe gegen die »Staatsverschuldung«. Und CSU-Generalsekretär Edmund Stoiber beschimpfte Schriftsteller, die Helmut Schmidt und seine Partei unterstützten, als »Ratten und Schmeißfliegen«.

Der Kanzler wiederum über die katholischen Bischöfe: »Die sollten sich die Soutane ausziehen, bevor sie politisch werden.« Über Strauß: »Nicht geeignet für seine Aufgabe.« Helmut Schmidt versuchte, die Wahl zu einem »Plebiszit gegen Strauß« zu machen, was ihm auch weitgehend gelang.

Ende Juni konnte er sich mit einer Reise nach Moskau als Staatsmann weiter profilieren, was sich im Wahlkampf gut machte. Nachdem er sich bei seinem jüngsten Washington-Besuch von Präsident Carter ausdrücklich den zweiten Teil des NATO-Doppelbeschlusses, nämlich die Aufnahme von Verhandlungen über den Abbau der atomaren Mittelstreckenraketen, hatte zusichern lassen, wollte er nun die Sowjets an den Verhandlungstisch bringen. Der deutsche Bundeskanzler war mithin in die Rolle eines Vermittlers zwischen den beiden Supermächten geschlüpft.

Bei der ersten Zusammenkunft sagten Breschnew und Gromyko »njet«. Bei einem Bankett am nächsten Tag im Kreml gelang Schmidt aber mit einer sehr mutigen, seine sowjetischen Zuhörer fast provozierenden Rede — Politbüromitglied Suslow knallte verärgert die Übersetzung auf den Tisch — unversehens der Durchbruch. Ohne diplomatische Umschreibungen gab er den Sowjets die Schuld an der Afghanistan-Krise und an der Situation, die den NATO-Doppelbeschluß notwendig gemacht hatte. (Inzwischen gaben die Russen ihm recht.) Dann, sehr eindringlich, aber mit leiser Stimme: »Jetzt kommt es darauf an, neue gefährliche Ungleichgewichte zu verhindern, die auch das zwischen uns Erreichte in Frage stellen könnten . . .«

Anderntags erklärte sich die Sowjetführung überraschenderweise bereit, ohne irgendwelche Vorbedingungen in Verhandlungen über den Abbau der Mittelstreckenraketen einzutreten. Schmidt, der angestrengt seine Genugtuung unterdrückte: »Ich werde Ihren Vorschlag an Präsident Carter übermitteln. Herr Genscher wird schon morgen nach Washington fliegen.«

Die SPD legte das Schwergewicht ihrer Wahlkampagne logischerweise auf den Friedensbegriff. Sie warf der Union und vor allem ihrem Kanzler-Kandidaten vor, »friedenswillig«, aber nicht »friedensfähig« zu sein. Es wurde gekämpft, als ginge es um eine Entscheidung über Krieg und Frieden. Die Union dagegen bezweifelte öffentlich, daß es unter einer SPD-geführten Regierung »Frieden und Freiheit« geben könne. Das Schlagwort von der »Moskauer Fraktion« machte in der Union, nicht aber beim Wähler die Runde.

Für seine Einsätze vor Ort benutzte der Kanzler wieder den Sonderzug, bestehend aus Nachrichtenwagen mit Telexanschluß, Funktelefon, Chiffriermaschine, Telefaxgerät, Kurzwellensender, Salonwagen, Speisewagen sowie Schlafwagen für Mitarbeiter und neununddreißig Journalisten. Seine Wahlkampfmannschaft bestand aus Referenten, Redenschreibern, Sekretärinnen, Stenograph, Chef vom Dienst des Bundespresseamtes und Leibwächtern. Kellner in orangefarbenen Jacken bedienten die Reisenden mit besonderer Zuvorkommenheit. An einer hellbraunen Furnierwand im

Speisewagen klebte ein Sticker mit der ultimativen Aufforderung: »Meine Zweitstimme für Helmut Schmidt – SPD!«

Die Sicherheitsvorkehrungen zum Schutz des Kanzlers waren verstärkt worden. Die Zahl der terroristischen Anschläge war gestiegen, es gab Krawalle bei öffentlichen Rekrutengelöbnissen und Hausbesetzungen. In Bielefeld, wo Helmut Schmidt von einem mit Geranien geschmückten Balkon aus sprechen sollte, baute Hauptkommissar Heinrich Neuse von der Sicherheitsgruppe vor: »Wir müssen die Tür nach hinten freihalten, um den Kanzler notfalls zu evakuieren.« Im Hof stand ein Notarztwagen, Konserven mit Schmidts Blutgruppe wurden bereitgehalten.

Vor dem Rathaus sammelte sich zögernd die sommerlich gekleidete Menge. Schließlich kamen schätzungsweise achttausend Menschen zusammen. Plötzlich wurde ein Transparent mit dem CDU-Slogan »Aus Liebe zu Deutschland« entfaltet. Wiewohl die Liebe zum Vaterland unteilbar sein sollte, fackelten die SPD-Anhänger nicht lange und zerrissen das Transparent.

Der Kanzler sprach frei, hatte sich nur Notizen gemacht, war gut. Nach einer Stunde beendete er seine Rede, Schlußapplaus, Verabschiedung von den örtlichen Genossen, ab nach Kassel. Dort, in der Eissporthalle, verlor er plötzlich Haltung, ließ erkennen, wie anstrengend dieser Wahlkampf für ihn war. Gerade wollte er eine zu Herzen gehende Geschichte erzählen, daß er von einem Besuch bei der Witwe des ehemaligen SPD-Kronjuristen Adolf Arndt komme, da streikte die Übertragungsanlage, und hinten brüllten die Menschen »lauter!«. Schmidt atmete schwer durch: »Ich kann nicht lauter.«

Wieder zurück im Sonderzug, diktierte er den Journalisten in den Block: »Sie können ruhig schreiben, ich war noch nie so selbstsicher wie in diesem Wahlkampf.«

Nach jeder letzten Kundgebung des Tages, wenn es weiter quer durch Deutschland ging, war sein Platz meistens im Speisewagen bei den Journalisten. Er war erstaunlich offen, hielt mit seinen Ansichten nicht hinter dem Berg. Als ein Reporter das Stichwort »Hirtenbrief« gab, riß es den Kanzler fast von der Sitzbank. »Es ist doch eine ungeheure Unverschämtheit«, polterte er los und hieb mit der Hand auf das weiße Tischtuch, daß die Gläser tanzten, »Barzel haben sie einen solchen Hirtenbrief 1972 nicht gegeben. Kohl 1976 auch nicht. Aber jetzt ausgerechnet Strauß!«

Hinter seiner heftigen Reaktion steckte Enttäuschung. Noch im Frühjahr hatte er seinen Majordomus, Kanzleramtschef Manfred Schüler, beauftragt, ein Gespräch mit den katholischen Bischöfen zu arrangieren. Das letzte Zusammentreffen hatte im Februar 1978 mit den Kardinälen Höffner (Köln), Volk (Mainz) und Ratzinger (München) stattgefunden. Schüler kontaktierte den Leiter des katholischen Verbindungsbüros in Bonn, Prälat Paul Bocklet (ein guter Bekannter Helmut Kohls), erhielt aber eine Abfuhr. Es sei besser, sich nicht so kurz vor den Bundestagswahlen zu treffen. (Die evangelischen Bischöfe hatten solche Bedenken nicht; mit ihnen kam das Gespräch am 11. März 1980 zustande.)

Der Kanzler war verbittert, daß die katholische Kirche weder sein Gesprächsangebot noch vorangegangene Zusammenkünfte genutzt hatte, das Thema Staatsverschuldung anzuschneiden. Statt dessen hatte sie im Kanzleramt über Prälat Bocklet Bedenken gegen die Steuersenkungspläne der Regierung angemeldet, weil sie einen automatischen Rückgang der Kirchensteuer befürchtete. Schmidt, angesäuert: »Wenn man genau schaut, dann sind die Kirchensteuereinnahmen stärker angestiegen als die Gesamtsteuereinnahmen des Staates.« Seine Verbitterung ging so weit, daß er Parallelen zum Verhalten der Kirche in der NS-Zeit zog, wo sich »meine Erwartungen [auch nur] zum Teil erfüllt haben«.

Grund seiner Entrüstung waren aber auch handfeste strategische Überlegungen. Der Wahlkampf der SPD, insbesondere die Auswahl der Orte für die Auftritte des Kanzlers, war zu einem guten Teil darauf ausgerichtet, bei katholischen Arbeitnehmern zusätzliche Stimmen zu holen. In dieser Bevölkerungsgruppe hatten die Sozialdemokraten bei den letzten Landtagswahlen die größten Stimmengewinne erzielen können. In Nordrhein-Westfalen, wo Johannes Rau die absolute Mehrheit erreichte, verbuchten sie in katholischen Gegenden zum erstenmal seit Bestehen der Bundesrepublik eine Stimmenmehrheit, so im münsterländischen Wahlkreis Steinfurt 3. In Krefeld verlor der zweite Kandidat auf der CDU-Landesliste, der ehemalige NRW-Arbeitsminister Konrad Grundmann, seinen Wahlkreis an einen SPD-Mann. Wo früher ein Sozialdemokrat im katholischen Sportverein den Vorsitz niederlegen mußte, wenn herauskam, daß er ein »Roter«, war, galt das inzwischen eher als ein Indiz für Fortschrittlichkeit. Schmidt argwöhnte, der Hirtenbrief könnte diese für die SPD positive Entwicklung aufhalten.

Obwohl der Bundestagswahlkampf 1980 nur vier Wochen dauerte, hatte sich Schmidt vierzig bis fünfzig Auftritte vorgenommen. Er war in zwanzig Städten zu hören und zu sehen, darunter — sehr gezielt ausgewählt — in Städten mit besonders hoher Pressekonzentration. Auch der Einsatz des Sonderzuges war letztlich als Service für die Journalisten gedacht. Ein Mitarbeiter des Kanzlers: »Wir hätten aus Zeitgründen lieber mit dem Flugzeug operiert.« Aber eine Chartermaschine, die groß genug war, um auch die Presse mitzunehmen, wäre zu kostspielig gewesen.

Die Wahlkampfstrategie war diesmal lange im voraus konzipiert worden. Die erste mehrstündige Sitzung hatte im Beisein des Kanzlers bereits am 16. Januar stattgefunden, also fast neun Monate vor dem Wahlsonntag. Auf ihr wurde unter anderem beschlossen, daß Schmidt mehr als in allen früheren Wahlkämpfen örtliche Informationen und Probleme in seinen Reden berücksichtigen sollte. Denn seine Planer glaubten herausgefunden zu haben, daß die »große« Bonner Politik zu leicht am Ohr der Zuhörer vorbeirauschte, selbst wenn sie vom Staatsmann Helmut Schmidt vorgetragen wurde.

Der Wahlkampf wurde von der Schmidt-Equipe streng nach den Regeln der Meinungsforscher betrieben. Im Troß sah man oft den Regierungsdirektor Thilo von Trotha, einen der Redenschreiber des Kanzlers. Wenn sein Chef auf einer Kundgebung sprach, holte von Trotha ein Schreibbrett mit Millimeterpapier hervor. Und wie ein Seismograph mit vertikalen Zickzackstrichen die Intensität von Erdstößen aufzeichnet, registrierte er das Auf und Ab des Applauses. Diese Aufzeichnungen ließen nach jeder Kundgebung ziemlich zuverlässige Rückschlüsse darüber zu, welche Argumente des Kanzlers beim Wähler besonders angekommen waren. Die absolute Spitze in der Beifallsskala erreichte Helmut Schmidt immer wieder, wenn er für sich, Genscher und den französischen Staatspräsidenten Giscard in Anspruch nahm, die Gespräche zwischen Ost und West nach dem Einmarsch der Sowjets in Afghanistan wieder in Gang gebracht zu haben, und dann den Satz herausschleuderte: »Es ist besser, tausendmal miteinander zu reden als einmal – und sei es auch nur aus Versehen – zu schießen.«

Zweitbeste Stelle auf der Beifallsskala: »Ich zweifle nicht daran, daß Herr Strauß den Frieden will, aber ich bezweifle seine Fähigkeit, für Frieden in Europa zu sorgen.«

Aufschlußreich waren auch zwei Stellen, bei denen der Applaus zwar nicht außergewöhnlich laut, aber besonders anhaltend war oder nach jedem zweiten, dritten Satz erneut aufflammte. Erstens, wenn der Kanzler das Ausländerproblem ansprach: »Wir sind dafür, daß die Ausländer, die uns in den Jahren vor der Weltwirtschaftskrise geholfen haben, als wir nicht genug deutsche Arbeitskräfte hatten, daß die sehr fair und anständig behandelt werden, insbesondere ihre Kinder, die hier bei uns aufwachsen . . .« Beifall aber auch, wenn er sagte: »Scheinasylanten wollen wir nicht haben!«

Helmut Schmidt heimste schließlich aber auch Beifall mit der Horrorvision von »demnächst dreizehn Fernsehprogrammen« ein, »wenn dann einer in der Wohnküche sitzt und sieht Fußball – nämlich der Papi –, bei Mami in der guten Stube ein amerikanischer Liebesfilm läuft, und die Gören im Keller hocken und, na, was weiß ich, vielleicht 'nen ausländischen Porno sehen«. Rückschauend wirkt diese Prophezeihung, da heute in vielen Städten ein Dutzend Programme zu empfangen ist, ohne daß sich die meisten entrüsten, doch sehr komisch.

An seinem Wahlsieg zweifelte Schmidt keinen Moment. Bereits im Sommer hatte er im vertraulichen Gespräch verkündet: »Der Strauß schafft es nie!« Zweifel galten allenfalls organisatorischen Dingen. Ihm war sogar eine gewisse Gelassenheit zugewachsen. Seine Fähigkeit, sich auf andere Menschen einzustellen, ja selbst törichte Journalistenfragen zu beantworten, rührselige Huldigungen von verdienten Genossen anzuhören und Autogrammwünsche zu erfüllen, was er eigentlich haßte, hatte zugenommen. Nur wenn seine Augen vor Anstrengung und vom permanenten Schlafdefizit gerötet waren oder ein Querschuß wie der Hirtenbrief dazwischenkam, verlor er die Beherrschung, nannte Andersdenkende »Arschlöcher« und wischte Gegenargumente mit der knurrigen Bemerkung vom Tisch: »Das interessiert mich überhaupt nicht.«

Loki mit ihrer geduldigen und bescheidenen Art heilte manche Wunde, die er schlug. Ihr korrigierender Einfluß half mehr, als er wahrscheinlich wahrhaben wollte. Und sei es nur, daß sie ihn vor einem Fernsehauftritt erinnerte: »Mach nicht wieder so ein brummiges Gesicht. Die Leute glauben sonst, du bist wirklich so.«

Da war aber noch etwas anderes. Wenn er dieses Gefühl nicht schon längst gehabt hätte, dann spätestens seit diesem Wahlkampf: Das Amt des Bundeskanzlers, das er – Konrad Adenauer einmal außer acht gelassen – bereits seit sechseinhalb Jahren bekleidete und damit länger als alle seine Vorgänger, Weimar eingeschlossen, war ihm inzwischen mehr zur Bürde geworden, als daß es ihm Befriedigung oder gar Freude verschafft hätte. In dem vierwöchigen Wahlkampf hatte er trotz aufreibenden Einsatzes schätzungsweise nur vierhunderttausend Menschen erreicht, und das bei 42,8 Millionen Wahlberechtigten. Ihm kamen Zweifel, ob sich dieser enorme Kraftakt überhaupt gelohnt hatte. Waren nicht Aufwand und Ergebnis längst wie eine weit geöffnete Schere auseinandergeklappt?

Zugegeben, das waren wahrscheinlich auch die Grübeleien eines fast Zweiundsechzigjährigen, dessen Alterskollegen sich anschickten, in Rente zu gehen. Statt kürzer treten zu können, hatte Helmut Schmidt in den letzten Jahren noch zulegen müssen. »Ich wäre schon ganz schön froh«, klagte er einmal, »wenn ich bei wöchentlich vierzig Überstunden einen Strich machen könnte.« Warum ließ er sich dennoch auf diese Tortur ein? Er nannte es »Pflichterfüllung«. Man darf hinzufügen, auch das Verlangen nach Bewunderung und Beifall spielten eine nicht zu unterschätzende Rolle. Helmut Schmidt ist nicht frei von Eitelkeit. So hatte er es abgelehnt, sich für die millionenfach zu druckenden Wahlplakate und Broschüren eigens fotografieren zu lassen. Der von ihm besonders geschätzte Fotograf Jupp H. Darchinger war bereits bestellt worden, hatte drei geschlagene Stunden gewartet, um Lampen und Stative schließlich wieder abzubauen und unverrichteter Dinge nach Hause zu gehen. Grund für Helmut Schmidts Weigerung: Er fand sich im Gesicht zu dick. Darum verwendete man ein Archivfoto, das ihn im Profil zeigte, die vordere Hälfte schmeichelhaft abgedunkelt. Ein Amateurschnappschuß von einem Parteitag.

# 47

In der Linken eine weiße Plastikschale mit rheinischer Kartoffelsuppe, in der erhobenen Rechten wie ein Marschallstab den Löffel, so drehte Helmut Schmidt am Abend des Wahlsonntags im Foyer des Kanzleramtes eine Runde. Die Uhr schlug die Stunde vor Mitternacht, die Schlacht war geschlagen und gewonnen.

Die Auszählung am 5. Oktober brachte Strauß und der CDU/CSU eine schwere Niederlage. Schmidt und Genscher gewannen achtzehn Mandate hinzu (vier für die SPD, vierzehn für die FDP), die Opposition verlor siebzehn Sitze. Die Sozialdemokraten erreichten mit 42,9 Prozent ungefähr die Ergebnisse von 1969 (42,7 Prozent) und 1976 (42,6 Prozent). Die Freien Demokraten legten 2,7 Prozent zu und kamen auf 10,6 Prozent. Die Union verlor zwar 4,1 Prozent, blieb aber mit 44,5 Prozent stärkste

Fraktion im Bundestag. Die Grünen kamen nur auf 1,5 Prozent und scheiterten damit bei ihrem ersten Versuch, in den Bundestag einzuziehen. Der Kanzler wirkte gelöst und lächelte ungewöhnlich freundlich. Links vom Eingang der Halle entdeckte er Loki. Er stellte sich so dicht neben sie, daß er sie mit dem Ärmel seines dunkelblauen Anzugs berührte. Seine Zufriedenheit über den Wahlausgang – »damit läßt sich anständig regieren« – wurde nur von der Sorge getrübt, daß seine Frau anderntags ins Krankenhaus mußte. Etwas Ernstes? Gar Krebs? Das würde sich erst nach der mehrtägigen Untersuchung herausstellen.

Der zweite Wermutstropfen in dieser Stunde des Erfolgs hing gewissermaßen noch über dem Kelch: Herbert Wehner hatte sich den ganzen Wahlabend weder im Erich-Ollenhauer-Haus noch im Kanzleramt blicken lassen. Greta Burmester, seine Stieftochter, hatte Anrufe der Genossen in der Art von Vorzimmerdamen, die sich ihrer ganzen Machtfülle bewußt sind, abgewimmelt und in der ersten Person Plural gesagt: »Wir kommen heute nicht runter.«

»Oben« war in dieser Raumordnung der auf einer Anhöhe gelegene Bonner Ortsteil Heiderhof, wo der »Onkel« und Greta ihr Einfamilienhaus bewohnen; »unten« waren die »Baracke« und die Regierungszentrale. Was auf den ersten Blick wie die altersstarrsinnige Übellaune eines mächtigen Mannes aussah, bedeutete in Wirklichkeit, daß ein Sturm im Anzug war, der die SPD und ihren Kanzler gehörig beuteln würde. Und das kurz nach gewonnener Wahl.

Politisch wetterfühlige Genossen hatten beim Rasieren am Morgen nach dem Wahlsonntag eine Sturmwarnung registrieren können. Im Deutschlandfunk grollte Wehner, die Partei hätte einen »intensiveren« Wahlkampf führen müssen. Statt dessen sei er »wieder einmal sehr akademisch geführt worden, nicht sehr bürger- und arbeiternah«. Hinter dieser Kritik verbarg sich ein direkter Angriff auf zwei Kanzler-Vertraute: auf Hans-Jürgen Wischnewski, Helmut Schmidts Mann im Ollenhauer-Haus, und auf Regierungssprecher Klaus Bölling. Beide hatten dem Kanzler dringend geraten, seine »staatsmännische« Rolle im Wahlkampf durchzuhalten und Strauß und Kohl nicht mit gleicher Münze zurückzuzahlen. In Wehners Augen war das ein Kardinalfehler, wobei er allerdings übersah, daß Schmidt kräftig mitgeholzt hatte.

Der Fraktionsvorsitzende war zwei Tage nach dem 5. Oktober 1980 zum ersten Koalitionsgespräch im Kanzler-Bungalow angesagt. Gastgeber Schmidt wollte das mit einem Mittagessen verbinden. Alle Geladenen trafen pünktlich ein und wurden zunächst zum Apéritif in den großen Salon gebeten.

Irgendwann schaute der Kanzler auf seine Uhr. »Wo ist denn Herbert Wehner?«

Im Umkreis Helmut Schmidts verstummten die Gespräche. Staatssekretär Schüler trat hinter seinen Chef und flüsterte: »Herr Wehner möchte nicht reinkommen.« Dabei wies er mit dem Kopf auf eine Gruppe von Pressefotografen, die eigens in den Bungalow bestellt worden waren, um das Ereignis der ersten Koalitionsverhandlungen im Bild festzuhalten. »Herr Wehner wartet im Gang.«

Schmidt schwieg betreten, starrte mit geöffnetem Mund den neben ihm stehenden FDP-Vorsitzenden Hans-Dietrich Genscher an. Hans-Günther Hoppe von den Freien Demokraten erholte sich als erster von dem Schreck: »Gehen wir doch schon in den Speisesaal.« Gesagt, getan.

Die Runde stand noch um die lange, weiß gedeckte Tafel herum, Genscher schob gerade seinen Stuhl zurück, um Platz zu nehmen, da huschte durch eine andere Tür Wehner herein, setzte sich geräuschlos hin, tauschte mit Brandt ein verlegenes Lächeln aus, entfaltete umständlich seine Serviette und schwieg. Auch seinen Tischgenossen hatte es die Sprache verschlagen. Der Kanzler schaute seinen mürrischen Gast von der Seite an und löffelte stumm seine Suppe.

Es war nicht zu übersehen: Seit dem Wahltag, der für die FDP so überraschend erfreulich und für die SPD eigentlich auch nicht schlecht ausgegangen war — nur Wehner fand das Ergebnis nicht erbaulich —, war der Fraktionschef auf Distanz zum Kanzler gegangen und strafte ihn mit Mißachtung. Darum sah er peinlich genau darauf, daß von ihm und Helmut Schmidt keine Bilder geschossen wurden, die Harmonie zwischen ihnen vortäuschen könnten. Er meinte nicht nur, daß der Wahlkampf »wieder einmal sehr akademisch« geführt worden sei, sondern war auch noch beleidigt. Ihm sei außerhalb seines Wahlkreises keine Gelegenheit gegeben worden, »irgendeine Rolle zu spielen«. Also schwieg er den Kanzler, wo immer er ihn traf, ausdrucksvoll an — ob in der Fraktion, im Parteivorstand oder bei den ersten Koalitionsverhandlungen.

Dabei war es in den letzten vier Jahren vor allem Herbert Wehner gewesen, der potentielle Abweichler in der Fraktion stets mit dem Hinweis zur Koalitionsräson gebracht hatte, es komme vor allem darauf an, dem Kanzler die Mehrheit und der SPD die Regierungsmacht zu erhalten. Jetzt kündigte sein Grollen an, daß dem Bestand der Koalition in den nächsten Jahren mehr Gefahren drohten als je zuvor — nicht so sehr von einer selbstsicher gewordenen FDP, sondern in erster Linie von einer SPD, die auf Grund des Wahlergebnisses versuchen würde, sich in der Koalition stärker zur Geltung zu bringen. Die Kann-Bruchstellen für das Bündnis lagen schon offen, die wichtigsten hatte Herbert Wehner selbst blank gescheuert.

Die erste und schwerste Entscheidung wurde den Koalitionspartnern zur Montan-Mitbestimmung abverlangt. Denn Mannesmann-Chef Egon Overbeck wollte seinen Konzern so umgliedern, daß der Montananteil am Gesamtunternehmen unter fünfzig Prozent sank, mithin unter die gesetzliche Grenze für die paritätische Montan-Mitbestimmung.* Wehner wollte mit der Fraktion — notfalls gegen die FDP und unterstützt von CDU-Abgeordneten — ein Gesetz durchdrücken, das die paritätische Mitbestim-

---

* Die Montan-Mitbestimmung, zunächst nur in der Eisen- und Stahlindustrie, später auch im Kohlebergbau gültig, schreibt gesetzlich vor, daß Arbeitgeber und Arbeitnehmer im Aufsichtsrat gleichstark vertreten sein müssen. Bei Stimmengleichheit entscheidet ein »Neutraler«.

mung in allen Unternehmen, in denen sie bisher galt, festschrieb — gleich-gültig, wie tief ihr Montan-Anteil sank. Die FDP war jedoch gegen jede Absicherung der Montan-Mitbestimmung.

Wie tief der Graben zwischen SPD und FDP war, zeigte sich, als Genscher und SPD-Vize Hans-Jürgen Wischnewski in ein und derselben Fernsehsendung zu diesem Thema befragt wurden. Genscher: »Es darf künftig keine wechselnden Mehrheiten geben.« Wischnewski: »Die Montan-Mitbestimmung ist für uns eine sehr wichtige Frage. Sonst sind wir auch der Meinung, daß es keine wechselnden Mehrheiten geben darf.«

Zweite Bruchstelle: Noch vor Jahresende mußte der Bundesetat 1981 im Bundestag eingebracht werden. SPD und FDP waren sich vorerst nur darüber einig, daß gespart werden mußte. Die Sozialdemokraten wollten dabei vor allem Subventionen für Unternehmen und Bauern aus den Haushalten der FDP-Minister Otto Graf Lambsdorff und Josef Ertl streichen. Die Freien Demokraten ihrerseits versteiften sich darauf, die ehrgeizigen Zukunftprojekte des SPD-Forschungsministers Volker Hauff zurückzustutzen.

Drittens: Wie wollte es die Koalition nach 1982 mit den Rentnern halten? Eine von Herbert Wehner geleitete Rentenkommission hatte die SPD darauf festgelegt, daß die Renten auch künftig so stark stiegen wie die Bruttolöhne der Arbeitnehmer (das wollte auch die CDU/CSU). Nicht minder kompromißlos verlangten die Freien Demokraten die nettolohnbezogene Rente. Außerdem wollte die SPD den Rentnern einen Beitrag zur Krankenversicherung abverlangen — die FDP nicht.

Viertens: Koalitionskonflikte bahnten sich auch in der Wohnungspolitik an. Starke Teile der SPD, unterstützt von Finanzminister Matthöfer, wollten die steuerlichen Abschreibungsmöglichkeiten des Paragraphen 7b aushöhlen.* Dagegen wollte die FDP den »7b« nicht nur beibehalten, sondern verlangte — im Gegensatz zur SPD — auch eine verstärkte Eigentumsförderung im Wohnungsbau. Überdies trat sie für eine Lockerung des überzogenen Mieterschutzes ein. Das wiederum wollte die SPD verhindern.

Fünftens: Weitere Kontroversen würden aufbrechen, sollte FDP-Innenminister Baum sein Versprechen wahrmachen, den Umweltschutz zu verbessern. Dabei dachte er an Steuernachlässe für Unternehmen, die Umweltschutzmaßnahmen ergriffen.

Alles in allem hatte die Koalition genügend Konfliktstoffe, von denen jeder Herbert Wehner die Gelegenheit gab, einerseits mit seiner Fraktion sozialdemokratisches Profil zurückzugewinnen und andererseits dem Kanzler jede Menge Ärger zu bereiten. Der schwelende Konflikt zwischen ihm und Schmidt wurde noch dadurch verstärkt, daß Ben Wisch schon jetzt die Weichen stellte, um Wehners Nachfolge als Fraktionsvorsitzender

---

* Paragraph 7b des Einkommensteuergesetzes wurde vier Jahre nach Ende des Zweiten Weltkrieges zur Behebung der Wohnungsnot eingeführt. Er erlaubte erhöhte Abschreibungen beim Bau von Eigenheimen und Eigentumswohnungen.

anzutreten. Er wollte für einen der Stellvertreterposten in der neuen Fraktion kandidieren. Dagegen rebellierten die »Kanaler« und angestammte Anwärter auf Wehners Stellvertretung. Nicht zuletzt deshalb, weil Wischnewskis Ehrgeiz, die Nummer eins zu werden, das bisherige Prinzip der Ämtertrennung – hie Partei, dort Fraktion– verletzen würde.

Das alles tat Wischnewski natürlich nicht ohne Rückendeckung durch den Kanzler. Denn der plante den Abgang des »Onkels«. In Schmidt war nämlich die Erkenntnis gereift, daß Wehners verschiedene Alleingänge immer weniger strategischem Genie entsprangen, sondern immer mehr von Altersstarrsinn geprägt waren. Über den von Helmut Schmidt, wenn auch widerstrebend, befürworteten Boykott der Moskauer Olympiade höhnte der »Onkel«: »Man darf sich wohl noch um den Frieden sorgen, ohne dabei einen übergebraten zu bekommen von den bedeutenden Herren, die der Meinung sind, wir brauchen ja nur eine Olympiade zu boykottieren.«

Herbert Wehner hatte gegen die ausdrückliche Warnung des Kanzlers am Ende der Legislaturperiode noch über zwei in der Koalition umstrittene Gesetzesvorlagen abstimmen lassen, was prompt schiefging. Die Zivildienstnovelle brachte die Opposition mit Hilfe von zehn abtrünnigen SPD-Abgeordneten zu Fall, eine Änderung des Verkehrs-Lärmschutzgesetzes mit Unterstützung der FDP. Zudem war Wehner – just als Helmut Schmidt Ende Juni in Moskau weilte – in Sachen Montan-Mitbestimmung vorgeprescht und hatte in der SPD-Fraktion einen »Gruppenantrag« zur Sicherung der Montan-Mitbestimmung formulieren lassen, der kurz vor der Wahl zu Verstimmungen beim Koalitionspartner FDP führte.

Den »Onkel« ablösen zu wollen, war leichter gesagt als getan. Wischnewski hatte seine Kandidatur für das Fraktionsamt allzu ungeschickt eingefädelt. Zuerst offenbarte er Willy Brandt seine Absichten, wobei er vorgab, Egon Franke und dessen Kanalarbeiter vom rechten Flügel der Fraktion hinter sich zu haben. Das war eine pure Behauptung. Brandt, gutgläubig, übernahm es, Wischnewskis Kandidatur zu verkünden – und setzte damit seine Glaubwürdigkeit aufs Spiel.

Die zweite taktische Fehlleistung Wischnewskis bestand darin, daß er erst nach der Brandt-Verlautbarung das Gespräch mit Herbert Wehner suchte, der stets davon ausgegangen war, daß er den Tag seines Ausscheidens selbst bestimmen werde. Wehner entließ Wischnewski ohne Stellungnahme. Unmittelbar nach dem Gespräch bastelte er einen neuen Geschäftsverteilungsplan für die Mitglieder des Fraktionsvorstandes zusammen, in dem Wischnewski nicht vorgesehen war. Das wiederum bedeutete, daß, solange der alte Fraktionsvorstand Wischnewski nicht vorschlug, dieser bei den Neuwahlen am 12. November kaum eine Chance hatte. Dazu der stellvertretende Sprecher des SPD-Vorstands, Uwe Karsten Heye: »Das macchiavellistische Raffinement, mit dem Wischnewski als Wehner-Nachfolger durch die Fraktionstür geschoben werden soll, ist gewiß nicht der Stil, der hier erwartet werden muß. Schmidt sollte seine Neigungen zu allzu cleveren Schachzügen zügeln.«

**48** Ort und Stunde waren ungewöhnlich: Mehrere Mercedes-Limousinen schlängelten sich auf einer schmalen, kurvenreichen Landstraße ins Rheintal. Die Kirchturmuhr in der kleinen Ortschaft Spay, durch das die Fahrzeuge mit Kurs auf Bonn fuhren, zeigte zehn Minuten vor Mitternacht. Eine Viertelstunde zuvor hatte der Kanzler jene Herren, die jetzt müde, grau und leicht zerknittert in den Polstern ihrer Autos saßen, gefragt: »Weiß noch jemand einen Witz?« Nein, nach sechsstündiger Kleeblatt-Sitzung mit ihrem Dienstherrn an dessen Urlaubsort wollten Staatsminister Gunter Huonker, die Staatssekretäre Manfred Schüler und Klaus Bölling sowie Helmut Schmidts Büroleiter, Werner Bruns, nur noch eines: nach Hause.

Unmittelbar nach der Bundestagswahl und der ersten Koalitionssitzung hatte sich der Kanzler zu einem Kurzurlaub in das Klostergut Jacobsberg bei Boppard hoch über dem Rhein zurückgezogen. Dieses im Jahre 1157 von Kaiser Barbarossa errichtete und nach dem heiligen Jakobus benannte Anwesen erwarb 1960 der Bonner Lakritzen- und Gummibärchenfabrikant Hans Riegel (»Haribo macht Kinder froh«).

Der neue Eigentümer gestaltete das Gut unter Beibehaltung des landwirtschaftlichen Betriebes in ein modernes Kurhotel um. In der Rezeption gab es viel Leder und Schmiedeeisernes, und die besseren Doppelzimmer kosteten hundertzwanzig bis hundertsechzig Mark, das Apartment hundertachtzig Mark pro Tag. Zum Hotel gehörte ein Rekreationszentrum mit Hallenbad und Physiotherapie. Für Helmut Schmidt hielt sich außerdem ein Masseur aus Koblenz bereit. Im Restaurant gab es einen kahlköpfigen englischen Oberkellner, von dem sich der Kanzler aber nur gelegentlich bedienen ließ. Die meiste Zeit aß er auf seinem Zimmer. Erholte er sich wenigstens gut?

Kaum, da er mit seinen engsten Mitarbeitern laufend Sitzungen abhielt, die teilweise bis Mitternacht dauerten. An einem einzigen Nachmittag gaben sich die Minister Matthöfer, Ehrenberg und Apel die Hotelklinke in die Hand. Schmidt arbeitete an der anstehenden Regierungserklärung, und es gab Tage, an denen er mit einem typischen Schmidt-Seufzer gegenüber Besuchern klagte: »Meine ganze Freizeit bestand heute darin, daß ich eine Stunde massiert wurde.«

Der Journalist Walter Henkels (*Bonner Köpfe*), der Schmidt seit siebenundzwanzig Jahren kannte und ihn besuchen durfte, befand: »Selbst der Laie bemerkt die Bewegungsunruhe des Blickes. Das Gesicht ist gealtert. Die abwärts gerichteten Mundwinkel sind auffallend stark ausgeprägt.«

Der Kanzler, auf sein Befinden angesprochen, verwies auf das Urteil seines Arztes, Wolfgang Völpel. Der habe nach einer gründlichen Untersuchung erklärt, Schmidt sei »absolut gesund«. War er das aber wirklich? Den Kanzler plagte seit dem Wahlkampf eine hartnäckige Bronchitis. Trotzdem erholte er sich, allein schon deshalb, weil er immer noch weniger Termine als in Bonn hatte. Gespräche mit vertrauten Menschen waren für ihn, auch wenn sie bis in die Nacht dauerten, entspannend, was daran zu erkennen war, daß seine Fragen zu vorgerückter Stunde immer belangloser wurden. Wenn er schließlich fragte »Weiß noch jemand einen Witz?«, war er reif fürs Bett.

Die innere Unruhe, die der Journalist Henkels an ihm beobachtete, hing auch damit zusammen, daß Helmut Schmidt mit seinen langfristigen Terminen ins Schleudern kam. Noch in der Wahlnacht war er davon ausgegangen, die Koalitionsverhandlungen und die Abgabe der Regierungserklärung vor einer am 18. November beginnenden Amerika-Reise unter Dach und Fach zu bringen. Der ursprünglich für den 10. November vorgesehene Termin war wegen der sich sehr schwierig gestaltenden Gespräche mit der FDP nicht mehr zu halten. Der dann avisierte 13. und 14. November mußte wegen des Bonner Presseballs aufgegeben werden; man befürchtete nämlich, das Parlament würde sich zu früh leeren, da die Herren tanzen wollten.

Schließlich dachte Schmidt daran, die Regierungserklärung einen Tag vor Antritt der USA-Reise abzugeben und nach seiner Rückkehr in die Debatte einzusteigen. Die Genossen im Fraktionsvorstand warnten jedoch: »Wenn du zwischen Erklärung und Debatte soviel Zeit verstreichen läßt, zerreden dir Opposition und Presse deine schönen Worte.« So war als neuer vorläufiger Endtermin der 24. November vorgesehen.

An einem Sonntagmittag kehrten er und Loki vom Klostergut Jacobsberg nach Bonn zurück. Als sie ihren Bungalow im Park des Kanzleramtes betraten, schellte das Telefon. Ahnungslos begrüßte Frau Schmidt den Anrufer fröhlich-locker: »Da haben Sie aber Glück gehabt, wir sind gerade zur Tür reingekommen.«

Im nächsten Moment schlug ihre gute Stimmung jedoch in betretenes Schweigen um: Sie erfuhr vom Tod Kriemhild Barzels, der Gattin des CDU-Politikers Rainer Barzel. In Bonn wußte zwar jedermann von der Leukämie-Erkrankung der Fünfundfünfzigjährigen, und man war auch auf das Schlimmste gefaßt gewesen, doch jetzt schlug die Todesnachricht wie der Blitz ein. Wenig später erreichte Loki Rainer Barzel telefonisch in seinem Bundeshausbüro und versuchte, ihm Trost zuzusprechen. Ihr Mann schickte ihm einen langen handgeschriebenen Kondolenzbrief. Ungeachtet der unterschiedlichen politischen Ansichten hatten sich die beiden Politiker immer gut verstanden, vor allem in jenen Jahren, als sie gleichzeitig Vorsitzende ihrer Fraktionen waren. Mancher Tagesordnungspunkt des Parlaments wurde am Abend vorher im Privathaus Rainer Barzels mit Helmut Schmidt abgesprochen. Später, als Kanzler, schickte Schmidt Barzel zweimal seinen Arzt, Dr. Völpel, da der CDU-Politiker über drei Monate lang krank war und die behandelnden Ärzte aus der Krankheit nicht schlau wurden. Zu Weihnachten 1978 schenkte er ihm eine Prinz-Heinrich-Mütze. Erst ein Dreivierteljahr vor »Timmchen« Barzels Tod hatte der Kanzler Rainer Barzel zum Koordinator der deutsch-französischen Beziehungen ernannt. Daß er ein Mitglied der Opposition für dieses Regierungsamt bestellte, war außergewöhnlich und in der eigenen Partei nicht so leicht durchzusetzen gewesen.

In Genossenkreisen war die Bundestagsabgeordnete und ehemalige Familienministerin Katharina Focke als Kandidatin gehandelt worden. Aber zum einen war sie nicht gerade Schmidts Fall, und zum anderen wollte er mit der Wahl Barzels vorsichtig seine Idee realisieren, in der Außenpolitik ein gemeinsames Handeln von Regierung und Opposition zu erreichen. Denn für Helmut Schmidt sah die Weltlage wieder einmal düster aus.

Seine Vereidigung hatte bereits am 5. November stattgefunden. Als er auf dem Weg zur Zeremonie gefragt wurde, was so ein Tag für ihn bedeute, neigte er den Kopf zur Seite, überlegte − seine Lippen schienen etwas zu formulieren −, unterbrach dann die Suche nach einer passenden Formulierung und sagte nur: »Dazu fällt mir nichts Kluges ein.«

Dann betrat er den Plenarsaal des Deutschen Bundestages, um sich ein drittes Mal zum Kanzler der Bundesrepublik Deutschland wählen zu lassen. Obwohl sein Gang schleppend war, als hätte er gerade eine zentnerschwere Last abgeworfen, strahlte er eine Gelassenheit aus, die selten an ihm zu beobachten war. Er lächelte, schüttelte Hände und erfüllte sogar noch im Sitzungssaal Autogrammwünsche.

Schmidt hatte den wichtigen Tag mit einem Frühstück an der Seite seiner Frau beginnen lassen, hatte um neun Uhr die Fraktionssitzung besucht, sie aber vorzeitig wieder verlassen, um im Bundeshausrestaurant einen zweiten Kaffee zu sich zu nehmen. Dann hatte er sich Punkt elf Uhr im Plenarsaal auf seinen Abgeordnetenplatz − rechts in der zweiten Reihe − gesetzt. Bundestagspräsident Richard Stücklen erläuterte für die Neulinge des Hauses die Abstimmungsprozedur: ». . . gewählt wird mit einem x bei ja oder nein. Wer sich der Stimme enthalten will, macht keine Eintragung . . .« Der Mann, dessentwillen sich die fünfhundertneunzehn Abgeordneten versammelt hatten (sechs fehlten, darunter Rainer Barzel, der an einem Requiem für seine Frau in Grainau teilnahm), plauderte derweil munter mit seinem Nachbarn und Namensvetter, dem Diplom-Landwirt Martin Schmidt aus Gellersen, einem von drei Abgeordneten, die dem Parlament schon seit 1949 angehörten.

Als die Parlamentarier namentlich zur Abgabe ihrer Stimme aufgerufen wurden und der Abgeordnete »Schmidt, Hamburg« an die Reihe kam, war er − verschwunden. In einem Seitenraum unterhielt er sich mit Genscher. Auch als er verspätet den Gang zur Urne nachholte, zeigte er keine Eile. Die Hände auf dem Rücken verschränkt, in der Linken die weiße Stimmkarte, ließ er denen, die jetzt aufgerufen wurden, den Vortritt. Dann steckte er die Karte in die Urne und verließ abermals den Plenarsaal.

Seine Gelassenheit hatte einen rein rechnerischen Grund. Vier Jahre zuvor verfügte die sozialliberale Koalition lediglich über zweihundertdreiundfünfzig Stimmen, nur vier mehr, als für die Wahl des Bundeskanzlers erforderlich sind. Das war ziemlich knapp! Denn noch bei keiner Kanzler-Wahl hatte ein Kandidat alle Stimmen seiner Fraktion und des eventuellen Koalitonspartners erhalten. Adenauer fehlten 1949 sechs Stimmen, Brandt 1969 drei, 1972 zwei, Erhard 1963 sogar dreißig.

Als Helmut Schmidt 1976 zum Kanzler gewählt wurde, rumorte es in der Fraktion noch wegen des Rentenbetrugs der Regierung, und es bestand die Gefahr, daß mancher Linke Schmidt einen Denkzettel verpassen würde. Er schaffte es dann doch im ersten Durchgang, wenn auch nur sehr knapp mit zweihundertfünfzig Stimmen. Dieses Mal verfügte die Koalition über ein sattes Polster von zusätzlich fünfundvierzig Mandaten. Schmidt konnte also der Auszählung mit Ruhe entgegensehen.

Vor Verkündung des Wahlergebnisses betrat er wieder den Plenarsaal, jetzt mit einer schwarzen Ledertasche unter dem rechten Arm, in der er Tabakspfeifen und dazugehörige Utensilien verstaut hatte. Als gäbe es in diesem gleichermaßen spannenden wie feierlichen Moment nichts Wichtigeres zu tun, begann er, sein Pfeifenarsenal zu sortieren.

Alsdann schickte sich der Bundestagspräsident an, das Ergebnis zu verkünden. Helmut Schmidt kannte es längst. Beflissene Zuträger hatten ihm schon in der Lobby gesteckt, daß er mit zweihundertsechsundsechzig Ja-Stimmen bei vierhundertneunzig abgegebenen gültigen Stimmen ein drittes Mal zum Kanzler gewählt worden war. Fünf Abgeordnete der sozialliberalen Koalition hatten ihm die Gefolgschaft verweigert; damit konnte er leben. Als Richard Stücklen anschließend die übliche Frage an Helmut Schmidt richtete, ob er bereit sei, die Wahl anzunehmen, schoß dieser ungewöhnlich schnell aus seiner Bank, richtete sich kerzengerade auf und sagte mit fester Stimme: »Ja, Herr Präsident, ich nehme die Wahl an.«

Nichts deutete mehr darauf hin, daß dem Frischgewählten zu diesem Tag »nichts Kluges« einfiel, als er um vierzehn Uhr dreißig aus der Hand des Bundespräsidenten die Ernennungsurkunde in Empfang nahm und eine halbe Stunde später im Bundestag schwor, »daß ich meine Kraft dem Wohle des deutschen Volkes widme, seinen Nutzen mehren, Schaden von ihm wenden . . . werde, so wahr mir Gott helfe«. Seine Haltung verkörperte Reverenz vor diesem Staat.

Am 18. November flog der Kanzler nach Wahington. Vordergründiger Anlaß war die Auszeichnung mit einer Goldmedaille, die er in New York von der dort ansässigen Society The Family of Man verliehen bekommen sollte. Merkwürdigerweise sagte der Kanzler sofort zu, obwohl er sonst als Hanseat keine Orden und nur höchst selten sonstige Auszeichnungen anzunehmen pflegte. Dabei hatten seine Mitarbeiter einige Mühe gehabt herauszufinden, welche Bewandtnis es mit dieser Gesellschaft überhaupt hatte. Sie wurde 1963 als gemeinsames Unternehmen aller protestantischen Kirchen New Yorks mit dem Ziel gegründet, die Sozialarbeit und friedensfördernde Funktion der Religionsgemeinschaften zu intensivieren. Einmal im Jahr verleiht sie Medaillen in Gold, Silber und Bronze an Persönlichkeiten, die sich in diesem Sinne verdient gemacht haben. Die erste in Gold erhielt Präsident John F. Kennedy vierzehn Tage vor seiner Ermordung.

Helmut Schmidt wurde auf Anhieb für Gold vorgeschlagen. Dabei spielte sicherlich mit, daß er in den Augen der amerikanischen Presse immer wichtiger wurde. Die *New York Times* hatte im Jahr zuvor geschrieben: »Behutsam ist Schmidt dabei, eine größere Weltrolle zu übernehmen.«

In den Vereinigten Staaten war inzwischen Ronald Reagan als Sieger aus den Präsidentschaftswahlen hervorgegangen. Jimmy Carter saß noch bis zur Amtsübergabe im Januar als Interimspräsident im Weißen Haus. Der Zeitpunkt für einen Besuch des Bundeskanzlers war darum ungünstig. Reagan hielt sich die meiste Zeit in Kalifornien auf, und Jimmy Carter wickelte die laufenden Geschäfte ab, darunter das immer noch ungelöste Drama der in Geiselhaft genommenen amerikanischen Botschaftsangehörigen in Teheran.

Bis zum Abflug hatte der Kanzler noch keinen Termin bei Carter. Im ausgedruckten Reiseprogramm hieß es lapidar: »Der Ablauf des Programms für den Besuch in Washington wird noch bekanntgegeben.« Schmidt flog zunächst nach New York, um die Medaille in Empfang zu nehmen und eine Expressionisten-Ausstellung im Guggenheim-Museum zu eröffnen. Am 20. November 1980, einem Donnerstag, flog er weiter nach Washington, wo er schließlich für halb zwölf Uhr einen Termin bei Präsident Carter bekommen hatte. Was sich dann abspielte, war wie ein Begräbnis erster Klasse. Zu Grabe getragen wurde die glücklose Liaison des Helmut Heinrich Waldemar Schmidt mit James Earl Carter, genannt Jimmy. Es kam zu einem kurzen Gespräch, dann im Beisein der Delegationen zu einem Arbeitsessen, und nach eineinhalb Stunden war alles vorbei. Die Herren traten hinaus in den Park des Weißen Hauses, um sich der Presse zu stellen.

Tragik und Trauer lagen in der Luft, so jedenfalls sah es aus. Carter hielt sich kerzengerade. Mit durchgedrückten Knien stand er breitbeinig am Rande der asphaltierten Abfahrt. In seinem zerknitterten Gesicht zeichneten sich kleine rote Flecken ab. Im hellen Licht einer außergewöhnlich schönen Novembersonne wirkte das schüttere Haar, dessen Ausfall er durch Verlegung des Scheitels zu kaschieren versuchte, noch dünner als sonst.

Links vom Präsidenten stand der Kanzler im dunkelblauen Nadelstreifenanzug. In der einen Hand einen vorbereiteten Text, auf der Nase die leicht heruntergerutschte graue Brille, deren oberer Rand die von den Anstrengungen der vergangenen achtundvierzig Stunden geröteten Augen fast verdeckte. Rechts von Carter hatte Hans-Dietrich Genscher Stellung bezogen, die Hände wie zum Gebet über dem Bauch gefaltet. Der deutsche Außenminister machte ein Gesicht, als würde er eine Astronautenmannschaft zum Mond schicken, wohlwissend, daß der Treibstoff nicht mehr zur Rückkehr reichte.

Wie bei einer ordentlichen Beerdigung wurde nur Lobenswertes gesagt. Carter: »Wir haben eine sehr fruchtvolle und konstruktive Zusammenarbeit zwischen mir und Kanzler Schmidt und zwischen den zwei Regierungen unserer Nationen gehabt . . . Ich bin sehr dankbar, daß wir die Ehre, den Vorzug und die Unterstützung dieses Besuches von Kanzler Schmidt gehabt haben . . . Ich bin ebenso dankbar für den persönlichen Rat, den er mir immer gegeben hat . . .« Der Kanzler hatte seine Abschiedsworte am Morgen eigenhändig und ohne die Hilfe seiner mitgereisten Redenschreiber zu Papier gebracht: »Ihnen zuzuhören und mit Ihnen zu sprechen, war immer, wie auch heute, ein Vergnügen und war für uns eine Bestätigung, wie nah wir zueinander sind . . . Ich möchte Ihnen für das, was Sie heute morgen sagten, und für die lange Zeit der Zusammenarbeit, die Sie und Ihre Regierung mit unserer Regierung und mir selbst hatten, vielmals danken . . . Ich wünsche Ihnen sehr herzlich alles Gute, Mr. President.«

Mit dem Mantel der Nächstenliebe wurde großzügig überdeckt, worüber man in den letzten vier Jahren zum Teil mit sehr persönlicher Verbitterung gestritten hatte: über Carters missionarische Menschenrechtsoffensive; über das deutsch-brasilianische Kernkraftwerkgeschäft; über das Hin und Her bei der Herstellung sowie Stationierung der Neutronenbombe; über die Forderung Carters, der Weltwirtschaftsmisere mit hausgemachter deutscher Inflation ein bißchen beizukommen; über den Olympiaboykott und immer wieder ungenügende Konsultationen im Bündnis, zuletzt im Afghanistan-Konflikt; und last, but not least über die Kritik des Bonner Machers an dem schlappen Führungsstil des Erdnußfarmers aus Georgia.

Fünf Monate zuvor, beim Weltwirtschaftsgipfel in Venedig, waren die Herren noch einmal kräftig aneinandergeraten. Helmut Schmidt hatte sich durch einen Brief des Präsidenten gedemütigt gefühlt. Und was der Kanzler partout nicht verknusen konnte: Das Schreiben war, ehe es den Empfänger erreichte, in Washington der Presse zugespielt worden. Darin unterstellte Carter, daß Schmidt (eigenmächtig) den Sowjets ein Einfrieren der atomaren Mittelstreckenraketen vorgeschlagen habe, was den amerikanischen Präsidenten zu dem Hinweis veranlaßte, er werde dies nicht akzeptieren.

In Wirklichkeit hatte der Kanzler einen Stationierungsstopp gefordert, wobei er davon ausgegangen war, daß die Amerikaner in den nächsten drei Jahren technisch überhaupt nicht in der Lage wären, Mittelstreckenraketen in Europa zu stationieren. Mithin lief sein Vorschlag de facto auf einen einseitigen Verzicht der Sowjets hinaus und bedeutete keine Schwächung der westlichen Position.

In Venedig verwahrte sich Helmut Schmidt noch einmal gegen die Unterstellung, er hielte sich nicht an die dem westlichen Bündnis gemachten Zusagen, die Stationierung der Mittelstreckenwaffen auf dem Territorium der Bundesrepublik zuzulassen. Schmidt, zornig: »Wenn es nötig ist, kann ich auch ein guter Kämpfer sein.«

Carter beschwichtigend: »Ich habe Sie nie kritisiert.«

Nun in Washington hatte man einander anscheinend vergeben. Das heißt, einer war in dieser Abschiedsstunde keinesfalls bereit zu vergessen: der damals in Bonn meistgehaßte Mann, Carters Sicherheitsberater Zbigniew Brzezinski. (Schmidt: »Ein Mann, der sich ohnehin nie entscheiden konnte, ob die Deutschen oder die Russen die Hauptfeinde des polnischen

Volkes seien, dem er selbst entstammte.«) Bleich und mit zusammen-gekniffenem Mund stand er neben dem amerikanischen Außenminister Edmund Muskie und ließ die Lobsprüche bei der Verabschiedung Schmidts an seinen Ohren vorbeirauschen.

Nachdem alle Erklärungen abgegeben waren, reichte Carter jedem Mitglied der deutschen Delegation die Hand. Er fühlte – egal, wie heftig man in den vergangenen Jahren auch gestritten hatte –, daß unwiderruf-lich der Abschied gekommen war. Immerhin war man eine Strecke in der Weltpolitik gemeinsam gegangen. Als die Cadillac-Motoren schon surrten, drückte er Schmidt ein drittes Mal die Hand. Dann verschwanden Kanzler, Genscher und die sie begleitenden Ministerialen in den Bäuchen der vorgefahrenen schwarzen Limousinen. Als sich die Fahrzeugkolonne lang-sam in Bewegung setzte, machte Jimmy Carter kehrt und ging zurück ins Oval Office. Vizepräsident Muskie legte seinen Arm um die Schultern seines Chefs. Jeder hätte wetten mögen, daß dies eine Geste des Trostes war. Die amerikanischen Fernsehkommentatoren beschrieben in den Abendnachrichten diese Szene als »touching«, ergreifend.

Was in diesem Moment tatsächlich vor sich ging, enthüllte Carters Frau Rosalynn vier Jahre später in ihren Memoiren *First Lady from Plains*: »Jimmy erzählte mir, nach der Verabschiedung hatte er sich zu Muskie gedreht und gesagt: ›Manchmal kann Helmut Schmidt eine Nervensäge sein (a pain in the ass).‹ Daraufhin hatte Muskie seinen Arm um Jimmy gelegt und geantwortet: ›Da sind wir uns total einig, Mr. President.‹ Lachend gingen sie ins Oval Office.«

Zu später Nachtstunde landete man wieder in Bonn. Für den Nachmit-tag des nächsten Tages, Samstag, dem 21. November, war eine Sondersit-zung des Kabinetts vorgesehen. Die Koalitionspartner SPD und FDP wollten sich über die erste Regierungserklärung in der neuen Legislaturperiode verständigen, die Helmut Schmidt am kommenden Montagmorgen im Bundestag abgeben mußte. Zu der Kabinettssitzung waren auch die Sozial-demokraten Wischnewski und Wehner sowie Hans-Günther Hoppe von der FDP gebeten worden. Es fiel auf, daß Willy Brandt nicht erschienen war, obwohl man ihn rechtzeitig eingeladen hatte.

Um dem Kabinett einen einigermaßen fertigen Text seiner Regierungs-erklärung vorlegen zu können, hatte Schmidt noch während des sechsein-halbstündigen Rückflugs mit seinen Mitarbeitern einen hundertfünfzig Seiten langen Entwurf überarbeitet, der unter der Federführung seines Chefredenschreibers Breitenstein entstanden war. Das Manuskript sollte vor allem auch gekürzt werden. Wie schwer die gegensätzlichen Auffas-sungen und Wünsche der verschiedenen Ministerien unter einen Hut zu bringen waren, zeigte sich bei der Landung: Der Entwurf war auf einhun-dertvierundfünfzig Seiten angewachsen. Das entsprach einer voraussicht-lichen Redezeit von zweieinhalb Stunden.

Unter den Koalitionspartnern strittige Sachthemen konnten allerdings erst in der Sondersitzung des Kabinetts geklärt werden. So hatten die Fraktionen von SPD und FDP einem Kompromiß in der Mitbestimmung ihre Zustimmung verweigert. Der Kompromiß sah vor, die Montan-Mitbestimmung auch dann noch in Konzernen anzuwenden, wenn nur dreißig statt der bisher fünfzig Prozent des Umsatzes aus dem Bereich Kohle und Stahl kämen.

Offen war auch, wie das wieder einmal spannungsvolle Verhältnis zur DDR in der Regierungserklärung angesprochen werden sollte. Hinzu kam, daß des Kanzlers getreuester Stimmenbeschaffer in der SPD-Fraktion, der Chef der Kanalarbeiter und Innerdeutsche Minister Egon Franke, verärgert war und mehr Zuständigkeit beanspruchte. Enttäuscht war zweifelsohne auch Herbert Wehner, der das Kanzler-Büro bis zum Abflug Schmidts in die USA nicht einmal hatte wissen lassen, ob er an der Sondersitzung des Kabinetts teilnehmen werde. Aber dann war er doch gekommen, hockte schweigend da und kaute an seiner Pfeife.

Sogar die Passagen über die Sparpolitik waren zuletzt wieder strittig geworden. Per Fernschreiben Nr. 8418 »Sendung der Nachrichtenabteilung des Bundespresseamtes zur Unterrichtung des Herrn Bundeskanzlers« hatte Helmut Schmidt in Washington erfahren, daß die FDP-Steuerexpertin Ingrid Matthäus-Maier bezüglich der Kfz-Steuer wieder einmal angemahnt hatte: »Die Umstellung kommt auf jeden Fall.« Frau Matthäus wollte die Kfz-Steuer streichen und auf den Benzinpreis draufschlagen (was ihr dann doch nicht gelang).

Finanzminister Matthöfer präsentierte der Koalitionsrunde ein Sparkonzept, das in erster Linie den Agrarhaushalt und den Öffentlichen Dienst traf, den Sozialetat jedoch schonte. Da aber spielte die FDP nicht mit. So ging es hin und her. Nach sechs Stunden trennte sich die Kabinettsrunde. Das Ergebnis waren Einsparungen von Subventionen und Begünstigungen, die niemandem wirklich weh taten, die das zentrale Problem der Finanzpolitik aber eher auf die lange Bank schoben.

Für eine Einigung in der Mitbestimmungsfrage kam man am nächsten Tag in kleinerer Runde noch einmal zusammen. Schließlich erzielte man eine vorläufige Lösung: Die Montan-Mitbestimmung sollte in den betroffenen Betrieben für weitere sechs Jahre gelten. Die FDP erreichte in diesem Zusammenhang, daß Aufsichtsratsmitglieder, die von den Gewerkschaften vorgeschlagen werden, von der Belegschaft zu wählen sind.

Die fällige Verteilung der Ministerämter stellte kein Problem dar. Die FDP-Minister Genscher, Lambsdorff, Baum und Ertl behielten ihre Posten. Von den Sozialdemokraten wurde der bisherige Forschungsminister Hauff Verkehrsminister. Gscheidle, der dieses Ressort bis dahin zusammen mit der Post verwaltet hatte, behielt nur noch letzteres. Neuer Forschungsminister wurde der bisherige Staatssekretär im Verteidigungsministerium, Andreas von Bülow.

Nachdem Helmut Schmidt seine Regierungserklärung im Bundestag abgegeben hatte, schrieb Erhard Eppler: »Noch nie hat sich nach einer Regierungserklärung — nicht einmal nach der Ludwig Erhards im Herbst 1965 — eine solche Atmosphäre geistiger Öde verbreitet, wie nach der Regierungserklärung vom 24. November 1980.«

# 49

»Mir fällt der Abschied von diesem Mann sehr schwer«, sagte der Kanzler, »es fällt mir außerdem schwer, der Sentimentalität zu entgehen.« Gemeint war der Weggang von Manfred Schüler, der seit dem Einzug ins Kanzleramt vor nunmehr sechseinhalb Jahren die Behörde geleitet und in Schuß gehalten hatte. Nun, fünf Tage vor Weihnachten, sagte Helmut Schmidt dem eigentlich unentbehrlichen Mitarbeiter vor versammelter Belegschaft im Foyer des Kanzleramtes Lebewohl.

Helmut Schmidt wußte, was er an dem kleinen Mann mit dem großen Kopf und den schwarzen, sichelförmigen Augenbrauen gehabt hatte, der jetzt im feierlichen Dunkelblau neben ihm stand. Dank Schüler war die Regierungsschaltstelle »ein Amt, in dem Politik ohne Geräusch nach draußen in administrative Prozesse umgesetzt wurde« (Schmidt).

Schüler war es peinlich, auf seine Machtfülle angesprochen zu werden, und er achtete auch stets darauf, daß der Rangunterschied zu Ministern und Politikern gewahrt blieb. Er betrachtete sich lediglich als Staatsdiener. Wenn sich die Spitzen von SPD und FDP im Bungalow zum Koalitionsgespräch trafen und vorab im Salon plaudernd zusammenstanden, bis der letzte eingetroffen war, stellte sich Schüler nie dazu. Bescheiden verharrte er im Hintergrund. Wenn er jedoch in der täglichen Regierungsarbeit mit Bundesministern entscheidungsreife, für den Kanzler akzeptable Kompromisse aushandelte, und das war seine Stärke, »hat er sich nie klein gemacht«, wie ein anderer Kanzler-Mitarbeiter befand.

Nun wechselte er in den Vorstand der Frankfurter Kreditanstalt für Wiederaufbau über. In letzter Zeit war er immer wieder von leichten Schwächeanfällen befallen worden, so daß er schon vor Jahresfrist den Kanzler darum gebeten hatte, ihn mit Rücksicht auf seine angegriffene Gesundheit aus der Pflicht zu entlassen. Mit ihm ging der letzte des Prisenkommandos von Bord, das im Mai 1974 das Regierungsschiff übernommen hatte. Dem Kanzler blieben nur noch seine altgedienten Sekretärinnen Liselotte Schmarsow und Marianne Duden, sein Fahrer Willi Jülich und die vier Leibwächter. Alle anderen Zuarbeiter der ersten Stunde – Staatssekretäre, Persönliche Referenten, Büro- und Abteilungsleiter, Sprecher und Redenschreiber – waren bereits gegangen. Wer sich verbessern konnte, wie sein Bürochef Klaus Dieter Leister, der Staatssekretär im Verteidigungsministerium wurde, ging. Andere verließen ihn, weil sie aus anderen Ämtern kamen und ihre Zeit im Kanzleramt abgelaufen war.

Für Manfred Schüler kam Manfred Lahnstein, bis dahin Staatssekretär im Finanzministerium. Mit zweiundvierzig Jahren war er jünger als sein Vorgänger. Seine äußeren Merkmale waren: Gardemaß (einen Meter neunzig), modisch geschnittene Anzüge und blondes, jungenhaft nach vorn gekämmtes Haar. Lahnsteins Weg nach oben ist beispielhaft für jene Bonner Karrieren, wo Tüchtigkeit und das richtige Parteibuch zusammenkommen.

Der Vater war Arzt, starb früh, hinterließ eine unversorgte Familie (vier Söhne). Man lebte von der Wohlfahrt, die Mutter ging kellnern.

Sohn Manfred boxte sich durch, schaffte den Sprung ins Gymnasium, baute mit Neunzehn sein Abitur, studierte mit Zwanzig an der Kölner Universität Wirtschafts- und Sozialwissenschaften, wurde mit Einundzwanzig SPD-Mitglied, schloß sein Studium mit dem Diplom-Kaufmann ab.

Manfred Lahnstein hatte aber auch Förderer. Ein siebzigjähriger SPD-Ortsvorsitzender vermittelte ihn an die Gewerkschaftsbosse Otto Brenner und Ludwig Rosenberg. Diese verschafften dem jungen, aufgeweckten Mann Jobs — zum Beispiel als Bürochef beim EG-Kommissar Wilhelm Haferkamp in Brüssel. Als Lahnstein fünfunddreißig war (1973), beförderte ihn Willy Brandt zum Ministerialdirektor und Leiter der Abteilung IV im Kanzleramt (Wirtschafts-, Finanz- und Sozialpolitik). Da fragte sich allerdings selbst der Glückspilz in erfreulich ehrlicher Selbsteinschätzung, »ob das Amt für mich nicht eine Nummer zu groß ist«.

Als Helmut Schmidt im Jahr darauf die Macht übernahm, mag er den jugendlichen Abteilungsleiter genauso eingeschätzt haben. Schmidt brauchte auf diesem Posten einen Mann, der ihm ein wirtschaftswissenschaftlicher Sparringspartner sein konnte, und schob Lahnstein ins Finanzministerium ab. Es spricht für den Geschaßten, daß er nicht die gekränkte Leberwurst spielte, sondern einsah: »Bei Brandt hatte doch der Abteilungsleiter ganz andere Aufgaben. Er mußte zum Beispiel den Kontakt zu den Unternehmern und Gewerkschaften halten.« Im Finanzministerium erhielt er die Gelegenheit, administrative Erfahrung zu sammeln. »Ich hab' diese Chance begriffen und genutzt.«

Gleichzeitig mit Schüler ging auch Regierungssprecher Klaus Bölling, um in Ost-Berlin die Ständige Vertretung der Bundesrepublik Deutschland zu übernehmen. Der Kanzler, beide Hände in den Hosentaschen, verabschiedete ihn im schmucklosen Filmvorführsaal des Presseamtes: »Hier geht nicht nur ein guter Interpret, sondern auch ein persönlicher Freund und ein ziemlich penetranter Kritiker und Berater aus dem Amt.«

Sah man einmal davon ab, daß der Kanzler in Bonn einen seiner wichtigsten Mitarbeiter und Vertrauten verlor, war die Wahl des zweiundfünfzigjährigen Bölling zum »Botschafter« am Hofe Erich Honeckers eine gute Wahl. In den sechseinhalb Jahren als Regierungssprecher gab es keinen Vorgang von Bedeutung in den Beziehungen zur DDR, der von ihm nicht offiziell kommentiert werden mußte. Das setzte voraus, daß er, sofern er nicht schon Bescheid wußte, sich sachkundig machen mußte, ob es sich nun um den geplanten Bau der Autobahn Hamburg—Berlin, den Ausbau der Transitwasserstraßen und des Teltow-Kanals handelte oder um Gewässerschutzfragen, Postvereinbarungen, Eisenbahnbaumaßnahmen, nichtkommerziellen Zahlungsverkehr, Familienzusammenführung, Reiseerleichterungen oder Arbeitsmöglichkeiten für westliche Journalisten. Bölling war also bestens für seinen neuen Job präpariert.

Der Wechsel auf den Ost-Berliner Posten, bis dahin von Staatssekretär Günter Gaus besetzt, war überfällig, da zwischen Helmut Schmidt und Gaus keine einvernehmliche Zusammenarbeit mehr bestand. Der Kanzler hatte den ehemaligen *Spiegel*-Chefredakteur von Willy Brandt übernommen. Wiewohl beide aus Norddeutschland stammen, stimmte die »Chemie« nicht. Entweder mag Schmidt einen Menschen auf Anhieb, oder er mag ihn gar nicht. Und daran läßt sich in der Folge kaum mehr etwas ändern.

Aversionen zwischen ihm und Gaus bestanden seit Schmidts Amtsübernahme. Vorübergehend wurden sie durch den Fleiß und die zähe Verhandlungsführung des Staatssekretärs überdeckt. Aber dann vermittelte Gaus dem Kanzler (»Mich hält die Deutschland-Politik gefangen«) immer häufiger das Gefühl, daß er Schmidt kein inneres Engagement bei der Lösung deutsch-deutscher Probleme zutraute und für sich in Anspruch nahm, vom Ost-West-Geschäft allemal mehr zu verstehen als sein Dienstherr und die ganze Bundesregierung.

Eine ernste Verstimmung hatte es zu Beginn des Jahres gegeben, als unter Helmut Schmidts Leitung eine Ministerrunde tagte, um sich von Gaus über ein neues Verhandlungspaket mit der DDR Bericht erstatten zu lassen. Hatte es ursprünglich so ausgesehen, als sollte nur über ein Volumen von rund fünfhundert Millionen Mark entschieden werden, mit dem Bonn vor allem den Ausbau des Grenzüberganges Wartha/Herleshauses, ein zweites Eisenbahngleis für die Transitstrecke Berlin–Helmstedt und die Überholung der Wasserstraßen zwischen Berlin und dem Bundesgebiet finanzieren sollte, erfuhren die Herren nun zu ihrer Überraschung, daß Gaus eigenmächtig weitere Finanzierungswünsche der DDR in das Paket gepackt hatte – Projekte, die den westdeutschen Steuerzahler in den folgenden Jahren schätzungsweise mindestens drei Milliarden Mark zusätzlich gekostet hätten.

Noch vor der entscheidenden Sitzung in Bonn hatte Gaus in Hintergrundgesprächen mit Journalisten Stimmung für die neuen Pläne gemacht. Darüber hinaus hatte er den Regierenden Bürgermeister von Berlin, Dietrich Stobbe, für die DDR-Vorhaben so erwärmt, daß dieser in vertraulichen Gesprächen ebenfalls dafür warb. Der Bonner Ministerrunde, vor allem aber dem Kanzler, mißfiel, daß Gaus nicht nur selbstherrlich gehandelt hatte, sondern eine schnelle Entscheidung der Bundesregierung herbeiführen wollte, ohne daß Gelegenheit bestanden hätte, sich in Ruhe eine Meinung zu bilden. Ein Teilnehmer der Sitzung: »Wie ein Schüler versuchte Gaus, sich mit erhobenem Finger immer wieder zu Wort zu melden, bis es dem Kanzler zu dumm wurde: ›Herr Gaus, es gibt vor Ihnen noch drei Wortmeldungen.‹«

Die Großprojekte wurden schließlich zurückgestellt; Gaus hatte seine Verhandlungskompetenz überschätzt. Elf Monate später erfolgte seine Ablösung durch Bölling.

Neuer Regierungssprecher wurde der sechzigjährige Kurt Becker, bis dahin stellvertretender Chefredakteur bei der *Zeit*. Schmidt und Becker kannten sich seit fünfundzwanzig Jahren. Damals war der Bundestagsabgeordnete Schmidt gerade dabei, sich vom Verkehrsexperten zum Sachverständigen für Wehrfragen zu mausern, und Becker arbeitete in der Hamburger *Welt*-Redaktion. Aus der zunächst nur losen Bekanntschaft entwik-kelte sich ein vertrauensvolles Verhältnis. Zwischen beiden bestanden bald nicht nur Übereinstimmungen in Sachfragen, sondern man entdeckte auch gemeinsame seelische Werte.

Mit jemandem befreundet zu sein, ist eine Sache; sich gegenüber dem Freund eines Tages in der Rolle des Untergebenen wiederzufinden, eine ganz andere. Becker bekam gleich bei Dienstantritt in Bonn einen Vorge-schmack davon, was es hieß, für Helmut Schmidt zu arbeiten. Offiziell sollte er seine Tätigkeit an einem Montag beginnen. Tatsächlich wurde er aber bereits das ganze vorhergehende Wochenende in die Pflicht genom-men und aus dieser erst am Montag früh um zwanzig vor fünf entlassen. Er hatte im Kanzler-Bungalow am »Streichkonzert« teilnehmen müssen, das heißt, an der Kürzung der viel zu lang geratenen Regierungserklärung. Der neue Regierungssprecher hatte dann genau zwei Stunden und zwanzig Minuten Zeit, um zum eigentlichen Arbeitsbeginn »gewaschen und in frischer Wäsche anzutreten« (Becker).

Der Zeitungsmann war auf allerhand gefaßt: »Falls ich hinfalle, werde ich nicht überrascht sein. Jeder macht zum Anfang mal einen Fehler.« Daß er schon ein Jahr später wieder ausgewechselt werden würde, konnte er nicht ahnen. Er war ein guter Mann am falschen Platz. Erschwerend war für Becker, daß bei seinem Amtsantritt auch der bisherige zweite Regie-rungssprecher, Armin Grünewald, das Handtuch geworfen hatte – und das nicht, wie ein Gerücht besagte, weil die FDP diesen Posten für einen der Ihren beanspruchte. Dazu Grünewald: »Ich bin nicht gegangen worden, sondern habe mein Dienstverhältnis aus eigenem Entschluß gekündigt. Den Bundeskanzler hatte ich davon bereits zwei Monate vor der Wahl von 1980 unterrichtet.«

Auch der außenpolitische Berater des Kanzlers, Ministerialrat Jürgen Ruhfus, ging und wurde Botschafter in London. Schmidt hatte besonders die unkomplizierte Art des Berufsdiplomaten geschätzt, der mit sechsund-vierzig Jahren Abteilungsleiter bei ihm geworden war, trotz seiner CDU-Mitgliedschaft. Den Posten übernahm der bisherige Stellvertreter, Otto von der Gablentz, ebenfalls Diplomat und Sohn eines Berliner Historikers. Er hatte jedoch nicht dasselbe Standing beim Kanzler. Nach der »Wende« wurde er abgelöst, war neun Monate ohne angemessene Beschäftigung (die Rache des Auswärtigen Amtes, dessen Interessen er im Gegensatz zu denen von Helmut Schmidt angeblich zu wenig vertreten hatte) und mußte sich besoldungsmäßig eine Rückstufung gefallen lassen, damit er wenig-stens Botschafter in Den Haag werden konnte.

Zu den Abgängen gehörte schließlich auch Chefredenschreiber Rolf Breitenstein. Nach »zwei hochinteressanten, arbeitsreichen Jahren« beim Kanzler hatte er genug und ging zurück ins Auswärtige Amt. Seine Stelle übernahm der achtunddreißigjährige *Vorwärts*-Redakteur Jens Fischer, der vorzugsweise bei gedämpftem Licht arbeitete. Er hat Helmut Schmidt bis zum heutigen Tag die Treue gehalten und leitet das Bonner Büro des Alt-Bundeskanzlers.

Nach der Bundestagswahl von 1980 verließen natürlich nicht alle wichtigen oder höheren Mitarbeiter das Kanzleramt. Einer, der blieb, war »Baracken-Müller«, der Leiter des Planungsstabes. Der Spitzname stammte noch aus der Zeit, als Albrecht Müller Anfang der siebziger Jahre im Erich-Ollenhauer-Haus saß und gute Werbung für die SPD machte. Brandt beförderte ihn 1973 zum Planungschef im Kanzleramt, Schmidt übernahm ihn, schätzte seine Intelligenz, hielt ihn jedoch für zu idealistisch und machte darum von seinen Vorschlägen wenig Gebrauch. Müller versuchte sich als Chefideologe, bekämpfte *Bild* und trichterte dem Kanzler die Idee von »einem fernsehfreien Tag pro Woche« für den deutschen Bürger ein, was prompt ein Flop wurde. Nach Dienstschluß lebte der Planungschef alternativ, hielt sich japanische Zwerghühner und beherbergte Friedensdemonstranten.

Helmut Schmidt hatte zur Jahreswende 1980/81 natürlich nicht die leiseste Ahnung, daß mit der Trennung von vielen zum Teil engen Mitarbeitern, wie Schüler und Bölling, sein Abstieg begann, an dessen Ende der Rücktritt stand.

Bevor er Ende Dezember nach Berlin flog, wo er diesmal seinen Geburtstag feiern wollte, um dann Weihnachten wieder in Hamburg zu sein, verabschiedete er sich von der Belegschaft des Kanzleramtes: »Ich wünsche Ihnen, daß Sie sich über Weihnachten etwas Gelassenheit anfuttern, daß Sie über den Jahreswechsel — es gibt ja jetzt 'ne Periode von vierzehn Tagen sehr ruhigen Geschäftsganges, wenn von draußen uns nichts in die Bude hagelt — die Ruhe ausnutzen können . . .«

Es war eine trügerische Ruhe, die darüber hinwegtäuschte, daß die Schmidt/Genscher-Koalition dahinzusiechen begann.

50 Es war wie aus *Tausendundeine Nacht*: Helmut Schmidt und König Hassan von Marokko saßen sich in einem prunkvollen Palast unter einer Lichtkuppel gegenüber, eingerahmt von Leibwächtern mit weiß-roten Zuckerhüten und wallenden weißen Hosen. Die Krieger blickten finster drein, trugen silberbeschlagene Donnerbüchsen und geschwungene Schwerter, die so lang waren, daß sie sie behinderten, denn alle Befehle bei Hofe mußten im Laufschritt ausgeführt werden.

Der König und sein Gast aus dem fernen Bonn dinierten zu Beginn des Jahres 1981 in Marrakesch in einem aus dem achten Jahrhundert stammenden Palast, der erst kurz zuvor kunstvoll restauriert worden war. Von Zeit zu Zeit warfen sich die Leibwächter zu Boden und riefen dem König zu: »Allah schenke dir Siege!« Das veranlaßte die den Kanzler begleitenden Mitarbeiter zu der Überlegung, dieses Ritual auch im Kanzleramt einzuführen.

Gegen Ende des Essens winkte der König seinen Hofmarschall herbei. Als dieser sich tief verneigte, flüsterte der Monarch ihm etwas ins Ohr. Daraufhin richtete sich der Marschall auf und stieß mit dem silberbeschlagenen Stock auf den Boden: Ein Diener eilte herbei, verschwand dann und kehrte kurz darauf mit zwei schwarzen talarartigen Umhängen aus feinstem Stoff zurück. Der eine war für den König bestimmt; den anderen legte dieser, als sich die Herren erhoben, Schmidt über die Schulter – »als besondere Auszeichnung«, wisperte ein arabischer Würdenträger seinem deutschen Tischnachbarn mit feierlicher Miene zu. Der wahre Grund war ein ganz banaler: Dem Kanzler, der seinen Smoking angelegt hatte, war die Hose knapp unterhalb der rechten Gesäßhälfte geplatzt.

Ungeachtet dessen blieb für ihn die Begegnung mit dem König in dieser romantischen, von fremden Gebräuchen geprägten Welt ein einmaliges Erlebnis. Als er am Ende des Abends ins Freie trat, über sich eine bläuliche Mondsichel, klangen ihm die Rufe der Leibwächter im Ohr: »Allah schenke dir Siege!« Siege hatten sie im neuen Jahr nötig, dringender denn je zuvor.

Zurück in Bonn erreichte den Kanzler gleich während der ersten Lagebesprechung eine Hiobsbotschaft. Eine Agenturmeldung wurde hereingebracht: »Krise um den Berliner Senat – Regierender Bürgermeister Dietrich Stobbe zurückgetreten!«

Wiewohl es sich in Berlin um einen politischen Schwelbrand gehandelt hatte, war der Kanzler betroffen. Seit Dezember sah sich der Berliner Senat Vorwürfen ausgesetzt, leichtfertig eine Bürgschaft in Höhe von einhundertfünfzehn Millionen Mark an den inzwischen in Konkurs geratenen Berliner Architekten Dietrich Garski vergeben zu haben. Von Schmiergeldern war die Rede. Im Zuge der Ermittlungen hatten bereits fünf Senatoren ihren Rücktritt eingereicht; und nun auch Stobbe.

Nach der Lagebesprechung mußte der Kanzler ins Bonner ARD-Studio, wo er im Souterrain ein Interview mit dem Zweiten Französischen Fernsehprogramm aufzeichnen sollte. Zwei deutsche Reporter, die ihn auf dem Weg dorthin um eine Stellungnahme zu den Vorgängen in Berlin baten, beschied er: »Nicht im Vorbeigehen und schon gar nicht auf dem Wege in den Keller.« Schmidts Humor konnte sehr treffend sein.

Die Gelassenheit, die er bei dem Interview ausstrahlte, war vielleicht nicht einmal gespielt. Noch sah er keine Rückwirkungen auf die Bonner Koalition. Fatal würden die Berliner Geschehnisse seiner Meinung nach erst werden, wenn sich ein »Hannover« wiederholen sollte, ein Zusammengehen von FDP und CDU wie 1976 in Niedersachsen, als der designierte SPD-Ministerpräsident Helmut Kasimier bei der Abstimmung durchfiel und Ernst Albrecht (CDU) die Macht übernahm.

Den Abschied von Stobbe verschmerzte Schmidt leicht, da die beiden Herren sich sehr entfremdet hatten. Das zeigte sich unter anderem in ihren unterschiedlichen Ansichten zur deutsch-deutschen Frage. So war Stobbe als einziger dagegen gewesen, daß der Kanzler im August 1980 wegen der Unruhen in Polen auf seine geplante DDR-Reise verzichtete. Mißtrauen löste bei Helmut Schmidt auch die Absicht des Bürgermeisters aus, dem vom Kanzler abgelösten und durch Klaus Bölling ersetzten Beauftragten der Bundesregierung in Ost-Berlin, Günter Gaus, im Berliner Senat einen Posten zu verschaffen.

Von den aus der SPD zunächst genannten Stobbe-Nachfolgern – Glotz, Wischnewski, Hauff – war letzterer nicht Schmidts Idee. Was Peter Glotz anging, so hatte der Kanzler zwar grundsätzlich etwas gegen Parteifreunde, die »SPD studiert haben«, aber in diesem Fall überzeugten ihn wohl die Leistungen des einundvierzigjährigen Medienwissenschaftlers. Schmidts Favorit war jedoch ohne Frage Hans-Jürgen Wischnewski: »Das ist ein Mann, den man sich in Berlin vorstellen kann.« Zudem hatte Ben Wisch schon vor Jahr und Tag zu erkennen gegeben, daß er gern Regierender Bürgermeister von Berlin werden wollte: »Ich will endlich mal irgendwo Erster sein.«

Es kam jedoch anders. Der SPD-Vorsitzende Willy Brandt flog sofort nach Berlin, um sich in die Krisenlösung einzuschalten. Peter Glotz wurde zum Krisenmanager. Sehr schnell fand er heraus, daß der Zustand der Berliner SPD desolater war, als man allgemein in Bonn geglaubt hatte. Daraufhin wollte Schmidt seinen Favoriten Wischnewski nicht mehr ins Rennen schicken. In einem Telefongespräch mit Peter Glotz, das auf bis heute ungeklärte Weise abgehört und in der Presse veröffentlicht wurde, bremste er: »Wir haben keinen Anlaß, den Wischnewski einer maroden Berliner Partei zum Fraß vorzuwerfen, damit sie ihn verheizt, und hinterher steht er als Geschädigter im Kalten . . . Wischnewski ist einer unserer besten Leute.«

Der Parteivorstand entschied sich für Hans-Jochen Vogel als Stobbe-Nachfolger. Vogel, bis dahin Bundesjustizminister, übernahm das Amt des Regierenden Bürgermeisters zunächst befristet bis zu den für den 11. Mai vorgesehenen Neuwahlen. Diese Entscheidung löste prompt die verschiedensten Spekulationen aus. Der Berliner FDP-Abgeordnete Hermann Oxfort behauptete, Helmut Schmidt habe Vogel zu dem Feuerwehreinsatz mit der Zusicherung überredet, ihn dafür 1983 seiner Partei und der Fraktion als Kanzler-Nachfolger vorzuschlagen, denn – so war in Bonn zu hören – Brandt und Wehner gingen seit einigen Wochen davon aus, daß Schmidt 1983, also ein Jahr vor der nächsten Bundestagswahl, sein Amt aufgeben würde. Angeblich waren bereits Absprachen getroffen worden, Vogel als Sprungbrett den Vorsitz der sozialdemokratischen Bundestagsfraktion anzubieten, vorausgesetzt, Herbert Wehner räumte den Platz. Aus der Fraktion war zu hören, daß Horst Ehmke, selbst ein potentieller Wehner-Nachfolger, bereit wäre, Vogel vorzuschlagen. Auch die FDP rechnete zu diesem Zeitpunkt mit dem Abgang Helmut Schmidts.

Hans-Jochen Vogel hatte allen anderen Aspiranten eines voraus: Im Gespräch mit Vertrauten gab er ohne Wenn und Aber zu verstehen, daß er bereit sei, für das Amt des Bundeskanzlers anzutreten. Von Apel und Matthöfer war dergleichen nicht zu hören. In Bonn wurde damals aber auch gemunkelt, Vogel sei nach Berlin abgeschoben worden. Wenn Wischnewski dem Kanzler zu schade war, »verheizt« zu werden, warum galt diese Vorsicht nicht auch für Vogel?

Doch die Berliner Senatskrise war Helmut Schmidts geringste Sorge. Das größte Problem war nach wie vor die wirtschaftliche Lage. Eine Ära erfolgreicher Wirtschaftspolitik wich einer Phase von Krisen und Rückschlägen. Infolge der zweiten Ölpreisexplosion geriet die gesamte Weltkonjunktur ins Schleudern. Auf der einen Seite gab es einen erstarkten Dollar, auf der anderen eine abgewertete D-Mark; einerseits ein hohes Zinsniveau, andererseits fortschreitenden Geldwertschwund; sowohl ein beträchtliches Leistungsbilanzdefizit als auch einen neuerlichen Anstieg der Arbeitslosigkeit.

Die Zahl der Firmenzusammenbrüche sollte in diesem Jahr den Rekord von 11653 Betrieben erreichen. Die Arbeitslosenzahl stieg im Jahresdurchschnitt von 889 000 (1980) auf 1,27 Millionen (1981). Die Wirtschaftskrise war nicht nur eine Folge der nachlassenden Weltkonjunktur, sondern auch eine hausgemachte. Die Unternehmer verloren die Lust zu investieren, da man eine höhere Rendite mit festverzinslichen Wertpapieren erreichen konnte. Die Sozialleistungen des Staates schmälerten immer mehr die Mittel der öffentlichen Hand für Investitionen. Mit der Verschärfung auf dem Arbeitsmarkt stieg die Ausländerfeindlichkeit − nicht nur gegenüber Gastarbeitern, sondern auch gegenüber Umsiedlern und Asylanten. Der Zustrom der Asylbewerber hatte sich im Jahre 1980 auf einhunderttausend verdoppelt, wovon mehr als die Hälfte aus der Türkei und eine zunehmende Zahl aus arabischen, asiatischen und afrikanischen Ländern kamen. Das Schimpfwort von den »Wirtschaftsasylanten« tauchte auf.

Ein weiteres Problem bildete das Erstarken der Friedensbewegung. Eine Protestbewegung gegen Helmut Schmidts Nachrüstungspolitik kam ins Rollen.

In der letzten Januarwoche legte die Bundesregierung dem Parlament den Etat 1981 vor. Die Staatsausgaben waren im Vergleich zum Vorjahr um 4,3 Prozent auf 224,6 Milliarden Mark gestiegen. Viele Bürger waren verbittert, daß Schmidt & Co. laufend Sparappelle an die Öffentlichkeit richteten, sich selber aber beim Geldausgeben keine Zurückhaltung auferlegten. Im Einzeletat des Kanzleramtes waren sechshundertfünfzigtausend Mark für den Ankauf der Henry-Moore-Plastik *Two Large Forms* eingesetzt. Bis dahin hatte Helmut Schmidt Opposition und Öffentlichkeit mit der Behauptung beruhigt, das Kunstobjekt sei nur als Leihgabe beschafft worden. Genscher stockte seinen Geheimfond* um zwei Millionen auf zehn Millionen Mark auf. Die Politiker des Regierungslagers bedienten sich ohne Skrupel der Flugbereitschaft der Bundeswehr (Einsatzkosten pro Flugstunde 6586 Mark). Willy Brandt jettete mit der Luftwaffe zur Sozialistischen Internationalen nach Madrid, Arbeitsminister Herbert Ehrenberg zusammen mit dem stellvertretenden DGB-Vorsitzenden Gerd Muhr zur Beerdigung seines österreichischen Kollegen nach Wien.

---

* Abgesehen von den Etats der Geheimdienste (BND, MAD, Verfassungsschutz) verfügen nur der Kanzler und der Außenminister über Fonds, deren Zweckbestimmung im Bundeshaushalt nicht festgelegt und die nur der Kontrolle durch den Präsidenten des Bundesrechnungshofes unterworfen sind. Sie dienen unter anderem zur Beschaffung von Informationen, für finanzielle Gefälligkeiten usw.

Zu der allseits spürbaren Krise gesellte sich mithin der Schlendrian. Wo blieb die starke Hand des Kanzlers?

Millionen Fernsehzuschauer sahen, wie er bei der Haushaltsdebatte blaß und übermüdet einzunicken drohte. Zuvor hatte er zwar eine angriffslustige Rede gehalten, doch bei einer Passage fiel ihm nicht auf Anhieb ein, mit welchem Material Atomkraftwerke betrieben werden. »Na, wie heißt das noch?«

Zuruf: »Angereicherte Kernbrennstoffe!«

Irgend etwas stimmte nicht mit Helmut Schmidt. Er vergaß Namen von Mitmenschen, die er lange kannte. War er nur überanstrengt?

Im Herbst 1980 hatte er, was geheimgehalten worden war, an Herzrhythmusstörungen gelitten. Seitdem nahm er zwei-, dreimal im Jahr Urlaub, unterbrach ihn aber jedesmal wegen der Regierungsgeschäfte. In Bonn rackerte er sich vierzehn bis sechzehn Stunden pro Tag ab. Hinzu kam die Qual, sich das Rauchen abzugewöhnen. Silvester hatte er die letzte Pfeife angezündet, danach zwanzig Pfund zugenommen. Mit dem Abmagern sollte er aber erst nach sechs Monaten beginnen, denn zwei Belastungen auf einmal wollte ihm der Arzt nicht zumuten.

Das Übergewicht wiederum traf ihn in seiner Eitelkeit, und er bestand darauf, schon nach drei Monaten auf FdH-Diät gesetzt zu werden. All das trug natürlich nicht zur Verbesserung seiner Stimmung bei. Viel schlimmer war aber noch, daß ihm, wahrscheinlich wegen seines Formtiefs, das Regierungsgeschäft aus dem Ruder zu laufen drohte. Linke Genossen, angeführt von Eppler und Klose, bekämpften seine Energiepolitik und den Nachrüstungsbeschluß. Der ebenfalls linke SPD-Abgeordnete Hansen beschimpfte ihn ungestraft, »politische Schweinereien« zu begehen. Erst Ende 1981 wurde Hansen im Zuge eines Parteiordnungsverfahrens aus der SPD ausgeschlossen. Bis dahin mußte sich der Kanzler jedoch über ihn ärgern.

Als seien dies der Sorgen und Probleme noch nicht genug, starb am 26. März sein zweiundneunzigjähriger Vater. Die Nachricht, die ihm Loki persönlich überbrachte, erreichte ihn mitten in einer Sitzung. Schon Weihnachten hatte ihr Mann die dunkle Ahnung gehabt, daß man wohl zum letztenmal zusammen feiern würde. Gustav Schmidt war aus dem Altersheim in Hamburg-Rissen ins Privatheim der Schmidts geholt worden. Zu viert, Tochter Susanne war aus London angereist, hatte man sich beschert. Aber anders als früher war der betagte Vater bald ungeduldig geworden und hatte darum gebeten, ins Bett gebracht zu werden.

Wann immer es Helmut Schmidt einrichten konnte, hatte er in den letzten Jahren jedes Wochenende seinen Vater besucht. Das Verhältnis zwischen beiden war nicht immer so gut gewesen. Solange Helmut Schmidt und sein um zwei Jahre jüngerer Bruder Wolfgang noch Kinder waren, herrschte zu Hause ein strenges Regiment. Widerreden wurden nicht geduldet. Die Erziehung war jedoch nicht schikanös, sondern entsprang vielmehr dem Wunsch des Vaters, seine Kinder für die Fährnisse des Lebens abzuhärten. Gustav Schmidt sorgte dafür, daß seine Söhne eine gute Ausbildung erhielten. Dennoch kam es zu einem schweren Generationskonflikt.

Nach Abitur, Arbeitsdienst, Wehrdienst und Kriegsteilnahme wohnte Helmut Schmidt nicht mehr bei seinen Eltern. Nach der Abnabelung setzte dann der Wandel in der Vater-Sohn-Beziehung ein, und beide begannen einander zu respektieren und sogar zu schätzen. In den letzten Monaten hatte der Kanzler nur noch den Wunsch gehabt: »Wenn der Tod für den Vater unausweichlich ist, dann möglichst friedlich und schnell.«

Als ihm Loki die Todesnachricht überbrachte, sagte er alle Termine ab und flog nach Hamburg, um die Beerdigung persönlich vorzubereiten.

Aber die Politik gönnte ihm keine längere Phase der Besinnung. Am 10. Mai wurde die Berliner SPD mit Hans-Jochen Vogel an der Spitze aus dem Rathaus abgewählt und Richard von Weizsäcker zum neuen Regierenden Bürgermeister (eines CDU-Minderheitssenats) gekürt. Ferner wurde das Ruhrgebiet von einer neuen Stahlkrise erschüttert, der Staat verschuldete sich immer mehr, und die Bundeswehr wurde von Experten für nur noch bedingt einsatzbereit erklärt. Fazit: Helmut Schmidt hatte in der ersten Hälfte des Jahres 1981 kein einziges Erfolgserlebnis. Im Gegenteil, die Koalition begann zu wackeln.

Geistige und politische Führungslosigkeit hatte ihm nicht nur Richard von Weizsäcker im Bundestag vorgeworfen, bevor er als neuer Regierender nach Berlin ging. Auch der scheidende SPD-Bundesgeschäftsführer Egon Bahr hielt dem Kanzler vor, keine Zukunftsperspektiven zu haben. Und Bahr stand mit seiner Meinung nicht allein da. Zwischen dem Kanzler und seiner Partei beziehungsweise seiner Fraktion bahnte sich ein neuer Dauerkrach an. Dieses Mal ging es um das Thema »Moral in der Politik«.

Ausgelöst wurde diese Diskussion durch die im Juni des vorangegangenen Jahres vom Bundessicherheitsrat beschlossenen und von Helmut Schmidt gebilligten Verkäufe von U-Booten an das Militärregime in Chile, das Bundesminister Matthöfer einst als eine »Mörderbande« gebrandmarkt hatte. Außerdem rieben sich die Linken in der Partei und Fraktion an der angeblichen Absicht des Kanzlers, Panzer, vor allem den Leo II, nach Saudi-Arabien zu liefern. In Wirklichkeit waren solche Absprachen noch gar nicht getroffen worden.

Ferner erhitzten sich die Gemüter erneut an dem nach wie vor umstrittenen Nachrüstungsbeschluß und am geplanten Bau des Atomkraftwerks Brokdorf an der Unterelbe. Das Atomprojekt spaltete nicht nur die Parteien, sondern auch die Bürger. Der Streit brachte Hamburgs SPD-Bürgermeister Hans-Ulrich Klose an den Rand des Rücktritts und den SPD-Spitzenmann in Schleswig-Holstein, Klaus Matthiesen, zum Verzicht auf seine Ministerpräsidentenkandidatur. So angeschlagen der Kanzler aber auch sein mochte und so sehr seine Führungskraft im allgemeinen vermißt wurde, in dieser Frage machte er unmißverständlich deutlich, daß er mehr denn je auf Atomenergie setzte.

Und als sei die Bürde noch nicht schwer genug, zerstritten sich Schmidt, Brandt und Wehner. Der Fraktionsvorsitzende rieb sich ständig an der Politik des Kanzlers, der Parteivorsitzende opponierte vor allem gegen den Sicherheitskurs Schmidts und schlug sich mehr und mehr auf die Seite der Nachrüstungsgegner wie Erhard Eppler und Oskar Lafontaine.

Aber auch Willy Brandt und Herbert Wehner waren sich nicht grün. In der *Zeit* erschien ein Artikel von unglaublicher Häme gegen den Fraktionsvorsitzenden. Autor war Willy Brandts ehemaliger Redenschreiber und Berater Klaus Harpprecht. Darin hieß es unter anderem in Anspielung auf Wehners Moskauer Emigrationszeit in den dreißiger Jahren: »Der Kampf ums Überleben in den Henkerjahren des Stalinismus hatte seine taktischen Talente aufs äußerste geschärft . . . Erfahrungen schmerzlicher Art, die er im Dschungel der Intrigen kommunistischer Führungskader gesammelt hatte, kamen ihm [in Bonn] täglich zugute . . . Wehner kann nichts mehr bauen, sondern nur noch zerstören . . . Der linke Puritaner Wehner fand sich mit Brandts unübersehbarem Vergnügen an dieser sündhaften Welt nicht ab.«

Parteifreunde, die vom Kanzler wissen wollten, wie sie sich im Streit der Matadore verhalten, auf wessen Seite sie sich schlagen sollten, bekamen zu hören: »Ich halte mich da raus und ihr euch besser auch.« Schmidt legte sich mit der Zeit eine gewisse Wurstigkeit zu. Einem SPD-Landesfürsten riet er: »Kümmere dich nicht darum, was die Partei sagt.«

Willy Brandt, von ARD-Chefkorrespondent Friedrich Nowottny gefragt, was ihm wichtiger sei, die Schmidt/Genscher-Regierung oder die von einer Spaltung bedrohte SPD, antwortete eiskalt: »Die Einheit der Partei.«

Frostig wurde es zwischen Parteivorsitzendem und Kanzler, und der Klimasturz beeinflußte die Büchsenspanner in der Parteizentrale und im Kanzleramt. Klaus Bölling, der um einen Gesprächstermin bei Brandt bat, mußte über einen Monat warten. Und als hätten die Beziehungen zwischen Brandt und Schmidt nicht längst schon die Grenze ihrer Belastbarkeit erreicht, ernannte der SPD-Chef ausgerechnet den vom Kanzler in den Wartestand geschickten Staatssekretär Günter Gaus zu seinem deutschlandpolitischen Berater. Eine Ohrfeige für Schmidt!

Auch die Hoffnung des Kanzlers, Herbert Wehner als Fraktionsvorsitzenden durch Hans-Jürgen Wischnewski abzulösen, erfüllte sich nicht. Im Gegenteil, der »Onkel« betrieb konzentriert seine Wiederwahl, was Helmut Schmidt zu der drastischen Bemerkung hinriß: »Jetzt will der Arsch verlängern.«

Er ließ die Bemerkung durch Regierungssprecher Becker zwar dementieren, der Kanzler sei »zutiefst beeindruckt von der Bereitschaft des SPD-Fraktionsvorsitzenden, sein Amt weiterhin wahrzunehmen«, aber für die despektierliche Äußerung gab es Zeugen.

Äußerlich wirkte der Regierungschef meistens gefaßt, tatsächlich war er aber zutiefst deprimiert. Bei einem Essen im Mai mit Mitgliedern der SPD-Fraktion im Kanzler-Bungalow hatte er zunächst eine amüsante Begrüßungsrede gehalten und dabei Horst Ehmke ein bißchen auf den Arm genommen, war dann aber für den Rest des Abends in auffallende Einsilbigkeit verfallen. Ein Teilnehmer: »Er saß teilnahmslos und abgeschlafft da.«

Gegen Mitternacht schickten die Abgeordneten ihren Kanzler ins Bett (»Helmut, du mußt morgen früh um acht Uhr wieder auf der Matte stehen«). Der Genosse Carl Ewen geleitete ihn fürsorglich aus dem Raum. Kaum waren die beiden draußen, setzte ein fürchterliches Gezänk ein. Mehrere SPD-Minister beschwerten sich über ihren Kanzler. Er führe nicht mehr, halte im Kabinett lange Monologe, zerrede alles und lasse keine andere Meinung gelten. Horst Ehmke ergriff für Schmidt Partei: »Ihr Ärsche, warum macht ihr nicht das Maul auf, wenn er dabei ist?«

Unübersehbar verlor der Kanzler, lange Zeit Schmidt-Superstar, an Autorität. Seine eigenen Genossen, wiewohl bei ihm zu Gast, schreckten nicht einmal davor zurück, ihn in seinen eigenen vier Wänden zu demontieren.

**51** Nach der Bundestagswahl von 1976, am Tag vor seiner Wahl zum Bundeskanzler durch das Parlament, hielt Helmut Schmidt in der Bonner Kreuzkirche Zwiesprache mit Gott. Als er tags darauf vereidigt wurde und schwor, »meine Kraft dem Wohle des deutschen Volkes zu widmen«, schloß er den Eid mit der christlichen Formel: »So wahr mir Gott helfe.«

Wie fromm ist Schmidt? Ist sein Verhältnis zur Kirche eng oder konventioneller Art? Er selbst über sein Verhältnis zu Gott: »Was Gott gewollt hat, weiß man bestenfalls nachher. Wer es vorher zu wissen meint, täuscht sich selbst und die anderen dazu. Laßt uns also den Glauben an einen Gott heil, dessen Wille uns verborgen bleibt, dem wir aber gleichwohl anheimgegeben sind.«

Bischof Hermann Kunst, viele Jahre Bevollmächtigter der Evangelischen Kirche in Deutschland bei der Bundesregierung, über Helmut Schmidt: »Er ist meines Wissens der erste Kanzler, der sich mit einer Sammlung von Vorträgen öffentlich Gedanken zum Verhältnis von Kirche und einzelnen Christen zum Staat, zur Politik und Gesellschaft gemacht hat.«

Gewiß ein Lob, aber der Bischof ging nicht so weit, Schmidt in die Nähe jener Kanzler des früheren Deutschen Reiches zu stellen, die, wie Georg Michaelis (1917) oder Heinrich Brüning (1930—1932), ihr gesamtes politisches Handeln als Teil der Bewährung ihres Christentums begriffen. Dazu war ihm Schmidt in seinen Auffassungen, vor allem gegenüber der Kirche, zu distanziert.

Der Protestant Schmidt, Jahrgang 1918, hatte wie viele seiner Generation eigentlich erst im Krieg richtig zu Gott und Kirche gefunden. Nach der Kapitulation von 1945 kam jedoch die Enttäuschung: »Die Hoffnung, daß die Kirchen nach jenem geistigen und sittlichen Zusammenbruch dem Menschen das Beispiel des Vertrauens auf Gott als dem Herrn der

Geschichte zu geben haben würden, ist nur zum allergeringsten Teil nachher verwirklicht worden.« Trotzdem war Helmut Schmidt von 1966 bis 1968 aktiver und bis 1970 passiver Synodale in der evangelischen Kirche. Während seiner Kanzlerschaft war er alles andere als ein fleißiger Kirchgänger. Immerhin besuchte er an Heiligabend regelmäßig die Christmette in der Sankt-Jürgen-Kirche zu Hamburg.

Als er und Genscher einmal eine abzugebende Regierungserklärung Seite für Seite durchgingen und bei einer Passage anlangten, wo die künftige Politik gegenüber den Kirchen behandelt wurde, gab der Vizekanzler zu bedenken:»So, wie das aber hier steht, ist mir das zu freundlich.« Konterte Schmidt:»Es geht hier nicht um Freundlichkeiten, sondern darum, daß Staat und Regierung die Kirchen ernst nehmen. Mir ist es darum wichtig, Positives über dieses Verhältnis zu sagen.«

Im dritten Jahr seiner Kanzlerschaft veröffentlichte Helmut Schmidt ein bemerkenswertes Taschenbuch: *Als Christ in der politischen Entscheidung*. Auf Grund eines Grußwortes an die Synode der Evangelischen Kirche in Deutschland im November 1975 in Freiburg war er von mehreren Seiten gedrängt worden, Reden und Aufsätze, die er zu ähnlichen Anlässen früher schon angefertigt hatte, gesammelt vorzulegen. Zunächst zögerte er, weil ihm das »selbstverständlich erscheinende Verwurzeltsein im christlichen Glauben an die große Glocke zu hängen und damit öffentliche Aufmerksamkeit zu erzeugen« nicht lag. Dann war er aber doch mit der Veröffentlichung einverstanden und redigierte verschiedene Texte selbst.

In Schmidts Leben gab es nie Zeiten, in denen er das Christentum in Frage stellte. Durch sein obengenanntes Buch zieht sich wie ein Leitgedanke die Aussage:»Ich meine, daß Politik nicht zu den Aufgaben der Kirche gehört; für mich sind Verkündung und Seelsorge die zentrale Aufgabe der Kirche, ohne daß deren Wirkung auf die Kirche beschränkt bleiben darf.« Im übrigen vertritt er die Meinung, »daß der Mensch als einzelner vor Gott steht«.

Obwohl Schmidt weder in dieser Publikation noch im Verlauf seiner ganzen Kanzlerschaft mit Kritik an den Kirchen sparte, hatte zum Beispiel der Landesbischof der evangelisch-lutherischen Kirche von Hannover, Hanns Lilje, eine hohe Meinung von ihm:»Sein christliches Denken ist nicht zurechtgemacht, sondern das Ergebnis gründlichen, in der Praxis bewährten Nachdenkens . . . Helmut Schmidt ist gewiß nicht der einzige, der christliche Argumente in seine politische Tätigkeit einbezieht; aber er tut es auf eine wohltuend sachliche Weise. Man glaubt ihm, daß alles aus eigener persönlicher Überzeugung hervorgewachsen ist . . . Seine Warnung, daß die Kirche sich nicht in erster Linie an gesellschaftlichen oder geschichtlichen Analysen zu beteiligen habe, sondern eine eigene Stimme haben muß, kann nur positiv zur Kenntnis genommen werden . . . Auf die potentielle Frage, welche Kirche er zum Richtpunkt seiner Gedanken nehmen könnte, heißt die nüchterne, und deshalb sehr deutliche Antwort: Die Kirche, die er vorfindet.«

Letzterem darf man hinzufügen, daß für Helmut Schmidt stets entscheidend war, wer gerade in den Kirchen das Sagen hatte. Mit dem ehemaligen Vorsitzenden der Deutschen Bischofskonferenz, Kardinal Julius Döpfner, kam er gut aus; mit dessen Nachfolger, Kardinal Joseph Höffner, tat er sich schwer.

Schmidt steht auf dem Standpunkt, daß die Kirche eine Volkskirche sein muß und nicht bevormunden darf, nicht einmal in der Liturgie. Diese Volkskirche muß zu Weihnachten auch die dem Volk gewohnten, liebgewordenen und geläufigen Lieder singen, ungeachtet ihrer literarischen und musikalischen Qualität.

Wiewohl er der erste und bisher einzige Kanzler war, der sich öffentlich mit Glaubensfragen und der Institution Kirche befaßte, kam es immer wieder – vielleicht gerade wegen seines Engagements – zu Verstimmungen mit den Kirchenvertretern. So war der Kanzler verärgert, weil der Sprecher des Seelsorgerates der Erzdiözese München-Freising, Werner Buchner, öffentlich behauptete, »daß die c-Parteien unsere Wertvorstellungen in weit höherem Maße tragen helfen als andere Parteien. Das veranlaßt uns Katholiken doch zu einer weitreichenden Solidarität mit den Unionsparteien.« Die katholische Kirche war seit der Ära Konrad Adenauer, des ersten Nachkriegs-Kanzlers, der selber Katholik war, verwöhnt, und es gab enge Verbindungen zu den regierenden Unionsparteien. Ein anderes Mal fühlte sich die katholische Seite gekränkt, weil der *Vorwärts* Kardinal Joseph Ratzinger in die Reihe jener eingereiht hatte, die angeblich Sozialdemokraten, Gewerkschafter, Mörder und Terroristen in einen »terroristischen Topf« werfen.

Helmut Schmidt: »Wer glaubt, eine politische Entscheidung oder seine politische Entscheidung gründe sich auf Gottes Wort, der möge sich prüfen. Er möge sich übrigens auch deshalb prüfen, weil politisierende Theologie dazu führen kann, die Kirchen von den Menschen zu entfernen. Politische Predigt und politischer Hirtenbrief können in Einzelfällen legitim und sogar notwendig sein; sie können auch die Kirche leer predigen. Und sie können auch illegitim und anmaßend sein . . . Ich sage ganz offen – einigen mag das vielleicht zu konservativ klingen –, daß manche politische Theologie mir ein Greuel ist, ob sie sich nun auf weltweite oder auf innenpolitische Ziele richtet.«

In einem Interview mit den *Evangelischen Kommentaren* im Frühjahr 1981 kritisierte Helmut Schmidt das Demokratieverständnis der Kirchen: »Ich finde, daß die Kirchen, nachdem sie die Demokratie sowieso noch nicht in ihr Herz aufgenommen haben, auch nicht die besten Anwälte sind, das Vertrauen der Menschen in die Demokratie zu festigen.« Und mit unüberhörbarem Spott fügte er hinzu, daß es für Theologen, die ja glaubten, »an die Wahrheit nahe heranzukommen«, in der Tat eine »greuliche Vorstellung« sein müsse, daß gegebenenfalls im Unrecht befindliche Mehrheiten Entscheidungen treffen könnten.

Die *Frankfurter Allgemeine Zeitung* fragte zurück: »Was versteht der Kanzler selber unter Demokratie?«

Wie hielt es Helmut Schmidt mit der Ethik, mit dem sittlichen Wollen und Handeln in der Politik? Noch als Wirtschafts- und Finanzminister veröffentlichte er hierzu im November 1972 in den *Lutherischen Monatsheften* seine Auffassung: »Politische Ethik — was verlangt sie von dem Handelnden? Sicherlich nicht, daß er berufen sein oder ausgebildet sein sollte, öffentlich zu philosophieren, genauso wie Philosophen nur selten zur Politik berufen sind. Niemand also sollte vom Politiker verlangen, daß er die moralischen und philosophischen Grundlagen seines eigenen Handelns wissenschaftlich, abstrakt oder religiös darstellt. Aber von einem Politiker sollte verlangt werden, und er sollte es auch von sich selbst verlangen, daß er in einer für das Verständnis seiner Zuhörer oder Leser notwendig einfachen Weise klarmacht, wie er Wahrheit und Unwahrheit, Gerechtigkeit und Ungerechtigkeit, Gemeinnutz und Eigennutz empfindet.

Wohl ist jede politische Entscheidung eine ›Gewissensentscheidung‹. So gesehen, heißt Politik betreiben: feste politisch-sittlich begründete Ziele verfolgen und in den wandelnden Situationen des Staates und der Gesellschaft feststehende politisch-sittliche Grundsätze anwenden.

Aber niemand möge sich täuschen. Da gibt es auch den politischen Alltag, den parlamentarischen Alltag und auch den Alltag jedweder Regierung und Verwaltung. Häufig ist jeder Politiker, wie doch auch alle Menschen in anderen Berufen, gezwungen, bloße Zweckmäßigkeitsentscheidungen zu treffen, bei denen er gar nicht dazu kommt, hintergründig zu prüfen. Und bei vielen Entscheidungen ist er als Parlamentarier gezwungen, sich nicht auf eigene Erfahrung und Routine stützen zu können, sondern sich auf das Urteil seiner Kollegen verlassen zu müssen . . .«

Wenn Schmidt als Christ zur Feder griff oder in Interviews und Diskussionen Rede und Antwort stand, konnte man aufschlußreichen Einblick in sein Denken und seine Gefühlswelt bekommen. So wurde er anläßlich des Evangelischen Kirchentages im Juni 1981 im Rahmen einer Fernsehdiskussion gefragt, wovor er Angst habe.

»Je älter man wird, desto mehr sinkt persönliche Angst, Angst um persönliche Gefährdungen, und um so mehr tritt die Sorge um den Frieden in den Vordergrund . . . Man hat im Krieg vor vielerlei Dingen Angst gehabt, man hat als Soldat an der Front Angst gehabt, man hat, wenn man auf Urlaub im Luftschutzkeller in Hamburg saß, Angst gehabt. Man hat vor vielen Dingen Angst gehabt, auch Angst davor, angeklagt, verurteilt, eingelocht zu werden. Aber ich habe immer die Vorstellung gehabt, daß die großen Entscheidungen, daß man vor denen keine Angst haben sollte, weil man sie doch nicht selber trifft, weil sie ein anderer trifft, wenn ich es so ausdrücken darf. Und diese letztere Überzeugung, daß die ganz großen Entscheidungen von einem anderen getroffen werden, die habe ich heute noch, was nicht bedeutet, daß man seine eigene Verantwortung kleinschreiben darf.«

Die Fernsehdiskussion fand in der Hamburger Trinitatis-Kirche statt. Zu Beginn der Sendung war es Helmut Schmidt mulmig, denn vor der Kirche schrien Demonstranten: »Kriegskanzler!« Drinnen saßen vierhundertfünfzig Diskussionsteilnehmer, die er sich nicht hatte aussuchen können. Auf das Wagnis einer Diskussion hatte er sich überhaupt nur eingelassen, weil er zunächst nicht als Redner zum Kirchentag eingeladen worden war, dafür aber sein politischer Widersacher Erhard Eppler. Und dem wollte er das Feld nicht allein überlassen.

Der Kanzler mußte vor allem den NATO-Doppelbeschluß verteidigen. Wie er als Christ die damit verbundene atomare Nachrüstung vertreten könne?

»Das vertrete ich, weil ich es für richtig halte, und dies muß ich auch verantworten. Es kann sein, daß der spätere Gang der Geschichte zeigt, daß diejenigen, die diesen Beschluß gefaßt haben, einen nicht zureichenden Beschluß gefaßt haben. Das mag sein. Niemand kann sicher sein, daß er das Richtige tut. Niemand, der nichts tun will, kann sicher sein, daß das das Richtige im Ergebnis ist. Diejenigen, die sich einbilden, den Gang der Geschichte im voraus zu wissen, entfernen sich reichlich weit von christlichen Vorstellungen. Gott ist der Herr der Geschichte, sagt man auch. Und darin ist sicherlich sehr, sehr Bedenkenswertes. Das enthebt uns [aber] nicht unserer Verantwortung . . .«

Die evangelische Kirche verhielt sich nach Gründung der Bundesrepublik lange Zeit politisch neutral. Allerdings gereichte ihr zum Vorteil, daß sich führende Unionpolitiker, wie Richard von Weizsäcker, aber auch Sozialdemokraten, wie Bundespräsident Gustav Heinemann, Ministerpräsident Johannes Rau, die Minister Erhard Eppler und Jürgen Schmude sowie Helmut Schmidt, in protestantischen Laienämtern engagierten.

Gegen Ende seiner Amtszeit hatte der Kanzler ein gespanntes Verhältnis zu beiden Kirchen. An seiner eigenen Kirche störte ihn, daß sich evangelische Geistliche verschiedenen Protestaktionen, der Friedensbewegung und den Demonstrationen gegen Kernkraftwerke anschlossen. Bei der katholischen Kirche war es der Hirtenbrief der Bischöfe im Wahlkampf 1980 gewesen, in dem sie sich zugunsten seines Gegners Strauß einmischten.

Und an beiden Kirchen ärgerte ihn zum Schluß, daß auch sie ihm einen Mangel an geistiger Führerschaft unterstellten. Schmidt konterte mit dem Vorwurf, sie hätten das Wesen der Demokratie noch nicht kapiert: »Beide Kirchen sind damit bisher kaum richtig fertig geworden, und sie finden es manchmal schwer, der allzu menschlichen, fehlerhaften Demokratie einen Vertrauensvorschuß einzuräumen.«

52 Regierungssprecher Kurt Becker beugte sich vor. Sein Gesicht war wie meist etwas gerötet. »Ich hatte hier schon vor einigen Tagen gesagt, daß es dem Vorhaben dieses Besuchs nicht gerecht wird, wenn weiterhin das Thema der Waffenlieferungen in einer so überproportionierten Form in den Vordergrund gestellt wird.«

Mit dem Besuch war die anstehende zweite Reise des Kanzlers nach Saudi-Arabien gemeint. Becker saß im Filmsaal des Bundespresseamtes, wo die Briefings für mitfahrende Journalisten vor Kanzler-Reisen stattfinden. War es an sich schon ungewöhnlich, daß der Kanzler in seiner Regierungszeit ein zweites Mal dieses Land besuchte – die erste Reise hatte 1976 stattgefunden –, so wurde das Interesse der Journalisten noch dadurch erhöht, daß die Saudis seit einiger Zeit sich angestrengt bemühten, aus der Bundesrepublik Waffen und vor allem den Leo-II-Panzer zu beziehen.

In Helmut Schmidts Partei und Fraktion hatte es von Anfang an starke Widerstände gegen derartige Rüstungsexporte gegeben. SPD-Fraktionsvize Horst Ehmke und Ex-Bundesgeschäftsführer Egon Bahr zählten zu den Hauptgegnern von Waffenverkäufen. Aber der Panzerverkauf, von dem plötzlich geredet wurde, erregte auch die SPD-Basis.

1971 – die sozialliberale Koalition war gerade zwei Jahre an der Macht – hatte sie sich per Kabinettsbeschluß dazu verpflichtet, keine deutschen Waffen in Spannungsgebiete zu liefern; und zwar aus moralischen Gründen. Eingedenk der deutschen Schuld am Zweiten Weltkrieg wollten sie für neue Konflikte, egal, wo in der Welt, keine Mitverantwortung tragen.

Helmut Schmidt sah die Dinge nicht so eng. Für ihn war Saudi-Arabien ein Land an einem strategisch wichtigen Punkt der Erde und zudem wegen seines Ölüberschusses und Geldüberflusses eine Weltmacht, die man sich zum Partner machen sollte. Die Belegschaften der bundesdeutschen Rüstungsbetriebe unterstützten diese Einstellung Schmidts, auch die Betriebsräte. Dabei kamen allerdings auch antisemitische Stimmungen auf. Der SPD-Bundestagsabgeordnete aus Bremerhaven, Horst Grunenberg, gelernter Elektroschweißer, berichtete, in Betrieben seines Wahlkreises habe es geheißen, daß man derart lukrative Aufträge nicht abschlagen dürfe, schon gar nicht wegen des Drucks aus Israel. Wenn keine Aufträge hereinkämen, weil die Sozialdemokraten sich querlegten, müßte man zuerst denen und »dann den Juden« die Scheiben einschlagen.

Saudi-Arabien war in der Tat ein wichtiger Wirtschaftspartner; 1981 bezog die Bundesrepublik ein Viertel ihrer gesamten Rohölimporte von dort. Bundesregierung, Bundesbank und öffentliche Banken hatten sich fast zwanzig Milliarden Mark bei den Wüstenscheichs geborgt. Zusätzlich legten die Saudis fünfundzwanzig Milliarden Mark bei deutschen Privatbanken an. Große deutsche Bauunternehmen und Maschinenproduzenten nahmen bei Zivilaufträgen in Saudi-Arabien an die 4,4 Milliarden Mark ein.

In der vertraulichen Vorausunterrichtung der mitreisenden Journalisten kam Regierungssprecher Kurt Becker dann doch auf das heikle Waffenthema zu sprechen: »Ich fasse da etwas zusammen, was Ihnen längst geläufig ist. Der Bundeskanzler hat von Beginn an, das heißt seit dem Sommer vorigen Jahres, als König Chalid in Bonn war, deutlich gemacht, daß er Fragen, die mit der Erfüllung von saudischen Sicherheitsvorstellungen zusammenhängen, eine große Bedeutung beimißt, sie mit großem Ernst einschätzt und jede daran geknüpfte Erwartung an die

Bundesrepublik sehr sorgfältig prüfen wird. Er hat aber zugleich auch deutlich gemacht, daß auf Grund der deutschen Gesetzgebung diese innenpolitischen Prämissen, zugleich die Tradition der Bundesrepublik beim Rüstungsexport in Länder, die nicht zum westlichen Bündnis gehören, ihr eigenes Gewicht haben, daß es sehr schwierig sein wird, hiervon abzurücken, daß es grundsätzlicher Überlegungen bedarf.«

Die Journalisten machten gelangweilte Gesichter, Becker fuhr fort: »Diese grundsätzlichen Überlegungen sind ja nun seit längerer Zeit im Gange. Sie wissen, daß der Bundessicherheitsrat sich mit diesen Fragen beschäftigt hat; mehrere Ministerien sind damit beschäftigt, neue Grundlinien für die Handhabung des Rüstungsexports auf Grund der Erfahrungen, die in den letzten zehn Jahren gesammelt worden sind, auszuarbeiten. Wie immer diese neuen Prinzipien aussehen mögen, erst dann läßt sich die Frage prüfen, ob ein saudischer Antrag gestellt werden sollte – das ist eine Überlegung, die die Saudis betrifft. Und bevor nicht diese Grundlinien erarbeitet worden sind, wäre es eigentlich gar nicht vorstellbar, daß überhaupt ein saudischer Antrag auf die Prozedurschiene gelegt wird . . .«

Die Pressevertreter gaben sich mit dieser gewundenen Erklärung nicht zufrieden. Einer fragte: »Glauben Sie, daß sich die Saudis zurückhalten werden, bis klar ist, wie wir in Sachen Rüstungsexport verfahren sollen?«

»Diese Frage hat wahrscheinlich den Charakter einer Preisfrage. Es muß im Interesse der Bundesregierung liegen, diese Frage eines möglichen Rüstungsexports nicht in das Zentrum der deutsch-saudischen Beziehungen zu stellen. Es kann nicht in unserem Interesse liegen, daß dies geschieht, und die große Kunst der Diplomatie des Bundeskanzlers liegt darin, bei den Saudis um Verständnis dafür zu werben, daß diese nach unserem Interesse auch nicht in den Mittelpunkt gerückt werden darf...«

Becker holte Luft.

». . .wobei ich sehr davor warnen möchte, mit bisherigen Zahlen zu operieren, die überhaupt keine reale Grundlage haben. Das Wort ›Leo II‹ wird mit der Zahl dreihundert verbunden, und niemand vermag zu sagen, wo die Zahl dreihundert herkommt. Ich warne vor solchen so hoch gegriffenen Zahlen.«

»Halten Sie es für realistisch zu glauben, diesen Waffenexport an den Rand des Besuchs drängen zu können, vor dem Hintergrund der Äußerungen, die man von anderen Leuten in dieser Frage in den letzten Wochen hören konnte?«

Becker wurde ungeduldig, er wußte, der Fragesteller bezog sich auf deutsche Geschäftsleute, die in Saudi-Arabien gewesen waren. »Solche Besucher, meist private Besucher, werden ja auch bestimmten Einflüssen ausgesetzt oder setzen sich sogar selber bestimmten Einflüssen aus, und die darf man nicht alle mit amtlicher Politik verwechseln . . . Ich sage noch einmal: Der Bundeskanzler fährt mit den eben von mir beschriebenen Absichten nach Riad. Da die Beziehungen zwischen den beiden Staaten als erstklassig bezeichnet werden können, ist meine feste Annahme, daß auf dem Boden der Aufrichtigkeit und der Offenheit über diese Dinge gesprochen werden wird, und das schließt nach meinem Verständnis mit ein, daß Saudi-Arabien begreifen wird, daß der Bundeskanzler in der gegenwärtigen Situation, die ihnen bekannt ist, nicht abschließende Zusagen geben kann, ebensowenig wie er eine Absage aussprechen wird.«

»Herr Becker, sehen Sie eine Möglichkeit, einen Ausweg, vielleicht dieses Waffengeschäft über dritte Länder abzuwickeln?«

»Das ist ja nicht das, was die Saudis wollen. Meinen Sie jetzt über Liechtenstein, oder was?«

Zuruf: »Über die Türkei.«

»Über die Türkei meinen Sie?«

Zuruf: »Großbritannien!«

»Über Großbritannien? Also, ich meine, ich habe allergrößte Hochachtung und Sympathie für Großbritannien, aber daß die in unserem Namen als Kommissionäre nur auftreten, das glaube ich nicht.«

»Bei dem Tornado tun sie das.«

»Nein, das sind britische Aufträge, die von denen abgewickelt werden, wo wir allerdings zustimmen müssen. Die Koproduktionspartner müssen zustimmen, wenn ein Land liefert. Nein, das würde ich nicht ein Geschäft über Drittländer nennen . . .«

Die Journalisten ließen nicht locker: »Herr Becker, wie weit ist es eigentlich gelungen, im Vorfeld des Besuchs den saudischen Eindruck zu korrigieren, den sowohl der König wie der Außenminister bei den Gesprächen mit dem Kanzler vor und nach den Wahlen gehabt haben, nämlich, daß der Kanzler sehr viel aufgeschlossener gegenüber der Frage des Rüstungsexports sei, als er es bis jetzt nach außen hin darstellen kann? — Wie weit ist es gelungen, das im Vorfeld des Besuchs auszuräumen, oder ist es selber Ziel dieses Besuchs — ich nenne es einmal so —, das Mißverständnis auf seiten der Saudis auszuräumen?«

Becker kam langsam ins Schwitzen. »Ich habe nicht den Eindruck, daß hier Mißverständnisse vorliegen. Ich sagte doch vorhin, daß der Bundeskanzler vom Beginn an eine Haltung eingenommen hat — ich will sie jetzt hier nicht wiederholen —, die für die Saudis, wie ich meine, große Klarheit für den Rahmen geschaffen hat, innerhalb dessen der Bundeskanzler entscheidungsfähig ist . . .«

Der Journalist unterbrach ihn: »Also habe ich recht verstanden, daß der Kanzler erst bei seinem kommenden Besuch wirklich ernsthaft herauszufinden versucht . . .«

»Ernsthaft war er von Anfang an, das können Sie mir glauben!«

». . .welche Priorität diese Waffengeschichte in saudischer Sicht hat?«

Der Regierungssprecher suchte Zuflucht zu einem Bandwurmsatz. »Nein, ich glaube, die Priorität hat er erkannt. Es geht mehr um die Frage, wie ist eine besonders starke Zurückhaltung an der Grenze der Ablehnung in der Auswirkung auf die deutsch-saudischen Beziehungen, wie sie sind, und wie wir sie uns für die Zukunft wünschen, und wie wir zum Teil auch glauben, auf sie gar nicht verzichten zu können. Ich sage noch einmal, der Bundeskanzler legt Wert darauf, und nicht nur er, sondern auch der

Vizekanzler, daß die Frage des Rüstungsexports, obwohl in der alleinigen Verantwortung der Bundesregierung, von ihr so gehandhabt wird, daß sie jeweils mit einer Indossierung [gemeint: Zustimmung] durch die beiden Bundestagsfraktionen rechnen kann. Es handelt sich ja nicht um ein Gesetz, und trotzdem versucht eine Regierung ja in der Regel, im Akkord mit den Fraktionen zu handeln, die sie unterstützen.«

Ein anderer Journalist meldete sich zu Wort: »Sie erwähnen immerzu, daß die Zahl dreihundert Leo II und andere solche Zahlen nicht zutreffend sind. Was sind die zutreffenden Zahlen?«

»Sie werden keine Quelle finden für dreihundert. Hier hat einmal einer in einer Pressekonferenz, als ich auch die Zahl dreihundert für eine Willkürzahl hielt, gesagt: ›Aber die steht doch überall!‹ Da hat einer einmal . . ., ein Archivar könnte wahrscheinlich ermitteln, wer es gewesen ist.«

Zuruf: »Herr Möllemann.«

Becker: »Herr Möllemann – ich glaube, das war schon ein Nachzügler. Ich glaube, die Zahl dreihundert ist keine Zahl, mit der die Bundesregierung arbeitet.«

»Mit welcher Zahl arbeitet sie?«

»Die Bundesregierung nimmt sich die Freiheit, einen kleinen Freiheitsraum für Geheimnisse zu haben. Das ist darunter, unter dreihundert.«

»Deutlich darunter?«

»In meinen Augen ist das deutlich, aber ich weiß nicht, was Sie unter deutlich verstehen.«

Da der Kanzler unmittelbar im Anschluß an den zweitägigen Besuch in Saudi-Arabien auch in die Vereinigten Arabischen Emirate fliegen wollte, wurde zum Schluß des Briefings gefragt: »Welche Bedeutung haben die Vereinigten Emirate in diesem Zusammenhang? Gibt es da auch Vorstellungen über Selbstverteidigung, über Waffen, über Infrastruktur?«

». . .Was das Thema Waffen betrifft im Zusammenhang mit Abu Dhabi [vorläufige Hauptstadt der Emirate], werden Sie von mir nicht viel hören. Ich glaube, da ist nichts, über das wir gerne sprechen. Ich hoffe auf Ihr Einverständnis, daß wir hier die Sache beenden. Wir drehen uns sonst vielleicht auch nur im Kreise. Im übrigen verspreche ich Ihnen, an Ort und Stelle alles im Detail auszumalen, was der Bundeskanzler in der Maschine gesagt, gedacht und sonstwie angestellt hat, und ich stehe Ihnen so viel ich kann unter totaler Vernachlässigung aller privaten Hobbys in Riad zur Verfügung.«

Die Saudis wollten für den deutschen Regierungschef die ganze Pracht orientalischer Gastfreundschaft entfalten. Mit Akribie versuchten sie schon Monate im voraus herauszufinden, was er am liebsten ißt und trinkt, ob er gern einen Fishing trip im Roten Meer unternehmen wolle oder ob ihm der Sinn nach archäologischen Ausgrabungsstätten stünde. Und es war – völlig ungewöhnlich – ins Ermessen des Besuchers aus Bonn gestellt, ob er seine Frau in die Männerwelt Arabiens mitbringen wollte. Er nahm Loki mit.

Dieses Mal bereitete es den Arabern keine Pein, für Frau Schmidt ein Programm aufzustellen. Beim Besuch fünf Jahre zuvor war es dem deutschen Botschafter Norbert Montfort zunächst unmöglich gewesen, beim königlichen Protokoll zwecks »Damenprogramm« auch nur den Namen der Königin zu erfahren. Diese hatte bis dahin so gut wie kein Ausländer zu Gesicht bekommen. Später war zu erfahren, daß sie Seti hieß und sich als eine ganz charmante Gastgeberin entpuppte.

Am liebsten hätten es die saudiarabischen Gastgeber gehabt, wenn der Kanzler mit möglichst viel Zeit zu ihnen gekommen wäre. Arabische Gepflogenheiten verbieten es, sofort vom Geschäft zu sprechen, erst recht bei Waffengeschäften. Ob Helmut Schmidt nicht einen zusätzlichen Tag ihr Gast sein könnte? Nein danke, er wolle anschließend noch die Vereinigten Arabischen Emirate besuchen.

Einige Monate vor der Abreise hatte der saudiarabische Botschafter in Bonn, Mohamed Nouri, kurzfristig um einen Termin bei Helmut Schmidt nachgesucht. Er bekam ihn, was außergewöhnlich ist, innerhalb von vierundzwanzig Stunden. So schnell war der Kanzler bis dahin nur für die Botschafter Frankreichs, Großbritanniens, der USA und des Kreml zu sprechen gewesen.

Nouri, ein kleiner, freundlicher, quirliger Mann, bat den Kanzler im Namen seiner Regierung um Unterstützung. Die Saudis verhandelten seit längerem mit dem Internationalen Währungsfonds (IWF). Sie waren bereit, einen Kredit von umgerechnet 20,6 Milliarden Mark zu gewähren, falls sie dafür größeren Einfluß im Direktorium dieses Gremiums erhielten. Ob der Kanzler bereit sei, dieses Anliegen zu unterstützen? Helmut Schmidt hatte gönnerhaft genickt und sich lediglich etwas Zeit erbeten, um die Sache im Sinne der Saudis zu regeln.

Hocherfreut hatte der Botschafter das Kanzleramt verlassen. Schmidt entsandte Staatssekretär Manfred Lahnstein nach Washington; bis zu seiner Berufung ins Kanzleramt war dieser für internationale Finanz- und Währungspolitik im Finanzministerium zuständig gewesen und kannte IWF-Generaldirektor Jacques de Lasorière gut. Wenig später bekamen die Saudis einen ständigen Sitz im IWF-Direktorium und rangierten auf Grund ihrer hohen Krediteinlage an sechster Stelle der einhunderteinundvierzig Mitgliedstaaten. Insofern hatte der Kanzler bei seinen Gastgebern einen Stein im Brett.

Die vierundfünfzig Pressevertreter, die über Helmut Schmidts Reise vor Ort berichten wollten, durften diesmal nicht in der Kanzler-Maschine mitfliegen. Statt dessen mußten sie einen Charterflug nehmen. Entsprechend gereizt war die Stimmung. Nach einer Zwischenlandung auf Rhodos zum Auftanken kam plötzlich über die Bordsprechanlage eine Durchsage: »Wir haben einen Funkspruch von Herrn Becker aus der Kanzler-Maschine. Hier sein Bericht: ›Um 9.41 Uhr fuhr der Kanzler am Köln-Bonner Flughafen vor. Er trug eine dünne Ölhaut, darüber seinen weltoffenen Habitus. Auf dem Kopf ein Panzerkäppi, und unten hatte er nichts an den Füßen . . . Über Dinkelsbühl verzehrte er die obere Hälfte eines kleinen Brötchens mit belegter Zunge. Das Klima in der Kanzler-Maschine: leicht unterkühlt, trägt ein wenig Wind vor sich her, so daß Sand ins Getriebe kommen könnte . . .‹«

Die Journalisten johlten, klatschten einander auf die Schulter, jetzt hatte man es »denen« gegeben. Nachdem man in Riad gelandet war und die Reporter sich im Marriott Riyadh Hotel schnell eingecheckt hatten, fuhren sie zum Flughafen zurück, um die Ankunft des zweieinhalb Stunden später landenden Kanzlers zu beschreiben. Die saudischen Sicherheitskräfte wollten das zunächst nicht zulassen. Daraufhin riskierte der zur Betreuung abkommandierte Regierungsdirektor Hans-Carl von Jordans aus dem Bundespresseamt eine heroische Notlüge: »Wenn der Kanzler landet und sieht keine deutschen Journalisten, gibt's Krach!«

In Wirklichkeit wäre Schmidt nichts lieber gewesen. Der Beweis folgte nach der Landung. Als die *Otto Lilienthal* der Luftwaffe mit dem schwarzen Balkenkreuz am Rumpf, das im Ausland fälschlicherweise für das Eiserne Kreuz gehalten wird, vor dem roten Teppich zum Stehen kam und ein angestrengt dreinschauender Kanzler bei siebenunddreißig Grad im Schatten die Gangway herunterstieg und Kronprinz Fahd begrüßte (»It's nice to see you again«), bat ihn ein Fotograf: »Herr Bundeskanzler, drehen Sie sich doch mal mit dem Kronprinzen für ein gemeinsames Foto zu uns um.«

Helmut Schmidt murmelte nur: »It depends, it depends«, was soviel bedeutet wie »mal sehen, mal sehen«. Er tat jedoch genau das Gegenteil und verschwand mit dem Gastgeber in der klimatisierten VIP-Lounge. Auch die schreibende Zunft, die neugierig war zu erfahren, was der Kanzler im Flugzeug Staatsmännisches von sich gegeben hatte, ging leer aus. Regierungssprecher Kurt Becker entschwand, vom Jaulen der Polizeisirenen begleitet, mit der Kanzler-Kolonne in Richtung Stadt.

Zurück im Hotel warteten die Journalisten ungeduldig auf Becker. Als er kam, war es Viertel nach eins nachts. Sein Gesicht war von den Anstrengungen der Reise gezeichnet. Er sprach »off the records«, vertraulich also. Über Thema Nummer eins, das heiße Eisen der Waffenexporte, konnte er nur vermelden: »Darüber ist nicht gesprochen worden.«

Auf die gleiche Linie zog sich der Kanzler am nächsten Morgen bei einem Hintergrundgespräch mit den deutschen Journalisten zurück, das sehr plötzlich anberaumt worden war. Offensichtlich hatte man ihm von der miesen Stimmung bei der Presse berichtet. Trotzdem konnte er es nicht lassen, die Medienvertreter auf den Arm zu nehmen: »Intim habe ich mit dem König nur über die potenzsteigernde und verdauungsfördernde Wirkung von Kamelmilch gesprochen . . .«

Schmidt hatte bei dieser Reise darauf verzichtet, führende Vertreter der Wirtschaft oder der Gewerkschaften mitzunehmen. Statt dessen waren vier Professoren mit von der Partie: sein Parteifreund und ehemaliger Bundesminister für Wirtschaft und Finanzen, Karl Schiller; Professor Dr. Eugen Seibold, Präsident der Deutschen Forschungsgemeinschaft; Professor Dr. Reimar Lüst, Präsident der Max-Planck-Gesellschaft, und Dr. Karl

Kaiser von der Deutschen Gesellschaft für Auswärtige Politik. Das Fehlen der Industriebosse fiel insofern auf, als mit den Saudis vorrangig über Wirtschaftsbeziehungen gesprochen werden sollte. Aber, so wurde in der Delegation gemunkelt, Helmut Schmidt wolle sich von mitreisenden Wirtschaftlern nicht unter Druck setzen lassen, den Saudis die begehrten Leo-II-Panzer doch zu liefern. Diese Vorsichtsmaßnahme war nicht übertrieben. Dazu der zu Hause gebliebene Stahlindustrielle Willy Korf: »Ich würde ihm jederzeit raten, das Geschäft zu machen.«

Es kam jedoch ganz anders als erwartet. Weder am ersten Abend noch am nächsten Tag verloren die Saudis auch nur ein Wort über den Leo II. Mehr noch, sie schnitten das Thema Waffenlieferungen überhaupt nicht an. Da wurde Helmut Schmidt ungeduldig und brachte die heikle Angelegenheit von sich aus zur Sprache. Kronprinz Fahd, der eigentliche Verhandlungsführer seitens der Gastgeber, gab sich verständnisvoll: »Wir wollen Sie nicht in Verlegenheit bringen. Mr. Prime Minister.« Danach malte er geschickt aus, wie sehr Freunde aufeinander angewiesen seien. Und zu einer guten Freundschaft gehöre auch, daß der eine dem anderen »Hilfe beim Ausbau der Sicherheit« gewähre.

Mit solch vornehmer Zurückhaltung hatten weder der Kanzler noch der mitgereiste Wirtschaftsminister Otto Graf Lambsdorff noch Ex-Minister Karl Schiller gerechnet. Schmidt erklärte den Saudis seine Schwierigkeiten daheim mit der Partei und Teilen der Öffentlichkeit noch einmal und beschrieb aufs neue die restriktiven Richtlinien für den Rüstungsexport. Dennoch machte er seinen Gastgebern Hoffnung. Die ablehnende Haltung seiner Landsleute könne sich ändern. »Wir befinden uns in einem Entwicklungsstadium.«

Der Kanzler hatte König Chalid im vorangegangenen Jahr in Bonn versprochen, eine Entscheidung über Waffenlieferungen nach Saudi-Arabien bis Weihnachten zu treffen. Diese Frist hatte er nicht eingehalten, und nun gewährten ihm seine Gastgeber Aufschub: »Take your time, Sir, we are not in a hurry.«

Schmidt hatte dafür den Saudis aber auch ein politisches Geschenk mitgebracht. Öffentlich verkündete er, daß schon im kommenden Herbst europäische und arabische Minister zu Verhandlungen zusammenkommen würden, um nach einer Lösung des bewaffneten Konflikts zwischen Israelis und Arabern zu suchen − »und die PLO wird dabeisein«. Die Palästinensische Befreiungsorganisation solle »als eine Partei« am Friedensprozeß im Nahen Osten beteiligt werden. Der Kanzler ging sogar so weit, im Gästehaus des saudischen Königs für ein Selbstbestimmungsrecht der Palästinenser einzutreten. Sie hätten das Recht, »sich staatlich zu organisieren«.

Diese Kanzler-Worte enthielten außenpolitischen Sprengstoff. Die Staats- und Regierungschefs der EG hatten im Juni 1980 in Venedig zwar dieselben Forderungen erhoben, aber Schmidts Solo wirkte auf die israelischen Politiker, für die die PLO immer noch eine »Mörderbande« war, provozierend. In Israel und von den jüdischen Organisationen in den Vereinigten Staaten wurde das prompt als »Verrat« ausgelegt, und Ministerpräsident Begin schimpfte, der Kanzler sei »geldgierig« (wegen der möglichen Geschäfte mit den Saudis) und »arrogant«. Dem hielt Schmidt entgegen, er habe von Kronprinz Fahd das Versprechen erhalten, die »Existenz Israels als normalen Teil der Region« zu gewährleisten.

Der Kanzler war den Saudis dafür, daß sie vorläufig auf den prestigeträchtigen Leo II verzichten mußten, auch auf anderem Gebiet entgegengekommen. Noch im gleichen Monat begannen zehn Beamte der Bonner Grenzschutzgruppe 9, in Saudi-Arabien eine Antiterroreinheit aufzubauen. Allerdings war dem Kanzler klar, daß die Saudis sich langfristig nicht mit Ausbildungshilfe und dem Verkauf von weniger gefährlichem Kriegsgerät hinhalten ließen. Regierungssprecher Becker zu den begleitenden Journalisten: »Man kann nicht wie in einem Warenhaus sagen, oben haben wir auch noch eine interessante Abteilung. Wenn man einen Mercedes 280 SE will, läßt man sich doch kein Fahrrad andrehen.«

Ungeachtet dessen war sein Dienstherr erleichtert, das schwierige Thema so leicht hinter sich gebracht zu haben. Während des Weiterflugs in die Emirate freute sich Schmidt: »Das ist aber gut zu Ende gegangen.«

Der Besuch in den Vereinigten Arabischen Emiraten dauerte nur vierundzwanzig Stunden. In dieser knappen Zeit führte Schmidt drei Gespräche mit dem Präsidenten, Scheich Zayed von Abu Dhabi. Dieser Staatsmann war eine imposante Erscheinung: groß, hager, ein Mann, der in der Wüste auf die Jagd ging, im Zelt schlief oder übers Land fuhr, um Audienzen für seine Untertanen abzuhalten, Streit zwischen einfachen Bauern zu schlichten, Recht zu sprechen.

Natürlich war auch er scharf auf deutsche Waffen, aber der Kanzler mußte ebenso passen wie zuvor in Saudi-Arabien. Trotzdem ließ sich Scheich Zaid nicht lumpen: Der Kanzler erhielt ein mit Edelsteinen übersätes goldenes Schwert als Gastgeschenk; die übrigen Mitglieder der Delegation, einschließlich der Journalisten, wurden mit goldenen Uhren bedacht.

Knapp drei Wochen nach seiner Rückkehr mußte der Kanzler erneut die Koffer packen. Diesmal ging es nach Washington zum Antrittsbesuch bei Präsident Reagan. Von dieser Reise hing für Helmut Schmidt sehr viel ab, da sich in der SPD der Widerstand gegen den NATO-Doppelbeschluß weiter verstärkt hatte. Sozialdemokratische Politiker, wie Erhard Eppler, argwöhnten, der neue amerikanische Präsident wolle nur atomare Mittelstreckenwaffen stationieren, ohne mit den Sowjets über einen beiderseitigen Abbau zu verhandeln. Zumindest wolle er solche Verhandlungen verzögern. Immer mehr Sozialdemokraten drehten daher den Spieß um und forderten Verhandlungen ohne Nachrüstung.

Schmidt steuerte hart gegen und drohte auf einer Parteiveranstaltung in Recklinghausen öffentlich mit Rücktritt. (Alle früheren Demissionsabsichten hatte er nur in vertraulicher Runde ausgesprochen.) Wenn die SPD auf dem Parteitag im nächsten Frühjahr den NATO-Doppelbeschluß, wie von Eppler angekündigt, »kippen« würde, werde er zurücktreten. Sein politisches Schicksal hänge nicht nur »am Beginn, sondern am Erfolg von

Verhandlungen« der Amerikaner und der Sowjets. »Damit stehe ich, oder ich falle.«

Obwohl er Reagan noch gar nicht gesprochen hatte, verbürgte sich Schmidt dafür, daß es dem amerikanischen Präsidenten mit Verhandlungen ernst sei. In Bonn war aber auch zu hören, daß die Reagan-Administration erst aufrüsten wolle, um die Sowjets für das umfassende Thema der Rüstungskontrolle zu interessieren. Diese Politik paßte in das Bild, das man sich bei den Linken in der SPD von Reagan machte: ein Cowboy, der den Iwans das Fürchten lehren will.

Mit gemischten Gefühlen brach der Kanzler an einem Mittwochvormittag gen Washington auf. Der *Spiegel* fragte: »Geht die Ära Schmidt zu Ende?«

53 Ronald Reagan, vierzigster Präsident der Vereinigten Staaten, saß im State Dining Room des Weißen Hauses. An seiner Seite Loki Schmidt, dahinter, über einem Kamin, ein Ölgemälde seines berühmten Vorgängers Abraham Lincoln.

Reagan hielt sich kerzengerade und hatte den Kopf ein wenig zur Seite geneigt, eine Haltung, die Aufmerksamkeit ebenso wie freundliches Entgegenkommen ausdrückte. Gesicht und Stirn waren vom Wein gerötet. Er strahlte jene bäuerliche Gesundheit aus, die ihm als Kind den Spitznamen »Dutch« eingebracht hatte. Sein Vater Jack war nämlich der Meinung gewesen, sein Sohn sähe wie ein vor Gesundheit strotzender Holländer aus.

Die konzentrierte Aufmerksamkeit des Präsidenten galt in diesem Moment Helmut Schmidt, der auf der anderen Seite des Bankettsaals an einem zierlichen hölzernen Pult stand und die Tischrede seines Gastgebers erwiderte.

Die langen weißen Kerzen auf den hohen einarmigen Silberleuchtern, die die zwölf Tische schmückten, flackerten leicht. Stehgeiger in grauschwarzen Uniformen, Marines, die zuvor von Tisch zu Tisch gegangen waren und *Wien, Wien, nur du allein* gespielt hatten, hatten sich diskret zurückgezogen.

Der Kanzler blickte über den Rand seiner Lesebrille zunächst zum Präsidenten und dann zu Nancy Reagan. »Meine Frau und ich wünschen Ihnen beiden Erfolg und Freude in den bevorstehenden Jahren, und ich sage dies mit besonderem Nachdruck, weil wir alle immer noch den Schock nach dem Attentat auf Ihr Leben, Mr. President, fühlen.« Das Attentat, bei dem Reagan angeschossen worden war, lag erst sieben Wochen zurück. (Loki, deren Tischherr der Präsident war, schwärmte: »Ich fand ihn preußisch-aufrecht.«) Dann wich der Kanzler von seinem vorbereiteten Text ab: »Als ich heute vormittag am Weißen Haus vorfuhr, aus dem Wagen stieg und Sie, Mr. President, vor mir sah — lächelnd, gesund und stark —, da war ich richtig erleichtert und dankbar, daß Sie sich so schnell erholt haben.«

Ein Lächeln glitt über Reagans Gesicht, das am Kinn tiefe Falten hatte. Das vorsichtige Abschätzen hinter der Maske höflicher Routine wurde vergessen, und die beiden Männer, von deren persönlicher Beziehung in den nächsten Jahren so viel abhängen sollte, schienen zueinander gefunden zu haben. Ein Erfolg des bewährten Hollywood-Charmes? Etwas ganz anderes, und wenn man so will Unerwartetes, hatte den Ausschlag gegeben. Präsidentenberater Edwin Meese, nach Reagan der mächtigste Mann im Weißen Haus, der sogar einen Schlüssel zum Schlafzimmer des Präsidenten besaß, formulierte es so: »Euer Kanzler hat Reagan geschlagen, weil er ihn nicht geschlagen hat.« Damit wollte Meese ausdrücken, daß Helmut Schmidt Reagan für sich eingenommen und damit gesiegt hatte, weil er darauf verzichtete, dem Präsidenten mit Belehrungen zu kommen.

Ronald Reagan hatte sich auf den Besuch des deutschen Gastes vom 20. bis zum 23. Mai 1981 intensiv vorbereitet. Dreimal war er Helmut Schmidt zuvor begegnet: das erste Mal als kalifornischer Gouverneur bei einem Besuch in Bonn, dann zweimal kurz vor seinem Amtsantritt in Washington. Schmidts damaliger Eindruck: »Als Gesprächspartner angenehm, wenngleich nicht sonderlich anregend.«

Reagan war vor dem neuerlichen Zusammentreffen auf einen fordernd auftretenden Kanzler gefaßt gewesen. Als hätte Schmidt einen Maulwurf im Weißen Haus und wäre gewarnt worden, hatte er sich von Anbeginn vorgenommen, genau das nicht zu tun. Statt dessen beschränkte er sich gleich im ersten Gespräch darauf, zu strittigen Themen − wie etwa der Hochzinspolitik in den USA − nur einen Situationsbericht zu geben, wobei er die Auswirkungen der amerikanischen Politik in jedem einzelnen Fall nur beschrieb, aber keine Rezepte anbot. Reagan, der keinen Hehl daraus machte, von bestimmten Fragen nichts − oder noch nichts − zu verstehen, registrierte dankbar diese Art der Gesprächsführung. Dazu Helmut Schmidt: »Wir verstanden uns persönlich gut. Er ist gelassen; er spricht erst nach einer kleinen Pause des Überlegens; er benutzt zwar sehr einfache Bilder und Worte, aber die Sorge, daß er seine Meinung über Nacht ändern könnte, verspürt man nicht.«

Zu dem gegenseitigen Verstehen trug bei, daß der Kanzler, wie es für ihn typisch war, mit einer Offenheit sprach, die ihm, würde die Vertraulichkeit hinterher vom Gesprächspartner gebrochen werden, beträchtlich schaden konnte. Nach dem Dinner vertraute Helmut Schmidt beim Kaffee im Green Room des Weißen Hauses zwei Begleitern aus Deutschland an: »Das ist alles Quatsch, was über den angeblichen Cowboy aus Kalifornien geschrieben wurde.«

Begonnen hatte der Besuch mit einem militärischen Zeremoniell, dessen Prachtentfaltung an die besten Zeiten Richard Nixons erinnerte. Auf dem Rasen des Weißen Hauses wurden Schmidt und seine Frau Loki vom amerikanischen Präsidenten und Nancy Reagan begrüßt. Rechts vom Ehrenpodest standen in Reih und Glied die persönlichen Gäste des Kanzlers, die mit ihm aus der Bundesrepublik angereist waren: Schmidt-Freund

411

und Bankier Eric M. Warburg; der Vorstandssprecher der Deutschen Bank, Wilfried Guth; der damalige Vorsitzende der Postgewerkschaft und heutige DGB-Chef, Ernst Breit, sowie Flick-Boß Eberhard von Brauchitsch — damals, als das Thema Flick-Spenden noch unbekannt war, von den Politikern sehr hofiert.

Ehrenformationen der verschiedenen Waffengattungen waren in Paradeuniform angetreten, die Fahnen der fünfzig amerikanischen Bundesstaaten flatterten im Wind, Kommandos hallten über den Rasen, dann erklangen die Nationalhymnen, es folgten kurze Ansprachen von Reagan und Schmidt, schließlich paradierten Soldaten in farbenprächtigen historischen Uniformen aus der Zeit des Amerikanischen Bürgerkrieges vorbei.

Unmittelbar danach fand das erste Gespräch zwischen Präsident und Kanzler statt. Das Protokoll hatte hierfür auf dem bereits wieder sehr angefüllten Terminkalender des noch erholungsbedürftigen Reagan fünfundsiebzig Minuten vorgesehen. Im Oval Office konferierten die beiden Staatsmänner zunächst allein; später stießen die engeren Mitarbeiter dazu. Helmut Schmidt erläuterte dem Präsidenten die Vorgeschichte des NATO-Doppelbeschlusses. Weitere Themen waren die sowjetische Aufrüstung, die Nahost-Frage, die wirtschaftliche Situation in der EG, die politische Lage in Europa, insbesondere in der Bundesrepublik, in Berlin und in Frankreich, wo François Mitterrand gerade als Staatsoberhaupt Schmidt-Freund Giscard d'Estaing abgelöst hatte.

Mit Befriedigung registrierte der Kanzler die Bereitschaft seines Gastgebers zu Rüstungskontrollverhandlungen mit Moskau. Auf der NATO-Tagung im Dezember hatte sich die amerikanische Regierung gegenüber ihren europäischen Verbündeten verpflichtet, diese Verhandlungen bis spätestens Ende 1981 aufzunehmen. Reagan bestätigte dem Kanzler, daß dieser Zeitplan eingehalten werde. Helmut Schmidt hätte zwar gerne vorgezogene Verhandlungen gesehen, aber dazu war Reagan denn doch nicht bereit.

Immerhin hieß es in der Abschlußerklärung zum Schmidt-Besuch, man würde »beide Elemente des NATO-Beschlusses vom Dezember 1979 [Nachrüsten und Verhandeln] durchführen und ihnen gleiches Gewicht geben«. Außerdem unterstrichen Präsident und Kanzler »die Entschlossenheit der Bündnispartner, das Erforderliche zu tun, um in Zusammenarbeit mit ihren NATO-Partnern die westliche Verteidigung zu stärken und den durch die sowjetische Aufrüstung ausgelösten negativen Tendenzen entgegenzutreten«. Helmut Schmidt hinterher: »Diese Zusicherungen waren für mich außen- wie innenpolitisch von großer Bedeutung. Mein Vertrauen auf Reagans Verhandlungswillen schien gerechtfertigt, und zwar nicht nur gegenüber Breschnew, sondern auch was die wachsenden Zweifel in meiner eigenen Partei anlangte.«

Der Kanzler betrachtete den Besuch mithin als Erfolg, wenngleich in wichtigen ökonomischen Fragen keine Einigung erzielt worden war. Seine Beschwerde über die US-Hochzinspolitik, die seit Ende 1979 zu einer Abwertung der Mark gegenüber dem Dollar um mehr als dreiundzwanzig

Prozent geführt hatte, war erfolglos geblieben. Reagan zeigte zwar für die Sorgen des Kanzlers Verständnis, ließ jedoch keinen Zweifel daran, daß für ihn die Stabilisierung der amerikanischen Wirtschaft, die bei seiner Amtsübernahme eine zweistellige Inflations- und Arbeitslosenrate hatte, Vorrang genoß.

Auf dem Rückflug legte Helmut Schmidt einen außerplanmäßigen Stopp in Paris ein, um dem kurz zuvor zum französischen Staatspräsidenten gewählten François Mitterrand einen Antrittsbesuch abzustatten und Grüße des amerikanischen Präsidenten zu überbringen.

Mitterrand war am 10. Mai aus einer Stichwahl, in der er Giscard geschlagen hatte, als Sieger hervorgegangen. Für den Kanzler eine bittere Pille. Der neue französische Präsident war das Gegenteil von Giscard: untersetzt, bieder, noch nicht die Würde ausstrahlend, die ihm inzwischen zugewachsen ist, menschenscheu, aber, wie sein Lebensweg verriet, machtorientiert. In der Wirtschafts- und Finanzpolitik hatten Schmidt und Giscard viele Gemeinsamkeiten gehabt, darunter die Schaffung des von ihnen vorangetriebenen Europäischen Währungssystems. Kurze Zeit vor Giscards Sturz kündigten sie noch ein großes französisch-deutsches Anleiheprojekt für wirtschaftliche Modernisierung an.

Mitterrand verfolgte eine entgegengesetzte Wirtschafts- und Finanzpolitik: Ausweitung des Haushaltsdefizits, Verstaatlichung von Konzernen und Banken, Steigerung der Sozialausgaben. Schmidt über Mitterrand: »Er verband drei … Ideologien zu einem Gesamtkonzept, nämlich erstens budgetären Keynesianismus; zweitens auf Verstaatlichung und zugleich auf Wohlfahrtsstaat hinauslaufenden Sozialismus; und drittens handelspolitischen Colbertismus*.«

Schmidts Antrittsbesuch im Mai 1981 dauerte dreieinhalb Stunden. Dabei entdeckte der Kanzler auch Gemeinsamkeiten mit Mitterrand: Dieser sprach sich genau wie er für eine konsequente Haltung gegenüber den Sowjets aus. Folglich war der Franzose auch für den NATO-Doppelbeschluß. Außerdem konnte sich Schmidt mit Mitterrand darauf einigen, mit den anderen westeuropäischen Staaten Washington zu einem Abbau seiner Hochzinspolitik zu drängen. Nach der Besprechung erklärte der Kanzler im Hinblick auf die deutsch-französischen Beziehungen: »Ich bin überzeugt, daß dieses gute . . . Verhältnis auch in Zukunft unabhängig von unseren Personen nicht wieder zerstört werden kann . . . Ich bin fest überzeugt, daß Deutschland und Frankreich in diesen schwierigen Jahren, die vor uns liegen — weltpolitisch schwierig, im Verhältnis zwischen Ost und West schwierig, weltwirtschaftlich schwierig —, gut zusammenarbeiten werden.«

Schmidt und Mitterrand kamen sich einander schnell näher. Der Kanzler war der erste ausländische Gast, den der Franzose danach, im Oktober 1981, in seinem Landhaus im südwestfranzösischen Latche

---

* Colbertismus: eine Form des Merkantilismus, benannt nach dem französischen Staatsmann unter Ludwig XIV., Jean-Baptiste Colbert (1619–1683).

empfing. Nach einem halben Jahr redeten sich die beiden Herren bereits mit Vornamen an, und »Elmüt« durfte für den Labradorhund des Präsidenten, »Nil«, Stöckchen werfen.

Innerhalb des nächsten halben Jahres trafen sich die beiden Politiker nicht weniger als fünfmal. Die Schmidt/Genscher-Regierung setzte trotz der wirtschaftlichen Unterschiede zwischen Frankreich und der Bundesrepublik im eigenen Interesse alles daran, Frankreich, wo immer es ging, ökonomisch zu helfen. Wiederholt stützte die Bundesbank den Franc, um den Fall der französischen Währung zu bremsen. Mitterrand durfte sich keinen Imageverlust leisten. Die Inflationsrate war in Frankreich bei vierzehn Prozent angelangt. Schmidts Hilfe für Mitterrand ging so weit, daß Bonn innerhalb der EG einer fünfeinhalbprozentigen Aufwertung der Mark zustimmte, damit die dreiprozentige Abwertung des Franc für Paris keinen allzu großen Gesichtsverlust darstellte.

Dem Kanzler wurde in den folgenden Monaten großes staatsmännisches Geschick abverlangt. Die hohen Zinsen in den USA zum Abbau der Inflation lockten freies Kapital aus der ganzen Welt an und zwangen die Bundesbank, die Zinsen ebenfalls möglichst hoch zu halten, was der Wirtschaftskonjunktur in der Bundesrepublik jedoch höchst abträglich war. Der Dollar begann einen Höhenflug, die Mark sackte durch. Öffentlich kritisierte Schmidt die amerikanischen Zinssätze als »destruktiv« und auf lange Sicht »absolut unannehmbar«.

In Frankreich passierte genau das Gegenteil: Mitterrand betrieb eine Politik der Ausweitung des Haushaltsdefizits, da Stabilität – das oberste Ziel der Bundesregierung – für den französischen Präsidenten zweitrangig war. Zwischen diesen auseinanderklaffenden Wirtschaftskonzepten mußte der Kanzler die Bundesrepublik hindurchsteuern, und zwar ohne Washington oder Paris zu verärgern. Keine leichte Aufgabe, aber für den »Macher« eine echte Herausforderung.

**54** Am Sonntag, dem 11. Oktober 1981, klingelte in den Kaiserin-Augusta-Anlagen Nr. 4 zu Koblenz das Telefon. Der Hausherr nahm den Hörer ab: »Völpel.«

Am anderen Ende war der Kanzler. Er rief aus Hamburg seinen Arzt an: »Es ist schon wieder passiert.«

»Bitte, beschreiben Sie mir genau, was passiert ist und an was Sie sich noch erinnern können.«

Als der Kanzler mit seinem Bericht fertig war, sagte Völpel: »Sie müssen am Montag sofort eine Klinik aufsuchen. Entweder in Hamburg, oder Sie kommen zu mir ins Bundeswehrkrankenhaus.« Helmut Schmidt brauchte nicht lange zu überlegen: »Zu Ihnen natürlich.« Im Koblenzer Militärkrankenhaus wußte er sich in der sicheren Obhut seines Leibarztes, der schon bei früheren Erkrankungen des Kanzlers – im Gegensatz zu anderen Ärzten – mit seiner Diagnose richtig gelegen hatte. Völpel: »Ich werde veranlassen, daß man Ihnen morgen vormittag eine Maschine nach

Hamburg schickt. Sie brauchen jetzt strenge Ruhe, am besten, Sie legen sich bis zum Eintreffen des Flugzeuges hin.«

Innerhalb weniger Monate hatte Schmidt zum drittenmal einen jener plötzlich auftretenden Ohnmachtsanfälle erlitten, die er sich selbst am allerwenigsten erklären konnte. Von einer Sekunde auf die andere war er umgefallen. Nachdem er wieder zu Bewußtsein gekommen war — auf dem Fußboden liegend, an die Decke starrend —, konnte er sich an nichts mehr erinnern, und schon gar nicht, warum er umgekippt war. »Das ist ein dummes Gefühl, wenn alles weg ist.« Zwei dieser Zusammenbrüche hatten ihn im Juli und im August im Urlaub am Brahmsee überrascht. Das erste Mal auf einer Wiese, danach auf der Terrasse seines Ferienhauses.

Ein herbeigerufener Arzt glaubte zunächst an eine harmlose Kreislauf-schwäche, später an einen Schlaganfall. Loki Schmidt rief daraufhin Dr. Völpel im Schwarzwald an, wo dieser Urlaub machte. Anschließend sprach Völpel mit dem behandelnden Kollegen, und nachdem er sich Einzelheiten dieser im Ärztejargon genannten »Absacker« hatte schildern lassen, konnte er den Verdacht des Schlaganfalls ausräumen. Er vermutete — und lag damit richtig — eine Asystolie, ein kurzfristiges Aussetzen des Herzschlags.

So etwas passiert, wenn die Reize für das Zusammenziehen des Herz-muskels ausbleiben. Die Krankheit wird nach den beiden englischen Ärzten R. Adams und W. Stokes auch Adams-Stokesscher-Symptomen-Komplex genannt. Der Pulsschlag kann sich bis auf fünfzehn Schläge in der Minute verlangsamen und ist zudem unregelmäßig, weil die Überleitung der Nervenerregung vom Herzvorhof zur Herzkammermuskulatur blockiert ist. Nach den Ausfällen vom Juli und August wurde der Kanzler zunächst medikamentös behandelt.

Diese Anfälle von Bewußtlosigkeit waren anderer, vor allem gefähr-licherer Natur als die kleinen Kollapse, die Schmidt schon sein ganzes Leben begleitet hatten. Die Asystolien währten zwar nur Sekunden. Dank eines im menschlichen Organismus eingebauten »Notaggregats«, das bei Ausfall der normalen Reizung des Herzmuskels anspringt (so auch beim Kanzler), wird die Herzkammer wieder zur Kontraktion veranlaßt; aller-dings nur mit der verminderten Herzfrequenz von dreißig bis vierzig Schlägen pro Minute. Setzt dieser Notmechanismus jedoch nicht ein und ist nicht sofort ärztliche Hilfe zur Stelle, können die Adams-Stokesschen Anfälle tödlich sein.

Dieses Leiden des Kanzlers blieb das bestgehütete Geheimnis in Bonn. Die wenigen, die davon wußten, waren bestürzt, und die anderen hatten nicht die geringste Ahnung. Mitarbeiter, Partei- und Fraktionskollegen sowie Journalisten vermißten bei Schmidt lediglich den gewohnten Biß. Niemand kam auf die Idee, daß die Nummer eins an einer lebensgefähr-lichen Krankheit litt.

Am zweiten Wochenende im Oktober 1981 spitzte sich das Krankheits-bild dramatisch zu. Freitags abends war der Kanzler nach einer anstrengen-den Woche in Bonn nach Hamburg geflogen und erst spät ins Bett gekommen. Am Samstagmorgen mußte er bereits um halb vier wieder aus dem Bett, um zur Beisetzung des ermordeten ägyptischen Präsidenten Anwar el-Sadat nach Kairo zu fliegen. Als er bei glühender Sonne im Trauerzug mitmarschierte, fühlte Schmidt sich bereits schlapp. Zurück in Hamburg hatte er abends noch eine private Einladung zum Essen. Zwischendurch rief Loki Schmidt Dr. Völpel an und bat um Rat, da ihr Mann Herzbeschwerden habe.

Am Sonntag passierte es dann: Helmut Schmidt erlitt den dritten Zusammenbruch infolge von Asystolie. Nachdem er wieder das Bewußtsein erlangt und sich berappelt hatte, rief er seinen Arzt an. Anderntags wurde er mit einem Luftwaffenjet zunächst von Hamburg nach Bonn und von dort aus per Hubschrauber ins Bundeswehrkrankenhaus nach Koblenz-Metternich geflogen.

Der Kanzler wurde keine Minute zu früh gebracht: Bei einer ersten Generaluntersuchung fiel er plötzlich in tiefe Leblosigkeit, sein Atem setzte aus, sein Herz stand still! Erstmals war sein inneres Notaggregat nicht angesprungen. Mit Hilfe einer sofort vorgenommenen elektrischen Reizung des Herzmuskels wurde Schmidt wieder ins Leben zurückgeholt. Zur selben Zeit verbreitete das Bundespresseamt noch die törichte Nachricht, der Regierungschef sei wegen einer »Infektion« eingeliefert worden. Dabei hatten Völpel und seine Kollegen bereits vor der Einlieferung des Patienten das Einsetzen eines Herzschrittmachers in Betracht gezogen. Kanzleramtschef Lahnstein, der von Völpel über den kritischen Zustand Schmidts unterrichtet worden war, behielt dieses Wissen für sich und weihte noch nicht einmal Regierungssprecher Becker ein. Ein klassischer Fall von Palastintrige.

In der Nacht zum Dienstag setzte Schmidts Herztätigkeit noch dreimal aus. Jedesmal mußte sein Herz durch elektrische Reize wieder in Gang gesetzt werden, da es von allein nicht mehr ansprang. Entscheidend war dabei, daß das Herz so schnell wie möglich zum Schlagen gebracht wurde. Dauert der Stillstand länger als zehn Minuten, wird das zentrale Nervensystem im Gehirn auf Grund von Sauerstoffmangel derart geschädigt, daß von einer echten Wiederbelebung nicht mehr gesprochen werden kann, auch wenn der Herzschlag wieder einsetzt. Beim Kanzler wurden diese über Leben und Tod entscheidenden Minuten nie überschritten.

Nach dieser Nacht war klar, daß der Patient einen ständigen Herzschrittmacher brauchte. Normalerweise werden solche Eingriffe im Koblenzer Bundeswehrkrankenhaus in eigener Regie und mit Hilfe hochmoderner Apparate durchgeführt. Beim Kanzler wollte Dr. Völpel allerdings das geringstmögliche Risiko eingehen. Deshalb rief er am Dienstag den Chefarzt der Herzchirurgie im Frankfurter Universitätsklinikum, Professor Dr. Peter Satter, an: »Sie müssen heute noch kommen, der Bundeskanzler braucht Ihre Hilfe.« Satter hatte sich mit über tausend Herzschrittmachertransplantationen einen Namen gemacht. Wegen anderer unaufschiebbarer Herzoperationen konnte er jedoch erst am Nachmittag nach Koblenz kommen. Bis zu seinem Eintreffen versorgten die

Bundeswehrärzte den Kanzler mit einem provisorischen Herzschrittmacher.

Professor Satter traf mit zwei Assistenten ein. Er wurde in das Krankenzimmer des Kanzlers geführt und diesem vorgestellt. Satter: »Herr Schmidt war absolut energisch und klar in seiner Entscheidung. Er sagte: ›Wenn es halt sein muß, dann machen Sie es sofort.‹«

Um 17.34 Uhr begannen Satter, sein Techniker Kreuzer und Bundeswehrchirurg Dr. Lenz das fast zwanzigminütige Ritual des Händewaschens. Dr. Völpel respektierte die Standesregeln und kam nicht in den Operationssaal. Um 18.04 Uhr senkte sich das Skalpell in die Brust des Kanzlers. Für Satter war das eine Routineangelegenheit. Vorab hatte er ein Betäubungsmittel injiziert, so daß die Brustgegend vom Schlüsselbein an abwärts gefühllos wurde. Das reichte für den Eingriff; eine Vollnarkose blieb Helmut Schmidt erspart. Dann hatte der Operateur etwa acht Zentimeter der Brusthaut zu durchtrennen – genug Platz für den Herzschrittmacher, ein kleines, silberschimmerndes Gerät, so groß wie ein Taschenfeuerzeug, damals rund fünftausend Mark teuer.

Nachdem Professor Satter und sein Team eine Elektrode durch eine Vene bis in die rechte Herzkammer geschoben und dort verankert hatten, dann die Elektrode an den Herzschrittmacher und diesen an eine kleine Batterie angeschlossen hatten, die mehrere Jahre hält, nähten sie den Herzschrittmacher in eine Hauttasche unterhalb des Schlüsselbeins ein.

Mit Hilfe eines Programmiergerätes wurde die Funktion des Schrittmachers nach dem Bedarf des Patienten eingestellt und im Verlauf der Jahre korrigiert werden. Nach vierzig Minuten war die Operation beendet, das Kontroll-EKG einwandfrei.

Schon am nächsten Morgen telefonierte Schmidt vom Krankenbett aus mit Freunden und Beratern. Am Donnerstag führte er ein längeres Telefonat mit Vizekanzler Genscher. Am Freitag konnten ihn die Bundesbürger auf beiden Fernsehkanälen im Koblenzer Krankenhaus erleben. Nach sechs Tagen verließ er das Krankenhaus, und am Sonntag, dem 18. Oktober, saß er wieder an seinem Schreibtisch im Kanzleramt. Helmut Schmidt hatte elf Kilo abgenommen, was ihm aber gut stand. Das Gesicht war straff, sogar mit einem Anflug von Bräune. Dem Chefreporter der *Süddeutschen Zeitung*, Hans Ulrich Kempski, den er zum Interview empfing, zeigte er bei geöffnetem Hemd stolz das Pflaster über der Operationswunde.

Noch mit den Fäden in der Brust besuchte er zusammen mit seinem jugendlichen Freund, dem Pianisten Justus Frantz, in der Bonner Beethovenhalle ein Konzert des Niederösterreichischen Tonkünstlerorchesters aus Wien. In der Pause stahl sich Schmidt in die Künstlergarderobe. »Ich hab' nur ein Stück gekannt, das mit dem dauernd vorkommenden Motiv . . .« Dann trällerte er die Melodie. Für ein paar Stunden vergaß er die Politik, und das war auch gut so.

Die Stimmung in der Regierungsmannschaft war flau. Als der Kanzler zum erstenmal wieder eine Ministersitzung leitete, rührte sich keine Hand zum Applaus, kein Blumenstrauß wurde ihm überreicht, nur ein Händedruck von der FDP-Staatsministerin im Auswärtigen Amt, Hildegard Hamm-Brücher.

Wenige Tage nach der Operation fand im mexikanischen Badeort Cancun die erste Gipfelkonferenz zwischen Industrie- und Entwicklungsländern statt, zu der zweiundzwanzig Staats- und Regierungschefs anreisten. Auch Helmut Schmidt wollte mit von der Partie sein, aber Dr. Völpel verbot ihm die Teilnahme — allein schon wegen des elfeinhalbstündigen Flugs mit Höhenunterschieden von bis zu zehntausend Metern und wegen des abrupten Klimawechsels. Davon abgesehen war nicht absolut sicher, ob das Kabel vom Schrittmacher zur Herzkammer auch richtig saß.

Das gesundheitliche Tief hatte dem Kanzler viel Sympathie in der Bevölkerung eingebracht. Rund dreitausend Bürger schickten spontan Genesungswünsche, und der Berliner Maler Reinhold (Timmy) Timm per Luftfracht ein Bild, das einen farbenprächtigen Sommerstrauß zeigte. Es bekam einen Platz im Bungalow.

Ganz anders war die Reaktion im politischen Bonn. Der Ausfall des Kanzlers hatte die Regierungsparteien schockiert. War Helmut Schmidt nach der Operation wirklich wieder fit? Wenn nicht, wer könnte ihn ersetzen? Der Nachfolger aus den Reihen der SPD müßte nicht nur Sachverstand, Durchsetzungsvermögen, Format und internationales Ansehen besitzen, sondern ebenso für den kleineren Koalitionspartner, die FDP, akzeptabel sein. Plötzlich war allen klar, auch denen, die Helmut Schmidt immer kritisierten, welches Gewicht dieser Mann in der deutschen Politik hatte und wie schwer er zu ersetzen war.

Unter den möglichen Nachfolgern wurde überraschenderweise Willy Brandt genannt, ein immer noch zugkräftiger Name. Als jedoch FDP-Chef Hans-Dietrich Genscher davon hörte, hatte er Mühe, sich zu beherrschen: »Völliger Quatsch! Das ist der größte Unsinn, der in Bonn zu hören ist.« Genscher verriet nicht, warum er das für »völligen Quatsch« hielt. Unabhängig davon wäre Brandt nicht bereit gewesen, sich den sechzehnstündigen Arbeitstag des Regierungschefs noch einmal anzutun. Einen Herzinfarkt hatte er schon hinter sich.

Wen sonst konnte die SPD aus dem Hut zaubern? Hans-Jochen Vogel besaß, bevor er als Regierender Bürgermeister nach Berlin ging, die größten Chancen. Inzwischen hatte er dort aber die Macht verspielt, war »nur noch« Oppositionsführer in einem Stadtparlament. Sein Name nötigte Genscher ein müdes Lächeln ab. Dann war da noch Verteidigungsminister Hans Apel, jahrelang als Kronprinz gehandelt. Durch einen Beschaffungsskandal um das Kampfflugzeug Tornado war er allerdings als Unglücksrabe abgestempelt. Wischnewski? Auf den konnten sich nicht einmal die Genossen einigen. Der nordrhein-westfälische Ministerpräsident Johannes Rau? Kam nach Genschers Meinung auch nicht in Frage. »Von Ihnen höre ich schlimme ideologische Sachen«, hatte er Rau erst vor kurzem angegangen und damit auf die von diesem befürwortete Kürzung des Kindergeldes und der Zuschüsse für Privatschulen angespielt.

Als letzter Name wurde der von Postminister Hans Matthöfer gehandelt, zwar ein Verlegenheitskandidat, aber für Genscher immerhin annehmbar. Nur, Matthöfer hatte es auch mit dem Herzen, litt unter Herzrhythmusstörungen. Seine Frau Traute schimpfte: »Der Hans macht doch schon die ganze Zeit mit seinem Herzen herum. Aber so ist er nun mal: Mit strammer Haltung einfach alles ignorieren.« Wie Schmidt, war man versucht zu sagen.

Die Nachfolgerdiskussion wurde schließlich gegenstandslos, da sich Helmut Schmidt weiter in die Pflicht nahm. Das Problem war nur, daß durch die Adams-Stokesschen Anfälle Gedächtnislücken entstanden waren, die er nun aufarbeiten mußte; zum Beispiel vor wichtigen Besprechungen erneut Akten lesen, deren Inhalt ihm früher geläufig war. Ähnlich wie bei einem Schlag auf den Kopf oder einem Autounfall, nach dem sich der Verunglückte sehr oft nicht mehr daran erinnern kann, wie es überhaupt zum Unfall kam, tritt nach den Anfällen eine Erinnerungslosigkeit (retrograde Amnesie) an unmittelbar vorausgegangene Vorgänge ein. Das gespeicherte Wissen − auch ein bestimmter Gedankengang − kehrt später nicht mehr zurück, es sei denn, es wird neu erlernt. Das ist darauf zurückzuführen, daß es bei einem vorübergehenden Ausfall der Herztätigkeit zu einer Mangeldurchblutung und damit zu einer Schädigung der Hirnzellen kommt.

Da das menschliche Gehirn viele Millionen Zellen hat, ist das zunächst nicht besonders tragisch. Treten die Anfälle dagegen häufiger auf, sind nicht nur die Erinnerungslücken größer, sondern durch die eingetretenen Schäden kann auch die Lernfähigkeit stark eingeschränkt oder gar unmöglich werden. Das traf bei Schmidt Gott sei Dank nicht zu. Dennoch war es für den Herzschrittmacher allerhöchste Zeit.

Bis zur Einlieferung ins Krankenhaus waren beim Kanzler, wie gesagt, drei Adams-Stokessche Zusammenbrüche registriert worden. Allerdings ließ sich nicht rekonstruieren, ob er solche Asystolien auch nachts gehabt hatte. Sie erfolgen, ohne daß der Schlafende etwas merkt. (Das »Notaggregat« springt ja an.) Der Betroffene fühlt sich am nächsten Morgen lediglich zerschlagen. Die Ärzte mochten daher nicht ausschließen, daß Schmidt die Anfälle in leichter Form schon seit Frühjahr 1981 hatte.

Es stellt sich die Frage, ob die Ära Schmidt nicht einen anderen Verlauf, vor allem ein ruhmreicheres Ende genommen hätte, wäre der Kanzler nicht 1981 von dieser tückischen Krankheit heimgesucht worden. Wolfgang Jäger, Mitautor des fünfbändigen Standardwerks *Geschichte der Bundesrepublik Deutschland*, schreibt: »Just als die Fähigkeit des Bundeskanzlers zum Krisenmanagement mehr denn je zuvor vonnöten war, verfügte der Kanzler nicht über genügend Kraft und Aktionsfähigkeit.« Schmidt selbst glaubt, daß er als gesunder Mensch manche Entscheidung anders getroffen hätte. Klaus Bölling dagegen hielt nichts von dieser Theorie. »Ich habe Helmut Schmidt in jenen Tagen sehr genau beobachtet. Mehr als die Spuren einer jahrelangen Kraftanstrengung konnte ich nicht wahrnehmen.«

# 55

Zehn Tage bevor Helmut Schmidt den Herzschrittmacher eingesetzt bekam, saßen er, Hans-Dietrich Genscher und Kanzleramtschef Manfred Lahnstein im Arbeitszimmer des Regierungschefs – Schmidt an der Kopfseite des länglichen Konferenztisches aus Palisander, Genscher rechts von ihm, Staatssekretär Lahnstein zur Linken.

»Möchten Sie ein paar Schnittchen, Herr Genscher? Was trinken Sie?« fragte der Kanzler höflich, und zu Lahnstein: »Was darf es für Sie sein, Graf Lahnstein?«

Letzterer machte ein Gesicht, als hätte er in eine Zitrone gebissen. »Nun fangen Sie schon wieder damit an, Herr Bundeskanzler. Wir Lahnsteins sind keine Grafen.«

»Aber ich«, feixte Helmut Schmidt, »hatte mal eine Freundin, die hieß Graf.« Die Herren wieherten vor Vergnügen.

Die Ausgelassenheit der Runde trog. Grund zum Lachen hatte eigentlich nur der FDP-Vorsitzende. Bei einer abendlichen Rheinpartie auf einem Vergnügungsdampfer – eine Jazzband spielte, Ober flitzten mit Drinks hin und her – beugte sich eine Dame zu ihm: »Eine phantastische Stimmung. So müßte es immer sein.«

»Können Sie haben, sobald wir allein in der Regierung sind.« Der Vizekanzler zeigte sein spitzbübisches Lächeln und war in jenen Herbstwochen des Jahres 1981 in Hochform. »Bei mir rufen laufend Herren von der CDU an, um mir zu melden, wer aus ihren Reihen mit der SPD kungelt. Ich sage dann jedesmal: ›Vielen Dank. Ich werde Sie für ein Ministeramt vormerken.‹« Sein Lachen klang wie das Krächzen einer Fuchsschwanzsäge.

In Bonn fragte man sich immer häufiger, wie lange die FDP der Koalition mit der SPD noch die Treue halten würde, nicht zuletzt deshalb, weil die wenigsten so recht daran glauben mochten, daß mit dem Herzschrittmacher die gesundheitlichen Probleme und Schwächen des Kanzlers behoben seien. Genscher auf die Frage, welcher Sozialdemokrat als eventueller Schmidt-Nachfolger für ihn annehmbar sei: »Wenn ich einen wüßte, würde ich es nicht verraten.« Die Betonung lag auf dem ersten Teil des Satzes. Und der Fernsehjournalist Friedrich Nowottny witzelte vor laufender Kamera: »Vielleicht ist Genscher dauernd unterwegs, damit er in Bonn nicht zu einer Antwort auf die Frage gezwungen werden kann, wie lange er noch mit der SPD regieren will.«

Und Helmut Schmidt?

Es passierte ebenfalls immer häufiger, daß sein Dienst-Mercedes morgens um neun Uhr vor dem Kanzler-Bungalow vorfuhr und mit weitgeöffneten Türen wartete – auf dem Sitz die Akten, vor dem Fahrzeug Fahrer Rink sowie die Leibwächter Warnholz und Heuer. Alles war zur Abfahrt bereit, nur der Kanzler kam nicht.

Helmut Schmidt saß derweil in der Bibliothek und plauderte mit Loki oder vielleicht mit einem Frühstücksgast, zum Beispiel mit seinem Hamburger Industriellenfreund Kurt Körber. Wenn er dann tatsächlich aufbrach, um zu regieren, war es schon zehn Uhr. »Der macht neuerdings auf Alles-ist-mir-egal«, hieß es im engsten Mitarbeiterkreis.

Tatsächlich hatte sich der Kanzler eine gewisse Wurstigkeit zugelegt, was für seine strapaziöse Tätigkeit nicht mal so schlecht war. Diese Einstellung schien allerdings jenen Zweiflern recht zu geben, die da meinten, Schmidt sei nicht hundertprozentig gesund, und fragten, ob das Risiko nicht zu groß sei, daß das Schicksal der Bundesrepublik Deutschland von der Funktion einer Maschine, eines Herzschrittmachers, abhänge.

Die als mögliche Nachfolger gehandelten Kronprinzen hatten inzwischen abgewunken: Matthöfer wegen seiner Herzrhythmusstörungen; Apel, weil ihm mehr der Sinn danach stand, Herbert Wehner als Fraktionsvorsitzenden zu beerben; Vogel, weil er der Ansicht war, in Berlin für vier Jahre gewählt worden zu sein; und Rau, weil er die nächste Bundestagswahl so oder so — mit oder ohne Helmut Schmidt — für verloren gab. Da wollte er nicht als Kanonenfutter dienen.

Die Freidemokraten hielten sich auffallenderweise aus der Diskussion um einen Schmidt-Nachfolger heraus; allerdings waren sie wieder einmal mit sich selbst beschäftigt. Wirtschaftsminister Graf Lambsdorff hatte Unruhe ausgelöst, weil er etwas von »Rücktritt« gemurmelt hatte. Über die Motive war man sich im unklaren. Die Haushaltsbeschlüsse waren unter seiner Mitwirkung entstanden. Der stellvertretende SPD-Fraktionsvorsitzende Horst Ehmke mutmaßte:»Lambsdorff will raus«, da er der Meinung sei, Inflation, Arbeitslosigkeit und Wirtschaftsflaute könnten nur noch zusammen mit der CDU/CSU erfolgreich bekämpft werden.

Ebensogut konnten Lambsdorffs versteckte Rücktrittsabsichten aber auch mit der Parteispendenaffäre im Zusammenhang stehen, die sich in der zweiten Jahreshälfte 1981 langsam aber sicher zu einem handfesten politischen Skandal entwickelte. Gleich mehrere Politiker waren ins Schußfeld geraten, darunter Verkehrsminister Matthöfer, aber vor allem Graf Lambsdorff. Ein offizielles Ermittlungsverfahren der Justizbehörden war noch nicht eingeleitet worden; das hinderte die Staatsanwälte aber nicht daran, gegen die Betroffenen zu recherchieren. Im Herbst nahmen die Vorwürfe gegen Lambsdorff immer konkretere Formen an, und die offizielle Anklage schien unumgehbar, so daß die private und berufliche Zukunft des Ministers plötzlich in Frage stand.

Da kam in den Bonner Parteien der Gedanke auf an eine Generalamnestie für alle, die im Rahmen von Parteispenden Steuerhinterziehung begangen hatten. Unterhändler der SPD, FDP und CDU/CSU kamen zusammen, um eine entsprechende juristische Formel auszutüfteln. Als dies in der Öffentlichkeit ruchbar wurde, machte die SPD-Führung einen Rückzieher. Erst ein zweiter Versuch und ein neuer juristischer Trick, den Paragraphen 371 der Abgabenordnung dahingehend zu ändern, daß unrichtige oder unvollständige Angaben gegenüber den Finanzbehörden auch dann noch ergänzt werden durften — und damit Straffreiheit garantiert war —, wenn Strafverfahren bereits eingeleitet worden waren, schien zu fruchten. Die Fraktionsspitzen aller vier Parteien einigten sich auf einen

Entwurf, der die Unterschriften von Kohl, Zimmermann, Wehner und Mischnick trug. Der Gesetzesentwurf sollte noch in der letzten Bundestagssitzung vor Weihnachten zur ersten Lesung eingebracht werden.

Dieses Vorhaben scheiterte jedoch in letzter Minute, denn inzwischen waren bei einer Durchsuchung der Düsseldorfer Zentrale des Flick-Konzerns Belege gefunden worden, die ein völlig neues Delikt vermuten ließen: Bestechlichkeit, mithin die Käuflichkeit der Parteien! Nun spielte die SPD bei der geplanten Amnestie wieder nicht mehr mit.

Glück für Helmut Schmidt, der sich aus der ganzen Affäre von Anfang an herausgehalten hatte. Diesmal wirkte es sich für ihn günstig aus, daß er nicht Parteivorsitzender war und auch nicht zu den Unterzeichnern der Vereinbarung gehörte. Zwar mußte er von der geplanten Generalamnestie gewußt haben, er konnte aber öffentlich erklären, mit dem »Quatsch« nichts zu tun gehabt zu haben. Hans-Dietrich Genscher war daraufhin, so hieß es, wütend auf Helmut Schmidt. Die FDP fühlte sich vom Koalitionspartner im Stich gelassen; das Koalitionsklima verschlechterte sich weiter.

Helmut Schmidts Autorität war mehr denn je gefordert, da die Regierung vor gravierenden Problemen stand: Die Arbeitslosigkeit stieg auf 1,6 Millionen an, und das Haushaltsdefizit wuchs. Schon den ganzen Sommer über hatte es bei den Beratungen zum Etat 1982 heftige Koalitionskräche gegeben. Nachdem man dann doch zu einer Einigung gekommen zu sein schien, taten sich plötzlich neue Etatlöcher auf. Statt der geplanten Nettokreditaufnahme von 26,5 Milliarden Mark war nunmehr von 33 Milliarden Mark die Rede. Der Wirtschaftsminister rechnete nicht mehr mit zweieinhalb Prozent Wachstum, sondern nur noch mit einem.

Außerdem wuchs der Widerstand gegen den von Helmut Schmidt verfochtenen Nachrüstungsbeschluß. An jenem Wochenende, an dem er wegen des notwendig gewordenen Herzschrittmachers in das Koblenzer Bundeswehrkrankenhaus eingeliefert worden war, hatte im Bonner Hofgarten eine Kundgebung der Friedensbewegung mit schätzungsweise dreihunderttausend Teilnehmern stattgefunden. Was Helmut Schmidt dabei vor allem störte, war das Auftreten namhafter Sozialdemokraten als Redner, darunter Erhard Eppler. Dieser hatte übrigens im August bei einem Besuch in der Deutschen Botschaft in Moskau vor einem größeren Kreis ungeniert darüber spekuliert, daß der Kanzler zurücktreten würde und er, Eppler, sich Johannes Rau oder Hans-Jochen Vogel als Nachfolger vorstellen könnte.

Das Anwachsen der Friedensbewegung drohte die SPD-Spitze zu spalten. Die Frage war, sollte man sich der Sehnsucht der Menschen nach Frieden anschließen oder sich von der Bewegung abgrenzen? Schmidt war für Abgrenzung, Willy Brandt hingegen meinte, man müsse um die Friedensdemonstranten werben.

Friedensbewegung, Spendenaffäre, Arbeitslosigkeit, Wirtschaftsflaute und Haushaltsloch waren für den Kanzler jedoch nicht die einzigen Themen, die ihn, die Parteien und die Öffentlichkeit gegen Jahresende bewegten. Zwei für ihn angenehmere Ereignisse machten ebenso Schlagzeilen:

der dritte Besuch Leonid Breschnews in Bonn und die erste Reise Helmut Schmidts in das andere Deutschland.

Für die dreitägige Visite des ersten Mannes der Sowjetunion hatte die Bundesregierung siebenhunderttausend Mark an Kosten eingeplant. Breschnew wurde mit einer hundertköpfigen Delegation erwartet, das waren rund siebentausend Mark pro Nase! Aber allein schon das Geschenk für den hohen Gast – ein Porträt des russischen Dichters Leo N. Tolstoi – kostete ungefähr fünfundzwanzigtausend Mark.

Ursprünglich sollte der Besuch nur zwei Tage dauern. Mit Rücksicht auf die angegriffene Gesundheit des Kreml-Herrschers wurde er jedoch auf drei Tage verlängert. Breschnew hatte seit seinem letzten Besuch im Mai 1978 gesundheitlich stark abgebaut. Schmidt: »Jetzt war er wirklich krank und hinfällig.«

Scheinbar leichtfüßig, aber mit merkwürdig kurzen Trippelschritten nahm er vor dem Kanzleramt die Ehrenformation des Bonner Wachbataillons ab, fast so, als sei er von unsichtbarer Hand aufgezogen worden und nun nicht mehr zu stoppen. Kanzlerarzt Dr. Völpel, der Breschnew 1975 auf der KSZE-Konferenz in Helsinki erlebt hatte, war gebeten worden, sich den Gast genau anzusehen und Rückschlüsse auf dessen Gesundheitszustand und damit eventuell eingeschränkte politische Handlungsfähigkeit zu ziehen. Seine Diagnose: »In Helsinki war sein Gang grob und unsicher, er mußte rechts und links gestützt werden. Er gab sich wie nach einem überstandenen Schlaganfall. Jetzt hat Breschnew parkinsonähnliche Züge: Trippelschritt, Propulsionsneigung« (Vorwärtsdrang mit Stolperneigung, mimische Armut, unkontrollierte Mundbewegungen).

Die Ursachen sind Durchblutungsstörungen im Gehirn, bedingt durch Arterienverkalkung der Gefäße, in der Medizin Zerebralsklerose genannt. Dies ist eine Alterserscheinung, die auch zu schneller Ermüdung führt. Aus diesem Grund wurde bei dem Essen, das der Kanzler am zweiten Tag zu Ehren seines Gastes in der Godesberger Redoute gab, auf die Vorstellung der hundertdreißig Gäste verzichtet.

Der Besuch – es war die siebte Begegnung zwischen Schmidt und Breschnew – stand unter einem günstigen Vorzeichen: Erst zwei Tage zuvor, am 20. November, war ein neuer Erdgasvertrag zwischen der Bundesrepublik und der Sowjetunion unterzeichnet worden. Bei einer Laufzeit von fünfundzwanzig Jahren sollten die Sowjets jährlich zehneinhalb Milliarden Kubikmeter Erdgas nach Westdeutschland liefern (zusätzlich siebenhundert Millionen Kubikmeter an West-Berlin). Der Vertrag war Teil einer Übereinkunft des Europäischen Erdgasverbundes mit der UdSSR über eine jährliche Gesamtmenge von rund vierzig Milliarden Kubikmeter. Als Empfänger waren neben der Bundesrepublik Frankreich, Italien, Österreich, die Beneluxstaaten und die Schweiz vorgesehen. Das neue Abkommen stärkte wesentlich die Außenhandelskraft der UdSSR und damit auch ihr Einkaufspotential.

Das Erdgas sollte nämlich durch eine erst noch zu bauende fünftausend Kilometer lange Pipeline von der Halbinsel Jamal in Westsibirien bis in die

Nähe von Waidhaus an der bayerisch-tschechischen Grenze geleitet werden. Die Sowjetunion brauchte hierfür sechs Millionen Tonnen Großrohre aus Westeuropa, davon allein die Hälfte aus der Bundesrepublik. Außerdem winkten Aufträge für einundvierzig Pumpstationen in Milliardenhöhe.

Die Reagan-Regierung hatte bis zuletzt versucht, dieses Geschäft zu verhindern, und unter anderem gedroht, in Europa tätigen Tochtergesellschaften amerikanischer Konzerne zu verbieten, Teillieferungen für die Pipeline auszuführen. Erstens sei es für Westeuropa strategisch bedenklich, sich in eine zu große Energieabhängigkeit von den Sowjets zu begeben; und zweitens bekämen die Russen »sensitive technologies« geliefert, zum Beispiel elektronische Geräte zur Fernsteuerung der Pumpstationen. Helmut Schmidt (unterstützt von Mitterrand) verbat sich wiederholt jegliche Einmischung, die in seinen Augen »eine Verletzung europäischer Souveränitäten« bedeutete. Die Behauptung, die Deutschen gerieten in eine nicht vertretbare Abhängigkeit, werde »entweder aus Unwissenheit oder aus Böswilligkeit« aufgestellt. Schmidt: »Ich habe sie [die Erdgaseinfuhren aus der Sowjetunion] von vornherein auf maximal dreißig Prozent unserer gesamten Erdgasimporte begrenzt, das heißt, auf maximal sechs Prozent unserer gesamten Energieimporte. Die nachfolgende Bundesregierung hat diese Begrenzung nicht angetastet; tatsächlich ist die Dreißig-Prozent-Grenze bisher nie erreicht worden.«

Leonid Breschnew traf am Abend des 22. November 1981 auf dem Köln-Bonner Flughafen ein, wo ihn Schmidt und Genscher abholten. Der Kreml-Boß brachte Außenminister Gromyko und den Ersten Stellvertretenden Ministerpräsidenten, Iwan W. Archipow, mit. In einem vorab erschienenen Interview mit der Londoner *Times* hatte der Kanzler erklärt, er beabsichtige, als »redlicher Dolmetscher« zwischen der UdSSR und den USA zu wirken. Breschnew und Reagan sollten zusammentreffen und »verstehen, daß der andere kein Kriegshetzer ist«.

Breschnew war kaum auf Schloß Gymnich, dem Gästehaus der Bundesregierung, eingetroffen, da bedrängte ihn auch schon der Kanzler: »Sie müssen sich unbedingt mit dem amerikanischen Präsidenten treffen.« Darauf Breschnew amüsiert: »Darf ich die Nacht hier noch schlafen?«

Anderntags begannen im Kanzleramt die politischen Gespräche. Breschnew und Gromyko mißtrauten Reagan zutiefst und wollten von Schmidt alles über den amerikanischen Präsidenten wissen (»Oder hat Verteidigungsminister Weinberger das Sagen?«), zumal in der folgenden Woche in Genf erstmals Verhandlungen über atomare Mittelstreckenwaffen (INF) zwischen Sowjets und Amerikanern beginnen sollten. Der Kanzler versuchte, das Mißtrauen abzubauen: »Ich habe Ronald Reagan einmal gesagt, Leonid Breschnew will wirklich keinen Krieg, der will Frieden. Heute möchte ich Ihnen sagen, Ronald Reagan will ebenfalls den Frieden. Er hat mir gesagt: ›Ich will mit den Russen verhandeln, verhandeln und immer wieder verhandeln, bis sie meinen Standpunkt begreifen.‹« Er, Schmidt, sei vom Friedenswillen des amerikanischen Präsidenten hundertprozentig überzeugt. »Herr Generalsekretär, wir kennen uns jetzt viele Jahre. Ich habe Ihnen nie die Unwahrheit gesagt.« Da reichte Breschnew über den Konferenztisch hinweg dem Kanzler die Hand: »Das ist wahr.« Das Gespräch dauerte drei Stunden. Auf deutscher Seite nahmen noch Genscher und Lambsdorff teil, bei den Sowjets unter anderen Archipow. Breschnew machte dem Kanzler Vorwürfe, daß die Bundesregierung den Nachrüstungsbeschluß der NATO mittrage. »Wenn Sie wünschen, daß es keine amerikanischen Raketen in Europa geben soll«, meinte Schmidt daraufhin, »dann müssen Sie alle [sowjetischen] Mittelstreckenraketen, die auf Europa zielen, wegnehmen.« Durch Satellitenaufklärung wußte man, daß die Sowjets inzwischen zweihundertfünfzig Raketen, die jeweils drei atomare Sprengköpfe führten, gegen Westeuropa in Stellung gebracht hatten. Der deutsche Regierungschef kam in Fahrt: »Ich habe nie daran gedacht, daß Sie jemals auf einen atomaren Knopf drücken werden. Aber die Existenz Ihrer Raketen ist ein Pressionsmittel, das schlimme Auswirkungen haben könnte. Darum setzen wir uns für die Nullösung bei den bodengestützten Mittelstreckenwaffen in Ost und West ein.«

Der fast fünfundsiebzigjährige sowjetische Generalsekretär machte trotz seiner Krankheit streckenweise einen geistreichen, lebhaften Eindruck — dank eines Tricks: Er lenkte das Gespräch auf Punkte, die er beherrschte und wie eine alte Platte abspielen konnte. Wenn das nicht half, überließ er Gromyko das Wort. Außerdem bediente sich Breschnew einer einfachen, bilderreichen Sprache: »Bei Ihnen im Westen wird von der Möglichkeit begrenzter nuklearer Kriege gesprochen. Als ob Europa, wo hundert Millionen von Menschen leben, bereits verurteilt sei, zu einem Kriegsschauplatz zu werden. Als ob es irgendein Karton mit Zinnfiguren wäre, die kein besseres Los verdienen, als in der Glut nuklearer Explosionen verschmolzen zu werden . . .«

Da der Kanzler das Gefühl nicht los wurde, die Sowjets würden immer noch darauf spekulieren, mit Hilfe der Friedensbewegung die Nachrüstung in Westdeutschland verhindern zu können, wurde er sehr deutlich: »Herr Generalsekretär, Sie müssen bitte klar sehen. Im Falle eines Scheiterns der bevorstehenden Verhandlungen werde ich für das Zustandekommen einer westlichen Nachrüstung notfalls die Existenz meiner Regierung riskieren, und jede denkbare Bundesregierung wird der Stationierung neuer amerikanischer Waffen zustimmen, wenn es nicht bis Ende 1983 zu einem Durchbruch bei der beiderseitigen Begrenzung der Mittelstreckenwaffen kommt.« Breschnew und Gromyko spürten, daß es Helmut Schmidt ernst war, zumal sie am folgenden Tag in den Einzelgesprächen mit Helmut Kohl und Franz Josef Strauß ähnliches hörten.

Das Gespräch wurde am Nachmittag auf Schloß Gymnich — diesmal in kleinstem Kreis — für zwei Stunden fortgesetzt. Breschnew lag an einem positiven Ausgang. Er, der um seinen gesundheitlichen Verfall wußte, wollte den sowjetischen Einflußbereich, der während seiner achtzehnjährigen Herrschaft (1964—1982) beträchtlich ausgedehnt worden war — unter anderem in Afrika —, durch Vereinbarungen mit dem Westen und Entspannung absichern. Einer seiner Mitarbeiter verriet dem Kanzler: »Breschnew will seinem Nachfolger nicht allzu viele ungelöste Probleme hinterlassen.« Rückschauend muß man konstatieren, daß er nur Probleme vererbt hat: angefangen von Afghanistan über das nicht gestoppte Wettrüsten bis hin zu den ungelösten wirtschaftlichen Schwierigkeiten.

Jetzt, in seiner Tischrede beim Abendessen in der Godesberger Redoute, machte er einen Vorschlag publik, den er Stunden zuvor Schmidt schon unterbreitet hatte: »Als Geste des guten Willens könnten wir einen gewissen Teil unserer nuklearen Waffen mittlerer Reichweite im europäischen Teil der UdSSR einseitig reduzieren. Wir könnten sozusagen auf Vorschuß reduzieren . . . Dies ist ein neues, ein wesentliches Element in unserer Position . . . Wir wären bereit, die Reduzierungen nicht um Dutzende, sondern um Hunderte von Einheiten der Waffen dieser Klasse vorzunehmen. Ich wiederhole: um Hunderte von Einheiten.«

Dieses Entgegenkommen war jedoch an eine alte Forderung Breschnews gekoppelt: Beide Seiten sollten, während in Genf die Abrüstungsverhandlungen liefen, einen Aufstellungsstopp (Moratorium) für neue Raketen beschließen. Helmut Schmidt war ursprünglich ein Anhänger des von Breschnew erstmals im Oktober 1979 vorgeschlagenen Moratoriums, weil es zunächst nur die Russen betroffen hätte. Der Westen war nämlich bis Herbst 1983 technisch gar nicht in der Lage, neue Pershings und Cruise Missiles zu stationieren. Dann aber hatte Schmidt die Idee nicht weiterverfolgt – teils auf Drängen Genschers, teils, weil Präsident Carter heftig dagegen opponierte. Daß Breschnew nun auf diesen Vorschlag zurückkam und ihn um eine Konzession erweiterte, bewies, daß sich bei den Sowjets ein Einlenken anbahnte.

Das war ein diplomatischer Erfolg des deutschen Bundeskanzlers. Und da Schmidt Präsident Reagan vorher zum öffentlichen Angebot einer beiderseitigen Nullösung hatte bewegen können, saß er als unsichtbarer Verhandlungspartner der Supermächte mit am Tisch der Abrüstungsgespräche. Eine Leistung von historischer Dimension, die heute nur noch den wenigsten bewußt ist.

Der Besuch – ein Jahr später starb Breschnew – bewirkte noch etwas Gutes: Nun, da zwischen Ost und West Tauwetter angebrochen war, konnte der Kreml keine Einwände mehr gegen eine schon zweimal verschobene Reise des Kanzlers in das andere Deutschland haben.

56 Der Mann, der den Bundeskanzler über zwei Jahre lang, zuletzt im Spätherbst 1981, in geheimer Mission aufsuchte, war untersetzt, hatte freundliche hellblaue Augen und trug eine Brille. Die Geheimtreffen fanden sowohl im Kanzleramt als auch in Schmidts Ferienhaus am Brahmsee statt. Letzteres war noch weniger auffällig. Einer der Leibwächter holte dann den merkwürdigen Besucher, der von der Presse nicht gesehen werden wollte, mit einem Wagen vom Hamburger Flughafen ab.

Bei den Gesprächen war mal Herbert Wehner dabei, mal der Leiter des

Arbeitsstabes Deutschlandpolitik im Kanzleramt, Hans Otto Bräutigam. Denn bei dem geheimnisvollen Besucher handelte es sich um den DDR-Anwalt und Honecker-Vertrauten, Professor Dr. Wolfgang Vogel. Er hatte vom DDR-Staatsratsvorsitzenden und SED-Generalsekretär persönlich den Auftrag erhalten, den ersten DDR-Besuch Helmut Schmidts geräuschlos vorzubereiten. Es gehört zu den Merkwürdigkeiten des deutsch-deutschen Verhältnisses, daß die politischen Einzelheiten der Reise seitens der DDR von einer Privatperson ausgehandelt wurden. Das hing vor allem damit zusammen, daß die offiziellen Unterhändler – für die Bundesrepublik in erster Linie der Ständige Vertreter Bonns in Ost-Berlin – bei mehreren Anläufen immer wieder an einem toten Punkt angelangt waren.

Helmut Schmidt und Erich Honecker waren sich erst zweimal begegnet: 1975 in Helsinki auf der KSZE-Konferenz und 1980 in Belgrad anläßlich der Beerdigung von Tito. In der Folge hatte es zwei vergebliche Anläufe für einen Schmidt-Besuch in der DDR gegeben. Der letzte Versuch, als Reise des Kanzlers nach Dierhagen an der Ostsee geplant, war im August 1980 geplant; damals »kochte« es in Polen. Die unabhängige Gewerkschaft Solidarność (Solidarität) war im Entstehen, in mehreren Städten, vor allem auf der Lenin-Werft in Danzig, kam es unter dem siebenunddreißig Jahre alten Elektromonteur Lech Walesa zu Arbeitsniederlegungen, die sich gegen das kommunistische Regime in Warschau richteten. Die Entwicklung erinnerte an frühere Aufstände, so an den von Posen, der 1956 Wladyslaw Gomulka an die Macht brachte, und an die Arbeitererhebung von 1971, die zu Gomulkas Ablösung durch Edward Gierek führte.

Nicht zuletzt auf Grund des Rats von Kanzleramtschef Manfred Schüler und des Leiters der außenpolitischen Abteilung im Haus, Ministerialdirektor Berndt von Staden, entschied sich Helmut Schmidt, nicht zu fahren. Die Bundesregierung durfte nicht in den Verdacht geraten, die Vorgänge in Polen gingen sie nichts an und sie könne mit der DDR business as usual betreiben. Im Herbst 1981 war die Situation nicht viel besser, sie hatte sich sogar derart zugespitzt, daß eine Intervention der Sowjets in Polen in Betracht gezogen werden mußte. Durfte der Kanzler unter diesen Umständen einen erneuten Versuch wagen?

Hinzu kam das alte Dilemma: Würde ein Schmidt-Besuch in der DDR als Verbeugung vor dem SED-Regime ausgelegt werden oder – wie der Kanzler es sah – als der Versuch, das deutsch-deutsche Nachbarschaftsverhältnis zu verbessern? Und würde nicht in erster Linie Erich Honecker von dieser Begegnung profitieren, weil er sich dem Bundeskanzler als ebenbürtiger Partner präsentieren konnte?

Helmut Schmidt wußte um diese Komplikationen. Dennoch wollte er sich auf das Risiko einer DDR-Reise einlassen. Er glaubte sicher zu sein, daß der erste Mann der DDR mit ihm kein Doppelspiel betreiben würde. Auch Klaus Bölling, inzwischen Bonns neuer »Botschafter« in Ost-Berlin, riet ihm zu. Bölling hatte von Erich Honecker ein ganz bestimmtes Bild, das er später in seinem höchst lesenswerten Buch *Die fernen Nachbarn* so beschrieb: »Für mich hat es nie einen Zweifel gegeben, daß die ›deutsche Komponente‹ im Denken und Gefühlsleben Honeckers eine wichtige Rolle spielt. Zwar ist seine Loyalität zur Sowjetunion nicht zu erschüttern, sein Mut vor Kreml-Thronen mag nicht imponierend sein, und natürlich hat er auch zu keiner Zeit vergessen, daß die DDR stets in der Hand der Sowjetunion war. Doch er war sich immer bewußt, daß sich die Interessen der großen Mächte auch wandeln können. Eben das hat Honecker nie zum Satrapen werden lassen. Er weiß genau, daß die Sowjetunion einen Mann an der Spitze der DDR nötig hat, der bei den Menschen eine gewisse Achtung genießt, den man nicht für einen bloßen Befehlsempfänger hält, und der dadurch, daß er seinen Staat mehr und mehr in die Geschichte des ›fortschrittlichen Deutschland‹ hineinschiebt, sich selber und die Sowjetführung der Sorge vor polnischen Entwicklungen auf deutschem Boden enthebt.«

Nichtsdestotrotz unterließ Honecker alles, was in Moskau hätte den Verdacht aufkommen lassen können, zwischen ihm und dem Bundeskanzler gäbe es so etwas wie Kumpanei. Auch Helmut Schmidt legte eine gewisse Zurückhaltung an den Tag. Hochfliegende Pläne drängender Parteifreunde, er möge eine neue Deutschlandpolitik entwerfen und den »großen Durchbruch« ermöglichen, konterte er: »Und wie läßt sich das bitte in praktische Politik umsetzen, auf die auch Honecker eingehen kann?« Darauf hatte ihm in Bonn niemand eine überzeugende Antwort geben können. Nicht einmal Herbert Wehner, der zu den stärksten Befürwortern einer Kanzler-Reise in die DDR gehörte.

DDR-Anwalt Vogel entpuppte sich als geschickter Vermittler. Für Helmut Schmidt war der kluge Jurist der »prominenteste Briefträger«. Bei einem Spaziergang am Teupitzsee mit Klaus Bölling sagte Vogel: »Aller guten Dinge sind drei.« Mit anderen Worten, es sollte nach dem geplatzten Termin vom August 1980 ein dritter Anlauf unternommen werden, eine Schmidt-Reise zustande zu bringen. Der »Generalsekretär«, wie Honecker in der DDR-Spitze genannt wird, war zwar wegen der früheren Absagen verstimmt, aber letztlich doch daran interessiert, als Gastgeber den roten Teppich für Helmut Schmidt auszurollen.

Allerdings waren da zunächst noch mehrere Hindernisse grundsätzlicher Art. Ost-Berlin bestand auf jenen vier Forderungen, die Erich Honecker im Oktober 1980 bei einer Rede in Gera genannt hatte: Anerkennung der DDR-Staatsbürgerschaft; Umwandlung der Ständigen Vertretungen Bonns und Ost-Berlins in Botschaften; Festlegung der Elbgrenze in der Flußmitte; Auflösung der Zentralstelle zur Erfassung von DDR-Unrechtstaten in Salzgitter. Bonn seinerseits hatte mit Nachdruck die Zurücknahme einer Maßnahme verlangt, die von der DDR am 13. Oktober 1980 entgegen einer früheren Zusage Honeckers verfügt worden war: die Erhöhung des Mindestumtausches für Westdeutsche bei DDR-Besuchen auf fünfundzwanzig Mark pro Tag.

Weitere Unstimmigkeiten: Die DDR-Führung legte Wert darauf, daß die Begegnung in Ost-Berlin stattfände oder daß der Kanzler dem östlichen

Teil der ehemaligen Reichshauptstadt zumindest einen Besuch abstattete. Bonn sah darin jedoch den Versuch, Ost-Berlin aufzuwerten, was nicht mit dem Vier-Mächte-Status der Gesamtstadt zu vereinbaren war.

Daß der Besuch schließlich doch zustande kam, ohne daß eine dieser Sachfragen im Vorfeld geklärt worden wäre, war die eigentliche Leistung des DDR-Anwalts Vogel. Auf Anregung Klaus Böllings schrieb Helmut Schmidt einen Brief an Erich Honecker, in dem er mitteilte, daß Bonn für dieses Treffen keine Bedingungen stelle, also auch nicht auf der Zurücknahme des erhöhten Mindestumtauschsatzes bestehe. Überbringer dieses Briefes war Rechtsanwalt Vogel.

Am Nachmittag des 11. Dezember 1981 war es soweit: Auf dem Schönefelder Flughafen, der nicht zum Ost-Berliner Stadtgebiet gehört, landete die Luftwaffenmaschine des Kanzlers. Schmidts zur Schau getragene Fröhlichkeit wirkte aufgesetzt. Er begriff natürlich die Bedeutung und das Risiko dieses Besuchs, der nicht länger aufzuschieben war, es sei denn, man hätte es auf einen Bruch mit der DDR-Führung ankommen lassen. Der Bonner Regierungschef hatte in seiner nunmehr siebeneinhalbjährigen Amtszeit bis auf Albanien alle Ostblockstaaten besucht.

Der Kanzler brachte drei Minister mit: seinen Staatsminister Gunter Huonker, verantwortlich für die Deutschlandpolitik im Kanzleramt, Wirtschaftsminister Graf Lambsdorff und — auch dies ein Verhandlungserfolg des DDR-Abgesandten Vogel — den Innerdeutschen Minister Egon Franke (nach der bisherigen DDR-Version gab es dieses Ministerium gar nicht, mithin auch nicht den Minister). Schmidt, der sich in vertraulicher Runde viele Jahre lang herablassend über den SED-Generalsekretär geäußert hatte und ihm »Provinzialismus« bescheinigte, wußte, daß er nun mit Honecker ins Gespräch kommen mußte. Außerdem hatte er im Vorfeld des Besuchs nach einigen Telefonaten eine bessere Meinung von ihm. Davon abgesehen hatte sich Schmidt durch sorgfältiges Aktenstudium gut vorbereitet.

Gleich am Ankunftsabend fand im Gästehaus des Staatsrates der DDR, am nördlich von Berlin gelegenen Döllnsee, das erste Gespräch mit Honecker im kleinsten Kreis statt. Im Programmheft des DDR-Protokolls hieß es: »Die Begegnung des Bundeskanzlers der BRD, Helmut Schmidt, mit dem Generalsekretär des ZK der SED und Vorsitzenden des Staatsrates der DDR, Genosse Erich Honecker, wird mit einem gemeinsamen Abendessen verbunden. Teilnehmer [außer Schmidt und Honecker]: Dr. Wolfgang Vogel, Gunter Huonker. Am Tor stehen Ehrenposten der NVA [Nationalen Volksarmee]. Genosse Erich Honecker begrüßt den Gast am Eingang. Abendessen im eigenen Kreis für die Mitglieder der [weiteren] Begleitung.«

Daß Erich Honecker außer dem DDR-Anwalt niemanden mitbrachte, kein Mitglied der Regierung oder des SED-Politbüros, unterstrich noch einmal die Wichtigkeit dieses Mannes im deutsch-deutschen Dialog. Klar, daß viele hochrangige Funktionäre Vogel diese Sonderstellung neiden und es ihn sicherlich sofort spüren lassen werden, sollte Honecker sein Amt eines Tages abgeben.

Am nächsten Tag, Samstag, dem 12. Dezember, fand im gleichen Haus die erste Gesprächsrunde im Beisein der Delegationen statt. Für die Bonner Herren war es ein merkwürdiges Gefühl, den »Brüdern« aus dem anderen Deutschland gegenüberzusitzen. Was wohl in deren Köpfen vorging? Wer war überzeugter Kommunist, wer zumindest zweifelnder?

Honecker saßen dreizehn Genossen zur Seite, darunter Politbüro-Mitglied und DDR-Chefökonom Günter Mittag, gelernter Eisenbahner aus Stettin; Frank-Joachim Herrmann, ehemaliger Journalist, jetzt Staatssekretär und Leiter des persönlichen Büros Erich Honeckers; Alexander Schalck-Golodkowski, Staatssekretär im DDR-Außenhandelsministerium, heimlicher Finanzminister Honeckers und unter Genossen auch »Millionen Schalck« genannt, weil er der DDR mit pfiffigen Ideen zu der dringend benötigten Hartwährung verhilft; Kurt Nier, stellvertretender Außenminister, ein humorloser, hagerer Apparatschik und schwieriger Gesprächspartner, Verfechter der Abgrenzungspolitik gegenüber der Bundesrepublik; Ewald Moldt, Honeckers Mann in Bonn, ebenfalls ein Abgrenzungsfanatiker; Herbert Häber, Abteilungsleiter für Westfragen im SED-Zentralkomitee.

Im Verlauf des Gesprächs, das über weite Strecken nur von Schmidt und Honecker bestritten wurde, zeigte sich sehr bald, daß sich zwischen den Verhandlungspartnern nichts bewegen würde. Der Kanzler schlug ein wirtschaftliches Rahmenabkommen zwischen der Bundesrepublik und der DDR vor, in der Hoffnung, daß eine derartige Vereinbarung das gegenseitige Vertrauen fördern könnte. Eine positive Abhängigkeit des einen vom anderen könnte in der Folge zu einer besseren politischen Zusammenarbeit führen. Genau das aber war, wie sich später herausstellte, einigen Mitgliedern des SED-Politbüros ein Dorn im Auge. Der SED-Generalsekretär ließ seinen Wirtschaftssachverständigen Günter Mittag antworten, der Schmidts Angebot zunächst günstig beurteilte. Tatsächlich wurde der Vorschlag später ad acta gelegt.

Als Honecker an der Reihe war, beschwor er die besorgniserregende internationale Lage, bezweifelte den Verhandlungswillen der Amerikaner bei den in Genf angelaufenen Abrüstungsgesprächen (wie der große Bruder in Moskau) und warnte vor der Gefährlichkeit der Nachrüstung. Zu Helmut Schmidt gewandt: »Warum machen Sie sich zum Verfechter des amerikanischen Kurses? Es gibt doch keine einleuchtenden Gründe, warum Sie diese Waffen brauchen . . . Die Jugend bei uns und bei Ihnen hat Angst vor Abenteuern. Wir, Herr Bundeskanzler, haben dem Tod schon oft ins Auge gesehen. Es geht jetzt nicht so sehr um unsere Generation. Wir müssen an unsere Kinder und unsere Enkel denken.«

Schmidt wiederum machte aus seiner Enttäuschung über die Entwicklung der deutsch-deutschen Beziehungen in den vergangenen zwölf Monaten keinen Hehl. »Wir sind in einer Phase der Rückschläge, Herr Generalsekretär, und das hat nichts mit der Absage des Besuchs im letzten Sommer zu tun. Ich sah mich durch Sie getäuscht, Herr Honecker, als bei Ihnen die Mindestumtauschsätze erhöht wurden. Die Tauschsätze, die wir abgesprochen hatten [gemeint: am 15. November 1974], sind nicht eingehalten worden. Mit dieser einseitigen Veränderung habe ich nicht gerechnet. Sie kennen die Folgen für Rentner, für ganze Familien, für Jugendliche und Kinder. Daß hier Vertrauen enttäuscht worden ist, das ist eine ganz wichtige Tatsache.«

Honeckers Delegationsmitglieder waren erschrocken: Daß jemand so direkt mit ihrem Chef sprach, waren sie nicht gewohnt. Mag sein, der Kanzler registrierte die Betroffenheit auf den Gesichtern, jedenfalls schob er einen versöhnlichen, fast schon vertraulichen Satz nach: »Wir sind uns doch wohl einig, Herr Generalsekretär, daß wir manches ein bißchen anders machen würden, wenn wir allein auf dieser Welt wären.« Das war eine Anspielung auf die Abhängigkeit der beiden deutschen Staaten von ihren jeweiligen Verbündeten, den Supermächten. Honecker verzog keine Miene.

Der Kanzler sprach mit großem Ernst: »Viele Millionen Deutsche bei uns und bei Ihnen werden unsere Gespräche mit großer Anteilnahme begleiten. Sie werden fragen: Können die beiden miteinander? Sie alle werden wünschen, daß es uns möglich ist, ihnen eine begründete Hoffnung auf bessere Nachbarschaft zu geben, zuerst auf normale, vernünftige Nachbarschaft und dann irgendwann auf gute Nachbarschaft. Das ist es, Herr Generalsekretär, was mir am Herzen liegt.«

Honeckers Gesicht blieb unbeweglich. Wieder gab er zu verstehen, daß er nicht zu Konzessionen bereit war, solange die Bundesrepublik auf ihrem Alleinvertretungsanspruch bestehe und versuche, »besondere Beziehungen zu konstruieren«. Und dann fiel der entscheidende Satz: »Ohne die Lösung dieser Frage kann auch nichts für die Lösung der Ihnen, Herr Bundeskanzler, wichtigen Probleme geleistet werden.« Später allerdings kleidete er diesen Standpunkt ebenfalls in eine versöhnlichere Aussage, wie zuvor der Kanzler es schon getan hatte: »Wir sind bereit, bei gutem Willen auch auf Ihrer Seite, weitere Schritte zu tun.«

Schmidt kam noch einmal auf das Thema der Mittelstreckenraketen zu sprechen: »Ich habe Angst vor den neuen Raketen der Sowjetunion. Ich empfinde sie als eine politische Bedrohung. Sie müssen mich, Herr Generalsekretär, richtig verstehen: Ich finde es gerechtfertigt, daß die Sowjetunion Ängste empfindet. Ich kenne meine eigenen Ängste. Der Rüstungswettlauf ist eine ganz schlimme Sache. Es besteht die Gefahr von Fehleinschätzungen. Ich bin einer der Urheber des Verhandlungsteils des Brüsseler Doppelbeschlusses. In Guadeloupe, bei dem Treffen mit Carter, Callaghan und Giscard d'Estaing, bin ich entschieden für das Verhandlungselement eingetreten. Von den vier bin ich mittlerweile der einzige noch amtierende Regierungschef. Ich sage Ihnen noch einmal: Ich habe ganz große Sorge.«

Zum Schluß des Delegationsgesprächs passierte etwas Überraschendes: Der SED-Generalsekretär bestand darauf, Helmut Schmidts Beitrag beim Zustandekommen der Genfer Abrüstungsverhandlungen ausdrücklich zu würdigen. Hardliner Kurt Nier guckte dumm. Sein oberster Chef fuhr fort, er wolle diese positive Einschätzung auch in der Öffentlichkeit wiederholen

– eine Ankündigung, die er später freilich nicht einhielt. Dazu Helmut Schmidts Kommentar Wochen später: »Da hat er sich zuviel zugetraut. In Werbellin hat er es ehrlich gemeint.«

Am Abend des zweiten Tages fand ein Essen im größeren Kreis statt, an dem auch beide Delegationen teilnahmen. Wieder gab es eine Überraschung: Nach dem Nachtisch erhob sich Erich Honecker – er hatte bereits eine sehr trockene Tischrede gehalten –, um sie durch ein paar improvisierte Sätze zu ergänzen. Gegenüber seinem Gast bekundete er »Respekt und Hochachtung«, war voll des Lobes »über die Offenheit der ersten Gespräche« und äußerte sich mit Anteilnahme, die nicht gespielt zu sein schien, über die Perspektiven nachbarlicher Beziehungen. Klaus Bölling: »Manche in unserer Delegation, die ihm an diesem Abend zum erstenmal begegneten, hatten Honecker so viel Spontaneität nicht zugetraut. Wir merkten, daß er aus diesem Treffen etwas Wichtiges zu machen wünschte.«

Der dritte Tag des DDR-Besuchs fiel auf den dritten Adventssonntag. Der Kanzler schlief noch tief, als sich politisches Unwetter zusammenbraute. Einer der mitgereisten Journalisten, Wolfgang Kenntemich, Chefredakteur des *Deutschen Depeschen-Dienstes*, hatte gegen halb sechs Uhr morgens von Ost-Berlin aus seine Bonner Zentrale angerufen und dabei die Nachricht des gerade erst angebrochenen Tages erfahren: In Polen bahnte sich eine größere Militäraktion gegen die streikenden Arbeiter an. Kenntemich alarmierte den in einem Nebengebäude der Schmidt-Residenz, Schloß Hubertusstock, schlafenden Regierungssprecher Kurt Becker, und im Nu war die ganze Delegation wach. Wenig später trafen die ersten Informationen aus dem Kanzleramt ein: In Polen war die Regierungsgewalt vom Militär übernommen und das Kriegsrecht verhängt worden.

»Weit vor seiner Aufstehzeit« (Becker) wurde nun auch der Kanzler geweckt. Die Frage, die alle bewegte, war: Sollte man vorzeitig abreisen oder bleiben? Und was, wenn der Kanzler von seinem Gastgeber getäuscht worden war? Hatte Honecker von diesem Datum gewußt und Helmut Schmidt in eine Falle gelockt?

Klaus Bölling erinnerte sich später: »Die Verhängung des Kriegsrechts war eine böse Nachricht, zumal für die betroffenen Polen. Sie legte sich wie Mehltau auf die Stimmung unserer Delegation. Richtig war aber auch die Feststellung, daß es sich um einen innerpolnischen Vorgang handle. Wir haben eine Abreise auch deshalb nicht erwogen, weil wir wußten, wie unwiderlegbar ein Argument Herbert Wehners war: ›Auch wenn die Sowjetunion irgendwann die Nerven verloren und Panzer gegen die Solidarność-Bewegung eingesetzt hätte, hätten wir mit dem anderen deutschen Staat weiter umgehen müssen.‹«

Kurzum, Helmut Schmidt entschied sich für die Fortsetzung des Besuchs und fuhr, wie im Programm vorgesehen, in das mecklenburgische Städtchen Güstrow. Seine Stimmung hatte sich jedoch unübersehbar verschlechtert. Der deutsch-deutsche Gipfel hatte bisher so gut wie nichts bewegt, und das einzig greifbare Ergebnis war die Verlängerung des

Swing* um ein Jahr. Vor seiner Weiterfahrt reagierte der Kanzler auf einer Pressekonferenz auf die Fragen der Journalisten gereizt.

Mit der Reise nach Güstrow erfüllte sich Helmut Schmidt einen seit langem gehegten Wunsch: Er wollte dort das Barlach-Museum besuchen. Ernst Barlach — deutscher Bildhauer, Graphiker und Dichter, 1870 in Wedel bei Hamburg geboren, 1938 in Rostock gestorben — hatte schon auf den zehnjährigen Schüler Helmut Schmidt einen starken Eindruck gemacht. Barlachs Bronzefiguren und Holzschnitte drücken starkes seelisches Erleben — wie Leid und Armut — aus. Den Nationalsozialisten waren diese Arbeiten nicht »naturgetreu« genug. Sie erklärten sie für »entartet« und beschlagnahmten, verkauften oder vernichteten sie. Dieses brutale Vorgehen berührte den jungen Schmidt sehr.

Nach dem Krieg steigerte sich seine Verehrung für Barlach, was auf den Zigarettenkönig Philipp Reemtsma zurückzuführen ist. Dieser hatte in der Hitler-Zeit viele Barlach-Werke versteckt und nach dem Krieg ein Barlach-Museum im Hamburger Jänisch-Park gestiftet. Dort zog es Helmut Schmidt auch als Kanzler immer wieder hin. So manchem ausländischem Besucher zeigte er die Barlach-Kunstwerke.

Daß er nun nach Güstrow reisen durfte, auch dafür hatte sich DDR-Anwalt Vogel stark gemacht. Den Genossen vom DDR-Staatssicherheitsdienst war das gar nicht recht. Sie befürchteten, dem Kanzler könnten — wie Willy Brandt zehn Jahre zuvor in Erfurt — von DDR-Bürgern stürmische Ovationen bereitet werden. Dabei übersahen sie freilich, daß Schmidt im Gegensatz zu anderen Politikern das Bad in der Menge nie gesucht hat. Andererseits wollte er sich vor den Bürgern der DDR auch nicht verstecken lassen.

Wolfgang Vogel hatte sich bei der Besuchsplanung zwar mit dem Wunsch des Kanzlers bei den DDR-Behörden durchgesetzt, mußte Einzelheiten aber dem Ministerium für Auswärtige Angelegenheiten überlassen. Dort geriet die Sache in die Hände des stellvertretenden Außenministers Kurt Nier. Er legte der westdeutschen Seite ein Programm vor, das sofort erkennen ließ, daß man Helmut Schmidt in Güstrow vom ersten bis zum letzten Augenblick verstecken wollte. Dahinter standen die Anweisungen der Stasi-Funktionäre. Dazu Klaus Bölling: »Die wollten den Gast aus Bonn unter Quarantäne stellen. So stritten Huonker und ich über eine Stunde darüber, warum der Kanzler nicht den Weg vom Barlach-Haus bis zum Dom zu Fuß zurücklegen könne. Nier versuchte das Thema zu bagatellisieren. Für Gunter Huonker und mich wurde es von Minute zu Minute schwerer, Niers formalistischen Ausreden geduldig zuzuhören. Der anderen Seite war natürlich bewußt, daß die Bundesregierung nicht wegen eines kurzen Spazierganges, den der Stasi als unkalkulierbares Risiko eingestuft hatte, im letzten Augenblick den Besuch absagen würde. Immer wieder versicherte uns Nier, daß sich der Kanzler doch über den festlichen Weihnachtsmarkt von Güstrow, begleitet vom Staatsratsvorsit-

---

* Zinsloser Überziehungskredit im innerdeutschen Handel

zenden, bewegen könne. Er wußte auch genau, daß ›der Herr Bundeskanzler dort Gelegenheit hat, die Bürger der Stadt Güstrow zu begrüßen‹.«

Als der Kanzler am 13. Dezember bei schneidender Kälte in Güstrow eintraf, glich die kleine Kreisstadt einer Festung. Zahlreiche Bewohner hatten sich schriftlich verpflichten müssen, ihre Häuser nicht zu verlassen. Sie durften sich nicht einmal an die Fenster stellen. Andere, deren antikommunistische Einstellung bekannt war, hatte man zu »Betriebsweihnachtsfeiern« in die Umgebung verfrachtet. Statt dessen waren linientreue Genossen aus anderen Bezirken herangekarrt worden, um als »Jubel-Güstrower« zu fungieren. In den Straßen, die die Kanzler-Kolonne durchfuhr, waren auf jeder Seite im Abstand von fünf Metern Polizisten postiert; dahinter ganze Scharen von Stasi-Beamten, die keinen Blick von den Häusern und Fenstern ließen. Das ohnehin bloß aufgesetzte Lächeln Helmut Schmidts auf dem Balkon des Rathauses von Güstrow gefror. Ein Bonner Journalist kommentierte die Szene laut als »Polizeistaatsfestival«.

Merkwürdigerweise beteiligte sich Erich Honecker an dem »Türken«, der gebaut wurde. Er trat an den Straßenrand und griff nach Händen, die sich ihm entgegenstreckten – angeblich die von Bürgern der Stadt, in Wirklichkeit aber von verkleideten Staatssicherheitsbeamten.

Zum Schluß war der Besuch des Güstrower Doms vorgesehen, wo Bischof Heinrich Rathke den Kanzler und seine Delegation erwartete. Im Kircheninnern hängt die berühmte Barlach-Plastik *Der Schwebende*. Rathke, ein aufrechter Mann mit starker, aber nicht übertriebener pastoraler Ausstrahlung, hielt eine kleine Rede mit sehr mutigen Worten: »Unser Güstrower Dom ist wie jede Kirche ein Ort der Kontemplation, der Besinnung und der Stille. Hier beten Christen. Wir wissen um die große Bürde der Verantwortung, die Sie als Staatschefs für uns alle tragen. Und daher beten wir in unseren Kirchen für Sie, für den Marxisten Erich Honecker, für den Christen Helmut Schmidt. Und ich darf heute sagen, im Angesicht der jüngsten Entwicklung in unserem Nachbarland Polen haben wir auch besonders gebetet für die Verantwortung, für die verantwortlichen Politiker dort und für das ganze Volk.«

Schmidt und Honecker hatten nebeneinander gestanden. Plötzlich zog sich der Kanzler zurück, setzte sich allein in eine Kirchenbank und begann zu beten.

Eine Stunde später bestieg er den Sonderzug, der ihn nach Hamburg bringen sollte. Erich Honecker gegenüber sagte er nichts von seiner Enttäuschung, ja, seiner Verbitterung. Er versuchte, was sicherlich falsch war, die Peinlichkeit durch vorgetäuschte Fröhlichkeit zu überspielen. Und dann, unmittelbar bevor sich der Zug in Bewegung setzte, ereignete sich jener Vorfall, der die westdeutschen Medien noch wochenlang beschäftigen sollte. Honecker hatte aus der Tasche seines grauen Mantels einen Hustenbonbon herausgefingert und in den Mund gesteckt. Helmut Schmidt, bereits im Wagen am heruntergelassenen Abteilfenster, streckte demonstrativ die Rechte aus, was soviel bedeutete wie: mir bitte auch einen.

Der Generalsekretär reagierte lachend und reichte dem Kanzler einen

Bonbon. Diese Szene wurde später in vielen Zeitungen als »peinlich« beschrieben. Sie paßte zu dem Bild des »Appeasement«-Politikers, das manche seiner politischen Gegner von Schmidt hatten, und zu dem Mann, der es nicht übers Herz gebracht hatte, nach der Verhängung des Kriegsrechts in Polen seine Reise abzubrechen.

Hatte der deutsch-deutsche Gipfel an sich einen gewissen Wert, weil man miteinander redete, so war doch nicht zu übersehen, daß die sozialliberale Koalition nicht mehr die Kraft besaß, neue Initiativen in der Deutschlandpolitik zu ergreifen, geschweige denn umzusetzen. Dazu waren die Erosionen zu offensichtlich, was auch Honecker nicht verborgen geblieben war. Schon wurde in Ost-Berlin spekuliert, daß mit Kohl und Strauß an der Macht wahrscheinlich leichter zusammenzuarbeiten sei.

Helmut Schmidt verließ die DDR mit widerstreitenden Gefühlen.

57 Über Neujahr hatte sich der Kanzler, wie schon vor zwei Jahren, ins milde Klima Floridas zurückgezogen – weg vom kalten Winter in Deutschland und den deprimierenden Erlebnissen in Güstrow. Er hatte sich ein Hotelapartment mit Blick auf die vor der Ostküste Floridas gelegene kleine Insel Sanibel – eine Abkürzung für den spanischen Namen Santa Isla Bel – gemietet. Der winzige Ort mit nur achtzehnhundert Einwohnern bestand im wesentlichen aus einem großen Yachthafen, vielen Ferienwohnungen und zwei Kneipen, wo man noch für sechs Dollar soviel essen durfte, wie man wollte.

Für den Rückflug am 4. Januar 1982 war schon Wochen zuvor ein Zwischenstopp bei Ronald Reagan in Washington eingeplant worden. Was anfangs als reiner Höflichkeitsbesuch gedacht war, wurde durch die Zuspitzung in Polen plötzlich zu einer Krisenkonferenz. Der amerikanische Präsident hatte wirtschaftliche Boykottmaßnahmen gegen Warschau und Moskau verhängt, denen sich Bonn nicht anschließen mochte. Nun bestand auch die Gefahr, daß Reagan die amerikanisch-sowjetischen Gespräche über den Abbau der Mittelstreckenraketen abbrechen würde. Dadurch geriet der Kanzler in eine schwierige Situation, da er sich gegenüber seiner Partei dafür verbürgt hatte, daß in jedem Fall verhandelt würde und es nicht nur zu einer westlichen Nachrüstung kommen werde.

Die bevorstehenden Gespräche in der amerikanischen Hauptstadt schienen so heikel zu werden, daß Schmidt noch von Florida aus Hans-Dietrich Genscher telefonisch bat, von Bonn nach Washington zu fliegen, um ihn zu Reagan zu begleiten. Der Außenminister verband diese Reise mit einer Zwischenstation in Brüssel, wo ein Treffen der EG-Außenminister angesetzt worden war, auf dem man ebenfalls über eventuelle Maßnahmen gegen Warschau und Moskau beraten wollte. Als Genscher vier Stunden nach dem Kanzler in Washington eintraf, brachte er eine Hiobsbotschaft mit: Die Europäer waren unter sich zerstritten. Ihre Außenminister hatten sich nicht einmal darauf einigen können, ihren Ratspräsidenten, den Belgier Leo Tindemans, in die Sowjetunion und nach Polen zu schicken.

Das fehlte dem Kanzler gerade noch. In Washington war er, was ihm noch nie widerfahren war, mit harscher Pressekritik empfangen worden. Das *Wall Street Journal* schrieb an seinem Ankunftstag: »Schmidts Einstellung gegenüber Moskau zeigt eine demoralisierte politische Führung, in deren Zukunftsvision sich Westdeutschland als finnlandisierter Industrievasall eines totalitären Imperiums darstellt.«

Es waren aber nicht nur die Medien, die sich gegenüber Schmidt kritisch verhielten, sondern auch der amerikanische Präsident forderte öffentlich, die Europäer im Bündnis müßten Moskau eine »fühlbare Antwort« geben. Vom deutschen Bundeskanzler erwarte man, daß er beispielhaft vorangehe. Das fand der Kanzler ungerecht. Bei zwei Abendessen, die er für prominente Amerikaner in der Deutschen Botschaft am ersten und zweiten Tag gab, verwies er auf seine Bundestagsrede vom 18. Dezember und auf eine Entschließung des Parlaments, in der, an die Adresse der polnischen Militärregierung unter Jaruzelski gerichtet, »die Freilassung aller Inhaftierten« verlangt wird sowie die »Wiederherstellung der durch einen Reform- und Erneuerungskurs erreichten Freiheiten . . . [und] Wiederaufnahme des Dialogs mit den reformwilligen patriotischen Kräften des polnischen Volkes«.

Das waren zwar bloß Worte, die den neuen Machthabern in Warschau gleichgültig bleiben konnten, aber immerhin hatte sich der Bundestag gleichzeitig für die Einstellung jeder westdeutschen staatlichen Wirtschaftshilfe an Polen ausgesprochen, und zwar so lange, wie »die Unterdrückungsmaßnahmen des derzeitigen Regimes gegen das polnische Volk anhalten«. Außerdem hatte die Bundesregierung die Westdeutschen dazu aufgerufen, durch Hilfspakete das Leben der Bürger in Polen zu erleichtern und sie somit der Solidarität der Menschen im Westen zu versichern. Helmut Schmidt: »Weder die Medien der USA noch das Weiße Haus hatten dies alles zur Kenntnis genommen.«

Ferner war in Washington gerüchtweise zu hören, die Amerikaner würden die Erdgasröhrenvereinbarung, über die zwischen einem europäischen Konsortium und Moskau noch verhandelt wurde (der bundesdeutsche Anteil war bereits am 20. November unterzeichnet worden), torpedieren. Darüber hinaus könnte Washington amerikanische Banken veranlassen, Polen gewährte Anleihen zurückzuziehen, was an den westeuropäischen Bankplätzen für Aufregung sorgen würde. Den Kanzler ärgerte dabei vor allem, daß diese Drohungen »von unverantwortlichen Mitarbeitern Reagans ausgestreut wurden«.

Für seine Zurückhaltung in der Polen-Frage gab er seinen amerikanischen Gesprächspartnern zwei Gründe an: »Ich habe nicht vergessen, daß bei früheren Übergriffen der Sowjets die gesamte westliche Welt zwar zunächst voller Empörung war, die sich jedoch sehr schnell legte. Und die USA als stärkste Macht im westlichen Lager hat letztlich jedesmal über keine Mittel verfügt, solche Übergriffe rückgängig zu machen. Zweitens, jeder westdeutsche Versuch, zwischen das polnische Volk und seine Regierung Keile zu treiben, den ersteren freundliche Worte zu sagen, der letzteren aber Hilfe zu verweigern, muß nicht nur scheitern; er liefert den kommunistischen Propagandisten in Warschau auch Argumente gegen den angeblichen deutschen Revanchismus.«

Am zweiten Tag nach seiner Ankunft fand das Gespräch mit Ronald Reagan statt. Der Präsident gab sich betont locker: »Die Gummibärchen stehen links von Ihnen, Mr. Chancellor.« Das heikle Polen-Thema begann er mit der Bemerkung, er hätte auch mitbekommen, daß die amerikanischen Medien Helmut Schmidt ungerecht behandelt hätten. »Ich bin jedenfalls erfreut über alles, was Sie während Ihres Besuchs zu diesem Thema gesagt haben.« Damit waren vor allem die Gespräche bei den Abendessen in der Deutschen Botschaft gemeint, über die man ihm berichtet hatte.

Zu einer Annäherung der unterschiedlichen Standpunkte, vor allem in der Frage der Sanktionen, kam man trotz aller Freundlichkeiten nicht. Das Abschlußkommuniqué war denn auch sehr vage gehalten: »Der Bundeskanzler und der Präsident stimmten in ihrer Analyse der Lage in Polen überein . . . und brachten ihre Sorge über den schwerwiegenden Druck, den die Sowjetunion auf die polnischen Bemühungen um eine Erneuerung ausübt, zum Ausdruck. Sie bestehen darauf, daß Polen seine Probleme ohne Einmischung von außen lösen kann, und wiederholten ihre Auffassung, daß eine militärische Intervention in Polen ernsteste Folgen für die internationalen Beziehungen hätte und die gesamte weltpolitische Lage fundamental verändern würde . . .«

Da auch internationale Wirtschaftsfragen zur Sprache gekommen waren, hieß es weiter: »Der Bundeskanzler und der Präsident stimmten in der Absage an den Protektionismus und in der Entschlossenheit überein, sich für einen möglichst freien Welthandel einzusetzen . . .« Und schließlich: »Sie nahmen mit Befriedigung zur Kenntnis, daß die Außenminister Genscher und Haig in ihren jeweiligen Ministerien Koordinatoren für die deutsch-amerikanischen Verbindungen benannt haben.« Im Bonner Auswärtigen Amt wurde diese Aufgabe der FDP-Staatsministerin Hildegard Hamm-Brücher übertragen.

Durch Regierungssprecher Kurt Becker, der zur Delegation gehörte, ließ Helmut Schmidt mitteilen, er habe die amerikanischen Wirtschaftssanktionen »nicht kritisiert«. Seine Begleiter dagegen machten sich über die amerikanische Drohung lustig, den Sowjets kein Getreide mehr zu liefern: Erst im Sommer vergangenen Jahres hatte Washington ein zweijähriges Lieferabkommen genehmigt, das eine Entschädigungsmöglichkeit für die Russen vorsah, falls es auf amerikanischer Seite zu einer Liefersperre käme. »Die Amis schneiden sich doch nicht ins eigene Fleisch.«

Nachdem der Präsident den Kanzler vor dem Weißen Haus verabschiedet hatte — sechzig Soldaten mit Fahnen standen Spalier —, wandte sich Ronald Reagan abrupt ab, kaum daß sich die Kanzler-Limousine in Bewegung gesetzt hatte. Wenn es nach der Begegnung so etwas wie Gewinner und Verlierer gab, hatte Schmidt das Rennen gemacht. Ein Mitarbeiter frohlockte: »Die Amerikaner haben für die Abschlußerklärung voll unseren Entwurf übernommen.« Genscher triumphierte: »Eine größere Annäherung kann ich mir gar nicht vorstellen.«

In der Tat, der Kanzler (»Mit dem Gesamtergebnis bin ich durchaus zufrieden«) und sein Vize hatten sich auf keine der möglichen Sanktionen festlegen lassen, weder auf eine Sperrung deutscher Häfen für russische Schiffe noch auf ein Einfuhrverbot für sowjetische Produkte. Sie hatten sich erfolgreich sowohl einem Stopp aller Kredite widersetzt wie der gewünschten Annullierung des Milliardengeschäftes russisches Erdgas gegen deutsche Röhren. Noch nicht einmal zu einem symbolischen Schulterschluß hatte der Präsident sie überreden können. Amerika rief den 30. Januar zu einem Tag der Solidarität mit dem unterdrückten polnischen Volk aus. Bonn mochte sich dem – mit der reichlich peinlichen Begründung – nicht anschließen, »so etwas müßte bei uns sorgfältig besprochen werden«.

Vielleicht hätte der Kanzler gar nicht anders handeln können, denn in seiner Partei wuchs die Neigung, die Entspannungspolitik in Europa unter keinen Umständen zu gefährden. Über diplomatische Kanäle und in Gesprächen mit amerikanischen Besuchern wirkte der Kanzler darauf hin, bei den Genfer Abrüstungsgesprächen wenigstens ein Zwischenergebnis anzustreben, damit er den Kritikern in seinen eigenen Reihen etwas vorweisen könne. Dazu sollte es aber, solange Helmut Schmidt am Ruder war, nicht mehr kommen.

In Bonn spitzte sich unterdes die innenpolitische Lage immer mehr zu. Zu objektiven Schwierigkeiten kam Schlampigkeit hinzu. Die erste Kabinettssitzung im neuen Jahr mußte ausfallen, da außer Verteidigungsminister Hans Apel alle Minister Stellvertreter geschickt hatten. Damit war die Kabinettsrunde beschlußunfähig. Der nächsten Kabinettssitzung saß wieder der Kanzler vor, der versuchte, seine Mannschaft auf humorige Weise in Schwung zu bringen. »Wo ist Ertl? Der soll mal gefälligst anständiges Wetter machen«, schnarrte er. Landwirtschafts-Staatssekretär Georg Gallus verteidigte seinen Minsister, der in Frankfurt eine Rede halten mußte: »Zwanzig Zentimeter Schnee sind doch ganz schön!« Mißbilligend schüttelte der Kanzler den Kopf. »Ihr von der Landwirtschaft produziert immer entweder zu viel oder zu wenig.«

Helmut Schmidt trug schon den feinen Westenanzug für einen abendlichen Termin. Er wollte Mitterrand einen Blitzbesuch in Paris abstatten, um Risse in den deutsch-französischen Beziehungen zu kitten. Auch den Franzosen war die Haltung Bonns in der Polen-Frage und bei der Nachrüstung zu schlapp.

Diesmal waren die meisten Minister persönlich zur Kabinettssitzung erschienen: Verkehrsminister Volker Hauff wie immer überpünktlich (weil er stets mit seinen schulpflichtigen Kindern frühstückte); Regierungssprecher Kurt Becker schweren Schrittes, das Gesicht, wie gehabt, vor Anstrengung gerötet; es folgten Baum, Haack, Lahnstein, schließlich Lambsdorff – schnell wie Dr. Richard Kimble auf der Flucht. Helmut Schmidt schaute verunsichert auf den leeren Stuhl zur Rechten. »Wo ist denn Herr Genscher?« Zuruf: »Beim Frühstück der FDP-Minister um acht Uhr war er da!«

»Eine Perversität, vor neun Uhr Termine zu veranstalten.« Schmidt überlegte, was Genschers Fehlen zu bedeuten hatte. Hatte er ihm Anlaß gegeben, gekränkt zu sein? Das wäre nicht gut, denn das Verhältnis zwischen den beiden für die Koalition wichtigsten Politikern vertrug keine zusätzliche Belastung. Willy Brandt beklagte die eingetretene Klimaverschlechterung zwischen Kanzler und Vize bereits in aller Öffentlichkeit. Jahrelang hatte die Zusammenarbeit funktioniert, zwar ohne große Gefühlsinvestitionen, aber nach der Art nüchterner Pflichtmenschen. Schmidt und Genscher wollten in der Arbeit so gut sein wie ihre Vorgänger Brandt und Scheel – möglichst sogar noch besser.

Der Riß war im Spätsommer des vorangegangenen Jahres passiert – beim Tauziehen um den Sparetat 1982. Forsch hatte Genscher Kürzungen beim Arbeitslosengeld und Abstriche bei der Lohnfortzahlung im Krankheitsfall gefordert. Der Kanzler hatte gebrüllt, so ließe er nicht mit sich umspringen, schließlich stünde das Verhältnis zu den Gewerkschaften auf dem Spiel. Danach herrschte Ruhe, bis der Kanzler im Januar aus Washington zurückkehrte.

Von diesem Zeitpunkt an war in der SPD und in den Gewerkschaften die Forderung nach einem größeren Beschäftigungsprogramm immer lauter geworden, weil die Zahl der Arbeitslosen weiter stieg. Schmidt weigerte sich, den Bund durch neue Kreditaufnahme weiter zu verschulden, und war eher mit dem Vorschlag seiner Fraktion einverstanden, die Mittel für ein Beschäftigungsprogramm durch eine Ergänzungsabgabe für Besserverdienende aufzubringen. Dieses Projekt war jedoch mit der FDP nicht zu realisieren. Also beschloß das Bundeskabinett am 3. Februar 1982, die Mehrwertsteuer zum 1. Juli 1983 von dreizehn auf vierzehn Prozent zu erhöhen. Gleichzeitig sollte die Wirtschaft durch eine zehnprozentige Investitionszulage angekurbelt werden. Der Erhöhung der Mehrwertsteuer sollte am 1. Januar 1984 eine Senkung der Lohn- und Einkommensteuer folgen. Schmidt ging sogar so weit, zur Finanzierung des Beschaffungsprogramms eine Erhöhung der Benzin- und Dieselsteuer um fünf Pfennig pro Liter in Betracht zu ziehen.

Bisher hatten sich die Freidemokraten gegen jede Steuererhöhung ausgesprochen. Jetzt aber drohte der Kanzler im Koalitionsgespräch: »Wenn bis Mittwoch nichts läuft, ist mit mir nicht mehr zu rechnen.« Der FDP-Wirtschaftsexperte Hans-Günter Hoppe, der den Kanzler bei diesem Koalitionsgespräch erlebte: »Wie ein Kaktus aus der Kühltruhe.«

Auch die FDP war mit Forderungen gekommen. Zur Entlastung des Bundeshaushaltes sollte ab dem 1. Januar 1984 eine Beteiligung der Rentner an den Kosten ihrer Krankenversicherung ins Auge gefaßt werden. Außerdem sollten das Mietrecht geändert und private Investitionen im Wohnungsbau mit Anreizen versehen werden. Die Rücktrittsdrohung des »Kaktus aus der Kühltruhe« verfehlte ihre Wirkung nicht: Genscher und die FDP lenkten ein. Aber beim FDP-Vorsitzenden saß der Stachel tief.

Nachdem Helmut Schmidt nun erst einmal richtig in Fahrt gekommen war, entschloß er sich eine Woche später — ohne vorher mit Genscher gesprochen zu haben —, im Bundestag die Vertrauensfrage gemäß Artikel 68 Grundgesetz* zu stellen. In der Geschichte der Bundesrepublik hatte dies zuvor nur Willy Brandt im Jahre 1972 praktiziert. Vordergründig richtete sich die von Helmut Schmidt gestellte Vertrauensfrage an die FDP (was diese ärgern mußte). In erster Linie wollte der Kanzler mit diesem dramatischen Schritt aber seine eigene Partei und Fraktion disziplinieren. Insofern war die Vertrauensfrage auch an Brandt und Wehner gerichtet. Zwischen Helmut und Willy war es im Parteivorstand wiederholt zu Auseinandersetzungen gekommen. Der Kanzler warf Brandt vor, nichts zu unternehmen gegen »die Beteiligung von Sozialdemokraten an Veranstaltungen, die sich gegen die Sicherheitspolitik der Bundesregierung richten«. Genscher kommentierte den Disziplinierungsversuch mittels der Vertrauensfrage kühl: »Wenn man nur einen Schuß im Lauf hat, dann bitte nicht als Probeschuß.«

Offizieller Anlaß der Vertrauensfrage war das Beschäftigungsprogramm. In Wirklichkeit ging es dem Kanzler, wie er in der vorausgehenden Bundestagsdebatte erklärte, darum, »ein Signal der Klarheit zu geben«. Manche Vorkommnisse hätten den Kurs der Bundesregierung und den Zusammenhalt der Koalition »unklar erscheinen lassen. Und niemand in der Koalition wird sich von Schuld hieran gänzlich freisprechen können.«

Oppositionsführer Helmut Kohl warf dem Kanzler vor: »Sie haben das Vertrauen der Mehrheit der Deutschen nicht nur enttäuscht, Sie haben es verloren. Ihr Taktieren mit der Vertrauensfrage nützt weder Ihnen, noch nützt es dem Land.«

Die Koalition stimmte geschlossen für Helmut Schmidt. Mit zweihundertneunundsechzig Ja-Stimmen erhielt er sogar drei mehr als bei der Kanzlerwahl von 1980. Zwei SPD-Abgeordnete waren diesmal allerdings der Abstimmung demonstrativ ferngeblieben: die Parlamentarier Hansen und Coppik. Das heißt, Coppik gehörte der SPD gar nicht mehr an, da er wenige Tage zuvor aus Protest gegen Helmut Schmidts Politik aus der Partei ausgetreten war.

Der parlamentarische Kraftakt zwang die Koalitionspartner zwar hinter Helmut Schmidt, war aber zugleich ein sichtbares Zeichen für den beginnenden Zerfall der Regierung. Denn was sollte man von einem Kanzler schon halten, der erst vor eineinhalb Jahren zum Regierungschef gewählt worden war, sich nun aber die Zustimmung zu seiner Politik von den eigenen Leuten ausdrücklich erneuern lassen mußte?

Am 26. März 1982 billigte der Bundestag in zweiter und dritter Lesung

---

* Art. 68 GG besagt: »Findet ein Antrag des Bundeskanzlers, ihm das Vertrauen auszusprechen, nicht die Zustimmung der Mehrheit der Mitglieder des Bundestages, so kann der Bundespräsident auf Vorschlag des Bundeskanzlers binnen einundzwanzig Tagen den Bundestag auflösen. Das Recht zur Auflösung erlischt, sobald der Bundestag mit der Mehrheit seiner Mitglieder einen anderen Bundeskanzler wählt . . .«

mit den Stimmen der Koalition gegen die der CDU/CSU-Opposition das Beschäftigungsprogramm. Der von der Union beherrschte Bundesrat lehnte es jedoch zunächst ab. Damit ging die Vorlage an den Vermittlungsausschuß. Von dort kam das Beschäftigungsprogramm stark verwässert an Bundestag und Bundesrat zurück, wo es schließlich am 27. beziehungsweise 28. Mai 1982 verabschiedet wurde. Gestrichen wurde die geplante Erhöhung der Mehrwert- und der Mineralölsteuer. Erhalten blieb die Investitionszulage: Rückwirkend zum 1. Januar gab es eine zehnprozentige Zulage für Investitionen, die im Laufe des Jahres 1982 gemacht werden würden und die den durchschnittlichen Jahreswert des Investitionsvolumens eines Unternehmens in den vergangengen drei Jahren überschritten.

Hatte der Kanzler jetzt Ruhe? War seine Position fortan unangefochten? Stieg er wie der Phönix aus der Asche neugeboren empor? Mitnichten. Die Kritik an seiner Regierungspolitik wurde aus den Reihen der SPD immer stärker und lauter. Brandt und Wehner hatten sich schon im Januar zu einem Gespräch unter vier Augen getroffen, was sie seit über einem Jahr – so wenig hielten sie voneinander – nicht mehr getan hatten. Nun sah es so aus, als hätte die Gegnerschaft gegen Helmut Schmidt sie wieder zusammengeführt.

Ausgerechnet in diesen Wochen, da es im Gebälk der Koalition ständig krachte, veröffentlichte *Der Spiegel* einen Vorabdruck aus dem Buch *Machtwechsel* mit sensationellen Enthüllungen. (Auftraggeber des von dem Historiker Arnulf Baring geschriebenen Buches war Walter Scheel.) Gemeint war der Regierungswechsel im Jahre 1969, als die Freien Demokraten erstmals mit den Sozialdemokraten koalierten. Darüber hinaus wurden aber auch die ersten fünf Jahre der sozialliberalen Koalition beschrieben, und der Autor belegte die schon damals zutiefst gestörten Beziehungen zwischen Brandt, Wehner und Schmidt. So schilderte er unter anderem, wie Schmidt und Wehner die Ablösung Brandts 1974 betrieben. Es gab verdächtige Parallelen zur gegenwärtigen Lage. Sägten jetzt Wehner und Brandt an Schmidts Stuhl?

Seit Sommer 1981 wurde in Bonn immer wieder von einer bevorstehenden Kabinettsumbildung gemunkelt. Der Kanzler tat solche Vermutungen öffentlich als »Karnevalsscherz« ab. Tatsächlich diskutierte er aber in vertraulicher Runde, ob er das Revirement vor oder nach dem im April stattfindenden Münchner SPD-Parteitag vornehmen sollte. Oder wäre es besser, dieses »Bonbon« auf dem Parteitag zu verkünden? Jedenfalls stand Schmidt auf dem Standpunkt: »So geht es nicht weiter.« Nach seinen Plänen sollte Verteidigungsminister Hans Apel den Fraktionsvorsitz übernehmen; der »Onkel« machte aber den Platz nicht frei.

Davon abgesehen: Wer könnte Hans Apels Nachfolger auf der Hardthöhe werden? Hans-Jürgen Wischnewski würde es gern tun. Der »Dicke«, kumpelhaft, wie Soldaten es mögen, und im Krieg als Oberleutnant mit dem EK 1 ausgezeichnet, war jedoch nach weitverbreiteter Ansicht kaum in der Lage, ein riesiges Ministerium zu leiten.

Horst Ehmke, der zweite Kandidat, ein hochkarätiger Jurist und disziplinierter Arbeiter, war im Krieg Fallschirmjäger und hatte immer noch die Kondition eines Marathonläufers. Aber er vertrat Ansichten wie: ». . . Von mir aus soll der Zapfenstreich gespielt werden, wenn ein alter General verabschiedet wird, nicht aber bei Rekrutengelöbnissen.« Krach zwischen »Hotte« und der Generalität wäre so sicher wie das Amen in der Kirche gewesen.

Forschungsminister Andreas von Bülow – so intelligent wie Apel, mit mehr Fingerspitzengefühl ausgestattet als Ehmke und vormals Verteidigungs-Staatssekretär (1976–1980) – wäre vielleicht ein guter Anwärter. Oder mußte Hans-Jochen Vogel aus Berlin ran? Der Kanzler schob die überfällige Kabinettsumbildung vor sich her, was die schlechte Stimmung in der Koalition noch verschlechterte.

Wo immer Wirtschaftsminister Graf Lambsdorff zu einer Konferenz eintraf, knallte er seinen Aktenkoffer mißmutig auf den Tisch, sprach wenig, igelte sich ein. Die Verbitterung darüber, daß sich die Strafverfolgungsbehörden in der Spendenaffäre, in die viele Politiker verwickelt waren, ausgerechnet auf ihn einschossen, saß tief. Finanzminister Matthöfer litt abermals unter Herzrhythmusstörungen. Genscher war blaß, trug grau-schwarze Anzüge, die das ungesunde Aussehen nur noch unterstrichen. Wenn Herbert Wehner zu Sitzungen überhaupt erschien, blieb er stumm, hüstelte vernehmlich.

Der Kanzler wußte nicht einmal, ob der Fraktionsvorsitzende noch krank war. Der Fünfundsiebzigjährige hatte sich eine Lungenentzündung zugezogen. Wenn der Arzt ihn aber inzwischen gesund geschrieben haben sollte, wieviel Stunden am Tag konnte er wieder arbeiten? Hin und wieder ließ sich Wehner im Bundeshaus sehen, aber über seinen Zustand schwieg er sich beharrlich aus, und niemand wagte, ihn zu befragen. Die Genossen schlichen um ihn herum, in der Hoffnung, wenigstens eine verschwommene Andeutung seiner Absichten zu erhaschen. Vergebens. Gern hätten sie gewußt, woran sie mit ihm waren, da es eine interne Absprache gab, die besagte, daß, sollte Wehner als Fraktionsvorsitzender für längere Zeit ausfallen, auf seinem Posten ein ständiger Vertreter amtiert. Für diesen Fall hatte man sich auf Horst Ehmke geeinigt. Damit sollte verhindert werden, daß fünf Vizefraktionsvorsitzende und fünf Parlamentarische Geschäftsführer sich um die Aufgaben des »Onkels« streiten und einander im Wege stehen. Wahrscheinlich roch Wehner den Braten und sperrte sich deshalb.

Dann kam im April plötzlich Bewegung in die Bonner Politik. Familienministerin Antje Huber, seit Monaten als »Abschußkandidatin« im Gespräch, war das Gerede leid und trat zur völligen Überraschung des Kanzlers zurück. »Ich habe immer stramm im Tor gestanden und wußte doch, daß ich Brot aus leeren Körben verteilen mußte. Und dafür lasse ich mich nicht verprügeln.«

Millionen Fernsehzuschauer erlebten, wie tief die scheidende Ministerin gekränkt war: Als der Bundespräsident ihr die Entlassungsurkunde aushändigte, weigerte sie sich, mit ihm zum Händeschütteln vor die

Kamera zu treten. Flüchtig drückte sie dem Staatsoberhaupt im Vorbeigehen die Hand. Für die Bonner Journalistin Ada Brandes (*Stuttgarter Zeitung*) war klar: »Gescheitert ist Antje Huber nicht zuletzt daran, daß sie eine Frau ist . . .«

Nun war Helmut Schmidt zum Handeln gezwungen, aber die Kabinettsumbildung fiel eher bescheiden aus: Der kränkelnde Hans Matthöfer gab das Finanzministerium an Manfred Lahnstein ab, erhielt statt dessen das Postministerium, wo es angeblich weniger zu tun gab (Gscheidle wurde in die Wüste geschickt). Anke Fuchs trat die Nachfolge von Antje Huber an, der SPD-Abgeordnete Heinz Westphal übernahm das Arbeitsministerium an Stelle des ausscheidenden Herbert Ehrenberg. Klaus Bölling wurde aus Ost-Berlin zurückgerufen, und an die Spitze des Kanzleramts setzte Helmut Schmidt Gerhard Konow. Konow war bereits von 1977 bis 1980 Abteilungsleiter für Innere Angelegenheiten im Bundeskanzleramt gewesen. Und schließlich holte Helmut Schmidt Hans-Jürgen Wischnewski als Staatsminister ins Kanzleramt zurück, damit er vor allem die verschlechterten Beziehungen zwischen Regierung und Partei rettete.

Die Regierungsumbildung, die ein Befreiungsschlag sein sollte, wurde von der Presse als »letztes Aufgebot« abqualifiziert. Die Erosion der Schmidt/Genscher-Regierung schritt voran.

Um die Entlassung von Regierungssprecher Kurt Becker entstand sofort eine Legende: Er sei ein Opfer der linken »Sozis« im Erich-Ollenhauer-Haus geworden. In Wirklichkeit waren es Mitarbeiter des Kanzlers, Schmidt-Freunde in der SPD-Fraktion und FDP-Chef Genscher gewesen, die den ehemaligen *Zeit*-Redakteur für ungeeignet hielten. Becker, ein kluger Leitartikler, war kein guter Politiker. Als Regierungssprecher machte er Äußerungen, die der Regierungspolitik abträglich waren, und merkte es nicht einmal. Hinzu kam, daß seine Verehrung für den Kanzler ihn blind für dessen Fehler machte. Nach der Bundestagswahl von 1980 war Helmut Schmidt niedergeschlagen und mied die Presse ein halbes Jahr lang. Becker hätte gegensteuern müssen.

Außerdem ließ sich der Regierungssprecher in Pressekonferenzen wiederholt aufs Glatteis führen. Dabei rutschte ihm einmal der außenpolitisch verheerende Satz heraus, die Sowjetunion sei »theoretisch« nicht als »Anstifter« des Kriegsrechts in Polen zu betrachten. Der Kanzler war wütend, als er das hörte. Nachteilig für Kurt Becker war auch seine mangelnde Ausstrahlung im Fernsehen, die noch krasser empfunden wurde, wenn er an seinem Vorgänger (und Nachfolger) Klaus Bölling gemessen wurde, der dieses Medium par excellence beherrschte. Und schließlich harmonierte Kurt Becker, persönlich selbstherrlich und empfindsam, nicht mit der Schmidt-Mannschaft. Er behauptete: »Im Kanzleramt ist jeder gegen jeden.«

Kurt Becker war ein guter Mann am falschen Platz; Opfer einer Intrige wurde er aber nicht.

Zwar hatte der Kanzler im Frühjahr 1982 weiter an Sympathie eingebüßt, war aber immer noch der populärste Bonner Politiker. Mehr denn je war der Spruch zu hören: »Ein guter Mann, nur besitzt er das falsche Parteibuch.« Seine Partei hingegen hatte ein Tief erreicht wie nie zuvor. Auf die Frage: »Wen würden Sie wählen, wenn am nächsten Sonntag Bundestagswahl wäre?«, bekannten sich nur noch dreiunddreißig Prozent der Wahlberechtigten für die Sozialdemokratische Partei Deutschlands. Auf dem Münchner Parteitag (19. bis 23. April 1982) mußte Brandt eingestehen, daß die Mitgliederzahl um fast dreißigtausend zurückgegangen war. »Vor allem junge Frauen und Männer kommen zur Zeit kaum noch zu uns.«

Helmut Schmidt überstand den Parteikonvent relativ gut. Für seine Auftritte hatte er sich sorgfältig vorbereitet und gab sich wider seine Gewohnheit bescheiden und höflich. Ihm kam es einzig und allein auf zwei Ziele an: den NATO-Doppelbeschluß über den Parteitag hinwegzuretten und sich die Koalitionsfähigkeit seiner Partei noch einmal bestätigen zu lassen. Deshalb verteidigte er die mit den Freien Demokraten eingegangenen Kompromisse der vergangenen Monate energisch: »Es geht um die Ansicht, daß in aller Regel Kompromisse eben nicht faule Kompromisse sind. Wer grundsätzlich den Kompromiß nicht will, der ist weder zur Demokratie noch zum Frieden geeignet.«

Die Parteidelegierten verständigten sich darauf, über die Zustimmung zur Stationierung der atomaren Mittelstreckenwaffen erst 1983 auf einem weiteren Parteitag zu entscheiden. Wichtig sei, daß bis dahin zwischen NATO und Warschauer Pakt weiter verhandelt werden würde. Mangels einer Alternative akzeptierten die Delegierten das weitere Zusammengehen mit der FDP. Der Kanzler hatte seine beiden Ziele erreicht.

Zwar hatte es auf dem Münchner SPD-Parteitag einige Anträge gegeben, die dem marktwirtschaftlichen Denken der FDP zuwiderliefen, aber alles in allem hatte der kleine Koalitionspartner keinen Anlaß zur Klage. Dennoch fraß sich das Mißtrauen zwischen Schmidt und Genscher immer tiefer, war nur noch durch die Unendlichkeit begrenzt. Vor Koalitionsgesprächen durfte die Presse nicht einmal mehr die Anfahrt fotografieren oder schreibend beobachten, damit die Öffentlichkeit nicht die säuerlichen Gesichter mitbekam. Klaus Bölling: »Alles spielt sich in Genschers Brust ab. Auch Schmidt weiß nicht, was Genscher will.«

Im Kanzler-Team argwöhnte man, Genscher könnte es eventuell mit einem CDU-Kanzler Stoltenberg wagen. Für ein Zusammengehen der Freidemokraten mit der Union unter Helmut Kohl gab es noch zuviel Widerstand in der FDP-Fraktion. Nach außen wiesen die Liberalen den Gedanken an ein »Fremdgehen« entrüstet von sich. Bemerkenswerterweise waren sie aber auch nicht bereit, neue Treueschwüre für das sozialliberale Bündnis abzugeben. Genschers Intimus Herbert Schmülling: »Das wäre ja so, als würde von einem Ehemann verlangt, daß er jeden Morgen seiner Frau erklärt: Heute bin ich treu.«

Anlaß zu neuem Zwist gab der zu verabschiedende Haushalt 1983. Genscher war allein schon aus diesem Grund kein Treuegelöbnis zu entlocken. Schmülling über seinen Chef: »Wo kämen wir da hin, wenn der jetzt schon sagen würde: Ich bin bereit, alles zu schlucken.«

Zwischen SPD und FDP tobte ein Nervenkrieg wie noch nie. Dazu gehörte auch das Gerücht, Helmut Schmidt habe für alle Fälle schon seine Rücktrittserklärung geschrieben und bräuchte nur noch das Datum einzusetzen. Die Überlebenschancen der sozialliberalen Koalition wurden immer geringer.

Eine Atempause brachte ein außenpolitisches Ereignis: der erste offizielle Besuch des neuen amerikanischen Präsidenten in Bonn.

58 Daß der amerikanische Präsident überhaupt an den Rhein kam, hatte Hans-Dietrich Genscher mit einem Trick bewerkstelligt. Im Juni war ohnehin ein Treffen aller NATO-Staats- und Regierungschefs in Brüssel vorgesehen. In diesem Zusammenhang wollte Ronald Reagan London, Paris und dem Vatikan, aber peinlicherweise nicht Bonn einen Besuch abstatten. Daraufhin setzte der Bundesaußenminister eine Verlegung des NATO-Gipfels von Brüssel nach Bonn durch. Dabei hatte er allerdings eine logistische Voraussetzung übersehen: Die Bundeshauptstadt verfügte nicht über genug freie Hotelbetten. Allein Ronald Reagan wollte, so hieß es zunächst, mit achthundertfünfzig Begleitern kommen. Aber auch für die anderen vierzehn Staats- und Regierungschefs mußte Quartier bereitgestellt werden.

Nun war die Planung so, daß dem NATO-Gipfel ein zweitägiger Besuch des amerikanischen Präsidenten (9./10. Juni) vorausgehen sollte. Der kleinen Residenz am Rhein wurde wieder einmal vorexerziert, was US-Power bedeutet. Das Weiße Haus schickte mehrmals Vorauskommandos, sieben gepanzerte Limousinen wurden per Flugzeug geschickt, drei für Reagan, vier für den Secret Service, vier amerikanische Hubschrauber in Bereitstellung gebracht. Die Landung im Park des Kanzleramtes wurde vorher von den amerikanischen Piloten geübt. Der Hubschrauberstaffel des Bundesgrenzschutzes, die auf diesem Terrain schon Tausende von Malen gestartet und gelandet war und alle wichtigen Staats- und Regierungschefs geflogen hatte, wollten sie ihren Präsidenten nicht anvertrauen.

Wo immer sich Reagan auch nur für Minuten aufzuhalten gedachte, mußte ein Telefon mit Direktverbindung zum Weißen Haus installiert werden. Mit Ausnahme der offiziellen Essen, gegeben von Bundespräsident Karl Carstens und Bundeskanzler Helmut Schmidt, würde er nur aus Amerika mitgebrachte Nahrungsmittel verzehren; sogar Eiscreme würde für ihn eingeflogen werden. Zu seinem und Nancys Schutz kamen fünfzig Leibwächter mit. Zum Präsidententroß gehörten auch zwei Ärzte. Außerdem mußte sich in der Bonner Universitätsklinik Tag und Nacht ein deutsches Operationsteam bereithalten. Der Präsident brachte ferner drei eigene Fotografen mit, und die Amerikanische Botschaft mußte sich um die Einrichtung eines Farblabors kümmern, da die Fotos des mächtigsten Mannes der westlichen Welt — natürlich nur die vorteilhaftesten — blitzschnell an die Presse weitergegeben werden sollten.

Helmut Schmidt verfolgte die Vorbereitungen mit einer Mischung aus

Ironie und Neid. Für ihn gab es im Kanzleramt noch nicht einmal einen ständigen Arzt, und einen größeren Vorrat an American icecream hätte er auch gern gehabt. Am meisten faszinierte ihn aber etwas ganz anderes: Als Reagan »eine Ansprache im Bundestag hielt, war ich außerordentlich beeindruckt nicht nur von Inhalt und Form seiner Rede, sondern auch von der Leichtigkeit, mit der er ohne Manuskript formulierte, wobei er mal die linke, mal die rechte Seite des Hauses, mal die Mitte anblickte, dabei Rhetorik und Gestik wirkungsvoll miteinander verbindend. Erst danach erfuhr ich, daß ihm sein sorgfältig redigierter Text in die drei Glasscheiben hineingespiegelt worden war, die ihn nach drei Seiten hin abschirmten und die ich fälschlicherweise für Sicherheitsglas zur Abwehr eines möglichen Attentats gehalten hatte; in Wirklichkeit waren es sogenannte Teleprompter gewesen. Mein verstorbener Freund Nahum Goldmann* hat mir einmal mit bissigem Humor gesagt: ›Reagan? Nur ein Schauspieler! Aber ich muß einräumen, er spielt die Rolle eines schlechten Präsidenten ganz meisterhaft!‹«

Seine Rede vor dem Bundestag war aber nicht nur was den Teleprompter anging ein Meisterstück, sondern auch inhaltlich war sie genau auf den Stolz und die Empfindlichkeit der Deutschen abgestimmt. Vor vollem Plenum und vom Fernsehen live in die deutschen Wohnstuben übertragen schmeichelte er: »Wir verdanken deutschen Menschen sehr viel. Vielleicht hat mein Land einen Teil dieser Schuld wieder abgetragen . . . Die USA sind stolz auf die deutsche Demokratie . . . Im Verlauf der letzten dreißig Jahre haben die Überzeugungen des deutschen Volkes einen Dom der Demokratie aufgerichtet – ein großes rühmliches Denkmal der Ideale Ihres Volkes . . . Wir sind entschlossen, die Präsenz gut ausgerüsteter und ausgebildeter Truppen in Europa zu erhalten, unsere strategischen Streitkräfte zu modernisieren und sie dem Bündnis zugeordnet zu belassen. Durch diese Handlungen sendet Ihnen das amerikanische Volk eine Botschaft: ›Deutschland, wir stehen auf Deiner Seite! Du stehst nicht allein! . . .‹«

Kritik an seiner Politik begegnete er geschickt: »Einige Amerikaner glauben, die Europäer kümmerten sich nicht genug um ihre eigene Sicherheit. Einige wollen die Anzahl der in Europa stationierten US-Truppen einseitig reduzieren. Und in Europa selber hören wir den Gedanken geäußert, die US-Präsenz sei kein Beitrag zur Friedenssicherung, im Gegenteil, sie hätte keinen Abschreckungswert oder würde sogar das Risiko eines Angriffs auf unsere Bündnispartner verschärfen. Solche Argumente verkennen die geschichtliche Entwicklung und die Realität der transatlantischen Koalition. Die amerikanische Verpflichtung gegenüber Europa

---

* Nahum Goldmann, geboren 1895 in Wischnewo/Rußland, gestorben 1982 in Bad Reichenhall, studierte an den Universitäten Marburg, Berlin, Heidelberg Jurisprudenz. Floh vor dem NS-Regime in die USA und war von 1951–1978 Präsident des Jüdischen Weltkongresses, der Dachorganisation aller jüdischen Verbände außerhalb Israels. Mit Helmut Schmidt verband ihn unter anderem die Meinung, daß alle israelischen Staatslenker nie den wirklichen Ausgleich mit den arabischen Nachbarn gesucht hätten.

– das versichere ich Ihnen – bleibt verläßlich und stark. Die Küsten
Europas sind unsere Küsten! Die Grenzen Europas sind unsere Grenzen!«
Das neunzigminütige Gespräch, das der Präsident kurz nach der Landung mit dem Kanzler geführt hatte, war im Ton zwar harmonisch, in der
Sache aber kontrovers verlaufen. Die Entspannungspolitik habe ihm in
vielerlei Hinsicht Enttäuschungen bereitet, sagte Reagan. Dem hielt
Schmidt entgegen, die Détente habe – trotz Rückschlägen – dem geteilten
Deutschland Vorteile gebracht, so bei der Familienzusammenführung.
Reagan meldete noch einmal Bedenken gegen das europäisch-sowjetische
Erdgasröhren-Geschäft an. Schmidt: »Da werden wir nicht aufgeben.« Der
Kanzler erinnerte seinerseits daran, daß sein politisches Schicksal mit
einem Fortschritt bei den Genfer Abrüstungsverhandlungen verbunden
sei. Er dankte seinem Gast jedoch auch, daß dieser unmittelbar vor Antritt
seiner Bonn-Reise Moskau ein zusätzliches Angebot unterbreitet hatte.
Danach erklärten sich die USA bereit, nicht nur über die Mittelstreckenwaffen, sondern auch über die Reduzierung der Interkontinentalraketen zu
verhandeln, und zwar schon ab 29. Juni.

»Das ist eine Kurskorrektur um mindestens fünfundvierzig Grad!«
meinte Helmut Schmidt intern. »Ein Erfolg, der ohne unsere Gespräche
nicht denkbar wäre.« In zahlreichen Unterhaltungen und durch Boten
hatte er in den vorangegangenen Wochen keine Gelegenheit ausgelassen,
die amerikanische Regierung dazu zu bewegen, mit den Russen endlich in
Abrüstungsgespräche zu treten. So empfing er in seinem Hamburger Haus
den Chef der amerikanischen Abrüstungsdelegation, Paul Nitze.

Der Reagan-Besuch war aber noch nicht beendet. Am dritten Tag flog
der Präsident für einen dreieinhalbstündigen Aufenthalt nach West-Berlin.
Wie schon in Bonn war Sicherheitsstufe eins angeordnet, denn bei der
Verkündung des Besuchsdatums hatten Friedensbewegung und Rüstungsgegner dem Präsidenten (»Reagan go home!«) einen heißen Empfang
versprochen. Ihn erwarteten neben Anhängern der Friedensbewegung
auch Wehrdienstverweigerer, Hausbesetzer und Punks mit Randale.

Auch in Bonn hatte es eine Demo gegeben. Sie war überraschend
friedlich verlaufen – abgesehen von der Selbstverbrennung eines sechsunddreißigjährigen Mannes. Auf dem rechtsrheinischen Ufer hatten die
Friedensbewegung, die Grünen und verschiedene Bürgerinitiativen schätzungsweise vierhunderttausend Anhänger unter dem Slogan: »Aufstehen
für den Frieden!« zusammengebracht.

Die Sozialdemokraten waren in ihrer Haltung gespalten. Einerseits
sympathisierten viele von ihnen mit den Sorgen und Ängsten vor allem der
jungen Menschen; andererseits fürchteten ihre Spitzenfunktionäre, ein
Auftreten bei Demonstrationen, die in Gewalttätigkeit ausarteten, könnte
dem Ansehen der SPD beim Wähler schaden. Erhard Eppler und Oskar
Lafontaine verzichteten auf einen Rednerauftritt, ihr Parteivorsitzender
Willy Brandt hatte sich der kitzeligen Situation auf elegante Weise entzogen und war nach London gereist.

Die Christdemokraten organisierten eine Gegendemonstration im Bonner Hofgarten, die allerdings vier Tage vor Eintreffen des US-Präsidenten unter dem – etwas langatmigen – Motto stattfand: »Für Frieden und Freiheit, für die Partnerschaft im Nordatlantischen Bündnis und mit den USA und für die Verwirklichung der Menschenrechte in allen Ländern«. An die hunderttausend Teilnehmer, zumeist CDU-Anhänger, kamen.

In Berlin stellte Ronald Reagan sein Talent als volkstümlicher, darin aber nicht frei von Effekthascherei, und geschickter Redner abermals unter Beweis: »Sie haben in Ihrer großartigen Stadt an der Spree ausgehalten, und mein erneuter Besuch [1978 war er erstmalig als Privatmann in Berlin gewesen] hat mich überzeugt, wie es in den Worten des beliebten alten Liedes heißt: ›Berlin bleibt doch Berlin‹. Wir alle erinnern uns an die bewegenden Worte John F. Kennedys, als er Berlin besuchte.* Ich kann nur hinzufügen, daß wir in Amerika und im Westen noch immer Berliner sind und auch immer bleiben werden. Und ich sage dies mit Stolz: Es ist schön, sich wieder zu Hause zu fühlen.«

Die Berliner waren gerührt. Ihr Bürgermeister, Richard von Weizsäcker, fügte seiner Begrüßungsansprache auf Englisch hinzu: »America, we are happy to have you as an ally and a friend. Together we will maintain freedom and peace.«**

Reagan hatte es aber nicht bei volkstümlichen Sprüchen belassen. Zur Überraschung seiner deutschen Gastgeber forderte er die Sowjetunion zu einer neuen »Berlin-Initiative« und dazu auf, »menschliche Schranken abzubauen«, die Europa trennen. Und er machte konkrete Abrüstungsvorschläge: »Wir fordern die Sowjetunion auf, ihre SS-20-, SS-4- und SS-5-Raketen abzubauen. Wenn Präsident Breschnew dem zustimmt, sind wir bereit, auf alle unsere landgestützten Marschflugkörper und Pershing-II-Raketen zu verzichten. Wir fordern die Sowjetunion auf, die konventionellen Landstreitkräfte des Warschauer Paktes und der NATO in Mitteleuropa auf jeweils siebenhunderttausend Mann zu verringern und die Gesamtstärke der Land- und Luftstreitkräfte der beiden Bündnisse auf jeweils neunhunderttausend Mann.«

Es war wie ein Rettungsanker, der Helmut Schmidt plötzlich zugeworfen wurde. Über zwei Jahre lang hatte er sich gegenüber seiner eigenen Partei, den Grünen, der Friedensbewegung und Bürgerinitiativen des Vorwurfs zu erwehren, Reagan wolle erst aufrüsten und dann aus einer Position der Stärke heraus verhandeln. Statt dessen hatte der Präsident jetzt nicht nur konkrete Abrüstungsvorschläge gemacht, sondern auch auf Vorleistungen der Sowjets – in Afghanistan und Polen – verzichtet. So sehr sich der Kanzler über diesen Erfolg freuen durfte, er ahnte, daß es nicht mehr zu einem konkreten Abkommen käme, solange er noch Kanzler war.

---

* Kennedy rief anläßlich seines Deutschland-Besuchs im Juni 1963 vom Balkon des Schöneberger Rathauses auf Deutsch den inzwischen historischen Satz: »Ich bin ein Berliner!«
** Amerika, wir freuen uns, dich zu unseren Verbündeten und Freunden zählen zu können. Gemeinsam werden wir Freiheit und Frieden aufrechterhalten.

Nach dem Reagan-Besuch schöpfte mancher in den Reihen der Sozialdemokraten und Freidemokraten die Hoffnung, der außenpolitische und sicherheitspolitische Erfolg des Kanzlers könnte das Auseinanderbrechen der Koalition doch noch verhindern. Wie trügerisch dieses Wunschdenken war, zeigte sich sehr bald.

**59** Der Brief war, um ihm eine persönliche Note zu geben, mit der Hand geschrieben. Oben links auf dem Briefbogen prangte in schwarzen Blockbuchstaben respekteinflößend:

BUNDESREPUBLIK DEUTSCHLAND — DER BUNDESKANZLER

Bonn, 25. August 1982

»Lieber Herr Genscher,

in den letzten Tagen hat eine Reihe von Erklärungen und Kommentaren viel zusätzliche Unruhe und Unsicherheit in unsere Arbeit gebracht. Dies schadet der Bundesregierung und ihren beiden Partnern.

Ich habe heute morgen im Kabinett meine Meinung über das Verhalten im Wahlkampf in Hessen gesagt und brauche dem jetzt nichts hinzuzufügen. Bei meinem Appell an die Mitglieder des Kabinetts ging ich von dem langen Gespräch aus, das wir am 31. Juli 1982 bei uns in Hamburg geführt haben. Für mich gilt auch heute und morgen — wie damals zwischen uns besprochen —, daß beide Seiten sich während des hessischen Wahlkampfes bemühen müssen, die Arbeit der Bundesregierung und der sozialliberalen Koalition nicht zu erschweren. Es hat dazu heute im Kabinett keinen Widerspruch gegeben. Es hat auch niemand angedeutet, daß er eine Beendigung der gemeinsamen Arbeit im Kabinett anstrebt.

Deshalb gehe ich davon aus, daß Sie mich ansprechen würden, falls Sie inzwischen anders darüber denken sollten; denn ich unterstelle, daß Sie genau wie ich gerade in schwierigen Zeiten (schwierig für beide Partner und für die Bundesregierung!) gegenseitige Offenheit und gegenseitiges Vertrauen für besonders notwendig halten.

Da wir nach Schluß der Kabinettssitzung keine Gelegenheit mehr hatten zu einem persönlichen Meinungsaustausch, wollte ich Ihnen meine Gedanken durch diesen Brief mitteilen.

Mit freundlichen Grüßen

stets Ihr

Helmut Schmidt

PS. Ich stehe Ihnen immer zum Gespräch zur Verfügung.«

Bonn war im August 1982 voller Gerüchte: Genscher ist bereit, den Koalitionspartner zu wechseln, Strauß hat heimliche Kontakte zu Schmidt und strebt eine Große Koalition an. Schmidt will ohne die FDP mit einem Minderheitskabinett weiterregieren. Er wird mit dem Ausspruch zitiert »Ich schmeiß' die Klamotten nicht hin!« Oder hält die sozialliberale Koalition vielleicht doch?

*Welt*-Chefredakteur Manfred Schell, der vor zwei Jahren siebzehn führende Politiker über die Vorgeschichte der »Wende« interviewte und das Ergebnis in dem aufschlußreichen Buch *Die Kanzlermacher* veröffentlichte, beschrieb die Atmosphäre so:

»Helmut Kohl hat den Sommerurlaub 1982 im August in St. Gilgen in Österreich verbracht. Zu Hause hielt Eduard Ackermann die Nase in den Wind . . . Er unterrichtete Kohl über die Vermutungen Bonner Journalisten, Genscher bereite eine Wende vor. Kohl gab die Anweisung zur äußersten Zurückhaltung. Die CDU dürfe in dieser Situation, auch gegenüber den Journalisten, ›nicht der aktive Teil sein. Es muß sich so ergeben, daß die FDP aus eigenem Interesse heraus aussteigt.‹

Als Kohl Ende August aus seinem Urlaub nach Bonn zurückkehrt, spürt er, daß sich das ›psychologische Umfeld‹ verändert hat. In den folgenden Wochen traf er sich mehrfach mit Genscher, privat, ohne Begleiter. Das waren die Abende, an denen Kohl zu seinen engsten Mitarbeitern sagte, ›ich lade euch heute abend zum Essen ein. Geht auf meine Rechnung in ein nettes Lokal.‹ Damit signalisierte er, daß er verplant war. Auch Otto Graf Lambsdorff und Walter Scheel waren Kohls Gesprächspartner. Eintragungen in den Terminkalendern gab es nicht, jedenfalls nicht bei Kohl. Weil Notizen . . . fehlten, kam es auch zu Mißverständnissen. So war Helmut Kohl mit Walter Scheel in dessen Haus in Köln verabredet, traf aber nur dessen Adoptivsohn an. Die Begegnung fand dann einen Tag später statt. Scheel war der Meinung, die Koalition sei kaputt, es habe keinen Zweck mehr, die FDP müsse, um zu überleben, aus der Koalition heraus.«

Auch in der Bundes-Pressekonferenz war der mögliche Koalitionswechsel längst ein offizielles, mitunter sogar erheiterndes Thema. Am 25. August wurde Regierungssprecher Bölling vom Korrespondenten der *Stuttgarter Nachrichten*, Hans Peter Schütz, gefragt: »In der vergangenen Woche hat CSU-Landesgruppenvorsitzender Zimmermann Ihre Bemerkung zitiert, Sie fühlten sich als eine Art Bestattungsunternehmer, der die Leiche Bundesregierung anständig unter die Erde zu bringen habe. Ich war nun auf ein Dementi von Ihnen gespannt, was aber ausgeblieben ist. Was kann man daraus schließen?«

». . . Da hat Herr Dr. Zimmermann wohl etwas gelesen und ganz und gar falsch in Erinnerung. Von mir ist nie etwas Derartiges gesagt worden. Es hat aber wohl der frühere Chefredakteur der *Welt*, nämlich Peter Boenisch, bei meiner Rückkehr aus Ost-Berlin gesagt, und dies war wohl auch im *Spiegel* zitiert, daß ich wohl nicht sehr viel mehr ausrichten könne als ein Zeremonienmeister bei einer Beisetzungsfeier. Dieser Satz ist nicht von mir, nicht einmal ähnliches von mir formuliert worden, denn ich huldige dem Prinzip Hoffnung und bin sicher, daß auch Lahme eines Tages wieder kräftig ausschreiten können.«

Noch einmal Schütz: »Ich wollte nur von Ihnen bestätigt bekommen, daß die Bundesregierung respektive die Koalition lahm ist.«

»Nein. Das ist jetzt Ihre Interpretation. Der habe ich mich selber mit meiner Bemerkung ausgesetzt, und das muß ich hinnehmen. Aber daß manches etwas zügiger gehen könnte, das kann ich doch nun auch wahrlich nicht verschweigen.«

Gisbert Kuhn von der *Augsburger Allgemeinen*: »Würden Sie einräumen, Herr Bölling, daß zumindest in den biblischen Beispielen, wo Lahme wieder kräftig ausschreiten konnten, zumeist ein Wunder vorlag?«

»Ja, und ich habe deshalb auch nicht auf das Neue Testament verwiesen, sondern eher an Bloch gedacht.«*

Zwischendurch ging es um Streitigkeiten in der EG beim Kabeljaufang – das normale Geschäft läuft eben auch bei Krisen weiter. Dann kam Heinz Schweden von der *Rheinischen Post* noch einmal auf das nachrichtenträchtigere Koalitionsthema zurück: »Herr Bölling, können Sie freundlicherweise in Erinnerung rufen, was der Kanzler im Februar dieses Jahres mit dem Stellen der Vertrauensfrage bezweckt hat und wie er ihre Gültigkeit, ihre Zeitdauer bemessen hat?«

»Über die Motivation, glaube ich, sind wir doch alle durch den Bundeskanzler hinlänglich informiert worden, und ich kann mich nicht erinnern, daß er die Wirkung der Vertrauensfrage in irgendeiner Weise limitiert hätte.« Der Journalist gab sich mit der Antwort nicht zufrieden: »Heißt das nach der Vorstellung des Bundeskanzlers, daß das Vertrauen bis zum ordnungsgemäßen Ende der Legislaturperiode reichen sollte?«

»Änderungen vorbehalten, selbstverständlich.«

»Nur zur Sicherheit, damit ich nichts Falsches schreibe . . .«

Bölling richtete sich auf. Wenn ein Journalist blauäugig vorgibt, nur ja nichts Falsches schreiben zu wollen, wo doch die meisten die Unfehlbarkeit ihrer Berichterstattung für ausgemachte Sache halten, ist äußerste Alarmbereitschaft am Platze.

». . . Was meinen Sie mit ›Änderungen vorbehalten‹? Sachzwänge oder Überlegungen, die aus dem Kopf des Kanzlers kommen oder in seinen Kopf hineingetragen werden?«

Der Regierungssprecher, nun sehr bestimmt: »Was dieses Thema angeht, so glaube ich nicht, daß der Bundeskanzler zu Korrekturen an seinen eigenen Positionen neigt – überhaupt nicht.«

Helmut Schmidt fand das alles überhaupt nicht spaßig. Darum sein Brief an Genscher – in der Form höflich und partnerschaftlich, aber zwischen den Zeilen mit der unverblümten Aufforderung: Wenn Sie die Koalition aufkündigen wollen, dann sagen Sie es bitte klipp und klar!

Ihn irritierte aufs höchste, daß man sich noch vor der Sommerpause in sehr schwierigen Verhandlungen über den Etat des nächsten Jahres geeinigt zu haben schien. Der erreichte Kompromiß war für die FDP vorteilhaft, denn er sah, wie von den Liberalen gefordert, Einsparungen bei ihrer Meinung nach nicht länger vertretbaren sozialen Leistungen vor: In der gesetzlichen Krankenversicherung erhöhten sich die Rezeptgebühren. Die Unkostenerstattung bei Alltagskrankheiten wie Husten und Schnupfen entfiel ganz. Bei Kuren würde eine Kostenbeteiligung von fünf Mark pro Tag fällig werden.

---

* Gemeint ist der deutsche Philosoph Ernst Bloch (1885–1977), zu dessen Hauptwerken *Das Prinzip Hoffnung* zählt.

Andererseits wurden die Beiträge für die Arbeitslosenversicherung um ein halbes Prozent erhöht. Rentner sollten ab dem 1. Januar 1983 einen Beitrag zur Krankenversicherung zahlen, der sich Jahr für Jahr erhöhen würde. Aber es wurden auch Steuervorteile für doppelt- und gutverdienende Ehepaare sowie bestimmte Abschreibungsmöglichkeiten für Objekte im Ausland abgeschafft. Und das Wichtigste: Die Neuverschuldung des Bundes sollte 1983 nur noch 28,4 Milliarden Mark betragen − 5,4 Milliarden Mark weniger als 1982.

Beide Seiten hatten Federn lassen müssen: Die SPD verzichtete auf die von ihr geforderte Ergänzungsabgabe für Besserverdienende zur Finanzierung eines Beschäftigungsprogramms, und die FDP bestand nicht auf der Einführung sogenannter Karenztage bei der Lohnfortzahlung im Krankheitsfall. Helmut Schmidt mußte sich mächtig anstrengen, diesen Kompromiß in seiner Fraktion durchzuboxen, der vor allem nicht das geforderte Arbeitsbeschaffungsprogramm enthielt. Dafür sei kein Geld da, auch nicht über eine zusätzliche Neuverschuldung. »Mit mir ist das nicht zu machen, aus volkswirtschaftlicher Einsicht nicht«, donnerte er die Genossen an. »Ich würde auch in einer reinrassig sozialdemokratischen Regierung bei einundfünfzig Prozent Bundestagsmehrheit darum kämpfen, daß niemand glaubt, den bloß auf den ersten Blick billigen Ausweg durch weitere Kreditaufnahmen betreten zu dürfen. Kämpfen würde ich darum!«

Die andere Möglichkeit, ein Beschäftigungsprogramm (von dem er nichts hielt) zu finanzieren, wären weitergehende Kürzungen bei den Sozialausgaben gewesen. Der Kanzler vor der Fraktion: »Von den beiden Möglichkeiten scheitert die eine, es nämlich durch höhere Kreditaufnahmen zu finanzieren, an mir. Ich kann das nicht verantworten. Die zweite Möglichkeit scheitert an euch. Wer mehr für die beschäftigungswirksamen Ausgaben des Staates tun will, muß tiefer, noch tiefer, noch viel tiefer als hier in die Sozialleistungen reinschneiden.«

Mit nur acht Gegenstimmen billigte die Fraktion − viele Abgeordnete zähneknirschend − den Kompromiß. Auch in der FDP-Fraktion wurde die Einigung über den Etat '83 (bei vier Gegenstimmen) angenommen. Kurzum, die Liberalen hatten keinen Grund, die Koalition über den Haushalt '83 auszuheben. Das war Ende Juni gewesen. Ende August stellte sich die Lage plötzlich ganz anders dar, oder, wie Helmut Kohl es nannte: »Das psychologische Umfeld hatte sich verändert.«

Mit Datum vom 5. August 1982 hatte Hans-Dietrich Genscher an alle Mandats- und Funktionsträger seiner Partei einen zweiten »Wende«-Brief* verschickt. Darin forderte er: »Weitere sozial ausgewogene Schritte« zur »strukturellen Konsolidierung der öffentlichen Haushalte« seien notwendig. Und in einem Interview mit dem *Hessischen Rundfunk* sagte er Mitte August im Hinblick auf die hessischen Landtagswahlen am 26. September, »daß die Aufgaben, die in einer Demo-

---

* Am 20. August 1981 hatte Genscher einen ähnlichen Brief geschrieben und behauptet: »Eine Wende ist notwendig«, da weitere Eingriffe in Leistungsgesetze erforderlich seien.

kratie gestellt sind, sich ihre eigenen Mehrheiten suchen«. Otto Graf Lambsdorff wurde in einem *Bild*-Interview noch deutlicher:»Der hessische Wähler entscheidet, was er von einem Wechsel der FDP in eine andere Koalition hält. Das würde für uns in Bonn eine wichtige Erkenntnis sein.«

Was ihm in Bonn denn lieber sei, ein Koalitionswechsel mit oder ohne Neuwahlen?»Wenn überhaupt, dann ist theoretisch beides denkbar . . .«

Würde die FDP an einem Koalitionswechsel nicht zerbrechen?»Nein. Die FDP wird eine Mehrheitsentscheidung treffen wie 1969. Manchen wird sie wenig gefallen. Wenn sie die Partei verlassen sollten, wird man damit leben müssen . . .«

Die Reaktion Helmut Schmidts, der in Kalifornien und Alaska seelenruhig Urlaub gemacht hatte, beschreibt Klaus Bölling in seinem Tagebuch *Die letzten 30 Tage des Kanzlers Helmut Schmidt* so:

»Schmidts Instinkt ist heute nachmittag, daß er dem Wirtschaftsminister wegen dessen *Bild*-Interview morgen in der Kabinettssitzung ›eins auf den Hut‹ geben solle. So harmlos ist es nicht gemeint. Wir diskutieren eine Erklärung, die der Kanzler dann in einem Zug diktiert. Man spürt, daß er die bösen Eskapaden des Mannes kaum länger ertragen kann. Ben Wisch [Staatsminister Wischnewski] sucht den Text abzuschwächen. Er meint zu wissen, daß Genscher das *Bild*-Interview vorher weder gekannt noch nachher gebilligt hat, in dem Lambsdorff, alle Sachfragen wegschiebend, gesagt hat, daß der hessische Wähler darüber zu entscheiden habe, was er von einem Wechsel der FDP in eine andere Bonner Koalition halte. Das hat den Kanzler empört . . .

Im Kleeblatt wird abermals deutlich, daß Schmidt den Kampf nicht aufgeben will, solange auch nur die kleinste Chance gegeben ist, die Freien Demokraten auf den Boden vernünftiger Zusammenarbeit zurückzuholen. Seine Zweifel, daß das noch einmal gelingen kann, verschließt er in der eigenen Brust. Um Machterhalt geht es ihm bestimmt nicht mehr. Als Sozialdemokrat möchte er, die Ungenauigkeit der geschichtlichen Parallele genau kennend, nicht wie der Reichskanzler Müller\* aus nichtigem Anlaß das Amt verlassen. Für die Partei und natürlich für sich selber will er klarstellen, daß ein Scheitern der Koalition von den Liberalen verantwortet werden muß.«

Für den Abend desselben Tages hatte der Kanzler die SPD-Minister seines Kabinetts zum Essen in den Bungalow eingeladen. Dort ging er wegen des Lambsdorff-Interviews noch einmal an die Decke:»Das ist eine Unverschämtheit sondergleichen und wirklich nicht die erste.« Nachdem er sich etwas beruhigt hatte, fügte er hinzu:»Wir dürfen auch nicht den Eindruck begünstigen, daß wir in Wirklichkeit an unseren Sesseln kleben.«

Schmidt berichtete dann über die Reaktion des FDP-Vorsitzenden auf

---

\* Der letzte sozialdemokratische Reichskanzler der Weimarer Republik, Hermann Müller, trat im März 1930 zurück, da sein Kabinett der Großen Koalition sich nicht auf eine Erhöhung der Arbeitslosenversicherung um ein Prozent einigen konnte.

seinen Brief. Genscher hätte angerufen, eine Unterredung vorgeschlagen, zu der er auch Lambsdorff (vor dessen Interview) mitbrachte, aber auf die Gretchenfrage, wie er es mit der Fortsetzung der sozialliberalen Koalition halte, keine verbindliche Antwort gegeben.

Als die Herrenrunde auseinanderging, waren alle über die FDP tief verbittert. Arbeitsminister Heinz Westphal: »Wir können denen nicht hinten reinkriechen.« Nur die Minister Egon Franke (Innerdeutsches) und Manfred Lahnstein (Finanzen) waren der Meinung, man sollte alles tun, um das Bündnis aufrechtzuerhalten.

Lambsdorff, anderntags vom Kanzler zur Rede gestellt, behauptete, in dem Interview nicht die Bonner Koalition gemeint zu haben. Im übrigen bleibe er dabei, die FDP müsse »Spielraum« behalten. Genscher stellte sich überraschenderweise auf Schmidts Seite und meinte, er habe das Interview auch nicht gut gefunden.

Die parlamentarische Arbeit ruhte noch in Bonn, da die Fraktionen erst in der kommenden Woche aus den Ferien zurückkehren würden. Im Parlament roch es nach frischem Bohnerwachs, und in der Buchhandlung des Bundeshauses am Langen Eugen lag Rainer Barzels neues Werk *Unterwegs – woher und wohin?* aus. Ein Absatz darin schien als (Über-) Lebenshilfe für Helmut Schmidt geschrieben zu sein: »Du wirst Deinen Weg weitergehen, immer auch Maulaffen feilhalten, Spießruten laufen – mal durch einen Dunst von Häme und Mißgunst, mal durch Wälle von Jubel und Zuspruch und Dank. Mal auch blüht um Dich das ›Wir‹ wie Blumen auf der Sommerwiese. An keines davon häng Dein Herz. Binde Deinen Karren an einen Stern!«

Genscher hatte inzwischen einen Spitznamen: »Vorsitzender der Meuchelmörderpartei«. Das Merkwürdige war nur, nicht einmal die Akteure wußten, wie der Koalitionswechsel im Detail ablaufen sollte. »Es gab keinen Fahrplan für den Wechsel . . .«, erinnerte sich Helmut Kohl. »Es gab aber eine ganz klare Absprache zwischen mir und Hans-Dietrich Genscher, daß die FDP nicht ohne uns operieren würde und wir ihr eine politisch-parlamentarische Überlebensgarantie geben würden. Für mich war immer klar, daß ein Koalitionswechsel der FDP ihr nicht nur Wähler nimmt, sondern daß ein solcher Schritt auch für das Parteimanagement ungeheuer schwierig sein würde.«

Der Oppositionsführer bereitete sich für alle Fälle auf die Machtübernahme vor. So beraumte er für den 3. September eine Geheimkonferenz mit den Unionsmitgliedern des Haushaltsausschusses an. Von ausgefuchstesten Etatexperten, wie Lothar Haase, Erich Riedl, Michael Glos und Walter Picard, ließ er sich Pläne für eine bessere Finanzpolitik ausarbeiten. Zusätzlich zu einer generellen Kürzung aller Subventionen um fünf Prozent schlugen sie Kürzungen beim Arbeitslosengeld vor, einen Stopp bei der Dynamisierung der Arbeitslosenhilfe, eine Verringerung der BAFöG-Sätze und Abstriche bei der Entwicklungshilfe (»Berlin ist wichtiger als Moçambique«).

Im Kanzleramt gab es keinen Fahrplan für den Tag, an dem die

Koalition platzte. Schmidt sagte zwar: »Meine Regierungserklärung zur Lage der Nation am nächsten Donnerstag könnte meine letzte oder vorletzte Rede im Bundestag sein«, aber im kleineren Kreise ließ er wieder Zuversicht durchblicken. Bei nächster Gelegenheit drängte er mit der Bemerkung »1983 regieren wir mit Sicherheit nicht mehr!« auf die Erledigung einer Order. In seinen Gefühlen zu Genscher war er hin- und hergerissen. Was er nicht ahnte, war, daß er den FDP-Vorsitzenden vier Jahre zuvor bloßgestellt hatte, ohne sich dessen richtig bewußt zu sein. Und Genscher ist dafür bekannt, daß er so etwas nicht vergißt. Genscher: »Schmidt hat damals einen schweren Fehler gemacht.«

Im Dezember 1978 sollte im Parlament über den Schnellen Brüter in Kalkar (NRW) abgestimmt werden, einen Brutreaktor, der mehr Brennstoff (Plutonium) »erbrütet«, als zu seinem Betrieb notwendig ist. Abgesehen davon, daß das Bauprojekt eine Milliardenruine zu werden versprach, gab es von Atomkraftgegnern harten Widerstand. Sechs FDP-Abgeordnete, darunter der spätere FDP-Generalsekretär Helmut Haussmann, drohten, mit Nein zu stimmen. Die Regierungskoalition war allerdings für einen Weiterbau des Schnellen Brüters. Der Kanzler kündigte an, die Abstimmung mit der Vertrauensfrage zu verbinden, und fragte seinen Vize kühl und herablassend: »Herr Genscher, wo ist Ihre Mehrheit?«

Dieser warnte den Kanzler, wegen eines relativ unbedeutenden Anlasses (es ging lediglich um eine Empfehlung an die Landesregierung von NRW) gleich mit dem großen Knüppel der Vertrauensfrage zu drohen. »Das ist ein Schuß in die Luft, Herr Bundeskanzler.« Und ebenso kühl wie zuvor Schmidt fügte er hinzu: »Außerdem wird der Tag kommen, an dem ich Sie fragen muß, ob Sie eine Mehrheit haben werden, Herr Bundeskanzler.«

Der FDP-Vorsitzende konnte seine sechs Abgeordneten übrigens dazu überreden, sich wenigstens der Stimme zu enthalten. Schmidt stellte die Vertrauensfrage nicht, und die Koalition gewann die Abstimmung über den Schnellen Brüter mit der knappen Mehrheit von zweihundertdreißig zu zweihundertfünfundzwanzig Stimmen.

Anfang September 1982 verschärfte sich die Koalitionskrise von Tag zu Tag. Es war, als rasten zwei vollbesetzte Züge aus verschiedenen Richtungen auf eine Kreuzung zu. Am Mittwoch, dem 8. September, ist Kabinett. Vorher sind die SPD-Minister beim Kanzler im Bungalow zum Frühstück. Helmut Schmidt hat nicht mehr als drei Stunden geschlafen, aber wenn er besonders gefordert wird, macht ihm das Schlafdefizit nichts aus. Er wirkt regelrecht »high«. »Ihr langt ja zu, als sei es das letzte Mal«, flachst er die Genossen an. Dann sagt er: »Die Wahrscheinlichkeit, daß Genscher aussteigt, wächst von Woche zu Woche, und die SPD muß am Tage x nach dreizehn Jahren politischer Gestaltung dieser Republik überzeugend dastehen. Es darf nicht eine Kleinigkeit sein, über die sie stolpert.« Die Minister nicken, pflichten ihm stumm kauend bei.

Im Kabinett sitzen Schmidt und Genscher wie gehabt nebeneinander. Die Zweisamkeit wirkt grotesk.

Am nächsten Tag ist die jährliche Regierungserklärung des Kanzlers zur Lage der Nation fällig. Schmidt hat sich intensiv darauf vorbereitet und wird zusätzlich eine persönliche Erklärung zur Lage der Koalition abgeben. Die »doppeldeutigen Äußerungen« einiger FDP-Politiker über einen Koalitionswechsel sollen vor der ganzen Fernsehnation aufgespießt werden. Das hat er sich jedenfalls fest vorgenommen. »Genscher & Co. sollen endlich die Hosen runterlassen.«

In der Zwanzig-Uhr-*Tagesschau* gibt der stellvertretende Leiter des Bonner ARD-Studios, Ernst Dieter Lueg, einen Lagebericht der Vorgänge in Bonn. Bei einem Ausblick auf den kommenden Tag meint er, daß der Kanzler den liberalen Partner morgen im Bundestag »annehmen« werde. Lueg: »Ich bekam daraufhin Ärger, weil sich das Kanzleramt um den Überraschungseffekt dieser Absicht betrogen fühlte.«

Nichtsdestotrotz schlägt der Kanzler Genscher vor: »Wir sollten uns zusammensetzen, um unsere Reden abzustimmen.« Gegen zweiundzwanzig Uhr betritt dieser Schmidts Büro. Gedämpftes Licht, bläulicher Zigarettenrauch. Obwohl das Verhältnis zwischen beiden zum Zerreißen gespannt ist, reden sie zunächst über Belangloses, albern sogar herum, erzählen sich Wahlkampfgeschichten. »Mir reiste mal ein schönes Mädchen hinterher«, fängt Genscher an, »die aber nur stören wollte. Erst dachte ich, die will was Besseres von mir.« Der Kanzler grinst: »Kommt drauf an, was Sie unter ›Besseres‹ verstehen.«

Als der FDP-Vorsitzende nach etwa einer Stunde geht, hat er Luegs Meldung in der *Tagesschau* nicht angesprochen. Schmidt hat ihm aber auch nicht sein Redemanuskript gezeigt. Es sei »noch nicht fertig«, was nur insofern stimmt, als es noch nicht ganz abgetippt ist. Aber natürlich hatte er die wichtigsten Passagen im Kopf. So zum Beispiel die spöttische Formulierung über die FDP: »Reisende soll man nicht aufhalten.« Gleichzeitig hat er Genscher jedoch wissen lassen, daß er morgen im Bundestag seine Bereitschaft zum Weiterregieren erklären, Oppositionsführer Kohl aber ebenso auffordern werde, das konstruktive Mißtrauensvotum* zu stellen. Der Vizekanzler hatte versucht, Schmidt davon abzubringen. Offensichtlich konnte sich Genscher immer noch nicht zum Koalitionswechsel durchringen.

Anderntags hält der Kanzler eine seiner besten Reden: »Ich sehe, CDU und CSU streben ungeduldig die Regierungsmacht an . . . Ein alternatives Konzept haben sie bisher dafür nicht vorgelegt . . . Wenn sich im Bundestag eine andere Mehrheit für eine andere Politik finden sollte: Bitte sehr, dafür hält das Grundgesetz den Artikel 67 bereit. Machen Sie von Artikel 67 Gebrauch! Bringen Sie den Antrag auf ein konstruktives Mißtrauensvotum ein, Herr Kohl! Lassen Sie uns darüber nächste Woche abstimmen!« Von den Bänken der Opposition kommen Zwischenrufe, Schmidt

---

* Art. 67 GG besagt: »Der Bundestag kann dem Bundeskanzler das Mißtrauen nur dadurch aussprechen, daß er mit der Mehrheit seiner Mitglieder einen Nachfolger wählt und den Bundespräsidenten ersucht, den Bundeskanzler zu entlassen. Der Bundespräsident muß dem Ersuchen entsprechen und den Gewählten ernennen.«

fährt mit gezügelter Stimme fort: »Ich klebe nach dreizehn Jahren Regierungsarbeit nicht an meinem Stuhl. Aber ich bin gegen eine Kanzlerschaft des Kollegen Kohl, weil ich unser Land weder außen- noch sicherheits-, weder finanz- und wirtschafts- noch sozialpolitisch einer bisher profillosen anderen Mehrheit anvertrauen möchte . . . Wer nun trotz alledem wechseln will — das ist legitim —, soll das offen und ehrlich sagen.«

Die SPD-Abgeordneten spüren, daß dies eine Art Abschiedsrede ist. Zum Schluß spenden sie ihrem Kanzler stehend Beifall. Willy Brandt geht hinüber zur Regierungsbank und drückt Schmidt — welch seltene Geste inzwischen — die Hand.

In seiner Erwiderung verlangt Kohl Schmidts Rücktritt, »als sei es etwas Unrechtes, darüber nachzudenken, daß Sie endlich von Ihrem Amt zurücktreten«. Genscher gibt kein klares Bekenntnis zur Koalition ab, sagt aber auch nicht, daß die FDP wechseln will. Der FDP-Vorsitzende: »Wir haben auf beiden Seiten [gemeint sind SPD und FDP] gezeigt, wie sehr wir uns in die Pflicht zu nehmen wissen. Die Grenze muß dort liegen, wo man sich gegenseitig überfordert, ja, wo einer von beiden oder beide in die Gefahr geraten, ihre Identität zu verlieren . . .« Er bekommt mehr Beifall von der Opposition als vom Koalitionspartner.

Als der Kanzler Graf Lambsdorff wegen dessen *Bild*-Interview vom 1. September im Kabinett Vorhaltungen machte, hatte er ihn aufgefordert, seine wirtschaftspolitische Kritik zu Papier zu bringen und ihm vorzulegen. Jetzt ist die Ausarbeitung dem Kanzleramt für den Abend des 9. September avisiert. Der Wirtschaftsminister hatte ein derartiges Memorandum bereits im Sommer in seinem Amt in Auftrag gegeben. Gerüchtweise ist durchgesickert, es sei koalitionspolitisch eine »Bombe«. Außerdem will Lambsdorff es gleichzeitig den Mitgliedern der FDP-Fraktion zuleiten, was einer Veröffentlichung gleichkommt.

Als der Kanzler die vierunddreißig Seiten lange Expertise zu Gesicht bekommt, ist er entsetzt: Die Vorschläge des Wirtschaftsministers zur Überwindung der Konjunkturflaute und der Arbeitslosigkeit empfindet er als Kampfansage an sozialdemokratische Wertvorstellungen, obwohl Lambsdorff in einem Begleitbrief vorausschauend über seine Empfehlungen schreibt: »Wer eine solche Politik als soziale Demontage oder sogar als unsozial demontiert, verkennt, daß sie in Wirklichkeit der Gesundung und Erneuerung unseres Sozialsystems dient.« Schmidt sieht das anders: »Das hätte auch vom Stab des BDI-Präsidenten entworfen werden können.«

Das Lambsdorff-Gutachten, vom Kanzler fortan als »Scheidungsbrief« bezeichnet, enthält Vorschläge zur Verbesserung der Investitionsbedingungen, zum Abbau der Bürokratie, für Steuersenkungen, empfiehlt aber auch tiefe Einschnitte in die Sozialleistungen, zum Beispiel, daß bei Arbeitslosigkeit in den ersten drei Monaten nur fünfzig Prozent gezahlt werden. Das Papier enthält auch Anregungen, gegen die der sozialdemokratische Koalitionspartner nichts haben kann, zum Beispiel eine Art Beschäftigungsprogramm: zusätzliche Ausgaben der öffentlichen Hand, allerdings auf etwa drei Jahre begrenzt, für Umweltschutz, für regionale

Wirtschaftsförderung, Küstenschutz, Fernwärmeprogramme, Straßenbau und für überbetriebliche Ausbildungsmaßnahmen für Jugendliche.

Doch Helmut Schmidt bleibt, als sich das Kleeblatt im Kanzleramt mit der Vorlage beschäftigt – Finanzminister Lahnstein ist bei der Analyse mit von der Partie –, bei einem negativen Urteil: »Es handelt sich um einen mit Sachverstand verfaßten Forderungskatalog im Interesse der Unternehmenswirtschaft, mit Zugeständnissen an den Mittelstand.« Lahnstein pflichtet ihm bei: »Das Wort Solidarität kommt nicht ein einziges Mal vor.«

Der SPD-Parteivorstand erklärt: »Die FDP ist zu fragen, ob sie sich mit dem Konzept von Graf Lambsdorff identifiziert und sich damit aus der erfolgreichen Tradition der Sozial- und Wirtschaftspolitik der Bundesrepublik Deutschland verabschieden und von der Regierungserklärung von 1980 lösen will . . .« Die Reaktion der FDP ist gespalten. Genscher verrät Welt-Chefredakteur Manfred Schell vier Jahre später: »Lambsdorff hat gegen meinen dringenden Rat die Ausarbeitung an die Öffentlichkeit gegeben. Wir – ich und Mischnick – versuchten, ihn davon abzubringen.«

Lambsdorff selber ist hinterher lediglich bereit einzusehen, daß mit Rücksicht auf die anstehenden Hessen-Wahlen der Zeitpunkt »taktisch nicht geschickt war«. Aber: »Mein Vorgehen hat ja nicht nur Kritik, es hat auch viel Zustimmung gefunden.« So stellt sich das FDP-Präsidium vor ihn und würdigt das Konzept als eine »Vorwärtsstrategie zur Bekämpfung der Arbeitslosigkeit, die auf private und öffentliche Investitionen setzt«. Die Finanzexpertin der FDP-Fraktion, Ingrid Matthäus-Maier, urteilt dagegen, die notwendige Konsolidierung der Staatsfinanzen sei durch Lambsdorff »diskreditiert und damit erschwert« worden. Der Minister wolle unverkennbar eine massive Umverteilung von unten nach oben.

Der Koalitionskrach ist jedenfalls total. Für den Kanzler stellt sich die Frage, ob er den Wirtschaftsminister entlassen soll. Der Gedanke wird zunächst verworfen. Klaus Bölling, der nicht nur das Amt des Regierungssprechers ausübt, sondern dem Kanzler auch ein enger Ratgeber ist, erhält von diesem den Auftrag, sich schriftlich Gedanken darüber zu machen, in welcher Weise man reagieren kann und soll. Am 14. September schickt Bölling unter »Verschlossen – Streng persönlich« das Ergebnis seiner Überlegungen in Form einer Aufstellung ins Kanzleramt. Sie ist im nüchternen Behördenstil abgefaßt:

»Dem Herrn Bundeskanzler

Ausgangslage:

In den Hintergrundgesprächen [gemeint: mit Journalisten] haben BM [Bundesminister] Graf Lambsdorff am 9. September und BM Genscher am gestrigen Montag, 13. 9., im ›Ruderclub‹ nach Informationen von X und Y* keinen Zweifel daran gelassen, daß die FDP fest entschlossen ist, die

---

* Mit X und Y sind Journalisten aus dem Hintergrundgesprächskreis gemeint, die den Regierungssprecher anschließend informierten, was gegen die Spielregeln verstößt.

Koalition zu verlassen. Genscher soll gestern zu erkennen gegeben haben, daß sich der Wechsel allerdings nicht so schnell wie gewünscht vollziehen könne. Der Zeitplan sehe drei Etappen vor:

1. Hessenwahl,
2. Haushaltsschlußrunde,
3. FDP-Parteitag Berlin.

Auf dem Parteitag glaubt Genscher eine klare Mehrheit der Delegierten gewinnen zu können. Der FDP-Vorsitzende äußerte sich im ›Ruderclub‹ besorgt darüber, daß dieser Zeitplan dadurch gefährdet werden könne, daß die Sozialdemokraten (wegen des Lambsdorff-Papiers) das Tempo von sich aus beschleunigen . . . Meine Quelle berichtet, daß man zwischen FDP und CDU in personellen Fragen ›ziemlich weit vorangekommen‹ sei.

Mögliche Reaktionen [gemeint: seitens des Kanzlers]:

1. Da BM Lambsdorff heute morgen im Deutschlandfunk gesagt hat, daß es möglich sein solle, die Grundgedanken seines Papiers unter einem Regierungschef Kohl zu verwirklichen, daß es nach der Stellungnahme des SPD-Präsidiums ›dazu beitragen‹ möge, ›daß auch neue Koalitionsüberlegungen daraus entstehen‹, wäre die Entlassung des Ministers eine Option, über die noch einmal nachgedacht werden müßte, weil das Deutschlandfunk-Interview klarmacht, daß BM Lambsdorff für die Schlußrunde über den Haushalt augenscheinlich überhaupt nicht kompromißfähig ist. Analog hat das auch für BM Genscher zu gelten . . .

Gefahr dieser Option:

Lambsdorff wird zum Märtyrer, den seine Partei, unterstützt von der mehrheitlich konservativen Presse, als den furchtlosen Künder unbequemer Wahrheiten feiern würde, die der Bundeskanzler, der es eigentlich besser wissen müßte, nicht zu ertragen vermag.

2. Da sich Genscher offenkundig und unwiderruflich zum Verlassen der Koalition entschlossen hat, nutzen Sie Ihr Gespräch mit dem Oppositionsführer [es war mit Kohl seit längerem vereinbart], um aus den von Ihnen im Bundestag entwickelten Gedanken der Legitimität die Forderung nach Neuwahlen abzuleiten . . .

Zur Begründung könnten Sie überdies anführen, daß Sie Mal um Mal dem Koalitionspartner das ernste Angebot gemacht haben, in einer großen und gemeinsamen Anstrengung für die von Ihnen geführte sozialliberale Bundesregierung die Handlungsfähigkeit wiederherzustellen und ein gemeinsames Programm – über den Haushalt 1983 hinaus – für eine Regierungsarbeit in der zweiten Hälfte der Legislaturperiode zu verabreden. Sie hätten Geduld bewiesen. Eine Antwort hätte es bis zum heutigen Tage nicht gegeben . . .

Diese Option ist der Option Nr. 1 vorzuziehen. Sie muß mit Willy Brandt, Herbert Wehner, Johannes Rau und vielleicht auch Jochen Vogel kurzfristig besprochen werden. Wenn von Ihnen mit aller Klarheit und Härte dargelegt wird, daß Sie CDU und FDP nicht erlauben wollen, mit unserem demokratischen System Schindluder zu treiben, wird Ihnen auch nicht vorgehalten werden können, Sie verstießen gegen Ihren Grundsatz,

›die Klamotten nicht hinschmeißen‹ zu wollen. Die Motivation für die eigene Partei unmittelbar vor dem Wechsel in die Oppositionsrolle wäre vermutlich sehr stark. Ganz wichtig wird sein, daß wir eine inhaltlich überzeugende Gegenposition zur Lambsdorff-Philosophie sogleich bereithalten, damit die zu erwartende Dolchstoßlegende verhindert wird, die sich in vielen Äußerungen von Genscher und Lambsdorff bereits ankündigt . . .

Die Entscheidung müßte wegen der parlamentarisch vorgeschriebenen Fristen sehr schnell getroffen werden. Das ist auch unter dem Gesichtspunkt der Wirkung auf Hessen und wegen des wünschbaren Zieles wichtig, die FDP dort unter die Fünf-Prozent-Grenze zu bringen.«

Das Kanzleramt wird sofort damit beauftragt, ein Gegenpapier zu Lambsdorffs Forderungskatalog auszuarbeiten. Auch Helmut Schmidt will jetzt die Trennung, wobei es ihm vor allem darauf ankommt, in der Öffentlichkeit, aber auch gegenüber der Geschichtsschreibung, ohne Imageverlust wegzukommen. Zum Bruch mit der FDP hat er sich aber auch deshalb entschlossen, weil der Deutsche Gewerkschaftsbund gegen den Kompromiß beim Haushalt 1983 Sturm geblasen hat. Die Gewerkschaften, bislang treue Verbündete Helmut Schmidts in Wirtschaftsfragen, starten gegen die Sparbeschlüsse der Koalition eine regelrechte Kampagne. Der DGB — so sein Vorsitzender Ernst Breit — will es »nicht bei verbalen Protesten bewenden lassen, sondern seiner Ablehnung durch geeignete Aktionen Nachdruck verleihen«. Der Angriff richtet sich nicht nur gegen die FDP, sondern ebenso heftig gegen die SPD. »Das ist ein Kabinettsbeschluß. Da müssen alle die Köpfe für hinhalten.«

Für IG-Metall-Vorstandsmitglied Karl-Heinz Jantzen ist »das Maß an Zumutungen ganz einfach voll«. Namhafte SPD-Politiker, darunter Hessens Ministerpräsident Holger Börner sowie die Bundestagsabgeordneten Herbert Ehrenberg und Peter Conradi, schließen sich dem Gewerkschaftsprotest an. Der Kanzler muß darauf gefaßt sein, die Sparbeschlüsse, mithin den Etat '83, bei den Beratungen im Bundestag nicht durchzubekommen.

Helmut Schmidt sitzt in einer Zwickmühle: Gelänge ihm doch noch eine Übereinkunft mit der FDP, würden ihm Partei und Gewerkschaften höchstwahrscheinlich die Gefolgschaft aufkündigen. Übernähme er deren Ansichten, wäre in der Koalitionsregierung kein Zusammenarbeiten mehr möglich. Vor diese Wahl gestellt, entscheidet sich der Sozialdemokrat Schmidt für seine Genossen. Die Schlachtordnung, die er entwickelt, um Genscher & Co. den Schwarzen Peter zuzuspielen und die FDP als »Verratspartei« abstempeln zu können, nötigt sogar dem politischen Gegner Respekt ab. CDU-Generalsekretär Heiner Geißler: »Schmidt hat sich in dieser Situation als Stratege erwiesen, was ich neidlos anerkenne. Er hat seiner Partei damit einen letzten Dienst erwiesen. Mit seinem Rachefeldzug gegen die FDP hat er, was die Stimmung betraf, voll auf die germanische Nibelungenmentalität gesetzt. Er hat einen ganz normalen demokratischen Wechsel, der in der Verfassung unseres Landes vorgesehen ist, als Verrat gebrandmarkt.«

Keine Frage, bei den Freidemokraten wurde zuerst mit einem Bruch des sozialliberalen Bündnisses geliebäugelt. Walter Scheel, nach seinem Ausscheiden als Staatsoberhaupt FDP-Ehrenvorsitzender und seitdem indirekt mitentscheidend im FDP-Präsidium: »Die Entscheidung 1982 kam für mich ein Jahr zu spät. Ich war schon 1981 der Meinung, daß ein Koalitionswechsel unvermeidlich sei.«

Andererseits wurde die SPD als erste »untreu«. Sogar die den Sozialdemokraten wohlgesonnene *Zeit* gelangt am 16. September 1982 zu folgender Feststellung: »Geschichtsfälschung sollte kein Vorschub geleistet werden. Nicht die FDP, sondern die SPD ist als erste von dem für die Koalition vereinbarten Kurs abgewichen – durch Widerstand gegen notwendige Etatkürzungen, durch Forderungen nach höheren Steuern und Abgaben, schließlich durch ständiges Gemäkel an gemeinsamen Beschlüssen.«

In Bonn läuft der Countdown. Die Schmidt/Genscher-Koalition, die in achteinhalb Jahren nicht ohne erhebliche Erfolge war, hat noch genau achtundvierzig Stunden zu leben.

60 Es ist Mittwoch früh, der 15. September 1982. Im Kanzler-Bungalow hält Helmut Schmidt mit den SPD-Mitgliedern des Kabinetts wieder Kriegsrat. »Sollen wir uns immer weiter in die Wäsche treten lassen?«

Der Kanzler wartet die Antwort erst gar nicht ab, ist ganz Feldherr und Macher. Er sagt, die Sozialdemokraten müßten jetzt die Initiative ergreifen, denn daß Genscher die Koalition aufkündigen wolle, daran zweifele er nicht mehr.

Verteidigungsminister Apel, der sich früher immer daran stieß, daß es bei Schmidt-Konferenzen nichts zu essen gab, hat heute keinen Grund zum Klagen: Der Kanzler hat von Haushälterin Helma Pirwitz ein reichhaltiges Frühstück auftischen lassen. Apel sagt, es wäre völlig falsch, jetzt Graf Lambsdorff zu entlassen, denn dann hielte die FDP doch erst recht zu ihm. Von diesem Schritt hatte Regierungssprecher Bölling bereits am Vortag abgeraten. Alle nicken. Apel ist dafür, daß es in den nächsten Wochen vor allem darauf ankommt, »sachbezogene Arbeit« zu leisten. Da liegt er genau auf der Linie des Kanzlers, der das auch gemeint hatte.

Egon Franke gibt zu bedenken, daß die Sozialdemokraten Neuwahlen nicht erzwingen können. Und er schiebt eine einleuchtende, allzumenschliche Begründung dafür nach: »Wenn neu gewählt wird, haben viele Abgeordnete keine Chance, in den Bundestag zurückzukehren«, da sie entweder nicht mehr als Kandidaten aufgestellt werden oder gegen den Unionskandidaten am Wahlsonntag verlieren oder den Sprung über die Landesliste nicht schaffen. Und nicht jeder hat schon eine ausreichende Altersversorgung in der Tasche. Dennoch wird der Kanzler zwei Tage später im Parlament Neuwahlen vorschlagen.

Die Runde kommt überein, daß beim weiteren Vorgehen weder Lambsdorff noch dessen Papier eine entscheidende Rolle spielen dürfen. Die

Strategie muß sein, die FDP insgesamt als Verräterpartei anzuprangern und alle vier FDP-Minister – Genscher, Lambsdorff, Ertl, Baum – zu entlassen. Das hält den Kanzler aber nicht davon ab, Lambsdorff eine Stunde später in der Kabinettssitzung zur Rede zu stellen: »Ihr Papier, Graf Lambsdorff, ist nicht vereinbar mit der vom Kabinett zu Beginn der Legislaturperiode gebilligten Regierungspolitik. Ich erwarte, daß Sie öffentlich erklären, daß Sie mit diesem Papier nicht die Grundlagen der Koalition in Frage stellen wollen.« Und dann mit einem Blick in die Runde: »Der Kollege Lambsdorff hat in den nächsten achtundvierzig Stunden Gelegenheit, das aus der Welt zu schaffen.« Auf die Frage des Kanzlers, ob das Papier als »Scheidungsbrief« zu verstehen sei, behauptet Lambsdorff, der Inhalt läge auf der Linie der Regierungspolitik und berühre nicht das Koalitionsthema.

Nachmittags treffen sich Schmidt, Brandt und Wehner. Die Marschrichtung wird endgültig abgesteckt; dazu zählt auch die Entlassung der vier FDP-Minister. Die dann führungslosen Ministerien sollen SPD-Minister zusätzlich zu ihren Ressorts übernehmen: Finanzminister Lahnstein das Wirtschaftsressort, Justizminister Schmude das Innenministerium, Bildungsminister Engholm Ertls Haus. Das Auswärtige Amt behält sich der Kanzler selbst vor. Dann will Helmut Schmidt bis auf weiteres mit einem Minderheitenkabinett regieren, so, wie es gerüchtweise schon vor vierzehn Tagen hieß. Wehner findet Schmidts Plan richtig, will ihn unterstützen, Brandt dagegen zögert. Denkt er daran, wie lange es dauern wird, bis die Sozialdemokraten in Bonn wieder an die Macht kommen?

Nun, da die interne Entscheidung gefallen ist, macht Helmut Schmidt einen erleichterten Eindruck. Zum erstenmal schläft er wieder gut. Seine Frau Loki hat ihm in diesen turbulenten Tagen als Ratgeberin gefehlt, da sie für mehrere Wochen auf Pflanzensafari im brasilianischen Urwald ist. Immerhin rief sie an und fragte: »Soll ich zurückkommen?«

»Nein, laß mal. Wir besprechen alles, wenn du wieder hier bist«, hatte er gesagt und daran gedacht, wieviel ihr diese biologisch-wissenschaftlichen Reisen bedeuteten.

Donnerstag, der 16. September. Für vierzehn Uhr hat der Bundeskanzler die Kronjuristen der Fraktion in sein Arbeitszimmer gebeten: Justizminister Jürgen Schmude; Professor Horst Ehmke, einst Dekan der Juristischen Fakultät in Freiburg/Breisgau; Hans-Jochen Vogel, Jurist mit Einserexamen. Da Kohl und Genscher Neuwahlen verhindern können, soll überlegt werden, ob eine Grundgesetzänderung dahingehend möglich ist, daß der Bundestag seine Selbstauflösung beschließen kann, damit auf diesem (Um-)Weg Neuwahlen möglich werden. (Die Väter des Grundgesetzes wollten das eingedenk der schlechten Erfahrungen mit der Selbstauflösung des Parlaments in der Weimarer Republik ausdrücklich nicht.) Die Idee wird mit dem Hinweis verworfen, der Bürger könnte Schiebung wittern.

Um achtzehn Uhr sucht der Kanzler Bundespräsident Karl Carstens auf. Das zwischenmenschliche Verhältnis der beiden hatte im Laufe der

Jahre seine Auf und Abs gehabt. Dazu Carstens: »So erwarteten alle, als ich zum Bundespräsidenten gewählt wurde [Schmidt war bereits Kanzler], daß es einen Riesenkrach [zwischen uns] geben würde. Aber das war nicht der Fall. Ich muß im Gegenteil sagen, daß ich gut und vertrauensvoll mit Schmidt zusammengearbeitet habe. Er hat mich über alle Vorgänge voll unterrichtet, auch über seine Absichten.« Auch jetzt wollte der Kanzler den Bundespräsidenten über seine Pläne unterrichten. Wenn die FDP-Minister nicht von sich aus zurückträten, wolle er sie entlassen. Danach müsse es möglichst schnell zu Neuwahlen kommen.

Neuwahlen müssen vom Bundespräsidenten festgelegt werden. Voraussetzung dafür ist während einer Legislaturperiode, daß der Kanzler entweder zurücktritt oder im Parlament die Vertrauensfrage stellt und keine Zustimmung erhält. Selbst wenn Helmut Schmidt hierzu bereit gewesen wäre, hätte Carstens nicht sofort Neuwahlen anberaumen können, denn nach dem Rücktritt eines Kanzlers muß laut Grundgesetz erst per Abstimmung im Parlament versucht werden, aus dessen Reihen einen neuen Regierungschef zu wählen. Nur wenn bei keinem dieser Wahlgänge ein Kandidat die absolute Stimmenmehrheit erhält, kann der Präsident das Parlament auflösen und Neuwahlen festsetzen.

Um neunzehn Uhr findet das schon vor der Krise vereinbarte Gespräch mit Helmut Kohl im Arbeitszimmer des Kanzlers statt. Die Herren sind sehr schnell beim Thema Neuwahlen. Auch der Oppositionsführer ist – im Gegensatz zu Strauß und anderen in der Union – für Neuwahlen: »Ich wollte für die schwierigen Entscheidungen, die anstanden (z. B. die Stationierung von Atomraketen), keine allein im Parlament zustandegekommene Mehrheit, sondern eine tragfähige Grundlage durch die Entscheidung der Wähler.« Kohl verriet in diesem Moment Helmut Schmidt natürlich nicht, daß er in einem Geheimgespräch mit Genscher der FDP für den Fall des Wechsels eine politische Überlebensgarantie gegeben hatte, die beinhaltete, daß Neuwahlen erst zu einem späteren Zeitpunkt abgehalten werden würden. Bei sofortigen Neuwahlen wäre die »Verräterpartei« wahrscheinlich nicht mehr in den Bundestag eingezogen. Kohl: »Sofortige Neuwahlen wären nicht zustande gekommen, weil der Bundespräsident das Parlament nicht gegen den Willen der FDP aufgelöst hätte.«

So sagte Helmut Kohl jetzt zum Kanzler: »Den Zeitpunkt der Neuwahlen bestimmt die Union und nicht Sie, Herr Bundeskanzler.«

»Wie wollen Sie denn ohne wirkliche Legitimation mit den großen weltwirtschaftlichen und außenpolitischen Problemen zurechtkommen?«

»Das lassen Sie mal meine Sache sein.«

Schmidt behält für sich, daß er erwägt, am nächsten Tag die FDP-Minister zu entlassen. Nachdem Kohl (»Schmidt strahlte sehr viel Souveränität und Gelassenheit aus«) gegangen ist, wird im Kanzleramt bis tief in die Nacht an der für morgen vorgesehenen Kanzler-Rede gearbeitet. Der Entwurf stammt von Amtschef Gerhard Konow. Klaus Bölling, der daran mitgearbeitet hat, trägt in sein *Tagebuch* ein: »Auch Schmidt ist mittlerweile fleißig gewesen. Wir diskutieren und verbessern zweieinhalb Stunden. ›Jetzt zieht ihr in eure Büros und tut eure Pflicht‹, sagt Schmidt. Dann diktiert er bis Mitternacht die beinahe endgültige Fassung. Wenig später sind wir wieder bei ihm. Es ist Mitternacht. Der Kanzler hält mir wieder einmal vor, ich sei ein ästhetisierender Literat, der von den Bedürfnissen eines Redners überhaupt nichts versteht. Das stimmt zwar nicht, aber ihm macht es Spaß. Wir streichen alle auch nur von ferne nach Polemik riechenden Sätze. Hier darf nichts trickreich, nichts taktisch wirken, schon gar nicht gekränkt. Die Rede muß in schmuckloser Sprache die tiefe menschliche Enttäuschung des Kanzlers über die Treulosigkeit von Genscher ausdrücken . . .

Kurz vor drei Uhr sind wir mit den dreißig Seiten durch. Der Kanzler sagt: ›Jetzt bin ich richtig lustig.‹ Natürlich verstehe ich, was er meint, und trotzdem mißfällt mir der Satz. ›Ist es nicht richtiger zu sagen, daß Sie jetzt leichter atmen?‹ Ja, das hat er ausdrücken wollen . . .

Zu Fuß gehe ich zum Presseamt zurück. Das Kanzleramt, das Schmidt so oft mit einer rheinischen Girozentrale verglichen und dann für teures Geld mit der gewaltigen Henry-Moore-Plastik verschönt hat, könnte um diese Stunde Kulisse für einen Fassbinder-Film sein. Im Kanzler-Trakt wird gleich das Licht ausgehen . . .«

Freitag, der 17. September 1982. Die Bundeshauptstadt ist in einen milden, friedlichen Spätsommertag getaucht. Nichts deutet auf das historische Ereignis hin, daß nach dreizehn Jahren das Bündnis zwischen Sozialdemokraten und Liberalen zu Grabe getragen wird. Das heißt, seit dem frühen Morgen tagen die Partei- und Fraktionsgremien. Um neun Uhr ist Graf Lambsdorff beim Kanzler. Es sind oft Nebensächlichkeiten, die wichtige Rückschlüsse erlauben. Wann immer der Wirtschaftsminister beim Kanzler zu tun hatte, saßen sie an einem Konferenztisch, selten sich gegenüber am Schreibtisch. »An diesem Morgen bat er mich nach fünf Jahren zum erstenmal zu der flachen Sitzgruppe in der Mitte des Kanzler-Büros. Von diesem Augenblick an wußte ich, das wird ein friedliches und freundschaftliches Gepräch. Es wird nicht auf Krach angelegt sein. Am Ende des Gesprächs war mir klar, daß es mit der Koalition zu Ende geht, daß Schmidt für sich die Entscheidung getroffen hatte. die FDP-Minister zu entlassen, daß er das Ende herbeiführen wollte. Er sagte mir das aber bei dieser kurzen Unterredung nicht.«

Das Komische ist, daß die Herren fast heiter miteinander reden. Man kann das nur damit erklären, daß sie aus dem gleichen Holz geschnitzt sind und sich trotz aller Meinungsverschiedenheiten respektieren. Lambsdorff: »Ich bin gern in seinem Kabinett Minister gewesen, und ich habe nach wie vor großen Respekt vor seinem Sachverstand.«

Nach dem Gespräch eilt Lambsdorff zu FDP-Fraktionschef Mischnick und berichtet. Seinem Rat zufolge sollten alle vier FDP-Minister schnellstens ihre Rücktrittsgesuche schreiben, um dem Rausschmiß durch den Kanzler zuvorzukommen. Seinen Demissionsbrief hat er bereits in der Tasche.

Gegen halb zwölf wird der Kanzler im Parlament seine mit Spannung erwartete Erklärung abgeben. Vorher empfängt er in seinem Büro im Bundeshaus – zum letztenmal – seinen Vize und Noch-Koalitionspartner. Schmidt will ihm nun endlich sein Manuskript zeigen. Aber Genscher scheint das nicht mehr sonderlich zu interessieren, der FDP-Vorsitzende hält die dreißig Seiten ungelesen in seinen Händen. Er teilt dem Kanzler vielmehr mit, daß die FDP-Minister ihren Rücktritt erklären müßten. Schmidts Gesicht bleibt regungslos.

Nach einer anderen Version gibt der Kanzler zuerst zu erkennen, daß er sich von den FDP-Ministern trennen will, daß Genscher dem Rausschmiß also nicht zuvorkam. Zwei Wochen später widerspricht FDP-Fraktionschef Mischnick im Bundestag der Verratslegende und schildert aus seiner Kenntnis den Gesprächsverlauf so: »Herr Bundeskanzler, Sie haben am 17. September . . . deutlich gemacht, daß diese Koalition zu Ende geht. Ich habe Sie gefragt, ob das in Ihrer Rede steht. Sie haben mir geantwortet: ›Ja.‹ Ich habe Sie gefragt, ob Sie erwarten, daß die Minister der Freien Demokraten zurücktreten. Sie haben das bestätigt. Ich habe Ihnen gesagt: ›Wenn das nicht geschieht, werden sie dann entlassen?‹ Sie haben mir das bestätigt.«

Als der Kanzler am späten Vormittag seine Rede im Plenarsaal beginnt – Genscher, Lambsdorff, Baum und Ertl sitzen nicht mehr auf der Regierungsbank –, merkt man ihm die innere Anspannung an. Jetzt kommt es darauf an, glaubwürdig zu wirken, damit ihm die Menschen an den Fernsehgeräten die Verratsthese abnehmen. Schmidt hat sich fest vorgenommen, auf schauspielerische Gags zu verzichten.

»Seit Herr Kollege Genscher im Sommer 1981 das Wort von der ›Wende‹ geprägt und seitdem viele Male ausgesprochen hat, war zweifelhaft geworden, ob die FDP bis zum Ende der vierjährigen Wahlperiode an der vom Wähler 1980 eindrucksvoll bekräftigten Regierungskoalition mit den Sozialdemokraten festhalten will . . . Der eine klare Satz hat immer gefehlt, und er fehlte auch in dieser Woche, die morgen zu Ende geht, nämlich der Satz: Die FDP steht fest zur sozialliberalen Koalition . . .

Aber es wäre nicht in Ordnung, meine Damen und Herren von der FDP, wenn Sie Ihre 1980 mit den Plakattiteln ›Schmidt/Genscher – Gegen CSU und CDU‹ gewonnenen Mandate jetzt in eine Regierung aus CSU/CDU und FDP einbrächten . . .«

Der Kanzler plädiert für Neuwahlen, die aus der gegenwärtigen innenpolitischen Krise herausführen. Zum Schluß wird er staatsmännisch: »Wenn jetzt, meine Damen und Herren, eine geschichtliche Epoche in der Entfaltung unseres demokratischen Gemeinwesens beendet wird, wenn jetzt die Zukunft dieser Entfaltung ungewiß ist, so will ich in diesem Zusammenhang meinen Stolz auf das in der sozialliberalen Koalition Geleistete noch einmal hervorheben. Das gilt für die Aufarbeitung des Reformdefizits, das wir 1969 vorgefunden haben, das gilt für den Ausbau des Sozialstaats, das gilt ebenso für unsere Friedenspolitik im Verein mit unseren Nachbarn im Osten. Ich bin stolz auf diese gemeinsame Leistung, und ich werde sie mit großem persönlichem Einsatz verteidigen. Ich stehe ebenso eindeutig zu allem, was wir bis zum heutigen Tage miteinander verabredet haben. Ich gehöre zu denjenigen Sozialdemokraten, die im Laufe der gemeinsamen Arbeit zu vielen Abgeordneten der FDP sehr enge kollegiale und menschliche Bindungen gefunden haben. Ich danke Ihnen allen, besonders Wolfgang Mischnick, ebenso besonders denen, die bis zur letzten Stunde treu zur sozialliberalen Koalition stehen . . .

Ich habe bis zu diesem Mittwoch jede denkbare Anstrengung zur Aufrechterhaltung der Gemeinsamkeit unternommen – gegen die Skepsis fast der gesamten deutschen Presse und gegen viele Skeptiker in beiden Koalitionsfraktionen. Ich habe es an gutem Willen nicht fehlen lassen.

Aber nach den Ereignissen der letzten Tage mußte ich das politische Vertrauen zu einigen Führungspersonen der FDP verlieren. Eine weitere Zusammenarbeit ist weder den sozialdemokratischen Bundesministern noch dem Bundeskanzler zuzumuten . . .

Ich fasse zusammen. Nicht nur viele junge Deutsche, sondern auch eine große und zunehmend größer werdende Zahl von älteren Bürgern fühlen sich in den letzten Monaten durch das, was ›die in Bonn‹ tun oder lassen, zunehmend bedrückt. Ich kann diese Sorge gut verstehen, denn ich teile sie. Weil ich meine Verantwortung ernst nehme, weigere ich mich, taktischen Manövern noch länger zuzusehen. Uns Sozialdemokraten sind Ansehen und Festigkeit der Demokratie wichtiger als taktische Vorteile zugunsten der eigenen Partei . . .«

Die Rede war eine dialektische Meisterleistung. Wer die Entwicklung der letzten Monate nicht mitbekommen hatte – die ständigen Querschüsse der SPD-Linken gegen ihren eigenen Kanzler, Brandts und Wehners abweichende Meinungen zu fast allem, was Schmidt tat –, der mußte nach dieser Erklärung Genscher für den verräterischen Bösewicht und Helmut Schmidt für den alleinigen Hüter des Gemeinwohls halten.

Helmut Kohl hielt gegen: »Sie haben versucht, als Patriot in Ihrem Amt das Beste zu tun. Jetzt wäre es eine patriotische Pflicht, zurückzutreten.« Andernfalls werde die Opposition ein Mißtrauensvotum zur Wahl eines neuen Bundeskanzlers einbringen. Und dann mit demselben Pathos wie Schmidt: »Wir sind überzeugt, unser Volk braucht einen neuen Anfang.«

Noch am Nachmittag empfingen die FDP-Minister aus der Hand des Bundespräsidenten ihre Entlassungsurkunden. Schmidt stand mit gesenktem Blick daneben. Auch bei der Übergabe der Ministerien an die Interimsminister fiel die Verabschiedung etwas steif aus. Im Kasino des Wirtschaftsministeriums versprachen einander der alte und der neue Minister vor versammelter Belegschaft, sich auch in Zukunft menschlich wie bisher begegnen zu können. So, als sei es nicht der Graf gewesen, der mit seinem »Scheidungsbrief« das Koalitionsfaß zum Überlaufen gebracht hatte, pries ihn der Sozialdemokrat Lahnstein: »Ich danke Ihnen von Herzen dafür, was Sie für die Bundesrepublik getan haben.« Ein letzter Handschlag, dann bestieg der entlassene Wirtschaftsminister ein Polizeifahrzeug; seinen Dienst-Mercedes durfte er nicht mehr benutzen.

Genscher weigerte sich, die Farce einer Verabschiedung mitzumachen. Und Wischnewski, vom Kanzler als vorübergehender Aufpasser ins Auswärtige Amt geschickt, verzichtete darauf, Genschers Büro zu beziehen. Dessen Mitarbeiter hockten dort herum wie herrenlose Hunde. Auch Genschers Fahrer Dreyer durfte seinen Chef nicht mehr mit dem Ministerwagen nach Hause fahren. Schon zwei Wochen zuvor hatte er den Dienstwagen in der automatischen Waschanlage des Kanzleramtes nicht mehr reinigen lassen dürfen. Da hatte der Mann gefaucht: »Höchste Zeit, daß sich hier etwas ändert!« Jetzt muß er sich noch rund vierzehn Tage gedulden.

Am Nachmittag tritt das sozialdemokratische Rumpfkabinett zur ersten Sitzung zusammen. Der Kanzler bittet, »nicht mitzuschreiben«. Nur keine Indiskretionen jetzt. Es muß verhindert werden, daß in der Zeit bis zum offensichtlich unaufhaltsamen Regierungswechsel irgend etwas schiefgeht. Helmut Schmidt gibt strikt Order, daß in allen Ministerien korrekt weitergearbeitet wird. Keine organisatorischen, keine personellen Veränderungen, die später als Vetternwirtschaft ausgelegt werden könnten. Der Kanzler rechnet nur noch mit zehn bis vierzehn Tagen, bis Kohl zum konstruktiven Mißtrauensvotum bereit ist.

Genscher muß jedoch erst noch um ein künftiges Zusammengehen mit den Christdemokraten kämpfen. Am Abend votieren bei einer geheimen Abstimmung in der FDP-Fraktion achtzehn von zweiundfünfzig Abgeordneten gegen Koalitionsverhandlungen mit der CDU/CSU. Im Parteivorstand der Freidemokraten ist das Abstimmungsergebnis noch knapper: achtzehn dafür, fünfzehn dagegen, eine Enthaltung.

In den folgenden zwei Wochen befindet sich Helmut Schmidt plötzlich im Dauerstreß. Er raucht wieder, bekommt zu wenig Schlaf, trägt ein kleines Etui mit herzstärkenden Kapseln bei sich, die ihm Dr. Völpel verschrieben hat. Ein *Spiegel*-Artikel über das Überlebenssyndrom bei Politikern, die ein Attentat oder eine schwere Operation überlebt haben, geht ihm nicht aus dem Kopf. Darin wird ein Professor zitiert, demzufolge solche Erlebnisse Warnzeichen sind, daß man sterblich ist. Die Bereitschaft, sich mit dem Tod abzufinden, sei bei Prominenten jedoch minimal, weil wegen der großen Zahl an unerledigten Aufgaben das Gefühl entstehe, das Leben sei nicht erfüllt, der Tod vollende es nicht, sondern schneide es vor der Zeit ab. Schmidt überliest daraufhin noch am gleichen Tag sein Testament.

Selbst als bei der hessischen Landtagswahl am 26. September die FDP mit 3,1 Prozent der Wählerstimmen an der Fünf-Prozent-Klausel scheitert, Schmidts Verratskampagne mithin gegriffen hat und Börner Regierungschef bleibt, kommt im Kanzleramt keine Jubelstimmung auf. Die Teilnehmer an der Staatssekretärslage am folgenden Montag tragen traurige Abschiedsgesichter. Wenn sie nicht gerade in einem früher von der FDP verwalteten Ressort sitzen oder bereits das CDU-Parteibuch in der Tasche haben, sind ihre Tage gezählt. Das unter ihnen vorherrschende Gefühl: Der Kohl schafft's am nächsten Freitag.

Seltsam genug, der Mann, der Schmidt vom Thron stoßen will, gibt sich gar nicht siegessicher. Helmut Kohl kann seine Enttäuschung über den Ausgang der Hessen-Wahl, bei der die Union fest mit einem Sieg gerechnet hatte, nur schlecht verbergen. Als er an diesem Montag im Adenauer-Haus die Präsidiumssitzung eröffnet, sieht er grau und unausgeschlafen aus. Nach zweieinhalbstündigen Beratungen wird die Parole ausgegeben: alter Fahrplan. Am Dienstag findet in der FDP eine geheime Probeabstimmung statt. Nur wenn Genscher eine solide Mehrheit garantiert, wird am Freitag über ein konstruktives Mißtrauensvotum abgestimmt.

Aber so sicher sieht das bei den Freidemokraten immer noch nicht aus. Fünfeinhalb Stunden reden sich ihre Spitzenpolitiker die Zunge trocken. Genscher, bleich, mit tiefen Ringen unter den Augen, scheint gerade noch Herr der Lage zu sein. Mit eiskalter Stimme liest er die Forderung des sechsundachtzigjährigen Altliberalen William Born vor, der Genschers Sturz fordert, um Ex-Innenminister Baum zum Nachfolger zu machen. Gerhart Baum kleinlaut: »Das war mit mir nicht abgesprochen.«

Bei der Probeabstimmung votieren vierunddreißig von vierundfünfzig FDP-Abgeordneten für und achtzehn gegen den Plan, Helmut Kohl über ein konstruktives Mißtrauensvotum zur Kanzlerschaft zu verhelfen; zwei enthalten sich der Stimme.

Helmut Schmidt muß Entscheidungen über seine persönliche Zukunft treffen. Viele Genossen, an der Spitze Willy Brandt, bedrängen ihn, bei Neuwahlen als SPD-Spitzenmann in den Wahlkampf zu ziehen, auch dann, wenn erst in einem halben Jahr gewählt werden sollte. Er selbst ist innerlich so weit, sich zurückzuziehen. Schon gar nicht möchte er als Wehners Nachfolger die Fraktion übernehmen, sondern vielmehr einfacher Abgeordneter sein, und auch das nur noch für eine Legislaturperiode. Immerhin wird er in diesem Dezember vierundsechzig.

Er möchte in der Stille seines Hamburger Hauses schriftstellerisch tätig werden, reisen, ohne von einem Hofstaat umgeben zu sein, und überhaupt tun, wozu er mangels Zeit bisher nicht kam. »Ich will mich mal nicht mehr mit Rüstungsexport und U-Booten für Chile beschäftigen müssen.« Bestärkt wird Helmut Schmidt in dieser Absicht von ihm nahestehenden Menschen wie Klaus Bölling und Kurt Körber. Ihre Argumente: Um Schmidts Gesundheit ist es nicht gut bestellt; als Oppositionsführer hätte er fast genausoviel Streß wie bisher; der Ärger mit Brandt, der die SPD für die von Schmidt verpönten Grünen öffnen will, würde zunehmen; gegenüber einem Kanzler Kohl mit Genscher als neubestalltem Außenminister den Oppositionsführer spielen zu müssen, »hieße, an Niveau zu verlieren« (Körber).

Bereits vor Jahr und Tag hat sich Helmut Schmidt auf den Rückzug aus der Politik vorbereitet. In seinem Hamburger Haus ließ er für hunderttausend Mark eine Bibliothek anbauen, und im Kanzleramt beschäftigt er den Regierungsoberinspektor Koll als persönlichen Archivar. Die von diesem archivierten Reden, Interviews, Zeitungsartikel, Aktennotizen und Korrespondenzen des Kanzlers füllen bereits über dreihundert Ordner – reichlich Material für Bücher, die Schmidt zu schreiben beabsichtigt. Er will seine Entscheidung jedoch letztlich vom Votum seiner Frau abhängig machen, die aber immer noch im brasilianischen Urwald forscht.

Derweil wickelt er in Bonn mit preußischem Pflichtgefühl die Amtsgeschäfte ab: So diktiert er ein Gnadengesuch an die vier für das Spandauer Kriegsverbrechergefängnis in Berlin verantwortlichen Großmächte mit der Bitte, den kranken achtundachtzigjährigen Stellvertreter des Führers, Rudolf Heß, freizulassen. Erich Honecker ruft an und lädt ihn zu einem privaten Besuch in die DDR ein. Aber der Kanzler hat vom Güstrow-Besuch noch die Nase voll. Im Heckel-Zimmer verabschiedet Schmidt die Staatsministerin im Auswärtigen Amt, Hildegard Hamm-Brücher, die zu jenen liberalen Abgeordneten gehört, die ihm die Treue halten. (»Ich will keinen anderen Kanzler.«) Helmut Schmidt, der bis dato von Diplomaten keine allzu hohe Meinung hatte, legt plötzlich Wert darauf, sich vom Diplomatischen Korps mit einem Empfang in der Godesberger Redoute zu verabschieden.

Klaus Bölling notiert in seinem *Tagebuch*: »Den Bundeskanzler interessiert, wie seine Entlassungsurkunde aussehen wird. Soll da gedruckt sein: >. . . auf Ersuchen des Deutschen Bundestages . . .< oder >Entlassung nach Grundgesetzartikel 67<? Helmut Schmidt ist für die Zitierung der Verfassung. Zu [seinem Amtschef] Gerhard Konow: >Vergessen Sie nicht, daß auch der Dank des Vaterlandes draufsteht.<«

Gelegentlich kommt sein beißender Spott zum Vorschein, so, wenn er sich als »Bundeskanzler auf konstruktiven Abruf« bezeichnet.

In seinem Arbeitszimmer wird es leer, die persönlichen Sachen – Bücher, Andenken, silbergerahmte Fotos von fast allen wichtigen Staatsmännern – sind in Umzugskisten verpackt. Wehmut schleicht sich ein.

In Bonn wird für ihn und seine Frau ein Haus gesucht. Loki hätte eine Dreieinhalb-Zimmerwohnung genügt; da ihr Mann aber noch auf viele Jahre hinaus unter Polizeischutz stehen muß (die RAF hat die Schlappe von Mogadischu nicht vergessen und ewige Rache geschworen), müssen ständig zwei Leibwächter bei ihnen wohnen.

In der letzten Nacht feilt er, wie in all den achteinhalb Jahren zuvor, bis weit nach Mitternacht an seiner Abschiedsrede. Bei ihm sind seine letzten Getreuen: Klaus Bölling, Gerhard Konow und Redenschreiber Jens Fischer (der ihm heute noch das Büro führt).

»Ob sich die anderen auch soviel Mühe machen?« fragt der Kanzler. Zwischendurch, wenn gerade wieder ein paar Seiten abgeschrieben werden, schweifen seine Gedanken ab – merkwürdigerweise in unbeschwerte Zeiten als Soldat vor über vierzig Jahren. »Damals in Pommern, wie hatten wir es doch lustig. Was war das für eine Kameradschaft.« Er ist entspannt, sein Gesicht hat Farbe und nicht das Aschfahle des ständigen Schlafmangels. Er meint, seine Pflicht getan zu haben.

Und die Bilanz seiner Kanzlerschaft?

Helmut Schmidt wird in die Geschichtsbücher nicht mit so herausragenden Taten eingehen wie Konrad Adenauer, Ludwig Erhard und Willy

Brandt. Adenauer gelang die Aussöhnung mit den ehemaligen Kriegsgegnern, vor allem mit dem Erbfeind Frankreich. Er führte die junge Bundesrepublik in die Familie der westlichen Demokratien. Brandt ereichte die Aussöhnung mit dem Osten. An Erhard werden sich die Deutschen als den Schöpfer des Wirtschaftswunders, als Mr. D-Mark, erinnern.

Und was wird an Helmut Schmidt erinnern?

Seine unbestreitbaren Verdienste liegen auf anderer Ebene, sind weniger spektakulär. Außerdem gilt zu bedenken, daß die großen, für die Bundesrepublik Geschichte machenden Aufgaben gelöst waren, als er ans Ruder kam. Auch wichtige sozial- und rechtspolitische Reformen waren weitgehendst von der Vorgängerregierung Brandt/Scheel durchgeführt worden. Schmidt blieb mehr oder weniger die Rolle des Bewahrers. Auf bestimmten Feldern fiel ihm sogar die undankbare Rolle zu, überzogene, nicht mehr finanzierbare Neuerungen abzubauen. Und nicht zuletzt als Krisenmanager – bei der zweiten Erdölkrise, bei den Terroranschlägen der RAF – bestand er seine großen Bewährungsproben.

Kritiker halten dem entgegen, ein anderer Kanzler hätte die Republik vielleicht noch besser durch alle Fährnisse gesteuert, ohne wirtschaftlichen Abschwung. Zuletzt hätte sich Helmut Schmidts Wirtschafts- und Finanzpolitik nur noch auf das Stopfen von Etatlöchern beschränkt. Aber das ist pure Spekulation.

Helmut Schmidt steuerte wirtschafts- und finanzpolitisch einen Mittelkurs: »Wir haben weder eine inflationistische Ausweitung des Staatskredits noch eine deflationistische Schrumpfungspolitik betrieben.« Das Ansteigen der Arbeitslosigkeit konnte er nicht verhindern, was ihn als Sozialdemokraten besonders schmerzte. Aber die Zahlungsbilanz war gesund, die Währung stabil, der Preisanstieg innerhalb der Europäischen Gemeinschaft der geringste und die realen Löhne die höchsten. Auch auf außen- und sicherheitspolitischem Gebiet hat Schmidt vorzeigbare Leistungen. Über seine persönliche Freundschaft zum französischen Staatspräsidenten Giscard d'Estaing gelang ihm die Wiederannäherung an Frankreich. Die deutsch-französischen Beziehungen waren, von Adenauer und de Gaulle begründet und zu einer bis dahin nie gekannten Intensität entwickelt, unter Brandt und Pompidou stark abgekühlt. Schmidt und Giscard brachten sie zu neuer Blüte. Der Franzose und der Deutsche erwiesen nicht nur ihren Ländern, sondern auch der Europäischen Gemeinschaft durch die Einführung des Europäischen Währungssystems einen historischen Dienst.

Außenpolitisch wird die Ära Schmidt mit der Erinnerung verbunden sein, daß das beharrliche Eintreten dieses Kanzlers für den NATO-Doppelbeschluß nicht nur zu einem Stopp des Wettrüstens, sondern erstmals in der Geschichte der Menschheit zur Abrüstung führte – wenn auch erst folgende Regierungen die Früchte dieser Politik ernteten. Schließlich verhalf Helmut Schmidt auf Grund seines hohen Ansehens im Ausland der Bundesrepublik Deutschland zu neuer internationaler Bedeutung, die die einer Mittelmacht übersteigt.

Natürlich hat sich Helmut Schmidt einen anderen Abgang gewünscht, und was ihn wurmt, ist, daß ausgerechnet der von ihm so wenig geschätzte Helmut Kohl sein Nachfolger wird. Der exekutiert eiskalt den Sturz durch das im Bundestag zu stellende Mißtrauensvotum.

Der Tag, an dem das geschieht, trägt das Datum des 1. Oktober 1982. Noch als Kanzler betritt Helmut Schmidt kurz vor neun Uhr den Plenarsaal. Er trägt Schwarz. Sein Einzug erfolgt fast unbemerkt von den übrigen Abgeordneten. Niemand hat ihn am Eingang erwartet. Allein geht Schmidt zu seinem Platz hoch oben auf der Regierungsbank. Einsamkeit umgibt ihn.

Die Hände fest um die Ecken des Rednerpults gelegt, beginnt er wenig später mit seiner letzten Erklärung als fünfter Bundeskanzler der Bundesrepublik Deutschland. Er spricht mit fester Stimme, faßt sein Vermächtnis in zwölf Punkten zusammen: »Zur Glaubwürdigkeit der Demokratie gehört der Wechsel der Regierungen. Deshalb beklage ich mich nicht, wenn die sozialliberale Bundesregierung ihre Verantwortung abgeben muß. Was ich jedoch beklage, ist der Mangel an Glaubwürdigkeit dieses Wechsels . . . Ich habe der sozialliberalen Koalition dreizehn Jahre lang gedient. Ich habe dies aus Überzeugung und mit innerer Befriedigung getan, weil ich wußte, daß dies ein notwendiger Dienst an unserem Land und an der geteilten Nation war . . .

Aber heute richten wir Sozialdemokraten den Blick nach vorne. Wir wissen, daß Millionen von Arbeitnehmern ihre Hoffnungen setzen auf die Sozialdemokratische Partei Deutschlands als diejenige Kraft, die beharrlich für soziale Gerechtigkeit kämpfen wird . . .

Wir Sozialdemokraten sind für dies Vertrauen dankbar. Wir werden es auch in Zukunft nicht enttäuschen. Jedermann darf und jedermann muß mit unserer Stetigkeit rechnen.«

Als Bundestagspräsident Richard Stücklen das Abstimmungsergebnis verkündet — 256 Ja- und 235 Nein-Stimmen bei 4 Enthaltungen — und Kohl damit zum sechsten Bundeskanzler der Bundesrepublik Deutschland gewählt ist, sitzt Schmidt minutenlang regungslos auf seinem Platz. Er tut es mit geschlossenen Augen. Der Nachfolger verneigt sich.

Anschließend verabschiedet sich Schmidt von der Fraktion. Herbert Wehner überreicht rote Rosen in Klarsichtfolie, Willy Brandt hat die herzliche Bitte, Schmidt möge sich bei der kommenden Bundestagswahl als Spitzenkandidat zur Verfügung stellen. Dann läßt er sich auf die Hardthöhe fahren, um von der Bundeswehr Abschied zu nehmen. Der Sozialdemokrat sucht wie ein Preußenkönig Trost bei seinen Soldaten. Schließlich begibt er sich zum Bundespräsidenten, erhält seine Entlassungsurkunde. Ein Händedruck, ein wehmütiges Lächeln, und achteinhalb Jahre Kanzlerschaft — die längste seit Adenauer — sind beendet.

Ein letztes Mal betritt Helmut Schmidt sein Arbeitszimmer. Nun hängt auch nicht mehr das Bild August Bebels hinter seinem Schreibtisch. Die engsten Mitarbeiter haben sich versammelt. »Alles in allem haben wir es nicht so schlecht gemacht«, sagt der Alt-Kanzler.

Am Abend fliegt er nach Hamburg, wo vor dreiunddreißig Jahren seine politische Karriere begann. Zum letztenmal in einem Bundeswehr-Jet.

## 61

Acht Monate nach seinem Sturz sahen wir uns wieder. Aus Respekt titulierte ich ihn wie früher »Herr Bundeskanzler« – Alt-Kanzler schien mir zu albern.

Er knurrte: »Ich heiße Schmidt. Ich bin nicht mehr Kanzler.«

»Aber einen General oder Admiral spricht man ja auch nach seiner Pensionierung mit dem alten Dienstgrad an.«

»Das ist etwas anderes. Wenn Sie zu mir Kanzler sagen, bin ich versucht, mich umzudrehen, weil ich glaube, der steht hinter mir.«

Ich mußte lachen. »Können wir uns darauf einigen, daß ich Mr. Chancellor sage?« Das kam seiner anglophilen Einstellung entgegen.

Er griente. »Meinetwegen.«

Ort unseres Zusammentreffens war der Breidenbacher Hof in Düsseldorf, wo Helmut Schmidt als neuer Mitherausgeber der Zeit an einem Empfang des Blattes für die Mitglieder des Industrie-Clubs, alles Topleute der Wirtschaft, teilnahm. Vordergründig feierte die Hamburger Wochenzeitung das Erreichen der Vierhunderttausender-Auflage. In erster Linie ging es aber darum, die »Neuerwerbung« Schmidt publikumswirksam vorzustellen. Die Idee, den Elder statesman für das renommierte Wochenblatt anzuheuern, war dem Besitzer, Gerd (Buzi) Bucerius, bereits im Juni 1982 nach einem Gespräch mit Ex-Bundesbankchef Klasen gekommen, als Helmut Schmidt noch das Amt des Bundeskanzlers bekleidete. »Wir müssen für den armen Schmidt was tun«, hatte der siebenundsiebzigjährige Verleger mitfühlsam geäußert, da er befürchtete, die SPD-Fraktion könnte ihren Kanzler schnöde fallenlassen.

Die Meinung der Zeit-Redaktion war gespalten. Während Herausgeberin Marion Gräfin Dönhoff der Idee sofort positiv gegenüberstand, erinnert sich Bucerius, daß Chefredakteur Theo Sommer gewarnt hat: »Wenn Sie den einstellen, werden Sie ihn nie wieder los!«

Auf dem Empfang im Industrie-Club äußerte »Ted« Sommer mittlerweile andere Sorgen: »Es besteht eher die Gefahr, daß Schmidt zuwenig als zuviel tut. Ich hoffe, er benutzt das Zimmer, das er in der Redaktion bekommen hat, wenigstens einmal in der Woche.«

Der Ex-Kanzler wirkte ausgeglichen, seine Gesichtsfarbe war nicht mehr so mitleiderregend aschgrau, sondern leicht gebräunt. Der Bonner Fotograf Jupp H. Darchinger, der zusammen mit mir Helmut Schmidt für eine Reportage in der Bunten zwei Tage lang begleitete, meinte: »Der Mann ist völlig gewandelt. Der Druck ist von ihm weg. Früher war er immer im Dienst.«

In der Tat, Helmut Schmidt war jetzt Herr seiner Zeit, mußte nicht mehr nach der Pfeife anderer tanzen, sich nicht mehr nach der Partei, der

Fraktion, dem Kabinett, der öffentlichen Meinung und unvorhergesehenen Ereignissen richten. Er konnte jetzt eine Straße überqueren, ohne daß es gleich zu einem Auflauf kam. Die Menschen nahmen nur gelegentlich, aber dann mit höflichem Respekt Notiz von ihm.

Trotzdem braucht er auf viele kleine Privilegien nicht zu verzichten, die das Leben eines Kanzlers erleichtern, bisweilen sogar angenehm machen. Zum Beispiel muß er sich nicht um einen Parkplatz kümmern, wenn er einer Einladung folgt oder zu einer Veranstaltung kommt. Vor seiner Ankunft im Breidenbacher Hof hatte die Polizei die Vorfahrt für andere Fahrzeuge gesperrt. Drinnen pries ihn Chefredakteur Sommer vor den versammelten Wirtschaftsbossen in einer Ansprache als hanseatischen Staatsmann von internationalem Format, der die Enge seiner Parteizugehörigkeit längst gesprengt habe.

Unter den Gästen sah man Bertelsmann-Inhaber Reinhard Mohn, Mannesmann-Chef Egon Overbeck, Hoesch-Vorstand Detlev Rohwedder und Stahlhändler Otto Wolff von Amerongen. Letzterer hatte noch drei Wochen zuvor in einem Interview gelästert: ». . . Und zu Helmut Schmidt würde ich sagen: Wie oft haben Sie halb vereinsamt mit sich selber fertig werden müssen und mit Ihrer Arroganz, die Sie nachher oft bedauert haben . . .« Mit seinem Kommen erwies er nun Helmut Schmidt Reverenz.

Noch am gleichen Abend fuhr Helmut Schmidt zum militärischen NATO-Hauptquartier im belgischen Mons weiter. Er benutzte den silbergrauen Mercedes 380 SE, den ihm der Bund samt Fahrer und Leibwächter belassen hatte. Es war eine halsbrecherische Fahrt. Schmidts Wagen und das ihn begleitende Fahrzeug der Bonner Sicherungsgruppe fuhren konstant im Zweihundert-Stundenkilometer-Tempo, als hätten sie es darauf angelegt, Jupp Darchinger und mich abzuhängen. Wie früher, dachte ich, ist er immer noch dem Geschwindigkeitsrausch verfallen. Am Grenzübergang bei Aachen, wo sein Wagen ohne Kontrolle passieren durfte – die kleinen Privilegien! –, wartete bereits der Bundeswehr-Oberst von Winthersheim mit treuem Blick, der ihm als Adjutant für die Dauer des Aufenthalts jeden Wunsch von den Lippen ablesen sollte.

Helmut Schmidt brauchte auch nicht im Hotel zu wohnen. Der amerikanische Vier-Sterne-General Bernard Rogers bot ihm seine Residenz an – einen schloßartigen Besitz mit einem Butler in weißer Jacke, bei dem Schmidt, der sich sonst nichts aus Alkohol machte, sofort weltmännisch einen blonden Whisky orderte.

Dem Alt-Kanzler war es lästig, daß der Fotograf und ich ihn nach Mons begleiteten, wo er im Rahmen der NATO-Übung Shapex vor etwa hundert Generalen und Admiralen sowie hochrangigem politischem Publikum einen Vortrag halten sollte. »Da kommt ihr doch nicht rein«, hatte er uns vor Antritt der Reise abzuwimmeln versucht. Wir hatten uns jedoch längst über die NATO-Pressestelle Sonderausweise und Eintrittskarten zusagen lassen. Und auch jetzt, nach der nächtlichen Vorfahrt vor der Residenz des amerikanischen Generals, marschierten wir hinter Helmut Schmidt einfach mit ins Haus. In einer großen Halle mit Marmorfußboden begrüßte das Ehepaar Rogers den Ex-Kanzler. Der General trug Zivil, was ihm noch mehr ein professorales Aussehen verlieh. »Sie hatten einen anstrengenden Tag«, sagte er.

Helmut Schmidt wußte nicht, ob das eine Frage oder eine Feststellung war. »Yes, yes, general.« Dann zeigte er auf uns: »Das sind zwei Journalisten, die mich begleiten.« Sein Finger wanderte in Richtung Darchinger: »Das ist ein guter Mann.« Dann schwenkte der Finger auf mich: »Bei dem bin ich mir nicht so sicher.« Späße, die haarscharf an der Grenze zur Taktlosigkeit liegen, mochte er schon immer.

Trotzdem sagte General Rogers zu uns: »Be my guests!« Und so gingen wir mit in den Salon. Der deutsche Oberst kam hinter uns her und setzte eine strenge Miene auf: »Sie müsssen hier verschwinden. Der Secret Service besteht darauf.«

»Wir sind Gäste des Generals«, sagten wir und bestellten beim Butler genüßlich unsere Drinks.

Worüber unterhalten sich ein Alt-Kanzler und der höchste NATO-Offizier, wenn sie beisammensitzen? Über alte Kameraden. Zum Beispiel über Rogers Vorgänger, General Andrew J. Goodpaster.

Schmidt: »Er mußte innerhalb eines Monats seinen Posten verlassen.«

Rogers: »Wissen Sie, wie er es erfuhr? Schlesinger [der damalige Verteidigungsminister] rief ihn an, sagte nur: ›Wir schicken einen neuen Mann.‹«

Schmidt: »Als Schlesinger Georg Leber besuchte, schritt er die Front mit Händen in den Hosentaschen ab.«

An dieser Stelle schaltete sich Mrs. Rogers ein: »Und vielleicht noch mit der Pfeife im Mund?«

Gast und Gastgeber schüttelten sich vor Lachen. Dann wurde das Gespräch politisch. Helmut Schmidt berichtete, daß er gerade in den Vereinigten Staaten gewesen war und sich mit vielen Amerikanern unterhalten hatte. »Wie soll man bei uns in der Bundesrepublik die Leute von der Notwendigkeit der Stationierung von Mittelstreckenraketen überzeugen, wenn viele Amerikaner sie bei sich auch nicht haben wollen?«

»I know, it's difficult.«

Anderntags hielt Helmut Schmidt seinen Vortrag. Er wurde als »Seniorstaatsmann des Bündnisses« vorgestellt, dessen Anwesenheit man als »wirkliche Auszeichnung betrachte«. Fortan lauschten die Anwesenden mit einer Aufmerksamkeit, als sei Schmidt mindestens der Präsident der Vereinigten Staaten. Allerdings spürten sie auch, hier spricht ein Mann über Verteidigungs- und Sicherheitsfragen, der sein Metier beherrscht, der sich seit über zwanzig Jahren mit strategischen Problemen beschäftigt hat.

»Die Entscheidung, Atomwaffen einzusetzen, muß Sache des Gegners bleiben . . .«, sagte Schmidt unter anderem. »Breschnew war bereit, Konzessionen zu machen . . . Viele im Westen begreifen nicht die Fähigkeit des russischen Volkes zum Leiden . . . Die Russen, das Volk, haben immer unter ihren eigenen Herrschern gelitten. Heute sind fünfundsiebzig Prozent russisch, fünfundzwanzig Prozent kommunistisch . . . Das russische Volk will Frieden. Aber es ist wieder bereit zu leiden, wenn es seinen Lebensstandard senken muß für die Wiederaufrüstung gegen den Westen . . .«

Er trug seine Sache vehement vor, breitete die Arme gelegentlich weit aus, glich plötzlich einem Gekreuzigten. Ein andermal unterstrich er seine Ausführungen mit geballter Faust. Schmidt war in seinem schauspielerischen Element, ohne das gute Politiker nicht auskommen. Näherten sich Fotografen dem Rednerpult, nahm er seine Brille ab – ein Mann, nicht frei von Eitelkeiten. Ohne Hemmungen kritisierte er den amerikanischen Präsidenten, obwohl viele seiner Zuhörer Amerikaner und vielleicht sogar Republikaner waren. Aber er sagte auch: »Ich bin immer noch von Herzen ein Freund des amerikanischen Volkes . . . Es gibt niemanden anderes als Amerika, das die Führung übernehmen kann.«

Zum Schluß donnernder Beifall.

Für die Heimreise stellte die NATO dem »distinguished guest« ein Flugzeug zur Verfügung, das aber defekt war, als es starten sollte. Auch die Ersatzmaschine hatte eine Panne, wie ein amerikanischer Offizier nach einer halben Stunde Wartezeit meldete. Daraufhin wurde kurzerhand eine sich gerade auf dem Flug von Neapel nach Ramstein in der Pfalz befindende Maschine herunterbefohlen. (Die kleinen Privilegien!) In ihr flog Helmut Schmidt dann heim.

Mit an Bord war übrigens der Oberbefehlshaber der amerikanischen Luftstreitkräfte im Mittelmeerraum, ein baumlanger, schwarzer Drei-Sterne-General. Auf dessen dienstliche Termine hatte man bei dieser Umdisponierung keine Rücksicht genommen. Immerhin lud ihn der Alt-Kanzler nach der Landung zu einer Tasse Kaffee bei sich zu Hause ein.

»Life ist funny«, sagte der General, den Schmidt übrigens peinlicherweise zunächst für einen Oberst gehalten hatte (»What's your rank, Sir? Colonel?«), da amerikanische Generale silberne statt goldener Sterne auf den Schulterklappen tragen.

Daß Helmut Schmidt in so guter Verfassung war, hatte einen ganz bestimmten Grund: Er hatte über seine weitere politische Zukunft endgültig entschieden und der Partei eine klare Absage erteilt, noch einmal als SPD-Spitzenkandidat in den nächsten Bundestagswahlkampf zu ziehen. Bis zum Schluß hatte sich um seine Person ein heftiges Tauziehen abgespielt.

Diejenigen, die ihm abrieten, noch einmal anzutreten, wurden von seiner Frau angeführt. Loki wollte ihm nicht noch einmal den sechzehnstündigen Arbeitstag zumuten: »Er hat mehr als seine Pflicht getan.« Die Befürworter einer nochmaligen Kandidatur bei der Bundestagswahl am 6. März 1983 wurden von Willy Brandt angeführt. Schmidt selbst war unentschlossen, schwankte zwischen Neigung und Pflicht. Hans-Jürgen Wischnewski verbreitete bereits frohe Kunde: »Ich glaube, ich habe Loki fast so weit, daß sie es Helmut noch mal machen läßt.«

Das Hin und Her ging weiter. Klaus Bölling und Kurt Körber rieten weiter ab; Hans-Jochen Vogel rückte mit seiner Frau bei den Schmidts in

Hamburg an, um den Alt-Kanzler zu überreden. Im SPD-Präsidium verwahrte sich Schmidt dagegen, erneut einen »Einberufungsbefehl« zu erhalten. Dann hieß es plötzlich, er wolle die Entscheidung vom Votum seines Arztes, Dr. Völpel, abhängig machen. Der konnte ihm aber nur bescheinigen, daß es ihm mit Herzschrittmacher gesundheitlich so gut wie lange nicht mehr ging. Horst Ehmke: »Als Freund rate ich: Begib dich nicht noch einmal in dieselbe Mühle. Einen besseren Abgang kriegst du in der Öffentlichkeit nicht. Als Genosse sag' ich: Helmut, du mußt noch einmal ran, weil du fünf Prozent mehr Stimmen herausholst.«

Solche Vorschläge machten Helmut Schmidt die Entscheidung noch schwerer. Bölling: »Er ist hin- und hergerissen.« Ein anderer SPD-Mann berichtete: »Morgens will er kandidieren, abends nicht mehr.« Je länger Helmut Schmidt wartete, desto saurer wurden die Genossen. Ein Mitglied des Fraktionsvorstandes: »Hätte er uns gleich einen Korb gegeben, hätten wir das verstanden. Wenn er jetzt erst absagt, fühlen sich viele verschaukelt.« Am 25. Oktober war es soweit. Bevor man im SPD-Präsidium zur Tagesordnung überging, erteilte Willy Brandt Helmut Schmidt das Wort. Dieser trug dem Führungszirkel der Partei vor, warum er nicht noch einmal als Spitzenkandidat der SPD antreten werde: »Das Pro und Contra einer erneuten Kandidatur ist mir ausreichend klar geworden. Was das Contra angeht, hätte ich mir zugetraut, damit fertig zu werden.« Aber er könne sich nicht vorstellen, »daß ich nach dem 6. März Koalitionsverhandlungen führe – weder mit der CDU/CSU noch mit den Grünen. Und schon gar nicht mit einer FDP unter Hans-Dietrich Genscher.«

Viele Genossen, die ihn gern ein zweites Mal zum Kanzler haben wollten, hätten ihre grundsätzliche Kritik an seiner Politik nur vorübergehend zurückgestellt. »Dann beginnt doch wieder alles von vorne.« Und andere Parteifreunde wiederum seien doch nur aus Sorge um den Verlust ihres Abgeordnetenmandates dafür, daß er noch einmal antrete.

Erst zum Schluß nannte er medizinische Gründe für seinen Verzicht: »Ich muß auch an meine Gesundheit denken. Immerhin habe ich drei lebensbedrohliche Krankheiten hinter mir.« Am darauffolgenden Tag wiederholte er seine Ablehnung vor der SPD-Fraktion, der er ja immer noch angehörte.

Der von ihm verpönte Titel Alt-Kanzler war damit endgültig geworden. Helmut Schmidt wurde Deutschlands prominentester Pensionär, trug Sportjacketts im Hahnentrittmuster und Kordhosen, kaufte sich einen Rasenmäher und schnitt das Grün in seinem Garten selbst. Nun brauchte er sich nicht mehr darüber zu ärgern, daß sein Gärtner so teuer war.

Loki hatte ihn nach einundvierzig Ehejahren endlich mehr für sich, das heißt, bis ihn das Reisefieber überkam. In Hamburg ging er viel zu Fuß und genoß das, da er als Kanzler Land und Leute nur aus dem fahrenden Auto kannte. Interviews lehnte er bis auf weiteres freundlich ab.

Helmut Kohl, der ärgerliche Nachfolger, bot ihm an, mit dem Bundespräsidenten und Genscher zur Beerdigung Breschnews nach Moskau zu fliegen. Schmidt lehnte dankend ab.

Im Bundestag ergriff er nicht mehr das Wort. Statt im Parlament neben Brandt und Wehner in der ersten Reihe Platz zu nehmen und Oppositionspolitik zu machen, saß er in der zweiten Reihe, wenn er überhaupt erschien. Damit verband sich eine noble Geste: »The stage belongs to Vogel.« Auf Partei- und Gewerkschaftstagungen brachte er sich allerdings mit Schimpfkanonaden in Erinnerung. Über Kohl: »Nur weil einer gestreifte Hosen anhat, ist er noch kein Staatsmann.«

Er nahm sich vor, ein Buch zu schreiben* — die Verleger standen Schlange —, aber zunächst wollte er zwei Jahre pausieren, sich »endlich mal ausschlafen«. Mit seiner neuen Lebenssituation tat er sich jedoch schwer.

Ein Jahr nach seinem Rücktritt traf ich ihn ein zweites Mal, diesmal im Bundeshaus. Kurz zuvor hatte er auf dem Kölner SPD-Parteitag eine schmerzliche Niederlage erlitten. Die Genossen hatten sich mit siebenundneunzig Prozent der abgegebenen Stimmen gegen den von Helmut Schmidt stets verfochtenen NATO-Doppelbeschluß ausgesprochen. Stumm, allein, die Bitternis der persönlichen Niederlage ins Gesicht geschrieben, verließ er den Saal. Den Ex-Kanzler, mit dem sich viele Genossen jahrelang geschmückt hatten (»Unser Helmut ist der Beste!«), mochte keiner mehr hinausbegleiten. Brandts Prophezeiung, er werde noch Parteivorsitzender sein, wenn Schmidt politisch längst tot sei, hatte sich bewahrheitet.

Jetzt ging ich mit ihm durch einen langen fensterlosen Korridor im Bundeshaus. Schmidts Gang war steif wie stets, wenn er lange gesessen hatte. Auch trug er immer noch seine schwarze bauchige Aktentasche. »Gut geht's mir«, antwortete er auf meine entsprechende Frage, ohne mich anzuschauen. »Daß die Genossen Sie eiskalt fallenließen, ging Ihnen nicht unter die Haut?«

Unsere Augen begegneten sich kurz. Sein Gesicht war kantig, das silbergraue Haar immer noch beneidenswert voll. »Das wußte ich schon seit einem Jahr. Sonst hätte ich ja für die Wahl am 6. März noch einmal kandidiert.«

Plötzlich kam uns Loki Schmidt entgegen; sie trug ein rosa Kostüm. »Hallo, Frau Schmidt!« rief der Alt-Kanzler, umarmte sie, hob sie wie einen Teenager hoch und küßte sie hinters Ohr. Da fiel es mir wie Schuppen von den Augen: Die beiden freuten sich, daß er reinen Tisch gemacht hatte! Loki ging mit uns. Ich fragte ihn: »Und wie geht es gesundheitlich?«

Er triumphierte: »Ich hab's von meinem Arzt Völpel schriftlich, ich bin völlig gesund. Seit zwölf Jahren das erste Mal.«

»Angeblich waren Sie doch gleich nach der Herzschrittmacheroperation wieder voll belastbar?«

»Ach, wissen Sie, das waren so Sätze, die man sagen muß«, flunkerte er ohne eine Spur von Verlegenheit. Tatsächlich war es mit ihm nach dem Eingriff sofort bergauf gegangen.

---

* Inzwischen ist von ihm erschienen: *Menschen und Mächte*.

Ich dachte daran, daß er es vom Lehrerssohn aus dem Hamburger Arbeiterviertel Barmbek zum Kanzler gebracht, daß er uns durch manche Krise gelotst hatte und daß er in der Popularitätskurve auch nach seinem Rücktritt noch weit oben stand. Vielleicht würden die Geschichtsschreiber einmal feststellen, daß der von ihm so engagiert befürwortete NATO-Doppelbeschluß das deutsche Volk zwar vorübergehend spaltete, es aber vor Schlimmerem bewahrte.

Wir waren vor seinem Büro angelangt, dessen Fenster für hundertfünfzigtausend Mark mit siebenundsechzig Millimeter dickem Panzerglas schußsicher gemacht worden waren. An der Tür war, im Gegensatz zu den anderen Abgeordnetenbüros, kein Namensschild angebracht. Er drückte auf einen Klingelknopf, rief in die Sprechanlage »Schmidt!«, und die Tür sprang auf. Er drehte sich noch einmal zu mir um. »Amerikaner und Russen haben Fehler gemacht«, und meinte damit im Abrüstungsdialog. Dann enthüllte er mit einem einzigen Satz, daß ihn der Abschied von der Kanzlerschaft doch reute: »Ich hätte mir zugetraut, das zu verhindern.« Danach ging er ins Zimmer, drehte sich nochmals kurz um und entließ mich mit einem Kopfnicken.

Es vergingen fast drei Jahre, bis wir uns am 10. September 1986 wiedersahen. Es war der Tag seiner Abschiedsrede als Bundestagsabgeordneter nach dreiunddreißigjähriger Parlamentszugehörigkeit. Dazu hatte er die Haushaltsdebatte über den Etat '87 als passenden Anlaß gewählt. SPD-Fraktionsführer Hans-Jochen Vogel heizte die Erwartungen mit dem Hinweis an, es werde sich um ein »Ereignis in der parlamentarischen Geschichte« handeln.

Helmut Schmidt, inzwischen siebenundsechzig, sah besser denn je aus: das silbergraue Haar jugendlich-flott gescheitelt, Blazer, blaues Hemd, Krawatte mit Clubstreifen. Er war viel gereist, hatte mit hochdotierten Vorträgen in Amerika Geld gemacht und mit seinem ersten Buch begonnen. Wie war ihm jedoch in diesem Moment ums Herz? »Ein bißchen Wehmut ist schon dabei.«

Bis tief in die Nacht hinein – an seinem Arbeitsstil änderte sich nichts – hatte er an dem einhundert Seiten langen Text gearbeitet. »Um eins ging ich aus dem Büro, hatte soviel Kaffee getrunken, daß ich erst gegen halb drei einschlief.«

Wehmut und Müdigkeit waren ihm nicht anzusehen, als er im neuen Plenarsaal hinter das Rednerpult trat. Erst zwei Tage zuvor war das Parlament in seine vorübergehende Notunterkunft umgezogen, ein ehemaliges Pumpenhaus des alten Bonner Wasserwerks.

»Verehrte Kollegen, wenn wir heute unvoreingenommen auf die vergangenen Jahrzehnte zurückblicken, wenn wir ohne parteiliche Brille den Blick auf die Bundesrepublik Deutschland im Jahre 1986 richten, dann dürfen wir dankbar das Erreichte anerkennen. Und das nicht nur deshalb, weil wir selbst uns noch gut erinnern, in welcher Situation und vor welchem Hintergrund dieser Staat und diese Gesellschaft aufgebaut werden mußten.

Wer hatte sich eigentlich damals das heutige Maß an Wohlstand vorstellen können? Wer aus meiner Generation hätte sich das Maß an Freiheit vorgestellt, das wir heute wie selbstverständlich nutzen? Wer von uns hätte ein derartiges Maß an politischer und sozialer Ordnung vorausgesagt, wie wir es erreicht haben – angesichts des Chaos, in dem wir damals lebten . . .?«

Bewußt verzichtete Helmut Schmidt, wie schon bei seiner letzten Rede als Kanzler vor vier Jahren, auf übertriebene Gestik. Es war mucksmäuschenstill im Hohen Haus.

»Die Geschichte der Bundesrepublik Deutschland kennt etliche Beispiele für das Zusammenwirken von Demokraten über alle Parteigrenzen hinweg, wenn es das nationale Interesse verlangt. An unser Zusammenstehen anläßlich der Leidenszeit von Hanns Martin Schleyer und an Mogadischu habe ich schon erinnert. Ein zweites Beispiel war die Wehrverfassung von 1955/56 [gemeint: die Einordnung der Bundeswehr in das Grundgesetz und in den Staat]. Der Primat der Politik über die Streitkräfte und die Garantie der Grundrechte des einzelnen Mannes innerhalb der Streitkräfte erschienen uns damals sowohl verfassungspolitisch als auch verteidigungspolitisch als kardinale Notwendigkeit.

Wenn ich von ›uns‹ und von ›wir‹ spreche, so meine ich damit eine Gruppe von Abgeordneten aus allen drei damaligen Fraktionen, die gemeinsam in langer Arbeit eine parlamentarische Initiative entfalteten, die dann schließlich in eine Grundgesetzänderung einmündete und sich übrigens auch in einer Reihe von einfachen Gesetzen niedergeschlagen hat. Zu dieser ›Großen Gesetzgebungs-Koalition‹ gehörten damals unter anderem in der CDU/CSU Richard Jaeger, Dr. Georg Kliesing und Hellmuth Heye . . .«*

Schmidt faßte seine parlamentarischen Erfahrungen zusammen: »Das Parlament bleibt der wichtigste Ort der streitigen Auseinandersetzungen. Auch ich habe in den vergangenen dreiunddreißig Jahren sicherlich so manchem meiner Kollegen Wunden zugefügt. Dafür bitte ich heute um Nachsicht.

Wenn gestritten wird, fällt in der Hitze des Gefechts oft ein emotionales Wort. Wir sollten deshalb die Demokratie nicht idealisieren, sondern sie so menschlich nehmen, wie sie ist. Winston Churchill hat zu Recht gesagt, die Demokratie ist eine schlechte Regierungsform, aber besser als alle anderen, die wir schon ausprobiert haben! . . .«

Sehr scharfe polemische Auseinandersetzungen hatte Schmidt in den sechziger Jahren im Bundestag mit dem 1972 verstorbenen außenpolitischen Sprecher der CSU, Karl Theodor Freiherr von und zu Guttenberg. »Es bleibt mir unvergeßlich, daß ich von Guttenbergs Witwe gebeten

---

* Bei Kriegsende war Hellmuth Heye Vizeadmiral und Befehlshaber der Kleinkampfverbände (Kommandounternehmen, Sabotagetrupps, Einzelkämpfer); von 1953 bis 1961 Bundestagsabgeordneter und zuletzt Wehrbeauftragter (1961–1964). Schmidt schätzte Heye sehr und besuchte ihn kurz vor dessen Tod im Altersheim.

wurde, an seinem Grab eine Rede auf diesen bedeutenden Mann zu halten . . .«

Während Schmidt mit solchen Passagen die Abgeordneten in seinen Bann schlug, schien nur einer sich unwohl zu fühlen: Hans-Dietrich Genscher. Entweder blätterte er in Schmidts Manuskript, von dem er ein Vorausexemplar besaß, oder er machte sich Notizen. Der Alt-Kanzler erwähnte den Partner aus über achtjähriger Zusammenarbeit mit keinem Wort. Dafür jedoch Lambsdorff, respektvoll, aber auch sehr kritisch:

»Graf Lambsdorff, ich freue mich darüber, daß das Gericht den absurden Vorwurf der Bestechlichkeit [im Zusammenhang mit der Parteispendenaffäre] gegen Sie und Hans Friderichs aus der Welt genommen hat. Sie wissen, ich habe Ihnen in diesem Punkt immer geglaubt, ebenso wie ich meinem Freunde Egon Franke glaube. Damit sind Sie eine schwere seelische Last losgeworden. Deshalb sollte sich jetzt auch Ihre eigene Wortwahl mäßigen. Ich muß Ihnen vorhalten, was Sie im Januar dieses Jahres gesagt haben.«

Lambsdorff hatte in einem Zeitungsinterview zur Auseinandersetzung um den Streikparagraphen 116 des Arbeitsförderungsgesetzes den Gewerkschaften vorgeworfen, sie »terrorisierten die Meinungsfreiheit«. Hatte Schmidt bis dahin mit gedrosselter Stimme, manchmal fast flüsternd gesprochen, donnerte er nun mit schneidender Stimme: »Mein Gott, Graf Lambsdorff, was verstehen Sie unter Terror! Wenn Sie als Führungsperson einer noch immer angesehenen Partei gegen die Gewerkschaften Ausdrücke wie Hetze und Verlogenheit gebrauchen, dann muß man sich über den Verfall Ihrer politischen Sitten beklagen!« Lambsdorff fühlte sich unrichtig zitiert, eilte ans Mikrofon, stellte richtig – der einzige Zwischenfall während der Rede Schmidts.

Bei seinem letzten großen Auftritt im Parlament brach Helmut Schmidt sogar eine Lanze für das »Bundesdorf«: »Ich gestehe, auch ich hatte in den fünfziger Jahren Zweifel daran, ob die Entscheidung für Bonn als Bundeshauptstadt weise gewesen sei. Inzwischen habe ich dazugelernt. Bonn hat sich als Sitz des Parlaments durchaus bewährt . . .«

Er hatte seine Redezeit längst überzogen. Am Schluß würden es zwei Drittel der gesamten Redezeit sein, die der SPD-Fraktion zugebilligt waren. Aber natürlich wagte niemand, den Alt-Kanzler zur Kürze zu mahnen. Schließlich war es ein politisches Vermächtnis, das er hier hinterließ: »Sicher, viele Dinge haben wir nicht erreicht, manche Probleme nicht zufriedenstellend gelöst. Aber wenn wir jene Ausgangslage realistisch betrachten, so können wir auch . . .«, er hob plötzlich die Stimme, um für das Folgende besondere Aufmerksamkeit zu bekommen, ». . . auf den moralisch-geistigen Wiederaufbau unseres Landes durchaus stolz sein.«

Das war eine Antwort auf den ständigen, vor allem von Helmut Kohl erhobenen Vorwurf, Schmidt habe das Land moralisch-geistig nicht geführt, sei nur der »Macher und Manager« der Bundesrepublik Deutschland gewesen, eine Vorhaltung, die ihn, Schmidt, kränkte. »Meine Auffassung ist unverändert. Die Organe des Staates haben andere Aufgaben.

Geistige Orientierung erwarten wir alle von denen, die dazu berufen sind: in den Wissenschaften, in den Schulen und Universitäten, in der Kunst, der Literatur und jedenfalls in den Kirchen und Religionsgemeinschaften.«

Zum Schluß seiner fast zweistündigen Rede, die das Prädikat staatsmännisch verdient, kam er noch einmal auf dieses Thema zurück. Er verschmolz die Forderung seiner Kritiker nach geistiger Führung mit der von ihm praktizierten Orientierung auf das Sachbezogene: »So möchte ich aufrufen zum Beitrag zur Besinnung auf das Ethos eines politischen Pragmatismus in moralischer Absicht. Das heißt, das, was wir erreichen und was wir tun wollen, muß moralisch begründet sein. Der Weg, auf dem wir das Ziel zu erreichen suchen, muß realistisch — er darf nicht illusionär sein. Und was immer wir auch tun, wir dürfen nicht vergessen: Wer ein fernes Ziel erreichen will, der muß viele kleine Schritte tun . . .«

Dann schloß er feierlich, was sonst nicht seine Art war: »Glaube keiner, dieses Ethos beraube die politischen Ziele ihres Glanzes oder den politischen Alltag seines Feuers. Die Erreichung des moralischen Zieles verlangt programmatisches Handeln, und zugleich erlaubt uns dieser Weg ein unvergleichliches Pathos. Denn keine Begeisterung sollte größer sein als die nüchterne Leidenschaft zur praktischen Vernunft.«

Die SPD-Fraktion erhob sich geschlossen, applaudierte lange, sehr lange ihrem ehemaligen Kanzler.

Es fügte sich, daß ich ihn in sein Büro zurückbegleitete. Dabei stieß er einen Seufzer aus, »Für einen alten Mann war das ganz schön anstrengend.« Stundenlang waren die Telefone blockiert, da halb Deutschland ihm gratulieren wollte. Im Büro beglückwünschte ihn Loki mit einem Küßchen. Auch sein neuer Arbeitgeber, *Zeit*-Verleger Gerd Bucerius, war zur Stelle; aber keiner seiner Parteifreunde erschien. Schmidt deutete auf Bucerius: »Diesem Mann verdanke ich, daß ich heute rundum zufrieden bin.«

Bereits auf dem Weg ins Büro hatte er kurz seine neue Tätigkeit erwähnt (»ein Vierzigstundenjob«). Seit unserer Begegnung in Düsseldorf war er zusätzlich zu seiner Herausgeberfunktion zu einem der beiden *Zeit*-Geschäftsführer avanciert. Das machte mich neugierig. Ich schrieb ihm einen Brief, in dem ich fragte, ob ich ihm bei seiner Arbeit einen Tag lang für eine Reportage in der *Quick* über die Schulter schauen dürfe.

Er antwortete postwendend:

»Lieber Graf Nayhauß!

Besten Dank für Ihren Brief vom 7. Oktober. Prinzipiell bin ich zu dieser Schandtat bereit; Zweifel habe ich jedoch, ob ich der Redaktion zumuten kann, Ihre Teilnahme an den verschiedenen Sitzungen der Teil-Redaktion zu akzeptieren, an denen ich beteiligt bin; denn immerhin handeln Sie in diesem Falle im Auftrag einer fremden Redaktion. In Frage kommt zum Beispiel Freitag, der 17. Oktober, oder Montag, der 20. Oktober. Bitte verabreden Sie telefonisch einen Termin mit meinem Sekretariat (Frau Loah, Tel.: 32 80 221, Frau Krüger-Penski, Tel.: 32 80 419).

Mit freundlichen Grüßen            Ihr Schmidt.«

Der Termin mußte zweimal verschoben werden, aber dann war es soweit. Ich erwartete Helmut Schmidt, so war es abgemacht, um halb zehn Uhr morgens vor dem Hamburger Pressehaus, einem alten dunkelroten Klinkerbau. Erinnerungen wurden wach: In diesem Haus hatte ich vor dreißig Jahren als *Spiegel*-Redakteur angefangen. Im Paternoster roch es immer noch nach Linoleum.

Der Ex-Kanzler fuhr in einem gepanzerten Mercedes vor. Die Helgoländer Lotsenmütze wirkte in hanseatischer Umgebung gar nicht mehr so deplaciert wie in Bonn. Ein Ende seines Wollschals war flott über die Schulter geworfen, aber der kesse Eindruck täuschte: Morgens war Schmidt noch nie viel nach Reden zumute. Wie eine schwer ins Rollen kommende Dampflok stöhnte er immerfort.

In zwei winzigen Vorzimmern erwarteten ihn seine beiden Sekretärinnen. Ruth Loah, die ältere, sanfte Augen, klein, war mit dem Chef per du, arbeitete für ihn, wie sie mir verriet, bereits seit einunddreißig Jahren; Birgit Krüger-Penski, groß, langes, über den Rücken fallendes kastanienbraunes Haar, war erst seit einem Jahr dabei.

Schmidts Arbeitszimmer war mit rund zwanzig Quadratmetern nur ein Fünftel so groß wie sein ehemaliges im Kanzleramt. Dafür hatte es viel Atmosphäre: weiße, bis an die Decke reichende Bücherregale, Palisanderschreibtisch, Sitzecke mit grünem Stoffbezug, an der Decke moderne, eingelassene Tiefstrahler. Durch zwei Fenster mit vertikalen Blenden fiel der Blick auf die Dächer Hamburgs. Zwei Wände waren voll mit Karikaturen: Schmidt mit Loriot-Knollennase beim Interview mit Nowottny. Eine Zeichnung — Schmidt machte mich auf sie aufmerksam — gefiel ihm besonders. Sie zeigt eine mit der Mistgabel aufgespießte Lostenmütze. Titel: *Vor dem Sturz der sozialliberalen Koalition.*

Mir fiel auf, daß es im ganzen Raum nur vier Fotos gab: Schmidt am Ruder einer Hochseeyacht — konzentrierter Blick voraus — und ein signiertes Bild vom ehemaligen sozialdemokratischen Bundespräsidenten Gustav Heinemann. Keine Konterfeis von Brandt oder Giscard. Ob er mit Bonn total abgeschlossen habe?

»Von dem Tag an, da ich mein Amt niederlegte, habe ich abgeschaltet. Viele Neue in der Fraktion kenne ich gar nicht. Den einen oder anderen von den älteren Kollegen, auch von CDU und FDP, treffe ich gern, trinke mit denen ein Bierchen.«

Dann ging er mit Ruth Loah die Termine des Tages durch: »Zwölf Uhr Fototermin mit Hans Apel?«

»Das wurde von Bonn durchgesagt.«

»Kann man Apel verschieben? Ruf ihn mal an.«

Die Sekretärin schickte sich an, den Raum zu verlassen. Mit einem »Moment mal!« stoppte er sie, griff in die legendäre schwarze bauchige Aktentasche und förderte drei winzige Pralinenschachteln hervor. Vom letzten Lufthansa-Flug. »Für euch!« Ruth Loah zögerte eine Sekunde, erlaubte sich eine spöttelnde Bemerkung: »Was für unsere schlanke Linie?« Dann griff sie aber artig zu und ließ den Chef allein.

Der vertiefte sich in eine dicke Postmappe. Während er die zu unterzeichnenden Briefe sorgfältig las, gab er, wie schon morgens im Aufzug, ab und zu stöhnende Laute von sich; aber wohl mehr aus Angewohnheit. In Bonn hatte er damit gelegentlich Mitleid erregt. Trotz dieser Seufzer wirkte er, seitdem er nicht mehr in der Bonner Tretmühle steckte, insgesamt ausgeruht. Das Haar wellte sich gefällig über der rechten Schläfe, die hellgraue Brille war auf die Farbe des Haares genau abgestimmt. Zum dunkelblauen Nadelstreifenanzug trug er entgegen seiner früheren Gewohnheit ein hellblaues Hemd mit passendem Kavalierstuch. Als Kanzler bevorzugte er ausschließlich langweiliges Weiß.

Schmidt saß kerzengerade hinter seinem Schreibtisch, vor sich einen hellblauen Keramikpott mit Milchkaffee. Im wuchtigen schwarzen Ascher qualmte eine Zigarette vor sich hin. Die Schreibtischlampe, die trotz des Vormittags brannte, verbreitete anheimelndes Licht im Raum. Plötzlich fuhr Schmidt hoch, zitierte über Telefon die zweite Sekretärin herein. »Wie schreibt man Libyen auf Englisch? Mit Ypsilon in der ersten Silbe?«

»Ich glaube ja.«

»Ich nicht, gucken Sie mal nach.«

Kurze Pause, dann kam die Sekretärin von der Recherche zurück. »Erste Silbe ›i‹, zweite ›y‹. Sie hatten recht, Herr Schmidt.«

»Beinahe hätte ich mich von euch irreführen lassen!« Seine Stimme dröhnte, signalisierte, bitte so einen Fehler nicht noch einmal.

Ein Anruf wurde durchgestellt. Am Apparat die British Broadcasting Corporation − BBC London. »Schmidt speaking!« Während der am anderen Ende ein Anliegen vorbrachte, unterschrieb Schmidt weiter Briefe. Als der Anrufer fertig war, ließ der Alt-Kanzler den Kugelschreiber aus der Hand fallen und schnarrte los: »Nummer eins: Ich habe keine Zeit. Nummer zwei: Wenn ich Zeit hätte, würde ich trotzdem nicht teilnehmen. Was Sie vorschlagen, ist mir zu politisch. Good bye, Sir!«

Ich fühlte mich in Bonner Zeiten zurückversetzt. So war er.

Der nächste Anrufer wurde freundlicher abgefertigt, bekam aber ebenfalls einen Korb: »Morgen, Erich! Wie bitte? . . . Nein, bedaure. Bin nicht für'n Lunch zu haben. Wenn ich auch noch anfange, mittags zu essen, komme ich überhaupt nicht mit meinem Gewicht zurecht.« Ehe er auflegte, erkundigte er sich freundschaftlich: »Wie geht es sonst zu Hause?«

Der dritte Anrufer, der Süddeutsche Rundfunk, hatte mehr Glück, wollte einen Vortrag aufnehmen, den Helmut Schmidt in Karlsruhe zu halten hatte. »Ich habe nichts dagegen, aber Sie müssen sich die Genehmigung vom Veranstalter holen.«

Das nächste Telefonat ging von Schmidt aus. Er rief Kurt Becker an, seinen glücklosen Regierungssprecher, der als ehemaliger Zeit-Redakteur wieder für sein altes Blatt schrieb.* Der Chef von einst meldete sich schlicht mit »Schmidt«, als er Becker an der Strippe hatte.

---

* Kurt Becker starb am 10. Mai 1987 an Herzschwäche. Vom 16. Dezember 1980 bis zum 29. April 1982 war er Regierungssprecher der Schmidt/Genscher-Koalition.

»Kurt, in meiner Mappe mit unerledigten Dingen liegt ein Artikel von Ihnen. Thema ›Das Ende der alten Sicherheit‹. An zwei Stellen habe ich ein Fragezeichen gemacht, weil ich anderer Meinung bin . . .« Dann kam die Begründung, wobei Helmut Schmidt aus seinem Wissen als früherer Regierungschef schöpfte. Da konnte Becker nicht gegenhalten, Schmidt mußte es ja besser wissen. Nervt dergleichen nicht die Redaktion, vor allem, wenn sich solche Belehrungen häufen?

Als Schmidt in die Zwölf-Uhr-Konferenz der politischen *Zeit*-Redaktion ging (bei der man mich als Fremdperson nicht dabeihaben wollte), besuchte ich seinen Verleger »Buzi« Bucerius in einem anderen Flügel des Pressehauses. Wir kannten uns seit fünfundzwanzig Jahren. Nach meiner *Spiegel*-Zeit hatte ich das Bonner Büro des *Stern* eröffnet und geleitet. Er war damals Miteigentümer der Illustrierten und gleichzeitig CDU-Bundestagsabgeordneter. Wegen unserer kritischen, oft auch respektlosen Artikel über die von seinem Parteivorsitzenden Konrad Adenauer geführte Regierung bekam er oft Ärger, weshalb er mit uns Redakteuren manchen Strauß auszufechten hatte.

Jetzt aber freute er sich offensichtlich über das Wiedersehen. »Wie wird denn der Alt-Kanzler von der Redaktion angenommen?« wollte ich wissen. Bucerius, wiewohl inzwischen achtzig, hatte nichts von seiner Quirligkeit eingebüßt. Er sprang auf, ging in seinem mit antiken Möbeln geschmackvoll eingerichteten Arbeitszimmer auf und ab, wobei er Kürbiskerne knabberte, und beschrieb mir wie ein Regisseur die Szene:

»Redaktionskonferenz. Bläulicher Zigarettenqualm liegt in der Luft. Es gilt, ein schwieriges Thema für die nächste Ausgabe in den Griff zu bekommen. Argumente fliegen hin und her, werden abgeklopft, verworfen, wiederholt. Plötzlich sagt Helmut Schmidt, der bis dahin weitgehend geschwiegen hat: ›Das ist es!‹ Sein Zeigefinger stößt auf die Platte des Konferenztisches, als müßte der eben geäußerte Gedanke festgenagelt werden . . .«

Bucerius angelte sich aus einem Behälter Nachschub an Kürbiskernen.

». . . Die Redakteure stutzen, nicken langsam zustimmend, spüren: Hier entscheidet jemand mit seiner großen Autorität.«

Ich begriff. Was anfangs noch wie der Versuch ausgesehen hatte, einen erfolgreichen, aber dann aus der Kuppel des Erfolges abgestürzten Politiker mit einem schnell aufgespannten Sicherheitsnetz aufzufangen, erwies sich später als kluge Investition. Der Macher von Bonn entwickelte sich zum versierten Blattmacher in Hamburg. Verleger Bucerius: »Anfangs hatte Schmidt vom Geschäft manchmal abenteuerliche Vorstellungen. Aber dann sagte man ihm: ›So geht das nicht.‹ Das sah er sofort ein und vergaß es auch nicht. Er ist trotz seiner fast achtundsechzig Jahre ungeheuer lernfähig und in diesem Zusammenhang viel besser dran als Jüngere, weil ihm die Arbeit Spaß macht.«

Als ich Helmut Schmidt in seinem Zimmer wieder gegenübersaß – nach der Politik-Konferenz um zwölf Uhr war er um vierzehn Uhr in die

Ressortleiterkonferenz und um sechzehn Uhr in die große Redaktionskonferenz gegangen –, wehrte er ab: »Ich bin hier kein Chefredakteur. Ich bin in den Konferenzen nur Gast.« Gewiß, aber das ist so, als tagte in Bonn das Kabinett im Beisein des Bundespräsidenten. Als hätte er gemerkt, daß seine Aussage mich nicht überzeugte, fügte er noch hinzu: »Im achtundsechzigsten Lebensjahr stehend habe ich keinen Ehrgeiz, an diesem Blatt etwas zu ändern.«

Ob er auch heute noch so großzügig denkt? Jedenfalls kann kein Redakteur bei der *Zeit* ohne die Zustimmung Helmut Schmidts eingestellt, geschweige denn der Jahresetat des Blattes verabschiedet werden. Als Geschäftsführer ist er für den finanziellen Ertrag des Blattes dem Verleger gegenüber verantwortlich. Außerdem schreibt er von Zeit zu Zeit große, ganzseitige Artikel.

»Warum macht die Redaktion nicht aus den wichtigsten Passagen der Schmidt-Artikel Vorausmeldungen für die Nachrichtenagenturen?« wollte ich wissen. »Das wäre doch eine gute Werbung für die *Zeit*.«

»Ach wissen Sie, die halten sich hier für so gut, daß sie keine Extrawerbung brauchen.« Trotzdem notierte er sich mit grünem Filzstift – der Farbe, mit der im Kanzleramt nur der Kanzler schreiben darf: »*Die Zeit* muß häufiger zitiert werden! Vorausmeldungen an Agenturen!«

Der Gedanke, daß er der neuen Aufgabe nicht gewachsen sein könnte, war ihm gar nicht erst gekommen. »Das ist auch nicht schwieriger, als wenn man als Politiker in ein neues Ressort reinkommt und sich auch erst einarbeiten muß.«

Plötzlich sagte er: »Sie müssen jetzt mal weghören.« Und dann zur Sekretärin: »Versuchen Sie mal, George Shultz ans Telefon zu bekommen.« Die Verbindung kam im Nu zustande. »Hello George, this is Helmut. I war dieser Tage in Polen. I wollte Ihnen mal kurz meine Einschätzung der Lage geben . . .« Da war er wieder, Schmidt-Superstar! Ich wurde das Gefühl nicht los, daß er das Telefonat nur meinetwegen inszenierte.

Auf seinem Schreibtisch lag die neueste Ausgabe von *Newsweek*. Darin auf Seite fünf ein Leserbrief zu Äußerungen von Helmut Kohl über das Reagan-Gorbatschow-Treffen in Reykjavik:

»Ich bin sehr beeindruckt von den Ansichten Helmut Kohls, wie sie in Ihrem Magazin erschienen. Er hat auch eine ausgeglichene Meinung über die Spannungen, die zwischen Europa und den Supermächten existieren. Vielleicht hat Kohl nicht Ausstrahlung und Stil eines Willy Brandt oder eines Helmut Schmidt, aber ich glaube, die Westdeutschen können sich glücklich schätzen, ihn zu haben.«

Gegen achtzehn Uhr meinte er: »Haben Sie jetzt alles über mich?«

»Ja, ich danke Ihnen. So kooperativ habe ich Sie noch nie erlebt.«

Er überhörte die Spitze, fragte Ruth Loah: »Gehen wir noch zusammen abendessen? Aber nicht das Lokal vom letzten Mal!«

Der Fotograf und ich begleiteten ihn bis vors Haus. Im Paternoster fragte er die Sekretärin:

»Wo bin ich doch gleich übernächste Woche? Noch in Tokio oder schon auf Hawaii?«

Draußen legte er Zeige- und Mittelfinger der rechten Hand zum Gruß kurz an den Schirm seiner marineblauen Lotsenmütze: »Guten Heimflug.« Dann wandte er sich unvermittelt ab, überquerte die Straße und tauchte im Großstadtgewühl unter. Schmidt-jedermann.

# QUELLENNACHWEIS

*Archiv der Gegenwart.* Bonn, 1974–1984.

Bölling, Klaus: Die letzten 30 Tage des Kanzlers Helmut Schmidt. Ein Tagebuch. Reinbek bei Hamburg 1982.

Bölling, Klaus: Die fernen Nachbarn. Erfahrungen in der DDR. Hamburg 1983.

Brandt, Willy und Helmut Schmidt: Deutschland 1976. Zwei Sozialdemokraten im Gespräch. Reinbek bei Hamburg 1976.

Carr, Jonathan: Helmut Schmidt. Aus dem Englischen von Hans E. Hausner. Düsseldorf 1985.

Carter, Jimmy: Keeping Face. Memoirs of a President. New York 1982.

Carter, Rosalynn: First Lady from Plains. Boston 1984.

Geschichte der Bundesrepublik Deutschland, Bd. 5/II: Wolfgang Jäger, Werner Link: Republik im Wandel, 1974–1982. Die Ära Schmidt. Mannheim 1987.

Giscard d'Estaing, Valéry: Macht und Leben. Erinnerungen. Aus dem Französischen von Widulind Clerc-Erle und Martina Drescher. Frankfurt/Main, Berlin 1988. (Abdruck mit freundlicher Genehmigung des Ullstein Verlags.)

Loki. Die ungewöhnliche Geschichte einer Lehrerin namens Schmidt. Erzählt von ihren Freunden. Herausgegeben von Rolf Italiaander. Eingeleitet von Siegfried Lenz. Nachwort von Helmut Schmidt. Düsseldorf 1988.

Schell, Manfred: Die Kanzlermacher. Erstmals in eigener Sache. Mainz 1986.

Schmidt, Helmut: Beiträge. Stuttgart 1967.

Schmidt, Helmut: Strategie des Gleichgewichts. Deutsche Friedenspolitik und die Westmächte. Stuttgart 1969.

Schmidt, Helmut: Auf dem Fundament des Godesberger Programms. Theorie und Praxis der deutschen Sozialdemokratie. Bonn 1973.

Schmidt, Helmut: Kontinuität und Konzentration. Theorie und Praxis der deutschen Sozialdemokratie. Bonn 1975.

Schmidt, Helmut: Als Christ in der politischen Entscheidung. Gütersloh 1976.

Schmidt, Helmut: Der Kurs heißt Frieden. Düsseldorf, Wien 1979.

Schmidt, Helmut: Pflicht zur Menschlichkeit. Düsseldorf, Wien 1981.

Schmidt, Helmut: Menschen und Mächte. Berlin 1987.

Schmidthammer, Jens: Rechtsanwalt Wolfgang Vogel. Mittler zwischen Ost und West. Hamburg 1987.

*Der Spiegel.* Hamburg, 1974–1984.

*Die Welt.* Bonn, 1975–1984.

# Personenregister

*Zusammengestellt von Markus Grau*

492